教材编号：
2013－2－055

"十二五"江苏省高等学校重点教材

Finance
经济管理类课程教材

金融系列

金融市场与金融机构

李心丹　主编

中国人民大学出版社
·北京·

图书在版编目（CIP）数据

金融市场与金融机构/李心丹主编. —北京：中国人民大学出版社，2014.12
经济管理类课程教材·金融系列
ISBN 978-7-300-19853-8

Ⅰ.①金… Ⅱ.①李… Ⅲ.①金融市场—高等学校—教材 ②金融机构—高等学校—教材 Ⅳ.①F830.9 ②F830.3

中国版本图书馆 CIP 数据核字（2014）第 189100 号

“十二五”江苏省高等学校重点教材
经济管理类课程教材·金融系列
金融市场与金融机构
李心丹　主编
Jinrong Shichang yu Jinrong Jigou

出版发行	中国人民大学出版社		
社　　址	北京中关村大街 31 号	**邮政编码**	100080
电　　话	010－62511242（总编室）		010－62511770（质管部）
	010－82501766（邮购部）		010－62514148（门市部）
	010－62515195（发行公司）		010－62515275（盗版举报）
网　　址	http://www.crup.com.cn		
经　　销	新华书店		
印　　刷	北京昌联印刷有限公司		
规　　格	185mm×260mm　16 开本	**版　　次**	2015 年 4 月第 1 版
印　　张	25.75	**印　　次**	2022 年 10 月第 6 次印刷
字　　数	617 000	**定　　价**	46.00 元

出版说明

改革开放以来，中国的金融走上了高速发展的快车道，获得了前所未有的发展，有关院校都开设了金融课程，以便培养我国急需的人才。

一套高质量的教材是提高教学质量的前提之一。教材规定了教学内容，是教师授课取材之源，是学生求知和复习之本，没有优秀的教材，无法提高教学质量。中国人民大学出版社推出“经济管理类课程教材·金融系列”，旨在推动国内金融人才培养工作的发展。

组织编写这套教材时，我们遵照以下原则：

1. 教材实行本土化。为了更快地与国际接轨，许多人主张采用“拿来主义”原则，直接引进国外的教材。实践证明，我国与发达国家相比，国情不同，文化背景不同，思维方式不同，语言表述方式不同，广大的专家教授一致认为：我们培养的是中国金融人才，是为中国的金融服务的，教材还是以本土化为宜。在了解我国现状之后，再学习国外的知识，把中国的背景知识与国际接轨才是我们最需要的。该套教材均为本土原创作品。

2. 精选作者，保证教材质量。金融与国家的政策联系紧密，应用性强，培养的学生既要懂理论又要会应用，既要与国际接轨，又要考虑中国的国情。该套教材涵纳全国“政产学研”方面的作者，从源头上保证了这套书的质量。

3. 要始终保持教材的“精”与“新”。现代金融日新月异，课程设置不断变化。该套教材根据形势的发展，不断推出新课程教材，并不断修订、完善。

4. 形式多种多样，方便教材使用者。书中每章都设有“本章小结”、“本章要点”、“本章关键术语”、“本章思考题”和“本章练习题”等栏目，此外，各书还有配套的“学习指导书”，方便读者学习和使用。

总之，这套系列教材紧密结合当前国内外金融研究的最新成果与金融政策发展的实际情况，全面讲述金融基本理论和基本知识。我们相信“经济管理类课程教材·金融系列”的推出，能够为读者掌握现代金融知识，培养人才起到应有的作用。

中国人民大学出版社

2004 年 1 月

前　言

2014 年 6 月，A 股市值总额为 3.93 万亿美元，其中上交所 2.4 万亿美元，深交所 1.53万亿美元，在世界交易所市值排名中分别位居第七位和第十一位，加上排名第六位的港交所，世界前十一大交易所的市值排名中，中国占据三个席位。同年 7 月，英国《银行家》杂志公布了对全球前 1 000 家银行的利润与资本实力进行的统计结果，中国的四大国有银行全部进入全球前十，其中中国工商银行排名全球第一，中国主要银行的税前利润总额为 2 920 亿美元，占银行业全球利润的 32%。改革开放 30 多年来，我国的金融体系发生了翻天覆地的变化，金融市场的稳步发展和金融机构实力的不断增强正吸引着全球的目光。

对金融教学工作者和研究者来说，渐进而又快速发展的中国金融体系无疑提供了独特的自然实验条件和极其丰富的教学、研究素材。同时，也对本土化金融人才的培养提出了更高的要求。要求同学们既要掌握西方经典的金融市场微观结构、金融机构产品设计与风险管理等理论和方法，更要了解中国金融市场和金融机构发展的特点。诚然，近年来中国金融学科的发展取得了长足的进步，但与世界先进水平相比仍存在不小的差距，立足于中国金融实践的金融学科建设和人才培养将是一项迫切而长期的重要工作。

本科教育是金融学人才培养过程中最重要的一环，《金融市场与金融机构》课程在金融学大类专业（金融学、金融工程、保险学等）的本科课程体系中属于综合程度非常高的必修课程，接到《金融市场与金融机构》“十二五”江苏省高等学校重点教材编写任务，我立下一个目标，要让这本教科书“既接天线，又接地气”，在打开金融理论知识大门的同时，也为中国金融市场和金融机构的独特风景保留一扇窗。为此，南京大学工程管理学院组织了 10 余人的教材编写团队，搜集了国内外 100 余本相关的学术著作，进行了认真的研读和分析，在此基础上结合我们近 20 年金融学科的教学以及相关理论和应用研究的体会，最终确定了本书的写作风格和特点：

1. 以中国的金融实践为主线，兼顾欧美经验

改革开放 30 多年来，我国的金融体系发生了翻天覆地的变化，金融市场体系、金融机构体系日趋成熟，且与西方金融体系有较大的差别。以往诸多教材中介绍的西方金融市

场和金融机构不能直接套用到我国的金融体系中。而目前很少有教材从中国金融市场和金融机构的实践出发对中国金融体系进行梳理。因此，本书把立足中国实际来介绍金融体系的原理和运作作为一个较重要的创新。

2. 关注内容的准确性，更关注内容的逻辑性

本书的编写力图引用最为权威的资料，以确保内容的准确性，比如，在书中引用了中国相关的法律法规等来界定和介绍金融市场和金融机构的概念、各市场和机构的运作。更为重要的是，我们也发现由于现实中金融机构与金融市场种类繁多，已有的一些教材通常只注重对概念和理论作介绍，忽视了全书的整体逻辑，往往“只见树木，不见森林”。本书从资产负债表展开，以金融产品为载体，全面阐述了金融产品如何通过金融市场中的交易，反映在一个金融机构的资产方的同时，出现在另一个金融机构的负债方。本书把金融产品、金融市场与金融机构之间的关系有机地联系起来，形成一个完整的逻辑，让学生能够更好的理解整个金融体系的本质和内部逻辑。

3. 紧扣本科教学的培养目标，理论的传授与实践的结合并重

国内同类教材不多，在少有的教材和书籍中，学者的写作强调概念、原理和理论的介绍，而且参照国外教材为主，往往与中国实际脱离；实务人士的写作又只强调具体操作。本教材紧密结合中国金融市场和机构的实际运行，系统阐述了金融市场和金融机构如何运行，不仅让学生了解金融市场与金融机构是什么（现状），也回答怎么会这样（演变），为什么这样（理论），怎么做（运行）。针对初次接触金融市场与金融机构知识，而未来又是金融机构和金融市场的主要参与者和管理者的学生，本教材的创新性在于从市场参与者的角度来介绍我国的金融市场与金融机构。以金融市场和金融机构的实际运行展开，介绍在市场运行中涉及的概念以及相应的理论，让学生知其然，并知其所以然，在未来的工作中能迅速适应并且具有创新与发展的思维能力。

4. 简明而具深意的内容安排，激发学生的思考和批判性思维

教材采用专栏和案例的形式，编排最新的权威报告或文章，对中国金融现实的改革、创新与发展进行介绍，教师可以根据本章的内容组织学生讨论，以激发学生的创新、思考和批判性思维能力及研究能力。

这些特点贯穿于全书。全书的主体框架和内容如图 1 所示。

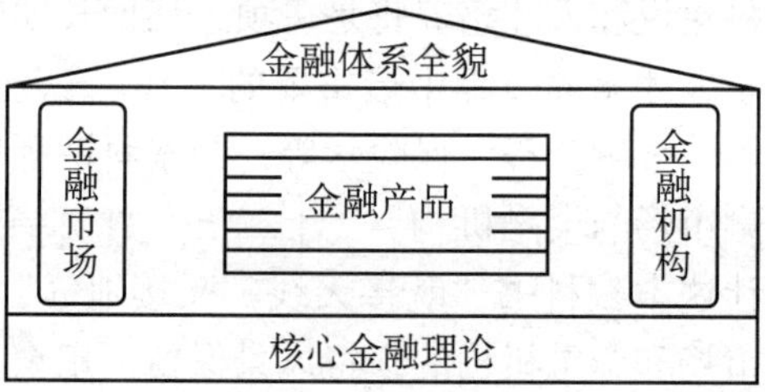

图 1　教材主体框架

总体而言，本书以金融核心理论为基础，用相关金融法规界定不同金融机构、产品和市场的内涵，从资产负债等财务报表展开对我国金融机构业务的介绍，并从金融机构的业务联系到我国目前一些常见的金融产品，进而进一步介绍该金融产品及其交易场所——金融市场，从而形成我国整个金融体系的全貌。全书力求逻辑清晰，各章节有机结合。

进一步展开，本书编写的内在逻辑如图 2 所示。

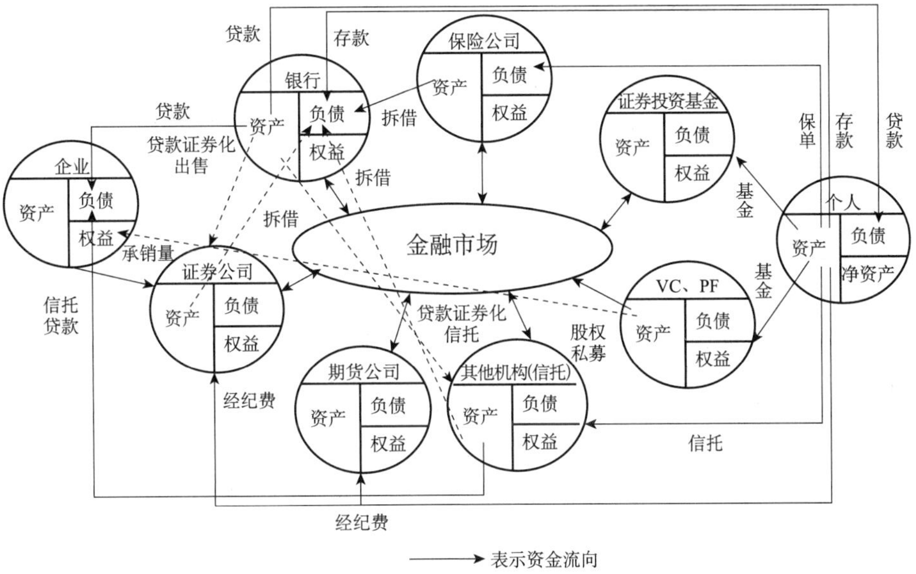

图 2　真实金融体系的微观关系：教材的逻辑基础

具体而言，本书内容由金融体系概述和四大篇组成，即理论篇、金融机构篇、金融市场篇和案例篇。各部分的主要章节内容如下：

理论篇共四章。其中在概述部分，本书将介绍金融体系的基本概念、功能和构成，以及金融体系的演化和发展，由两章组成：第一章“金融体系全貌”：主要介绍金融体系的概念，它的经济作用和功能等，并阐述国际金融体系和我国金融体系的历史、现状，以及金融体系的发展动力和发展方向。第二章“金融产品、金融市场与金融机构”：从金融市场的交易对象——金融产品出发，介绍金融市场的概念、功能和分类，金融市场的组成，金融市场的交易机制以及金融市场的质量等基本理论。系统地介绍金融机构存在的理论、我国金融机构体系的分类及区别、金融机构的风险管理基础理论。为后续学习各具体金融机构和金融市场奠定基础。在理论篇，本书将首先概述金融市场和金融机构的定义、功能和分类等基础知识，金融市场的交易机制、金融市场的质量和金融机构的风险管理等基本理论。然后讨论如何对金融交易的载体——金融产品进行定价，包括利率理论和资产定价理论两章。第三章“利率理论”：首先介绍利率的定义、利率是如何影响金融产品定价的，然后讲述利率的决定理论，接下来阐述利率的期限结构理论和风险结构理论，最后介绍我国利率市场化改革的原因、进程、面临的问题以及可能存在的影响等。第四章“风险、收益和资产定价理论”：首先从金融投资者的效用函数出发介绍金融产品定价的基本思想，即金融投资者的效用函数包含了其风险态度，金融产品未来收益的风险在投资者风险态度的约束下影响投资者的交易行为，进而决定供需，并最终确定价格。然后基于上述逻辑，介绍 MPT、CAPM 和 APT 等现代金融资产定价理论。

金融机构篇共三章，基本是在从法律法规的角度来界定金融机构的概念及其与其他金融机构区别的基础上，进一步说明该类金融机构的功能和行业组成结构。接着，选取一家代表性机构的资产负债表，从资金的来源及运用来说明金融机构的业务以及运作流程等内容，并结合各监管机构的监管法规，介绍该类风险和风险管理方法。其中“中央银行”因其特殊性略有不同。具体内容如下：

第五章“中央银行”：首先概述中央银行的定义和主要职能，然后基于资产负债表，讲述中央银行是如何调节和控制货币供给的，目的是提出一个分析框架，最后借助该分析框架对货币政策目标、货币政策工具、货币政策传导、货币政策效果等具体内容加以介绍。

第六章“存款性金融机构”：首先对我国的存款性金融机构进行概述，然后主要介绍最重要的存款性金融机构——商业银行。最后对政策性银行、信用合作社和财务公司等其他存款性金融机构作简单介绍。

第七章“非存款性金融机构”：从相关法律出发对三类最重要的非存款性金融机构——证券公司、保险公司和基金公司的定义进行剖析，然后基于财务报表介绍三类金融机构的主要业务，最后讲述三类金融机构面临的主要风险、相应风险控制指标以及相应监管规定。

金融市场篇包含四章，沿袭全书的统一逻辑，首先从法律法规的角度来界定金融市场的概念和特征；其次，从金融市场理论的角度来说明市场存在的原因、功能和市场概况；最后，从市场参与者的角度来介绍各金融市场中的产品、市场的运行，市场的组织结构，市场的监管等。

第八章“货币市场”：首先介绍各类货币市场产品，然后将重点介绍我国货币市场的三个子市场——回购市场、拆借市场和票据市场——的概况，组织与运行，以及相应的利率等，以使读者对我国的货币市场有一个深入的了解。

第九章“资本市场（Ⅰ）——债券市场”：首先介绍债券及债券市场的相关知识，包括债券的基本概念，债券市场的历史变迁，债券市场一级发行流程、二级市场交易机制，以及债券风险与市场监管等。

第十章“资本市场（Ⅱ）——股票市场”：在对股票市场的要素、载体及多层次股票市场的概念进行扼要介绍之后，分别从股票发行市场和交易市场两个层面展开论述。

第十一章“衍生品市场”：对衍生品市场的含义和特征进行阐述，并根据交易方法和特点，将基础金融衍生品分为远期、期货、期权和互换四个大类并介绍各类产品的定义和特征。

案例篇，我们为金融机构和金融市场各选择一个综合性案例，所选择的案例既涉及书中的相关知识，又反映我国金融机构和金融市场未来的改革和发展趋势。

案例一“‘大资管’时代下的金融机构业务创新与监管改革”：基于2012年金融监管放松的大背景，系统分析“大资管”时代下，各金融机构该如何通过金融业务创新，来满足客户更为迫切、更为多样的资产管理需求，同时为其自身打造新的核心竞争力。

案例二“资本市场的多层次性”：从金融产品的需求方（投资者）和供给方（发行者）的多层次，到满足供需双方需要的金融产品的多层次，再到产品交易及市场的多层次，多维度、系统地阐述资本市场具有的多层次特点。随着经济越来越复杂化、越来越多样化，这些多层次特征正在不断自我表现。

“博观而约取，厚积而薄发”。在本书的编写过程中，我们力求资料的实用性和理论的先进性。但是，由于时间以及编者的能力所限，可能存在未及发现的疏漏和错误而有待完善，更需要随着金融理论和实践的发展不断充实。本书由南京大学工程管理学院李心丹教授担任主编，负责全书的框架设计、总纂并定稿，参与本书编写的成员有刘烨、方立兵、李冬昕、俞红海、肖斌卿、刘海飞、陈莹。我们真诚期待读者和同仁们的批评和指导，以便进一步修订和完善。

李心丹
于南京大学

目　录

第一章

金融体系全貌

学习要求：

1. 了解金融体系的定义和发展
2. 了解金融体系在经济发展中的作用
3. 了解资金在金融体系中的运行规律

章前导读

人类自有记录的历史以来就从事金融交易。大约在 5 000 年前，苏美尔人在美索不达米亚平原就有农业信用的记录。公元前 1800 年的《汉谟拉比法典》(Hammurabi's Code) 也有很多章节涉及对信用的管制。银行机构的出现可以追溯到公元 12 世纪意大利城邦国家热内亚，并在此后的几个世纪中在佛罗伦萨、威尼斯蓬勃发展起来。类似于现代意义的有价证券在中世纪后期也在意大利的城邦出现。即使现在看起来是 20 世纪 80 年代金融创新的衍生金融产品，其实也不是什么新鲜事物，17 世纪阿姆斯特丹的证券交易所就已经有广泛的金融期货合约交易。由此可见，金融活动，例如借贷、证券投资以及其他金融合约是非常古老的，但是这些金融活动赖以存在的机构组织形式却随着时间的推移和技术条件的变化而不断变化。尤其是 20 世纪 70 年代以来，由于技术进步、经济金融全球化和管制放松等因素的影响，金融创新的步伐急剧加速，金融体系从工具、机构、市场到监管各方面均发生了革命性的变化。

本章将介绍金融体系的概念，它的经济作用和功能等，并阐述我国金融体系和国际金融体系的历史、现状，以及金融体系的发展动力和发展方向。

1.1 金融体系基础

金融体系的概念有狭义和广义之分，从狭义的角度看，金融体系是一个包含各种类型的金融机构和金融市场，以及用于交易的各类金融产品和监管金融市场与金融机构按规则运行的监管机构构成的系统。而广义的金融体系是包含货币、资金交易的所有参与者、交易的市场、交易产品（工具）以及交易规则在内的复杂系统。在本书中，我们主要采用狭义的概念，即金融体系是指金融产品、金融机构、金融市场以及它们与实体经济部门和政府关系的总和。金融体系的基本任务是把稀缺的可贷资金从资金盈余者转移给资金需求者用以购买产品和服务，投资于新的设备和设施，从而促进经济的增长，并提高居民的生活水平。

金融体系决定经济中用以支付我们每天购买的数以千计的商品和服务的资金成本与可用数量。同样重要的是，这个体系发生的任何变化对全球经济的健康发展有着深刻的影响。当资金成本增加且更难获得时，商品和服务的支出就会下降。结果，随着企业的减产和裁员，失业增加，经济增长率下降。相反，当资金成本下降，可贷资金更容易获得时，经济的支出通常会增加，从而创造出更多的就业机会并加速经济的增长。金融体系已经成为国民经济不可或缺的重要部分。因此，理解金融体系必须从金融体系在国民经济中的地位出发。

1.1.1 金融体系在国民经济中的地位

经济体系的基本功能是配置稀缺资源（土地、劳动力、管理技能和资本）到实用价值最高的地方，生产商品和服务以满足社会的需要。今天，我们大多数人所享受的高生活水平就是依赖于每天生产的大量的食物、住房和其他必需品。人类之所以能周而复始地生存、繁衍，并且生活水平得以不断提高，是因为每个人总是或多或少地拥有一定的生产要素。经济学家把生产要素归纳为四大类：土地、劳动力、管理技能和资本。人们通过向企业出售生产要素换取要素收入①；与此同时，企业通过雇佣生产要素对要素组合进行加工，从而生产出各种产品来满足消费的需要。前者通过产品市场完成交易，后者则通过要素市场完成交易。这样循环往复，保证了国民经济不断地稳定运行下去。如图 1—1 所示，我们用一个简单的两部门模型来表示这个过程。

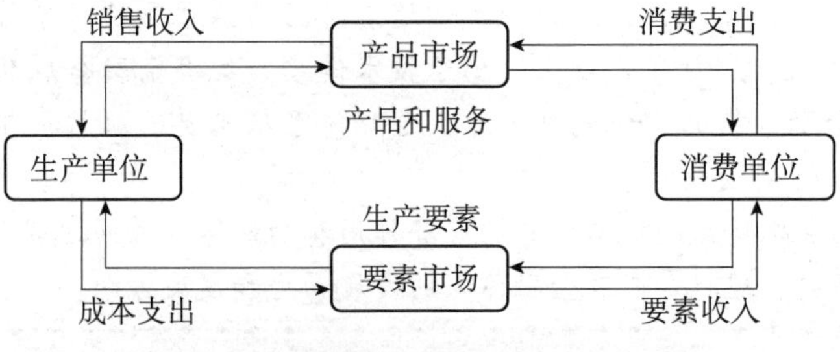

图 1—1　国民经济循环运行的简单模型

① 在经济学上，通常把土地的收入称为地租，把劳动力收入称为工资，把管理技能收入称为正常利润，把资本的收入称为利息。

如果家庭或居民把出售生产要素的全部收入都用于购买产品或服务的消费支出，与此同时，企业把销售产品或服务的收入全部用来购买生产要素进行下一轮生产，则国民经济将周而复始地进行下去。然而现实是，家庭或居民通常把当期要素收入分为两个部分，一部分当期消费去购买产品，而另一部分先储存起来，用于未来不备之需和消费。这种现象，对于国民经济循环而言，如同一个封闭环形的水管出现了漏水，水管中的水流量必然减小，也即国民收入将下降，经济将出现萎缩、衰退。为了保证国民经济稳定与增长，金融中介机构应运而生，如同蓄水池，把家庭或居民用于未来支付的收入吸收积蓄起来，然后再注入企业，使其回到国民经济循环体系，保证了经济运行的稳定。

在宏观经济中，我们把货币流向金融机构叫做储蓄，而把货币从金融机构注回实体经济体系称为投资。这种交易是在金融市场中进行的。加入金融机构和金融市场的简单国民经济循环模型如图 1—2 所示。

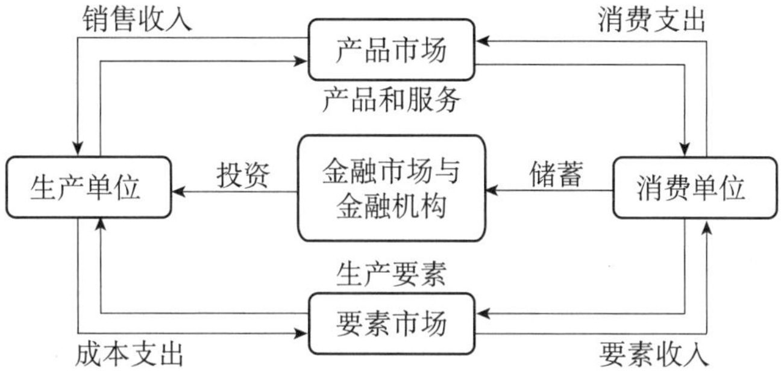

图 1—2　基于国民经济两部门循环模型的狭义金融体系

从图 1—2 中，可以看出金融市场和金融机构对整个国民经济稳定的重要性。金融体系是现代发达经济的组成部分。如果没有金融体系的存在，交易将大大减少，每个人都会严重受制于他们能生产和消费什么，以及生产和消费如何和何时进行。金融市场和金融机构越发达，人们制定决策的自由度就越大，他们的物质状况也会更好。

进一步打开图 1—2 中间的那个框，并加入政府、国外投资者和国外消费者等，我们得到图 1—3。这张图进一步明确了金融体系在国民经济中的作用。

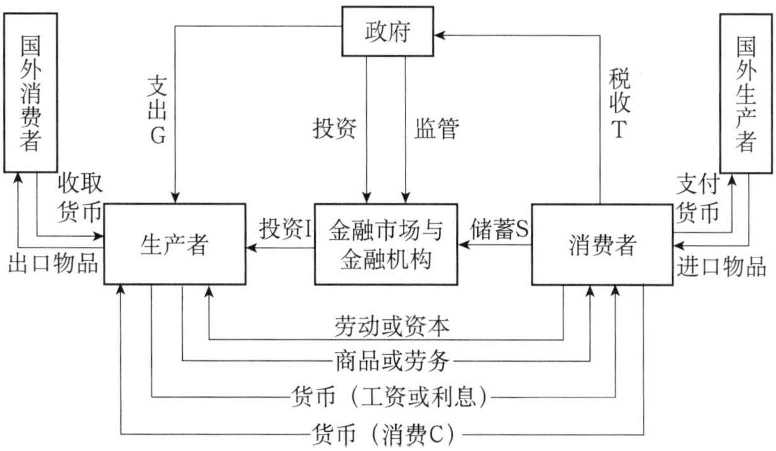

图 1—3　基于国民经济四部门循环模型的广义金融体系

从本质上来看，金融市场、金融机构产生于实体经济的需要，必须服务于实体经济。金融体系只有与企业、家庭、居民和政府发生交易和业务，才能真正发挥其作用和功能。因此，广义的金融体系应包含货币、资金交易的所有参与者、交易的市场、交易产品（工具）以及交易规则等。

1.1.2 金融体系的作用

如前所述，金融体系的基本任务是将稀缺的可贷资金从资金盈余者手里转移给资金需求者购买商品或服务，即其最基本的功能是实现储蓄向投资的转化，包括如何促进储蓄，如何选择最有效的投资项目，如何实施监督，如何处理信息与风险，以及如何解决委托代理问题等。因此，从金融体系在上述各个过程中所扮演的角色看，美国哈佛大学著名金融学教授罗伯特·默顿认为，金融体系主要提供以下六种功能：清算结算服务；资源积聚（pooling）和企业所有权分散机制；为资源在不同时期、不同地域和不同主体之间的转移提供便利；为经济体系中分权决策的主体提供价格信息；风险管理；解决激励问题或委托代理问题。

1. 清算结算服务

在经济货币化日益加深的情况下，建立一个有效的、适应性强的交易和支付系统是基本需要。可靠的交易和支付系统是金融系统的基础设施，缺乏这一系统，高昂的交易成本必然与经济低效率相伴随。一个有效的支付系统对于社会交易是一种必要的条件。交易系统的发达，可以降低社会交易成本，促进社会专业化的发展，这是社会大生产发展的必要条件，还可以大大提高生产效率和技术进步。所以说，现代支付系统与现代经济增长是相伴而生的。常用的清算结算服务包括支票、汇票、本票等传统结算工具以及电子汇票、网上银行等创新型的结算产品。

2. 资源积聚和企业所有权分散机制

金融体系将无法分割的大型投资项目划分为小额股份，以便中小投资者能够参与这些大型项目进行的投资。通过股权细化功能，金融体系实现了对经理的监管和对公司的控制。在现代市场经济中，公司组织发生的深刻变化，就是股权高度分散化和公司经营职业化。这样的组织安排最大的困难在于非对称信息的存在，使投资者难以对资本运用进行有效的监督。金融系统的功能在于提供一种新的机制，即通过外部放款人的作用对公司进行严格的监督，从而使内部投资人的利益得以保护。例如，当一个公司投资大型项目而需要筹资时，可以通过在证券市场上市募集项目资金。但是，此时，公司需要满足证券交易所规定的信息披露的条件，以降低投资者与公司之间信息的不对称性。同时，募集资金扩大了公司股本，稀释了原有公司所有者的股本比例，分散了公司的所有权。

3. 便利资源转移

为投资筹集充足的资源是经济发展的必要条件，但投资效率即资源的配置效率对增长同样重要。对投资的配置有其自身的困难，即生产率风险，项目回报的信息不完全，对经营者实际能力的不可知等，这些内在的困难要求建立一个金融中介机构。在现代不确定的社会，单个投资者是很难对公司、经理、市场条件进行评估的。金融系统的优势在于为投资者提供专业的中介服务，并且提供一种与投资者共担风险的机制，使社会资本的投资配置更有效率。中介性金融机构提供的投资服务可以表现在，一是分散风险，二是流动性风险管理，三是进行项目评估。例如，银行通过向高效率的项目发放贷款便利了存款在资金所有者和资金需求者之间的流动。

4. 提供价格信息

金融体系的信息提供功能意味着在金融市场上，不仅投资者可以获取各种投资品种的价格以及影响这些价格的因素的信息，而且筹资者也能获取不同融资方式的成本信息，管理部门能够获取金融交易是否在正常进行、各种规则是否得到遵守的信息，从而使金融体系的不同参与者都能做出各自的决策。

5. 风险管理

金融体系的风险管理功能要求金融体系为中长期资本投资的不确定性（风险）进行交易和定价，形成风险共担的机制。由于存在信息不对称和交易成本，金融系统和金融机构的作用就是对风险进行交易、分散和转移。如果社会风险不能找到一种交易、转移和抵补的机制，社会经济的运行不可能顺利进行。

6. 解决委托代理问题

在经济运行中委托代理问题之所以存在，不仅是因为相互交往的经济个体的目标或利益不一致，还因为各经济个体的目标或利益的实现受到其他个体行为或他们所掌握的信息的影响。即影响某经济个体的利益的因素并不全部在该主体的控制之下，比如现代企业中所有权和控制权的分离就产生了委托代理问题。解决委托代理问题的方法很多，具体方法要受到经济体制和经济环境的影响。金融体系所提供的解决委托代理问题的方法是股票或者股票期权。通过让企业的管理者以及员工持有股票或者股票期权，企业的效益也会影响管理者以及员工的利益，从而使管理者和员工尽力提高企业的绩效，他们的行为不再与所有者的利益相悖，这样就解决了委托代理问题。

1.2 金融体系的特征与类型

1.2.1 直接融资和间接融资

现实中，有些人的支出小于他们的收入，这样他们就会有剩余的资金；有些人的支出要大于他们的收入，这样他们就面临资金短缺，金融系统执行的最基本的经济职能就是将资金从资金剩余的人手中转移到资金短缺的人手中。根据资金配置的渠道和金融媒介的不同，资金流动的方式可以分为直接融资和间接融资。

在直接融资中（图1—4顶部的路线），借方通过在金融市场里出售证券（金融产品，也叫做金融工具）直接从贷方手里获得资金，这种证券是对借方的未来收入或资产的一种索取权。证券对于购买者来说是资产，而对于出售的个人或者公司来讲是负债或者债务（见表1—1）。举例来说，如果某汽车公司需要为建造一间新的计算机控制的汽车工厂筹集资金，它可能通过向储蓄者出售债券（一个债务证券，许诺在一个时期内进行定期偿付）来获得资金。通常情况下，这类直接融资的交易均有经纪人或证券商来安排，这些经纪人、证券商等中间人的作用就是牵线搭桥并收取佣金，但金融机构自身不是交易对手。

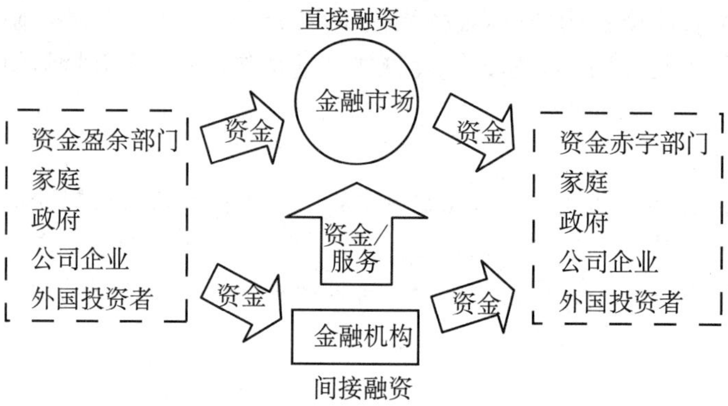

图 1—4　直接融资和间接融资

表 1—1　直接融资

资金盈余部门		资金赤字部门	
资产	负债	资产	负债
－借钱给资金赤字部门（现金） ＋从资金赤字部门购入的直接债券		＋从资金盈余部门借得资金（现金）	＋向资金盈余部门出售直接债券

直接融资加强了资金供求双方的联系，有利于资金的快速合理配置，提高使用效益；同时，由于没有中间环节，直接融资降低了融资企业的筹资成本，提高了企业的投资收益。从公司治理的角度来讲，直接融资由于提高了投资者对资金使用的关注度，因此提高了投资者对公司的监督力度，增加了筹资者的压力。但是，直接融资也有其局限性，主要表现在：一是资金供求双方在数量、期限、利率等方面受到的限制比较多；二是直接融资的便利程度及其融资工具的流动性均受金融市场发达程度制约；三是对于资金供给者而言，直接融资的投资者需要直接承担投资风险，因此，投资风险更大。

资金从贷方流向借方还有第二种路线，叫做间接融资，在这种路线的贷方和借方中间存在着金融机构来帮助他们实现资金的转移。金融中介通过向贷方借款，然后把这些资金贷给借方来完成这个目的。举例来说，银行可以通过向公众发行存单的方式获取资金，构成负债。然后，它可能把这笔资金用来贷给汽车公司构成资产。最终的结果是资金在金融中介（银行）的帮助下从公众（贷方）转移到了汽车公司（借方）。在间接融资路线中，金融机构自身是借方和贷方的交易对手（见表 1—2）。

表 1—2　间接融资

资金盈余部门		金融中介机构		资金赤字部门	
资产	负债	资产	负债	资产	负债
－借钱给金融中介机构 ＋从金融中介机构获得间接债券		＋从资金盈余部门获得资金 －借钱给资金赤字部门 ＋从资金赤字部门获得直接债券	＋将间接债券卖给资金盈余部门	＋从金融中介机构获得资金	＋将直接债券卖给金融中介机构

与直接融资相比，间接融资中，金融中介机构可方便迅速地获取必要的信息，使交易双方获得低成本的交易服务，享受规模效益的好处。同时，间接融资工具流动性相对较高而风险较小。但其局限性主要有两点：第一，割断了资金供求双方的直接联系；第二，由于金融中介机构要从经营者利润中收取一定的利息，减少了投资者的收益。在实际经营中，间接融资和直接融资并行发展，相互促进。

1.2.2 以银行为主的金融体系和以市场为主的金融体系

从直观上看，各个国家金融制度之间一个较为显著的区别体现在直接融资和间接融资在金融体系中的地位不同，本书据此将金融体系分为以银行为主（bank-based system）的金融体系与以市场为主的金融体系（market-based system）（或者也称为以间接融资为主的金融体系和以直接融资为主的金融体系）。前者的金融体系主要以德国、法国和日本为代表，包括中国、韩国及世界上绝大部分国家；后者则以美国为代表。具体而言，银行主导型金融体系主要是利用银行贷款融资，银行在将储蓄转化为投资、分配资源、控制企业经营、提供风险管理工具方面起着领导作用；而市场主导型金融体系则主要是利用金融市场（主要是证券市场）融资，证券市场在市场主导型金融体系中承担了相当一部分银行所承担的融资、公司治理、减少风险的作用，资金通过金融市场实现有效配置，使有限的资金投入到最优秀的企业中去，金融市场自发、有效率地配置资源，从而促进经济发展（见表1—3和图1—5）。

表1—3　2011年各国银行与资本市场的国际比较

	GDP（10亿美元）	银行资产（BA，10亿美元）	BA/GDP（%）	股票市值（EMC，10亿美元）	EMC/GDP（%）
美国	14 991.00	12 502.49	83.4	15 641	104.3
日本	5 897.00	10 585.12	179.5	3 541	60.0
德国	3 601.00	8 653.20	240.3	1 184	32.9
法国	2 780.00	11 701.02	420.9	1 569	56.4
英国	2 445.00	11 508.62	470.7	2 902	118.7
中国	7 322.00	17 536.19	239.5	3 389	46.3

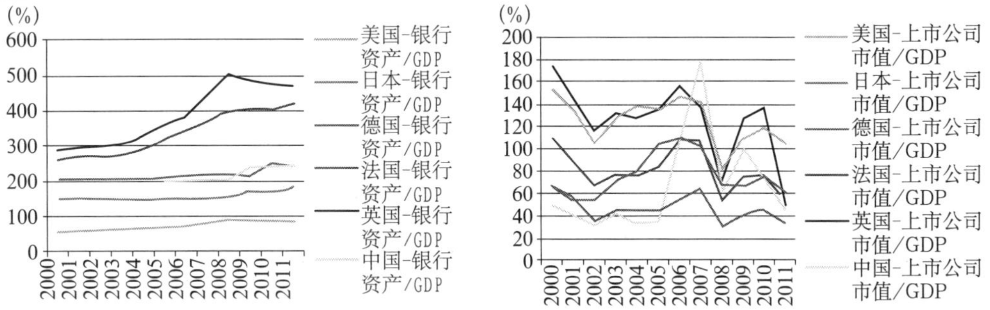

图1—5　2000—2011年各国银行与资本市场发展趋势的国际比较

资料来源：CEIC数据库。

从历史发展看，银行主导型体系早在几个世纪前就出现了，在这类金融体系中，银行拥有所有金融机构超过一半的资产。一般而言，这类银行主导型金融体系通常出现在小投资者权利保障不足、规则不健全、股票和债券等证券市场发展受阻的地方。在投资者没有得到充分保护、规则不健全的情况下，需要资本的人将会避开开放市场，而与银行及其他传统贷款者建立紧密的联系。当前，银行为主导的金融体系正发生着一些变化，越来越多的国家开始注意利用各种创新的金融产品在市场中进行直接融资。

表1—4比较了典型的市场主导型金融体系（美国）和银行主导型金融体系（德国）的情况。

表1—4　美国与德国的金融体系比较

金融体系	美国	德国
商业银行	提供短期工商企业贷款、住宅贷款、农业贷款，以及同业贷款。《格拉斯-斯蒂格尔法案》禁止商业银行从事投资银行业务，但是自1999年11月后放松。	主要包括三大全能银行：德意志银行、德累斯顿银行、德国商业银行，从事存贷款、生命保险、有价证券承销和投资多种业务。
储贷机构	传统上提供抵押和其他消费信贷。很多是互助性质的，即存户同时是股东。	兼顾公共利益，不以营利最大为目标；共有三级：地方、州和中央储蓄银行。
保险	生命保险公司提供税收比较优惠的储蓄手段；财产保险公司的主要目的是提供保险，投资工具只是副产品；很多公司是互助性质的。	全能银行与保险公司均能提供保险。但是与银行不同，保险公司受到严格监管。
养老保险（公共、私营）	涵盖所有员工；保费与平均收入相联系；替代率较低。主要包括根据最终收入决定的固定受益金；通常不采用指数化；固定认缴计划日趋重要。	涵盖所有员工；保费与工作期间平均收入相联系；替代率较高。
股票市场、债券市场	三大主要交易所为：NYSE，AMEX，NASDAQ；它们是经由首次公开发行（IPO）筹集资金的主要渠道，是各级政府以及企业重要的资金来源。	以法兰克福为中心的7个区域性交易所；上市公司数量较少。 各级政府与银行重要的资金来源，对非金融企业不重要。
衍生市场	商品期货市场始于19世纪晚期；金融期权与期货市场始于20世纪70年代早期；互换和其他衍生工具柜台交易量很大。	金融期权与期货市场始于1990年，交易量相对较小。

资料来源：根据Allen &Gale，“Comparative Financial Systems：A Survey”资料整理而得。

1.3　我国的金融体系

1948年12月1日，中国人民银行成立——标志着新中国金融体系的开始，并逐步成为全国唯一的国家银行。在1979年前，中国人民银行是全国唯一一家办理各项银行业务的金融机构，集中央银行和商业银行功能于一身，这种状况一直延续到20世纪70年代末。1979年10月，邓小平提出“要把银行作为发展经济、革新技术的杠杆，要把银行办成真正的银行”，从而开始了恢复金融、重构金融组织体系的工作。30多年来，中国金融改革遵循以市场为取向、渐进化的改革思路，随着国民经济的发展，中国金融体系发生了巨大变化，金融业从单一的国家银行体制到多元化金融体系的转变基本完成。目前，中国人民银行、银监会、证监会、保监会构成中国金融体系中的最高金融管理机构，并对各类商业银行、政策性银行、保险公司、证券公司、信用合作机构、信托投资公司以及金融租赁公司等各类金融机构在金融业分业经营的条件下实行分业监管。本节将介绍中国金融体系的发展和构成，让读者对我国金融体系的整体情况有个全面的认识。

1.3.1 我国金融体系的发展历程

经过 30 多年的发展，我国在经济建设和体制改革上所取得的成就举世瞩目。总体而言，运行稳健、健康发展的金融体系已经初步建立，金融产品、金融市场和金融机构等均得到了迅速发展。金融体系为实体经济提供了日益增强的资金支持和金融服务支持。改革开放以来，按照我国金融体制改革推进的步骤，我国金融市场体系建设大致经历了三个阶段，由计划经济时期的财政主导型金融计划体系逐渐发展到银行主导型金融体系，并在新时期随着资本市场的不断发展与完善，股票与债券等市场正成为金融市场发展的重要力量。

1. 第一阶段：1979—1983 年

我国金融市场发展的第一阶段是 1979—1983 年。从本质上看，这一时期基本延续了计划经济时期的金融体系，金融体系的运行主要是通过行政手段调控，金融机构直接为国家所有，金融资源的配置由政府计划配置，如图 1—6 所示。

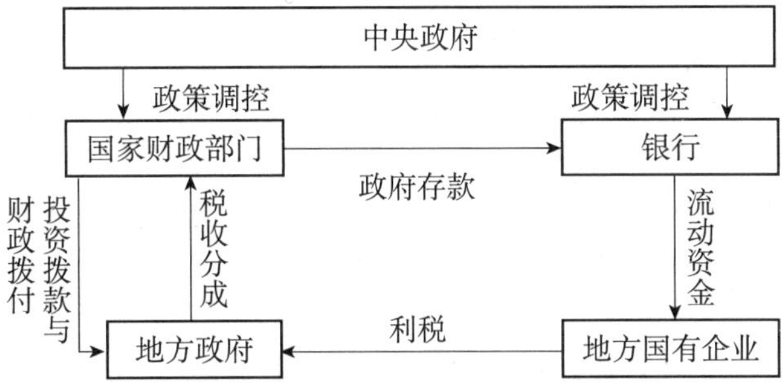

图 1—6 计划体制下财政主导型金融体系的融资过程

但在这一时期，我国已经开始启动金融体制改革，并从 1979 年开始逐步恢复和设立中国农业银行、中国银行等，为后来的进一步改革奠定基础。

2. 第二阶段：1983—1990 年

20 世纪 80 年代是我国金融市场体系建设的起步阶段，同时金融机构逐渐实现多元化，体现出明显的银行主导型金融体系的特征。1983 年 9 月，国务院做出《关于中国人民银行专门行使中央银行职能的决定》。从此，中国人民银行不再办理针对企业和个人的信贷业务，成为专门从事金融管理、制定和实施货币政策的政府机构。

1984 年国务院《关于城市经济体制改革的决定》指出：“要逐步建立包括资金、劳动、技术在内的生产要素市场，发挥市场调节的作用”。我国金融市场建设首先从货币市场开始，同业拆借市场、票据市场、国债回购市场先后得到发展。

这一时期，中国金融改革的重点是发展多元化的银行和非银行金融机构。四大国有银行的格局开始形成，各类型的商业银行开始出现，信托投资公司、城市信用合作机构、保险公司、金融租赁公司等也开始运营（见表 1—5）。

表 1—5　　1978—1990 年间中国主要金融机构的设立与发展

金融机构	产生与发展阶段
中国农业银行	1979 年 2 月恢复；1983 年开始独立行使职权并开展业务活动。
中国银行	1979 年 3 月从中国人民银行中分设出来；1983 年开始独立行使职权并开展业务活动。
中国投资银行	1981 年 12 月成立，1998 年并入国家开发银行；部分业务剥离，并由光大银行接收。
中国工商银行	1984 年 1 月成立。
中国建设银行	原名中国人民建设银行，1985 年开始纳入中国人民银行信贷体系（原隶属财政部）。
交通银行	1986 年 7 月开始重组为股份制商业银行，1987 年 4 月正式营业。
招商银行	1987 年 4 月正式营业，1989 年成为我国第一家试办离岸金融业务的试点银行。
中国国际信托投资公司	1979 年 10 月正式创办，2011 年 12 月整体改制为国有独资公司，并更名为中国中信集团有限公司。
中国外贸金融租赁公司	成立于 1985 年，现由中国银行业监督管理委员会直接监管。2008 年 1 月，公司进行了重组改制，中国五矿集团公司与中国东方资产管理公司各持 50%股权。
中国平安集团股份有限公司	成立于 1988 年，是中国第一家以保险为核心的，融证券、信托、银行、资产管理、企业年金等多元金融业务为一体的综合金融服务集团。
中国太平洋保险公司	1991 年 5 月成立，2001 年，中国太平洋保险公司实施体制改革，中国太平洋保险（集团）股份有限公司成立。2007 年，中国太平洋保险 A 股上市。
中国人民保险公司	1979 年 10 月开始恢复业务。1982 年，恢复办理寿险业务；1996 年 7 月改组为中国人民保险（集团）公司，下设中保财产保险有限公司、中保人寿保险有限公司、中保再保险公司三家子公司；1998 年 10 月，撤销中保集团，1999 年 1 月，中保财产保险有限公司更名为中国人民保险公司。2003 年 7 月，中国人民保险公司重组后更名为中国人保控股公司。
深圳特区证券公司	1987 年 7 月正式成立，我国第一家证券公司。2001 年，增资扩股至 6 亿元从而成为一家综合类券商，后更名为巨田证券。2006 年 10 月，巨田证券经纪业务及所属证券营业部被招商证券托管。
上海海通证券公司	成立于 1988 年，是中国最早成立的证券公司之一。1994 年改制为有限责任公司。2001 年底，公司整体改制为股份有限公司。
上海万国证券公司	1988 年 7 月成立，1996 年 7 月与原上海申银证券公司合并组建申银万国证券股份有限公司，成为国内第一家股份制证券公司，开创了中国证券业走向集约型、集团化发展的先河。
上海申银证券公司	1990 年 9 月正式挂牌。1996 年 7 月与原上海万国证券公司合并组建申银万国证券股份有限公司。
江苏省证券公司	1990 年 12 月成立，1994 年 6 月，改制为“江苏证券股份有限公司”，1999 年 3 月，更名为“华泰证券有限责任公司”，同年被核准为综合类证券公司。
深圳国投证券业务部	1989 年成立业务部。1994 年，正式成立深圳国投证券有限公司，并率先采用电脑辅助经纪交易系统，率先采用证券交易电话委托系统，率先走出深圳在异地开设分支机构，最早一批在国内尝试发行业务。1996 年改组成国信证券有限公司。
招商银行证券业务部	1991 年 9 月业务部成立。1994 年 4 月招银证券公司成立。1998 年 10 月更名为“招商证券有限责任公司”。2001 年完成了股份制改造。2002 年 7 月，公司更名为招商证券股份有限公司。

续前表

金融机构	产生与发展阶段
广东发展银行证券部	1991年9月成立证券部，1993年末成立公司，1996年改制为广发证券有限责任公司，2001年整体变更为股份有限公司。
中国国际期货有限公司	于1992年12月28日在人民大会堂正式成立。1993年，中国国际期货经纪有限公司上海分公司成立。1995年，上海中期期货经纪有限公司成立。2005年，中期公司总部期货业务独立出来成立了北京中期期货经纪有限公司，并于2011年更名为北京中期期货有限公司。

3. 第三阶段：1990年以后至今

此阶段是转型期的中国市场逐步完善金融体系阶段和深化金融市场化改革阶段。1990年以后中国金融改革最重要的进展是开启了金融体系的市场化改革。1990年上海证券交易所和深圳证券交易所以及1992年中国证监会的成立，标志着资本市场的初步形成。1997年全国银行间债券市场的建立，成为资本市场发展的重要转折。1994年外汇体制改革后，形成了全国统一的外汇市场。

20世纪80年代中后期，各地商业银行、人民银行相继成立了一批具有货币拆借能力的融资中心，形成了中国货币市场的雏形，但是由于体制僵化，我国货币市场经历了相当曲折的发展历程。经历20多年的发展，中国货币市场规模不断扩大，功能不断发挥，目前已经形成了由同业拆借市场、票据市场、短期政府债券、债券回购等共同构成的货币市场体系。2007年，人民银行在同业拆借市场上推出了作为基准利率的上海银行间同业拆放利率（SHIBOR），并公布了《同业拆借管理办法》，进一步扩大了市场参与主体，延长了拆借期限，放宽了拆借限额。在一系列政策的推动下，同业拆借市场交易活跃，2011年全年，我国银行同业拆借累计成交33.4万亿元，较上年增加约6万亿元。近年来，我国票据融资的规模也不断增加，2011年全年，企业累计签发商业汇票15.1万亿元，同比增长23.8%；期末商业汇票未到期金额为6.7万亿元，同比增长18.7%。

中国资本市场尤其是股票市场从建立起就开始迅速发展，尤其是在1997年以后，中国共产党第十五次全国代表大会第一次从宪法的层次上承认“股份制是公有制的一个特殊形式”，股票市场的地位正式得到确立，股票市场迎来了快速发展的新阶段。但在2001年以后，随着我国资本市场不断发展，制度设计等长期积累的问题也日益突出。在我国股票市场设置之初，股市的功能基本被定义为“国有企业脱困”的一个途径，在制度设计上对上市公司的流通股股东与非流通股股东进行了区分，这一设置割裂了股权的流动性，扭曲了资本市场的定价功能。2001—2005年，中国资本市场经历了一场重大的转轨时期，新一届的证监会开始着手完善监管体制。

自2006年5月的股权分置改革以后，资本市场的融资和资源配置功能得到恢复，中国一大批公司成功上市，股票市场得到了飞速的发展。截至2007年底，我国共有1 550家上市公司，总市值达到32.7万亿元，位列全球资本市场第三，新兴市场第一。2007年首次公开发行股票融资4 595.79亿元，位列全球第一，日均交易量1 903亿元，成为全球最为活跃的市场之一，其在国民经济和社会发展中发挥着越来越重要的作用。

自1990年建立第一个商品期货市场以来，我国期货市场一直处在稳步发展的阶段，截至2011年底，我国商品期货品种数量达到30个，涵盖了农产品、金属、能源和化工等国民经济主要产业领域。2010年4月16日，中国股指期货正式推出。自此，A股市场进入了一个可以做多、做空双向操作的时代，而中国也向建设完善的多层次资本市场体系迈出了重要的一步。2011年全年，中国期货市场共成交105 414万手，成交额达137.5万亿元，其中股指期货累计成交量5 041万手，成交金额更是达到了43.8万亿元，占2011年全年期货市场成交总额的31.9%，可谓后来居上。

1.3.2 我国金融体系的结构

经过30多年的改革和发展，中国已形成多元化的金融机构体系、多功能的金融市场体系和比较完善的金融调控和监管体系（见图1—7）。金融业成为国民经济的核心产业，有力地支持了国民经济其他部门的改革和发展，日益满足经济高速发展中对金融服务的需要。

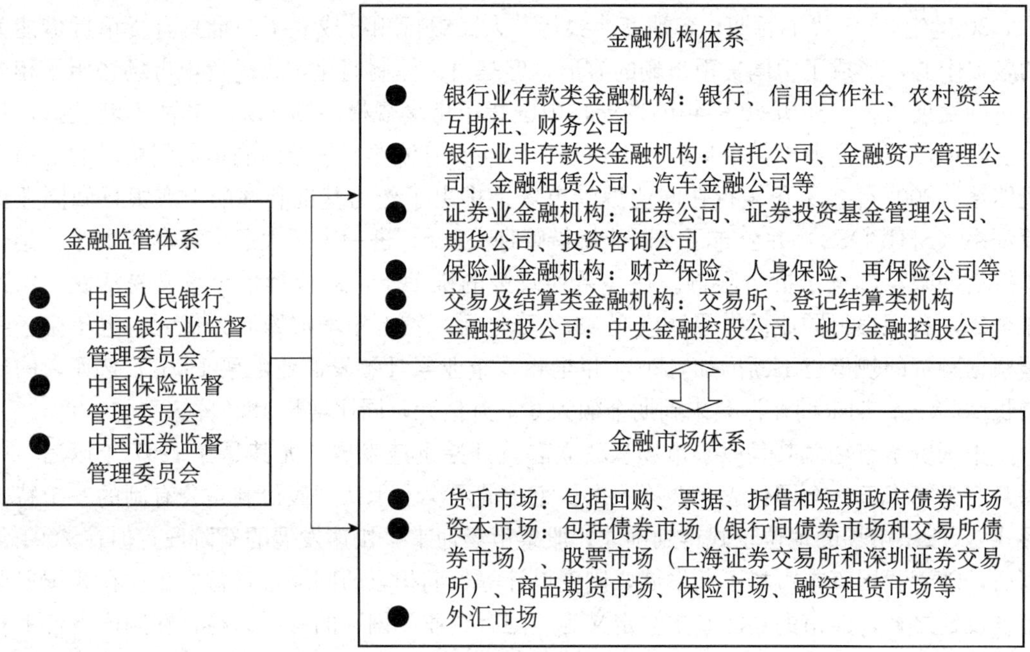

图1—7 我国金融体系的结构

1. 以商业银行为主体，多种机构并存的金融机构体系已经形成

在金融体制改革以前，我国基本上就是一家银行即中国人民银行。经过30多年的改革，一个金融机构种类比较齐全的金融组织体系已经基本建立起来。除了原来的中国工商银行、中国农业银行、中国银行和中国建设银行四大国有商业银行外，还建立了交通银行、中信银行、光大银行和华夏银行等全国性商业银行，招商银行、深圳发展银行、兴业银行、浦东发展银行等全国和区域性股份制商业银行。此外，中国进出口银行、国家开发银行、中国农业发展银行等三家政策性银行也逐步成立，初步完成了政策性金融和商业性

金融的分离。

其中，中国民生银行于 1996 年 1 月 12 日在北京成立，它是我国首家主要由非公有制企业入股的股份制商业银行。此外，在城市信用合作社的基础上组建的城市商业银行，以及在农村信用合作社基础上组建的农村商业银行都有很快的发展。

我国的非银行金融机构得到了长足发展，保险体制发生了很大变化。中国人民保险公司已改组为保险集团公司，下设财产保险、人寿保险和再保险公司，平安保险公司、太平洋保险公司等股份制保险公司也组建集团公司，其中平安集团已初步具备金融控股集团形态。近年来，大量中小股份制保险公司成立、外资保险公司的引入打破了保险业由国家垄断的局面，保险市场已初步形成。截至 2011 年底，我国银行业金融机构共包括政策性银行 3 家，国有商业银行 5 家，股份制商业银行 12 家，城市商业银行 144 家，农村商业银行 212 家，农村合作银行 190 家，邮政储蓄银行 1 家，证券公司 124 家，信托公司 66 家，企业集团财务公司 127 家，金融租赁公司 18 家，货币经纪公司 4 家，消费金融公司 4 家，汽车金融公司 14 家以及外资法人金融机构 40 家，并有多个国家和地区的外国银行在华设立了分支机构和代表处。我国已基本建立了以商业银行为主体的多层次、多元化的金融机构体系。

2. 金融市场规模和活跃度持续提升

我国货币市场的成员范围已经包括了存款类金融机构、部分非银行金融机构以及政策性银行等绝大部分金融机构。2000 年，银行间同业拆借市场交易额为 6 728 亿元。2011 年全年的同业拆借累计成交 33.4 万亿元，是市场建立初期的近 50 倍。银行间债券市场债券发行量增长迅速，2001 年银行间债券市场发债总额达到 4 748.5 亿元。2011 年，债券市场累计发行人民币债券 7.8 万亿元。目前银行间债券市场的债券发行机构范围包括财政部、政策性银行、商业银行、非银行金融机构、国际开发机构和非金融企业等各类市场参与主体，债券种类日趋多样化，信用层次更加丰富。

此外，我国票据市场交易量增长迅速，票据融资使用率逐渐上涨。2013 年，企业累计签发商业汇票 20.3 万亿元，同比增长 13.3%；期末商业汇票未到期金额 9.0 万亿元，同比增长 8.3%。从行业结构看，企业签发的银行承兑汇票余额仍集中在制造业、批发和零售业。从企业结构看，由中小型企业签发的银行承兑汇票约占三分之二。票据承兑的持续稳定增长有效地加大了对实体经济，特别是对小微企业的融资支持。同时票据融资交易活跃，票据市场利率总体有所上升。2013 年，金融机构累计贴现 45.7 万亿元，同比增长 44.3%；期末贴现余额 2.0 万亿元，同比下降 4.1%。

我国资本市场发展经历了 20 多年的时间走过了发达国家一百多年的路程，实现了跨越式发展。中国资本市场总体上呈平稳发展并不断提高的态势，各种债券市场、股票市场得到发展。截至 2011 年底，沪深两市共有上市公司 2 342 家，总市值 21.5 万亿元，流通市值 16.5 万亿元，分别是 2005 年底的 1.7 倍、6.6 倍和 15.5 倍。2012 年按照“总体规划，分步推进，稳妥实施”的原则，全国中小企业股份转让系统设立，并逐步将条件比较成熟的科技园区纳入试点范围，为试点园区的非上市股份公司提供股份报价转让等服务。我国多层次资本市场的建设取得进一步突破。

3. 金融监管体系稳定，各项金融法规日益健全

我国金融体系的监管机构为一行三会，即中国人民银行、中国银行业监督管理委员会、中国证券监督管理委员会和中国保险监督管理委员会。中国人民银行（简称央行或人行）是中华人民共和国的中央银行，中华人民共和国国务院组成部门之一，于1948年12月1日组建。根据《中华人民共和国中国人民银行法》的规定，中国人民银行可在国务院的领导下依法独立执行货币政策，履行职责，开展业务，不受地方政府、各级政府部门、社会团体和个人的干涉。

中国银行业监督管理委员会是中华人民共和国国务院负责银行业监督管理的直属事业单位，成立于2003年4月28日。中国银监会负责监督管理银行、金融资产管理公司、信托投资公司及其他存款类金融机构，维护银行业的合法、稳健运行。

中国证券监督管理委员会是中华人民共和国国务院负责监督管理证券和期货的直属事业单位，成立于1994年。1998年9月，国务院批准了《中国证券监督管理委员会职能配置、内设机构和人员编制规定》，进一步明确中国证监会为国务院直属事业单位，是全国证券期货市场的主管部门，进一步强化和明确了中国证监会的职能。

中国保险监督管理委员会是中华人民共和国国务院负责监督管理保险市场的直属事业单位，成立于1998年11月18日，是国务院直属事业单位。根据国务院授权履行行政管理职能，依照法律、法规统一监督管理全国保险市场，维护保险业的合法、稳健运行。

1995年以来相继公布了《中国人民银行法》、《商业银行法》、《保险法》。1998年12月底，人大常委会通过了《证券法》，并于1999年7月1日开始实施。《商业银行法》和《证券法》分别于2003年和2005年进行了修订。2003年12月27日，第十届全国人大常委会第六次会议通过了修改《中国人民银行法》和《商业银行法》的决定，出台了《银行业监督管理法》，从法律上明确了中国人民银行和中国银行业监督管理委员会的职责，并对商业银行经营行为做出了规范，以法律的形式肯定了中国金融业改革的成果，同时也使我国金融业法律法规得以修正与细化，规范了金融市场操作，维护了国家和合法市场参与者的利益。2005年10月，《证券法》进行修订，规定证券交易不仅可以以现货进行交易，而且还可以融资融券，为日后实施期货等金融衍生工具交易奠定了基础，并赋予监管部门准司法权，拓宽合规资金入市渠道。

目前，我国金融法律框架基本上由三个不同效力层次的规范性文件组成：第一个层次是金融法律；第二个层次是金融行政法规；第三个层次是金融行政规章。此外，金融法律体系还包括一些行业自律性规范和内部规范，这对完善我国金融法制体系，加强金融法制建设起到了重大的作用。表1—6列出了2000年以后我国颁布或修订的金融法律和法规，一个以法律为依据、集中统一管理与自律管理相结合的金融监管体系正在形成。

表 1—6　　2000 年后我国颁布或修订的重大金融法律法规

类别	时间	法律或法规名称	主要内容
我国金融法律	2001 年 4 月	《中华人民共和国信托法》	调整信托关系，规范信托行为，保护信托当事人的合法权益，促进信托事业的健康发展。
	2003 年 12 月	修订《中华人民共和国中国人民银行法》	银监会从人民银行分设，承担了部分人行的功能，重新确立中国人民银行的地位，明确其职责，建立和完善中央银行宏观调控体系。
	2003 年 12 月	修订《中华人民共和国商业银行法》	为商业银行综合化经营预留了通道，规范商业银行的行为，提高信贷资产质量，加强监督管理，保障商业银行的稳健运行。
	2004 年 8 月	修订《中华人民共和国票据法》	规范票据行为，保障票据活动中当事人的合法权益。
	2005 年 10 月	修订《中华人民共和国证券法》	证券交易可以以现货进行交易，证券公司可以融资融券，为日后实施期货等金融衍生工具交易奠定了基础，并赋予监管部门准司法权，拓宽合规资金入市渠道。
	2005 年 10 月	修订《中华人民共和国公司法》	修改完善了公司设立、资本制度、法人治理结构方面的规定，健全了对股东的保护机制，增加了“公司法人人格否认”制度的规定。
	2006 年 10 月	《中华人民共和国反洗钱法》	预防洗钱活动，维护金融秩序，遏制洗钱犯罪及相关犯罪。
	2006 年 10 月	修订《中华人民共和国银行业监督管理法》	银行业监管机构在依法对银行业金融机构检查时，可以对与涉嫌违法事项有关的单位和个人进行调查。
	2009 年 2 月	修订《中华人民共和国保险法》	更加注重完善保险合同法律规范、保险行业基本制度和规则、加强行业自律和明确法律责任。
	2012 年 10 月	修订《中华人民共和国证券投资基金法》	规范证券投资基金活动，保护投资人及相关当事人的合法权益，促进证券投资基金和证券市场的健康发展。
银行业主要金融法规	2000 年 3 月	《个人存款账户实名制规定》	居民开立存款账户，必须使用法定身份证件上的姓名及号码，保证个人存款账户的真实性。
	2000 年 11 月	《金融资产管理公司条例》	规范金融资产管理公司的活动，依法处理国有银行不良贷款，其中金融资产管理公司可以承销股票。
	2004 年 7 月	修订《企业集团财务公司管理办法》	对企业集团财务公司的设立、业务范围和监督管理等方面作出了新的规定。
	2006 年 11 月	《中华人民共和国外资银行管理条例》	对在华外资银行的设立、登记和业务范围作出了明确规定，允许外资法人银行为中国客户提供全面金融服务。
	2006 年 12 月	修订《金融租赁公司管理办法》	金融租赁公司注册资本、业务范围方面有变动，境内外银行在开办融资租赁业务方面享受同等的“国民待遇”。

续前表

类别	时间	法律或法规名称	主要内容
银行业主要金融法规	2007年1月	修订《信托公司管理办法》	在信托公司类型、信托产品设立、集合信托异地业务、信托财产托管等方面作出了更灵活的规定。同时，在信托公司固有业务、关联交易、合格投资者等方面作出了一些限制和要求。
	2007年1月	《农村资金互助社管理暂行规定》	对农村资金互助社的设立、组织架构和管理等方面作出了规定。
	2007年1月	《贷款公司管理暂行规定》	对贷款公司的设立、组织架构和管理等方面作出了规定。
	2007年1月	《村镇银行管理暂行规定》	对村镇银行的设立、组织架构和管理等方面作出了规定。
	2007年3月	《信托公司受托境外理财业务管理暂行办法》	对信托公司的受托境外理财业务从业务资格审批、业务管理和经营规则以及外汇及账户管理方面进行了规范。
	2008年1月	《经济适用住房开发贷款管理办法》	放宽了申请经济适用住房开发贷款的门槛，规定经济适用住房贷款项目的资本金不得低于项目总投资的30%，一般商业性房地产项目不得低于项目总投资的35%。
	2008年1月	修订《汽车金融公司管理办法》	对准入条件、业务范围、风险管理指标等方面作出较大修改；强调三大核心主业：零售贷款、批发贷款、融资租赁业务；强调监管指标体现业务及风险管理特性。
	2008年2月	《银行并表监管指引(试行)》	规定并表范围的确定不仅依据所有权比例，还要注重母公司对附属公司的实际控制力，注重附属机构对母银行的风险影响程度。
	2009年7月	《固定资产贷款管理暂行办法》	对固定资产贷款的受理与调查、风险评价与审批、合同签订、发放与支付、贷后管理等环节作出了相应规定。
	2009年7月	《项目融资业务指引》	在借鉴新资本协议关于项目融资定义的基础上，结合国内项目融资业务的实际情况，明确了项目融资定义，并提出了一系列风险管理指导性措施。
	2009年9月	《商业银行流动性风险管理指引》	清晰划分商业银行内部流动性风险管理职责，规范商业银行流动性风险管理的识别、计量、监测和控制等各个环节，引导和督促商业银行加强流动性风险管理。
	2010年2月	《流动资金贷款管理暂行办法》	明显扩大了“流动资金贷款”概念，将“受托支付”的支付管理模式扩大到各类贷款，以防范信贷挪用风险。
	2010年2月	《个人贷款管理暂行办法》	规范银行业金融机构个人贷款业务行为，其中贷款人不得发放无指定用途的个人贷款，要执行贷款面谈面签制度。
	2010年6月	《银行业金融机构国别风险管理指引》	对国别风险管理体系、国别风险管理的方法和技术、国别风险准备金和国别风险管理的监督检查等内容进行了详细规定。
	2010年8月	《银行业金融机构外部审计监管指引》	加大对银行业外部审计的监管力度，赋予银行监管机构一定的外部审计监管权限。
	2010年8月	《信托公司净资本管理办法》	加强对信托业的监管，其核心是对“净资本”和“风险资本”的控制。

续前表

类别	时间	法律或法规名称	主要内容
银行业主要金融法规	2011年3月	《金融资产管理公司并表监管指引（试行）》	提出了我国资产公司并表监管框架和监管要求，目前主要适用于我国四家大型资产管理公司。
	2012年9月	《农户贷款管理办法》	结合农户贷款业务特点，充分考虑农户所在地域、农林牧渔生产、农户消费等不同贷款需求特点，并吸收借鉴了小微贷款管理技术。
证券业主要金融法规	2000年4月	《证券交易所风险基金管理暂行办法》	对管理和使用证券交易所风险基金做了规定。
	2000年4月	《证券结算风险基金管理办法》	对管理和使用证券结算风险基金做了规定。该办法于2006年7月修订，对风险基金的来源做了相应调整。
	2007年3月	《期货交易管理条例》	对设立期货交易所、期货公司以及期货的规则作出了详细的规定，该条例于2012年12月修订，更加明确了地方政府查处取缔非法期货交易活动的职责，修改充实了有关制度。
	2008年4月	《证券公司风险处置条例》	规定了五种主要的风险处置措施：停业整顿、托管、接管、行政重组、撤销，进一步保护股民的权利。
	2008年4月	《证券公司监督管理条例》	对证券公司的设立、组织架构和业务规则以及风险控制等方面做了详细规定，强调保护客户资产，也为证券公司的创新发展留下了必要的空间。
保险业主要金融法规	2000年1月	《保险公司管理规定》	对保险公司的设立、变更、业务经营和监督管理等方面做了明确规定，并在2002年和2009年多次修改，提高了准入门槛并强化监管。
	2001年12月	《中华人民共和国外资保险公司管理条例》	规定了外资保险公司的设立形式、设立条件和审批程序，以及业务范围和监督管理、终止与市场退出和违法行为的法律责任等。
	2004年4月	《保险资产管理公司管理暂行规定》	严格规定了保险资产管理公司的投资身份和比例限制，界定了业务范围和定位，明确了和控股母公司的利益分配方式，确立了保监会的监管主体地位。2011年对《保险资产管理公司管理暂行规定》做了一定调整，放宽了发起公司的成立年限，但提高了资本金要求。
	2004年12月	《保险保障基金管理办法》	对保险保障基金的缴纳、使用和管理监督做了明确规定。在2008年进行了修订，规定保险保障基金实行公司化管理，适当调整了基金缴纳范围和比例并适当拓宽了保险保障基金的资金运用渠道。
	2005年10月	《再保险业务管理规定》	我国第一部全面系统地规范再保险市场的法规，主要涉及再保险业务种类、经营原则、国内优先分保、分入分出公司的相互义务、分保业务的比例限制。2010年5月进行修订，新规定堵住了再保险业务中存在的套利空间，并加重了对违规责任人的处罚力度。
	2010年7月	《保险资金运用管理暂行办法》	对保险资金的运用形式、决策机制和风险控制等做了详细规定，在一定程度上扩展了保险资金运用范围。
	2012年12月	《农业保险条例》	对农业保险合同、经营规则和法律责任作出了规定，对符合规定的农业保险给予保险费补贴，对农业保险经营依法给予税收优惠。

续前表

类别	时间	法律或法规名称	主要内容
其他金融法规	2000年2月	《中华人民共和国人民币管理条例》	加强对人民币的管理，维护人民币的信誉。
	2000年3月	《国有重点金融机构监事会暂行条例》	监事会以财务监督为核心，对国有金融机构的财务活动及董事、行长（经理）等主要负责人的经营管理行为进行监督，确保国有资产及其权益不受侵犯。
	2001年11月	《金融机构撤销条例》	对撤销金融机构的条件作出了明确的、严格的规定，使撤销工作有法可依、有一套可操作的程序。
	2008年4月	《中央企业债券发行管理暂行办法》	中央企业应当在债券发行工作结束15日内及兑付工作结束15日内，将发行情况、兑付情况书面报告国资委。
	2008年5月	《关于小额贷款公司试点的指导意见》	以规章的形式允许设立小额贷款公司，并对小额贷款的设立、资金运用、资金来源和监督等做了明确规定。
	2009年6月	《小额贷款公司改制设立村镇银行暂行规定》	明确了小额贷款公司改制为村镇银行的准入条件、改制工作的程序和要求、监督管理要求等。
	2010年3月	《融资性担保公司管理暂行办法》	对融资性担保公司的设立、登记、业务范围和风险控制等作出了明确的规定，以加强对融资性担保公司的监督管理，规范融资性担保行为。

资料来源：根据中国人民银行、中国银行业监督管理委员会、中国证券监督管理委员会和中国保险监督管理委员会网站资料整理。

1.3.3 我国金融体系的特征和发展趋势

1. 金融机构：从分业经营到有限综合

自20世纪70年代以来，包括美、英、日在内的各国纷纷相继转变为综合经营模式，特别是在2008年金融危机之后，更是确立了可以通过多样化经营分散风险、降低成本的综合经营的地位。我国虽然在实行分业经营模式的几年中，金融秩序得到规范，金融风险得到降低，金融业得以稳定发展，但在全球经济金融一体化、自由化、多元化的大环境中已经开始显现弊端：一是传统的存贷款业务在银行收入中所占比例已经越来越小，证券、保险、信托和衍生金融业务则成为了国际银行的主要发展方向。世界金融发展格局的变化已经开始威胁到中国分业经营的制度。二是现有的分业经营模式分离了资本市场和货币市场的融通渠道，不利于金融业的规模经营和国际竞争力的提高。三是网络经济的迅猛发展要求金融服务多元化。网络减弱了空间和国别概念，加速了金融全球化的脚步，对中国的分业经营模式提出了严峻的挑战。

因此，中国金融若想在严峻的国际形势中实现快速稳定健康发展，必定要在未来突破现有的分业经营模式，在学习各国模式的同时，创造出符合中国国情的新型模式，而有限综合经营模式将是未来十年中国金融模式的方向。

有限综合经营模式，即适度地采取综合经营制度，允许商业银行等金融机构渐进稳步地引进金融控股公司制度，对不同业务发放单独经营牌照，并对控参股作出一定限制，遵循法人独立、集团综合的经营模式。

中国选择金融控股公司是因为：一是从各国发展经验来看，以德国为首的全能银行模式是在综合经营贯穿始终的环境中发展的，是整合度最高的金融跨业经营形态，需要高度成熟的金融环境。而以美、英、日为首的金融控股公司模式则是在由分业经营转变为综合经营的过程中产生的，是两种模式平滑过渡的最佳方式，也是最符合我国国情的模式。二是从法律角度来看，目前我国法律规定不允许在同一机构内进行银行、证券、保险等业务交叉，但对于金融控股公司却未作出规定。我国现在已经有中信、平安和光大等一些大型金融集团开始具有金融控股公司的特征。

目前，我国金融市场发展还不够完善，金融法律制度还不够完备，金融机构还不够规范，金融监管制度经验仍旧不足，因此，应采取循序渐进的方式过渡到纯粹型金融控股公司模式。

2. 国民经济发展过度依赖间接融资是我国金融体系的特点和主要矛盾

截至 2011 年底，我国银行系统中居民储蓄存款高达 34.7 万亿元，银行短期贷款 21.7 万亿元，以 2012 年 7 月 6 日调整后的存贷款一年期基准利率来看，存贷款利差为 3 个百分点，而国际上平均的存贷款利差通常在 2 个百分点左右，如此高利差政策实际上是对银行业的变相补贴政策，不利于传统商业银行的战略转型。与此同时，商业银行自愿存放在央行的超额存款准备金比率也高达 2.87%。上述情况表明整个银行系统流动性非常充裕，但资源配置效率不高。

另一方面，我国国民经济的发展长期过度依赖银行贷款间接融资，直接融资渠道尚不完善。2011 年全年，我国股票、债券等直接融资占全部非金融企业外部融资的比重仅为 22%，银行贷款在企业融资中的比重高达 78%。与我国长期过度依赖银行系统和间接融资不同，世界发达国家直接融资比重多在 50%以上，美国更是高达 60%左右。过度依赖间接融资已经成为制约我国未来经济金融转型和长期可持续发展的重要因素之一。我国银行资产与 GDP 的关系可见表 1—7。

表 1—7　　我国银行资产与 GDP 的关系，2003—2012 年

年份	2003	2004	2005	2006	2007	2008	2009	2010	2011	2012
银行总资产（BA，10 亿元）	27 658	31 599	37 470	43 950	52 598	62 391	78 769	94 258	113 287	133 622
GDP（10 亿元）	13 582	15 988	18 494	21 631	26 581	31 405	34 090	40 151	47 310	51 947
BA/GDP（%）	203.6	197.6	202.6	203.2	197.9	198.7	231.1	234.8	239.5	257.2

资料来源：银行业监督管理委员会，国家统计局。

3. 从间接融资为主向直接融资为主过渡是我国金融体系转型发展的趋势

国际经验表明，直接融资为主的金融体系正日益取代间接融资为主的金融体系，其中美国和日本近半个世纪以来金融市场发展的经验教训最值得借鉴。美国拥有发达的资本市场，形成了以科技产业、风险投资和资本市场相互联动的一整套发现和筛选机制，这对促进美国经济结构的转型，实现可持续增长起到了关键性的作用。而日本长期以来依赖以商业银行为主导的间接金融体系，从 20 世纪 80 年代末开始，凸现出非市场化金融资源配置的弊病，使得经济陷入困境，迄今未能走出低谷。美国、日本和其他国家的经验教训表明，一个发达的资本市场有利于提高企业的现代化管理水平和自主创新能力，推动高科技产业的发展，增强经济的弹性和抗风险能力，实现经济的可持续发展。

我国自改革开放以来，经过30多年的发展，初级消费带动的增长已经发展到了一个相对饱和的阶段。如何建立能够有效支撑中国经济在未来几十年的持续增长，能够不断发现并推动新的经济增长点，并引导中国经济不断向高附加值的产业升级的金融体系，是一个迫在眉睫的问题。伴随着股权分置改革，我国资本市场出现了转折性变化，资源配置效率大幅度提高。未来，以资本市场为核心的直接融资体系将逐渐发挥出应有的功能。2001—2012年我国资本市场的发展情况从表1—8中可见。

表1—8　我国资本市场的发展，2001—2012年

年份	2001	2002	2003	2004	2005	2006	2007	2008	2009	2010	2011	2012
上市公司市值（EMC，10亿元）	4 337	3 833	5 638	5 295	6 398	19 346	47 367	19 402	34 202	32 246	21 909	23 324
EMC/GDP（%）	40.0	31.9	41.5	33.1	34.6	89.4	178.2	61.8	100.3	80.3	46.3	44.9

资料来源：国家统计局。

国际经验表明，一个发达有效的资本市场将对一国经济和社会的发展起到积极的推动作用。未来，资本市场的发展对于我国经济效率的提升、经济结构的调整、经济和金融安全性的提高以及社会保障体系的建设都将起到举足轻重的作用。首先，将有助于实现金融资源的优化配置，促进社会财富的增长，从而有利于社会的稳定与和谐。其次，有助于调整产业结构与区域结构，促进国民经济整体结构的优化；有利于引导投资布局的调整，促进技术的扩散和转移，有效地拉动落后地区的发展；农产品期货市场的发展也将有助于变革农业生产与经营方式，促进社会主义新农村建设。第三，将有效地改善我国金融体系的结构，增强我国经济抵御未来各种内外部冲击的能力，实现经济的可持续发展。第四，将使广大的投资者通过参与资本市场投资，共同分享经济发展的成果，并大力支持社会保障体系的建设，实现社会和谐发展。

与此同时，资本市场的发展也将引导我国金融体系从间接融资为主向直接融资为主过渡。一方面，随着经济发展，居民消费及投资意愿不断提高，出于安全性动机的储蓄意愿则会随之降低，而出于保值增值动机的投资意愿随之提高；另一方面，资本市场上资本配置是由各个分散的主体进行分散决策决定的，与银行系统中资金配置由银行集中决策相比效率更高、资源配置更合理，因此企业将更多地采用直接融资方式。在居民储蓄意愿和企业资金需求两方面共同变化的带动下，我国金融体系从目前过度依赖间接融资向直接融资转化的速度将不断加快，并最终形成以市场化资源配置为核心的现代金融体系。

1.4　发达国家的金融体系

1.4.1　美国金融体系的历史变化

世界各国的金融体系各有特点，但主要表现为两大类，一类以发达的金融市场为主体，另一类以银行为主体，分别以美国和德国为典型代表。此外，日本、法国传统上是银行为主的体制，但是近年来金融市场发展很快，而且作用越来越大；加拿大与英国的金融市场比德国发达，但是银行部门的集中程度高于美国。本节就美、德两个国家金融体系的历史和发展状况做简要介绍。

1. 美国金融业分业管理的历史

自19世纪中期以来，美国金融业的业务管制经历了几个阶段。早期的商业银行与投资银行有着明确的分工，1863年的《国民银行法》（National Bank Act）禁止联邦注册的银行从事与公司股票、债券相关的业务。但是随着美国工业化的迅速发展和企业融资需求的增长，许多大银行（例如花旗银行的前身纽约国民城市银行）通过设立州注册的附属机构，绕开政府管制，从事证券承销活动。到1927年，银行承销的有价证券已经占企业有价证券承销总量的30%。因此，货币监管局（OCC，即联邦注册银行的监管当局）放松了对国民银行介入证券活动的限制。但是1932—1933年全面而深刻的大危机之后，人们对自由竞争的金融市场的优点产生了怀疑，1932年成立的帕科勒委员会（Pecora Commission）在调查大危机的原因时认为，商业银行业务和投资银行业务的混合引起了严重的利益冲突的欺诈行为，是主要的原因。尽管近年来有很多研究指出这种指责有失偏颇，但在当时却导致了《1933年银行法》的诞生，即著名的《格拉斯-斯蒂格尔法案》。[①] 该法第16条和第21条限制商业银行和证券公司相互直接从事对方的业务，第20条和第32条限制两者通过各自的附属机构相互从事对方的业务。当然，该法也没有完全禁止银行从事有价证券业务，第一，银行可以继续承销国债（因此，大通银行在国债市场上一直是大证券公司的强有力的竞争者）；第二，可以继续承销市政债券；第三，可以参与各种有价证券的私募。

继《格拉斯-斯蒂格尔法案》之后，美国国会又相继颁布了《1934年证券交易法》、《投资公司法》等一系列法案，逐步形成了金融分业经营制度。1956年美国国会又通过了《银行控股公司法》，堵塞了银行业控股公司持有证券机构股份来间接从事证券业的漏洞，并进一步隔离了商业银行和投资银行业务，防止银行资源过度集中。1970年《银行控股公司法》（《银行控股公司道格拉斯修正案》）得到了进一步的修正。1987年，国会通过了《银行公平竞争法》堵塞了《格拉斯-斯蒂格尔法案》的另一个漏洞，即通过设立“非银行业银行”[②] 来间接从事银行业。美国有关金融体系的重大金融法律变革可见表1—9。

表1—9　美国有关金融体系的重大金融法律变革

年份	法案	主要内容
1933	《格拉斯-斯蒂格尔法案》	禁止银行与证券公司形成关联企业
1956	《银行控股公司法》	规范单一或多元银行控股公司；限制其从事保险业务
1970—1986	《Y规则修正案》	联储允许银行控股公司拥有投资顾问与经纪附属公司
1987	《银行公平竞争法》	禁止通过设立“非银行业银行”来间接从事银行业
1987—1989	《联储行政命令》	联储允许银行控股公司设立“第20条附属公司”，对证券业务收入比重限制由5%提高到10%

① 美国《1933年银行法》除了严格限制商业银行和证券业务经营外，还禁止对活期存款付息，规定联储有权对银行存款利率设置上限，以及设立存款保险制度。由于该法综合了众议员斯蒂格尔关于建立联邦存款保险的法案和参议员格拉斯关于银行与证券业分离的法案，因此又称为《格拉斯-斯蒂格尔法案》。

② “非银行业银行”是一种古老的美国传统银行形式，它们的业务范围仅限于提供消费信贷，而不包括商业信贷和营业信贷，美国的某些大公司曾意图通过收购或设立这种“非银行业银行”来达到间接从事银行业的目的。

续前表

年份	法案	主要内容
1996—1997	《Y 规则修正案与联储行政命令》	将“第 20 条附属公司”证券业务收入比重提高到 25%

资料来源：*The Economist*，“The wall falls”.

总体来看，美国金融机构的分业经营与管理在主要发达国家中，除日本以外（日本战后的金融体系模仿美国而建立），是最为严格的，很多研究认为，这种状况不但影响了美国金融体系的效率，而且影响了其银行部门的国际竞争能力，因而面临改革的压力。

2. 混业经营的重新确立

美国不断完善的分业制度虽然在一定程度上稳定了金融秩序，但随着经济形势的变化和金融环境的变迁，美国的分业制度面临多方面的挑战。一是高通胀与利率上限的矛盾。市场利率上升，而银行利率又受《Q 条例》上限的限制，最终导致银行资金大量流向金融市场，银行利润急剧下降，使银行业向证券业渗透的冲动难以抑制。二是美国金融业受到外国银行全面金融业务的竞争压力。由于分业经营，造成美国银行规模小，数量多，业务单一，规模效益难以实现，因此面对欧洲和日本的全能银行，美国银行缺乏竞争力。三是 20 世纪 70 年代后的金融创新浪潮不断，金融业国际化趋势加快。金融创新不断地冲破了人为因素和自然因素所形成的市场分割，使得不同融资工具、技术和服务之间的差别缩小，不同金融产品和服务之间的替代性增大，银行业、证券业、保险业之间的联系越来越紧密，其界限也日益模糊，严格区分不同金融业务已相对困难。

美国为了顺应这种金融产业日益融合的趋势，提高本国金融业的国际竞争力，从 20 世纪 80 年代初就开始了金融管制放松的进程，逐步改变了各金融机构的业务经营范围。1987 年 4 月，美联储对《格拉斯-斯蒂格尔法案》的第 20 条款进行了重新的解释①，允许一些大银行如花旗银行、摩根等通过建立第 20 条款附属公司的方式开展某些“不合格”证券业务，其中包括承销商业票据、某些市政收入债券、抵押担保债券和资产支持证券。1989 年美联储批准银行的第 20 条款附属公司可以经营公司的债券承销、买卖业务（摩根为第一家，而商业银行的大规模进入是在 1991 年），在 1990 年又允许部分银行经营公司股票承销业务。在随后的十年中，美国有数十家金融机构先后开展了证券业务，大大提高了美国商业银行的竞争力。在 1996 年，通货监理署决定允许银行直接通过经营性附属公司的形式开展非银行业务②，这引起了广泛的争论。1997 年美联储在放松银行业务方面又进行了实质性的改革，部分取消了 1987 年和 1989 年所建立的“防火墙”限制，于是商业银行逐渐开始在市场上通过直接收购投资银行，并将其转为美联储所规定的第 20 条款附属公司的方式来经营证券业务，显然这要比直接新建一家投资银行快得多，且更能获得专业化的经营与管理经验。

1999 年 11 月 4 日美国参众两院通过的 1999 年《金融服务现代化法案》，推翻了 1933 年制定的《格拉斯-斯蒂格尔法案》，彻底拆除了银行、证券和保险业之间的藩篱，允许商

① 即《联储行政命令》。

② 即《Y 规则修正案与联储行政命令》。

业银行以金融控股公司形式从事包括证券和保险业务在内的全面金融服务，实行混业经营。《金融服务现代化法案》结束了美国长达66年之久的金融分业历史，当时的总统克林顿称这一变化“将带来金融机构业务的历史性变革”。该法案的通过对全球都将产生深刻影响，这意味着在美国最早实行，并传播到世界各地从而对国际金融格局产生了重大影响的金融分业经营制度走向终结，并揭示了金融业混业经营的新纪元。

表1—10显示美国主要类型的金融机构近半个世纪来所提供的服务产品的变化，从中可以看出，美国金融机构的服务内容与面临的风险日益趋同。

表1—10　　美国金融服务业提供的产品（1950年与2009年）

机构	支付服务		储蓄产品		信托产品		贷款				承销				保险与风险类产品	
							商业		消费		股票		债券			
存款机构	Y	Y	Y	Y	Y	Y	Y	Y	Y	Y		Y		Y		Y
保险公司		Y	Y	Y		Y	#	Y		Y		*		*	Y	Y
金融公司		Y		Y		Y	#	Y	Y	Y		*		*		Y
证券公司		Y	Y	Y	Y	Y		Y		Y	Y	Y	Y	Y		Y
养老基金			Y	Y		Y		Y		Y						Y
共同基金		Y	Y	Y		Y										

注：(1) 每项业务下的左栏表示1950年，右栏表示2009年；(2) Y表示可以提供；#表示可以有限涉及；*表示可以通过附属机构提供。

在新金融服务法案框架下，银行、证券公司、保险公司以及从事金融服务的其他企业可以相互构建关联企业（affiliations）（但是原则上金融控股公司仍禁止持有商业性公司的股权）。原有的银行控股公司可以转变为金融控股公司（需要经过联储审批），但其业务仍受原有法律限制；联邦注册的银行需要向财政部通货监管署申请持有或控股金融子公司（financial subsidiaries），以扩大业务经营范围，但是不包括保险承销、房地产开发或投资等风险较高的业务；金融子公司的资产总额不得超过母银行合并资产的45%或500亿美元。至于证券公司和保险公司，根据该法仍然禁止持有银行子公司。

从表1—11可以看出，20世纪90年代以来，美国金融市场一直处于蓬勃发展的阶段，其中在2008年更是达到巅峰，市值接近20万亿美元。可以肯定的是，《金融服务现代化法案》生效后，美国金融控股公司数量明显增加。首先，从事保险业务的金融控股公司数量有所增长。数据显示，2000—2003年，从事保险承销的金融控股公司数量由11个增至26个，从事证券业务的金融控股公司数目也有一定增长。但在新成立的600多家金融控股公司中，除了花旗、摩根大通等少数大型金融控股公司外，大部分是资产低于10亿美元的小型银行控股公司，这些公司通常并未开展证券和保险业务。据美联储统计，截至2004年年底，美国共有644家金融控股公司，其中从事证券承销和买卖的数量不足9%；从事保险承销的只有5%，从事保险代理的达25%。从总体上看，大部分小型金融控股公司并未真正从事法案允许的新业务，保险代理成为大量小型金融控股公司从事最多的新业务。总之，虽然在法律的许可下，美国金融控股公司数量和资产规模有所增加，但混业经营比例仍然有限，独立投行在美国资本市场中仍居领导地位。

表 1—11　　美国资本市场的发展，2001—2011 年

年份	2001	2002	2003	2004	2005	2006	2007	2008	2009	2010	2011
上市公司总市值（EMC，10 亿美元）	13 854	11 098	14 266	16 324	16 971	19 426	19 947	11 738	15 077	17 139	15 641
GDP（10 亿美元）	10 234	10 590	11 089	11 798	12 564	13 315	13 962	14 219	13 898	14 419	14 991
EMC/GDP（%）	135.4	104.8	128.7	138.4	135.1	145.9	142.9	82.6	108.5	118.9	104.3

资料来源：世界银行。

3. 2007 年金融危机之后的探索

在 2007 年金融危机前，独立投行在多年分业经营期间所形成的优势似乎仍是难以动摇的，仍然把持着美国和全球资本市场的领导地位。由次贷危机引发的新一轮金融危机中，5 大投资银行①危机使得美国独立投行模式难以为继，未来这些投资银行将在银行控股公司旗下经营，这是美国银行业发展一个重要的转折点。美国独立投资银行转型为全能银行（或银行控股公司）后，其经营模式将发生重大改变：第一，它们被商业银行收购或者通过银行控股公司并购后，可以利用商业银行机构吸收存款、利用美联储的贴现窗口等多种融资方式，使得融资渠道多样化，融资成本将大大降低，从而将改变其融资模式的缺陷。第二，由于受《巴塞尔新资本协议》最低资本充足率的限制，其高风险的业务投资模式、过度负债的经营模式将发生改变。第三，它们将接受美国证券交易委员会、美联储等多家政府监管机构的监管，保证其稳健经营。从表 1—12 可以看出，在金融危机之前，美国银行总资产一直缓慢增加，但是金融危机之后，银行总资产规模增加幅度变大。

表 1—12　　美国银行资产与 GDP 的关系，2001—2011 年

年份	2001	2002	2003	2004	2005	2006	2007	2008	2009	2010	2011
银行总资产（BA，10 亿美元）	6 455	6 990	7 360	8 072	8 808	9 790	10 876	12 404	11 768	11 870	12 578
BA/GDP（%）	63.1	66.0	66.4	68.4	70.1	73.5	77.9	87.2	84.7	82.3	83.9

资料来源：世界银行。

此外，导致 2007 年次贷危机的根源还在于美国过分地追求完全自由市场竞争的经济体制。为了加强金融管制，2009 年美国政府公布了美国金融监管改革方案，该方案的本质是将美国政府的金融监管权力和结构重新整合：美联储的监管职能将显著扩充，监管范围由商业银行扩展到投资银行、经纪公司和对冲基金，以加强对混业经营的监管；成立金融服务监管委员会，以监视系统性风险，同时促进跨部门合作；成立全国银行监管机构，以监管所有拥有联邦执照的银行；撤销储蓄管理局及其他可能导致监管漏洞的机构，避免部分吸储机构借此规避监管；建立消费者金融保护局，以保护消费者不受金融系统中不公平、欺诈行为损害。长期而言，美国金融监管体系可能从伞形监管向英国、德国等的统一监管（功能监管）转变，从而建立一个更加有利于金融稳定的监管体系。在 2010 年 7 月，美国总统巴拉克·奥巴马（Barack Obama）将大萧条时期以来规模最大的金融监管体系全面整改法案签署为正式立法——《多德-弗兰克华尔街改革和个人消费者保护法案》

① 高盛集团、摩根士丹利、美林、雷曼兄弟公司和贝尔斯登公司。

(Dodd-Frank Wall Street Reform and Consumer Protection Act)，法案规定将对美国最大型银行征收新的费用，对其业务活动加以限制；并对总额 450 万亿美元的衍生品市场实施新的限制。

美国的混业经营体制自 1999 年由《金融服务现代化法案》确立至今，其市场特征由当初的商业银行为了追逐利润、争夺市场进军投资银行等非传统业务，逐渐转变为当前的投资银行回归商业银行怀抱。《多德-弗兰克华尔街改革和个人消费者保护法案》作为大萧条以来美国金融体系最大胆也是最彻底的一次改革，是否能达到预期效果还需要市场和时间的检验。

1.4.2 德国金融体系的历史变化

德国金融体系的一个特色就是全能银行制度。全能银行是“能够从事除发行货币和抵押债券以外的所有金融业务”的银行机构。换言之，与所谓的分业体制下的专业性银行不同，全能银行的特点是不局限于任何一种特殊的业务，例如吸收存款、提供信用贷款或长期融资等。相反，全能银行能够参与所有提供货币和资本的活动：包括吸收存款、发放各种期限的贷款、发行债券、参与企业业务活动，从事货币、股票以及各种有价证券的交易等。

1. 德国全能银行制度形成历史

德国综合性银行制度传统可追溯到 19 世纪 50 年代，当时德国相继出现了以股份制银行、储蓄银行、合作银行、抵押银行为主体，各自分工服务于不同领域的银行体系。如股份制银行和个体私营企业主要服务于工业经济领域；合作银行与储蓄银行主要负责中小型加工企业、商业和农业领域；抵押银行则主要服务于工业中心的城市建设。1864 年普鲁士政府将柏林的皇家银行转变为普鲁士银行，并赋予它发行纸币的权力，这成为德国银行朝着现代方向发展的标志。到 1870 年前后，工业化的加快对银行长期资金的需求日益增加，加上德国政府对银行提供全面金融业务的鼓励和支持，使德国银行业务迅速从传统的金融业务拓展到包括证券、保险等各种新兴业务上。同时，德国银行通过兼并、合并等方式向大银行、综合型银行发展。

第二次世界大战期间德国银行业遭到严重破坏，战后被迫实施美国式分业经营制度。德国在 1957 年以前实行的是两级中央银行体制，战后德国在法兰克福设立了德意志诸州银行，后改为国家中央银行，在其他各州设立州一级的中央银行。1957 年，颁布了《德意志联邦银行法》，废除了两级中央银行体制，在合并、改组州中央银行的基础上，建立了统一的中央银行——德意志联邦银行。尽管各州中央银行仍然保留了自己的名称，但实质上已失去了独立性，成为德意志联邦银行的分支机构。该法详细规定了联邦银行的法律形式、任务、组织机构、与联邦政府的关系、货币政策权限、业务范围、年度决算、利润分配、报表制度等内容。其最大的意义在于，为世界塑造了一个崭新的和极具独立性的中央银行。德国商业银行是全能银行的代表，德意志银行、德累斯顿银行和德国商业银行是德国最大的三家银行。这三家银行为企业提供短期、长期贷款，证券承销，财务咨询等全方位金融服务；为个人提供储蓄、消费信贷、保险产品、证券买卖等一系列产品与服务。三家银行中，德意志银行集团拥有自己的保险公司，另外两家也都与保险公司结成战略联盟。至此，德国金融制度经历了从混业经营到被迫分业经营再到重新混业经营的变迁过程。德国银行资产与GDP的关系可见表1—13。

表1—13　德国银行资产与GDP的关系，2001—2011年

年份	2001	2002	2003	2004	2005	2006	2007	2008	2009	2010	2011
银行资产（BA，10亿美元）	3 873	4 103	4 958	5 602	5 804	6 175	7 061	7 779	7 064	7 992	8 653
GDP（10亿美元）	1 881	2 007	2 424	2 726	2 766	2 903	3 324	3 624	3 299	3 259	3 601
BA/GDP（%）	205.9	204.4	204.5	205.5	209.8	212.7	212.4	214.7	214.1	245.2	240.3

资料来源：世界银行。

2. 德国全能银行为主的金融体系框架

德国混业经营制度是以全能银行对社会大众进行服务供给，又通过一系列专业性银行和特殊信贷机构加以补充为特点的。全能银行是可以提供包括商业银行业务、证券投资业务在内的全套金融服务的综合性银行。全能银行又可以分成商业银行、储蓄银行和合作银行三大种类商业银行，包括大银行、地区性银行和其他商业银行、外国银行分行以及私人银行等。较全能银行，德国专业银行只能提供专项服务，包括抵押按揭银行、基建信贷联合会、投资公司、德意志清算代理处以及具有其他职能的银行。同时还有特殊职能银行，比如复兴信贷银行、出口信贷银行等。准银行机构包括财务公司、保险公司、租赁公司、信用卡公司、投资顾问公司等，以及由非银行机构主办的提供融资服务的公司。此外，还有邮政汇划和邮政储蓄机构等。德国金融体系框架可参见图1—8。

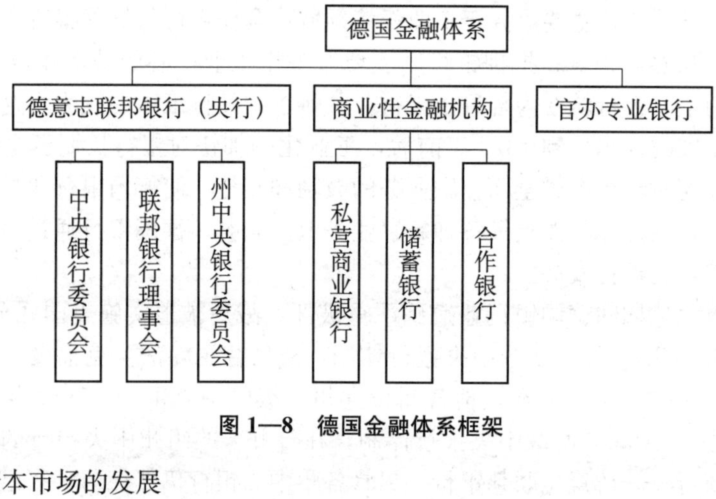

图1—8　德国金融体系框架

3. 德国资本市场的发展

从表1—14可以看出，20世纪90年代以来德国的资本市场取得了巨大的发展。其主要原因在于：

首先，在二战以后欧洲经济一体化不断发展的背景下，欧洲的金融与证券市场也在不断整合。欧洲除英国以外，基本都采用全能银行制，而且是单一核准制度，即在一个国家获得银行执照，在另一欧盟国家开设分行无需另行申请。同时通过了以投资服务法为核心的证券市场法律法规，促进了资金在欧盟范围内的自由流动。欧盟要求各国的年度财政赤字不得超过GDP的3%，国债余额不得超过GDP的60%，从而为高福利的德国进行财政

改革提供了必要的外在压力，也减少了内部的阻力。对银行来说，货币统一虽然减少了外汇兑换的收益，但是增加了经营范围和机会；对企业来说，经济统一加剧了竞争，各国企业为了确保自己的经营安全，纷纷通过并购扩大规模。总之，经济金融的一体化促进了企业和金融部门的竞争。

表 1—14　　德国资本市场的发展，2001—2011 年

年份	2001	2002	2003	2004	2005	2006	2007	2008	2009	2010	2011
上市公司总市值（EMC，10 亿美元）	1 072	690	1 079	1 194	1 220	1 637	2 104	1 109	1 297	1 429	1 185
EMC/GDP（%）	57.0	34.4	44.5	43.8	44.1	56.4	63.3	30.6	39.3	43.8	32.9

资料来源：世界银行。

其次，德国政府为了促进资本市场的发展，分别在 1990 年、1994 年、1998 年和 2001 年颁布四个《资本市场振兴法案》，第一次法案废除了有价证券交易税，促进了证券市场信息系统等基础设施的建设；第二次法案强化了证券结算功能，并对内部交易等作出明确的法律规定，从而提高了市场的透明度；第三次法案对公司的组织形式进行改革，修订了公司治理的法律；第四次法案强调投资者保护和市场交易的效率，旨在从根本上增强德国在国际金融和资本市场上的竞争能力。与此同时，对证券交易投资者大幅提高了税收优惠。2003 年 3 月，德国联邦政府再度发布《2006 年金融市场强化方案》，旨在将德国发展成为一个极具竞争力的现代化金融中心并重获投资人的信心，以吸引国际投资者。

从机构的角度看，德国最大的商业银行德意志银行为了与美国的投资银行竞争，目前正逐步将零售业务转交给附属子公司，将自己持有的公司股票转交给附属资产管理公司，而德意志银行本身则逐步向专业化的投资银行转变。

☞专栏 1—1

华尔街模式行将终结？——从金融危机起因看两种金融体系的比较

从世界范围来看，可以把不同国家的金融体系分为两类：银行导向型金融体系和市场导向型金融体系，从微观金融的角度来看，两种金融体系分别对应了两种银行经营机制：全能型银行和分离型投资银行体制。次贷危机爆发后，作为直接冲击的受害者，美国前五大证券公司中雷曼破产，贝尔斯登、美林被收购，摩根、高盛也转型为银行控股公司。人们开始质疑独立投行模式，华尔街模式走向尽头是否意味着分业经营时代的终结？

一、金融危机的起因

表面上看，次贷危机的成因主要是投资银行的介入使得次贷市场超常规发展，而众多的衍生产品掩盖了潜在的风险，最终在标的资产——房价的下跌下，按揭违约风险大量增加，演变为金融危机。但是究其原因，我们认为是投资银行从商业银行体制中分离出来的这种机制，使得分离型的投资银行的行为发生了“异化”，具体如下：

(1) 过度依赖杠杆和负债经营。投资银行可以不直接受到《巴塞尔资本协议》的约束，能够用比商业银行高得多的资本杠杆倍数进行高负债经营，比如美林的杠杆倍数从 2003 年的 15 倍飙升至 2007 年的 28 倍。当市场逆转后，大规模的冲销使得银企投资者对华尔街的信心丧失，负债转化为流动性风险，危机就不可避免。

(2) 风险控制忽视系统性风险。华尔街的投资银行虽然在风险控制管理的组织架构上已非常完备，但是风险控制措施往往与业务部门的盈利性要求发生抵触，往往投行的高官们更倾向于与把盈利置于风控之上。

(3) 对投资银行产品创新监管不足。政府忽视了金融市场和房地产市场繁荣背后暗藏的风险危机，对金融衍生品的创新和创造，监管部门完全采取了放任的态度。

二、分离型银行与全能型银行体系的比较

投资银行与全能型银行在2007年的次贷危机中表现出了不同的命运。华尔街的前五大投资银行已经集体退出了历史舞台。相比之下，全能型银行虽然受挫，但尚不致“坍塌”，究其主要原因在于全能银行的多元化经营战略，通过传统业务有效弥补了投资银行业务的损失。除了经营战略不同外，这两种金融体系还存在很多差异：

(1) 融资功能的差异。就融资成本来看，因为风险和费用等原因，理论上直接融资成本要大于间接融资成本。就融资效率来看，银行的管制较严格，银行贷款偏向于规模较大的企业，对新兴产业的支持不足，而证券市场则通过分散的投资者的不同风险偏好和盈利要求可以实现对企业的长期融资，对各类企业的发展都有较大的融资优势。这一点从美国20世纪末的信息产业发展速度远超德国就可见一斑。

(2) 两种金融体系对信息的利用各有所长。在市场导向型金融体系（如美国）中，往往具有充分、透明的信息披露机制，能产生大量的公共信息。但金融中介与企业的长期关系意味着金融中介可以获得大量私人信息，可以使资源更好地进行配置。但是，银行代理也有缺陷，那就是银行一旦拥有大量的企业私人信息，就有信息租金的可能性，此外，银行为规避风险很可能打击企业投资新项目的积极性。

(3) 全能型银行在风险管理方面具有比较优势。金融市场允许投资者根据自己的风险承担能力进行投资组合，在分散非系统性风险方面具有优势，而银行则可以通过跨期平滑分散系统性风险。而市场导向型的金融体系难以规避系统性风险，这也正是本次金融危机爆发的理论基础。

三、两种金融体系比较的启示

阶段反复是美国金融危机后的金融体系发展特征。两种金融体系在各种不同的功能上各有千秋，在经济高速发展阶段，往往需要新兴产业的带动和支撑，而银行导向型的金融体系缺乏长期融资的意愿，所以新兴产业融资需要依赖证券市场，市场主导型的金融体系占据优势。然而，一旦新兴产业随着产业周期进入成熟甚至衰退阶段，实体经济所需资本已可由银行融资获得，在下一个新兴产业还没有出现的时候，金融市场中的虚拟资本会大大超出实体经济的需要形成泡沫，最终泡沫破灭产生金融危机。按照历次金融危机的发展规律，经济恢复需要2～3年甚至更长的时间，在这段时期，加强监管的全能银行无疑将是危机后美国金融体系的趋势。这一趋势可能伴随着金融危机影响的彻底结束，以及以新能源为创新技术衍生的第五波康德拉基耶夫长周期的开始而再次终结。届时，华尔街模式也许会迎来又一个神话。

资料来源：根据于旭辉、蒋健蓉：《华尔街模式行将终结？——从金融危机起因看两种金融体系的比较》整理而得。

1.5 国际金融体系及其发展

国际金融体系是指调节各国货币在国际支付、结算、汇兑与转移等方面所确定的规则、惯例、政策、机制和组织机构安排的总称。国际金融体系是国际货币关系的集中反映，它构成了国际金融活动的总体框架。在市场经济体制下，各国之间的货币金融交往都要受到国际金融体系的约束。

国际金融体系是随着国际经济交往的不断扩大而产生与发展的。由于各国之间商品劳务往来、资本转移日趋频繁，速度也日益加快，这些活动最终都要通过货币在国家间进行结算、支付，因此，就产生了在国际范围内协调各国货币关系的要求。国际金融体系正是在协调众多国家货币制度、法律制度及经济制度的基础上形成的。

1.5.1 国际金融体系的主要内容

1. 国际收支及其调节机制

即有效地帮助与促进国际收支出现严重失衡的国家通过各种措施进行调节，使其在国际范围能公平地承担国际收支调节的责任和义务。

2. 汇率制度的安排

由于汇率变动可直接地影响到各国之间经济利益的再分配，因此，形成一种较为稳定的、为各国共同遵守的国家间汇率安排，成为国际金融体系所要解决的核心问题。一国货币与其他货币之间的汇率如何决定与维持，一国货币能否成为自由兑换货币，是采取固定汇率制度，还是采取浮动汇率制度，或是采取其他汇率制度等等，都是国际金融体系的主要内容。

3. 国际储备资产的选择与确定

即采用什么货币作为国家间的支付货币；在一个特定时期中心储备货币如何确定，以维护整个储备体系的运行；世界各国的储备资产又如何选择，以满足各种经济交易的要求。

4. 国家间金融事务的协调与管理

各国实行的金融货币政策，会对相互交往的国家乃至整个世界经济产生影响，因此如何协调各国与国际金融活动有关的金融货币政策，通过国际金融机构制定若干为各成员国所认同与遵守的规则、惯例和制度，也构成了国际金融体系的重要内容。

1.5.2 国际金融体系的发展与作用

从历史的发展过程来看，现代国际金融体系大致经历了三个发展阶段，每个阶段均有一定特点的主体金融体系。

第一阶段：国际金本位时期（1816 年—第一次世界大战爆发）

1. 金币本位制（gold specie standard）

这是金本位货币制度的最早形式，亦称为古典的或纯粹的金本位制，盛行于 1880—1914 年间。在该制度下，各国政府以法律形式规定货币的含金量，两国货币含金量的对比即为决定汇率基础的铸币平价。黄金可以自由输出或输入国境，并在输出入过程中形成铸币—物价流动机制，对汇率起到自动调节作用。这种制度下的汇率，因铸币平价的作用和受黄金输送点的限制，波动幅度不大。金本位制，就狭义理解，即指该种货币制度。

2. 金块本位制（gold bullion standard）

这是一种以金块办理国际结算的变相金本位制，亦称金条本位制。在该制度下，由国家储存金块，作为储备。流通中各种货币与黄金的兑换关系受到限制，不再实行自由兑换，但在需要时，可按规定的限制数量以纸币向本国中央银行无限制兑换金块。可见，这种货币制度实际上是一种附有限制条件的金本位制。

3. 金汇兑本位制（gold exchange standard）

这是一种在本国不直接实行金块本位制或金币本位制的国家，准许本国货币无限制地兑换外汇（实行金块或金本位制国家的货币）的金本位制。在该制度下，国内只流通银行券，银行券不能兑换黄金，只能兑换实行金块或金本位制国家的货币，国际储备除黄金外，还有一定比重的外汇，外汇在国外才可兑换黄金，黄金是最后的支付手段。实行金汇兑本位制的国家，要使其货币与另一实行金块或金币本位制国家的货币保持固定比率，通过无限制地买卖外汇来维持本国货币币值的稳定。

第二阶段：布雷顿森林体系（1945—1973 年）

两次世界大战期间，尤其是金本位制崩溃后的一段时期，国际货币制度极其混乱和动荡不安，严重破坏了国家间正常的贸易和货币金融关系。一些国家为了各自的政治经济利益，竞相实行以邻为壑的货币贬值、外汇管制等政策，对世界经济和金融关系产生了极其不利的影响。这一切都使人们增强了对以往金本位制和固定汇率制的向往，希冀重建统一的国际货币体系，实现有效的国际经济合作，改变受战争影响的动荡不安的国际货币金融关系。1944 年 7 月，联合国 44 个成员国于美国新罕布什尔州的布雷顿森林召开了“联合国货币金融会议”，签订了《国际货币基金协定》（以及《国际复兴开发银行协定》），这个协定基本上采纳了怀特提出的美国方案，布雷顿森林体系（Bretton Woods System）由此建立。

该体系的内容主要有以下几个方面：

1. 国际金融机构

根据布雷顿森林协定，设立国际货币基金组织和国际复兴开发银行。前者的宗旨在于稳定汇率，协助成员国改善国际收支，后者的宗旨在于以低利率长期贷款，协助推动成员国的经济发展。

2. 国际储备体系

布雷顿森林体系确定了以黄金为基础，以美元为国际主要储备货币，即所谓的美元与黄金挂钩，其他国家货币与美元挂钩的原则。“双挂钩”通常被视作布雷顿森林体系的两个支柱。

3. 固定汇率制

在汇率机制上，布雷顿森林体系采取了固定汇率制。IMF 规定成员国的货币含金量一经确定，就不得随意变动。成员国在进行即期外汇交易及黄金买卖时，汇率和金价的波动幅度不得超过法定汇率和金价的上下各 1%（超过该界限，有关政府有义务进行干预），使汇率始终保持在一个较为稳定的水平上。只有当国际收支发生根本性不平衡时，才允许贬值或升值，亦即平价经 IMF 同意后才能加以改变。这种体系下的固定汇率制度，亦称可调整的钉住汇率制度。

4. 国际收支调节的安排

当成员国国际收支发生困难时，IMF 通过三种方式帮助成员国渡过难关：一是敦促成员国广泛协商，促进国际货币合作。二是为成员国提供融通资金的便利。发生国际收支逆差的国家需要储备时，可用回购方式取得短期信贷来弥补逆差，即逆差国以本币向基金组织购买一定数额的外汇，并在规定的期限内用所借的外汇购回本币，以此方式来偿还所借的款项。三是规定各成员国实行多边支付与清算，不得限制经常项目的支付，亦不许采取歧视性的货币措施，由此创造平衡国际收支的外在条件。

总之，美元与黄金挂钩，其他国家货币与美元挂钩，保证了二战以后的较长时间里国际货币制度有了一个较为有效和稳定的基础，同时也促进了国际贸易、国际投资和国际经济的迅速发展。

第三阶段：牙买加货币体系（1976 年至今）

布雷顿森林体系崩溃以后，国际金融秩序又复动荡，国际社会及各方人士也纷纷探析能否建立一种新的国际金融体系，提出了许多改革主张，如恢复金本位制、恢复美元本位制，实行综合货币本位制及设立最适货币区等，但均未能取得实质性进展。直至 1976 年 1 月，经过激烈争论，IMF 理事会“国际货币制度临时委员会”在牙买加首都金斯敦达成了“牙买加协议”，同年 4 月，IMF 理事会通过了《IMF 协定第二修正案》，从而形成了新的国际货币体系。

1. 牙买加协议的主要内容

（1）实行浮动汇率制度的改革。

牙买加协议正式确认了浮动汇率制的合法化，承认固定汇率制与浮动汇率制并存的局面，成员国可自由选择汇率制度。同时 IMF 继续对各国货币汇率政策实行严格监督，并协调成员国的经济政策，促进金融稳定，缩小汇率波动范围。

（2）推行黄金非货币化。

协议作出了逐步使黄金退出国际货币舞台的决定。并规定：废除黄金条款，取消黄金官价，成员国中央银行可按市价自由进行黄金交易；取消成员国相互之间以及成员国与 IMF 之间须用黄金清算债权债务的规定，IMF 逐步处理其持有的黄金。

（3）增强特别提款权的作用。

主要是提高特别提款权的国际储备地位，扩大其在 IMF 一般业务中的使用范围，并适时修订特别提款权的有关条款。

（4）增加成员国基金份额。

成员国的基金份额从原来的 292 亿特别提款权增加至 390 亿特别提款权，增幅达 33.6%。

（5）扩大信贷额度，以增加对发展中国家的融资。

2. 牙买加体系的运行

（1）储备货币多元化。

与布雷顿森林体系下国际储备结构单一、美元地位十分突出的情形相比，在牙买加体系下，国际储备呈现多元化局面，美元虽然仍是主导的国际货币，但美元地位被明显削弱了，由美元垄断外汇储备的情形不复存在。德国马克、日元随两国经济的恢复发展脱颖而出，成为重要的国际储备货币。目前，国际储备货币已日趋多元化，ECU① 也被欧元所取

---

① ECU（European Currency Unit）创立于 1978 年，是欧元诞生之前所依托的欧洲货币单位，是由当时欧洲共同体九国货币组成的一个“货币篮子”。ECU 创立时，各国在其中的权重按其在欧共体内部贸易中所占权重及其在欧共体 GDP 中所占权重加权计算，以确定各国货币在 ECU 内占有的权数和金额，并依当天汇率换算各国货币对 ECU 的比价。

代，欧元很可能成为与美元相抗衡的新的国际储备货币。

（2）汇率安排多样化。

在牙买加体系下，浮动汇率制与固定汇率制并存。一般而言，发达工业国家多数采取单独浮动或联合浮动，但有的也采取钉住自选的货币篮子。对发展中国家而言，多数是钉住某种国际货币或货币篮子，单独浮动的很少。不同汇率制度各有优劣，浮动汇率制度可以为国内经济政策提供更大的活动空间与独立性，而固定汇率制则减少了本国企业可能面临的汇率风险，方便生产与核算。各国可根据自身的经济实力、开放程度、经济结构等一系列相关因素去权衡得失利弊。

（3）多种渠道调节国际收支。主要包括：

①运用国内经济政策。国际收支作为一国宏观经济的有机组成部分，必然受到其他因素的影响。一国往往运用国内经济政策，改变国内的需求与供给，从而消除国际收支不平衡。比如在资本项目逆差的情况下，可提高利率，减少货币发行，以此吸引外资流入，弥补缺口。需要注意的是：运用财政或货币政策调节外部均衡时，往往会受到“米德冲突”的限制，在实现国际收支平衡的同时，牺牲了其他的政策目标，如经济增长、财政平衡等，因而内部政策应与汇率政策相协调，才不至于顾此失彼。

②运用汇率政策。在浮动汇率制或可调整的钉住汇率制下，汇率是调节国际收支的一个重要工具，其原理是：经常项目赤字→本币趋于下跌→本币下跌、外贸竞争力增加→出口增加、进口减少→经济项目赤字减少或消失。相反，在经常项目顺差时，本币币值上升会削弱进出口商品的竞争力，从而减少经常项目的顺差。实际经济运行中，汇率的调节作用受到“马歇尔-勒纳条件”以及“J 曲线效应”的制约，其功能往往令人失望。

③国际融资。在布雷顿森林体系下，这一功能主要由 IMF 完成。在牙买加体系下，IMF 的贷款能力有所提高，更重要的是，伴随石油危机的爆发和欧洲货币市场的迅猛发展，各国逐渐转向欧洲货币市场，利用该市场比较优惠的贷款条件融通资金，调节国际收支中的顺逆差。

④加强国际协调。这主要体现在：一是以 IMF 为桥梁，各国政府通过磋商，就国际金融问题达成共识与谅解，共同维护国际金融形势的稳定与繁荣。二是新兴的七国首脑会议的作用。西方七国通过多次会议达成共识，多次合力干预国际金融市场，主观上是为了各自的利益，但客观上也促进了国际金融与经济的稳定与发展。

阅读材料

欧元区谋划金融体系整合

一、欧洲货币一体化的概念

许多学者已经预言，世界货币最终的统一将建立在几大区域性国际货币基础之上，并在广泛的国际协调与制度框架内执行其世界货币的职能。尽管这个过程是漫长的，但这或许是未来国际货币体系演化的趋势。而作为先行者，欧洲货币一体化的作用和意义十分重大而深远。

欧洲货币一体化，是布雷顿森林体系崩溃后国际金融一体化的突出表现与勇敢的尝试。1999 年 1 月 1 日，欧洲货币一体化结出硕果，推出了统一的货币——欧元，这是 20 世纪 70

年代以来国际金融领域最为重要的事件之一。

所谓欧洲货币一体化，是指欧洲经济共同体各成员国在货币金融领域进行合作，协调货币金融关系，最终建立一个统一的货币体系，其实质是这些国家集团为了货币金融领域的多方面合作而组成的货币联盟。这种货币一体化有三个典型特征：

(1) 汇率的统一，即货币联盟成员国之间实行固定汇率制，对外则实行统一的浮动汇率；

(2) 货币的统一，即货币联盟发行单一的共同货币；

(3) 机构的统一，即建立统一的中央货币机构，发行共同的货币，规定有关货币联盟的国家以及保管各成员国的国际储备。

欧洲货币一体化对本区域的国际收支、汇率制度、国际货币管理乃至经济贸易的发展都产生了重大影响。

二、希腊问题引发的欧债危机

2009 年 12 月 8 日全球三大评级公司下调希腊主权评级。2010 年起欧洲其他国家也开始陷入危机，希腊已非危机主角，整个欧盟都受到债务危机困扰。伴随德国等欧元区的龙头国都开始感受到危机的影响，欧元大幅下跌，加上欧洲股市暴挫，整个欧元区正面对成立以来最严峻的考验。

本轮危机暴露出欧元区经济和金融体系深层次的制度性缺陷，即在欧元区内部货币政策由欧洲央行统一行使，而财政政策却由主权国家分而治之。财政政策与货币政策是一个主权国家调节经济运行的两个最基本、最核心的工具，只有二者松紧搭配才会有效地对经济运行和金融体系的稳定实施调节。由于欧元区实施统一货币政策，各国缺少了利率和汇率两大工具的支持，为了走出由美国次贷危机所带来的经济衰退，成员国只能借助扩张性财政政策来刺激经济复苏。加之这些国家的债券也会成为国际市场上的投机对象，结果造成希腊、爱尔兰、西班牙等国家物价和工资迅速上涨，财政赤字不断扩大，各国早已突破了《稳定增长公约》规定的财政赤字不得超过本国 GDP 的 3%，主权债务总额不得超过本国 GDP 60%的上限，金融产品的发行和交易已经完全脱离了实体经济的发展水平与国家还款能力，以至于投资者对政府债券的信任度降到了冰点，进而引发主权债务危机。

三、欧元区谋划金融体系整合

2012 年 6 月 28 日，为期两天的欧盟夏季首脑会议在布鲁塞尔召开。会议期间，除了增长计划和“增长契约”之外，欧盟领导人还将就如何缓解西班牙、意大利等国融资压力，如何完善欧洲经济与货币联盟等问题进行讨论。

经过一天多的会议后，欧盟领导人于 2012 年 6 月 29 日达成了 1 200 亿欧元刺激增长计划，并就 EFSF/ESM 直接注资银行达成一致，降低意大利及西班牙飙升的借款成本，2012 年年底前针对欧元区银行业成立单一监管机构，为欧洲银行业同盟迈出第一步。

同天，欧盟在其官网上发布了欧元区峰会声明。声明强调需打破主权信贷和银行系统之间的恶性循环，承诺活用两大援助基金协助危机应对，并在特定条件下酝酿援助基金直接资助银行资产重组的可能性。同时，该项声明提出，在欧洲央行的协调下为欧元区银行系统设立有效的独立监管机制，并以谅解备忘录的形式要求具体机构、具体行业以及整体经济层面满足国家援助相关规定，这样才有使欧元区援助基金欧洲稳定机制（ESM）直接资助银行资产重组的可能性。另外，对国家求援的审核将围绕评估金融市场调整计划的可持续性进行。

声明敦促尽快完成关于西班牙银行业资产重组金融援助的谅解备忘录，并称这一援助将由欧洲金融稳定基金（EFSF）进行支持，并在欧洲稳定机制开始运营之际将相关责任转移至欧洲稳定机制。另外，声明强调欧盟愿意灵活利用两大援助基金协助成员国稳定金融市场，而援助计划将尊重主权国家的自身差异与既定计划，也会尊重包括《稳定增长公约》或宏观经济失衡程序等相关承诺。同时声明欢迎欧洲央行作为援助基金的代理人，有效且充分地实施相关市场操作。

欧洲理事会常任主席范龙佩表示，有关单一银行监管机制的提议将在2012年底前做出，而该机制将涉及欧洲央行，该行将在援助资金操作中扮演代理人的角色。此举也将打破银行与政府主权债务之间的恶性循环。一旦就位，欧洲稳定机制可以直接为银行业重组提供援助金。欧元区重申将灵活有效使用欧洲金融稳定基金和欧洲稳定机制以维稳市场。

一旦监管机构成立，欧元区永久援救基金欧洲稳定机制就可能获准直接对受困银行进行资本重组，而不是必须向相关政府发放贷款，这就能够在不增加受援国政府债务负担的情况下，解决受援国的银行问题。通过政府救助会导致政府债务增加，主权风险加大。像西班牙政府债务占GDP比例为73%，但银行资本不足，市场担心政府注资银行引起主权债务风险，导致国债收益率一度超过7%。这是欧元区金融体系整合的一大步，将对化解欧元区银行体系风险起到关键作用，未来需要进一步的财政整合来解决主权债务问题。同时，欧洲稳定机制直接注资银行，解除了现有的西班牙债券投资者对于未来债务清偿过程次于新贷款债权人的担心，有利于降低西班牙债券收益率。希腊债务重组中，私人债券持有人被迫接受53%的减值。

资料来源：根据潘向东、周世一：《欧元区谋划金融体系整合》整理而得。

本章小结

本章主要介绍了由货币市场和资本市场起核心作用的全球金融体系，我国金融体系的构成和发展以及金融体系的发展趋势。全球经济体系主要包括三大市场：要素市场、产品市场和金融市场，全球经济体系内的资源分配绝大部分都是依靠市场来完成的，金融市场在其中起着关键作用之一。

金融体系最基本的经济功能是实现储蓄向投资的转化，包括如何促进储蓄，如何选择最有效的投资项目；如何实施监督，如何处理信息与风险；以及如何解决委托代理问题等。而根据融资模式在金融体系中的地位，可以将金融体系分为以银行为主的金融体系与以市场为主的金融体系。经过三个阶段的发展，我国目前已经形成了包括金融监管、金融机构和金融市场等在内的多元化、不断健全并且充满活力的金融体系。在发达国家金融体系简介中，主要介绍了美国和德国金融体系的历史变化。国际金融体系是指调节各国货币在国际支付、结算、汇兑与转移等方面所确定的规则、惯例、政策、机制和组织机构安排的总称。从历史的发展过程来看，现代国际金融体系大致经历了国际金本位时期、布雷顿森林体系和牙买加货币体系三个发展阶段。席卷金融体系的动态趋势使得货币市场与资本市场正在迅速变成一个新的金融体系，主要的趋势包括创新、沟通技术的进步等等。

思考和练习

1. 为什么理解金融体系是如何运转的对我们很重要？
2. 金融体系和经济的最主要联系是什么？为什么双方对彼此都很重要？
3. 全球金融体系最主要的功能和作用是什么？货币市场和资本市场是怎样完成这些

功能或作用的？

4. 金融体系的六个主要功能是什么？

5. 美国的金融体系主要经历了哪些变化？其代表性的法案有哪些？

6. 国际金融体系主要有哪几个阶段的变化？每个阶段的特征是什么？

7. 是什么力量让所有的金融市场联结在一起，并经常使得整个金融体系中不同市场间价格与利率出现相同的波动？

8. 动态金融体系指的是什么？重塑体系的趋势是什么？

推荐阅读材料、网站

1. 世界银行集团，http：//www. worldbank. org. cn/
2. 美联储，http：//www. federalreserve. gov/
3. 国际货币基金组织，http：//www. imf. org/external/chinese/
4. 中国人民银行，http：//www. pbc. gov. cn/
5. 英格兰银行，http：//www. bankofengland. co. uk/Pages/home. aspx

参考文献

1. 埃德温·H·尼夫．金融体系：原理和组织．北京：中国人民大学出版社，2005

2. 米什金．金融市场与金融机构．北京：北京大学出版社，2006

3. 桑德斯．现代金融机构管理．大连：东北财经大学出版社，2002

4. 米什金．金融市场与金融机构．北京：清华大学出版社，2001

5. 邹东涛主编．发展与改革蓝皮书．北京：社会科学文献出版社，2008—2012

6. 曼昆．宏观经济学（第七版）．北京：中国人民大学出版社，2011

7. 瞿强．金融体系：比较与演变．货币金融评论，2002（9）、（10）

8. Allen Franklin and Anthony M. Santomero，“The theory of financial intermediation”，*Journal of Banking & Finance*，1997

9. 伯顿等．货币银行学——金融体系与经济（第二版）．北京：经济科学出版社，2004

10. 潘向东，周世一．发展经济体周报：欧元区谋划金融体系整合，2012

11. 于旭辉，蒋健蓉．华尔街模式行将终结？——从金融危机起因看两种金融体系的比较．资本市场，2009（5）

12. “The wall falls”，*The Economist*，1999

13. Franklin Allen and Douglas Gale，*Comparative Financial Systems：A Survey*，MIT Press，2001

14. 考夫曼．现代金融体系：货币、市场和金融机构．北京：机械工业出版社，2009

第二章

金融产品、金融市场与金融机构

学习要求：

1. 了解金融市场的定义和分类
2. 了解我国金融市场的要素
3. 了解金融机构的定义和分类
4. 掌握金融机构面临的风险
5. 掌握金融机构的风险管理方法

章前导读

最早的金融市场起源于15、16世纪的欧洲，那时欧洲列国军事危机不断。每一次军事危机提出的财政要求，都远远超出了政府收入所能承担的范围。这时商人大笔向政府放贷，政府以来年的收入逐步偿还本息。有的政府除了向商人借贷外，索性自己发放债券，甚至强制富人们认购，这样就逐渐形成了一个政府债券的发行市场（一级市场）。当持有这种债券的人遇到急需用钱的时候，便以折扣价格将债券卖给其他人。随着市场上交易流通的债券逐渐增多，便形成了一个政府债券的流通市场（二级市场）。经过数百年的发展，尽管当代金融市场变得十分复杂，金融产品更是繁多，但其核心功能并没有变化，都是为了满足国家军事、政治、经济发展的客观需要，提高全社会资源的配置效率，提升社会整体的福利水平。

金融机构产生的原因同样在于满足经济社会发展的客观需要。金融机构通过为实体经济的各部门提供支付、融资、投资、保障、信息等服务，对经济社会的发展具有重大的推动和引导作用。例如，为了便利交易支付和避免长途携带货币的风险，我国唐代开办了专门办理“飞钱”业务的机构“进奏院”；为了便利融资服务，典型的融资机构——银行——应运而生；为了便利经济活动中的投资需求，18世纪法国就出现了投资银行；为了转移经济生活中的风险，14世纪意大利出现了世界上最早的保险经营机构，等等。

本章首先从金融市场的交易对象——金融产品出发，介绍金融市场的概念、功能和分类，金融市场的组成，金融市场的交易机制以及金融市场的质量等基本理论。然后系统介绍金融机构存在的理论、我国金融机构体系的分类及区别、金融机构的风险管理，为后续学习各具体金融机构提供理论基础。

2.1 金融产品

2.1.1 金融产品：一物四名

金融产品（financial products）是反映了资金供给方和资金需求方对未来收益权让渡关系的一种合约，如大家所熟知的股票、债券等。资金需求方通过发行金融产品，从资金供给方获得资金进行生产活动等，同样，资金供给方通过购买资金需求方的金融产品，实现资金的增值等。一般而言，金融产品也称为金融工具。①

为进一步理解金融产品的概念，我们先从市场营销学的角度来认识产品的概念。在这个范畴中，最常用的是市场营销学大师科特勒的表述："产品是能够提供给市场以满足需要和欲望的人和东西。产品市场上包括实体商品、服务、经验、事件、人、地点、财产、组织、信息和创意。"他高度抽象了形形色色的商品，隐去了产品的行业特性，从宽泛的大市场角度奠定了产品概念的基础。因此，具体地说，金融产品是通过对未来收益权的让渡，以满足资金需求方和资金供给方各自需要和欲望的一种合约。

任何金融产品都必须有其生产者，即一级市场上的发行者。债券的发行者就是债务人，没有债务人的债务关系自然是无法想象的。股票也一样，必须要有特定的发行企业，这一企业是股票认购者的共同财产。发行者通过出售金融产品取得收入，但不是任何个人或企业都可以向社会发行金融产品取得收入。与这样的金融收入相对应，发行者要承担一定的义务。为了保证这些义务的履行，大多数金融产品的发行者在发行时要符合一定的条件，在发行后要接受金融管理机构和投资者（购买者）的监督（如信息公开、业务活动的某些限制等）。筹资企业在设计金融产品时首先要弄清楚有权发行哪些产品。投资者也一样，在认购金融产品之前要明确对方有没有权利发行这样的产品。

不是所有的投资者都可以从金融市场上购买他想买的任何金融产品。有些市场（如银行间同业拆借市场）只向一小部分金融机构开放。因此投资者在认购某一金融产品之前，首先应当了解自己有没有权利购买这一产品，企业在发行某一金融产品之前也应当知道这一产品的可能投资者以便估计潜在的资金来源。

在实际中，金融产品在不同的场合有不同的属性，并由此导致了不同的称谓。当金融

① 有些教材将金融产品和金融工具进行了区分，认为金融工具是标准化的、具有活跃二级市场的金融产品。但编者认为金融产品和金融工具只是从不同的角度对同一类事物的不同称谓。

产品进入资金供给方（购买方）的资产负债表之后并体现资金提供者的财产状况时，它就具有了资产的属性，即金融资产。从资金的需求方来讲，一旦他将金融产品卖出去（合约行为完成），该产品在他的资产负债表里面反映成负债，即金融负债，或反映成权益。因此，金融负债、金融资产（financial assets）、金融工具（financial instruments）和金融产品事实上是从不同角度对同一事物的表述。以股票为例，对发行者而言，它是融资工具；对金融市场的投资者而言，它是可供购买和交易的产品；同时，持有股票的投资者账户和公司财务报表中，则将其作为金融资产予以列示和报告。在本书中，我们将统一使用金融产品这个说法。

2.1.2 金融产品的特征

从需求的角度来看，金融产品不像房屋、汽车那样的实物产品会给其所有者带来连续的效用，人们选择金融产品是因为它们给所有者带来未来的回报，金融产品一般具有以下特征：

1. 期限性

期限性是指金融产品一般有约定的偿还期，即规定发行人届时必须履行还本付息的义务。债券一般有明确的还本付息期限，以满足不同筹资者和投资者对融资期限和收益率的不同要求。债券的期限性具有法定约束力，是对融资双方权益的保护。金融市场上还存在零期和无限期的金融产品，活期存款可视为零期金融产品，而股票、永久债券可视为无限期金融产品。

2. 收益性

收益性是指持有金融产品可以获得一定的报酬和金融产品本身的价值增值，这是投资者转让资本所有权或使用权的回报。金融资产的收益性表现为它的股息收入、利息收入和买卖价差收入。衡量收益水平的指标是收益率，即净收入和本金的比率，一般以年收益率表示。影响收益水平的主要因素是金融产品的票面利率、股息率、市场利率、金融产品的期限及价格水平等。

3. 流动性

流动性是指金融产品能以合理的价格在金融市场上流通转让和变现的特性。金融产品具有流动性必须满足三个条件：容易变现、变现成本很小、本金保持相对稳定。金融产品的期限性约束了投资者的灵活偏好，但它的流动性以变通的方式满足了投资者对现金的随机需求。金融产品的流动性通过承兑、贴现、再贴现、买卖交易而实现，影响金融产品流动性的因素主要有金融产品的期限、发行人的资信水平、金融市场的完善程度和投机性等。

4. 风险性

风险性是指金融产品的持有人面临预期收益不能实现，甚至连本金也遭受损失的可能性。风险性是未来经济状况的不确定性带来的。在现代社会经济条件下，未来的经济变化有些是可预测的，有些是不可预测的，这些变化会影响金融产品发行人的经营状况和盈利能力，使金融产品具有收益不确定性的风险。金融产品的风险不仅取决于发行人的资信水平、经营能力和盈利能力，还受宏观经济状况、金融市场完善程度等因素的影响。

金融产品的上述特征之间有着系统的联系。流动性和收益性之间是负相关的，一个典型的投资者愿意为了更好的流动性而接受较低的收益率。风险和收益是正相关的，大部分的投资者都是风险厌恶型，也就是说，他们承担的风险越大，要求的收益率就越高。流动性和风险之间也具有内在的联系，较高的流动性意味着较低的风险，这是因为高流动性的金融产品可以迅速地变现，而现金是没有风险的。金融产品的期限和收益性、流动性、风险性之间也存在着相关性，一般而言，金融产品的期限越长，其收益率越高，而流动性也相对越差，风险也越高。

2.1.3 金融产品是金融市场参与者的连接载体

在金融体系中，金融产品的创造和交易为资金供给者和资金需求者之间提供了必要的资源配置渠道和工具，是金融市场参与者的连接体，对实体经济发展起到推动作用。没有这种渠道和工具，单个经济单位所做的投资不得不依赖于该单位自身的储蓄积累（即从事内部融资），许多有利的投资机会因为缺乏储蓄积累而不得不放弃或推迟。社会资源的配置效率会比有金融体系的配置效率低，社会收入、就业和生活水平方面的提高都会受到严重影响。

但是，金融产品既不是天上掉下来的，也不是固有的，它是由实物资产演变而来的。在这里，我们用只有居民和企业这两个经济单位的最基本的金融体系，从资金需求方和资金供给方的角度来解释金融产品的这种关联作用。

假设这个金融体系是封闭的，没有与体系外其他单位的交易。每个单位持有一定资产，这些资产是单位随着时间推移利用当前收入储蓄起来的，即内部融资（internal financing）获得的。例如居民可能积累起家具、衣服、汽车和其他维持生活的资产。公司持有待售商品的存货、原材料、机器和设备，还有用于生产经营的其他资产。

金融产品把金融市场参与者之间的关系网络连接起来，这种关联作用可以通过资产负债表反映出来。如表 2—1 所示。资产负债表是在某个特定时期制作的，以显示特定单位的资产、负债和净财富。

表 2—1　　简单金融体系中各单位的资产负债表　　（单位：元）

居民的资产负债表			
资产		负债与净值	
资金运用的积累：		资金来源的积累：	
现金	13 000	净值（积累的储蓄）	30 000
家具	1 000		
衣服	1 500		
汽车	14 000		
其他资产	500		
总资产	30 000	总负债与净值	30 000
企业的资产负债表			
资产		负债与净值	
资金运用的积累：		资金来源的积累：	
商品存货	10 000	净值（积累的储蓄）	100 000
机器设备	25 000		
建筑	60 000		
其他资产	5 000		
总资产	100 000	总负债与净值	100 000

如果公司决定借款，谁会借给它所需的资金呢？显然，在两单位金融体系内，居民必须提供所需资金。企业通过向居民发行以货币借款为内容的证券来进行外部融资（external financing）。通常，如果任何一个经济单位希望增加持有的资产但又缺乏必要的资源，就可以通过发行金融负债类金融产品（借款）来筹集额外的资金。而买者通过购买这种负债类金融产品把资金借给发行方，从而增加自己的金融资产。在发行方的资产负债表中，通过这种金融产品增加了金融负债；在购买者的资产负债表中，通过这种金融产品则转换了金融资产（由现金变成了该金融产品）。

假设公司决定发行 10 000 元的负债（债务性证券）来购买新钻床。因为公司对债务性证券进行了有吸引力的承诺——到期保证支付 10 000 元并按期支付利息，所以居民很愿意购买这个金融产品。借款和这项金融产品的产生将会影响两个经济单位的资产负债表。如表 2—2 所示，居民用其所积累现金的一部分购买了公司的债务性证券。它的总资产没有变。居民现在持有以 10 000 元债务性证券的形式出现的带利息的金融产品和 3 000 元现金，来代替持有 13 000 元无利息的现金。由于借款（外部融资）和生产性真实资产的获得，企业的总资产和总负债都增加了。

表 2—2　　设备购买和金融产品发行后各单位的资产负债表　　（单位：元）

居民的资产负债表			
资产		负债与净值	
资金运用的积累：		资金来源的积累：	
现金	3 000	净值（积累的储蓄）	30 000
金融资产	10 000		
家具	1 000		
衣服	1 500		
汽车	14 000		
其他资产	500		
总资产	30 000	总负债与净值	30 000
企业的资产负债表			
资产		负债与净值	
资金运用的积累：		资金来源的积累：	
商品存货	10 000	金融负债	10 000
机器设备	35 000	净值（积累的储蓄）	100 000
建筑	60 000		
其他资产	5 000		
总资产	110 000	总负债与净值	110 000

如果这个小金融体系里的企业决定发行股票（权益）而不是债务来给新设备的购买融资，表 2—2 所示的资产负债表会有什么变化呢？发行股票通常比债务要昂贵，同时，付给股东的股利通常是不能抵税的，而且股票融资通常需要更长的时间。但是股票融资有一个好处是使得公司在财务上更加强大，因为股东投入了更多的资金，这样就可以更好地保护其免受破产的风险。如表 2—3 所示，我们基本金融体系中的居民会将所获得的 10 000 元公司股票记为金融产品。但是，在公司的资产负债表上，净值将会从 100 000 元增加到 110 000 元。公司的资产负债表上将没有负债账户，因为居民将作为公司的股东（部分所

有者），而不是贷款人。

表 2—3　　设备购买和股票发行后各单位的资产负债表　　（单位：元）

居民的资产负债表

资产		负债与净值	
资金运用的积累：		资金来源的积累：	
现金	3 000	净值（积累的储蓄）	30 000
金融资产	10 000		
家具	1 000		
衣服	1 500		
汽车	14 000		
其他资产	500		
总资产	30 000	总负债与净值	30 000

企业的资产负债表

资产		负债与净值	
资金运用的积累：		资金来源的积累：	
商品存货	10 000	净值（积累的储蓄）	110 000
机器设备	35 000		
建筑	60 000		
其他资产	5 000		
总资产	110 000	总负债与净值	110 000

2.1.4　金融产品的种类

金融产品通常可以分成四类：货币、权益、债务性证券和衍生品。不同类型的金融产品的产生是为了满足不同类型的交易需求。

货币（money）是指任何一种可以广泛地被接受为商品和服务支付手段的金融产品。支票账户和流通货币就是货币的不同形式。货币是国民经济中最重要的金融产品，所有其他金融产品的价格都是以货币来衡量的。

权益（equities）（通常被认为是股票）代表在一家企业的所有权份额，从而对企业的利润和资产出售收益有要求权。金融市场上流通的股票就是股份有限公司经过法定程序发行的，证明股东对公司财产拥有所有权及其份额的凭证。股票又可分为普通股和优先股。普通股在股东权利和义务上不附加任何条件，它是一种标准股票。普通股给予持有者对公司重大事项投票的权利，而优先股是指在股息分配方面，以及在公司解散时剩余资产的分配方面优先于普通股的股票，一般没有选举权。

债务性证券（debt securities）是债务人依照法律手续发行，承诺按约定的利率和日期支付利息，并在特定日期偿还本金的书面债务凭证，有债券、票据等不同的形式。在法律上，这些金融产品授予其持有者优先于股票的收益权和清偿权。从流通性看，通常将债务性证券分成两大类：（1）可转让的，即作为市场证券可以从一个持有者手中转移到另一个持有者手中；（2）不可转让的，即不能合法地从 方转移给另一方。存折储蓄账户就是不可转让证券的例子。

衍生品（derivatives）是价值依附于或者说衍生于某项特定基础性标的资产的金融产品，其最主要的产品类型有四种：期权、期货、远期、掉期。其中，基础性标的资产（underlying asset）也可简称为基础资产或标的资产，它可以是实物商品（如大豆、原油、各种金属等）、金融产品（如股票、外汇、债券等）和重要的市场变量（如利率、汇率、指数等），例如股票期权的标的资产就是股票，小麦期货的标的资产就是小麦，远期外汇协议的标的资产就是外汇，利率掉期的标的资产就是利率等。

需要注意的是，上述分类方式主要是对股票、债券、期权、期货等交易需求类型较单一的金融产品进行的分类。随着经济的发展，金融产品作为金融创新进程中的重要载体，在不断变革的市场环境中正发生着日新月异的变化。因此，上述传统意义上对金融产品的分类并不能对现在市场上的金融产品进行全面的概括。

专栏 2—1 将金融中介机构（银行、券商、保险、基金、信托、私募等）的各类金融产品按收益特征进行分类，通过对各自风险收益特征的深入分析展现了我国市场上的金融产品基本情况。

☞专栏 2—1

我国金融产品的分类

金融产品作为金融创新进程中的主体，在不断变革的市场环境中正发生着日新月异的变化，近年来各类跨市场产品的出现大大丰富了投资者的选择范围，同时也为全面资产管理时代的到来做了工具上的铺垫。因此，我们认为传统意义上的金融产品分类——股票、基金、债券，以及传统意义上的产品比较——收益率与波动率对比，已经不能满足当前金融产品不断丰富和创新的需求，不同主体之间发行的产品出现了越来越多的关联和重叠，这也要求我们不得不以全新的跨市场的眼光来审视这些产品，并且能够对同类产品进行相应的横向比较。我们试图将来自银行、券商、保险、基金、信托、私募等金融领域不同子行业的各类金融产品按收益特征分为现金管理类、类固定收益类和权益类三大投资类别，通过各自风险收益特征的深入分析和比较全面展现我国市场上的金融产品全貌，充分揭示各类产品之间的差异性，为投资者选择金融产品提供参考。

从金融产品市场全貌的角度出发，我们将市场上的金融产品放在同一个风险收益矩阵中，按不同的资产大类进行观察与比较。我们将金融产品分为现金管理类、类固定收益类和权益类三大类型，共计 20 余种不同的投资标的，如图 2—1 所示。

现金管理类的产品主要包括传统货币市场基金、短期理财基金、货币 T+0、货币 ETF、券商保证金管理、信托资金池产品、货币类投连险等。其中，货币 T+0 与货币 ETF 作为货币市场基金在 2012 年的创新，为投资者短期资金的投资提供了更多的选择，由于其收益相对固定且风险可控，并且大部分产品的流动性目前已经可以实现“实时获得收益，实时可以赎回”，因此我们将各种类型的现金管理类产品放在风险收益矩阵中较左下的位置，其中信托资金池类的产品由于投资方向和滚动结构的特殊性，虽然我们将其归为现金管理类产品，但是与其他现金管理类产品相比，其具有较高的收益、较大的风险和流动性要求，因而位于一个较高的位置。

类固定收益类产品作为一种资产大类，种类很多，包括银行理财产品、债券型基金、分级基金 A 端、分级债基 B 端、债券型投连险、使用套利策略的量化产品、各类信托产品，以及海外高收益产品等。由于这些产品并非都是收益预先可知的，所以我们此处将以下两类

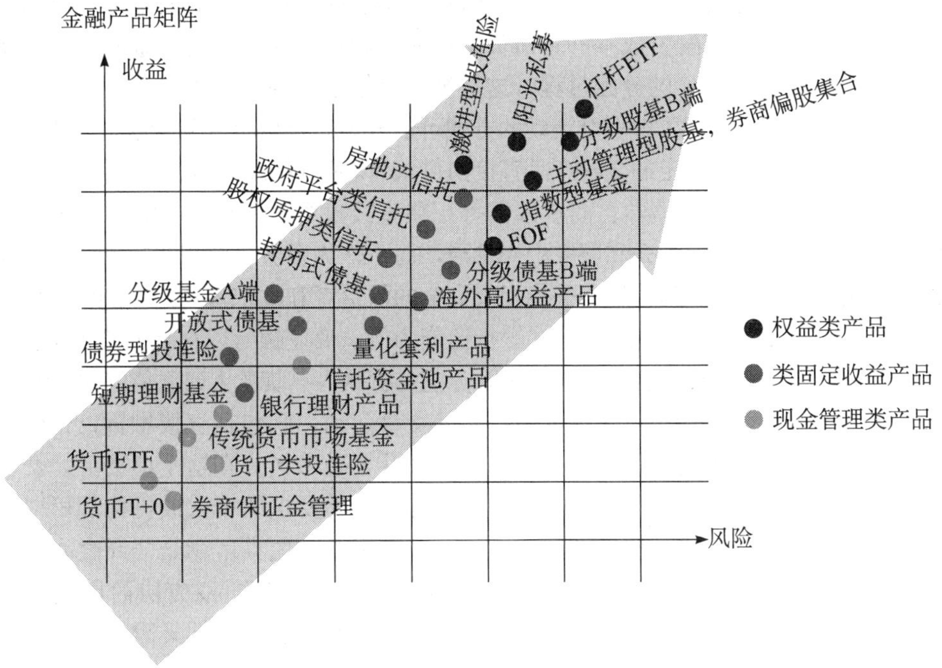

图 2—1 金融产品风险收益对比

产品归为类固定收益产品，一种是收益率相对稳定的产品，如银行理财产品、分级基金A端、信托产品以及一些量化套利产品；一种是投资于固定收益证券的主动管理型产品，收益率受市场环境的变化波动相对较大，如债券型基金、债券型投连险、分级债基B端以及海外高收益产品等。从整体上看，类固定收益产品的收益率较现金管理类产品要高，但是受到流动性、信用风险以及市场波动风险等因素的影响，风险也比现金管理类产品高一些。

权益类产品主要包括主动管理型股基、券商偏股集合、指数型基金、激进型投连险、FOF、阳光私募、分级股基B端、杠杆ETF（获批待发）等。尽管各类做空机制的出现增加了在我国股票市场获取绝对收益的可能性，但是由于国内量化对冲基金，尤其是公募基金在这方面尝试还不够深入，经验也不够丰富，因此目前我国市场上的大部分权益类产品受股票市场整体波动的影响较大，收益的不确定性也较高。但是我们认为从长期来看，权益类资产的预期收益会高于类固定收益产品，因此我们将大部分权益类产品放置在风险收益矩阵的右上方。

资料来源：《中国金融产品年度报告（2013）》，华宝证券研究所。

2.2 金融市场基础

2.2.1 金融市场的定义

金融市场是指以金融产品为交易对象而形成的供求关系和交易机制的总和。金融市场是资金融通的市场，金融市场的参与者是资金的供给者和需求者，他们通过金融产品的交易来实现货币资金的融通。金融产品的交易过程就是它的定价过程，而金融产品的价格则反映了货币资金需求者的融资成本和货币资金供应者的投资收益，所以金融产品的定价过程也是金融市场收益和风险的分配过程，这是金融市场运行的核心机制。

在第一章中，我们已经了解资金流动的方式可以分为直接融资和间接融资。直接融资是指货币资金的需求者借助一定的金融产品直接向供给者融通资金的方式。直接融资的主要形式有筹资者直接发行股票、债券、商业票据等。在直接融资活动中，也需要金融机构的参与，但是金融机构作为信息中介和服务中介参与，而不作为资金中介以投资者或者筹资者的身份参与金融产品的交易。间接融资是指货币资金的供给者和需求者通过金融中介实现资金融通的方式。比如以间接融资的主要形式银行信贷为例，商业银行以存款方式集中社会闲散资金，又以贷款方式满足筹资者的不同需求，分别与存款人、贷款人建立债权债务关系。

广义的金融市场包含一切形式的金融产品的交易活动，既包括直接融资，也包括间接融资。进行直接融资的市场又称直接金融市场、公开金融市场。在这个市场上，交易条件和交易价格对任何人或者机构都是公开的，任何符合交易要求的个人或机构都可以自由进出市场并按标准化的条件进行金融产品的交易。股票市场、债券市场是公开金融市场的典型。进行间接融资的市场又称间接金融市场、协议市场，是借贷双方协商借贷条件的市场。在这个市场上，交易的发生以客户关系为纽带，每次交易的条件又因不同客户而有所差别。抵押贷款市场、贴现市场、消费信贷市场、保险市场等都是协议市场的代表。人们一般习惯于把狭义的直接融资市场理解为金融市场，而在看待间接金融市场时则更加倾向于研究金融机构在其中进行的与其业务相联系的交易行为和内部管理技术，也因此，《金融市场和金融机构》实际上是一门全面研究广义金融市场的课程。

2.2.2 金融市场的要素

金融市场的要素构成包括交易主体、交易对象、交易工具和交易价格。

（1）交易主体。金融市场上的狭义主体是指参加金融交易的资金盈余或不足的企业和个人以及金融中介机构。广义主体是指包括资金供给者、资金需求者、中介人和管理者在内所有参加交易的单位、机构和个人。

（2）交易对象。金融市场的交易对象不管具体形态如何，都是货币资金，其交易都是实现货币资金的所有权、使用权转移的过程。

（3）金融市场上的交易工具又称金融工具或融资工具，它是证明债权债务关系并据以进行货币资金交易的合法凭证。这种工具必须具备规范化的书面格式、广泛的社会可接受性、可转让性以及法律效力。

（4）金融工具的交易价格则是指它所代表的价值，即规定的货币资金及其所代表的利率或收益率的总和。

2.2.3 按金融产品分类的金融市场

金融市场有不同的分类方式，除了直接金融市场和间接金融市场以外，最常见的就是按其所交易的金融产品及其期限进行分类：

1. 货币市场

货币市场是指以期限在一年以下的金融产品为交易标的物的短期金融市场。它的主要功能是保持金融产品的流动性，以便随时转换成现实的货币。它一方面满足了借款者的短期资金需求，另一方面也为暂时闲置的资金找到了出路。早期的货币市场概念狭义地指对证券经纪商和交易商进行通知放款的市场。后来，货币市场的概念又广义地包含了短期资金市场。现在，货币市场一般指国债、商业票据、银行承兑汇票、可转让定期存单、回购协议等短期信用工具买卖的市场。许多国家将银行短期贷款也归入货币市场的业务范围。一般地说，资金借贷以3～6个月期最为普遍，而债券则以6～9个月期为多。由于该类市场信用工具随时可以在发达的二级市场上出售变现，具有很强的变现性和流动性，功能近似于货币，故称货币市场。又由于该市场主要经营短期资金的借贷，故亦称短期资金市场。

货币市场一般没有正式的组织，所有交易特别是二级市场的交易几乎都是通过电讯方式联系进行的。市场交易量大是货币市场区别于其他市场的重要特征之一。巨额交易使得货币市场实际上成为一个批发市场。由于货币市场的非人为性及竞争性，因而它又是一个公开市场，任何人都可以进入市场进行交易，在那里不存在固定不变的顾客关系。

我国货币市场近年来发展迅猛。2011年，市场流动性总体充足，货币市场交易活跃，成交量持续增长。同业拆借累计成交33.4万亿元，同比增长20.0%；债券回购累计成交99.5万亿元，同比增长13.6%。其中，短期交易所占比重较高，隔夜拆借成交27.3万亿元，占拆借成交总量的81.7%；1天质押式回购成交72.9万亿元，占回购成交总量的73.3%。表2—4显示了2007—2013年我国银行间同业拆借市场按交易期限分类的交易量。

表2—4　　全国银行间同业拆借市场交易期限分类统计表，2007—2013年　　（单位：亿元）

	1天交易量	7天交易量	14天交易量	20天交易量	30天交易量	60天交易量	90天交易量	120天交易量	6个月交易量	9个月交易量	1年交易量
2007年	80 304.69	21 780.1	2 735.86	501.62	341.56	345.81	315.88	71.81	50.45	2.70	15.20
2008年	106 513.64	35 004.66	4 744.17	1 107.05	1 135.47	445.24	666.05	185.03	291.7	213.49	185.34
2009年	161 665.94	21 347.9	5 978.29	1 021.5	2 048.42	538.04	709.94	62.3	96.8	12.55	23.3
2010年	244 862.03	24 269.03	5 060.68	650.12	1 612.98	466.05	1 340.23	197.5	185.49	30.24	9.69
2011年	273 200.38	42 400.83	9 986.13	2 282.87	2 705.04	1 119.53	1 673.67	350.73	600.52	38.74	53.61
2012年	402 814.34	41 933.68	12 068.18	2 369.66	4 476.23	1 625.57	1 169.51	81.17	379.39	28.94	97.00
2013年	125 537	13 611	3 161	728	1 925	231	484	31	48	0	19

资料来源：中国人民银行：《金融市场统计表》。

2. 资本市场

资本市场是指期限在一年以上的金融产品交易的市场。一般来说，资本市场包括两大部分：一个是银行中长期存贷款市场，另一个是有价证券市场。在本书中都有专门的章节加以介绍。

通常，资本市场主要指的是债券市场和股票市场。它与货币市场之间的区别为：(1)期限的差别。资本市场上交易的金融产品均为一年以上，最长者可达数十年，有些甚至无期限，如股票。而货币市场上一般交易的是一年以内的金融产品，最短的只有几日甚至几小时。(2)作用的不同。货币市场所融通的资金，大多用于工商企业的短期周转资金。而在资本市场上所融通的资金，大多用于企业的创建、更新、扩充设备和储存原料，政府在资本市场上筹集长期资金则主要用于兴办公共事业和保持财政收支平衡。（3）风险程度不同。货币市场的金融产品，由于期限短，因此，流动性高，价格不会发生剧烈变化，风险较小。资本市场的金融产品，由于期限长，流动性较低，价格变动幅度较大，风险也较大。

随着我国改革开放的不断深入，资本市场进入了快速发展阶段。资本市场交易品种也逐渐丰富起来，包括股票、债券、商品期货、金融期货等产品。如表 2—5 所示，我国资本市场经过 20 年的发展已经取得一定的成绩。

表 2—5　　证券市场概况统计表，1997—2010 年

	1997	1998	1999	2000	2001	2002	2003
股票市价总值（亿元）	17 529.24	19 521.81	26 471.18	48 090.94	43 522.20	38 329.13	42 457.72
其中：股票流通市值（亿元）	5 204.42	5 745.59	8 213.97	16 087.52	14 463.17	12 484.55	13 178.52
股票成交金额（亿元）	30 721.83	23 527.31	31 319.60	60 826.65	38 305.18	27 990.46	32 115.27
国债发行额（亿元）	2 411.79	3 808.77	4 015.00	4 657.00	4 884.00	5 934.30	6 280.10
企业债发行额（亿元）	255.23	147.89	158.20	83.00	147.00	325.00	358.00
债券成交额（亿元）	16 476.89	21 661.78	18 284.12	19 119.16	20 417.76	33 249.53	62 136.36
国债现货成交金额（亿元）	3 582.75	6 059.95	5 300.87	4 157.49	4 815.59	8 708.68	5 756.11
国债回购成交金额（亿元）	12 876.06	15 540.84	12 890.53	14 733.68	15 487.63	24 419.64	52 999.85
商品期货总成交额（亿元）	61 170.66	36 967.24	22 343.01	16 082.29	30 144.98	39 490.28	108 396.59
金融期货总成交额（亿元）							

	2004	2005	2006	2007	2008	2009	2010
股票市价总值（亿元）	37 055.57	32 430.28	89 403.89	327 140.89	121 366.44	243 939.12	265 422.59
其中：股票流通市值（亿元）	11 688.64	10 630.51	25 003.64	93 064.35	45 213.90	151 258.64	193 110.41
股票成交金额（亿元）	42 333.95	31 664.78	90 468.89	460 556.22	267 112.66	535 986.76	545 633.54
国债发行额（亿元）	6 923.90	7 042.00	8 883.30	23 139.1	8 558.20	17 927.24	19 778.30
企业债发行额（亿元）	327.00	2 046.50	3 938.30	5 058.5	8 435.40	15 864.40	10 043.38
债券成交额（亿元）	50 323.50	28 367.85	18 279.32	20 667.21	28 884.94	40 635.06	7 620 602.03
国债现货成交金额（亿元）	2 966.46	2 780.63	1 540.71	1 267.280 1	2 122.51	2 085.71	166 165.66
国债回购成交金额（亿元）	44 086.61	23 621.17	15 487.33	18 345.08	24 268.66	35 929.25	7 001 759.59
商品期货总成交额（亿元）	146 935.32	134 463.38	210 063.37	409 740.773 3	719 173.33	1 305 142.92	199 017.91
金融期货总成交额（亿元）							88 041.08

资料来源：《中国证券期货统计年鉴 2011》。

3. 外汇市场

外汇市场就是进行外汇交易的市场，外汇市场的基础是外汇的供给和需求，外汇供求产生于各国之间持续不断的经济、贸易和金融交往。外汇市场的主要功能是进行国际支付、清偿国际债务、调剂国际资金余缺、实现国际资本流动和规避汇率波动风险。随着国际经济联系日益密切，外汇市场已经成为金融市场不可或缺的重要组成部分。

4. 黄金市场

黄金市场是指集中进行黄金交易的市场。尽管各国货币已与黄金脱钩，黄金非货币化趋势已不可逆转，但是黄金仍然是重要的国际储备资产，特别是当国际政治经济关系发生动荡时，黄金的重要地位就会凸显，因而黄金市场依然被视为金融市场的组成部分。

5. 保险市场

保险市场是保险单和年金单等金融产品进行交易的市场。保险市场的主要功能是对因意外灾害事故所造成的财产和人身损失进行补偿，同时还具有积累资金和投资的功能。正是保险的投资功能使它与金融市场的其他子市场发生紧密的联系，并成为金融市场的重要组成部分。但保险市场属于间接融资范畴，保单设立的条件因人、因事、因时而异，不具备标准化的转让条件，不属于公开的金融市场。

6. 金融衍生品市场

金融衍生品市场是以金融衍生品为交易对象的市场。如前所述，金融衍生品是建立在基础金融产品或基础金融变量之上的，其价格取决于后者价格的变动。金融衍生品市场的功能是转移、分散现货金融产品面临的利率、汇率、股价变动的风险。金融衍生品市场可细分为远期协议市场、期货市场、期权市场、互换市场等。规避风险的功能决定了金融衍生品市场是现代金融市场中最具发展前景的市场。

2.2.4 金融市场的其他分类方式

1. 按金融产品的交易程序划分

所有采取证券化形式并在公开市场交易的金融产品都要经过发行和流通两个交易程序。按金融产品的交易程序划分，可以将金融市场分为发行市场和流通市场。资金需求者将金融产品首次出售给公众时所形成的交易市场称为发行市场、一级市场或初级市场。发行市场的主要功能是筹资、投资和实现储蓄向投资转化。在发行市场上，政府、企业和金融机构等资金需求者通过公开发行股票、债券等金融产品募集所需要的资金；投资者通过认购这些金融产品与发行人之间建立股权、债权关系，并在承担风险的同时获得合理的收益；借助金融产品的发行，社会的闲散资金被集中起来，转换为对实体经济的投资，加快了社会经济的发展。

证券发行后，各种证券在不同的投资者之间买卖流通所形成的市场即为流通市场，又称二级市场或次级市场。流通市场的主要功能是为金融资产提供良好的流动性。为投资者提供投资机会，为社会提供经济运行的信号。流动性是金融产品的基本特征。流通市场为各种不同期限的金融产品提供了以合理价格迅速变现的机会。此外，流通市场上金融产品价格的变化，特别是各类价格指数的变化能灵敏地揭示利率、汇率、股价等价格变动的趋势，也是一国宏观经济及国际社会政治经济关系运行态势的反应器。

发行市场是流通市场的基础和前提，没有发行市场就没有流通市场；流通市场是发行市场存在与发展的重要条件之一，无论从流动性上还是从价格的确定上，发行市场都要受到流通市场的影响。

2. 按金融市场的交易组织形式划分

从金融产品交易的组织形式看，金融市场可以分为场内市场和场外市场。场内交易市场是指通过证券交易所进行买卖的市场，也称为有形市场。场外交易市场也称为无形市场，是相对于场内市场而言的，是在证券交易所之外进行证券买卖的市场。传统的场内市场和场外市场在物理概念上的区别为：场内市场的交易是集中在交易大厅内进行的；场外市场，又被称为“柜台市场”或“店头市场”，是分散在各个证券商柜台的市场，无集中交易场所和统一的交易制度。但是，随着信息技术的发展，证券交易的方式逐渐演变为通过网络系统将订单汇集起来，再由电子交易系统处理，场内市场和场外市场的物理界限逐渐模糊。

目前，场内市场和场外市场的概念演变为风险分层管理的概念，即不同层次市场按照上市品种的风险大小，通过对上市或挂牌条件、信息披露制度、交易结算制度、证券产品设计以及投资者约束条件等作出差异化安排，实现了金融市场交易产品的风险纵向分层。

3. 按金融市场的地域范围划分

按金融市场地域划分，可将其分为国内金融市场和国际金融市场。

国内金融市场是以本币计价的金融产品交易市场，反映以本币计价的货币资金的供应和需求。国内金融市场按作用范围不同，又可分为全国性金融市场、区域性金融市场，国内金融市场受本国金融监管当局的监管。

国际金融市场是金融产品在国家间进行交易并引起资本在国家间流动的市场。国际金融市场是国际贸易、国际资本流动发展及国际经济联系加强的产物。根据资本在国家间流动的方式，国际金融市场又可分为国外金融市场和境外金融市场两类。资金在国家间进行流动的方式之一是利用一国原有的国内金融市场进行，这些交易一般使用市场所在国发行的货币，受到该国金融市场上的惯例和政策法令的约束，交易是在来自外国的交易者与市场所在地的本国交易者之间进行的。这种交易者一方为市场所在地居民的国际金融市场可以称为外国金融市场（foreign financial market）或在岸金融市场（on-shore financial market）。它实际上是一国原有金融市场的对外延伸。

境外金融市场又称离岸金融市场（offshore financial market），是指主要为非居民提供境外货币借贷或投资、贸易结算、外汇黄金买卖、保险服务及证券交易等金融业务和服务的一种国际金融市场。境外金融市场是无形市场，通常没有固定的交易场所，而是存在于某一城市或地区通过所在地金融机构之间进行交易。境外金融市场基本上不受市场所在国和货币发行国的金融管制，资金出入自由，还可享受税收上的优惠待遇，是完全国际化的金融市场。

2.3 金融市场的交易机制

金融产品进入金融市场一般会经历两个阶段，第一阶段是发行阶段，即金融产品首先进入发行市场，就是所谓的一级市场；第二阶段是流通阶段，即金融产品进入了流通市场，也就是一般所说的二级市场。有些国家的市场上还存在第三市场、第四市场等。与场外市场的协商定价不同，世界各国的场内金融市场都有明确的交易与价格形成机制。

2.3.1 一级市场的价格形成机制

从世界各国的发行市场来看，发行价的确定机制大致可以分为固定价格机制、累计投标询价机制、拍卖机制三大类。此外，随着互联网的出现和日益发达，近年来还渐渐发展起互联网 IPO 和 DPO（direct public offering）。在实践中，各国证券监管机构根据本国证券市场的实际情况，通常规定采用其中的一种或几种方式。

1. 固定价格机制

固定价格机制是指由行政方式确定，或由承销商根据对发行公司的价值评估，在估价结果范围内与发行公司协商确定一个固定的发行价格，并根据该价格向投资者公开发售。根据定价之后股票的分配方式，固定价格方法可以进一步分为允许配售和公开认购两种形式。前者允许承销商自由分配股票（至少是部分），后者则没有赋予承销商这种权力。在实践中，固定价格公开认购方法被更多采用。大多数新兴市场都曾经或正在使用这种方法。

与其他发行机制相比，固定价格机制具有如下特点：

第一，从承销商确定发行价格、投资者申购股票到新股真正上市交易之间，往往有两周到两个月的时间差；

第二，投资者申购需要预先全额缴款，申购款在申购期间予以冻结，申购未成功后解冻并返还，而该笔资金的利息由发行人获得；

第三，一般情况下，固定价格机制都对申购上限进行限制，客观上构成对大规模申购的歧视，从而限制了大型机构投资者可以购买的数量，更多向中小投资者倾斜。

由于在固定价格机制下，发行价格的确定是将投资者排除在外的，发行价格的形成过程缺乏承销商与投资者的互动博弈过程，因此这种方法的市场化程度不足，其定价效率也低于其他方法。尽管如此，固定价格机制具有低成本的优势，并且比较符合公平原则，因而比较适合市场容量较小、个人投资者比重较大的国家或发行量比较小的项目，所以说固定价格机制在世界各国仍然十分普遍。

2. 拍卖机制

拍卖机制的基本原则就是通过投资者之间的公开竞价来产生发行价格，从而最大限度地发掘公司股票的投资价值，促使发行价格贴近市场价值，并按照投资者出价高低分配股票。在拍卖机制下，投资者在规定时间内申报申购价格和数量，申购结束后，主承销商对所有有效申购按价格从高到低进行累计，累计申购量达到新股发行量的价位就是有效价位，在其之上的所有申报都中标。根据投标人最终所付价格又可以将拍卖机制分为歧视价格拍卖（discriminatory price auction，各中标者的购买价格就是自己的出价）和统一价格拍卖（uniform price auction，所有中标人都统一按有效价位成交）两种形式。另外，一些国家还使用了被称为“肮脏拍卖”（dirty auction）的发行机制，发行人将选择一个累计申购量大于新股发行量的价位作为有效价位，即最终成交价格低于市场出清价，从而产生一个人为的抑价。

拍卖机制的主要特征是：

第一，拍卖机制提供了在 IPO 价格确立前收集投资者的需求价格、需求数量的机制，具有较高的市场化程度；

第二，股票的分配是根据事先规定的规则在现有的投标基础上进行的，承销商对股票自由分配的权力最小。

尽管拍卖机制的市场化程度最高，承销商和发行人在发行中的影响力最小，保证了发行的透明度和不易产生腐败，但在统一价格拍卖下容易引发“搭便车”行为。在拍卖中，出一个很高的价格就意味着保证在市场出清价上获得股票分配。市场存在少数“搭便车”者可能还不是大问题，一旦太多的人采用这种策略就可能导致超额认购和严重溢价，从而扭曲定价过程。

3. 累计投标询价机制

累计投标询价机制是目前国际证券市场上最为常用的股票发行机制之一，尤其在英、美等机构投资者比例较高的国家更为普遍。通常，这一发行机制包括了确定价格区间、累计投标询价和价格确定三个步骤。在发行的初始阶段，承销商首先根据拟发行公司的估价确定出一个初步的价格区间。此后，承销商通过路演等方式向潜在的投资者推介发行公司的基本情况，并根据法律规定披露发行公司的相关信息。与此同时，承销商与一些可能有购买意向的机构投资者接触，并要求机构投资者在价格区间内按照不同的发行价格申报认购数量，这一申报认购价格和数量的时期就是累计投标询价期。累计投标询价期结束后，承销商将所有投资者在同一价格的申购量累计计算，得出一系列在不同价格之上的总申购量。最后，按照总申购金额超过发行筹资额的一定倍数（即超额认购倍数）确定发行价格，并根据预订单的情况对投资者分配股票。通常情形下，在股票挂牌交易后的一个月内，承销商还要对该股票给予价格支持，即当二级市场价格跌破发行价时，承销商要在二级市场上买入发行的股票，以维持股价，当然，承销商必须严格遵守监管当局的有关规定，并在招股说明书中披露稳定股价的方法和金额。

与固定价格机制、拍卖机制相比，累计投标询价机制的主要特点包括：

第一，定价过程中的路演和征求订单机制。主承销商在初步确定新股发行价格区间之后，由发行公司召开路演推介会，征集机构投资者在不同发行价格下的需求数量订单，建立簿记，并在此基础上对发行价格进行修正，最后确定发行价格。

第二，分配股份的自主权。在累计投标询价机制下主承销商拥有根据预订单自主进行股票分配的权力。

第三，发行数量的控制权。在累计投标询价机制下主承销商对股票发行数量拥有最大可达预定发行数量15%的自主控制权。

第四，主要发售对象不同。在累计投标询价机制下，参与发行定价过程并获得股票分配的主要是大型机构投资者，并且往往是承销商的老主顾，中小投资者通常被排除在新股的发行定价过程之外，也很少能获得新股分配。

第五，定价时机的确定。与固定价格机制事先确定发行价格不同，累计投标询价机制下股票的发行价格一般都是在股票正式发售之前的最后一刻才最终确定。

当然，累计投标询价机制也不可避免地存在问题。由于承销商拥有分配股份的极大权力，大大倾斜于机构投资者，而个人投资者却得不到眷顾，IPO实际上是一个由主承销商操控的“黑箱”。一些媒体曾爆出许多承销商以分配IPO为条件，要求机构投资者在二级市场上购买股票，或支付过高的交易佣金的丑闻。当承销商以自身利益最大化为根本取向时，也可能与关联机构投资者共同实施操纵行为，扭曲市场价格，损害其他投资者利益。

2.3.2 二级市场的价格形成机制

根据流动性提供的方式不同，二级市场的价格形成机制可以分为指令驱动交易制度和报价驱动交易制度两类。

1. 指令驱动交易制度

在指令驱动交易制度下，交易者提交指令并在拍卖过程中等待执行指令，交易系统根据一定的指令匹配规则来决定成交价格。在交易者提交指令时，价格还没有决定，因此，指令驱动交易制度最本质的特征是通过提交限价指令来向市场提供流动性。由于每一位交易者是通过指令向市场表达自己的交易意愿，因而指令驱动交易制度又被称为拍卖制度。

指令驱动交易制度可以是临时的，也可以是定期的。连续的指令驱动制度被称为连续拍卖，交易者提交的指令马上得到执行，与其他交易者已提交的限价指令成交。定期的指令驱动系统被称为定期拍卖，交易者提交的所有指令被搜集起来，等待在预先指定的时点，按照统一价格成交。

指令驱动交易制度的优点是：透明度高，买卖盘信息、成交量与成交价格信息等及时对整个市场发布；信息传递速度快、范围广，几乎可以实现交易信息同步传递；运行费用低，在处理大量小额交易指令方面优越性较明显。

2. 报价驱动交易制度

在报价驱动交易制度下，做市商不断地向交易者报出特定股票的真实买卖价格——买入报价和卖出报价，并在该价位上接受交易者的买卖要求，以其自有资金和股票与交易者进行交易。交易者在提交指令前可以从做市商那里获得真实的报价。做市商通过他们的不断买卖来满足交易者的投资需求，并维持市场的流动性；同时，做市商也可以通过买卖报价的适当差额来补偿提供做市服务所发生的成本，即做市成本，并实现一定的利润。因为交易者不需要等待指令的执行，而是马上与做市商成交，因此，这种交易机制也被称作连续交易商市场（continuous dealer market）。

报价驱动交易制度的优点是：成交及时，投资者可按做市商报价立即进行交易，而不用等待交易对手的买卖指令；交易价格稳定，做市商报价受市场交易规则约束，能够及时处理大额指令，减缓它对价格变化的影响；抑制股价操纵，做市商对某种股票持仓做市，使得操纵者有所顾虑。

2.3.3 证券交易所的作用

证券交易所是依据国家有关法律，经政府证券主管机关批准设立的集中进行证券交易的有形场所。在我国有四个：上海证券交易所、深圳证券交易所、香港交易所和台湾证券交易所。

证券交易所分为公司制和会员制两种。这两种证券交易所均可以是政府或公共团体出资经营的（称为公营制证券交易所），也可以是私人出资经营的（称为民营制证券交易所），还可以是政府与私人共同出资经营的（称为公私合营的证券交易所）。

1. 公司制证券交易所

公司制证券交易所是以营利为目的，提供交易场所和服务人员，以便利证券商的交易与交割的证券交易所。从股票交易实践可以看出，这种证券交易所要收取发行公司的上市费与证券成交的佣金，其主要收入来自买卖成交额的一定比例。而且，经营这种交易所的人员不能参与证券买卖，从而在一定程度上可以保证交易的公平。

在公司制证券交易所中，总经理向董事会负责，负责证券交易所的日常事务。董事的职责是：核定重要章程及业务、财务方针；拟定预算、决算及盈余分配计划；核定投资；核定参加股票交易的证券商名单；核定证券商应缴纳的营业保证金、买卖经手费及其他款项的数额；核议上市股票的登记、变更、撤销、停业及上市费的征收；审定向股东大会提出的议案及报告；决定经理人员和评价委员会成员的选聘、解聘及核定其他项目。监事的职责包括审查年度决算报告及监察业务，检查一切账目等。

2. 会员制证券交易所

会员制证券交易所是不以营利为目的，由会员自治自律、互相约束，参与经营的会员可以参加股票交易中的股票买卖与交割的交易所。会员制证券交易所的佣金和上市费用较低，从而在一定程度上可以防止上市股票的场外交易。但是，由于经营交易所的会员本身就是股票交易的参加者，因而在股票交易中难免出现交易的不公正性。同时，因为参与交易的双方只限于证券交易所的会员，新会员的加入一般要经过原会员的一致同意，这就形成了一种事实上的垄断，不利于提高服务质量和降低收费标准。

在会员制证券交易所中，理事会的职责主要有：决定政策，并由总经理负责编制预算，送请成员大会审定；维持会员纪律，对违反规章的会员给予罚款，停止营业与除名处分；批准新会员进入；核定新股票上市；决定如何将上市股票分配到交易厅专柜等等。

一般来说，证券交易所提供的功能有如下几点：

（1）提供证券交易场所。由于这一市场的存在，证券买卖双方有集中的交易场所，可以随时把所持有的证券转移变现，保证证券流通的持续进行。

（2）形成与公告价格。在交易所内完成的证券交易形成了各种证券的价格，由于证券的买卖是集中、公开进行的，采用双边竞价的方式达成交易，其价格在理论水平上是近似公平与合理的，这种价格及时向社会公告，并被作为各种相关经济活动的重要依据。

（3）集中各类社会资金参与投资。随着交易所上市股票的日趋增多，成交数量日益增大，可以将极为广泛的资金吸引到股票投资上来，为企业发展提供所需资金。

（4）引导投资的合理流向。交易所为资金的自由流动提供了方便，并通过每天公布的行情和上市公司信息，反映证券发行公司的获利能力与发展情况，使社会资金向最需要和最有利的方向流动。

（5）制定交易规则。有规矩才能成方圆，公平的交易规则才能达成公平的交易结果。交易规则主要包括上市退市规则、报价竞价规则、信息披露规则以及交割结算规则等。不同交易所的主要区别关键在于交易规则的差异，同一交易所也可能采用多种交易规则，从而形成细分市场，如纳斯达克按照不同的上市条件细分为全球精选市场、全球市场和资本市场。

（6）维护交易秩序。任何交易规则都不可能十分完善，并且交易规则也不一定能得到有效执行，因此，交易所的一大核心功能便是监管各种违反公平原则及交易规则的行为，使交易公平有序地进行。

（7）提供交易信息。证券交易依靠的是信息，包括上市公司信息和证券交易信息。交易所对上市公司信息的提供负有督促和适当审查的责任，对交易行情负有即时公布的义务。

（8）降低交易成本，促进股票的流动性。如果不存在任何正式的经济组织或者有组织的证券集中交易市场，投资者之间就必须相互接触以确定交易价格和交易数量，并完成证券交易。这样的交易方式由于需要寻找交易对象，并且由于信息不对称、交易违约等因素会提高交易的成本，降低交易的速度。因此，集中交易市场的存在可以增加交易机会、提高交易速度、降低信息不对称、增强交易信用，从而可以有效地降低交易成本。

2.4 金融市场的质量

证券市场的运行质量对于其发挥筹资和优化资源配置的功能起着至关重要的作用，更好的市场质量可以使投资者更精确地估计风险与收益，使企业以更低的成本在发行市场筹集资金。2006年上海证券交易所发布了国内首份《市场质量报告》，并在其中指出："市场质量是证券市场核心竞争力的综合体现，是市场组织者和监管者推动市场创新与发展的指南，也是投资者支持投资决策的重要依据。更进一步说，对市场质量指标的关注程度也是一个市场是否成熟的重要标志。"

市场质量是包含多方面因素的综合体，目前国际上尚缺乏一个统一的衡量指标。综合各国证券市场实践和学术界研究成果，市场质量可从有效性、流动性、稳定性、透明性、公平性和可靠性六个方面进行衡量。(1) 有效性衡量价格反映信息的效率，即证券价格能准确、迅速、充分反映可得的信息，尽可能减少定价误差。(2) 流动性是指迅速执行交易且不造成大幅价格变化的能力，或者说是迅速执行一定数量交易的成本。流动性衡量交易的间接成本。(3) 稳定性。稳定性是指在市场剧烈波动时提供一个连续、有序市场的能力，即证券价格短期波动程度及其调节平衡的能力。稳定性的对立面是波动性。波动性可概括为两种情况：由于非预期的证券内在价值变化导致的基本波动性和由噪音交易、交易机制等因素导致的临时波动性。市场稳定的核心含义是尽可能降低临时波动性。(4) 透明性是维持证券市场公开、公平、公正的基本要求。公平市场的首要特征是市场的适正性(integrity)，即市场在时间和空间上不存在要素（包括信息）的分割，或者说市场是同质的。要实现同质的市场，高透明度必不可少。(5) 公平性是证券市场的基本要求。公平的市场结构意味着，在该市场结构里，所有投资者（无论个人投资者还是机构投资者）有同等的准入资格、同等的公开信息获取渠道和全面、严格的监管机构的保护。(6) 可靠性本质上是一个技术原则，即市场技术系统应有足够的容量和处理能力，能在迅速变化的环境中满足投资者的交易需求。

在上述六方面的市场质量指标中，有效性、流动性和稳定性最为核心，直接关系到市场资源的有效配置、投资者的交易成本以及投资风险的合理评估，本章将对这三个指标展开讨论，帮助读者进一步了解其概念、定义与度量方法。

2.4.1 金融市场的有效性

当金融资产的价格不能充分反映其基本面信息时，所有人的福利都将由于资源的无效配置而受到损失。在市场经济体系中，如工厂、设备和专业技术等实体投资都高度依赖于金融资产的价格。例如，如果股票价格反映出电信装机容量的价值高于安装成本，那么经理人就会顺理成章地确定电信项目投资可以获得正的净现值，那么，资本市场的价格便指引了实体资源的配置。如果市场无效，或者说证券普遍存在定价误差，那么资源就会系统性地错误配置。股票价格被高估的企业可以用过低的成本得到资本，而价格被低估的企业则可能会因为融资成本过高而失去潜在的投资机会。因此，无效的资本市场将损害市场经济体系最重要的资源配置功能。一个最明显的例子便是 20 世纪 90 年代出现的互联网泡沫，投资者对互联网和电信企业的普遍过高估值造成这些行业的过度投资。

关于金融市场有效性的一个基础理论是有效市场假说（efficient market hypothesis，EMH），该理论认为金融资产的价格能够充分反映所有可获得的信息。早在 20 世纪 50 年代，经济周期研究者试图通过分析某些经济变量的时间序列验证并预测经济的增长和衰退过程。一个自然的选择便是股票市场的价格，由于股票价格能够反映企业的经营状况，因此经济增长的波动周期应当能够在股票价格的时间序列中有所表现。当 Kendall（1953）检验这一命题时，他惊讶地发现无法从股票价格中找到可预测的模式。价格似乎随机地发生变化，无论之前的表现如何，其在某一天上涨和下跌的概率几乎相当，数据无法提供可以预测价格变动的方法。最初，Kendall 的结论令许多金融经济学家感到不安，似乎股票市场完全被飘忽不定的市场心理所影响，或者受到“动物精神”的支配——不遵循任何逻辑规律，因此这一结果从表面上肯定了市场的非理性。然而，随后的深入反思使得经济学家反转了对 Kendall 研究结论的理解，很快，随机的价格运动变为市场良好运行或者说市场有效的标志。

假设 Kendall 的模型肯定地预测股票 XYZ 的价格将会在三天内从 100 元上涨至 110 元，那么了解这一信息的投资者将会立刻发出大量的买单，而已经持有 XYZ 股票的投资者则不愿意卖出，导致的结果是股票的价格立刻涨至 110 元。因此，预测未来的上涨会造成价格的立刻上调，即股票价格立刻反映了模型预测所包含的“利好”信息。这一例子说明了为什么 Kendall 试图寻找股票价格周期模式的尝试会失败。一般而言，任何可以用来预测股票价格未来走向的信息都已经反映在当前的股价中。只要一出现表明某个股票的价格被低估的信息，盈利的机会就吸引大量投资者买入股票并将价格推至公平的价位，因此我们只能获取普通的回报率，这一“普通的回报率”是指与股票的风险相适应的回报。

如果股票的价格始终可以立刻被推到公平的价位，那么只有新信息能够使其上涨或者下跌。而新信息根据定义应当是不可预测的，如果该信息可以预测，那么信息本身也会被视为当前信息的一部分。与此同时，根据新信息发生改变的股票价格同样也应当是不可预测的。这一观点的本质就是股票价格将服从“随机游走”，即价格的变动为纯随机且不可预测的过程。所以，随机的股票价格非但不是市场非理性的证据，反而是聪明的投资者相互竞争，试图在其他人意识到之前发掘新信息的结果。具有不可预测性的股票价格说明所有的当前信息都已经在价格中得到反映，这一概念被称为有效市场假说。

图 2—2 阐释了在市场有效的情况下，股票价格对新信息的反应。图中给出了 194 家被收购公司在并购信息公告日前后的价格变动情况。在多数并购案例中，兼并方会支付大幅超过当期市场价格的溢价，因此兼并信息的公告会导致股票价格大幅上涨。图 2—2 显示股票的价格在收购信息的公告日经历了突然的高额涨幅，而此后则并没有出现进一步的上涨，说明价格在新信息公布日交易结束前已经将其全部反映。

为何我们认为股票价格会反映“全部可获得的信息”？这是由于如果你愿意花费时间

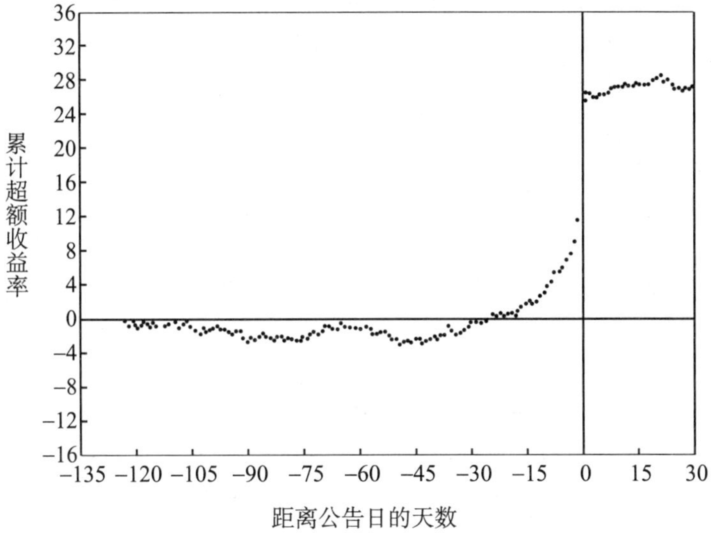

图 2—2　兼并前的累计超额收益：被兼并公司

资料来源：Arthur Keown and John Pinkerton, "Merger Announcements and Insider Trading Activity," *Journal of Finance* 36 (September 1981).

和金钱去收集信息，那么你可能会发现一些被投资界的其他人所忽视的信息，而利用这些信息进行投资将增加预期收益。尽管事实并不一定如字面所说——“全部”相关信息都得以被价格所反映，但几乎可以肯定的是确实存在大量研究者很快就可以发现任何一条可能提高投资回报的线索。这些拥有良好资源支持、拿着高额薪水的分析师之间所开展的激烈竞争，使得股票价格得以反映绝大多数可以获得的信息。

有效市场假说通常可以分为三种形式：弱式、半强式和强式假说。这些形式的区别在于对“所有可获得信息”的定义不同。三种假说定义的信息集可以用图 2—3 表示。

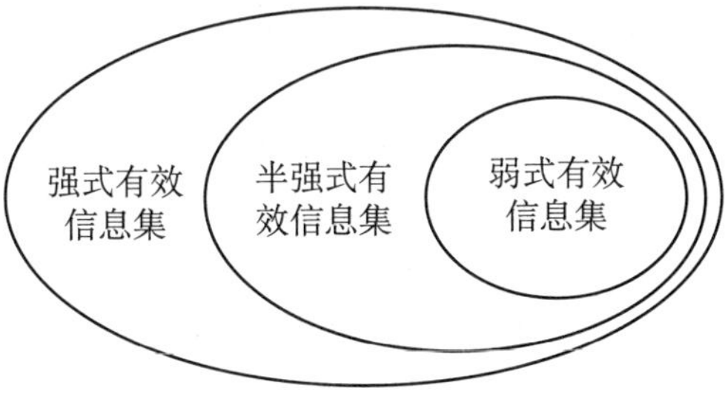

图 2—3　三种有效市场假说信息集关系图

1. 弱式有效市场假说（weak-form market efficiency）

该假说认为在弱式有效的情况下，市场价格已充分反映出所有历史的证券价格信息，包括股票的成交价、成交量、卖空金额、融资金额等。

推论一：如果弱式有效市场假说成立，则股票价格的技术分析失去作用，基本分析还可能帮助投资者获得超额利润。

2. 半强式有效市场假说（semi-strong-form market efficiency）

该假说认为价格已充分反映出所有已公开的有关公司营运前景的信息。这些信息有成交价、成交量、盈利资料、盈利预测值、公司管理状况及其他公开披露的财务信息等。假如投资者能迅速获得这些信息，股价应迅速作出反应。

推论二：如果半强式有效假说成立，则在市场中技术分析和基本面分析都失去作用，内幕消息可能获得超额利润。

3. 强式有效市场假说（strong-form market efficiency）

强式有效市场假说认为价格已充分地反映了所有关于公司营运的信息，这些信息包括已公开的或内部未公开的信息。

推论三：在强式有效市场中，没有任何方法能帮助投资者获得超额利润，即使基金和有内幕消息者也一样。

有效市场假说还依赖三个依次减弱的成立条件：第一，投资者是理性的，因而可以理性地评估证券的价值；第二，存在部分非理性投资者，但他们的交易因为具有随机性而相互抵消，不会影响价格；第三，虽然非理性投资者的交易行为具有相关性，但理性套利者的套利行为可以消除这些非理性投资者对价格的影响。随着 20 世纪 90 年代以后行为金融理论的兴起，投资者具有非理性已经成为共识，而许多研究者也都发现投资者的非理性行为之间存在相关性，因而无法全部抵消而造成，最后，有限套利也逐步得到了学术界的广泛认可，因此投资的非理性行为可能会对证券价格造成系统性影响。进一步，许多市场异象为研究者所发现，关于金融市场“反应过度”和“反应不足”的研究逐渐变得普遍，说明有效市场假说无法完全成立。

2.4.2 金融市场的流动性

流动性是证券市场的生命力所在。二级市场的流动性为投资者提供了转让和买卖证券的机会，也为筹资者提供了筹资的必要前提；如果市场缺乏流动性而导致交易难以完成，市场也就失去了存在的必要。正是在这些意义上，Amihud 和 Mendelson 指出：“流动性是市场的一切。”从更广泛的意义上看，市场流动性的增加不仅保证了金融市场的正常运转，也促进了资源有效配置和经济增长。

当一种资产和现金能够以较小的交易成本迅速相互转换时，我们说该资产具有流动性。因此可以认为，流动性实际上就是投资者根据市场的基本供给和需求状况，以合理的价格迅速交易一定数量资产的能力。或者更简单地说，流动性就是迅速执行一定数量交易的成本。市场的流动性越高，则进行即时交易的成本就越低。一般而言，较低的交易成本就意味着较高的流动性，或相应的较合理的价格。从以上定义可以看出，流动性实际包含了三个方面：速度（交易时间）、价格（交易成本）和交易数量。

速度主要指证券交易的即时性（immediacy）。从这一层面衡量，流动性意味着一旦投资者有买卖证券的愿望，通常总可以立即得到满足。

但是在任何一个市场，如果投资者愿意接受极为不利的条件，交易一般均能够得到迅速执行。因此，流动性还必须具有第二个条件，即交易即时性必须在成本尽可能小的情况下获得，或者说，在特定的时间内，如果某资产交易的买方的溢价很小或卖方的折价很少，则该资产具有流动性。流动性的价格层面意味着，买卖某一证券的价格必须等于或接近占主导地位的市场价格。

流动性的价格因素通常以市场宽度（width）来衡量，最常见的指标是买卖价差，即当买卖价差足够小时，市场具有宽度；当大额订单的买卖价差较大时，市场缺乏宽度。以宽度衡量的流动性在价差为零时达到无限大，此时交易者可按照同一价格实现交易。宽度指标主要用来衡量流动性中的交易成本因素。

然而光有速度和低成本还不够，流动性还必须有第三个条件——数量上的限制，即较大量的交易可以按照合理的价格较快执行。

流动性的数量因素通常以市场深度（depth）来衡量，即在特定价格上存在的订单总数量（通常指等于最佳买卖报价的订单数量）。Glen（1994）把市场深度定义为在目前价格上可交易的能力。订单数量越多，则市场越有深度；反之，如果订单数量很少，则市场缺乏深度。深度反映了在某一特定价格水平（如最佳卖价或买价）上的可交易数量。深度指标可用来衡量市场的价格稳定程度，即在深度较大的市场，一定数量的交易对价格的冲击相对较小，而在浅度市场，同等数量的交易对价格的冲击将较大。

结合以上三个指标，假定由于较大数量的交易在较短的时间内得到执行，从而造成价格上的较大变化，则还可以推论出流动性的第四个构成要素——弹性（resiliency），即由于一定数量的交易导致价格偏离均衡水平后恢复均衡价格的速度。在一个以弹性衡量的高流动性的市场，价格将立刻返回到有效水平。或者说，当由于临时性的订单不平衡导致价格发生变化后，新的订单立即大量进入，则市场具有弹性；当订单流量对价格变化的调整缓慢时，则市场缺乏弹性。

以上四个要素也就是通常所说的流动性的四维。必须指出的是，这四维指标在衡量流动性时可能彼此之间存在冲突。例如，深度和宽度通常就是一对矛盾，深度越大则宽度（买卖价差）越小，宽度越大则深度越小；即时性和价格也是一对矛盾，为耐心等待更优的价格无疑将牺牲即时性。基于上述流动性的四个维度，学术界对流动性的衡量进行了大量的探讨，本章将对几个重要的流动性度量指标进行介绍。

（1）基于宽度的重要流动性指标是价差衡量指标、价格改善指标和价格自相关模型等，其中最常用的为买卖价差。计算方法是当前市场上最佳卖价和最佳买价之间的差额。O'Hara 和 Oldfield（1986）把买卖价差定义为对做市商提供即时交易服务的补偿。衡量买卖价差有两种方法：一是绝对买卖价差，即计算买卖价差的绝对值（等于卖出报价减去买进报价）；二是相对买卖价差，即计算百分比买卖价差，由于买卖价差通常随价格而变化，故可以用绝对买卖价差除以最佳买卖价格的平均值，即得到百分比买卖价差。

$$S_a = P_a - P_b$$

$$S_r = 2(P_a - P_b)/(P_a + P_b)$$

其中，P_a（ask price）指卖出报价，在竞价市场上是指最优委卖价；P_b（bid price）指买入报价，在竞价市场上是指最优委买价。理论上，买卖价差只适用于做市商市场，因为做市商提供的是双向报价，并且买价低于卖价，因而只有一个价差；在竞价市场上，所有一对一匹配的买卖订单都是按照相同价格撮合的，故不存在价差，因此分析竞价市场的价差通常采用市场上未成交的有效订单的最低卖价和最高买价之间的差额，即投资者买进和卖出所愿意接受的最佳价格。除买卖价差外，其他重要价差指标还包括有效价差、实现价差、定位价差等。

（2）基于深度的重要流动性指标包括市场深度、成交深度、深度改进率和深度改进比例、成交率和换手率等，其中市场深度最为常用。

$$D=\frac{Q_a+Q_b}{2}$$

其中，Q_a 为股票在最佳卖出价格上所对应的申报量，Q_b 为股票在最佳买入价格上所对应的申报量。深度指标也可以计算其相对值，即深度的绝对值与已发行流通股本或市值的比率。深度指标的主要不足是，做市商（或竞价市场的流动性提供者）通常不愿意披露其愿意在该价位上进行交易的全部数量，因此，买卖最佳报价上的数量并不能真实地代表市场的深度。

(3) 基于弹性的指标构造法主要是衡量从交易引起的价格波动到恢复均衡所需要的时间，或者买卖委托单从不平衡到恢复平衡所需要的时间。若所需时间越短则说明弹性越好，流动性越好。但是，由于均衡价格的选择没有统一标准，因此，对于弹性指标的构造与应用目前还不多，主要有两种方法：一是相邻两个最优买（卖）价之间的差额；二是相邻两次订单的差价。

(4) 基于即时性的主要指标有两个：一是执行时间，即从订单到达到订单得到执行时的间隔；二是交易频率，即在一个特定时间内的交易次数（不考虑交易规模）。时间法的优点是衡量方法十分简便，其主要缺点是：一是限价订单的执行时间与其价格密切相关；二是交易频率与市场波动性有关；三是没有考虑价格变化的影响。

2.4.3 金融市场的波动性

波动性通常是指证券价格波动的程度。波动性也是一个非常重要的市场质量指标，其高低程度决定着交易者持有证券的风险程度：如果市场波动性较高，那么价格将可能出现较大程度的变化，交易者也将面临较大的风险。一般地，我们可以把金融资产的收益波动率分为以下四类。

(1) 历史波动率是指投资回报率（收益率）在过去一段时间内所表现出的波动率，它由标的资产市场价格过去一段时间的历史时间序列数据（$\{S_t\}$）反映。即可以根据 $\{S_t\}$ 的时间序列数据，计算出相应的收益率数据，然后运用统计推断方法估算收益率的标准差，从而得到历史波动率的估计值。如果假定实际波动率是一个常数，不随时间的推移而变化，则历史波动率是实际波动率的一个很好的近似。例如，在股票市场中，历史波动率可以反映标的股票价格过去一段时期内的波动，然而，利用历史波动率对权证价格进行预测一般都不能保证准确。但是由于目前我国内地没有权证市场，无法获得权证价格，也无法计算隐含波动率，因此权证发行商与投资者在权证发行初期只能利用历史波动率作为参考。

(2) 预测波动率一般指运用统计推断方法对实际波动率进行预测得到的结果，并可将其用于资产定价模型（例如期权定价模型），确定出资产的理论价值。因此，预测波动率是人们对权证进行理论定价时实际使用的波动率。目前，常用的计算预测波动率的方法基本上是一些统计方法，包括建立各类模型进行预测与推断，除此之外，人们对实际波动率的预测还可能来自经验判断等其他方面。常用的简单方法有移动平均（简单或加权）、指数平滑和条件异方差 ARCH/GARCH 类模型法，此外还有扩展的随机波动率模型（SV/LMSV）、多元 GARCH 模型法、ARIMA/ARFIMA（自回归移动平均模型）等。

（3）隐含波动率是期权定价理论中的一个概念，从理论上讲，隐含波动率是将市场上的权证交易价格代入权证理论价格模型，反推出来的波动率数值。以期权为例，由于期权定价模型给出了期权价格与 5 个基本参数（标的价格、执行价格、利率、到期时间和波动率 σ）之间的定量关系，只要将其中前 4 个基本参数及期权的实际市场价格作为已知量代入期权定价模型，就可以从中解出唯一的未知量波动率 σ，其大小就是隐含波动率。因此，隐含波动率也可以理解为市场实际波动率的预期。

（4）已实现波动率是针对频率较高的数据计算的一种波动率，又称为日内波动率或高频波动率。高频数据是指以小时、分钟或秒为采集频率的数据。还有一类数据叫超高频数据，即人们获得的股票市场、外汇市场、期货市场实时的每笔成交数据。超高频数据的时间间隔不一定相等，具有时变性，它是交易过程中实时采集的数据，或称逐笔数据（tick-by-tick data）。Garman 和 Klass（1980）提出了日内波动率的一种估算方法——OHLC；Andersen 和 Bollerslev（1998）提出使用日内高频股价数据，可以获得对日波动率更精确的描述，并由此建立了一种基于高频股价数据的已实现波动率测度方法。由于高频数据中蕴含了比低频数据更多的市场波动信息，因此基于高频数据的波动率测度一定是一种更为真实的市场波动描述。已实现波动率的计算不需要复杂的参数估计方法，无模型、计算简便，在一定条件下是积分波动率（已实现波动率的概率极限）的无偏估计量，近年来在高频领域中获得了广泛的应用。

☞专栏 2—2

上海证券交易所市场质量报告（2014）

定义的流动性指数是指使价格上涨 1%所需要的买入金额和使价格下跌 1%所需要的卖出金额的均值。2013 年沪市流动性指数为 336 万元，比 2012 年的 276 万元上升了 22%（见图 2—4）。流动性指数与市场整体走势有关，年初市场流动性指数较高，下半年流动性指数走低。

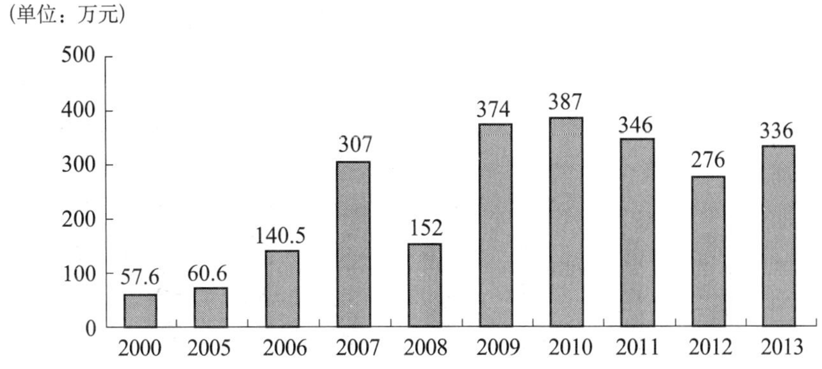

图 2—4　相关年份流动性指数

2013 年沪市绝对买卖价差与 2012 年相比略有下降，为 1.5 分，相对买卖价差也下降了 1 个基点（见图 2—5 和图 2—6）。

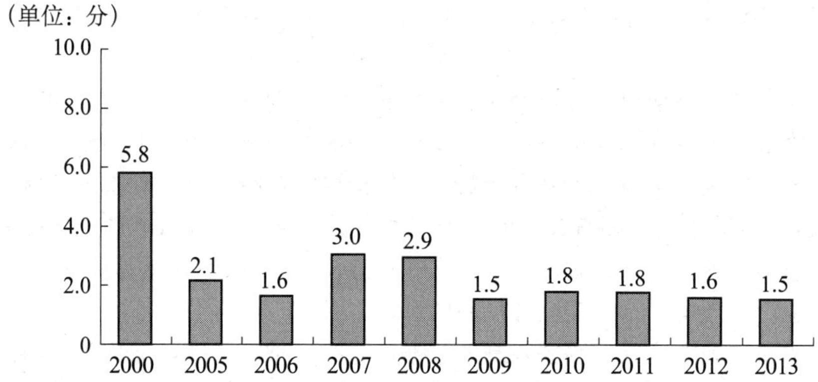

图 2—5 相关年份绝对买卖价差

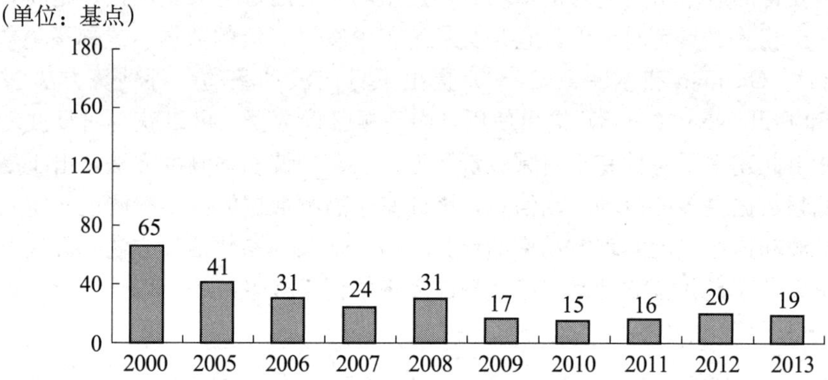

图 2—6 相关年份相对买卖价差

订单深度是衡量市场深度的最直接的指标，报告选择了 5 个最佳买卖报价上所有买卖订单合计金额和 10 个最佳买卖报价上所有买卖订单合计金额作为订单深度的代理指标。2013 年沪市成交量仍然活跃，订单深度继续保持较大值。5 档订单深度为 470 万元，10 档订单深度为 850 万元，两档订单深度较 2012 年提高了约 25%（见图 2—7）。

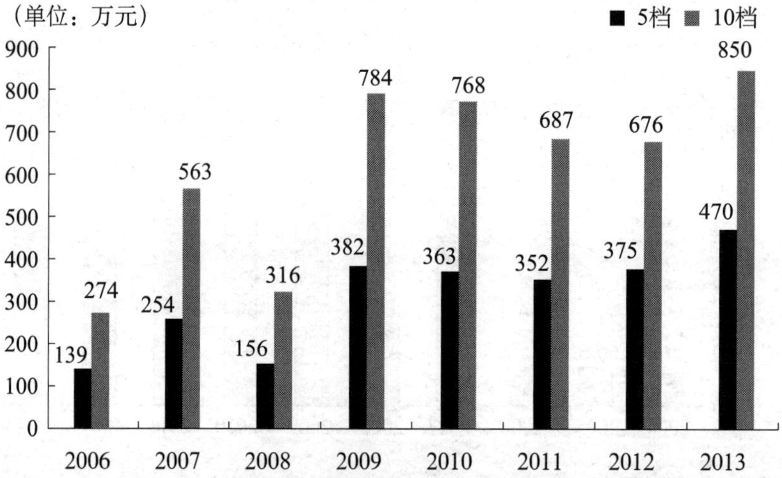

图 2—7 相关年份市场订单深度

报告计算了沪市股票日内 5 分钟的日内波动率、超额波动率及收益波动率。2013 年沪市的收益波动率及超额波动率与 2012 年基本持平，日内波动率比 2012 年上升了 5 个基点（见图 2—8）。

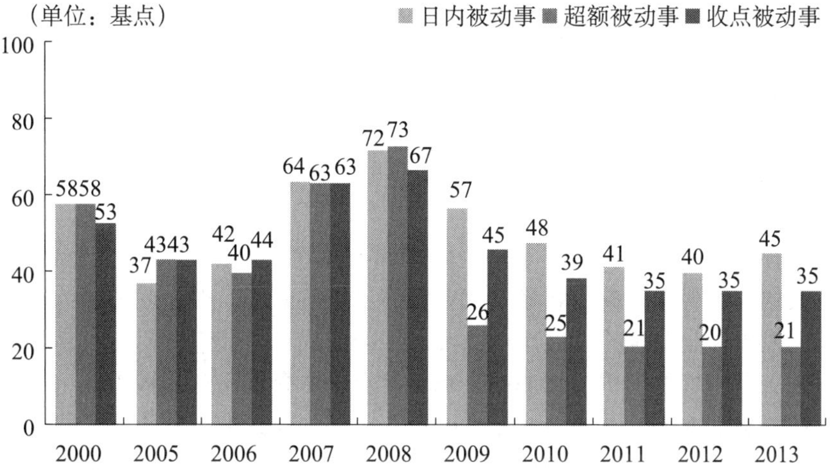

图 2—8 相关年份波动率

2.5 金融机构基础

2.5.1 金融机构的定义

理论界对金融机构的定义有狭义和广义之分。狭义的金融机构泛指以某种方式吸收资金，又以某种方式运用资金，能够提供特定金融产品和服务的金融企业。广义的金融机构指从事金融业务，协调金融关系，维护金融体系正常运行的机构。在本书中，我们采用狭义口径，把金融机构定义为从事金融活动且为金融活动提供相关服务（支付、融资、投资、保障、信息等）的各类金融中介机构。因此，在本书的行文中，金融中介、金融机构、金融中介机构基本上是通用的。

为准确理解金融机构的概念，我们要掌握金融机构以下三个方面的性质：

首先，从上述对金融机构的定义可以看出，金融机构是在经济活动中为资金供需双方提供投资、融资服务的机构，也是为资金安全性需求者和其他金融活动参与者提供各种相关服务的机构。而为实体经济部门服务则是金融机构最本质、最基本的职责。在现代经济中，实体经济运行与金融活动已完全融合在一起，加之众多金融机构的出现和金融业务的错综复杂，人们往往扭曲了金融机构的基本性质而追求金融本身的过度繁荣，这也是经济虚拟化程度不断上升和金融危机不断出现的重要原因。因此，强调金融机构为实体经济部门提供投资和融资服务的基本性质，对金融稳定和经济健康发展极为重要。

其次，随着经济和金融的发展，在金融机构提供各种融资、投资工具和各种相关便利从而为实体经济部门提供服务的过程中，这种"服务"逐渐具有了"产品"的性质，金融机构便成为经营货币和提供"金融服务产品"的特殊企业，作为各类金融机构总称的金融中介及其业务活动也就形成一种特殊"行业"或"产业"。在现实经济中，金融业被归属于服务业的范畴。在国民经济宏观分析中，金融部门作为五大部门之一，与居民部门、企业部门、政府部门和国外部门一起纳入国民经济的宏观分析框架。

最后，我们也要注意到，在中央银行提供的货币具有无限法偿权力和信用无限创造机制条件下，金融机构的经营行为具有内在的膨胀动力和趋势。因而，金融业又是一个充满风险且对整个国民经济影响巨大的行业。

2.5.2 金融中介理论简介

金融机构存在的基础等问题一直是金融学领域关注的问题，为什么金融机构会存在？为什么金融机构这么普遍？它们如何变化？为回答这些问题，在学术领域，金融中介理论得到了快速的发展。金融理论发展至今已突破了交易成本、信息不对称的范式约束，开始强调风险管理、参与成本和价值增加的影响，使金融中介理论从消极观点（中介把储蓄转化为投资）向积极观点转变（在转换资产的过程中，中介为最终储蓄者和投资者积极管理风险，提供了增加值）。风险、不确定性、信息成本和交易费用构成了金融中介演化的客观要求，而制度、法律和技术则构成了中介演化的现实条件。本节内容将按照金融中介理论发展的时间顺序来回顾对于金融中介所进行的理论研究。

1. 古典的金融中介理论

古典的金融中介理论包括两种理论，即信用媒介论和信用创造论。

早期对金融中介进行研究的可能是亚当·斯密、大卫·李嘉图、约翰·穆勒等人的信用媒介论。信用媒介论认为，信用是将资本从一个部门转移到另一个部门的媒介，信用不是资本，也不创造资本。信用可以节约流通费用，可以促进利润率的平均化，可以促进国家财富增加。信用对物价和商业危机有影响。信用媒介论指出，银行（指商业银行）的功能在于媒介信用，银行须在首先接受存款的基础上才能发放贷款。银行的负债业务先于资产业务，且负债业务决定资产业务，银行通过信用方式起着媒介工具作用，银行充当信用媒介，这种信用不创造资本，仅仅是转移和再分配社会现实资本，以提高资本效益的作用。信用媒介论认为货币只是简单的交换媒介和便利交换的工具，这是信用媒介论的全部理论基础。

信用媒介论的出现是由当时的客观经济基础决定的，有它合理的成分。但是它排除了银行超过其吸收的存款数量而进行贷款的可能。随着资本主义经济的发展，银行在国民经济中发挥着巨大的作用，它由普通的中介者变成强大的垄断者。面对这一现实，简单朴素的信用媒介论无法解释。于是信用创造论便应运而生。

信用创造论继承和发展了古典学派关于银行信用媒介论的观点，其主要观点为：（1）银行的功能在于为社会创造信用，银行能超过其所接受的存款进行放贷，且能用放款的办法创造存款。所以，银行的资产业务优先于负债业务且前者决定后者。（2）银行通过信用的创造，能为社会创造出新的资本从而推动国民经济的发展。信用创造论认为，信用创造资本，信用就是货币，银行的本质在于创造信用。（3）货币是一种交换手段，因此，凡是有交换手段职能的物品都是货币。信用既然被用做流通手段和支付手段，那么，信用就是货币，信用就是财富。（4）信用创造资本，信用就是生产资本，通过信用量的增加与扩展可以创造社会财富，繁荣商业，使国民经济具有更大的活力。

信用创造说的先驱者是18世纪的约翰·劳，主要代表人物是19世纪末的麦克鲁德和20世纪初的熊彼特和哈恩等人。信用创造论从技术上描述了银行信用对货币流通的经济过程的影响，并且提出了信用制度下货币供应方式和货币倍数扩张的原理，这对中央银行制度的完善和对货币量的调控提供了理论依据，对后来的经济学家深入研究货币信用起了很好的启发作用。上述古典的金融中介理论实际上只是说明了银行的部分职能，但是没有论及银行存在的原因，这可能是受当时经济金融环境及认识能力所限。

2. 20 世纪初叶至 60 年代的金融中介理论

20 世纪前期，金融中介理论的研究进展不大，一般的研究都是把金融中介作为既定的要素。当然，也存在例外，费雪研究发现，每个家庭都有一个跨时消费效用函数，在存在家庭消费信贷的条件下，家庭的总效用和福利水平会提升，即消费者信贷市场的存在会改变家庭的总效用和福利水平。费雪对于信贷市场作用的开创性研究工作开启了金融中介重要性的理论闸门，对后来的经济学家产生了影响。

然而，长期以来认为金融中介对经济不产生影响的观点一直存在，远有萨伊，近有阿罗、德布鲁、弗里德曼和施瓦茨以及真实经济周期模型的信奉者。在阿罗、德布鲁提出的包含银行部门的一般均衡模型中，银行在均衡时的利润为 0，且银行的资产负债表的组成和规模对其他经济部门无任何影响，企业和家庭通过市场相互作用，金融中介不扮演任何角色。当市场是完美的和完全的时候，资源配置达到帕累托效率，不存在可由中介改进福利的余地。弗里德曼和施瓦茨认为由中央银行控制的货币供给是最为关键的金融变量，这也就意味着，银行在货币创造功能之外不会发挥其他功能，包括中介功能。莫迪利亚尼和米勒提出的所谓“MM 定理”以及随后发展起来的“真实商业周期模型”中，都可导出金融中介是多余的或者无关紧要的结论。上述的金融中介无关紧要的论断明显地与现实不符。历史上，银行和保险公司在金融市场上已经扮演了中心角色，即使在经济发展的初始阶段，中介的发展也会导致金融市场本身的发展。以后的研究者正是在对上述模型的前提进行修正的情况下，认为信息成本、交易成本、参与成本和风险管理等是金融中介存在的原因。

3. 现代金融中介理论

现代金融中介理论利用信息经济学和交易成本经济学的最新成果，以降低金融交易成本为主线，对金融中介提供的各种服务进行了深入的分析；探讨了它们如何利用自身优势克服信息不对称、降低交易成本，从而以比市场更低的成本提供服务。风险、不确定性、信息成本和交易成本构成了金融中介演化的客观要求，但是，随着近十多年来金融中介职能的转变，人们开始寻求交易成本之外的其他原因。典型的如风险管理和参与成本。

（1）不确定性和金融中介。

在现实中，完美的市场是不存在的，经济生活中存在着不同形式的不确定性表现。跨期交易结果的不确定性在经济生活中可分为个人不确定性和社会不确定性。假定无论社会不确定性还是个人不确定性都是经济社会所固有的，也就是说，从某种意义上讲，任何人都不能通过其他资源的使用就减少这些成本。根据 Diamond 和 Dybvig（1983）的经典模型，消费者的消费需求是随机的，但是消费者从投资中获得的收入与消费者的期望消费路径是不一致的，所以消费者面临着投资和消费的双重风险。而金融中介的出现为个人消费者提供了一种风险保障，消费者可以利用金融中介来提高自己在孤立状态下投资选择的可能性，从而降低投资和消费中的固有风险。由此可以看出，金融中介机构的出现不仅可以降低个人消费风险所引起的不确定性，还可以进行多样化的投资，分散风险，降低投资过程中的不确定性。

(2) 交易成本和金融中介。

格利和肖(Gurley and Shaw)及其后继者本斯顿和史密斯(Benston and Smith)最早将交易成本范式应用到金融中介理论上，他们通过研究提出了金融中介理论中的交易成本思路，从而开创了新金融中介理论。该理论认为：由于市场的不完美性，阿罗-德布鲁范式中理想的无摩擦的完全信息金融市场已不再存在。因而就需要金融中介参与金融交易；金融中介存在的原因就在于交易成本的存在，金融中介正是单个借贷者在交易中寻求规模经济、集合交易、分摊成本的最佳联合体。

(3) 信息不对称和金融中介。

运用信息不对称来解释金融中介的存在，是20世纪70年代金融中介理论的热点。通常认为关于信息不对称的文献可追溯到Leland和Pyle(1977)及Akerlof(1970)。信息不对称是交易成本产生的重要原因之一。以借贷活动为例，通常我们将借贷的金融活动分为贷前选择贷款项目、贷后监督贷款项目两个阶段，那么，这两个阶段都会因为信息不对称而产生交易成本。贷前需要花费搜寻和核实成本，贷后需要花费监督成本。Leland和Pyle(1977)将金融中介看作是一种"信息共享联盟"，认为金融中介可以低成本地搜寻、鉴别预期收益高的投资项目，并在将高收益项目的信息让众多的贷款人共享时具有规模经济。此外，Diamond(1984)的委托监督模型证明，金融中介在监督方面具有比较优势，金融中介的参与给监督问题提供了一种有效的解决办法。金融中介作为被委以监督责任的代理人保证向贷款人支付固定金额的回报，从而使自己成为投资项目收益的剩余索取人。这样，金融中介的收益就与项目的收入紧密相关，从而确保它能竭力监督借款人。

(4) 金融中介的功能观。

默顿和博迪(Merton and Bodie)及其他一些学者共同提出一种从全新的角度诠释金融中介的理论。这种理论视金融中介运作的功能为给定，并探索运作这些功能的最佳机构结构，被学术界称为功能观(function perspective)。金融中介功能观大大地拓展了金融中介理论的视野，从而把金融中介理论的研究推向了一个新的水平。其核心内容可表述为：金融体系的基本功能远比机构要稳定。因为功能很少随时间和地域的变化而变化；机构的变化是由功能决定的，机构之间的竞争与创新最终使得金融功能更有效率。而且功能观首先要问金融体系需要行使哪些经济功能，然后去寻求一种最好的组织机构，而一种组织机构是否最好，则又进一步取决于时机和现有的技术能否实现这些功能。

(5) 风险管理、参与成本和金融中介。

Allen和Santomero(1998)认为，风险管理产生于20世纪60—70年代，而且对金融中介来说日趋重要。他们将金融中介的风险管理功能和新金融工具以及新金融市场(期货、期权和掉期等)重要性的增加联系起来，并将风险管理功能形容为一种金融中介的新功能和最重要的功能之一。Allen和Gale(1999)分析了市场主导型和银行主导型这两种不同的金融体系，指出在德、日这样的银行主导型金融体系中，风险管理可以借助跨期分散来实现，金融中介可以通过积累风险低、流动性强的资产来减少风险，而市场的跨期分散风险的功能自然不太重要；而在英、美以市场为主导的金融体系中，借助金融中介实现跨期分散风险的功能受到市场的抑制，人们需要依靠市场进行风险管理，就更加需要一个发达的衍生金融市场。

20世纪70年代以来，随着金融创新浪潮的兴起以及信息技术革命的产生，基于市场不完善的现代金融中介理论不能对新兴的以风险管理为核心业务的投资类金融中介机构在融资中的作用做出很好的解释。信息技术革命使信息在市场参与各方之间得以更便捷地流动，信息处理成本的下降使得金融中介机构的信息服务功能显得不是那么重要。Allen 和 Santomero（1998）对之前的金融中介理论提出了质疑，并提出了基于参与成本的新观点。在传统的无摩擦理论中，所有投资者都是市场完全信息参与者，金融中介没有必要管理风险，也就没有提供超值服务，然而实际上投资者只是有限参与，因为存在着收集、选择某一特定股票或其他有价证券、金融产品的特定成本，但通过金融中介可以节省这些成本，使投资者得到相对稳定的回报。

（6）价值增加、客户导向与金融中介。

Scholtens 和 Wensveen（2000）认为 Allen 和 Santomero（1998）的观点并不全面。他们认为参与成本、风险管理只是部分解释了金融业近年来发生的一些巨大变化，诸如共同基金的发展以及金融衍生工具的广泛使用和快速发展还有更重要的原因。金融中介理论应当放弃静态的完美市场范式，采用更为动态的概念。金融中介理论应当包括金融创新的动态过程和在此基础上的市场差异化。金融中介不是居于最终储蓄者和投资者之间充当简单的“代理人”，以减少像不对称信息和参与成本之类的市场非完美性，同时也是独立行事的市场主体。它们能够创造金融产品，并通过转换金融风险、期限、规模、地点和流动性而为客户提供增加值。因此，价值增值是现代金融中介发展的主要驱动力。基于此，Scholtens 和 Wensveen 提出了所谓的补充理论（amended theory），强调金融中介的顾客导向而不是信息不对称。也就是说，金融中介本身就是向顾客出售金融服务并从中获利的，而传统理论所谓的节约交易成本、消除信息不对称以及参与成本等则属于上述过程的伴随效应（by effect）。

上面介绍的金融中介的六种主要理论，一方面反映了金融机构及其理论的发展；另一方面，我们应该看到，这些理论并非相互否定，而是相互补充。它们从不同时期，结合其发展，从不同角度对金融机构的存在、功能作出不同侧重点的解释，使得读者可以更加全面地理解金融机构。

2.5.3 金融机构的分类和区别

金融机构按照不同的分类标准可以划分为若干种类。国际货币基金组织（IMF）在2000年的《货币与金融统计手册》中，对金融机构作出如下的划分。首先给出并定义了一个概念：金融性公司部门（financial corporations sector），该概念包括所有主要从事金融中介或相关辅助性金融活动的公司机构或准公司机构。主要包括：中央银行、其他存款银行、其他金融性公司（包括保险公司和养老基金、保险公司和养老基金以外的其他金融媒介、金融辅助机构）。①

① 这里中央银行作为银行的银行被列入金融性公司部门。《货币与金融统计手册》中对更广泛的经济活动中的参与部门做了如下的划分，包括金融性公司部门、非金融性公司部门（公共非金融性公司、其他非金融性公司）、广义政府（中央政府、州政府、地方政府、社会保障基金）、住户以及为住户提供服务的非营利机构部门。

2008年金融危机以后，各国央行对金融统计数据缺失问题展开了广泛深入的讨论，并且日益发展的非银行金融中介、各种创新型金融产品以及跨市场、跨产品、跨境资金流动风险对原有的分类统计提出了新的挑战。为了更好地适应宏观数据分析需要，IMF于2012年2月在华盛顿召开专家小组会议，正式启动了对《货币与金融统计手册》的全面修订工作，进一步细化了金融机构的类别。依据修订，金融性公司部门可分为九类，即：中央银行、除中央银行以外的存款吸收性公司、货币市场基金、货币市场基金以外的投资基金、除保险公司和养老金以外的其他金融中介、金融辅助机构、受限制性金融机构和货币放款人、保险公司、养老金。同时，为了广义货币的统计需要，将以上九类机构再分为存款性公司和其他金融性公司（OFC）两大类，其中的存款性公司分为中央银行、中央银行以外的存款吸收性公司和货币市场基金（MMF）三个子部门。此外，修订中还特别强调了无特殊目的实体（SPE）、主权财富基金（SWF）等新型金融机构。

在我国，2010年，中国人民银行发布了《金融机构编码规范》，明确了我国金融机构的涵盖范围，界定了各类金融机构的具体组成。根据《金融机构编码规范》，我们可以将我国的金融机构分为货币当局、监管当局、银行业金融机构（分为银行业存款类金融机构和银行业非存款类金融机构）、证券业金融机构、保险业金融机构、交易及结算类金融机构、金融控股公司、其他金融机构等八类。表2—6对这八类金融机构的组成进行了总结和概括。由于本书介绍的金融机构主要基于狭义口径的定义，因此，本节主要介绍包括银行业金融机构、证券业金融机构、保险业金融机构等在内的金融中介机构。

表2—6　　我国金融机构的组成

类型		组成
货币当局		中国人民银行，国家外汇管理局
监管当局		中国银行业监督管理委员会，中国证券监督管理委员会，中国保险监督管理委员会
银行业金融机构	银行业存款类金融机构	银行，城市信用合作社，农村信用合作社，农村资金互助社，财务公司，村镇银行
	银行业非存款类金融机构	信托公司，金融资产管理公司，金融租赁公司，汽车金融公司，贷款公司，货币经纪公司
证券业金融机构		证券公司，证券投资基金管理公司，期货公司，投资咨询公司
保险业金融机构		财产保险公司，人身保险公司，再保险公司，保险资产管理公司，保险经纪公司，保险代理公司，保险公估公司，企业年金
交易及结算类金融机构		交易所，证券结算类机构
金融控股公司		中央金融控股公司，其他金融控股公司
其他		小额贷款公司

资料来源：《金融机构编码规范》，中国人民银行网站。

1. 银行业金融机构

银行业金融机构是指以融资业务为主的金融机构，主要包括银行业存款类金融机构和银行业非存款类金融机构。其中，银行业存款类金融机构是接受个人和机构的存款并发放贷款的金融中介机构，存款类金融机构主要包括银行、城市信用合作社（至 2012 年底，我国的此类机构已全部改制为股份制商业银行）、农村信用合作社、农村资金互助社、财务公司、村镇银行等。银行业非存款类金融机构是指不能够接受个人和机构存款，但可以发放贷款的金融中介机构，主要包括信托公司、金融资产管理公司、金融租赁公司、汽车金融公司、贷款公司、货币经纪公司等。各个银行业金融机构的概念如表 2—7 所示。

表 2—7　　银行业金融机构的类型

类型	定义
政策性银行	政策性银行是指由政府发起、出资成立，为贯彻和配合政府特定经济政策和意图而进行融资和信用活动的机构。
商业银行	我国的商业银行是指依照《中华人民共和国商业银行法》和《中华人民共和国公司法》设立的吸收公众存款、发放贷款、办理结算等业务的企业法人。
信用合作社	简称信用社，是指由个人集资联合组成，以互助为主要宗旨的合作金融组织。其基本的经营目标是以简便的手续和较低的利率，向社员提供信贷服务，帮助经济力量薄弱的个人解决资金困难，以免遭高利贷盘剥。
财务公司	财务公司又称金融公司，是指以加强企业集团资金集中管理和提高企业集团资金使用效率为目的，为企业集团成员单位提供财务管理服务的金融机构。
信托公司	依照《中华人民共和国公司法》和《信托公司管理办法》设立的主要经营信托业务的金融机构。
金融资产管理公司	经国务院决定设立的，收购、管理和处置金融机构、公司及其他企业（集团）不良资产，兼营金融租赁、投资银行等业务的金融机构。
村镇银行	经中国银行业监督管理委员会依据有关法律、法规批准，由境内外金融机构、境内非金融机构企业法人、境内自然人出资，在农村地区设立的主要为当地农民、农业和农村经济发展提供金融服务的银行金融机构。

2. 证券业金融机构

证券业金融机构在业务运行过程中所发挥的主要作用是为投资业务服务，是直接融资活动中重要的中介人，承担着为资金供求双方“牵线搭桥”的职责，同时，证券业金融机构在间接融资活动中也发挥着重要的作用，如一些证券公司可以从事某些贷款业务，而一些基金公司可以接受信托存款资金，并将其用于信托投资等。从总体上看，证券业金融机构在直接融资、间接融资活动中最基本和最突出的作用是通过其基本的业务经营为各类投资业务活动提供相关服务。我国的证券业金融机构主要包括证券公司、证券投资基金公司和期货公司。表 2—8 对主要证券业金融机构的定义进行了介绍。

表 2—8　　主要证券业金融机构的类型

类型	定义
证券公司	依照《中华人民共和国公司法》规定设立的并经国务院证券监督管理机构审查批准而成立的专门经营证券业务，具有独立法人地位的金融机构。
期货公司	依照《中华人民共和国公司法》和《期货交易管理条例》规定设立的经营期货业务的金融机构。
证券投资基金管理公司	经中国证券监督管理委员会批准，在中华人民共和国境内设立，从事证券投资基金管理业务的企业法人。

3. 保险业金融机构

保险业金融机构主要是指各类保险公司。这些保险公司以收取保险费为条件，向投保人或投保人指定的受益人提供某类风险的保障。我国保险业金融机构主要分为财产保险公司、人身保险公司、再保险公司、保险资产管理公司、保险经纪公司、保险代理公司、保险公估公司、企业年金等。表 2—9 介绍了主要保险业金融机构的定义。

表 2—9　　主要保险业金融机构的类型

类型	定义
人身保险公司	经中国保险监督管理委员会批准设立，依法登记注册，从事意外伤害保险、健康保险、人寿保险等人身保险业务的保险公司。
财产保险公司	经中国保险监督管理委员会批准设立，依法登记注册，从事经营财产损失保险、责任保险、信用保险、短期健康保险和意外伤害保险等财产保险业务的保险公司。
再保险公司	经中国保险监督管理机构批准设立，并依法登记注册的，专门从事再保险业务、不直接向投保人签发保单的保险公司。
保险资产管理公司	经中国保监会会同有关部门批准，依法登记注册、受托管理保险资金的金融机构。

4. 资产负债表体现的金融机构特点

理解不同金融机构业务特点，可以从解读其资产负债表开始。

资产负债表反映了金融机构在某一特定日期（月末、季度末、年中或年末）的财务状况。表 2—10 是金融机构资产负债表的一般结构。在表 2—10 中，我们列示了各个金融机构的共有项目，而将各金融机构在资产负债表科目上的区别以“金融机构特有项目”标出，并将在后续的章节中加以详细介绍。

表 2—10　　金融机构资产负债表结构

资产负债表	
资产	负债
流动资产	流动负债
货币资金	短期借款
拆出资金	拆入资金
交易性金融资产	交易性金融负债
衍生金融资产	衍生金融负债
金融机构特有项目	卖出回购金融资产
非流动资产	金融机构特有项目
可供出售金融资产	应解汇款
持有至到期投资	汇出汇款
长期股权投资	应付税金
金融机构特有项目	预提费用
投资性房产	一年内到期的长期借款
固定资产	非流动负债
无形资产	预计负债
其他资产	长期借款

	应付债券
	长期资本金
	递延所得税负债
	其他负债
	所有者权益
	实收资本
	资本公积
	盈余公积
	未分配利润

在表 2—10 中，资产是指由过去的交易、事项形成并由企业拥有或者控制的资源，该资源预期会给企业带来经济利益。金融机构的资产主要分为流动资产和非流动资产。其中，流动资产包括货币资金、拆出资金、交易性金融资产、衍生金融资产、金融机构特有项目（例如，商业银行的特有项目有“现金及存放中央银行款项”和“存放同业及其他金融机构款项”、证券公司的特有项目有“承销证券”）等。非流动资产包括可供出售金融资产、持有至到期投资、长期股权投资、金融机构特有项目、投资性房产、固定资产、无形资产和其他资产等。

负债是指过去的交易或事项形成的、预期会导致经济利益流出企业的现时义务。金融机构的负债也可以按照其流动性分为流动负债和非流动负债。其中，流动负债包括短期借款、拆入资金、交易性金融负债、衍生金融负债、卖出回购金融资产、金融机构特有项目（例如，商业银行的特有项目有“发放贷款和垫款”、“吸收存款”、“中央银行借款”等，证券公司的特有项目有“代理买卖证券款”和“代理承销证券款”等）、应解汇款、汇出汇款、应付税金、预提费用和一年内到期的长期借款等。非流动负债包括预计负债、长期借款、应付债券、长期资本金、递延所得税负债、其他负债等。

所有者权益是指所有者在企业资产中享有的经济利益，其数额为资产减去负债后的余额，包括实收资本、资本公积、盈余公积和未分配利润等。除了资产负债表科目的差异外，各金融机构的区别还反映在各科目在资产负债表中所占比重的不同，即各个金融机构的主要资金来源和资金运用具有不同特点。表 2—11 简单列示了主要金融机构（商业银行、证券公司、保险公司和证券投资基金公司）的资金来源和资金运用情况。我们将在后续章节对这些内容加以详细介绍。但是，值得注意的是，随着时间的推移，各金融机构的业务比以前更加多样化，机构之间的业务交叉和业务竞争也进一步加剧，许多金融机构能够提供多种产品和服务，其资金的获取也产生了更大的竞争性。

表 2—11　　主要金融机构资金来源与资金运用比较

金融机构名称	主要资金来源	主要资金运用
商业银行	家庭、公司和政府机构存款	购买政府和公司债券 向家庭和公司发放贷款
证券公司	证券经纪收入、承销等投行业务收入、自营证券	向家庭和公司发放贷款（融资融券）、投资证券（自营业务）
保险公司	保险费收入和证券投资收益	购买长期政府证券、公司证券
证券投资基金公司	向家庭、公司和政府机构发行基金单位	购买长期政府证券、公司证券

☞专栏 2—3

当前我国金融机构存在的主要问题

1. 国际竞争力普遍不足

经过近几年对国有商业银行、国有保险公司等金融机构的股份制改造，金融机构特别是上市公司的盈利能力有了明显的改善，单从数字上看，我国银行业前十家银行的效益指标与世界前十大银行已经相差无几，但是应当看到，这种效益是在市场仍然相对封闭、市场远未达到充分竞争、存贷利差很大的条件下取得的。同时，对于几大国有控股银行来说，如果不是在股改过程中得到政府的大力支持（包括注资、剥离巨额不良资产），也很难在短期内进入国际大银行行列。与国际一流金融机构相比，我国金融业还处于初级发展阶段，总体水平不高，国际竞争力仍然较弱。

影响我国金融机构国际竞争力的因素主要有四点：第一，金融机构的公司治理仍存在较大缺陷。第二，缺乏有竞争力的经营模式。第三，风险控制能力普遍偏低。第四，创新能力不足。

2. 金融组织体系的结构性缺陷仍比较突出

这种结构性缺陷突出表现在两个方面：第一，证券业、保险业整体规模偏小。长期以来，中国金融体系一直以间接融资为主导，直接融资发展缓慢，导致证券业规模明显偏小。2007 年 12 月底，中国共有证券公司 106 家，总股本 8 522 亿元，总资产 1.72 万亿元，证券公司管理资产总值 821 亿元，与国际大型投资银行相比，除总股本外，总资产及管理资产总规模仍然偏小。与此同时，证券行业的集中度不足，市场份额极为分散。2007 年，在 106 家证券公司中，最大一家的市场份额只有不到 4%，前三家合计不到 11%，市场份额在 1%以下的小型证券公司多达 86 家。这种小型化、分散化的格局，很难与国际大型化、全能化投行相竞争。

第二，中小企业和农村金融服务体系很不健全。在股份制改造过程中，四大国有商业银行大量收缩农村分支机构和网点，使得农村金融服务被大大削弱。由于市场准入被严格控制，民营资本难以进入正规金融体系，农村信用社被迫成为农村金融的主力军，而农信社自身在运作机制、公司治理等方面的问题尚未彻底解决。由于缺少以中小企业为服务对象的金融机构，中小企业融资难的问题迟迟不能缓解，特别是在实施紧缩货币、信贷时期，中小企业往往首当其冲，成为商业银行的弃儿。

资料来源：张承惠：《中国金融机构改革的成就与未来趋势展望》，载《中国发展观察》，2008 (11)。

2.6 金融机构的风险管理

我们从事的业务是为股东创造价值而管理风险。

——摩根大通银行前任董事长威廉·哈里森

任何金融机构的运营与发展，都需要把业务发展与风险管理放在同等重要的位置，这是金融机构区别于其他企业的重要标志，是金融机构发展的两条生命线。

2.6.1 风险和金融风险

所谓风险是指未来结果的不确定性或波动性，例如未来收益、资产或债务价值的波动或不确定性。现代企业经营中一般会面临三类风险，即战略风险、业务风险和金融风险。

战略风险是指由于经济、政治环境等基础因素发生变动而给企业经营带来的风险。如苏联解体导致的全球政治军事格局的重大变化，对世界政治、经济、军事产生了深远影响，从而增加了企业经营特别是在前苏联地区经营的跨国公司的不确定性。

业务风险是指与企业所处的特定行业及经营的业务和产品直接相关的风险。这些风险一般来自于企业的相关产品市场，如产品技术革新、产品设计、市场营销、经营杠杆等因素。有效管理业务风险是所有企业经营的“核心竞争力”。

金融风险是指企业未来收益直接与金融市场的波动性相关的不确定性。一般而言，收益的不确定性也分为盈利的不确定性和损失的不确定性两种情形，而现实中人们更关注的是损失的可能性。本书中的金融风险是指金融市场因素发生变化，对企业现金流产生了负面影响，导致企业的金融资产或收益发生损失并最终引起企业价值下降的可能性。例如，利率、汇率或者商品价格的波动，以及由于债务人财务状况恶化而导致违约的可能性等，都会给企业的资产价值和收益带来风险。

2.6.2 金融风险的分类

金融机构主要面临以下三大风险：

1. 市场风险

市场风险指由于金融市场变量（股票价格、汇率、利率、商品价格等）的变化或波动而引起的资产组合未来收益的不确定性。① 因此，金融市场风险也经常被称为金融资产价格风险。根据金融市场变量的不同，市场风险主要可以分为证券价格风险、利率风险、外汇风险以及商品风险。

证券价格风险是指金融机构由于证券价格的不利波动而面临的风险。

利率风险是指金融机构的财务状况在利率出现不利波动时面临的风险。这种风险不仅影响金融机构的盈利水平，也影响其资产、负债和表外金融工具的经济价值。其主要形式有重新定价风险、收入曲线风险、基准风险和期权性风险。

外汇风险是指由于汇率的不利变动而导致金融机构发生损失的风险。外汇风险一般因为从事以下活动而产生：一是金融机构为客户提供外汇交易服务或进行自营外汇交易活动；二是金融机构从事如外币存款、贷款、债券投资、跨境投资等业务活动。

商品价格风险是指金融机构所持有的各类与商品相关的金融产品，因商品的价格发生不利变动而带来关联损失的风险。

---

① 根据巴塞尔委员会的定义，市场风险是指由于市场价格的变动，可能导致金融机构的表内头寸和表外头寸面临损失的风险。

2. 信用风险

信用风险是由于借款人或交易对手不能或不愿履行合约而给另一方带来损失的可能性，以及由于借款人的信用评级变动和履约能力变化导致其债务市场价值的变动而引发损失的可能性。

信用风险对衍生金融产品和基础金融产品的影响不同。对于衍生产品而言，对手违约带来的潜在损失小于产品的名义价值损失，实际上它只是头寸价值的变化；对于基础产品而言，如公司债券和银行贷款，信用风险所带来的损失就是债务的全部名义价值。

信用风险还包括主权风险。它是指当债务人所在国采取某种政策，如外汇管制，致使债务人不能履行债务时造成的损失。这种风险的主要特点是针对国家，而不像其他的违约风险那样针对的是企业和个人。

信用风险的形式包括结算前风险和结算风险。结算前风险一般是指风险在正式结算前就已经发生。结算风险则是指在结算过程中发生的不可预料的情况，即当一方已经支付了合同资金但另一方发生违约的可能性。这种情况在外汇交易中较为常见，如交易的一方早晨在欧洲支付资金而后在美国进行交割，在这个时间差中，结算银行的倒闭可能导致交易对手方不能履行合同。

3. 操作风险

操作风险是指由于金融机构的交易系统不完善、管理失误、控制缺失、诈骗或其他一些人为错误而导致的潜在损失。操作风险直接与机构的管理系统和制度相关，虽然发生的概率相对较小，但引起的损失可能非常巨大。

巴塞尔委员会的风险管理组织（RMG）通过定量效果研究将操作风险损失按业务种类和损失事件分为七类（见表 2—12）。

表 2—12　　操作风险损失分类

损失类型	类型描述
内部欺诈	内部人员参与的诈骗、盗用资产、违反法律以及公司的规章制度的行为。
外部欺诈	第三方的诈骗、盗用资产、违反法律的行为。
雇用合同以及工作状况带来的风险事件	由于不履行合同或者不符合劳动健康、安全法规所引起的赔偿要求。
客户、产品以及商业行为引起的风险事件	有意或无意造成的无法满足某一顾客的特定需求，或者是由于产品的性质、设计问题造成的失误。
有形资产的损失	由于灾难性事件或其他事件引起的有形资产的损坏或损失，例如恐怖事件、地震、火灾、洪灾等。
经营中断和系统出错	例如软件或者硬件错误、通信问题以及设备老化等。
执行、交割以及交易过程管理的风险事件	交易失败、过程管理出错，与合作伙伴、卖方的合作失败。

资料来源：http://www.bis.org。

特别需要指出的是，操作风险还包括风险定价过程中的模型风险，即交易人员或风险管理人员使用了错误的模型，或模型参数选择不当，导致对风险或交易价值的估计错误而造成损失的可能性。

2.6.3 金融风险的计量

风险管理的基础和核心是对风险的定量分析和评估，即风险计量。所谓金融市场风险计量，就是计算由于市场因子的不利变化而导致的金融资产（证券组合）价值损失的大小。随着金融市场和金融交易复杂性的增加以及金融理论、金融工程的发展，金融市场风险计量从简单的名义计量方法发展到今天的复杂计量技术。本节将详细介绍灵敏度方法、波动性方法、VaR 方法、压力测试、极值分析等风险计量方法。

1. 灵敏度方法

灵敏度方法，是利用金融资产价值对其市场因子的变动敏感性来测量金融资产市场价值变化风险的方法。标准的市场因子包括利率、汇率、股票指数和商品价格等。

假定金融资产的价值为 P，其市场因子为 $x_1,x_2,\cdots,x_n$，价值 P 为市场因子 $x_1,x_2,\cdots,x_n$ 的函数，因此，市场因子的变化将导致资产价值的变化，即

$$\frac{\Delta P}{P}=\sum_{i=1}^{n}D_i\Delta x_i$$

其中，$D_1,D_2,\cdots,D_n$ 为资产价值对相应市场因子的敏感性，称为灵敏度，或者风险暴露。即灵敏度表示当市场因子变化一个百分比时金融资产价值变化的百分比。它描述了金融资产的市场风险：灵敏度越大的金融资产，受市场因子变化的影响越大，风险越大。

针对不同的金融资产、不同的市场因子，存在不同类型的灵敏度。实际中常用的灵敏度包括：针对债券（或利率性金融产品）的久期和凸性，针对股票的 β，针对衍生产品的 Delta、Gamma、Theta、Vega、Rho 等。主要灵敏度指标的定义见表 2—13。

表 2—13　　主要灵敏度指标的定义

灵敏度	定义	释义
债券久期（D）	$D=\sum_{t=1}^{T}t\times w_t=\sum_{t=1}^{T}t\times\frac{C_t/(1+y)^t}{\sum C_t/(1+y)^t}$	w_t 为 t 时期的权重 C_t 为 t 时期产生的现金流 y 为每次现金流的折现率
债券凸性（$Convexity$）	$Convexity=\frac{1}{P}\cdot\frac{d^2P}{dy^2}=\frac{1}{P}\cdot\frac{1}{(1+y)^2}\sum_{t=1}^{T}\frac{t(t+1)C_t}{(1+y)^t}$	
系统性风险 β	$\beta=\frac{\mathrm{Cov}(R_i,R_M)}{\sigma_M^2}$	R_i 为金融资产 i 的一期回报 R_M 为市场组合的一期回报 σ_M^2 为 R_M 的方差
标的资产价格变化造成的期权价值的变化（$Delta$）	$Delta=\frac{\partial F(S,t)}{\partial S}$	$F(S,t)$ 为衍生产品的价格 S 为标的资产的价格
期权价值变化造成期权价格的变化（$Gamma$）	$Gamma=\frac{\partial^2 F(S,t)}{\partial S^2}$	
期权剩余有效期造成的价值变化（$Theta$）	$Theta=\frac{\partial F(S,t)}{\partial t}$	

续前表

灵敏度	定义	释义
期权价值对标的资产波动率的敏感性（*Vega*）	$Vega=\frac{\partial F(S,t)}{\partial \sigma}$	σ 为标的资产的波动率
利率变化相关的期权价格的敏感性（*Rho*）	$Rho=\frac{\partial F(S,t)}{\partial r}$	r 为无风险利率

灵敏度方法的优点在于概念上的简明和直观性，使用上的简单性。但其缺点在于在下述情况下线性近似并不能很好地描述证券价格的变化：

（1）证券价格的变化不是市场因子变化的线性函数，特别是期权等金融产品具有严重的非线性；

（2）市场因子的变化不是同时发生的，需要考虑由于时间的差异对市场因子变化产生的影响；

（3）市场因子的运动并不能完全解释证券价值的变化；

（4）对于互换类衍生证券，其价值开始时常常很小，甚至为零，因此使用绝对值变化较比例性变化更合适；

（5）灵敏度方法对不同的金融产品有不同形式，一方面无法测量由不同证券构成的证券组合的风险，另一方面也无法比较不同证券的风险大小。

可见，灵敏度方法比较适合简单性金融产品在市场因子变化较小时的情形，对于复杂的证券组合及市场因子的大幅波动情形，灵敏度方法或者准确性差，或者由于复杂而失去了其原有的简单直观性。

2. 波动性方法

风险是指未来收益的不确定性，实际结果偏离期望结果的程度即波动性。波动性在一定程度上测量了金融产品未来收益的不确定性。方差或标准差是波动性计算中最为常用的方法，它估计了实际回报与预期回报之间可能的偏离。实际中，人们在使用时通常把波动性与标准差等同起来。

投资组合波动率的计算需要描述数据的一些基本特征。实际金融数据具有一些基本的特征，波动性和相关性模型的提出或改进都是基于这些基本特征的。各种估计或预测模型的目的在于能准确描述实际金融数据的各种特征，所以这些特征也常被用来检验模型的有效性。这些特征包括：

（1）与正态分布相比，收益率序列数据的实际分布在尾部明显更厚，而中间腰部更细、更尖，即通常所说的“尖峰厚尾性”；

（2）回报的波动有的时期很大，而有的时期很小，也就是说呈现出集聚性和爆发性；

（3）金融市场中的产品价格，尤其是股票价格与其波动性是负相关的，也就是说，负的收益率要比正的收益率导致更大的条件方差，这种现象被称为“杠杆作用”；

（4）收益率的波动性表现出持久性，即对波动性的冲击要持续一段时间才会消失；

（5）收益率的波动性受到金融资产期限的影响，并且随着时间期限的推移，波动性呈现出向某个长期平均水平收敛的趋势，即出现均值回复现象；

（6）收益率序列呈现出明显的自相关性，有时尽管收益率序列本身不相关，但它的平方序列是自相关的，并且平方序列的自相关性比回报序列显著得多。

3. 风险价值（VaR）

J. P. 摩根公司提出的风险价值（VaR）被 2006 年实施的《巴塞尔新资本协议》确定为金融机构管理市场风险的标准工具，并规定为资产（组合）在未来 10 天、99%置信水平下最大的预期损失。《巴塞尔新资本协议》要求各银行至少要准备 3 倍 VaR 的资金应对市场风险，德意志银行、J. P. 摩根以及其他的各个大型投资银行仍然要求银行内部每天报告 99%水平下的 VaR。这足以说明 VaR 已经引起人们的广泛重视。

VaR 的含义是“处于风险中的价值”，是指市场正常波动下，某一金融资产或证券组合的最大可能损失。更为确切的是指，在一定的概率水平下（置信度），某一金融资产或证券组合在未来特定的一段时间内的最大可能损失。根据这个定义，VaR 包括如下三个要素，即时间区间、置信水平以及该置信水平下可能发生的最大损失。如果假定在某时间区间内，某资产组合的收益率分布的概率密度函数已知为 $f(x)$，那么，在置信水平为 $1-\vartheta$ 或覆盖率为 ϑ 时，VaR 应当满足（见图 2—9）：

$$\Pr(x \leqslant -\text{VaR}) \equiv \int_{-\infty}^{-\text{VaR}} f(x)\,\mathrm{d}x = \vartheta$$

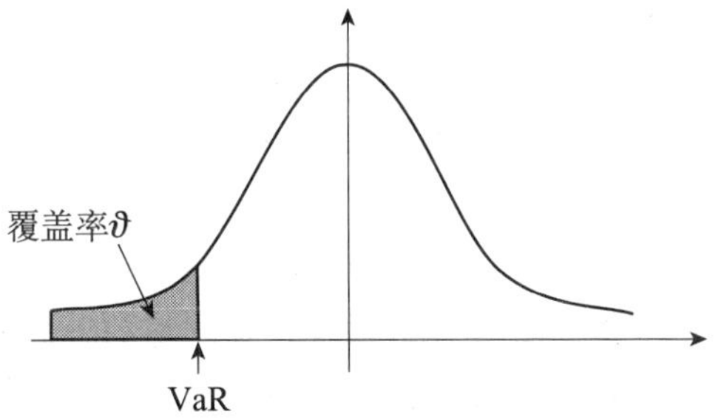

图 2—9 风险价值（VaR）

参照图 2—9，资产组合的 VaR 可以遵循两种计算过程。一种是无条件 VaR 的计算，即假定每个时期的收益率都服从某种不变的分布，如正态分布或其他非正态分布，再根据样本期间的收益率估计相关参数，如正态分布的均值、方差或非正态分布的形态参数等，最后根据给定的置信水平，计算收益率的 VaR。另一种是条件 VaR 的计算，即先利用选定的模型对某样本期间的原始收益率进行拟合（或称“滤波”），再根据给定的置信水平，利用模型中设定的条件分布，计算经模型拟合后的标准化扰动项的 VaR。

VaR 方法有许多优点：

（1）VaR 可以测量不同市场因子、不同金融产品构成的复杂证券组合和不同业务部门的总体市场风险暴露。

（2）由于 VaR 提供了一个统一的方法来测量风险，因此为高层管理者比较不同业务部门的风险暴露大小，基于风险调整的绩效评估、资本配置、风险限额设置等，提供了一个简单可行的方法。

（3）VaR 概念简单，容易理解。给出了在一定置信水平下、特定时间内，证券组合的最大损失，比较适宜与股东、外界沟通其风险状况。

（4）VaR 充分考虑了不同资产价格变化之间的相关性，这可以体现出投资组合分散化对降低风险的贡献。

(5) 特别适合监管部门的风险监管。

VaR 方法也有缺陷：

(1) 它是一种向后看的方法（backward-looking）——对未来的损失是基于历史数据，并假定变量间过去的关系在未来保持不变，显然，在许多情况下，这并不符合实际。

(2) VaR 是在特定的假设条件下进行的，如数据分布的正态性等，有时这些假定与现实可能不符。

(3) VaR 的计算有时非常复杂。

(4) VaR 只是市场处于正常变动下市场风险的有效测量，它不能处理金融市场处于极端价格变动的情形，如黑天鹅事件等。从理论上讲，这些缺陷的根源不在 VaR 自身，而在于其所依据的统计方法。

2.6.4 金融机构风险管理

当风险计量完成后，金融机构风险管理的主要任务就是如何综合考虑它所面临金融风险的性质、大小和它的经营目标、风险承受能力和风险管理能力、核心竞争力等因素，选择合适的风险管理策略和工具，对它所面临的金融风险进行处理。典型的风险管理方法包括风险回避、风险转移、风险保留、风险防范与控制。

1. 风险回避

风险回避是指金融机构采取一定措施避免某种金融风险暴露的出现。如金融机构可以不涉入具有此项市场风险的业务，或在业务过程、合同签约方面采取措施防止引入此项风险暴露的发生。一般而言，金融机构在下面三种情况下应采取风险回避措施：

(1) 蕴涵此类市场风险的业务不是公司的主要业务；

(2) 风险太大而无法承受或风险承担与回报不平衡；

(3) 风险较为复杂或对其有效管理需要的专业知识和技术超出了企业现有的风险管理能力，且企业无法将其转移。

2. 风险转移

如果有些金融风险是金融机构在经营中无法回避或不易回避的，且金融机构自身管理这类市场风险的能力有限，或即使可以管理这类市场风险，与其他企业相比也不存在比较优势，此时，金融机构应该通过其他金融机构、金融市场（特别是衍生金融产品市场）等提供的各种工具和便利来转移这些风险。

风险转移主要包括三种基本方法：分散化、对冲和保险。

(1) 分散化。

分散化是指通过多样化的投资组合，降低金融机构的风险承担水平。分散化的本质在于有效利用不同种类资产的风险相关性，因此其关键在于资产组合的合理选择。现实中，金融机构如商业银行、基金公司、保险公司等普遍将分散化作为其市场风险管理的主要手段之一。如商业银行往往通过资金来源和运用的多样化来降低风险，具体包括三种方法：

①持有多种金融工具的组合。银行将其投资分布于各个方面，确保金融工具之间不相关或负相关来减少银行本身的风险暴露。

②地区分布分散化。银行将其顾客分散于不同的地区，这些地区具有不同的经济发展情况和居民收入水平。

③期限分散化。银行将其资产负债期限根据盈利性、流动性和安全性的目标进行组合，使长短期资金来源和运用的盈亏相互抵补。当不同顾客的现金流以不同的方式变化时，这些分散化的方法可以比较有效地降低银行的市场风险。

（2）对冲。

对冲也称为套期保值，是指针对某一证券组合面临的金融风险，利用特定的金融产品构造相反的头寸，以减少或消除组合金融风险的过程。一个简单的例子就是，交易者在出售一份股票看涨期权的同时，购买了期权所对应的股票资产，以抵销出售期权所带来的风险。对冲交易是最常用的一种转移市场风险的手段。对冲交易可以通过即期金融市场、远期/期货交易市场、期权交易市场以及一些特别的结构化产品等实现。

对冲的基本思想是构造一个与原组合的风险暴露相反的头寸用以部分或全部规避风险。如果所构造的头寸的风险性质与原组合的风险特性呈完全相反的状态，则原组合的风险可以被全部消除，称为完全对冲。但实际中，或由于无法构造与原组合风险特性完全相反的头寸，或由于金融机构愿意承担一定的风险，或由于完全对冲成本太高等，大多数对冲是不完全的。如企业更倾向于只消除不利的价格变动所带来的风险暴露及可以容忍一定程度的价格不利变动，因此对冲时只对风险暴露超过一定水平的不利价格变化进行对冲，而对有利的价格变化不进行对冲，其结果导致了一个具有风险暴露上限的组合。

进行对冲时，首先需要测量组合的风险状况，即辨识和测量组合的市场风险；其次，在明确组合市场风险的基础上，根据交易者或金融机构自身的竞争优势和风险偏好，确定合理的对冲目标；再次，根据对冲目标，选择对冲策略，如Delta对冲、Gamma对冲，或其他类型的风险对冲；最后，根据不同的对冲策略，选择或构造一种或几种合适的金融工具实现对冲目标。在选择对冲目标、对冲策略以及选择或构造对冲工具时，必须考虑对冲成本，并对对冲效果进行评价。

（3）保险。

保险是指通过购买一系列证券或合约，将市场风险限制在一定水平之内，并向接受其余部分风险的对方支付一定的风险补偿。企业可以通过支付保险费用将某种风险限定在一定的范围内，同时将资产的附随的支付形式完全地构成一些标准化的合约。可见保险合约具有较高风险识别性，它不仅能精确地将风险分离出来，而且能灵活地将风险的特殊部分进行结构化安排和管理。虽然理论上通过即期市场的动态交易可以达到同样的目的，但实践表明，保险合约相对而言具有更高的成本效率。

保险和对冲有着本质的区别。对冲是企业通过放弃潜在的收益以降低可能的损失，保险则是通过支付保险费用，在保留潜在收益的情况下降低损失。

一般保险是最常见的一种保险形式。它是由保险公司出售的一种合约，个人和企业可以通过向保险公司支付一些费用买入这些合约，约定当合约购买者的资产或业务中发生某项规定的风险并造成损失时，保险公司将会对这些损失进行补偿。这样个人或企业就可以通过购买保险公司的保险合约将某种风险转移给保险公司，对于保险公司来讲，它又可以通过前面的分散化手段来处理其所购买的各种风险。一般来讲，通过保险手段进行转移的风险都是个人和企业没有能力管理的风险。

担保也提供了一种类似于一般保险的风险保护方式，包括显性担保和隐性担保。显性担保是指金融担保机构直接向个人和企业客户开具的担保承诺，保证当企业发生某种风险时，担保机构能够弥补企业的风险损失。隐性担保并没有单独的或明确的风险保证承诺，它对风险的保险成分隐含在资产的交易价格中，即资产交易的实际价格中包含着一部分风险担保的补偿。

期权可以看作是保险合约的另一种形式。利用期权交易来管理风险的方式很简单。以生产小麦的农民和购买小麦的面包师为例，农民可以不通过远期交易，而是通过买入一个小麦价格的看跌期权转移小麦价格下降的风险；面包师也可以买入一个小麦价格的看涨期权对小麦价格上涨的损失进行保险。

3. 风险保留

对于那些无法回避又不能转移的市场风险，金融机构只能接受并采取相应的措施来吸收和抵御风险。在下面两种情况下，金融机构应该采取风险保留的方法：

(1) 金融机构的资产或核心业务中所包含的市场风险的性质极其复杂，且很难向第三方转移，或转移时伴随的信息披露会降低企业的竞争力。

(2) 企业为了获得某类风险的收益而必须接受这种风险。金融机构如商业银行、保险公司等，其经营方式就是通过接受这些风险而获得风险收益。因此，风险保留是金融机构风险管理的重要方式之一，如商业银行在金融市场中从事的一些交易性业务就意味着它们必须接受和承担其中的一些市场风险。

采用风险保留方法管理风险的核心在于，准备合理水平的风险资本金以抵御和吸收风险。传统上，金融机构采用等额风险资本金的管理方式，即风险资本金的数额等于企业风险资产数额，或等于蕴含此类风险的金融机构业务的资金额。等额风险资本金的留存虽然能较好地吸收金融机构面临的风险冲击，但导致金融机构的营运资本比例大大下降，严重影响了金融机构资金的周转能力，降低了金融机构的资本收益率。另外一种是固定比率风险资本金管理方式，如《巴塞尔资本协议》中规定，银行的最低风险资本金比率为8%。这种方法无法适应日趋波动的金融市场及复杂的经营业务。对于经营较为稳健的金融机构来讲，固定比率可能过高而造成资金浪费，而对于经营中风险较大的金融机构，固定比率又可能过低而不能满足弥补风险损失的需要，因而降低了风险管理的效率。第三种方法是精确测定金融机构由于市场因子波动而导致的总体风险暴露，并据此确定企业的风险资本金水平。目前通常采用的方法是VaR方法和压力试验方法。

4. 风险防范与控制

在金融机构风险管理中，还有一类重要的风险管理方法是风险的防范与控制。即在金融机构经营过程中，采用严格的外部监控和内部控制措施和制度，在风险发生之前，防范风险，减少风险发生的可能性，在风险发生之后，降低风险损失的严重性。在后续介绍各个金融机构时，本书将主要从风险的防范和控制角度来介绍金融机构的风险管理。

☞专栏2—4

重大金融损失及教训事件

本栏目主要介绍重大金融损失及教训事件，它们有一个显著的共同特点，那就是由单一雇员造成的重大损失出现的次数较为突出。1994 年罗伯特·西特仑的交易造成加利福尼亚州奥兰治县的损失达 20 亿美元；约瑟夫·杰特的交易造成基德公司的损失达 3.5 亿美元；1995 年尼可·利森的交易造成一个运营了 200 年之久的英国老牌银行巴林银行垮台；约翰·拉斯尼克给爱尔兰联合银行带来 7 亿美元的损失在 2002 年被曝光；杰洛米·科维尔在 2008 年给法国兴业银行造成的损失达 70 亿美元。重大金融损失事件见表 2—14。

表 2—14　　重大金融损失事件

金融机构	重大金融损失事件
爱尔兰联合银行	这家银行因为其外汇交易员约翰·拉斯尼克若干年的非授权投机交易而损失了 7 亿美元，拉斯尼克以制造虚假期权交易的形式掩盖了他的损失。
巴林银行	这家运营了 200 年的英国老牌银行因为其外派新加坡的交易员尼可·利森的行为而毁于一旦。尼可·利森的职责是从新加坡与大阪的日经 225 期货指数的报价中进行套利，而实际上他采用期货和期权对日经 225 指数进行了大笔方向性投机。
安然的交易对手	安然公司精心设计出一些合约，这些合约使得安然公司的股东对公司的运营一无所知，后来帮助安然公司达到其欺骗目的的许多公司因法律纠纷支付给安然公司股东的赔偿超过了 10 亿美元。
哈默史密斯和富勒姆	这个英国城市的市政当局因为英镑互换以及期权交易在 1988 年损失了近 6 亿美元，对这些交易负有直接责任的两个交易员对于产品知识的缺乏令人吃惊。
基德公司	公司交易员约瑟夫·杰特的个人行为给该券商带来了 3.5 亿美元的损失，约瑟夫的交易产品主要是美国国债，他的损失是公司计算机系统计算盈利的公式错误而造成的。
长期资本管理基金公司	这家对冲基金公司在进行统计套利交易时损失约 40 亿美元，损失是在俄罗斯政府违约后，市场出现择优而栖的现象所致。
国民西敏寺银行	这家银行在 1997 年因使用错误模型来对互换期权定价而损失了 1.3 亿美元。
奥兰治县	奥兰治县的基金经理罗伯特·西特仑的行为造成了这个加州城市在 1994 年损失了近 20 亿美元，这位管理人利用衍生产品对利率进行投机，他下注赌利率不会增长。
宝洁公司	这家美国公司与信孚银行进行结构性产品交易时损失了近 9 000 万美元，后来这家公司起诉信孚银行，法律纠纷最终得到庭外解决。
法国兴业银行	法国兴业银行的股票交易员杰洛米·科维尔因在 2008 年 1 月时对股指进行赌博，损失达 70 亿美元，据说，杰洛米·科维尔是通过构造虚假交易方式来掩盖自己的风险暴露。次级债损失发生在 2007 年，投资人当时对美国次级按揭所生成的结构性产品失去了信心，这触发了市场的信用紧缩和自 20 世纪 30 年代以来最大的市场萧条，在此期间金融机构的损失高达数百亿美元。

资料来源：编者收集整理。

本章小结

本章首先对金融市场和金融产品的基础知识进行了全面的介绍，主要包括金融产品、金融市场的定义和分类，以及金融市场的载体、交易机制、效率和质量等方面。金融产品是反映了资金供给方和资金需求方对未来收益权让渡关系的一种合约。金融市场是指以金融产品为交易对象而形成的供求关系及其机制的总和。金融市场的载体指的是金融市场的交易场所，主要包括场内交易市场（也就是常说的交易所）以及场外交易市场，两者都能为投资者提供其所需的交易产品与交易服务。金融市场依据不同的分类标准可以分为不同的市场，比较常用的有货币市场与资本市场、场内交易市场与场外交易市场、现货市场与衍生品市场等。金融市场的交易机制主要指的是金融市场上交易价格的形成机制，分为一级市场的价格形成机制和二级市场的价格形成机制。金融市场的效率和质量则是从金融市场的有效性、流动性和稳定性三个核心角度对金融市场进行分析评价。

金融机构的定义有狭义和广义之分。狭义的金融机构泛指以某种方式吸收资金，又以某种方式运用资金，能够提供特定金融产品和服务的金融企业。广义的金融机构指从事金融业务，协调金融关系，维护金融体系正常运行的机构。金融机构按照不同的标准可以划分为若干种类。我国的金融机构主要分为银行业金融机构、证券业金融机构和保险业金融机构。金融机构是一种产业组织机构，具有一般性产业组织机构所共同具备的特性。但是，由于金融机构经营货币与货币资金的特殊性，又决定了金融机构具有有别于一般企业的基本特点，即围绕资金的运行而设立，特别注重对金融机构风险的防范。风险管理是金融机构的基本功能之一。风险管理的过程包括风险的识别、风险的测量和风险的管理。其中，风险的测量方法包括灵敏度法、波动率方法、VaR 方法等。风险的管理包括风险规避、风险转移、风险留存、风险防范和控制等。

思考和练习

1. 什么是金融市场？金融市场的功能主要有哪些？
2. 参与金融市场的主体有哪些？
3. 金融市场交易的产品主要有哪些？
4. 金融市场的交易场所主要有哪些？它们都有哪些区别？
5. 货币市场与资本市场有什么区别？一级市场与二级市场的区别与联系是什么？
6. 一级市场的价格形成机制主要有哪些？二级市场的价格形成机制主要有哪些？
7. 金融市场的运行效率有哪些理论？如何衡量一个市场的效率？
8. 为什么说金融中介在现代经济和金融活动中发挥着十分重要的作用？
9. 风险衡量的一般方法包括哪些？
10. 金融机构应该如何管理自己面对的风险？

推荐阅读材料、网站

1. 上海证券交易所，http：//www. sse. com. cn/
2. 深圳证券交易所，http：//www. szse. com. cn/
3. 中国银行间市场交易商协会，http：//www. nafmii. org. cn/
4. 全国银行间同业拆借中心，http：//www. chinamoney. com. cn/
5. 中国银行业监督管理委员会，http：//www. cbrc. gov. cn/
6. 中国银行业协会
7. 中国保险监督管理委员会，http：//www. circ. gov. cn/
8. 中国保险业协会
9. 中国证券监督管理委员会，http：//www. csrc. gov. cn/
10. 中国证券业协会
11. 中国期货业协会

参考文献

1. 杰夫·马杜拉．金融市场与金融机构．北京：中信出版社，2004
2. 谢百三．金融市场学．北京：北京大学出版社，2003
3. 霍文文．金融市场学教程．上海：复旦大学出版社，2010
4. 张亦春，郑则龙．金融市场学．北京：高等教育出版社，2008
5. 李心丹．行为金融学——理论及中国的证据．上海：上海三联书店，2004
6. 上海证券交易所．上海证券交易所市场质量报告，2013
7. 华宝证券研究所．中国金融产品年度报告，2013
8. 曹凤岐，贾春新．金融市场与金融机构．北京：北京大学出版社，2002
9. 彼得·S·罗斯，米尔顿·H·马奎斯．金融市场学．北京：机械工业出版社，2009
10. 罗伯特·希勒．非理性繁荣（第二版）．北京：中国人民大学出版社，2008
11. 乔治·C·查科，德桑，赫克特，舍曼．金融工具与市场案例．北京：机械工业出版社，2008
12. 王春峰．金融市场风险管理．天津：天津大学出版社，2001
13. 安东尼·桑德斯，马西娅·米伦·科尼特．金融市场与金融机构．北京：人民邮电出版社，2008
14. 施罗克．金融机构风险管理和价值创造．北京：中国人民大学出版社，2006
15. 唐旭等．中国金融机构改革：理论、路径与构想．北京：中国金融出版社，2008
16. 王广谦．金融中介学．北京：高等教育出版社，2003
17. 国际货币基金组织．货币与金融统计手册．华盛顿．国际货币基金组织，2000
18. 中国人民银行调查统计司．IMF 对《货币与金融统计手册》修订动向及我国金融统计的对策思考，2012

第三章

利率理论

学习要求：

1. 掌握利率的定义、利率在金融产品定价中的作用
2. 了解利率的决定理论、期限结构理论和风险结构理论
3. 了解我国利率的市场化改革

章前导读

利率是货币所有者（债权人）因贷出货币或货币资本（资金）而从借款人（债务人）处获得的报酬，它是债务人对债权人放弃现在的消费而等待未来消费的补偿。利率对金融产品的价格有着极为重要的影响，在金融产品定价中发挥着关键作用。利率理论是金融学的核心理论之一，一般讨论两个问题：一是利率是如何决定的，包括储蓄—投资理论、流动性偏好理论和可贷资金模型等；二是利率的期限结构和风险结构，包括预期理论、市场分割理论、流动性升水理论等。前者旨在说明单一市场上的利率是如何决定的，后者重在讨论不同金融产品的利率为何不同。

本章首先介绍利率的定义、利率是如何影响金融产品定价的；然后讲述利率的决定理论；接下来阐述利率的期限结构理论和风险结构理论；最后介绍我国利率市场化改革的原因、进程、面临的问题以及可能存在的影响等。

3.1 利率的定义

利率（interest rate）是货币所有者（债权人）因贷出货币或货币资本（资金）而从借款人（债务人）处获得的报酬，它是宏观经济中最关键的变量之一。利率变动会对众多经济现象产生重要影响，包括耐用品的消费支出、企业厂房、设备和技术等的投资支出以及

资金借贷双方间的财富再分配等。利率也影响着股票、债券等主要金融产品的价格，决定了储蓄存款、定期存款、各类债券以及货币市场产品的收益率水平。

对于债务人而言，利息是为取得货币或货币资本而向债权人支付的超过本金的部分。如果把借贷关系视为债权债务双方用货币或货币资本在一定时期内的使用价值进行交易的话，利率就是这一商品的"价格"。

举一个例子。假定你将 100 元存到储蓄账户，1 年后你得到 110 元。那么，你的利率为使得以下等式成立的 r：

$$100=110/(1+r)$$

其中，本金（principal）为 100 元，利息（interest）加上本金等于 110 元，利率 $r=10\%$。我们称这里的 100 元为现值（present value），即这笔投资在今天的价值，称这里的 110 元为终值（future value），即这笔投资在未来所能增长到的金额。

上面考察的是单期情形，再来看多期情形。假设在第 1 年年末时，你继续把所有的利息都存在银行，2 年后你总共得到 110×1.1=121 元。此时，投资的现值仍然为 100 元，但终值已经变为 121 元，利率使得以下新的等式成立：

$$100=121/(1+r)^2$$

利率在本书中的重要作用在于，我们可以用它来评估金融产品的内在价值。具体而言，金融产品的内在价值等于所有者在持有期内预期得到的现金流的现值之和，这个关系可以表示如下：

$$P=\frac{CF_1}{(1+i)}+\frac{CF_2}{(1+i)^2}+\frac{CF_3}{(1+i)^3}+\cdots\frac{CF_N}{(1+i)^N}$$

其中，P 为金融产品的内在价值；CF_t 为第 t 期的现金流（$t=1$，2，…，N）；N 为金融产品的期限；i 为市场利率，可以用市场上风险相当的同类金融产品的利率替代。某些金融产品没有到期期限，因此被称为永久性金融产品。最常见的永久性金融产品就是公司股票。除非企业破产，不然公司股票所代表的对企业的部分所有权被视为将会永远存在。对于永久性金融产品而言，公式中的 $N=+\infty$。

最后，我们必须区分名义利率与实际利率。名义利率是指未经通货膨胀调整的现行利率水平，而实际利率是指对名义利率进行了通货膨胀调整后的利率，这就是两者的区别。假设政府所发行的一年期国债的名义利率为 3%，如果今后一年内的预期通货膨胀率为 0，那么实际利率将是 3%。如果今后一年内的预期通货膨胀率为 2%，则实际利率为 1%。也就是说：

实际利率＝名义利率－预期货膨胀率

名义利率、实际利率和通货膨胀率之间的关系是经济学家欧文·费雪在 20 世纪初期发现的，因而常被人们称为费雪效应。只有当市场参与者预期的通货膨胀率为 0 时，名义利率才与实际利率相等。

3.2 利率的决定理论

利率的决定理论主要包括储蓄—投资理论、流动性偏好理论和可贷资金模型。下面，我们分别就这些理论进行一个简单的介绍。

3.2.1 古典学派的储蓄—投资理论

1. 庞巴维克的时差论

庞巴维克认为利息的产生和利率的高低，都取决于人们对于等量的同一商品在现在和将来两个不同时期的主观评价的差异。从需求的角度看，同样数量的现在物品比未来物品更有价值，价值时间差的存在使放弃现在的价值换取未来的价值必须给予利息补偿；从供给的角度看，利息主要来源于迂回生产的多产性，即迂回生产比直接生产具有更高的生产力，但耗费的时间较长，利息就是这种时间的间隔。

2. 马歇尔的等待说与资本收益说

马歇尔认为，利率为资本的供给和需求所决定，而资本的边际生产力是资本需求的决定因素，抑制现在的消费、“等待”未来的报酬，则为资本供给的决定因素，这两种决定力量的均衡就决定了利率水平，利息就是人们等待的报酬。马歇尔同时认为，决定资本需求的因素是资本的生产力，即“借款人所愿支付的利率，是他使用资本的预期收益的尺度”。

3. 维克塞尔的自然利率学说

维克塞尔认为资本供给和需求相等时，也就是储蓄和投资相等时的利率就是自然利率。自然利率相当于资本（或投资）的预期收益率，是对物价完全保持中立的，是既不使物价上涨，也不使物价降低的利率；它与不用货币交易而以自然形态的实物资本进行借贷时需求与供给所决定的利率恰恰相等。也就是说，自然利率是保持适度投资规模的利率。维克塞尔进一步指出，若货币利率与自然利率一致，投资既不会使物价上升，也不会使物价下跌，这时货币是中性的，但事实上货币利率常常与自然利率相背离。实现货币利率与自然利率的一致是保持经济均衡的重要条件。

4. 费雪的时间偏好与投资机会说

费雪认为，利息产生于现在物品与将来物品交换的贴水，它是由主客观因素共同决定的。其中主观因素是社会公众对现在物品的时间偏好，而客观因素是投资机会。有人偏好现在的物品，也有人可能偏好未来物品而让渡一部分现在物品，这就需要利息作为补贴或报酬，因为现在物品的未来收入高于将来的物品。同时，也有人愿意支付利息，从而以较多的未来收入换取较少的现在收入。费雪进一步说明，利率取决于社会公众的时间偏好和企业家对投资机会选择的一致性。费雪是最先开展对实际利率和名义利率的研究的学者。

3.2.2 凯恩斯的流动性偏好理论

凯恩斯认为古典利率理论强调储蓄和投资的实物因素对利率的决定作用，忽视了货币的影响。他指出储蓄和投资都是被决定的而不是其他变量的决定因素，从资本边际效率推得利率，犯了循环推理的错误。凯恩斯指出利率应属于货币经济范畴，利率是由货币数量和流动性偏好两个因素决定的，即利率是由货币供求决定的。

1. 理论假设

流动性偏好理论的两个基本前提假设为：一是流动性偏好假设，二是货币供应量是一个外生变量，货币供应曲线与横轴垂直。

（1）流动性偏好假定。

所谓流动性偏好就是指人们偏好于持有流动性强的金融产品，比如货币。凯恩斯认为，人们之所以更愿意持有货币，其原因有：

①交易动机。即人们为了购买商品和服务而对货币的需要。

②预防动机。由于经济活动具有不确定性，人们无法预料将来会发生哪些对他们不利的事情，所以人们需要准备一些货币以应付特殊情况的发生。

③投机动机。这一动机起因于未来债券价格的不确定性。如果投资者预期利率将上升，投资者将会选择持有货币而放弃持有债券；反之，他们会选择持有债券。这里持有货币的目的是等待投资机会出现。预期利率升高的人越多，市场上持有货币的需求就越大。

凯恩斯认为交易动机和预防动机的货币需求在短期内是固定的，但是在长期内它们随着人们收入水平的变化而变化。而投资动机才是短期利率变化的主要原因。

（2）货币供给量是一个外生变量。

凯恩斯还假定在一定时期内，货币供给保持不变。这是因为货币供给通常是由政府货币当局控制的。

2. 理论内容

流动性偏好理论认为，利率是由货币供给和货币需求共同决定的。当货币供给等于货币需求时，便得到了市场均衡利率。外部经济环境发生变化会引起货币供给曲线和货币需求曲线移动，从而达到新的均衡利率。

（1）货币需求函数为 $D = D(r)$，其中，货币需求与利率负相关，意味着利率越高，货币需求越小；反之，利率越低，货币需求越大。从机会成本的角度理解，当利率水平较高时，持有货币的机会成本较高。于是，高利率鼓励投资者减少货币持有，增加对金融产品的持有。相反，当利率处于较低水平时，持有货币的机会成本较低，于是投资者增加对货币的持有。

（2）货币供给函数是一个外生变量，即 $M=a$，a 为一常数。

（3）流动性偏好理论的均衡利率。当 $D(r)=M$ 时，两曲线相交便得到市场均衡利率 r^* 以及在这个利率水平下的均衡资本需求量或供给量，如图 3—1 所示。

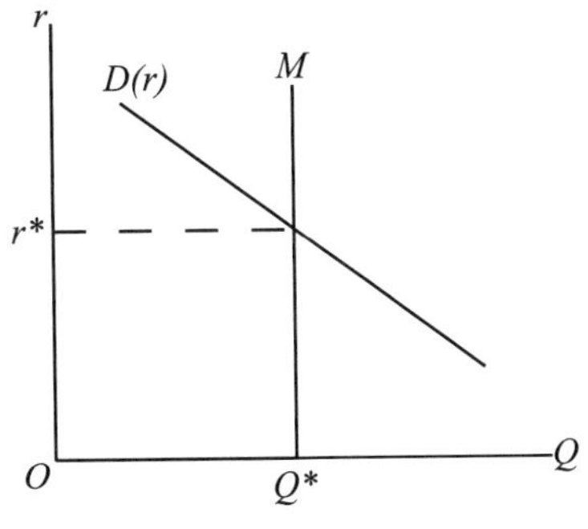

图 3—1 流动性偏好理论的均衡函数

3. 动态分析

（1）当货币供给量发生变化，而货币需求保持不变时，这对均衡利率有三个方面的影响：流动性效应、收入效应、预期效应，见图 3—2。

流动性效应 → 收入效应 → 预期效应

图 3—2　动态分析

例如，货币供应增加，首先在短期内创造了大量的流动性，导致利率下降，接下来大量的货币供应会出现收入增加、支出增加及货币需求增加，即货币需求曲线右移，如果货币供给曲线不进一步扩张，则利率会上升。最终，货币供应的增加伴随着收入的提高，这将会产生通货膨胀预期。商业部门和消费者预期到价格将上涨，投资者也有同样的预期，他们将提高利率。于是如果时间充分长的话，货币变化的流动性效应将被收入和价格预期效应吸收。总之，货币供应变化所引起的利率变化的最终结果，依赖于这三种效应的相对强度。

（2）当货币需求发生变化，而货币供给保持不变时，如果货币需求增加，则 $D(r)$ 右移，而 M 不变，因此利率上升。如果货币需求减少，则 $D(r)$ 左移，而 M 不变，因此利率下降。

3.2.3　可贷资金模型

可贷资金（loanable fund）理论是在 1939 年由 D. H. 罗伯逊提出的，后受到瑞典学派的 B. 俄林等人的支持，主要代表是剑桥学派和瑞典学派。该理论作为新古典学派的利率理论克服了以下两种缺陷：（1）古典利率理论完全忽视货币因素的缺陷；（2）凯恩斯流动性偏好理论忽视实物中投资和储蓄对利率影响的缺陷。这一理论认为利率是由可贷资金的需求与供给的相互作用决定的。对可贷资金的需求由国内企业、消费者与政府的信贷需求以及外国人在国内市场的借款构成。可贷资金的供给有四个来源：国内储蓄、对货币的窖藏需求、银行体系的货币创造以及外国人与外国机构在国内市场上的贷款。我们依次研究每一种需求与供给因素。

1. 可贷资金的需求

（1）消费者对可贷资金的需求。

国内消费者需要可贷资金去购买各种商品与服务。利率上升会导致消费者对可贷资金的需求有所减少，而利率下降会刺激消费者对可贷资金的需求增加。我们将消费者对可贷资金的需求函数简单记为 $D_{消费者}(r)$，其中 $\frac{\partial D_{消费者}(r)}{\partial r}<0$。

（2）国内企业对可贷资金的需求。

国内企业对可贷资金的需求一般比消费者借款更注重利率的变化。大多数企业贷款是出于投资的目的，如购买存货以及新的厂房与设备。当利率较高时，由于预期收益率低于资金的成本，这样会导致企业取消一些投资项目，因而对可贷资金的需求减少。反之，当利率较低时，由于预期收益率超过了资金的成本，这样很多投资项目是有利可图的，因而投资者会增加一些投资项目，因而对可贷资金的需求也就增加。我们将国内企业对可贷资金的需求函数记为 $D_{国内企业}(r)$，其中 $\frac{\partial D_{国内企业}(r)}{\partial r}<0$。

（3）政府对可贷资金的需求。

政府需要可贷资金进行基础设施建设。除此之外，政府在可贷资金市场上的行动带有一定的政策目的。

(4) 外国对可贷资金的需求。

外国对可贷资金的需求受到国内外利率差的影响。如果人民币利率相对于外国利率较低，那么外国借款者会增加人民币贷款，同时减少外币的贷款，从而出现资金外逃的现象。如果人民币利率较高，那么外国投资者将减少人民币贷款，同时增加外币贷款，从而出现资金内流的现象。综合起来看，外国对可贷资金的需求与本币利率成负相关关系。我们将外国对可贷资金的需求函数记为 $D_{国外}(r)$，其中 $\frac{\partial D_{国外}(r)}{\partial r}<0$。

(5) 总结。

可贷资金的总需求等于国内消费者、国内企业、政府和外国对可贷资金的需求之和。可贷资金需求曲线向右下方倾斜。

2. 可贷资金的供给

可贷资金的供给主要有：①企业、消费者与政府的国内储蓄；②公众持有的未窖藏的（花掉的）超额货币余额；③国内银行体系的信用创造；④外国人对国内借款人的贷款。

(1) 国内储蓄。

国内储蓄的供给是可贷资金的主要来源。国内储蓄包括居民储蓄、企业储蓄和政府储蓄。

(2) 货币余额的非窖藏。

公众对货币的需求随利率和收入水平的变化而变化，而货币供给受到政府的严格控制，因而货币需求与货币供给二者不一定相等。公众货币总需求与货币供给之间的差额被称为窖藏货币。当公众对现金余额的需求超过货币供给时，出现正的货币窖藏，这是因为一些人和一些企业试图以其他人持有现金的减少为代价而增加其现金余额。货币的窖藏减少了金融市场上可利用的可贷资金量。相反，当公众的货币需求小于货币供给时，出现负的货币窖藏（非窖藏）。一些人和一些企业将用掉其超额的现金持有量，从而增加了金融市场上可利用的可贷资金供给。

(3) 国内银行体系的信用创造。

银行信用创造是指商业银行通过贷款和投资等业务创造存款货币，增加货币供应量。信用创造的前提条件有两个，一是部分存款准备金制度，二是普遍实行的转账结算制度。一个简单的过程如下：银行将吸收的原始存款中的超额准备金用于发放贷款，客户取得资金后，不是提取现金，而是转账到另一个客户的银行存款账户中。接受了这笔新存款的银行，存款总量增加了，同时存款准备金也增加了。在保留了法定存款准备金之后，又可以将超额准备金用于发放贷款，如此下去，商业银行就可以创造出大量的贷款，实现商业银行体系的信用创造。

(4) 外国向国内资金市场的贷款。

如果本币利率相对于外币利率要高，那么外国对国内市场的资金供给将趋于增加。如果本币利率相对于外币利率要低，那么外国对国内市场的资金供给将趋于减少。

(5) 总结。

可贷资金供给曲线向右上方倾斜。

3. 可贷资金理论的均衡利率

如图 3—3 所示，可贷资金供给曲线与可贷资金需求曲线相交于一点。在这一点，可贷资金的供给等于可贷资金的需求，利率和可贷资金量达到市场均衡。

短期内，如果利率高于均衡利率，那么可贷资金的总供给将超过可贷资金的总需求，利率下跌。如果利率低于均衡利率，那么可贷资金总需求将超过可贷资金的总供给，利率上升。

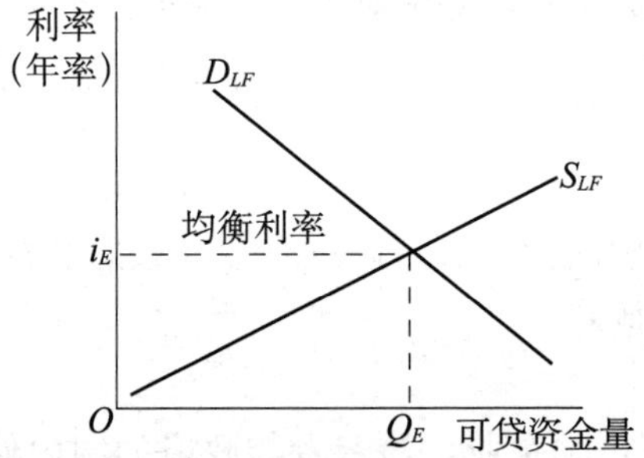

图 3—3　可贷资金均衡

4. 均衡利率的动态分析

如果可贷资金的总供给增加而总需求保持不变，那么金融市场上提供的信贷量必然增加，可贷资金供给曲线向右平移到S'_{LF}，新的均衡利率下跌到i_2，如图 3—4（a）所示。

如果可贷资金需求增加而可贷资金供给保持不变，那么金融市场上对信贷的需求量增加，可贷资金需求曲线向右平移到D'_{LF}，新的均衡利率上升到i_1，如图 3—4（b）所示。

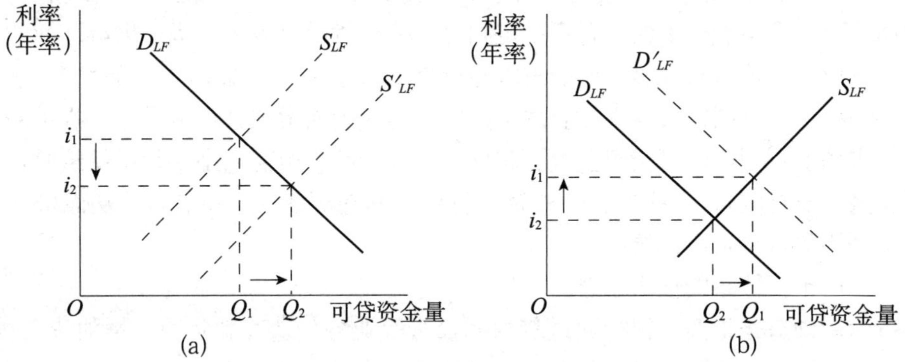

图 3—4　可贷资金供给与需求的变化

3.3　利率的期限结构理论

前面介绍的利率决定理论告诉我们单个市场的利率是如何确定的，然而，在现实当中，不同金融产品的利率存在较大差异。比如，金融产品的利率与到期期限之间存在着某种联系，这种联系常被人们称为利率的期限结构（term structure of interest rates）或者收益率曲线（yield curve）。利率的期限结构告诉我们，当金融产品的其他所有特征（如违约风险及流动性风险等）相同时，仅仅由于期限上的差别也会导致利率不同。本节介绍利率期限结构的不同形态，以及对利率期限结构形态的理论解释。

3.3.1 利率期限结构的不同形态

对于零息债券，利率期限结构就是某个时点上不同期限的零息债券的利率组成的曲线。对于息票债券，则必须采用样条估计法等方法对息票进行剥离和分析，在此基础上计算零息债券的收益率，才能构建出相应的利率期限结构。由于有关息票剥离的内容难度较大，我们不在本书中予以介绍，若有兴趣可以参考专门讨论固定收益证券的教材。实践当中，市场参与者经常根据国债的收益率来构建利率期限结构，这有如下几方面的原因：(1) 国债几乎不存在违约风险，因而信用差异不会影响收益率；(2) 国债市场的交易非常活跃，因而流动性差异不会影响收益率；(3) 国债收益率是对其他金融产品定价时的基准利率。

图 3—5 给出了利率期限结构的三种最常见的形态。在图 3—5 (a) 中，利率期限结构的斜率为正，利率随着期限的增加而稳步增加，说明短期利率低于长期利率。图 3—5 (b) 是斜率为负的利率期限结构，利率随着期限的增加而下降，表明短期利率高于长期利率。图 3—5 (c) 所展示的是水平的利率期限结构，即期限对利率没有任何影响，表明短期利率与长期利率相同。其中，斜率为正的利率期限结构最为常见。在现实当中，利率期限结构还可能呈现出比图 3—5 更加复杂的形态，比如“驼峰”型的利率期限结构。在“驼峰”型的利率期限结构下，利率最初是上升的，但随着期限变得越来越长，利率开始下跌。经济学家们提出多种理论对利率期限结构的形态予以解释，下一节将对这些理论加以介绍。

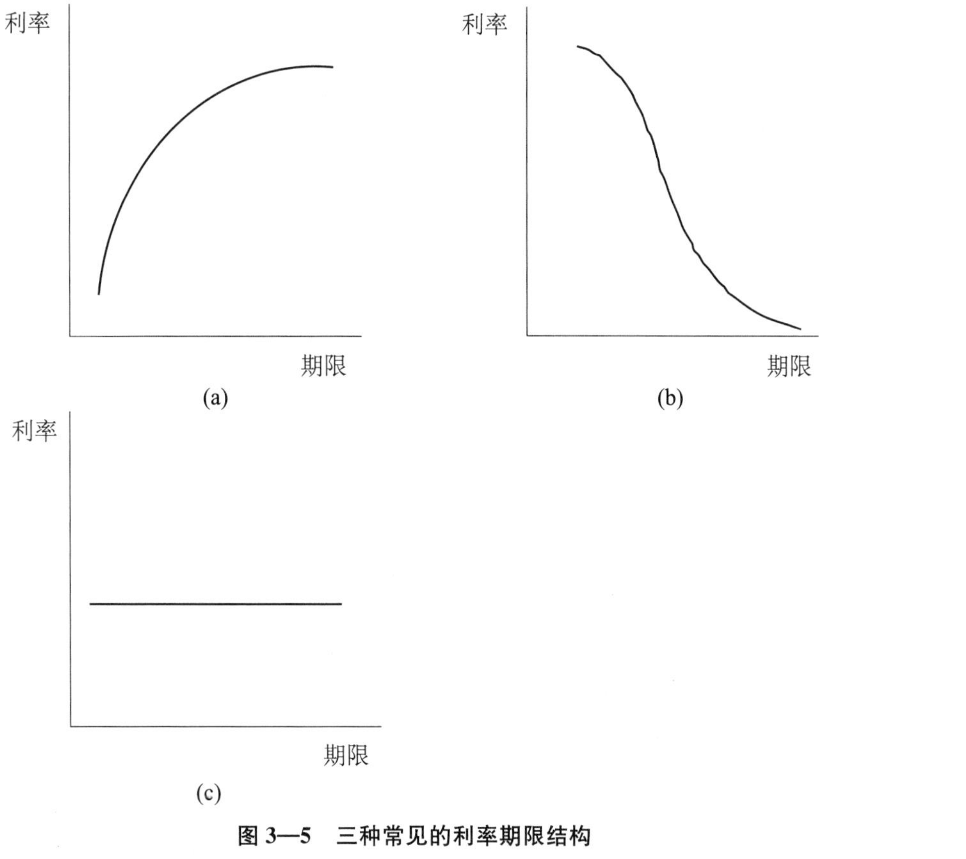

图 3—5 三种常见的利率期限结构

☞专栏 3—1

中债收益率曲线

在我国，中央国债登记结算有限责任公司自 1999 年开始编制中债收益率曲线（利率期限结构）。中债收益率曲线是一个体系，目前每天提供 161 条各类收益率曲线。按债券品种划分，包括国债收益率曲线、中央银行债收益率曲线、政策性金融债收益率曲线、商业银行次级债收益率曲线、企业债收益率曲线（AAA 级）、短期融资券收益率曲线。按交易场所划分，包括银行间收益率曲线、交易所收益率曲线、全市场国债收益率曲线。按利率品种划分，包括固定利率收益率曲线和浮动利率收益率曲线。中债收益率曲线的数据包括银行间债券市场的双边报价、银行间债券市场结算数据、柜台市场的双边报价、交易所债券的成交数据、交易所固定收益平台报价和成交数据、货币经纪公司的报价数据以及市场成员的收益率估值数据。

中央国债登记结算有限责任公司在每个交易日完成曲线的编制工作，并且会发布“中债收益率曲线日评”，对当天的市场收益率变化情况和中债收益率曲线的变化情况作出详细说明。图 3—6 是 2014 年 4 月 24 日的银行间固定利率国债收益率曲线、交易所固定利率国债收益率曲线、银行间固定利率企业债收益率曲线、交易所固定利率企业债收益率曲线。从图中可以看出，企业债的利率高于同期限的国债利率，但总体而言，企业债和国债的收益率曲线都具有正斜率，说明短期利率低于长期利率。

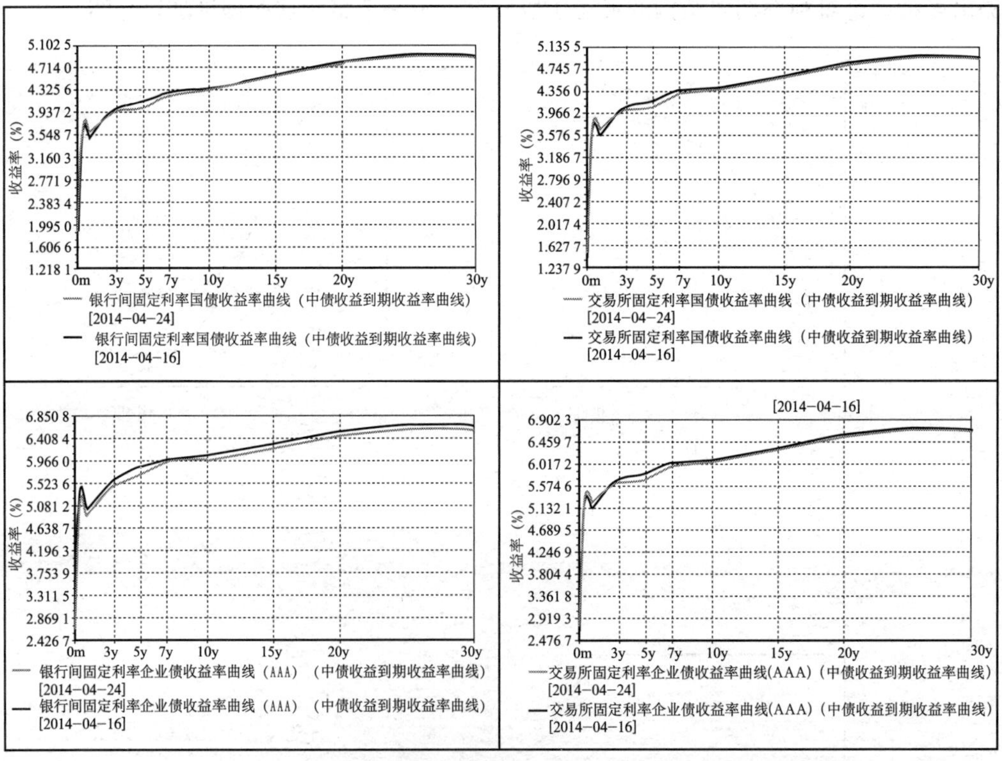

图 3—6　四种中债收益率曲线（2014 年 4 月 24 日和 2014 年 4 月 16 日）

资料来源：Wind 资讯。

3.3.2 对利率期限结构形态的理论解释

对利率期限结构形态进行解释的理论主要有三种：预期理论（expectation theory）、市场分割理论（segmented markets theory）以及流动性升水理论（liquidity premium theory）。

1. 预期理论

预期理论认为，长期利率等于该期限内人们预期出现的所有短期利率的平均值。比如，如果预期在未来 10 年内，短期利率的平均值为 8%，那么，按照预期理论，10 年期金融产品的利率也应当大致为 8%；如果预期 10 年以后短期利率会升高，这样未来 20 年内短期利率的平均值上升为 10%，则按照预期理论，20 年期金融产品的利率也应当上升为 10%，高于 10 年期金融产品的利率。

预期理论是建立在以下关键假设之上的：投资者对不同期限的金融产品没有偏好，因此，当某种期限的金融产品的利率低于另一种期限的金融产品的利率时，他们将会选择全部售出前者，转而购买后者。换言之，预期理论假设期限不同的金融产品是完全替代的。

为了更好地说明预期理论，考虑以下两个投资决策：

决策 A：购买一份两年期债券，持有至到期；

决策 B：购买一份一年期债券，到期后再购买另一份一年期债券。

均衡当中，两种投资决策带来的收益应当相等，否则总有一种债券不会有人购买。进一步假设一年期债券当前的利率为 i_t，预期一年以后一年期债券的利率为 i_{t+1}^e，两年期债券当前的利率为 i_{2t}。则决策 A 带来的收益为：

$$(1+i_{2t})(1+i_{2t})-1\approx 2i_{2t}$$

决策 B 带来的收益为：

$$(1+i_t)(1+i_{t+1}^e)-1\approx i_t+i_{t+1}^e$$

决策 A 和决策 B 带来的收益相等说明以下等式成立：

$$i_{2t}=\frac{i_t+i_{t+1}^e}{2}$$

即两年期债券的利率等于未来两年内预期出现的所有一年期债券利率的平均值。这一结论可以用图 3—7 表示为：

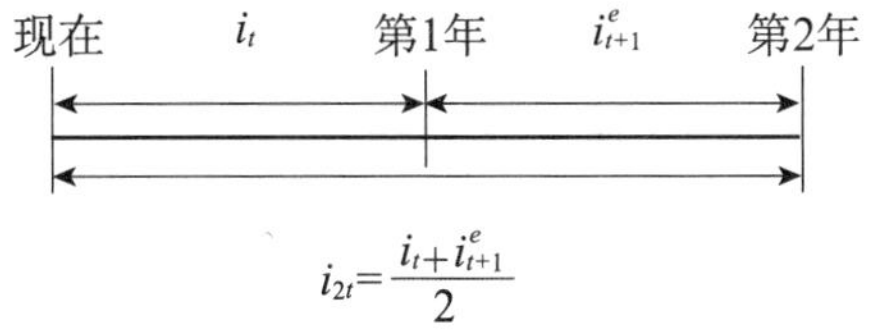

图 3—7 预期理论中长期利率与短期利率的关系

预期理论解释了利率期限结构为什么可能呈现不同形态：（1）当利率期限结构具有正的斜率时，根据预期理论，这是因为短期利率预期在未来呈上升趋势，此时未来短期利率的平均值预计高于现在的短期利率，因而长期利率高于现在的短期利率。（2）当利率期限结构具有负的斜率时，根据预期理论，这是因为短期利率预期在未来呈下降趋势，此时未来短期利率的平均值预计低于现在的短期利率，因而长期利率低于现在的短期利率。（3）当利率期限结构呈水平状态时，根据预期理论，这是因为短期利率预期在未来保持不变，此时未来短期利率的平均值预计等于现在的短期利率，因而长期利率等于现在的短期利率。

2. 市场分割理论

市场分割理论认为，期限不同的金融产品的市场是完全分离的，不同期限的金融产品的利率仅与该金融产品自己的供求有关，不受其他期限金融产品的利率影响。

市场分割理论是建立在以下关键假设之上的：投资者对金融产品的期限有着特殊偏好，因此他们只关心所偏好的那种期限的金融产品的利率，不同期限的金融产品之间完全不能替代。这个假设与预期理论完全对立，但仍然有其合理性。比如，银行通常更愿意持有期限相对较短的国债，因为其存款负债大多是短期的；保险公司则更愿意购买长期国债，因为其人寿保险合约债务是长期的。

根据市场分割理论，利率期限结构的不同形态是由于不同期限的金融产品的供求不同而形成的。由于投资者一般更愿意持有短期金融产品而非长期金融产品，因此短期金融产品的价格（利率）通常高于（低于）长期金融产品的价格（利率），利率期限结构具有正斜率。图 3—8 说明了短期和长期金融产品市场供给曲线的移动如何使得利率期限结构的形态发生变化。从图中可以看出，金融产品的利率越高（价格越低），对该金融产品的需求就越大。因此，随着短期金融产品的供给减少以及长期金融产品的供给增加，收益率曲线会变得越来越陡峭，利率期限结构具有正斜率。如果短期金融产品的供给增加而长期金融产品的供给减少，收益率曲线会更加平坦甚至会向右下方倾斜。

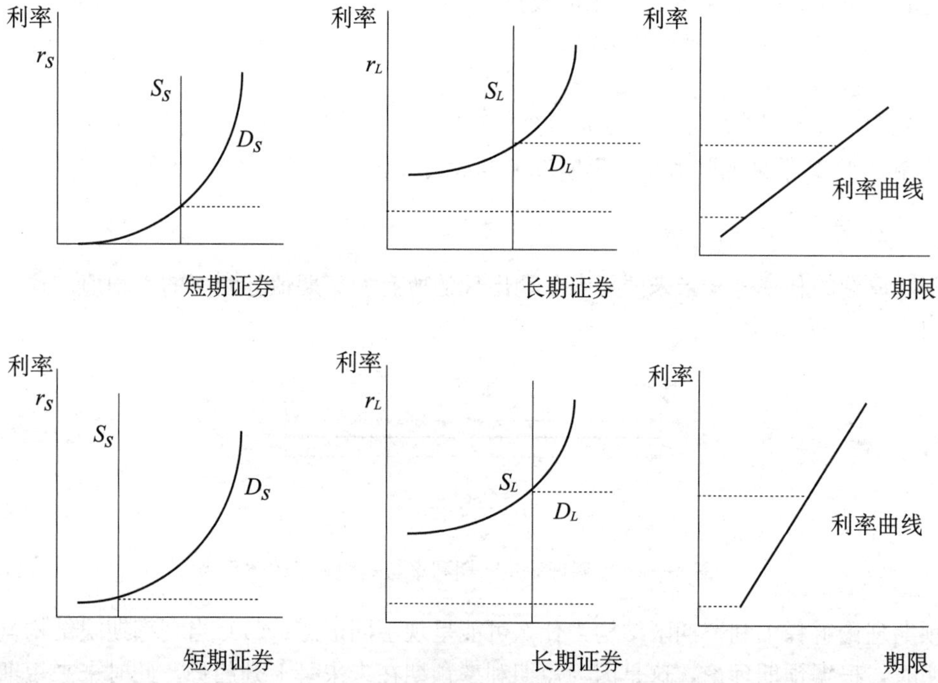

图 3—8　市场分割理论与利率期限结构的斜率

资料来源：Sauders（2008）。

3. 流动性升水理论

流动性升水理论认为，长期利率等于在此期间内人们预期出现的所有短期利率的平均值加上流动性升水。

流动性升水的关键假设是，由于短期金融产品的利率风险和流动性风险较小，投资者通常更愿意持有短期金融产品而非长期金融产品，但是不同期限的金融产品是可以相互替代的。如果要让投资者持有长期金融产品，则作为补偿，必须给投资者一个正的流动性升水。流动性升水理论认为，长期利率和短期利率的关系可以表示为：

$$i_{nt}=\frac{i_t+i_{t+1}^e+\cdots+i_{t+n-1}^e}{2}+\lambda_{nt}$$

即在预期理论给出的利率公式的右边加上正的流动性升水，并且，随着期限的增长，流动性升水会增大。图 3—9 对根据预期理论和流动性升水理论所画出的利率期限结构进行了比较。由于流动性升水总是为正，因此流动性升水理论的收益率曲线总在预期理论的收益率曲线的上方。

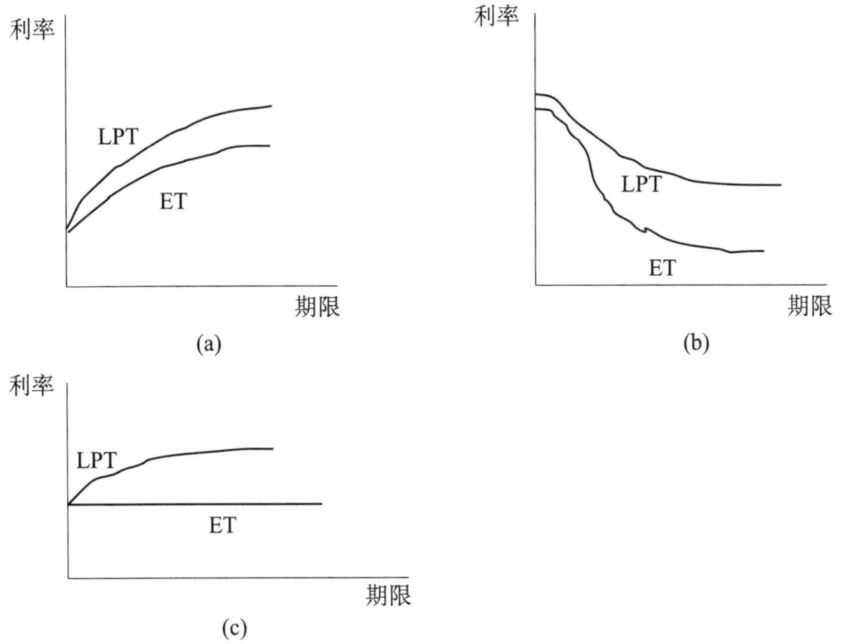

图 3—9　预期理论（ET）和流动性升水理论（LPT）中利率期限结构的差别

从图 3—9 中还可以看出，流动性升水理论能够解释为什么利率期限结构可能呈现不同形态。一方面，如图 3—9（b）所示，在预期未来的短期利率会大幅下降的情况下，短期利率的平均数即使加上一个正的流动性升水仍然可能低于当前的短期利率，此时利率期限结构向右下方倾斜，具有负的斜率。另一方面，如图 3—9（c）所示，即使预期未来的短期利率不变，由于流动性升水会随着期限的增加而增加，长期利率也有可能高于短期利率，此时利率期限结构向右上方倾斜，具有正的斜率。

☞专栏 3—2

我国不同期限利率随时间变化的特征

经典的利率期限结构的形态是向右上方倾斜的，但是随着时间的变化，由于长期利率和短期利率的变动幅度不完全一致，利率期限结构的形状有可能发生变化。如图 3—10 所示，2011 年 9 月—2012 年 4 月，我国债券市场经历着利率期限结构逐渐陡峭化的过程。但这一次利率期限结构陡峭化的过程并不像 2008 年 8 月那次那样急促，主要有两方面的原因：

1. 基本面的差异

2008 年 8 月，大宗商品价格全线暴跌，无论是石油、金属，还是各种农产品，几乎无一例外，波罗的海干散货指数（BDI）短短几个月内经历了从“万点”到“千点”的巨大落差。这种基本面的剧烈动荡促成了国内物价走势的急转直下，大幅度的降息与财政刺激措施随即出台。结果导致短期利率快速下行，长期利率则由于未来预期的改善而提前企稳，最终使得利率期限结构急速陡峭。2008 年 10 月—2009 年 1 月，4 个月内，国债收益率 10 年与 1 年的期限利差从 30bp（即基点）提高到 210bp，政策性金融债收益率 10 年与 1 年的期限利差从 0 提高到 260bp，AAA 中短期票据收益率 5 年与 1 年的期限利差从−10bp 提高到 210bp。

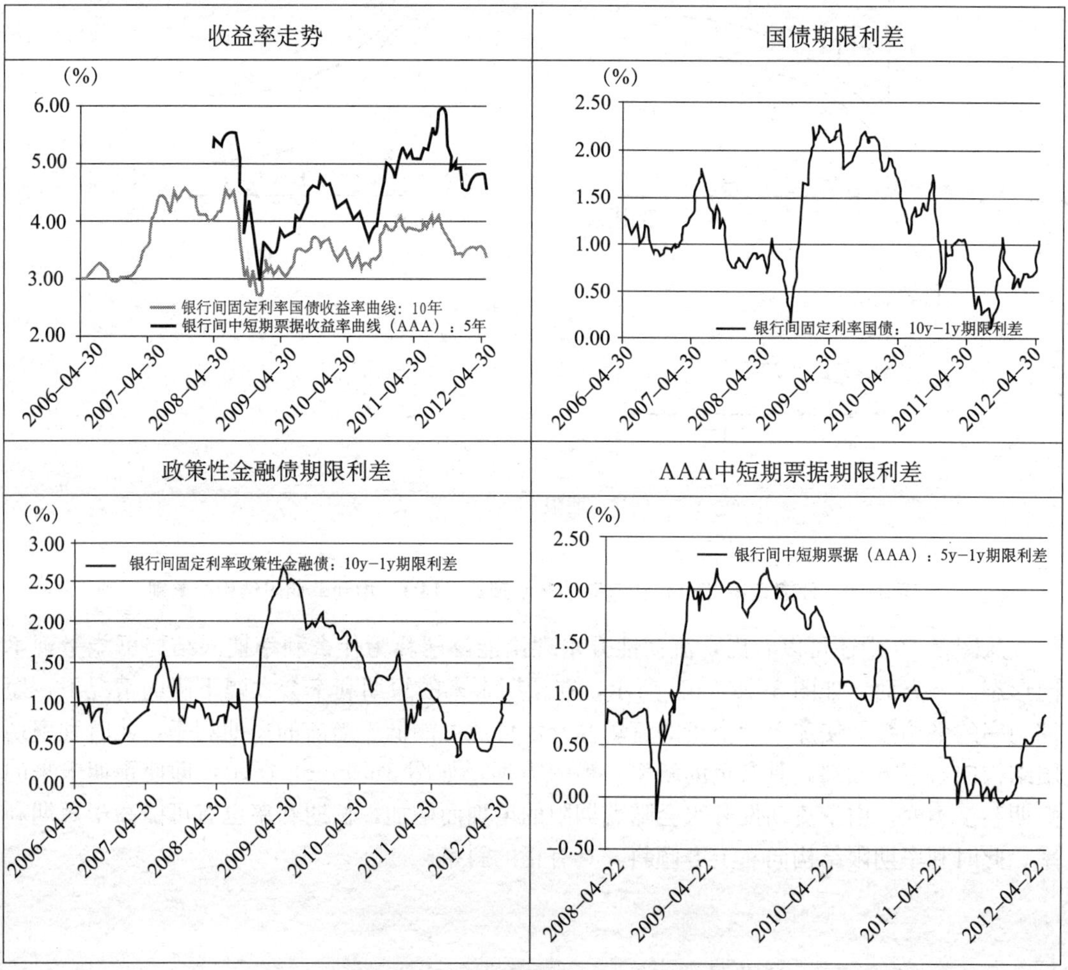

图 3—10 期限利差随时间变化的情况

相比之下，2011 年 9 月至 2012 年 4 月这段时期的经济基本面要复杂许多。首先是国际大宗商品，油价处在 100 美元附近，不能算便宜，各类金属也都没有出现大幅下跌，而一些农产品价格更是处在自身的历史相对高位。其次是实体经济的需求已经非常疲弱，波罗的海干散货指数持续在“千点”底部徘徊，进一步下跌的空间有限。2012 年前 4 个月，我国对欧盟的出口也如市场所料出现了负增长。再次就是国内正面临经济转型进程，劳动力成本、资源品价格的刚性上涨，使得这一轮物价回落的节奏要缓慢很多。正是由于经济形势非常复杂，这段时期未出台大规模的财政货币刺激政策，市场对经济未来向好的预期没有被强化。从 2011 年 9 月底开始的利率下行趋势，其下行速率与陡峭化速率都不及 2008 年，各品种的收益率期限利差反弹幅度都不足 100bp。

2. 市场发展阶段的差异

在债券托管量方面，2008 年 7 月底是 13.6 万亿元，2011 年 9 月底是 21.1 万亿元，增长了 7.5 万亿元；在需求方面，2008 年 7 月—2012 年 4 月，从个人到机构都增加了对债权类资产的配置，近年来，债券型基金和银行理财的债券投资需求增长异常迅猛；在供给方面，随着政策鼓励债券市场发展，倡导直接融资，分散银行业系统性风险，近年来，企业用发债来替代银行贷款的趋势愈发明显。

在这种供需两旺的格局下，除非有极端经济环境的变化，否则很难再现 2008 年那样急速的利率期限结构陡峭化过程。因为高效的市场、充足的供求会在短期内不断修正过大的期限利差，使得利率期限结构的变化更加平缓。

资料来源：王晶，金元证券固定收益总部，2012。

3.4 利率的风险结构理论

前一节介绍了不同到期期限的金融产品具有不同利率的原因，这一节分析具有相同到期期限的不同金融产品为什么利率不同（例如图 3—6 显示，企业债的利率总是高于同期限的国债利率），我们称这些利率之间的关系为利率的风险结构（risk structure of interest rates）。利率的风险结构的决定因素主要是金融产品的信用风险、流动性风险和特殊条款。

3.4.1 信用风险

影响金融产品利率的一个重要因素是金融产品本身的信用风险。信用风险是指由于借款人或交易对手不能或不愿履行合约而给另一方带来损失的可能性，以及由于借款人的信用评级变动和履约能力变化导致其债务市场价值的变动而引发损失的可能性。

不同金融产品的信用风险存在较大差异。国债通常被认为没有信用风险，这是因为中央政府可以通过增加税收、发行货币来偿还债务。一般称这种没有信用风险的债券为无风险债券（default-free bond）。但是地方政府发行的债券（在我国称为城投债）存在信用风险，近年来我国的地方政府债务问题引发了市场各方的关注。公司债券的信用风险通常比较大，但是在我国公募债券市场，直到 2014 年 3 月 7 日上海超日太阳能科技发行的超日债违约，才出现了第一例真正意义上的债券违约事件。此前虽然曾经发生债券发行人无力偿还债务的情况，但最终都由担保公司在债券到期前代偿，并未构成债权人的直接损失。

有风险金融产品和无风险金融产品之间存在利差，我们称之为风险升水（risk premium）。风险升水是指为了使人们乐于持有风险金融产品，必须提供更高的利率。我们可以用 3.2 节学到的可贷资金市场供求分析解释为什么有信用风险的金融产品其风险升水总为正值，同时，为什么信用风险越高，风险升水越大。

由于信用风险是影响利率的重要因素，所以投资者在购买金融产品之前必须知道产品的信用风险有多高。投资者可以自己对金融产品进行信用评级，也可以采用一些外部评级机构的评级结果。两家著名的投资顾问公司——标准普尔公司和穆迪投资服务公司各自建立了一套对债券的信用风险进行评级的标准。表 3—1 和表 3—2 是对这两家公司评级标准的说明。Baa（或 BBB）以上等级的债券，信用风险相对较低，称为投资级债券；Baa（或 BBB）以下等级（不包括标准普尔公司的 D 级）的债券，信用风险相对较高，是可以适当投机的债券，称为投机级债券。

表 3—1　　标准普尔公司的评级体系

评级等级	风险程度	评级等级描述与解析
AAA	最小	在标准普尔公司的评级体系中，AAA 级债券质量最高，债务人的偿付能力最强。
AA	温和	AA 级别和最高级别相差不大，债务人的偿付能力也很强。
A	平均（中等）	在市场环境和经济条件出现不利变化的情况下，A 级债务的偿付可能会存在问题。不过，债务人偿付债务的能力还是较强的。
BBB	可接受	BBB 级债务的保险系数也较高。不过，经济情况或市场环境的不利变化可能会削弱债务人偿付该项债务的能力。
BB	可接受但予以关注	BB 级债务的违约风险比其他投机级别要低一些。不过，商业环境、财务状况或经济情况的变化很可能导致债务人无力承担责任。
B	管理性关注	B 级债务的风险比 BB 级稍高，但从债务人目前的状况看，他仍有能力承担债务。商业环境、财务状况或经济情况的不利变化会削弱债务人偿债的能力和愿望。
CCC	特别关注	CCC 级债务目前的偿付能力较低，只能依赖于经济状况、财务状况或商业环境出现有利变化，债务人才有可能偿付债务。
CC	未达标准	CC 级债务违约的可能性很大。
C	可疑	C 级债务适用的情形是，债务人已经提交了破产申请或从事其他类似的活动，不过债务偿付仍未停止。

续前表

评级等级	风险程度	评级等级描述与解析
D	损失	和其他级别不同，评级 D 不是对未来的一种预期，只有在违约实际发生后，才使用这个级别，所以 D 级不表示违约发生的可能性。在下述情况下，标准普尔公司会将评级定位 D： ● 利率或本金在到期日没有得到偿付。如果存在一定的宽限期或标准普尔公司认为支付最终会执行的话，可以有所例外，在这种情况下可以保持原级别。 ● 在提交自动破产申请或类似活动的情况下。如果标准普尔公司认为对某类特定债务的偿付仍会继续的话，可以有所例外。如果没有出现支付违约或破产情况，单独的技术性违约（即立约失误）不足以将某项债务评级为 D 级。
＋或－		从 AA 到 CCC 的每个级别都要用附加的＋或－来进行调整，以表明其在同一信用级别内的相对质量。
R		R 这个符号主要用于那些含有很高非信用风险的工具。它强调的是信用评级时未关注的本金风险或收益波动的风险。比如，和权益资产、外汇或商品相关或指数化的债务；存在严重提前偿付风险的债务，如只以利息作抵押的证券或只以本金作抵押的证券；含利率期限风险的债务，如反向流通证券。

资料来源：Micheal Crouhy 等（2005）。

表 3—2　　穆迪公司的评级体系

评级	风险程度	评级等级描述与解析
Aaa	最小	被评为 Aaa 级的债务质量是最高的，投资风险最小，通常被称为“金边债券”。利息支付由债务人的利润作支撑，本金的偿付也相当安全。虽然市场情况可能会出现一些不利的变化，但不会在根本上影响债务人的偿付能力。
Aa	温和	被评为 Aa 级的债券的质量也很高，和 Aaa 级债券一起被称为高等级债券。它们的安全性比 Aaa 级稍低，是因为债务人的收入稍低一些或有些因素的波动可能要大一些。也有可能是因为这些债务中包含一些特定的因素，使其长期风险大于 Aaa 级债券。
A	平均（中等）	A 级债券具有较高的投资价值，一般被认为是中等偏上的投资工具。本金和利息的偿付较有保证，但在将来出现某些不利情况时，偿付能力可能会有所削弱。
Baa	可接受	Baa 级债务的质量属于中等。从目前的情况来看，偿付能力有保证，但随着时间的推移，保障程度会有所降低，从而使偿付变得不可靠。这类债券缺乏很好的投资性质，从本质上看，有一定的投机性质。
Ba	可接受但予以关注	被评为 Ba 级的债券具有投机性，其未来的偿付情况没有很好的保证，本息的支付可靠性较低，因此，不管未来的环境有利还是不利，偿付都没有很好的保障。这类债券的不确定性较高。
B	管理性关注	被评为 B 级的债券不是很好的投资对象。在较长时期内，本息支付的可靠性较差。
Caa	特别关注	这个级别的债券质量很差。债务人违约的可能性较大，可以说，本息的偿付在目前就很困难。

续前表

评级	风险程度	评级等级描述与解析
Ca	未达标准	Ca级债券的投机性相当高。这类债券的违约率很高，或者具有其他一些很重要的缺陷。
C	可疑	C级债券是穆迪公司评级体系中级别最低的一种。可靠性极低，甚至不具有任何实际的投资价值。

资料来源：Micheal Crouhy 等（2005）。

3.4.2 流动性风险

影响金融产品利率的另一个因素为金融产品本身的流动性。金融产品以低成本、快速变现的能力越强，我们就称其流动性越强。在其他条件相同的情况下，金融产品的流动性越强，其市场价值因为流动性不足而遭受损失的可能性越小，即流动性风险越小。

不同金融产品的流动性具有较大差异。国债的流动性很强，这是因为它们的交易非常活跃，可以很容易地进行买卖，而且交易成本也非常低。公司债券的流动性则稍差一些，如果需要在紧急情况下迅速买卖这些债券，也许很难在短时间内找到交易对手，因此交易成本可能会非常大。

如图 3—11 所示，我们使用 3.2 节的可贷资金供求分析说明，相对于国债，较低的流动性增加了公司债券与国债的利差。我们仍假设最初公司债券与国债的流动性相同，并且其他性质也相同。它们的均衡价格和利率最初相等（$P_1^C=P_1^T$，$i_1^C=i_1^T$）。如果公司债券因为交易不及国债活跃而使流动性低于国债，如图 3—11（a）所示，在利率既定的情形下，公司债券的需求将会下降，需求曲线由 D_1^C 左移到 D_2^C。而国债的流动性相对增大，所以需求增加，如图 3—11（b）所示，国债的需求曲线由 D_1^T 右移到 D_2^T。这就使流动性差的公司债券均衡价格降低，均衡利率升高，流动性较强的国债均衡价格上升，均衡利率降低。结果是国债和公司债券二者之间的利差从 $i_1^C-i_1^T$ 上升到了 $i_2^C-i_2^T$。

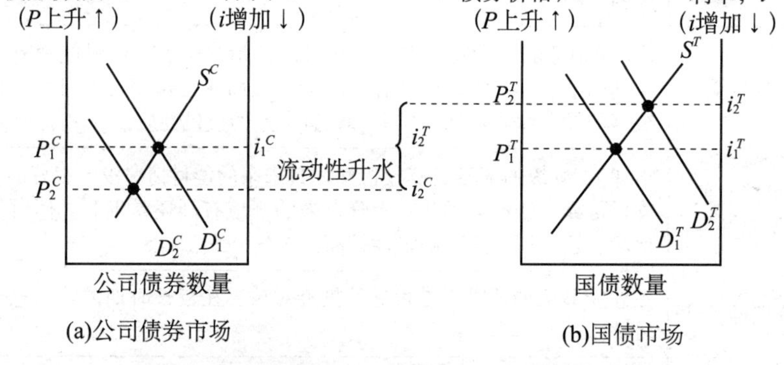

图 3—11 市场对于公司债券流动性降低的反应

3.4.3 特殊条款

金融产品合约通常包含特殊条款，比如税收条款、转换条款及赎回条款等，这些条款会对各种金融产品的利率产生影响。

赎回条款允许发行企业在一段特定期间内，以约定的价格买回部分或全部金融产品。转换条款允许投资者按事先确定的价格将一种金融产品转换为同一发行者所发行的另一种金融产品。赎回条款赋予金融产品发行者选择权，能够提高投资者要求的利率。转换条款则赋予投资者选择权，能够降低投资者要求的利率。具体而言：

$$i_{cvb}=i_T-OP_{cvb}$$

以及

$$i_{cb}=i_T+OP_{cb}$$

其中，$i_{cvb}=$ 可转换金融产品的利率，$i_{cb}=$ 可赎回金融产品的利率，$i_T=$ 不可转换/不可赎回金融产品的利率，$OP_j=$可转换金融产品或可赎回金融产品的选择权收益。

例：某公司发行了三种类型的债券：不可转换且不可赎回的（普通）债券、可转换债券（*cvb*）和可赎回债券（*cb*）。三种债券的到期期限等其他条件相同。不可转换且不可赎回债券的利率为10%。投资者获得转换选择权（比如将手中的债券转换为另一种利率较高的债券）的收益率为3%，债券发行者提前“赎回”债券的收益率为0.15%。对可转换和可赎回债券现行均衡利率的计算如下：

$$i_{cvb}=10\%-3\%=7\%$$

以及

$$i_{cb}=10\%+0.15\%=10.15\%$$

3.5 中国的利率市场化改革

3.2节介绍了市场化的条件下利率决定的基本理论。但是在我国，利率受到政府的管制，并非完全市场化的。这主要是因为，新中国成立以后，我国实行高度集中的计划经济体制，与此相适应，政府必须对利率实行严格管制。虽然自1978年以后，政府逐渐放松了利率管制，但是，时至今日，我国的利率仍然主要属于官定利率，仍未完全市场化。可以说，利率市场化问题是我国利率市场上目前最为重要的问题。专栏3—3首先介绍我国推进利率市场化的原因，然后回顾利率市场化的已有进程，接下来讨论进一步推进利率市场化的条件和需要考虑的问题。专栏3—4则介绍利率市场化对金融产品价格的影响。

☞**专栏3—3**

关于推进利率市场化改革的若干思考

一、为什么要推进利率市场化改革

我国之所以推进利率市场化改革，主要是基于以下几方面的原因：

一是利率市场化是发挥市场配置资源作用的一个重要方面。1992年，我国确立了建立社会主义市场经济体制的改革目标，要让市场在资源配置中起基础性作用，以此实现资源配置优化。利率作为非常重要的资金价格，应该在市场有效配置资源过程中起基础性调节作用，实现资金流向和配置的不断优化。同时，利率也是其他很多金融产品定价的参照基准。

二是利率市场化的要点是体现金融机构在竞争性市场中的自主定价权。我国市场化改革从一开始就强调尊重企业的自主权，其中最主要的一条是尊重企业定价权。在金融业，除个别政策性金融机构外，目前我国金融机构都是按照企业来运行的，反映金融企业自主经营权的一个重要环节正是其对自身产品和服务的自主定价权。

三是利率市场化也反映客户有选择权。金融机构的客户既有居民，也有企业，还有各种各样的其他类型实体。这些客户在竞争性市场中有选择权，他们对金融机构提供的服务和价格，可以表示满意或不满意，可以选择这家或那家，也可以选择不同价格的类似金融产品作为替代。通过利率市场化，金融机构会提供各不相同的多样化的金融产品和服务。

四是利率市场化反映了差异性、多样性金融产品和服务的供求关系以及金融企业对风险的判断和定价。在市场经济条件下，就像其他商品一样，金融产品会出现更多的差异化，同类产品可能有不同的品牌、规格和目标群体。同时，不同金融机构对同一项目、同一客户的风险判断也会出现差异，这些差异在其金融产品的定价中会得到反映。

五是利率市场化反映了宏观调控需要。宏观调控，特别是在我国社会主义市场经济条件下以间接调控为基本特征的中央银行货币政策，需要有一个顺畅、有效的传导机制，并对市场价格的形成产生必要的影响。

二、我国的利率市场化进程

利率市场化是一个过程，这个过程是承上启下的。亚洲金融危机之后，我国利率市场化主要有如下几个内容：

第一，外币存贷款利率。分几步放开国内外币存贷款利率，这主要发生在2004年之前。

第二，扩大银行的贷款定价权和存款定价权。2003年之前，银行定价权浮动范围只限30%以内，2004年贷款上浮范围扩大到基准利率的1.7倍。2004年10月，贷款上浮取消封顶；下浮的幅度为基准利率的0.9倍，还没有完全放开。与此同时，允许银行的存款利率都可以下浮，下不设底。

第三，在企业债、金融债、商业票据方面以及货币市场交易中全部实行市场定价，对价格不再设任何限制。随着各种票据、公司类债券的发展，特别是OTC市场和二级市场交易不断扩大使价格更为市场化，很多企业特别是质量比较好的企业，可以选择发行票据和企业债来进行融资，其价格已经完全不受贷款基准利率的限制了。

第四，扩大商业性个人住房贷款的利率浮动范围。2006年8月，浮动范围扩大至基准利率的0.85倍；2008年5月汶川特大地震发生后，为支持灾后重建，中国人民银行于当年10月进一步提升了金融机构住房抵押贷款的自主定价权，将商业性个人住房贷款利率下限扩大到基准利率的0.7倍。但是，我们也看到，实际上金融企业并不是特别愿意自己对住房抵押贷款定价。

三、进一步推进利率市场化改革的条件

一是利率市场化是在市场竞争中产生的，因此要有一个充分公平的市场竞争环境。金融机构在正当的市场竞争条件下通过竞争来定价，虽然定价可能会有偏差，但是因为有竞争，有多样化、多元化的产品和服务，有多个机构，总体来讲会产生合理的均衡价格。

市场竞争的首要条件是要有财务硬约束，而不是软约束。有财务硬约束的企业与只有财务软约束的企业放在一起竞争，会出现大量问题。2003—2004年间，有的银行是政策性银行，另外一部分虽称为商业银行，但尚不服从资本充足率的约束，它们与合规银行之间的竞争存在问题。商业银行和现存政策性银行的财务约束完全不一样，有补贴的机构和没有补贴的机构之间、受资本约束和不受资本约束的机构之间是没有办法放在一起公平竞争的，因此首要条件是财务硬约束。特别是我国，优胜劣汰的市场退出机制尚未建立起来，市场约束并不是十分有效，对存款人的隐性担保还普遍存在。

除了硬约束，还要防止“病号型”或者“重病型”竞争，就是有问题的机构可能更加冒险，用不正常的利率进行竞争。通过这次金融危机，我们发现，一些金融机构在出现问题时，往往通过高息揽储或发行一些高收益产品获取资金，以掩盖资产负债表出现的问题，企图继续残喘，并寄希望未来有机会缓过气来。在危机中有很多这样的机构，我国也出现过类似现象。如过去一些证券公司出问题后，大量发行柜台债，利率很高，但这是违规的。这属于“病号型”竞争，扰乱了正常的竞争秩序。

二是银行的客户要接受和认可利率市场化。在一般商品市场，消费者对价格差异和自主选择已习以为常。人们去商店购买物品时，如果不满意产品价格，可以“货比三家”，到其他商店看看，比比价格。但在金融市场上，由于过去多年的计划经济体制，一些客户还没有适应银行服务的差别化定价。如果客户对银行某一定价不满意，仍习惯于马上向政府表达或归罪于政府，希望政府来干预。政府如果回归到大规模干预，市场化定价就得走回头路，还可能导致金融产品定价成为商业银行的“政治表现”，而不是市场竞争的结果。利率市场化所需要的竞争机制和自主定价权的条件就不具备。

三是商业银行要敢于承担风险定价的责任。商业银行要对风险溢价作出独立判断，并以此确定价格。在此过程中，定价高了，就可能导致客户流失，损失市场份额。对此，商业银行要做好自主定价和维系客户（涉及市场份额）之间的权衡，而客户也不再简单地把价格的对与错推到央行或政府身上。从国际发展趋势看，商业银行的竞争重点已从追求客户数量、追求市场份额转向其他更为综合的目标。从我国的情况看，客户数量和市场份额仍是商业银行竞争的主要目标。这一状况应该有所改变，否则银行即使有更大的定价权，也会担心承担责任而不去运用。

四是要推动整个金融产品与服务价格体系的市场化。价格历来是一个体系，很多价格互相关联。在一般商品领域，企业定价面对的是一个包括了多个上下游产品和可替代产品的价格体系。如果这个价格体系中有些价格是固定的，或者由政府高度管制的，而有些价格是市场化的，企业就难以真正进行市场化定价。同样，商业银行在经营中要逐步降低利差收入在总收入中的比重，就需要不仅考虑存贷款利率的确定，还要考虑与存贷款有关联或有替代性的中间业务金融产品和服务的定价。对于一些中间产品和服务的定价，总有些人主张要继续进行高度管制，或者一些客户出于对定价的不满而批评银行，并寄希望于找政府干预。因此，如果利率名义上市场化了，而与中间业务相关的产品和服务定价却不放开，则会出现新的扭曲，商业银行也没有足够的激励去发展中间业务。可见，利率本身是涉及由多种价格构成的整体，涉及很多相关金融产品和服务的价格，利率市场化需要事前有思想准备对这个相互关联的定价体系进行改革。

五是需要进一步完善货币政策传导机制。无论是在正常经济环境下，还是在危机时期，只有当中央银行的货币政策得到充分有效的传导，政策意图作用于金融系统和实体经济的路径才会通畅，才能实现微观利益与宏观、整体利益的相互协调，社会效果才能最大化，副作用才能最小化。

六是利率市场化还涉及过去推进银行改革过程中的成本分摊问题。银行改革成本如何承担、消化，与利率市场化改革有很大关系。把历史问题解决好了，就为进一步改革创造了条件。

七是利率市场化过程中政府和媒体的作用也非常重要。

四、进一步推进利率市场化改革的几点考虑

一是选择具有硬约束的金融机构，让它们在竞争性市场中产生定价，在一定程度上把财务软约束机构排除在外。前面提到过，2003年开始推进国有商业银行改革时，由于改革进程不同，各家银行的自我约束很不一样：部分银行已经实现财务重组，资本充足率较高，资本约束较强；而有的银行资本充足率为负数，也不受资本约束。在这种情况下，竞争就很成问题。现在经过这一轮大规模的金融机构改革，情况已有很大变化。几乎所有大中型商业银行不仅资本得到了补充，而且已成为上市公司，公司治理也得到了很大的改善。2010年，农业银行、光大银行上市后，商业银行财务重组和股份制改革取得阶段性成果，这为我们推进下一轮的利率市场化改革奠定了重要基础。

二是按照宏观审慎管理的要求，确立达标金融企业必须具备的硬约束条件，不达标的企业就是约束程度不够。在利率市场化过程中，对于软约束的金融机构，或者一些“病号型”、“重病型”金融机构，暂时还不能给予过大的定价权，否则还是缺乏自我约束，还会出现高息揽储、搅乱市场等问题。这就是说，只有达到自我约束标准的金融机构方可给予更多的定价权。那么，达到自我约束有什么标准呢？可以结合这一轮改革方向，把宏观审慎性几项标准作为一个标尺，建立一个适应宏观审慎管理需要的稳健性标准，同时还要区别系统重要性机构和非系统重要性机构，也要区分资本类型和质量，这关系到公平竞争的基础和损失吸收能力。对于达到宏观审慎性标准的金融企业，就应该有更大的自主定价权。

三是要有实现正当公平的竞争主体，既包括银行，也包括客户等市场竞争者。在选择具备正当公平竞争能力的市场主体时，还要审视其是否还有未消化的历史包袱和未暴露的表外包袱。无论是银行还是客户，如果还有若干历史问题没有消化，这些机构的定价行为就可能有违真正的公平竞争，需要被排除在选择范围之外。

四是要考虑逐步放开替代性金融产品的价格。这也许无法一步到位，但总体而言，利率市场化改革应整体推进，在放开存贷款利率的同时，其他一系列上下游产品和替代产品的定价权也应同时交由市场决定。

五是尽量避免银行产品的过分交叉补贴。有的金融机构为了在竞争中保持市场份额，采取业务交叉补贴的做法，表面上某种产品定价是按规矩确定的，但同时通过其他手段对这一价格进行补贴，从而获得不正当的竞争力，扰乱定价体系。产品市场也有类似的情况，表面上某种产品的定价没有问题，但如通过配件或易耗品价格对产成品价格实施补贴，就会导致产品市场的定价和竞争出现问题。

六是要大力加强对客户的宣传教育。除了一些大型客户对金融产品具有一定议价能力外，多数中小企业和居民客户只是价格的接受者，他们要去适应竞争性市场的价格形成，也要让他们了解他们有自主选择和自我保护的权利，而不是指望政府行政干预来实现自己的期望值。这与证券市场上的投资者教育是一个道理。这里还要讲一下，中央银行征信系统能够发挥作用，这个系统包含了客户信息和进行风险定价的判据。需要进一步解决的问题有，第一，健全系统本身；第二，系统中如果有些信息出了问题，要有一个合适的纠正机制。现在是网络时代，往往由于难以确知的差错来源而出现一些错误信息并被来回复制，最后很难澄清，使得客户不满意。而这些信息关系到银行与具体客户之间有关产品和服务的价格确定。

七是建立健全自律性竞争秩序。怎么能够达到公平、公正的竞争及其所形成的价格呢？当然也需要有人维持秩序，也需要考虑到有些时候竞争会是不正当的，有时候竞争是恶性的，有时候会用交叉补贴的办法来从事不正当的竞争，也仍有可能在经济下滑的阶段，会有一些机构陷入困难，它们会采用“病号型”或者“重病型”的竞争方式。自律组织的作用和自律管理在这方面具有无可替代的功能，自律性管理能够在一定程度上管理正常的价格竞争区间，制约违规行为。

八是进一步确立市场定价权，使金融机构进一步增强风险定价的能力。要为金融机构实现财务硬约束和自主经营、自担风险提供正向激励机制，促使其健康地朝这一方向发展，更好地推动利率市场化。

总之，要有规划、有步骤、坚定不移地推进利率市场化改革。我国还是转轨经济，可能仍然存在着一定程度的财务软约束，政府的角色定位也有一个转型的过程，货币政策传导机制还不充分畅通和健全，一些客户对某些金融产品和服务定价的理解还不到位等问题，进一步推进利率市场化改革也要求在多个领域互动和相互促进，这些都是整个经济转轨过程中必须面对的问题。要把这些相关问题的解决看成是利率市场化改革过程的组成部分，强调它们之间的相互联系。我国在讨论“十二五”规划纲要过程中，需要在划定范围、提供激励、加强自律的思路下，把利率市场化改革向前推进。

资料来源：周小川：《关于推进利率市场化改革的若干思考》，中国人民银行，2010。

☞专栏 3—4

利率市场化对金融产品价格的影响

利率市场化以后，利率将随着金融机构的竞争在短期内呈现上升趋势，因此会对金融资产的价格产生负面影响。利率上升将增大市场资金回流储蓄型金融机构的可能性，影响对证券市场资金的有效供给。同时，利率上升将增加上市企业的经营和财务成本的不确定性，影响利润水平和经营业绩，降低投资者的投资信心，造成公司股票价格波动。但是从长远来看，随着利率市场化进程的推进，资金价格自由化使利率更真实地反映市场对资金的供求状况，让企业能够在更加公平的前提下获取银行的信贷支持，促进企业整体效益提升。

从图 3—12 可以看出，各国在利率市场化完成后的初期均经历了股指振荡波动的阶段，而从 T7 开始，各国股指逐渐开始趋于平衡，股指变动率以正数居多。当然，股指的波动还受到当时具体世界经济状况的影响。例如，香港恒生指数在 T7 和 T8 呈负增长，是由于正值 1998 年亚洲金融危机；日经指数也是受日本低迷经济的影响负增长多于正增长。美国在 20 世纪七八十年代，即其利率市场化期间，股指不断波动；而在利率市场化完成后期到完成后的十年，道琼斯指数从 1984 年的 1 231 点，至 1996 年已上升至 5 801 点。韩国在利率市场化完成后的十年内，KOSPI 股指总体呈现上升趋势，从 1998 年的 406 点，到 2007 年上升至 1 712 点。

利率市场化还将改变债券市场收益率曲线结构。利率的放开必然会加大债市尤其是短期债市的利率波动性。波动性将带来短期债券的价格发现功能，导致短期债券利率相对于长期债券而言是下降的，增加长短期国债收益率的差距。此外，企业是中国当前长期债券的主要发行主体之一，由于审批流程的复杂和利率的限制使得企业债发行不足，导致长期债券收益率被低估。在利率市场化后，企业能够根据市场供求情况自主定价，对于信用好的企业来说，其长期债券的收益率必然上升。

因此，随着利率市场化改革的推进，中国金融资产价格在人民币利率放开初期会经历一定的波动，但是波动幅度和时间性会受到当时中国的宏观经济环境、货币政策、金融市场发展程度等因素的共同影响。但从长远来看，利率市场化改革将积极推动金融资产价格的上升，使金融市场得以蓬勃发展。

资料来源：德勤：《中国利率市场化之影响与应对策略》，2012。

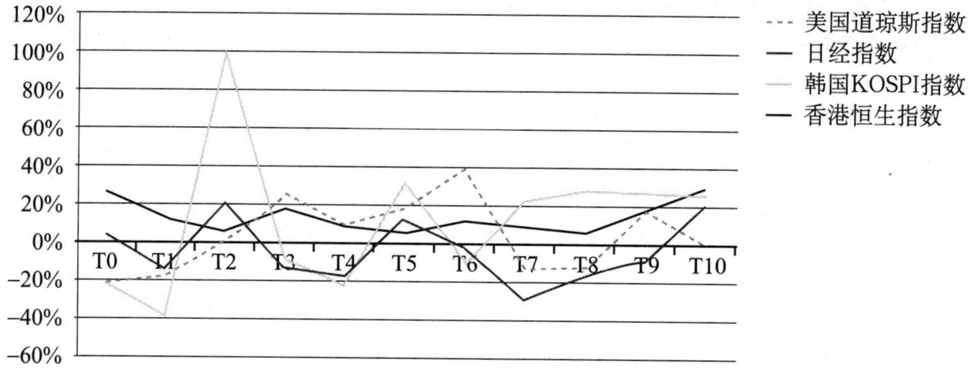

图 3—12　部分国家实施利率市场化改革后股指变化情况

注：T0 表示利率市场化完成年，T1 至 T10 分别表示利率市场化完成后的 1～10 年；美国完成于 1986 年，日本完成于 1994 年，韩国完成于 1997 年，香港利率市场化完成于 2001 年。

资料来源：雅虎财经，谷歌财经，rcos. bok. or. kr，德勤中国研究与洞察力中心。

本章小结

利率是货币所有者（债权人）因贷出货币或货币资本（资金）而从借款人（债务人）处获得的报酬。金融产品的合理价格应当等于其未来现金流的现值，贴现率（利率）可以根据下一章介绍的资本资产定价理论、套利定价理论等多种理论计算。本章则主要介绍了利率决定的思想，包括利率是由货币供求决定的、利率是由可贷资金的供求决定的等多种不同思想。由于人们对未来短期利率的预期不同，以及对流动性的偏好不同，不同到期期限的金融产品通常具有不同利率。另外，即使到期期限相同，不同金融产品也可能因为在信用风险、流动性风险、特殊条款等方面存在差异而具有不同利率水平。以上利率理论讨论的是市场化的利率，但是中国政府对利率实行严格管制，当前，中国金融市场上的利率问题主要是一个市场化的问题。因此，本章最后一节介绍我国的利率市场化改革。

思考和练习

1. 利率的定义是什么？
2. 利率在金融产品定价中的作用是什么？
3. 利率决定理论有哪些？试述可贷资金供求模型的主要思想。
4. 利率期限结构的定义是什么？利率期限结构有哪些可能的形状？如何解释这些形状。
5. 影响利率的风险因素有哪些？
6. 如何解释金融产品的风险升水随风险大小而变化？
7. 我国利率市场化改革的原因是什么？

推荐阅读材料、网站

1. 中国债券信息网，http：//www.chinabond.com.cn/d2s/index.html
2. 中国人民银行，http：//www.pbc.gov.cn/
3. 全国银行间同业拆借中心，http：//chinamoney.com.cn

参考文献

1. 安东尼·桑德斯，马西娅·米伦·科尼特．金融市场与金融机构．北京：人民邮电出版社，2008
2. 曹凤岐，贾春新．金融市场与金融机构．北京：北京大学出版社，2002
3. 弗兰克·法博齐，弗兰科·莫迪利亚尼，弗兰克·琼斯．金融市场与金融机构基础．北京：机械工业出版社，2010
4. 弗雷德里克·米什金，斯坦利·埃金斯．金融市场与金融机构．北京：北京大学出版社，2006
5. 杰夫·马杜拉．金融市场与金融机构．北京：中信出版社，2004
6. 米歇尔·科罗赫，丹·加莱，罗伯特·马克．风险管理．北京：中国财政经济出版社，2005
7. 张亦春等主编．金融市场学．北京：高等教育出版社，2008
8. 周小川．关于推进利率市场化改革的若干思考．http：//www.pbc.gov.cn/，2010

第四章

风险、收益和资产定价理论

学习要求：

1. 掌握投资组合风险分散的基本原理
2. 掌握现代投资组合理论的主要内容
3. 掌握资本资产定价模型的关键假设及其经济含义
4. 了解资产定价模型检验的主要困难
5. 了解常见的收益率异象及其经济含义

章前导读

金融产品（或称金融资产、金融工具）是金融体系中的核心要素之一。金融产品的价格是金融交易能否成功及金融体系能否顺畅运行的关键变量。本书第三章讨论的利率理论给出了金融产品定价的基础变量——“利率”应当如何确定。本章则在此基础上更进一步介绍复杂金融产品定价的理论。

在产品市场中，人们购买商品或劳务的目的是为了获得消费这些商品或劳务带来的生理或心理满足感，即经济学上定义的“效用”。在金融市场中，人们购买或投资金融产品的目的在于实现其财富的跨期配置，并最终实现合理的财富增值，从而获得投资增值带来的财富效用，进而获得心理上的满足。不同的是，商品或劳务的消费带来的是即期的满足感，而金融产品消费的满足感带有跨期性质。

除了效用的内涵不同之外，金融产品消费区别于商品或劳务消费的关键特性在于金融产品未来收益的不确定性。这种不确定性即一般意义上的风险。因此，金融产品定价的核心是风险与收益之间的权衡，定价的关键是风险如何计量并进入价格。

如同商品定价的理论逻辑，效用是目标函数。金融产品定价也是从金融投资者的效用函数出发，金融投资者的效用函数包含了其风险态度，金融产品未来收益的风险在投资者风险态度的约束下影响投资者的交易行为，进而决定供求，并最终确定价格。

基于此逻辑，马科维茨的现代投资组合（MPT）理论应运而生。它的突出优点是从金融产品收益和风险之间的关系着手，采用定量分析方法，给出明确的风险和收益关系的解析表达式。在此基础上，资本资产定价模型（CAPM）和套利定价理论（APT）进一步提出了与市场更接近的金融资产定价理论。

MPT、CAPM 和 APT 等理论是现代金融资产定价理论的重要模型，理论发展的逻辑清晰，甚至完美。然而，实践中，人们依然发现大量不能被这些定价模型所解释的收益率异象。其中包括小公司效应、一月效应、过度反应与反应不足等。这些收益率异象又是怎样产生的呢？人们对资产定价理论的探索永无止境！

4.1 金融产品定价的目标：投资者效用最大化

人们购买并消费商品或者劳务的目的是为了获得由此带来的满足感，经济学上称之为效用。那么，人们投资金融产品的目的是什么？金融产品可以带来投资收益，本期的投资和未来的收益可以帮助人们实现财富的跨期配置，这也是金融的本质。人们投资金融产品正是为了获得财富跨期配置，并实现保值增值，进而获得由此带来的财富增长的满足感，即投资效用。

但需要注意的是，金融产品的投资收益具有不确定性。无论是未来收益的大小，还是收益的正负，即盈利或者亏损都具有不确定性。这种不确定性在金融理论中称为“风险”。与经济学中的商品相比，商品的价格由供求双方决定，其价格变化符合供求变动的规律。但是，在金融市场上，金融产品的价格决定于投资者的风险态度，以及在此约束下的风险收益权衡关系。

正如在商品市场中，人们消费商品和劳务带来的满足感可以用效用函数来表达，在金融市场上，投资者购买金融产品，实现财富的跨期配置也可以为其带来投资效用。因此，金融产品定价的目标正是投资者效用的最大化。不同的是，投资金融产品所获得的效用取决于两个重要的变量，即风险和收益。

4.2 投资者效用的类型

与商品或劳务的消费类似，金融产品的投资者实际上也可以视为金融产品的消费者。在产品市场上，消费者消费商品或劳务可以带来效用已形成人们的共识。那么，投资者消费金融产品的目的则在于投资效用的获得来自于财富的增加。金融产品带来财富增加的特性来自于其收益性。然而，大部分金融产品都是有风险的，即购买金融产品究竟是盈利还是亏损具有不确定性。这种不确定性也决定了金融产品收益的风险。这也使得金融市场的金融产品与产品市场的商品或劳务存在显著的差异。也正是这种差异使得购买并消费金融产品而带来的投资效用与购买并消费商品或劳务所带来的效用有质的区别。

首先，消费商品或劳务获得的效用具有即时性，即消费之后，相应的效用立刻就会在消费者身上得到体现。然而，投资金融产品能获得怎样的效用只有在金融产品的真实价格得到揭示之后才能确定，这也就是说金融产品的消费给人们带来的效用具有跨期性。这也就意味着，金融产品的消费会产生怎样的效用在消费时是未知的。其根本原因在于金融产品的实际价值在期初是不确定的。因此，在期初分析投资者效用时不能像分析消费效用那样采用一个确定的效用进行比较。

在这种情况下，为了分析未来财富可以给投资者带来的效用，经典的金融理论引入了期望效用的概念，即预期的财富变化会给投资者带来怎样的满足感。统计学中的期望运算是分析预期效用的标准工具，这里用“$E[\cdot]$”表示。因此，投资者期望投资某金融产品（风险资产）所获得的效用就可以表示成$E[U(\widetilde{W})]$，其中，$\widetilde{W}$表示期末财富，“～”符号表示未来的财富是不确定的；$U(\widetilde{W})$表示未来的财富$\widetilde{W}$可以给投资者带来的效用。如果进一步假设投资者的期初财富为W_0，则投资者投资该风险资产的收益率可以表示为$\widetilde{R}=(\widetilde{W}-W_0)/W_0$。

其次，消费商品或劳务所获得的效用具有确定性，而消费金融产品所获得的效用具有风险性。这种不确定性意味着，投资10元钱的风险资产，期末的价值可能大于10元，也可能小于10元，当然，也可能等于10元。那么，期末价值究竟是多少则是一个随机变量。投资者只能通过估计其效用的概率分布，确定其期望效用来指导自己的投资活动。这种概率分布描述的正是未来的投资收益有怎样的可能情况。根据期望运算的含义，把每种可能的收益情况，以及在这种收益下，投资者可以获得的效用按照各种收益出现的可能性进行加权平均即可得到期望效用。

假设未来的自然状态有K种可能，R_k表示第k种自然状态下资产的收益率，p_k是该自然状态发生的概率。收益率R_k表示1单位的期初投资在期末变成$1+R_k$个单位，将其给投资者带来的效用记为$U(1+R_k)$，则投资者的期望效用为，

$$\begin{aligned}\overline{U}&=E[U]=U(1+R_1)p_1+U(1+R_2)p_2+\cdots+U(1+R_K)p_K\\&=\sum_{k=1}^{K}U(1+R_2)p_k\end{aligned}$$

举例来说，小李欲投资A、B两个公司的股票，投资期为一年。假设期初每单位资金投资到A股票或B股票后，期末每种状态下的收益率给小李带来的效用分别如表4—1中第（4）列和第（7）列所示。

表4—1　　A、B两只股票的收益率、概率和期望效用

自然状态	自然状态出现的概率	A股票			B股票		
(1)	(2)	(3)	(4)	(5)	(6)	(7)	(8)
k	p_k	$R_{A,k}$	$U_{A,k}$	$U_{A,k}p_k$	$R_{B,k}$	$U_{B,k}$	$U_{B,k}p_{B,k}$
1	0.1	−0.3	−5	−0.5	0.3	12	1.2
2	0.1	−0.1	3	0.3	0.2	11	1.1
3	0.2	0.1	9	1.8	0.15	10	2
4	0.3	0.2	11	3.3	0.1	9	2.7
5	0.2	0.3	12	2.4	0	8	1.6
6	0.1	0.5	12.5	1.25	−0.1	3	0.3
		A股票期望效用$E[U_A]$		8.55	B股票期望效用$E[U_B]$		8.9

从表 4—1 可以看出，虽然 A 股票的预期收益率高于 B 股票，但对于小李来说，前者的期望效用低于后者。根据效用的定义，对于 A、B 两只股票，小李更加喜欢后者。当然，也可能存在另外一个投资者小王，他的效用函数与小李不同，在他看来 A 股票的期望效用高于 B 股票，或者说小王更加喜欢 A 股票。由此可见，不同的投资者可能具有不同的效用函数，相应的，对于风险特性不同的股票，偏好也不同。

一般来讲，投资者对财富应是不满足的，财富越多，效用越高，即效用函数应是单调增加的。但不同的投资者对待风险的态度往往并不相同，金融理论将投资者的效用函数分为三类，即风险厌恶（规避）型效用函数、风险寻求型效用函数和风险中性型效用函数。

4.2.1 风险厌恶型效用函数

风险厌恶型效用函数意味着在财富水平不变的情况下，风险越大，投资者的效用越小。为了达到上述目的，不妨考虑两种期望收益相同的资产，但一种资产的收益是确定的，另一种资产的收益是不确定的，然后比较这两种资产的期望收益。考察这一特征的简单、直观的手段就是图析法。图 4—1 示意了风险厌恶型投资者的效用函数。

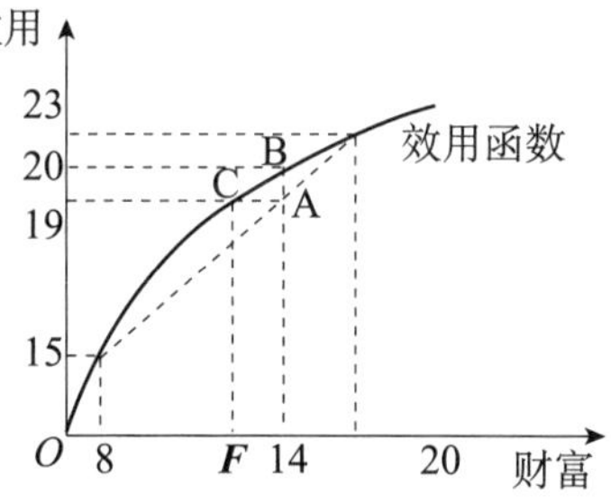

图 4—1 风险厌恶型效用函数

图 4—1 中，假设某投资者期初以 10 元投资于某风险资产 A，期末的财富为 20 元的概率是 0.5，投资者的效用为 23 单位，期末的财富为 8 元的概率为 0.5，效用为 15 个单位，则此投资者期末财富的期望值为 $20\times0.5+8\times0.5=14$，期望效用为 $23\times0.5+15\times0.5=19$，对应于图 4—1 中的 A 点。若他将 10 元投资于另一个资产 B，期末财富也为 14 元，但这一结果是确定性的，则与此对应的投资者的效用是 B 点。显然，B 点的效用高于 A 点。这也就是说，对于期末财富的期望值相同的 A 和 B，该投资者更加喜欢期末财富没有不确定性（风险）的资产 B，即该投资者是风险规避的。假如还存在第三个资产 C，10 元的期初投资也可以在期末为投资者带来与风险资产 A 相同的效用 19，而且是确定性的。设 C 的期末财富为 F，则 $14-F$ 为投资者投资于风险资产 A 的风险补偿。

继续表 4—1 的例子计算小李的效用、边际效用与 A 股票的收益率以及收益率变化之间的关系，如表 4—2 所示。其中，ΔR 表示收益率的增加量，ΔU 表示效用的增加量，$\Delta U/\Delta R$ 表示边际效用。

表 4—2　　各自然状态下 A 股票的收益率与投资者的效用、边际效用

自然状态	$R_{A,k}$	$U_{A,k}$	$\Delta R_{A,k}$	$\Delta U_{A,k}$	$\Delta U_{A,k}/\Delta R_{A,k}$
1	−0.3	−5			
2	−0.1	3	0.2	8	40
3	0.1	9	0.2	6	30
4	0.2	11	0.1	2	20
5	0.3	12	0.1	1	10
6	0.5	12.5	0.2	0.5	2.5

从表 4—2 可以看出，随着股票 A 收益率的增加，小李的效用越来越高，但边际效用是递减的。这一特征即说明小李属于风险厌恶型投资者。风险厌恶型效用函数首先是单调增加的（一阶导数为正），即财富对于投资者是多多益善的，但随着财富水平的增加，增加同样大小的财富为投资者带来的效用的增加是越来越少的，即边际效用是递减的（二阶导数为负）。

4.2.2　风险寻求型效用函数

风险寻求型效用函数意味着，风险越大，投资者的效用越高，投资者越满意。这也正是风险寻求的由来。在数学上，风险寻求型效用函数也是单调增加的（一阶导数为正），但随着财富水平的增加，增加同样大小的财富为投资者带来的效用的增加越来越高，即边际效用是递增的（二阶导数为正）。因此，风险寻求型效用函数通常是凸函数，如图 4—2 所示。

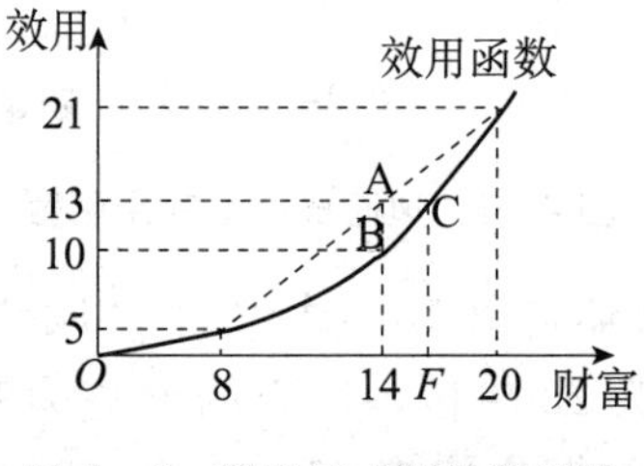

图 4—2　风险寻求型效用函数

在图 4—2 中，假设某投资者期初以 10 元资金投资于某风险资产 A，期末的财富以 0.5 的概率为 20 元和 8 元，相应的效用为 21 和 5，则此投资者期末财富的期望值为 $20\times0.5+8\times0.5=14$，期望效用 $21\times0.5+5\times0.5=13$，对应于图 4—2 中的 A 点。若他将 10 元资金投资于另一个无风险资产 B，期末财富也为 14 元，但这一结果是确定性的，则与此对应的投资者的效用是 B 点。显然，B 点的效用低于 A 点。也就是说，对于期末财富的期望值相同的风险资产 A 和无风险资产 B，该投资者更加喜欢期末财富具有不确定性（风险）的资产 A，即该投资者是风险寻求的。

假如还存在第三个资产 C，10 元的期初投资也可以在期末为投资者带来与风险资产 A 相同的效用 13，而且是确定性的。设 C 的期末财富为 F，则 $F-14$ 为风险寻求的投资者因放弃风险资产 A 而投资无风险资产 C 的补偿。

4.2.3 风险中性型效用函数

风险中性型效用函数意味着投资者对风险漠不关心，只要期望收益相同，则风险的大小不会影响投资者的效用。风险中性型效用函数也是单调增加的（一阶导数为正），但随着财富水平的增加，增加同样大小的财富为投资者带来的效用的增加是恒定不变的，即边际效用是一个常数（二阶导数为0）。因此，风险中性型效用函数是一条直线，如图4—3所示。

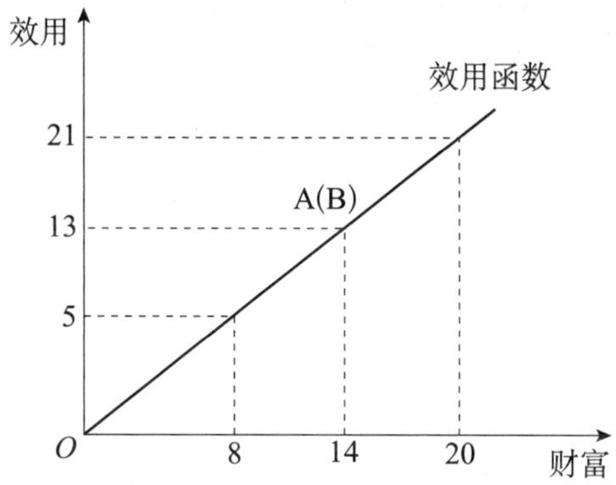

图4—3 风险中性型效用函数

在图4—3中，假设某投资者期初以10元资金投资于某风险资产A，期末的财富以0.5的概率为20元和8元，相应的效用为21和5，则此投资者期末财富的期望值为20×0.5+8×0.5=14，期望效用为21×0.5+5×0.5=13，对应于图4—3中的A点。若他将10元资金投资于另一个无风险资产B，期末财富也为14元，但这一结果是确定性的，则与此对应的投资者的效用是B点。显然，A点和B点的效用相同。也就是说，对于期末财富的期望值相同的风险资产A和无风险资产B，该投资者的期望效用是相同的。这也意味着，只要期末财富的期望值相同，投资者并不关心其投资的资产是否有风险，即这类投资者是风险中性的。

4.3 投资者效用的决定

在经典的金融投资理论中，投资者的效用函数通常被假设为多多益善且风险规避型的效用函数。这也就是说，期末财富越多，投资者的效用越高，风险越大，投资者的效用越低。期末财富的多少可由投资收益直接决定。那么，风险如何衡量呢？在经典的金融理论中，衡量风险的标准工具是收益率的方差。根据统计学的定义，方差衡量的是随机变量的各种可能值相对于其均值的偏离程度。因此，收益率的方差反映的是资产的未来收益率相对于期望收益率会有怎样的偏离特征。直观上，这的确也是一个恰当的风险衡量工具。

但值得说明的是，以方差为风险衡量工具存在的一个可能的不足是，未来收益高于期望收益的偏离程度也会被视为风险。这往往与人们的常识相背。一般来讲，投资者对于未来财富的态度是多多益善的。那么，投资于某项风险资产所带来的未来收益只要不低于预期收益人们并不会将其视为风险。因此，除方差外，还有很多其他可能的衡量指标。例如，著名的风险价值（VaR）也是衡量金融产品风险大小的常用工具。但是，在经典的金融理论中，方差是标准工具。

综上所述，投资者的效用由投资者投资金融资产的期望收益和方差共同决定，即投资者效用的两个决定要素为投资收益和以方差衡量的投资风险。下面分别阐述投资收益与风险的计量方法。

4.3.1 投资收益的计量

单个资产的收益有两个来源，即股利收入（或利息收入）加上资本利得（或资本损失）。比如，在一定期间进行股票投资的收益率，等于现金股利加上价格的变化，再除以初始价格。假设投资者购买了 100 元的股票，该股票向投资者支付 7 元现金股利。一年后，该股票的价格上涨到 106 元。这样，该股票的投资收益率是［（106－100）＋7］/100＝13%。因此单个资产的收益率可定义为，

$$R=\frac{P_1-P_0+D}{P_0} \tag{4—1}$$

其中，R 表示资产的收益率，D 表示该资产在投资期间的现金股利或利息收入，P_0 和 P_1 分别表示该资产期初和期末的市场价格，P_1-P_0 表示该期间的资本利得或资本损失。由于风险资产的期末价格 P_1 通常是未知的，因此，投资者只能估计各种可能的结果（自然状态）及每一种结果发生的可能性（概率），进而估计资产收益率的期望值。

根据统计学的定义，随机变量的期望值是各种可能状态下，随机变量的取值按照各种状态出现的可能性进行加权平均而得。因此，预期收益率描述了以概率为权数的平均收益率，反映了投资者期望的正常收益率水平。如果实际值高于期望值，投资者通常会得到高于期望效用的满足感，而如果实际值低于期望值，投资者的满足感会低于期望效用。

例如，小李欲投资于 A、B 两个公司的股票，投资期为一年。两只股票当前（期初）的市场价格分别为 10 元和 20 元。这个价格是当前可以看到的市场价格。假设一年以后（期末），市场仅可能出现如表 4—3 第（1）列所示的 $K=6$ 种情况（自然状态），每种状态出现的概率由第（2）列给出，但当前不知道哪种自然状态会出现。第（3）列和第（6）列分别给出了每种自然状态下，A、B 两个公司的股票价格。由于一年以后出现哪一种自然状态未知，因此一年以后两只股票的价格具体是什么，现在也是未知的。第（4）列和第（7）列分别给出了每种自然状态下，A、B 两只股票的收益率。

表 4—3　　A、B 两只股票的期末价格、收益率、出现的概率和预期收益率

自然状态	自然状态出现的概率	A 股票			B 股票		
(1)	(2)	(3)	(4)	(5)	(6)	(7)	(8)
k	p_k	$P_{1,A}$	$R_{A,k}$	$R_{A,k}p_k$	$P_{1,B}$	$R_{B,k}$	$R_{B,k}p_k$
1	0.1	7	−0.3	−0.03	26	0.3	0.03
2	0.1	9	−0.1	−0.01	24	0.2	0.02
3	0.2	11	0.1	0.02	23	0.15	0.03
4	0.3	12	0.2	0.06	22	0.1	0.03
5	0.2	13	0.3	0.06	20	0	0
6	0.1	15	0.5	0.05	18	−0.1	−0.01
		A 股票预期收益率 $\overline{R}_A$		0.15	B 股票预期收益率 $\overline{R}_B$		0.1

从表 4—3 可以看出，在 6 种自然状态下，A 股票在期末共有 6 种可能的价格和收益率，依据每种自然状态出现的概率，就可以计算 A 股票的预期收益率为，

$$\bar{R}_A = \sum_{k=1}^{K} R_{A,k} p_k = -0.03 - 0.01 + 0.02 + 0.06 + 0.06 + 0.05 = 0.15$$

即 A 股票的预期收益率为 15％。类似的，B 股票的预期收益率为 10％。进一步假设小李投资 A、B 两个公司的资金比例分别为 0.4 和 0.6。注意，资金分配比例之和为 1 意味着小李的资金全部投资于这两只股票。由此构造的投资组合（记作 P）收益率 R_P 即为 A 股票的收益率和 B 股票的收益率按照 0.4 和 0.6 的权重加权平均和。根据期望运算的原理，投资组合的期望收益是各成分股期望收益率的加权平均。因此，上述投资组合的期望收益率为 A 股票的收益率 15％和 B 股票的收益率 10％按照 0.4 和 0.6 的权重加权平均和，15％×0.4＋10％×0.6＝12％。

事实上，根据期望运算的基本原理，依此类推，很容易知道由 N（$N \geqslant 2$）个资产构成的投资组合，其收益率即为所有成分资产收益率的加权平均。相应的，在数学上，该投资组合的期望收益率亦为所有成分资产期望收益率的加权平均。这个结果是由期望运算的性质决定的，即随机变量和的期望即为各随机变量期望的和。

基于以上认识，对于由两种资产 A 和 B 形成的投资组合，随着成分资产的权重 ω_A 和 ω_B 的变化，组合的预期收益率 $\bar{R}_P$ 具有如图 4—4 所示的规律（不妨假设 $\bar{R}_A > \bar{R}_B$）。

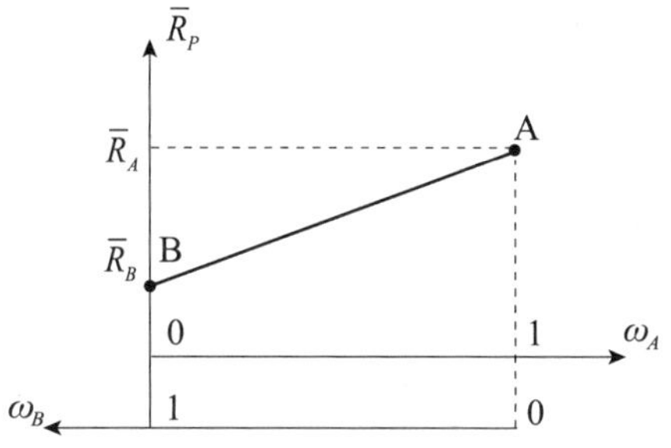

图 4—4 成分资产权重变化与组合的预期收益率

在图 4—4 中，如 A 点所示，当 $\omega_A = 1$ 时，$\omega_B = 0$，即所有资金均投资于 A 资产，此时组合的预期收益率 $\bar{R}_P$ 即为 A 资产的预期收益率 $\bar{R}_A$；类似的，如 B 点所示，当 $\omega_A = 0$ 时，$\omega_B = 1$，即所有资金均投资于 B 资产，此时组合的预期收益率 $\bar{R}_P$ 即为 B 资产的预期收益率 $\bar{R}_B$。

4.3.2 风险的计量

未来收益的不确定性是风险资产的本质特性。这里的“不确定性”除了收益的大小具有不确定性之外，收益的正负也是不确定的，既可能为正，也可能为负。因此，人们常常认为，收益的“不确定性”未必一定是“风险”。只有负收益的不确定性才是风险，而对于正收益，虽然大小是不确定的，但人们往往并不将这部分“不确定性”视作“风险”。值得注意的是，在金融市场上，“盈利”和“亏损”是相对的。正的收益对于“多头”头寸来讲是盈利，但对于“空头”头寸则是亏损。相反，负的收益对于“多头”头寸是亏

损，但对于“空头”头寸则是盈利。因此，理论上，无论正负，收益的不确定性均应被视为“风险”。这也就是说，资产或资产组合的风险性既包含可能对投资者有利的一面，即最终的收益率高于预期的收益率，也包含可能对投资者不利的一面，即最终的收益率低于预期的收益率。因此，为了描述资产或资产组合的风险，我们用未来收益率的方差（标准差）表征风险。

1. 单个资产的风险

假设某资产的收益率为 R，期末 R 的取值共有 K 种可能的情况，第 k 种可能的取值为 R_k，出现的概率为 p_k，$k=1$，2，…，K，相应的预期收益率为 $\bar{R}$，则该资产收益率的方差 σ^2（标准差 σ）为，

$$\sigma^2 = \mathrm{var}(R) = \sum_{k=1}^{K} (R_k - \bar{R})^2 p_k \tag{4—2}$$

其中，var(R) 表示 R 的方差。从式（4－2）可以看出，方差（标准差）描述了收益率在期末所有可能的取值偏离其预期值的可能性和幅度。于是，对于小李投资的 A、B 两只股票，基于表 4—1 的数据，我们可以按式（4－2）的方法计算相应的方差和标准差（参见表 4—4）。

表 4—4　　A、B 两只股票收益率的方差和标准差

自然状态	状态出现的概率	A 股票			B 股票		
(1)	(2)	(3)	(4)	(5)	(3)	(4)	(5)
k	p_k	$R_{A,k}$	$(R_{A,k}-\bar{R}_A)^2$	$(R_{A,k}-\bar{R}_A)^2 p_k$	$R_{B,k}$	$(R_{B,k}-\bar{R}_B)^2$	$(R_{B,k}-\bar{R}_B)^2 p_k$
1	0.1	−0.3	0.202 5	0.020 25	0.3	0.04	0.004
2	0.1	−0.1	0.062 5	0.006 25	0.2	0.01	0.001
3	0.2	0.1	0.002 5	0.000 5	0.15	0.002 5	0.000 5
4	0.3	0.2	0.002 5	0.000 75	0.1	0	0
5	0.2	0.3	0.022 5	0.004 5	0	0.01	0.002
6	0.1	0.5	0.122 5	0.012 25	−0.1	0.04	0.004
			方差 σ_A^2	0.044 5		方差 σ_B^2	0.011 5
			标准差 σ_A	0.211 0		标准差 σ_B	0.107 2

从表 4—4 可以看出，小李选择的两只股票中，A 股票的风险相对较大，其收益率的方差为 0.044 5，相应的标准差约为 0.211 0；此外，B 股票的风险相对较小，其收益率的方差为 0.011 5，相应的标准差为 0.107 2。那么，一个进一步的问题是，如果小李分别为这两只股票配置 0.4 和 0.6 比例的资金，其拥有的投资组合 P 的方差（标准差）会是多少呢？当然，0.4 和 0.6 这个比例是随意取的，仅仅是所有可能投资组合配置中的一种。以此为投资比例仅仅是为了便于计算投资组合的方差。另外，以这两个投资比例进行资产配置，意味着对股票 B 配置的资金稍微多一些。

2. 资产组合的风险

如前所述，资产组合的收益率是所有成分资产收益率按照投资权重的加权平均，根据期望运算的原理，很容易确定投资组合的期望收益率即为各成分资产期望收益率按照投资

权重的加权平均。然而，方差运算不具有期望运算这样的性质。根据方差运算的原理，随机变量和的方差应为如下运算规则，假设投资组合 P 由两种成分资产 A 和 B 组成，记投资组合 P 的收益率为 R_P，成分资产 A 和 B 的收益率分别为 R_A 和 R_B，方差分别为 σ_A^2 和 σ_B^2，投资权重分别 ω_A 和 ω_B，则根据方差运算的原理，投资组合 P 的方差为，

$$\begin{aligned}\sigma_P^2 &= \mathrm{var}(R_P) = \mathrm{var}(\omega_A R_A + \omega_B R_B) \\ &= \omega_A^2 \mathrm{var}(R_A) + \omega_B^2 \mathrm{var}(R_B) + 2\omega_A\omega_B \mathrm{cov}(R_A, R_B) \\ &= \omega_A^2\sigma_A^2 + \omega_B^2\sigma_B^2 + 2\omega_A\omega_B \mathrm{cov}(R_A, R_B) \qquad (4—3)\end{aligned}$$

其中，$\mathrm{cov}(R_A, R_B)$ 表示股票 A 和 B 的收益率的协方差，这里记为 σ_{AB}。根据上面的运算可以推知，由两个股票构成的投资组合，其收益率的方差仅考虑成分资产的方差并按照投资权重的平方进行加权求和可能是不够的。在此基础上还需要进一步引入两个资产之间的相关性。

直观上这也很容易理解。根据定义，方差衡量的是随机变量的所有可能值相对于期望值的偏离程度。在这种情况下，投资组合收益率的所有可能值相对于其期望收益率的偏离程度应当由所有成分资产收益率的可能值相对于其期望收益率的偏离程度决定。这很明显也很容易被接受。容易忽略的是，各成分资产收益率的可能值在偏离期望值时可能存在相互“抵消”或相互“放大”的情况。举例来说，对于由两个成分资产构成的投资组合，如果一个资产的价格下跌时，另一个资产的价格就上涨，在这种情况下，由两个资产构成的投资组合的收益率相对收益率均值的偏离程度就会比较小。这是因为成分资产收益率的变化存在相互“抵消”的效果。事实上，这也正是投资组合有助于分散风险，降低投资风险的统计学原理。当然，与上述情况相反的是，如果两种资产的收益率变化存在互相“放大”的情况，则投资组合的方差就会比较高。仍然以两个资产构成的投资组合为例，如果两个资产的收益率偏离其期望值的方向和大小具有正的相关性，即如果一个资产的收益率高于其期望收益率，则另一个资产的收益率也会高于其期望收益率，而且前者高出的幅度越大，后者也会高出很多，或者一个资产的收益率低于其期望收益率，则另一个资产的收益率也会低于其期望收益率，而且前者低的幅度越大，后者也会低很多。在这种情况下，由这两种资产构成的投资组合的收益率方差就会比较高。事实上，进一步的数学证明还显示投资组合的收益率方差一定不会高于成分资产中收益率方差最大者。

通过上述分析可以看出，投资组合的方差在很大程度上决定于成分资产收益率之间的相关性。而在统计学上，刻画这种相关性的重要基础工具是协方差，如式（4－3）中的 σ_{AB}。根据定义可知，协方差反映了股票 A 的收益率对预期收益率的“偏离”与股票 B 的收益率对预期收益率的“偏离”之间存在怎样的联系。简言之，即二者收益率的变化是否存在相关关系，以及存在怎样的相关关系。若协方差为 0，意味着资产 A 的收益率和资产 B 的收益率之间没有相关关系，这也就进一步说明资产 A 的价格变化与资产 B 的价格变化没有联动性；若协方差为正，意味着资产 A 的收益率和资产 B 的收益率之间正相关，即平均来讲，如果资产 A 的收益率高于预期收益率，则资产 B 的收益率也将高于预期收益率；反之，若协方差为负则意味着资产 A 的收益率和资产 B 的收益率之间负相关，即平均来讲，如果资产 A 的收益率高于预期收益率，则资产 B 的收益率将低于预期收益率。

用协方差来刻画收益率之间的相关性存在一个重要的缺陷，即这个相关性不是标准化的。这是因为不同资产的方差可能是不同的。基于两个方差不同的资产所计算的协方差会

存在方差的影响。假设还存在第三个资产 C，这个资产的收益率方差比较大，于是，资产 A 和资产 C 之间的协方差会因为资产 C 的方差比较大而使得结果的绝对值也比较大。

为了使得不同的两对资产之间的协方差具有可比性，统计学中常用相关系数 ρ_{AB} 表示 R_A 和 R_B 之间的相关性，则根据相关系数的定义，$\rho_{AB}=\sigma_{AB}/\sigma_A\sigma_B$。统计学上已经证明了，相关系数是介于 -1 和 1 之间的，这就使得不同的两对资产收益率间的相关性有了一个统一的比较标准。两个资产价格变化的相关性包括如下三种情况，即：正相关、负相关和不相关。正相关意味着资产收益率间的相关系数为正，负相关意味着资产收益率间的相关系数为负，如果相关系数为 0 则说明两个资产收益率间没有相关关系。

数学上，根据相关系数的定义，可以将式（4—3）改写成如下等式，

$$\sigma_P^2=\omega_A^2\sigma_A^2+\omega_B^2\sigma_B^2+2\omega_A\omega_B\sigma_A\sigma_B\rho_{AB} \tag{4—4}$$

理论上，由于相关系数满足 $-1\leqslant\rho_{AB}\leqslant1$，因此，式（4—4）意味着，对于任意给定的投资比，投资组合的最大方差为 $\rho_{AB}=1$ 时的 $(\omega_A\sigma_A+\omega_B\sigma_B)^2$，或最大标准差为 $\omega_A\sigma_A+\omega_B\sigma_B$。从这个式子可以看出，即便投资者把所有资金都配置到风险较大的资产上，投资组合的最大方差（标准差）也不会大于成分资产中风险较大者的方差（标准差）。特别的，当两个成分资产的收益率完全正相关时，组合的标准差恰好为成分资产的标准差依其在组合中的权重的加权平均。当然，另一方面，对于任意给定的资金配置比例，投资组合的标准差最小不会小于成分资产标准差的绝对值。这说明组合的标准差不会小于两个成分资产标准差按投资权重计算的距离。对于由两种资产 A 和 B 形成投资组合，随着成分资产投资权重的变化，投资组合收益率标准差的变化可以用图 4—5 表示（不妨假设资产 A 的标准差大于资产 B）。

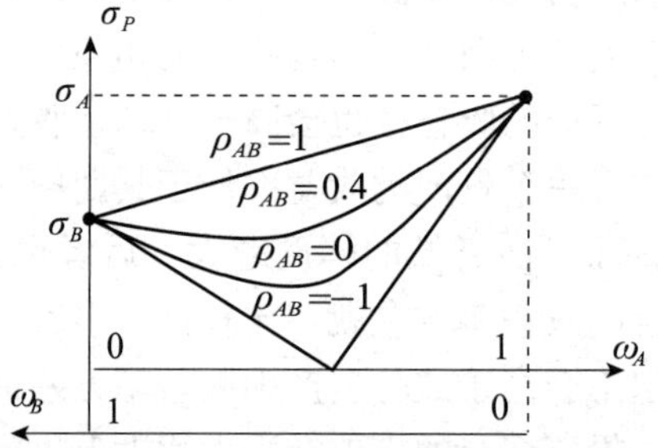

图 4—5　成分资产的权重变化与组合收益率的标准差

从图 4—5 可以看出，仅当两种资产的收益率完全负相关，即相关系数为 -1 时，投资组合收益率的标准差可以为零。根据这个条件以及投资组合权重之和为 1 共得到两个方程，因而可以得到两个变量（成分资产的权重）的解析解。另一方面，当两种资产的收益率完全正相关时，即这两种资产收益率的相关系数为 1 时，组合收益的标准差介于两种资产收益率标准差之间，投资组合收益率的标准差不会低于风险较小资产收益率的标准差，也不会高于风险较大资产收益率的标准差。除此之外，当这两种资产收益率的相关系数介于 -1 和 1 之间时，投资组合收益率的标准差也将介于这两个资产的标准差之间。但需要注意的是，由图 4—5 所示，无论在这两个资产之间如何配置资金，投资组合收益率的标准差不会为 0。这就意味着，投资组合的风险可以小于任意成分资产的风险，但不会完全消失。这就可以明显地看出，为什么进行组合投资可以获得降低风险的效果，以及为什么

无论如何进行分散，投资组合的风险只会降低，但不会消失。

下面以一个具体的算例对前述投资组合分散的原理进行更为直接的描述。参照协方差、相关系数的定义式，可以算出小李选择的两只股票的协方差和相关系数（如表 4—5 所示）：

表 4—5　A、B 股票收益率的协方差和相关系数

自然状态	状态出现的概率	$R_{A,k}-\bar{R}_A$	$R_{B,k}-\bar{R}_B$	$p_k(R_{A,k}-\bar{R}_A)(R_{B,k}-\bar{R}_B)$
1	0.1	−0.45	0.2	−0.009
2	0.1	−0.25	0.1	−0.002 5
3	0.2	−0.05	0.05	−0.000 5
4	0.3	0.05	0	0
5	0.2	0.15	−0.1	−0.003
6	0.1	0.35	−0.2	−0.007
			协方差 σ_{AB}	−0.022 0
			相关系数 ρ_{AB}	−0.972 5

于是，根据式（4—3）计算投资组合 P 的方差 σ_P^2，

$$\begin{aligned}\sigma_P^2 &= \omega_A^2\sigma_A^2+\omega_B^2\sigma_B^2+2\omega_A\omega_B\sigma_{AB}\\ &=0.16\times0.044\,5+0.36\times0.011\,5-2\times0.4\times0.6\times0.022\,0\\ &=0.000\,7\end{aligned}$$

相应的，投资组合 P 的标准差 $\sigma_P\approx0.026\,5$。由此可见，投资组合的风险比两个成分资产的风险都要小。除此之外，小李选择的这两只股票还存在一个最小方差（标准差）组合。

对于两种资产 A 和 B，分别按投资权重形成的所有可能的投资组合中，通常存在一个最小方差（标准差）组合。为讨论这个问题，可以考虑将投资组合中的某个成分资产的投资比例用另一个成分资产的剩余部分代替，然后利用代数里极值点的一阶条件很容易求得最小方差组合的投资比例。对于表 4—5 所给出的例子而言，依据上述思路可以求出这两个风险资产的配置比例分别为 0.335 和 0.665。也就是说，据此配置资产，小李可以获得方差最小的投资组合。经过简单的计算可知，相应投资组合的方差和标准差分别约为 0.000 3 和 0.016 7。

最后，需要说明的是，以上叙述都是在两种成分资产的情形下讨论投资组合的方差。事实上，采用类似的原理便可将上述讨论拓展到三种资产以及更多的资产情形下。在这种情形下，投资组合的方差除了由成分资产的方差按照投资权重的平方进行加权平均得到之外，与两资产投资组合收益率的方差应当包括二者之间的协方差类似，在多资产情形下，也应包括所有资产两两之间的协方差。在多资产情形下，所有资产两两之间的协方差还需要按照投资权重的叉积进行加权求和后与单资产收益率的方差按照投资权重的平方求和，进而获得投资组合收益率的方差。在多资产情形下进行投资组合权重配置的结果与两资产的主要区别在于，配置的结果中，多资产情形所得方差为多维空间的超曲面。因此，在成分资产数量多于两个时，一定存在无穷多种资产配置方案可以实现同样的收益和风险，相应的，投资者的投资效用也是相同的。

4.4 投资者效用的无差异曲线

如前所述，在成分资产数量多于两个时，可以找到无穷多种资产配置方案获得相同的效用。但值得注意的是，投资者效用相同并不一定要求投资组合的收益和风险完全相同。事实上，对于投资者来讲，风险和收益之间的关系是有替代性的。也就是说，对于风险高的资产，如果收益也高，则可以找到与其效用相同的低风险、低收益的投资组合。这就必然确定了存在无穷多种资产配置方案给投资者带来同样的投资效用。如果把所有效用相同而风险和收益不尽相同的配置方案描绘在“风险—收益”平面上即可得到投资的无差异曲线。与经济学中所定义的无差异曲线类似，在“风险—收益”空间上，对于给定的效用，所有收益与风险组合构成的曲线称为无差异曲线，在该曲线上的任意两点，投资者所获得的投资效用都是相同的（无差异）。

用图 4—6 说明无差异曲线的几个特征：

（1）所有落在一条给定的无差异曲线上的组合对投资者均有相同的满意程度。

（2）无差异曲线越是在上方表示效用水平较高。如图 4—6 所示，A 与 B 具有相同的满足程度，但 C 比 A 和 B 更受欢迎。因为组合 C 有 11%的收益率和 14%的标准差。因 C 相对于 A 有一足够大的收益率补偿它较高的标准差，C 比 A 更令人满意，同样，C 比 B 有一足够小的标准差，多于补偿它所需的效益，C 比 B 更令人满意。

（3）每个投资者都有无数条无差异曲线。简单地说，在无差异曲线 I_1 与 I_2 之间，还可以有第三条或者更多的无差异曲线。

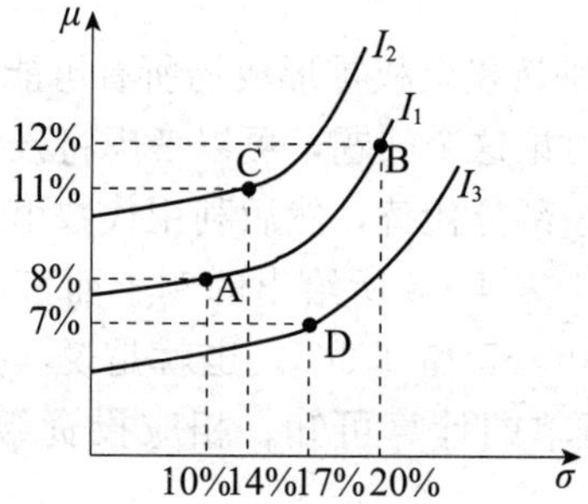

图 4—6 无差异曲线

图 4—6 所描绘的曲线就是表示投资者偏好状态的效用无差异曲线族。同一曲线上的点期望收益与方差可以不同，但是对投资者来说其效用是无差别的，且效用无差异曲线越是在上方，其效用水平也越高。

对于风险回避者，由于对同一曲线上的两种投资对象的偏好是无差别的，与方差较大的投资对象所对应的期望收益也一定大，所以，无差异曲线向右上方倾斜，表示方差增加时必有更高的收益来补偿。若 W 表示投资结果，表示 W 的一个效用函数，可证明 $U(W) < 0$，换言之，对于风险回避者，边际效用是递减的。

从上述分析可以看出，相同效用的投资组合可以有无穷多种，这时投资者就面临着如何选择成分资产构建投资组合的问题。基于 4.1 节的分析可知，投资者构建投资组合的目标是为了实现效用最大化。进一步在投资者风险厌恶的假设下，鉴于投资效用决定于投资收益与投资风险，因此，投资组合构建的目标是在给定的投资收益水平下，选取风险最小的资产配置方案。在这种情况下，根据 4.2 节和 4.3 节的分析可知，在达到上述目标的条件下，投资者的效用可以实现最大化。正是基于这种思想，现代投资组合理论的奠基人哈利・马科维茨构建了著名的“均值—方差”分析。

4.5 “均值—方差”分析与资本资产定价模型

现代投资组合理论对风险与收益的分析框架——“均值—方差”分析是由著名的美国经济学家、诺贝尔经济学奖获得者马科维茨创建的。他提出的马科维茨组合投资最优化模型被视为现代资产组合理论的基石。马科维茨模型是在一定的假设条件下的组合投资模型。

4.5.1 “均值—方差”分析的假设

（1）证券的价格反映了证券的内在价值，每个投资者都掌握了充分的信息，了解每种证券的期望收益率及标准差，即证券市场是有效的。

（2）投资者都是风险厌恶者，或者称为风险回避者，即投资者要追求较高的收益，同时要求有较低的风险。

（3）投资者以期望收益率及收益率的标准差为选择投资方案的依据，如果所选择的投资组合的方案风险较高，必须有额外收益作为这部分风险的补偿。

（4）各种证券的收益率之间有一定的相关性，可以用相关系数或者协方差来表示。

以上四点是模型本身的基本条件，而以下四点也可作为模型的隐含条件，这些隐含条件也是非常重要的，是在模型的建立和求解时的依据。

（1）每种证券的收益率都服从正态分布。

（2）每一种资产都是无限可分的，即如果投资组合愿意的话，可以购买每一个股份的一部分。

（3）投资者可以以无风险利率贷出或借入资金。

（4）资本市场上没有摩擦，即资本和信息可以自由流动，不存在交易成本，不存在对红利、股息和资本收益的征税。

资产组合的总收益可以用各个资产预期收益的加权平均值计算，组合资产的风险即收益的不确定性可用方差或标准差描述。马科维茨利用二次规划建立了一套数学方法，解决了如何通过多元化的组合降低组合资产中的风险问题。

4.5.2 模型的建立

设有 n 种不同的风险资产，$X=(x_1, x_2, \cdots, x_n)^T$ 为投资组合的权重向量，其中，$\sum_{i=1}^{n} x_i =$

1，且 $\forall x_i, i=1,2,\cdots,n$，$x_i \geqslant 0$ 表示不允许卖空。记 Λ 为 n 种证券收益率间的方差—协方差矩阵，σ_p^2 为证券组合收益率的方差，则资产组合的风险 $\sigma_p^2 = X^T \Lambda X$。设 $R = (R_1, R_2, \cdots, R_n)^T$ 为投资组合预期收益率向量，其中，$R_k = E(r_k)$ 是第 k 种资产的未来收益率的期望值，r_k 为该资产的未来收益率，$k = 1,2,\cdots,n$。马科维茨提出，理性的投资者总是寻求这样的投资组合 X，它在给定期望收益水平 R_0 的条件下使风险达到最小，或在给定风险水平 V_0 条件下使得期望收益达到最大，即有如下模型：

$$\begin{cases} \min \sigma_p^2 = X^T \Lambda X \\ \text{s.t.}\, R_p = E(r_p) = X^T R = R_0 \\ \sum_{i=1}^{n} x_i = 1 \\ x_i \geqslant 0, i = 1,2,\cdots,n \end{cases} \tag{4—5}$$

在“均值—方差”分析框架下，投资者必须根据自己对“收益—风险”的偏好态度，结合各种资产和资产组合的收益、风险特性进行投资组合选择。然而，现实生活中的资产种类繁多，这些资产还可以组成无数种资产组合，如果投资者必须对所有资产或资产组合进行评估的话，那将是难以想象的。幸运的是，根据马科维茨的有效集定理，投资者无须对所有组合进行逐一评估。

4.5.3 可行集与有效集

马科维茨假定投资者都是风险厌恶者，他们总是在一定的预期收益或风险水平上选择组合证券。理性的投资者总是希望在已知期望收益条件下使投资风险达到最小，或者在已知风险的条件下获得最大期望收益。具有上述性质的组合称为有效组合；所有有效组合形成的集合称为有效集；有效集在风险与收益空间上的轨迹叫做有效边界，它是理性投资者决策的机会集。为了说明有效集定理，我们有必要引入可行集（feasible set）的概念。

可行集指的是由 N 种证券所形成的所有组合的集合，它包括现实生活中所有可能的组合。也就是说，所有可能的组合将位于可行集的边界上或内部。一般来说，可行集的形状类似伞形，如图 4—7 中由 A、N、B、H 所围的区域所示。在现实生活中，由于各种证券的特性千差万别。因此可行集的位置也许比图 4—7 中的更左或更右，更高或更低，更胖或更瘦，但它们的基本形状大多如此。

理性投资者都是厌恶风险而偏好收益的。对于同样的风险水平，他们将选择能提供最大预期收益率的组合；对于同样的预期收益率，他们将选择风险最小的组合。能同时满足这两个条件的投资组合的集合就是有效集（efficient set），又称有效边界（efficient frontier）。处于有效边界上的组合称为有效组合（efficient portfolio）。

可见，有效集是可行集的一个子集，它包含于可行集中。那么如何确定有效集的位置呢？

我们先考虑第一个条件。在图 4—7 中，没有哪一个组合的风险小于组合 N，这是因为如果过 N 点画一条垂直线，则可行集都在这条线的右边。N 点所代表的组合称为最小方差组合（minimum variance portfolio）。同样，没有哪个组合的风险大于 H。由此可以

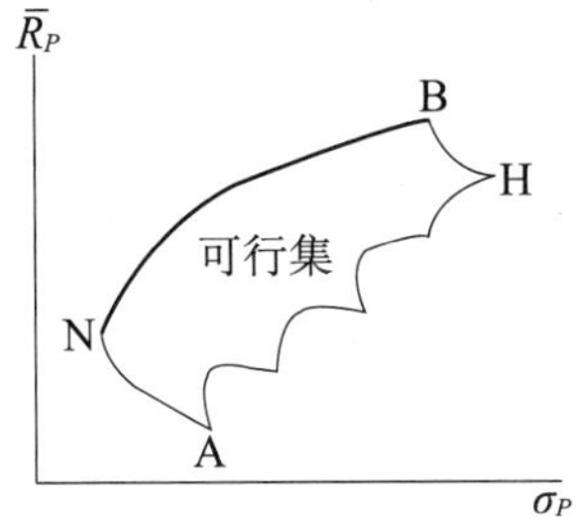

图 4—7　可行集与有效集

看出，对于各种风险水平而言，能提供最大预期收益率的组合集是可行集中介于 N 和 H 之间的上方边界上的组合集。

我们再考虑第二个条件。在图 4—7 中，各种组合的预期收益率都介于组合 A 和组合 B 之间。由此可见，对于各种预期收益率水平而言，能提供最小风险水平的组合集是可行集中介于 A、B 之间的左边边界上的组合集，我们把这个集合称为最小方差边界（minimum variance frontier)。由于有效集必须同时满足上述两个条件，因此 N、B 两点之间上方边界上的可行集就是有效集。所有其他可行组合都是无效的组合，投资者可以忽略它们。这样，当投资者考虑投资风险资产时，仅需要在有效集中选择符合自己"收益—风险"偏好的风险资产就可以了。

以上是对有效集的直观解释。马科维茨运用图解法科学地确定了最优投资比例关系。传统的投资分析对于各种资产应占比例的确定不构成最优组合。马科维茨认为在预期收益率、方差和协方差一定的条件下，可以通过二次规划的方法求出最优解。因为有效边界的选取因不同的投资假定而异，所以下面分别讨论。

(1) 不允许卖空时的有效边界。

若用 C 表示所有可行组合中方差最小的有效组合，称之为最小方差组合；B 表示所有组合中期望收益最大的有效组合。则在不允许卖空时有效边界由连接 C 和 B 的向上凸出的曲线组成。

如图 4—8 所示，CB 曲线之外的点均不在有效边界上。如 E 点的收益率为 μ_E，而与之方差相同的点 D，收益率相对较高，根据有效组合原则，投资者应选择 D 点。又如 F 点是可行点，但与之收益相同的 G 点，方差相对较小，故应选择 G 点而不选择 F 点。

(2) 允许卖空时的有效边界。

卖空是投资者的策略之一，它是投资者预计未来证券价格下跌时的买卖行为，与通常的交易相反，是先卖后买以获得买卖差价收益的方法。因此，允许卖空指的是对每种证券的权数没有非负的要求，此时，在马科维茨"均值—方差"模型中，没有 $0 \leqslant x_i \leqslant 1$ 的约束条件，在这种情况下，有效证券组合与有效边界的求解较为容易。在西方成熟的证券市场上，一般是允许卖空交易的，因此，研究这种情况具有很大的意义。

允许卖空的有效边界如图 4—9 所示，其中 C、B 的含义与不允许卖空含义相同，有效边界是从最小方差组合 C 开始，经过 B 向上延伸的向上凸出的曲线。由图 4—9 可以看出：

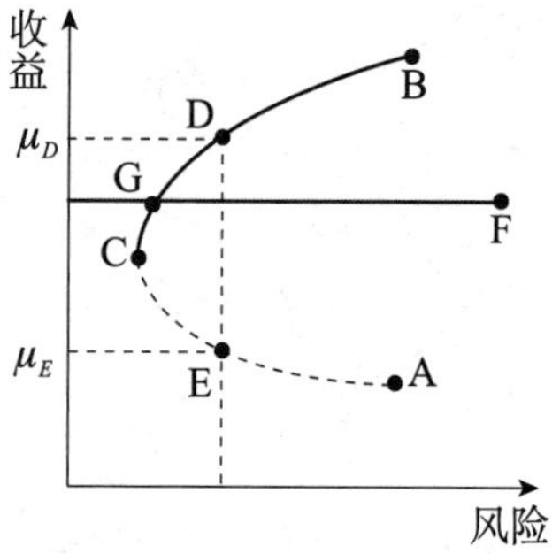

图 4—8　有效边界

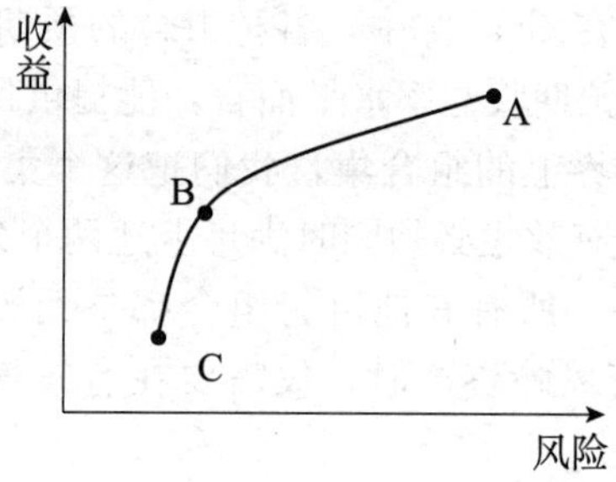

图 4—9　允许卖空时的有效边界

通过卖空低收益率资产，并用所得收入购买高收益率的资产，投资者可达到任何收益水平；同时，他的投资风险也增加了。在现实中由于卖空通常都有一定的限制，所以，B点延伸的有效边界受现实制度的约束而处于一定的范围内。

对于有效边界的形态有所了解后，下面介绍有效边界的确定方法。有效边界的确定方法有图解法和规划法，在图解法中借助于存在安全资产这一假设，有助于对图解法的理解。

图解法借助于存在安全资产的假设，考虑由一种安全资产和一种风险资产组成的组合，设安全资产的利率为常数 R_f，因而是一个定值，故其收益方差为 0，另外，设风险资产的期望收益为 μ，标准差为 σ，投资于安全资产的比例为 x，投资于风险资产的比例为 $1-x$，所构成的组合资产的期望收益与标准差为：

$$\begin{cases}\mu_p = xR_f + (1-x)\mu \\ \sigma_p = (1-x)\sigma\end{cases}$$

整理上面两式，得到组合资产的收益与风险的关系为：

$$\mu_p = R_f + \frac{\mu - R_f}{\sigma}\sigma_p$$

从表达式的形式可以看出，含有安全资产的投资的有效集是一条过 $(0,R_f)$ 和 (σ,μ) 两点的直线。借助这一假设，如图 4—10 所示，在允许卖空的条件下，风险资产组合的有效边界是曲线 BC，安全资产的有效边界是 AG。

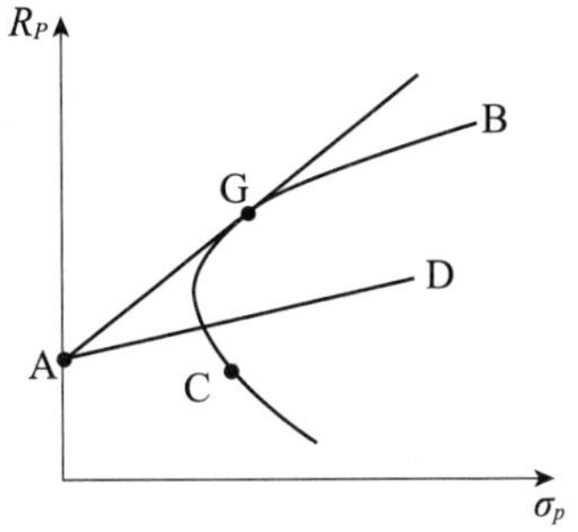

图 4—10 风险资产组合的有效边界

安全资产与风险资产组合的有效边界是过点 A $(0,R_f)$ 并与曲线相切的直线，设切点为 G，这条切线是连接与 BC 上的风险资产组合构成的射线中斜率（记为 θ）最大者；因此，在安全资产与风险资产组合下，可通过求解下述模型得到 G，射线 AG 即为有效边界。

由于投资者的最终选择取决于对风险的偏好，根据期望效用最大化原则，投资者选择的将是使其达到最高无差异曲线的方案。假定某投资组合的有效边界如图 4—11 的曲线 AB 所示，根据一定效用假设，得到无差异曲线族 U_1、U_2 和 U_3 等。无差异曲线族中有一条与有效边界相切。设切点为 H，则 H 对应投资者在机会集中效用最大的组合，故对应于投资者的最优投资方案。

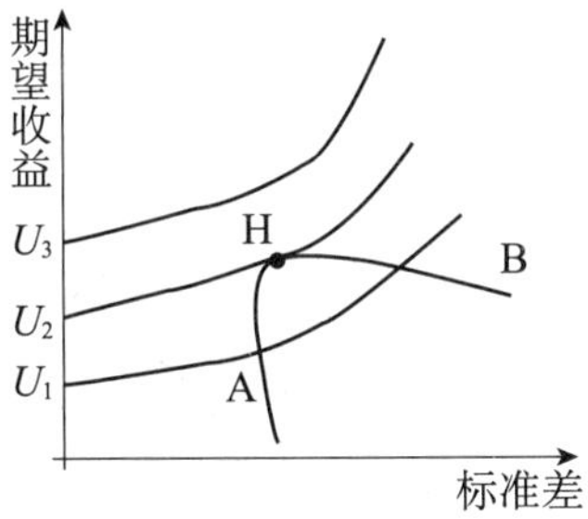

图 4—11 最优组合线

（1）存在无风险资产时的有效集与资本市场线。

图 4—7 所给出的有效集是由所有的风险资产构成的。如果市场中还存在无风险资产，有效集将发生重大变化。无风险资产，顾名思义，即此类资产的收益率是确定的。这意味着如果投资者在期初购买了一种无风险资产，那他将准确地知道这笔资产在期末的价值。由于无风险资产的期末价值没有任何不确定性，因此，其标准差应为零。同样，无风险资产收益率与风险资产收益率之间的协方差也等于零。

在现实生活中，什么样的资产称为无风险资产呢？首先，无风险资产应没有任何违约可能。由于所有的公司证券从原则上讲都存在着违约的可能性，因此公司证券均不是无风险资产。其次，无风险资产应没有市场风险。虽然政府债券基本上没有违约风险，但对于特定的投资者而言，并不是任何政府债券都是无风险资产。例如，对于一个投资期限为 1 年的投资者来说，期限为 10 年的国债就存在着风险。因为他不能确切地知道这种证券在一年后将值多少钱。事实上，任何一种到期日超过投资期限的证券都不是无风险资产。同样，任何到期日早于投资期限的证券也不是无风险资产，因为在这种证券到期时，投资者面临着再投资的问题，而投资者现在并不知道将来再投资时能获得多少再投资收益率。

综合以上两点可以看出，严格地说，只有到期日与投资期相等的国债才是无风险资产。但在现实中，为方便起见，人们常将 1 年期的国库券或者货币市场基金当作无风险资产。

当市场存在无风险资产时，投资者就可以在有效集的资产（非有效集的资产当然不予考虑）和无风险资产之间进行配置。设某有效组合 q 的收益率为 R_q，预期收益率为 $\bar{R}_q$，标准差为 σ_q，无风险资产的收益率为 R_f，投资者考虑将占其资金比例的 ω_q 部分投资于资产 q，$1-\omega_q$ 部分投资于无风险资产，利用期望运算的原理，由此构造的投资组合 P 的预期收益率 $\bar{R}_P$ 为有效组合 q 的期望收益率 $\bar{R}_q$，与无风险资产收益率 R_f 按照权重 ω_q 和 $1-\omega_q$ 加权平均的结果。进一步的，由于无风险资产的标准差为 0（未来的收益没有不确定性），与其他资产的协方差也为 0，所以，组合 P 的标准差 $\sigma_P=\omega_q\sigma_q$，即 $\omega_q=\sigma_P/\sigma_q$。

$$\bar{R}_P=R_f+\frac{\bar{R}_q-R_f}{\sigma_q}\sigma_P \tag{4—6}$$

由此可见，当存在无风险资产时，投资者基于无风险资产和风险资产构造的投资组合，其预期收益率 $\bar{R}_p$ 和标准差 σ_P 之间是一个线性关系，而且是一条以 R_f 为起点、通过 $(\bar{R}_q,\sigma_q)$ 的射线。如图 4—12 所示，曲线 BC 是有效集，有效组合 q 可以为其中的任意一点。投资者可以选择 BC 上的 Q_1 点或者 Q_2 点为有效组合，并按照 AL_1 上的所有“收益—风险”关系配置无风险资产和风险资产的投资比例；投资者也可以选择 T 点为有效组合，并按照 AL 上的所有“收益—风险”关系配置投资比例，其中，T 点为过 A 点向曲线 BC 作切线的切点，称作“切点”组合。但投资者不可以按照 AL_2 配置投资比例，这是因为 AL_2 上任一组合的 $(\bar{R}_P,\sigma_P)$ 均不在有效集上。

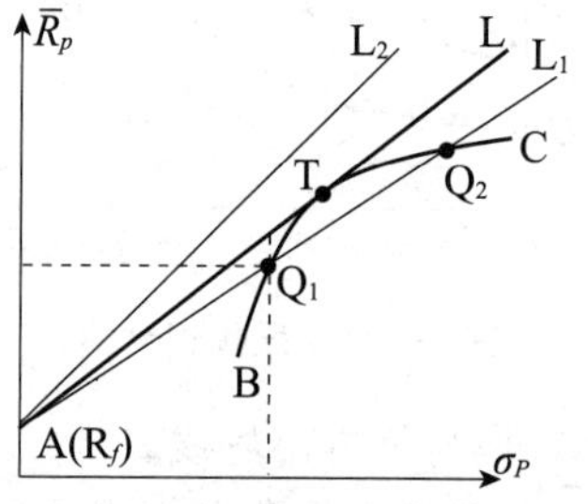

图 4—12　收益—风险关系：无风险资产和有效的风险资产构造投资组合

值得注意的是，如果投资者按照 AL_1 配置投资比例，则 Q_1 和 Q_2 之间的线段所代表的投资组合不在有效集上。另外，对于 AL_1 上的任意投资组合，都可以在 AL 上找到收益（风险）与之相等但风险（收益）更小（大）的投资组合。因此，在多多益善且风险厌恶的假设下，理性的投资者不会在 AL 线以下的任何点配置投资比例。如果所有的投资者都是理性的，那么，任意投资者所选取的投资比例的配置结果所具有的“收益—风险”关系也一定落在 AL 线上。

更为重要的是，在这样的情况下，所有的投资者都只能选择“切点”组合 T 为有效组合，并在组合 T 和无风险资产之间配置投资比例。这时，如果市场出清（供需平衡），“切点”组合 T 中各资产的构成比例恰好等于市场中所有资产的构成比例，因此，“切点”组合 T 代表了“市场组合”(market portfolio)，记为 M。于是，在“$\bar{R}-\sigma$”平面上，从 R_f

出发作一条经过市场组合 M 的射线即为存在无风险资产时的有效集，称作“资本市场线”(capital market line，CML)。从上面的分析可以看出，任何不利用市场组合和无风险资产进行资产配置的组合一定位于资本市场线的下方。与资本市场线相对应的式（4—6）可以写为，

$$\bar{R}_P = R_f + \frac{\bar{R}_M - R_f}{\sigma_M}\sigma_P \qquad (4—7)$$

从式（4—7）可以看出，证券市场的均衡可用两个关键数字来表示：一是无风险利率 R_f，二是市场的单位风险补偿 $\frac{\bar{R}_M - R_f}{\sigma_M}$，它们分别代表时间报酬和风险报酬。因此，从本质上说，证券市场提供了时间和风险进行交易的场所，其价格则由供求双方的力量来决定。

（2）资本资产定价模型（CAPM）与证券市场线。

资本资产定价模型给出了确定资产风险及其期望收益率之间关系的精确预测方法。夏普、林特纳和莫辛发展了马科维茨的现代投资组合选择理论，在风险资产期望收益均衡的基础上得到了资本资产定价模型。

1）资本资产定价模型的基本假定。

下面给出资本资产定价模型的一些基本假定，在这些基本假定下投资者的投资行为表现为趋同化，而这些投资者有着不同的初始财富和风险厌恶程度。我们将会看到，这些趋同化的投资行为会使我们的分析大为简化。这些假定有：

①市场中存在着大量投资者，每位投资者的财富份额相对于整个市场总财富来说都很小，所以投资者都是价格接受者，单个投资者的交易行为对证券价格不产生影响，即不具备操纵市场的能力，市场处于完全竞争状态。这一假定与微观经济学中对完全竞争市场的假定是一样的。

②资本资产定价模型是一个两期模型，即所有投资者都在同一证券持有期计划自己的投资行为和资产组合，投资者根据这段时间内投资组合的预期收益率和标准差来评价投资组合，而不考虑计划期以后的事情。

③投资者只能交易金融市场上公开交易的资产，如股票、债券等。各种资产均无限可分，投资者可购买任意数量的资产，并且假设投资者可以不受限制地以固定的无风险利率借贷。

④没有交易成本和交易税。

⑤所有投资人都是理性的，都按照马科维茨的均值—方差资产选择模型来优化自己的投资组合。

⑥所有投资者对证券的评价和经济状态的观点都一致，他们对所交易的证券收益率的概率分布、预期值和方差等都有相同的估计。这一假定也被称为同质期望（homogeneous expectations）或信念。

每个投资者在组合选择中都在最优化其资产组合，最终所有个人的资产组合会趋于一致。依据前面给定的假定条件，不难看出所有的投资者均倾向于持有同样的风险资产组合。如果所有的投资者都将马科维茨分析（假定 5）应用于同样广泛的证券（假定 3），在一个相同的时期内计划他们的投资（假定 2），并且对所交易的证券收益率的概率分布等都

有相同的估计（假定 6），那么他们必然会达到相同的最优风险资产组合。在马科维茨的均值—方差有效边界的讨论中已经得到此结论。

2）两基金分离定理（two-fund separation theorem）。

根据马科维茨投资组合理论所得到的性质，在均值—方差有效组合边界上，任意两个不同的有效组合的线性组合也是有效边界组合。换句话说，在所有风险资产组合的有效边界上，任意两个分离的点都代表两个分离的有效边界组合，而有效边界上任意其他点所代表的有效边界投资组合，都可以由这两个分离的点所代表的有效边界组合的线性组合生成。这两个分离的点所代表的有效边界组合就是两个共同基金，该性质就称为两基金分离定理。

在投资实践上，一个决定买入既定风险—收益特征的均值—方差有效资产组合的投资者，可以通过投资于任何两个他信赖的证券投资基金获得同样的收益，只要这两个基金是具有均值—方差有效和不同收益率的。投资者无需直接投资于多种风险资产，而只要线性组合地投资在他认为有效的两种证券基金即可。

在上述假定的基础上，我们可以得出每个投资者的切点处投资组合都是相同的。由于投资者的风险—收益偏好不同，其无差异曲线的斜率不同，因此他们的最优投资组合也不同，但风险资产的构成却相同（如图 4—14 中的 T 点）。也就是说，无论投资者对风险的厌恶程度和对收益的偏好程度如何，其所选择的风险资产的构成都一样，即均为切点证券组合 T。

由两基金分离定理，我们可知无论投资者的风险—收益偏好如何，只需找到切点所代表的风险投资组合，再加上无风险证券，就能够为所有的投资者提供最佳的投资方案。不同投资者的风险—收益偏好只反映在投资组合中无风险证券所占的比重。

接下来我们将说明切点证券组合 T 就是市场组合，这样根据两基金分离定理，由市场组合（可以看作一个基金）和无风险证券（可以看作另一个基金）构成了两基金，所有的最优投资组合都是市场组合和无风险证券的一个线性组合，而所有这样的线性组合构成了资本市场线。

3）市场组合。

市场组合（market portfolio）是由所有市场上交易的证券组成的证券组合，包括公司发行的所有股票和债券等。在这个证券组合中，每一种证券的相对市场价值等于这种证券的总市场价值除以所有证券的总市场价值。

当我们把所有个人投资者的资产组合加总起来时，借与贷将互相抵消（这是因为每个借入者都有一个相应的贷出者与之对应），加总的风险资产组合价值等于整个经济中全部财富的价值，这就是市场资产组合。每只股票在这个资产组合中的比例等于股票的市值占所有股票市场价值的比例。这样市场组合就是由风险证券构成，并且其每个成分证券的投资比例与整个市场上该风险证券的相对市值比例一致的证券组合。

4）市场均衡。

在市场达到均衡时，具有如下性质：

①每个投资者都持有一定数量的正的每种风险证券；

②证券的价格使得对每种证券的需求量正好等于市场上存在的证券数量；

③无风险利率使得对资金的借贷量相等。

我们断言，当证券市场达到均衡时，切点证券组合 T 就是市场证券组合。

在均衡时，切点证券组合 T 中的每一种证券都具有非零的比例。此性质可由两基金分离定理得到。因为根据两基金分离定理，每个投资者所选择的证券组合中的风险证券的组成是一样的，他们都选择 T 作为证券组合中的风险证券部分。如果每个投资者都购买 T，但是 T 并不包括某种风险证券，则意味着其他投资者的投资组合中也不包含该风险证券，从而该风险证券的价格会下降，导致其期望回报率上升，而这又会刺激投资者对该证券的需求。这种调整一直持续到切点证券组合 T 中包含每一种风险证券。

在均衡时，资金借贷量相等，所有个体投资者初始财富的总和等于所有风险证券的市场总价值，从而每种证券在市场证券组合中的权重等于在切点证券组合中的权重。所有投资者将按照包括所有可交易资产的市场资产组合 M 来成比例地复制自己的风险资产组合。为了简化起见，我们将风险资产特定为股票。每只股票在市场资产组合中所占的比例等于这只股票的市值（每股价格乘以股票流通在外的股数）占所有股票市值的比例。所有投资者选择持有市场资产组合作为他们的最优风险资产组合，投资者之间的差别只是投资于最优风险资产组合的数量与投资于无风险资产的数量，在比例上不同而已。

因此我们得到，在均衡时，切点处投资组合中各证券的构成比例等于市场组合（market portfolio）中各证券的构成比例。在 CAPM 理论中，之所以市场证券组合起着中心的作用，就是因为当证券市场达到均衡时，市场证券组合即为切点证券组合，从而每个人的有效集都是一样的：由通过无风险证券和市场证券组合的射线构成。

5）资本资产定价模型与证券市场线。

1964 年，夏普在马科维茨投资组合理论的基础上对证券价格的风险—收益关系进行了深入研究，并提出了资本资产定价模型（capital asset pricing model，CAPM）。此后，林特纳（Lintner，1965）、莫辛（Mossin，1966）又分别独立提出资本资产定价模型。马科维茨的投资组合选择理论研究的是人们应该如何投资，而夏普的资本资产定价模型则研究的是如果每个投资者都按马科维茨证券组合理论描述的方式投资，证券价格将发生什么变化。如果所有的投资者均持有同样的风险资产组合，那么这一资产组合一定就是市场资产组合（M）。

CAPM 理论的思想是，假设已知市场证券组合的回报率，给出任意证券或证券组合的回报率。在理论上，M 不仅由普通股票而且由其他种类的投资，例如，债券、优先股等组成。但是，在实际中，通常认为 M 仅由普通股票组成。

CAPM 模型认为，单个证券的合理风险溢价取决于单个证券对市场组合风险的贡献程度，市场组合风险对于投资者而言，其重要性在于投资者根据市场组合风险来确定他们要求的风险溢价。在考虑市场组合风险时，重要的不是各种证券自身的整体风险，而是其与市场组合的协方差。这就是说，自身风险较高的证券，并不意味着其预期收益率也较高；同样，自身风险较低的证券，也并不意味着其预期收益率也较低。单个证券的预期收益率水平应取决于其与市场组合的协方差。定义 $\beta_i = \sigma_{i,M}/\sigma_M^2$，其中 $\sigma_{i,M}$ 表示资产 i 与市场组合的协方差，则 β_i 测度的是第 i 只股票对市场组合方差的贡献程度，这是市场组合方差的一个组成部分，这一比率称作贝塔（beta）。每个证券对市场证券组合标准差的贡献依赖于其与市场组合的协方差。这意味着，与市场证券组合的协方差越大的证券，给整个市场组合造成的风险也越大，这种证券也应该提供更高的回报率。单个资产的期望收益（或风险溢价）取决于其对市场组合风险的贡献程度。股票的贝塔值即测度了股票对市场资产组合方差的贡献程度。可得如下公式：

$$\bar{R}_i - R_f = \beta_i(\bar{R}_M - R_f) \tag{4—8}$$

这就是著名的“资本资产定价模型”，这里，$\bar{R}_i$ 表示资产 i 的预期收益率，$\bar{R}_i - R_f$ 被称为资产 i 的预期超额收益率（风险溢价），它是收益率预期会超出无风险收益率的数值，$\bar{R}_M - R_f$ 是市场组合的预期超额收益率（风险溢价）。根据这些定义，CAPM 说明了资产的预期超额收益率同市场组合的预期超额收益率成比例，该比例系数为 β_i。所以以无风险收益率为基点，一项特定资产超过基点的期望收益率同市场组合超过基点的期望收益率成比例。

为了深入了解这个结论，我们考虑一些极端的例子。首先假设一项风险资产 j，其标准差 $\sigma_j > 0$，但与市场组合完全不相关，即 $\beta_j = 0$，根据期望运算原理可知，$\bar{R}_j = R_f$。这个结果一眼看上去会让人比较诧异。它说明即使此项资产风险非常高（σ_j 很大），其期望收益率等于无风险资产收益率，即没有风险溢价。原因是一项资产如果与市场完全不相关，则它的风险可以完全通过多样化分散掉。如果我们有很多种这样的资产，每项资产同市场及其他资产不相关，我们就可以对每项资产都投入较小的金额，那么得出的总体方差会很小。由于最后的组合收益有很小的方差，相应的期望收益率也就接近于无风险收益率。另一个更加极端的例子就是贝塔值为负的资产，即 $\beta_j < 0$，由式（4—8）可知 $\bar{R}_j < R_f$，也就是说，即使此项资产有很高的风险，它的期望收益率也应该小于无风险利率。原因是这种类型的资产在与市场进行组合时会减少投资组合的总体风险，因此投资者愿意为这种潜在降低风险的能力而接受更低的期望收益率。实际上，这种资产相当于提供了一种保险，它们在其他任何资产表现比较差时，表现却很好。

CAPM 预示着贝塔系数是资产对系统性风险的贡献。因此，CAPM 说明一项资产的期望超额收益率同此项资产与市场组合之间的协方差成正比。就是这个协方差决定了资产的期望超额收益率。为了说明这个问题，注意到市场组合正是所有个股按其所占的比重形成的组合。根据协方差的性质和运算原理可知，市场组合的方差 σ_M^2 为，

$$\sigma_M^2 = \sum_{i=1}^{N}\sum_{j=1}^{N}\omega_i\omega_j\sigma_{i,j} = \sum_{i=1}^{N}\omega_i\sum_{j=1}^{N}\omega_j\sigma_{i,j} = \sum_{i=1}^{N}\omega_i\sigma_{i,M} \tag{4—9}$$

其中，$\sigma_{i,M}$ 表示个别资产 i 与市场组合的协方差。式（4—9）表明，市场组合的方差等于所有资产与市场组合协方差的加权平均数，其权数等于各种个别资产在市场组合中的比例。由此可见，在考虑市场组合风险时，重要的不是各种资产自身的整体风险，而是其与市场组合的协方差。也就是说，自身风险较高的资产并不意味着其预期收益率也较高；同样，自身风险较低的资产也并不意味着其预期收益率也较低。单个证券的预期收益率水平应取决于其与市场组合的协方差。

由此我们可以得出如下结论：具有较大 $\sigma_{i,M}$ 的资产必须按比例提供较大的预期收益率以吸引投资者。由于市场组合的预期收益率和标准差分别是各种资产预期收益率和各种资产与市场组合的协方差 $\sigma_{i,M}$ 的加权平均数，其权数均等于各种证券在市场组合中的比例，因此如果某种资产的预期收益率相对于其 $\sigma_{i,M}$ 的值太低，投资者只要把这种资产从其投资组合中剔除就可提高其投资组合的预期收益率，从而导致市场失衡。同样，如果某种资产的预期收益率相对于其 $\sigma_{i,M}$ 值太高，投资者只要增持这种证券就可提高其投

资组合的预期收益率，从而也将导致市场失衡。因此，在均衡状态下，资产的收益和风险关系可以表述为式（4—8）的 CAPM 模型，贝塔系数反映了资产对系统性风险的贡献。如果将式（4—8）描在“$\bar{R}-\beta$”平面上，就得到著名的“证券市场线”（SML）（如图 4—13 所示）。

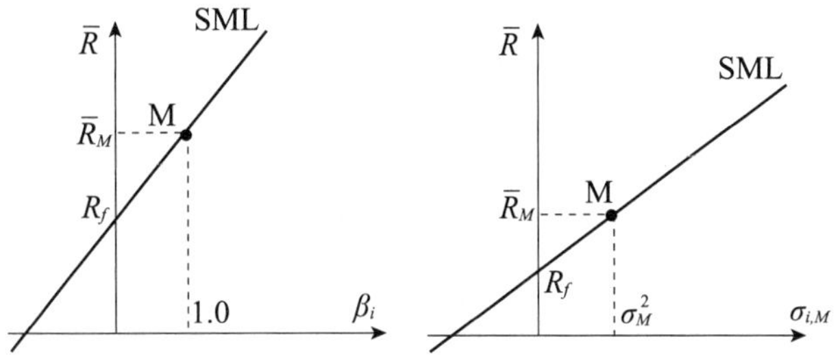

图 4—13　证券市场线

证券市场线有两种形式，分别如图 4—13 中的（a）、（b）所示。其中，图 4—13（a）描述的是资产的预期收益率与其贝塔系数之间的关系，证券市场线的斜率是 $\bar{R}_M-R_f$；图 4—13（b）描述的是资产的预期收益率与其 $\sigma_{i,M}$，即资产收益率与市场组合收益率之间协方差的关系，证券市场线的斜率是 $(\bar{R}_M-R_f)/\sigma_M^2$。

由于任何组合的预期收益率和贝塔系数都等于该组合中各个证券预期收益率和贝塔系数的加权平均数，其权数也都等于各个证券在该组合中所占比例，因此，既然每一种证券都落在证券市场线上，那么由这些证券构成的证券组合也一定落在证券市场线上。

4.6　多因素定价模型

马科维茨投资组合选择模型的建立需要大量相关证券之间的协方差估计，同时还要引入一个数学最优化模型，这要求有巨大的计算能力来满足大型资产组合所必需的计算。1976 年，斯蒂芬·罗斯（Stephen Ross）利用套利定价原理，提出了套利定价理论（arbitrage pricing theory，APT），从另一个角度探讨了风险资产的定价问题。与 CAPM 相比，APT 的假设条件较少，因此使用起来较为方便，同时可以大大降低相关的计算负担，并为系统性风险与公司特有风险的性质提供重要的新视角。

4.6.1　因素模型

套利定价理论认为，证券收益是与某些因素相关的。为此，在介绍套利定价理论之前，我们先要了解因素模型（factor models）。因素模型认为各种证券的收益率均受某个或某几个共同因素的影响。各种证券收益率之所以相关主要是因为它们都会对这些共同的因素起反应。因素模型的主要目的就是找出这些因素并确定证券收益率对这些因素变动的敏感度。

为理解方便，我们先从单因素模型开始。单因素模型认为，所有证券的收益率只受一

种共同因素的影响。对于任意证券 i，其收益率的单因素模型表达式为，

$$R_i = a_i + b_i F + \varepsilon_i \tag{4—10}$$

其中，R_i 表示证券 i 的收益率；a_i 是常数项，表示因素值为 0 时，证券 i 的预期收益率；F 表示影响资产收益率的共同因素；b_i 表示证券 i 对因素 F 的敏感度，也称为因素载荷；ε_i 表示 R_i 扣除因素影响后的扰动项。由因素模型可知，证券 i 的实际收益率应等于它的初始期望收益率加上一项反映未预期到的宏观经济事件影响的随机变量（期望值为零），再加上另一项反映公司特有事件的随机变量（期望值为零）。我们进一步假定非系统性因素 ε_i 均不相关，且与因素 F 不相关。

按照上面的分析，如果证券收益率受两种共同因素的影响，比如，两个最重要的宏观经济风险：经济周期的不确定性和利率的波动是两种共同因素，那么，对于任意的证券 i，其收益率的两因素模型的表达式为，

$$R_i = a_i + b_{i,1} F_1 + b_{i,2} F_2 + \varepsilon_i \tag{4—11}$$

其中，F_1，F_2 分别表示影响证券收益率的两个共同因素，$b_{i,1}$，$b_{i,2}$ 分别表示证券 i 对共同因素 F_1，F_2 的敏感度。与单因素模型类似，两因素模型中的扰动项 ε_i 的均值为 0，且 ε_i 与另一个证券的扰动项 ε_j（$i \neq j$）和因素 F_1，F_2 之间均没有相关关系。

由 N 个证券构成的组合 P 的预期收益率和方差可参照统计学中的期望和方差运算原理计算而得，这里不再赘述。

如果证券收益率受 K 种共同因素的影响，如利率波动、通货膨胀率、石油价格等，可以假定其中任何一个因素的出现都会影响每一种证券的风险，由此会影响这种证券的期望收益率。我们可推导出多因素套利定价理论来处理证券所面临的多方面的风险。参照式（4—11）还可以写出证券 i 的多因素模型，

$$\begin{aligned} R_i &= a_i + b_{i,1} F_1 + b_{i,2} F_2 + \cdots + b_{i,K} F_K + \varepsilon_i \\ &= a_i + \sum_{k=1}^{K} b_{i,k} F_k + \varepsilon_i \end{aligned} \tag{4—12}$$

应该注意的是，与资本资产定价模型不同，因素模型不是资产定价的均衡模型。

4.6.2 套利组合

根据套利定价理论，在不增加风险的情况下，投资者将利用组建套利组合的机会增加其现有投资组合的预期收益率。那么，什么是套利组合呢？

根据套利的定义，套利组合要满足三个条件。

条件 1：套利组合要求投资者不追加资金，即套利组合属于自融资组合。如果我们用 ω_i 表示投资者持有证券 i 金额比例的变化（从而也代表证券 i 在套利组合中的权重，注意 ω_i 可正可负），则该条件可以表示为，

$$\omega_1 + \omega_2 + \cdots + \omega_N = 0 \tag{4—13}$$

条件 2：套利组合对任何因素的敏感度为零，即套利组合没有因素风险。由式（4—12）可知，证券组合对某个因素的敏感度等于该组合中各种证券对该因素敏感度的加权平均数，因此在单因素模型下该条件可表示为，

$$\omega_1 b_1 + \omega_2 b_2 + \cdots + \omega_N b_N = 0 \tag{4—14}$$

在两因素模型下条件 2 可表示为，

$$\omega_1 b_{1,1}+\omega_2 b_{2,1}+\cdots+\omega_N b_{N,1}=0$$

$$\omega_1 b_{1,2}+\omega_2 b_{2,2}+\cdots+\omega_N b_{N,2}=0$$

在 K 因素模型下条件 2 可表示为，

$$\omega_1 b_{1,1}+\omega_2 b_{2,1}+\cdots+\omega_N b_{N,1}=0$$

$$\omega_1 b_{1,2}+\omega_2 b_{2,2}+\cdots+\omega_N b_{N,2}=0$$

$$\vdots$$

$$\omega_1 b_{1,K}+\omega_2 b_{2,K}+\cdots+\omega_N b_{N,K}=0$$

条件 3： 套利组合的预期收益率应大于零，

$$\omega_1\bar{R}_1+\omega_2\bar{R}_2+\cdots+\omega_N\bar{R}_N>0 \tag{4—15}$$

下面举个例子说明如何根据上述三个条件构造套利组合。假设某投资者拥有一个由三种股票组成的投资组合，三种股票的市值均为500 万元，投资组合的总价值为 1 500 万元。假定这三种股票的预期收益率分别为 16%、20%和 13%，且均符合单因素模型，三种股票对该因素的敏感度（b_i）分别为 0.9、3.1 和 1.9。请问该投资者能否修改其投资组合，以便在不增加风险的情况下提高预期收益率。

令三种股票的市值比重分别为 x_1 、x_2 和 x_3，于是，我们有，

$$x_1+x_2+x_3=0$$

$$0.9x_1+3.1x_2+1.9x_3=0$$

满足这两个条件的 x_1 、x_2 和 x_3 有无穷多组解，作为其中的一个解，我们令 $x_1=0.1$ ，则可以解出 $x_2=0.083$ ，$x_3=-0.183$。为了检验这个解能否在不追加投资的情况下提高预期收益率，我们把这个解代入式（4—12）中进行检验，

$$\begin{aligned}x_1\bar{R}_1+x_2\bar{R}_2+x_3\bar{R}_3&=0.1\times0.16+0.083\times0.2-0.183\times0.13\\&=0.881\%\end{aligned}$$

由于 0.881%为正数，因此我们可以通过卖出 274.5（$=-0.183\times1\ 500$）万元的第三种股票同时买入 150（$=0.1\times1\ 500$）万元的第一种股票和 124.5（$=0.083\times1\ 500$）万元的第二种股票就能在不追加投资的情况下使投资组合的预期收益率提高 0.881%。

4.7 套利定价理论

如同资本资产定价模型，套利定价理论预测了与风险期望收益相关的套利资产定价线。罗斯的套利定价理论基于三个基本假设：(1) 因素模型能描述证券收益；(2) 市场上有足够的证券来分散风险；(3) 完善的证券市场不允许任何套利机会存在。

当存在两种或两种以上的证券使投资者构造一个能获得无风险利润的零投资组合时，(无风险) 套利机会就会出现。理性的投资者不论风险厌恶程度如何，都愿意对套利资产组合拥有尽可能大的头寸。套利机会的存在和大量交易的结果将对证券价格产生压力。这种压力会持续存在直至价格达到排除掉套利的水平。当证券的价格使无风险套利机会无法存在时，我们便称它们满足了无套利条件。满足无套利条件的价格关系是重要的，我们称

之为无套利价格。

投资者套利活动是通过买入收益率偏高的证券同时卖出收益率偏低的证券来实现的，其结果是使收益率偏高的证券价格上升，其收益率将相应回落；同时使收益率偏低的证券价格下降，其收益率相应回升。这一过程将一直持续到各种证券的收益率与各种证券对各因素的敏感度保持适当的关系为止。下面我们就来推导这种关系。

对于单因素模型而言，投资者套利活动的目标是使其套利组合的预期收益率最大化（因为根据套利组合的定义，他无需投资，也没有风险），而套利组合的预期收益率 R_P 为，

$$\bar{R}_P=\omega_1\bar{R}_1+\omega_2\bar{R}_2+\cdots+\omega_N\bar{R}_N \tag{4—16}$$

但套利活动要受到式（4—13）和式（4—14）两个条件的约束。根据拉格朗日定理，我们可以建立如下函数：

$$\max_{\omega_i,\lambda_1,\lambda_2} L=\omega_1\bar{R}_1+\omega_2\bar{R}_2+\cdots+\omega_N\bar{R}_N-\lambda_0(\omega_1+\omega_2+\cdots+\omega_N)-\lambda_1(b_1\omega_1+b_2\omega_2+\cdots+b_N\omega_N)$$

L 取最大值的一阶条件是，

$$\frac{\mathrm{d}L}{\mathrm{d}\omega_i}=\bar{R}_i-\lambda_0-\lambda_1 b_i=0,\ i=1,2,\cdots,N$$

$$\omega_1+\omega_2+\cdots+\omega_N=0$$

$$\omega_1 b_1+\omega_2 b_2+\cdots+\omega_N b_N=0$$

也就是说，在均衡状态下，第 i 种资产的预期收益率为，

$$\bar{R}_i=\lambda_0+\lambda_1 b_i \tag{4—17}$$

这就是单因素模型下的 APT 定价公式，其中，λ_0,λ_1 是两个常数。从式（4－17）可以看出，$\bar{R}_i$ 和 b_i 必须保持线性关系，否则，投资者就可以在不追加投资的情况下，通过套利活动提高投资组合的预期收益率。式（4—17）可以用图 4—14 来表示。

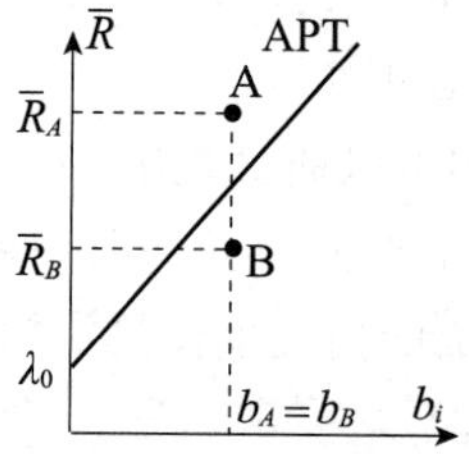

图 4—14　APT 资产定价线

从图 4—14 可以看出，任何偏离 APT 资产定价线的证券，其定价都是错误的，从而将给投资者提供构建套利组合的机会。以 A 点所代表的证券为例，该点位于 APT 资产定价线上方，意味着其预期收益率较高，投资者可以通过卖出 B 点所表示的证券，同时买入相同金额的证券 A，从而形成套利组合。由于买卖证券 A 和证券 B 的金额相同，因此满足套利组合的条件 1；由于证券 A 和证券 B 的因素敏感度相等，且买卖金额也相同，因此满足条件 2；由于证券 A 的预期收益率大于证券 B，且两者在套利组合中的权数相等，因此满足条件 3。由于投资者买入证券 A，其价格将不断上升，预期收益率将随之下降，直至回到 APT 资产定价线为止。此时，证券价格处于均衡状态。

那么，式（4—17）中的 λ_0 和 λ_1 代表什么意思呢？首先，考虑一个无风险资产的收益

率 R_f，由于无风险资产对因素是不敏感的，即 $b_f=0$，因此，根据式（4—17），$R_f=\lambda_0$。也就是说，式（4—17）可以重新写为，

$$\bar{R}_i = R_f + \lambda_1 b_i \tag{4—18}$$

为了理解 λ_1 的含义，我们考虑一个纯因素组合 Q，其因素敏感度为 1，即 $b_Q=1$，代入式（4—18）可得，

$$\bar{R}_Q = R_f + \lambda_1 \Rightarrow \lambda_1 = \bar{R}_Q - R_f \tag{4—19}$$

由此可见，λ_1 代表因素风险的报酬，即拥有一单位因素敏感度的组合超过无风险利率的预期收益率。为表达方便，我们令 δ_1 表示单位因素敏感度组合的预期收益率，

$$\bar{R}_i = R_f + (\delta_1 - R_f) b_i \tag{4—20}$$

用同样的方法我们可以求出与两因素模型式（4—18）相对应的 APT 定价公式，

$$\bar{R}_i = \lambda_0 + \lambda_1 b_{1,i} + \lambda_2 b_{2,i} \tag{4—21}$$

与推导式（4—18）的过程类似，我们也可以发现，式（4—21）中的 $\lambda_0=R_f$，与推导式（4—20）的过程类似，即如果存在两个充分分散化的组合 Q_1 和 Q_2，其预期收益率分别为 δ_1 和 δ_2，且 Q_1 与因素 F_1 的敏感度为 1，与因素 F_2 的敏感度为 0，Q_2 与因素 F_1 的敏感度为 0，与因素 F_2 的敏感度为 1，则有 $\lambda_1=\delta_1-R_f$，$\lambda_2=\delta_2-R_f$，于是，式（4—21）可以重写为，

$$\bar{R}_i = \lambda_0 + (\delta_1 - R_f) b_{1,i} + (\delta_2 - R_f) b_{2,i} \tag{4—22}$$

我们举例来说明。

假设有两个纯因子组合 1 和 2，期望收益率分别为 $\delta_1=8\%$ 和 $\delta_2=10\%$。假设无风险利率为 2%。第一个纯因子组合的风险溢价为 8%－2%＝6%，而第二个纯因子组合的风险溢价为 10%－2%＝8%。现在考虑一个充分分散的投资组合 A，第一个因素的敏感度为 0.2，第二个因素的敏感度为 0.5。投资组合的总风险溢价必须等于对每一项系统性风险来源进行补偿所要求的风险溢价之和。投资组合 A 的风险溢价由因素 1 产生的风险补偿部分为 0.2×(8%－2%)＝1.2%，同样，风险因素 2 的风险溢价为 0.5×(10%－2%)＝4%。投资组合总的风险溢价为 1.2%＋4%＝5.2%，投资组合的总收益为 2%＋5.2%＝7.2%。

进一步的，如果市场上存在 K 个共同的因素，采用上述过程便可以获得 K 因素的 APT 模型，

$$\bar{R}_i = \lambda_0 + \lambda_1 b_{1,i} + \lambda_2 b_{2,i} + \cdots + \lambda_K b_{K,i} \tag{4—23}$$

相应的，如果我们用 R_f 表示无风险资产的收益率，δ_k 表示对第 k 个因素的敏感度为 1、对其他因素的敏感度为 0 的资产组合的预期收益率，则可以得到，

$$\bar{R}_i = R_f + (\delta_1 - R_f) b_{1,i} + (\delta_2 - R_f) b_{2,i} + \cdots + (\delta_K - R_f) b_{K,i} \tag{4—24}$$

这个式子说明，某证券的预期收益率等于无风险利率加上 K 个因素的风险溢价按该证券与各因素的敏感度的加权和。

4.8 资产定价理论的应用

4.8.1 定价模型的评价

1. CAPM 模型的优势与不足

资本资产定价模型假定所有的投资者都运用马科维茨的投资组合理论在有效集里去寻

找投资组合，这时的资产期望收益率与系统性风险呈线性正相关关系。虽然 CAPM 对风险和收益之间的理论关系提供了一个简单的架构，但是，CAPM 模型有许多前提性的假设条件，主要包括对市场的完善性和环境的无摩擦性。

理论假设的完美性使得模型在解释不完美的现实金融市场时遇到了困难。大量的实证研究发现了很多不能为 CAPM 所解释的市场异常现象（anomalies），如规模效应、账面价值与市场价值比效应、动量效应等，从而逐渐动摇了 CAPM 的地位。

2. APT 模型的优势与不足

套利定价理论的突出特点是假设条件非常一般，这既是套利定价理论的优点，也是其缺点。其优点在于不需要对投资者行为和市场做过多的假设，而且无套利对任意资产都成立，从而不必考虑所有的风险资产和市场证券组合，其不足之处在于影响价格行为的“因素”概念比较模糊，如何确定这些因素，选择多少这样的因素，没有统一可遵循的准则。此外，相同类型的证券在不同的经济体制下其收益特征是不同的，同一证券在不同时期其收益对同一因素的敏感性也不尽相同，导致不同的人有不同的理解和做法，致使实证分析结果大相径庭，既有支持上述理论的实证结果，也有提出批评甚至拒绝的实证结果。

4.8.2 资产定价模型的检验与收益率异象

CAPM 和 APT 理论的提出对全世界金融理论研究和实践均产生了巨大的影响，其主要表现有：①大多数机构投资者都按预期收益率—贝塔系数的关系（或者单位风险报酬）来评价其投资业绩；②大多数国家的监管当局在确定被监管对象的资本成本时，都把预期收益率—贝塔系数的关系连同对市场指数收益率的预测作为一个重要因素；③法院在衡量未来收入损失的赔偿金额时也经常使用预期收益率—贝塔系数的关系来确定贴现率；④很多企业在进行资本预算决策时也使用预期收益率—贝塔系数的关系来确定最低要求收益率。正是因为其影响力如此之大，从 CAPM 模型和套利定价理论提出至今，围绕它们的争论就一直没有停止过，而大多数争论都是根据不同的实证检验结果进行的。由于相关文献多如牛毛，本节只能列举一些主要的结论与证据。

1. 罗尔的批评

1977 年，罗尔发表了一篇重要的论文，对 CAPM 的实证检验提出了严厉的批评，其主要观点可以概括为：

（1）CAPM 只有一个可检验的假设，那就是市场组合是“均值—方差”有效的。

（2）该模型的其他所有运用，包括最著名的预期收益率与贝塔系数之间的线性关系都遵从市场模型的效率，因此都不是单独可以检验的。市场组合的有效性是预期收益率与贝塔系数之间线性关系的必要条件。

（3）对于任何的样本期收益率观测值，运用样本期的收益率和协方差（而不是事前的预期收益率和协方差）都可以找到无数的事后均值—方差有效组合。运用任何这种组合与单个资产计算样本期 β 系数都会与样本平均收益率完全线性相关。换句话说，无论从事前的角度看真正的市场组合是否有效，这样计算出来的 β 都会满足证券市场线的关系。

（4）除非我们知道真正市场组合的准确构成，并把它运用于实证检验，否则我们就无法检验 CAPM 的对错。这意味着除非我们的样本包括所有资产，否则 CAPM 就无法检验。

（5）运用标准普尔 500 指数等来代替市场组合会面临两大问题。首先，即使真正的市场组合不是有效的，替代物也可能是有效的。相反，如果我们发现替代物不是有效的，我们也不能凭此认为真正的市场组合是无效的。其次，大多数替代物之间及其与真正的市场组合都会高度相关而不管它们是否有效，这就使得市场组合的准确构成看来并不重要。然而，运用不同的替代物自然会有不同的结论，这就是基准误差，即在检验时使用不正确的基准所导致的误差。

后来，罗尔和罗斯以及 Kandel 和 Stambaugh 将罗尔的批评更推进了一步，认为在检验中否定平均收益率与贝塔系数存在的正向关系只能说明在检验中所用的替代物无效，而不能否定预期收益率与贝塔系数之间的理论关系。他们还证明了即使是高度分散的组合（如所有股票的等权重组合或市值加权组合）也可能不会产生有意义的平均收益率与贝塔系数关系。

著名的“罗尔批评”似乎让 CAPM 的实证检验陷入困局。然而，从已有文献来看，人们对 CAPM 的实证研究并没有就此停止。虽然“罗尔批评”的上述两个主要观点对 CAPM 的实证检验几乎都是颠覆性的，但即便如此，市场组合（如市场指数）的价格水平通常能够较好地代表整个市场的运行状况。例如，当人们预期未来的经济状况出现总体性的好转（滑坡）时，市场的指数价格往往会上涨（下跌），个股的价格也会相应的发生上涨（下跌）。因此，市场指数对于投资组合的选择、交易策略的构建以及资本成本的预决算等金融实践，都有十分重要的参考价值。从这个意义上来讲，以市场指数组合作为参考组合进行实证研究有着其他参照物无法替代的价值。此外，无论在投资组合或交易策略的绩效评价，还是在资本成本的测算等实际操作中，市场指数已经成为广泛采纳的参考组合。除此之外，很难找到一个易得的、更具普适性的参照物。因此，以市场指数作为替代组合进行实证研究的实践价值仍然是值得肯定的。

2. 资产定价检验

在不考虑“罗尔批评”的情况下，以市场指数代表市场组合，以短期国债代表无风险资产，CAPM 的检验大多围绕下面三个经验模型展开（Huang and Litzenberger，1988）。第一个是所有资产（个股或个股的组合）的平均月收益率与其贝塔系数之间的回归模型，

$$\bar{r}_i - \bar{r}_f = a + b\,\hat{\beta}_{i,m} + \varepsilon_i,\ i = 1,2,\cdots,N \tag{4—25}$$

其中，$\bar{r}_i$ 和 $\bar{r}_f$ 分别表示样本期内资产 i 和无风险资产的月平均收益率；N 表示样本中资产的数量；$\hat{\beta}_{i,m}$ 表示资产 i 的贝塔系数的估计值，以 $r_{i,t}$ 和 $r_{m,t}$ 分别表示资产 i 和市场指数在第 t 月的收益率，$t = 1,2,\cdots,T$，T 是样本期的月数。实证检验的原假设是，$a = 0$，$b > 0$。

第二个经验模型是资产收益率 $r_{i,t}$ 和 $\hat{\beta}_{i,m}$ 的月度截面序列回归模型，

$$r_{i,t} - r_f = a_t + b_t\hat{\beta}_{i,m} + \varepsilon_{i,t},\ i = 1,2,\cdots,N \tag{4—26}$$

检验的假设是：对所有的 $t = 1,2,\cdots,T$，$\frac{1}{T}\sum_{t=1}^{T} a_t = 0$，$\frac{1}{T}\sum_{t=1}^{T} b_t > 0$。

第三个经验模型是每个资产收益率的时间序列回归模型，

$$r_{i,t} - r_f = \alpha_i + \beta_{i,m}(r_{m,t} - r_f) + \varepsilon_{i,t},\ T = 1,2,\cdots,T \tag{4—27}$$

检验的假设是：对所有的 $i = 1,2,\cdots,N$，$\frac{1}{N}\sum_{i=1}^{N} \frac{\alpha_i}{1-\beta_{i,m}} = 0$。

比较有代表性的研究如 Blume 和 Friend（1973），Fama 和 MacBeth（1973）以及 Black 等（1972）分别对这三个经验模型进行了检验，结果均显著地拒绝了原假设，即 CAPM 的理论预示不被支持。随着其他类似证据的出现，人们开始考虑实证检验中的计量问题，如贝塔系数的测度误差问题等。

Black 等（1972）为了解决贝塔系数的测度问题，率先对检验方法进行了创新，即在检验 CAPM 时采用构建投资组合的方法，而不用单只股票。这样可以通过组合的方法消除大部分个别风险，从而提高贝塔系数和预期收益率的估计精度，尽可能避免测度误差问题。但是，一个新的问题是，基于单只股票构建的投资组合数量往往会大大减少，为此，可以考虑在构建投资组合时尽可能增加各个组合的贝塔系数之间的差异，以便提高回归系数的准确性，降低标准误。这就是著名的 Fama-MacBeth 过程（Fama and MacBeth，1973）。然而，即便是采用上述方法，CAPM 的理论预示仍然难以得到实证支持。于是，人们开始怀疑资产收益率是否还可能存在其他解释因素。

4.8.3 三因素模型的提出

随着资产定价检验的大范围展开，人们系统地考察了各种定价异象及其相互关系。在相关研究中，最具影响力的是 Fama 和 French（1992，1993）。他们认为公司规模、贝塔系数都与股票的收益率正相关，而公司规模和贝塔系数之间又是高度负相关的，因此他们试图将两者的效应区分开来。他们以 1941—1990 年期间在纽约证券交易所上市的股票为样本，先将所有股票市值大小分为 10 个组合，在每个组合里面再按 β 系数的大小各分 10 个组合。这样他们就把所有股票分成了 100 个组合。结果发现平均收益率与 β 系数之间并不像 CAPM 所说的那样存在正相关关系。而规模、账面价值与市场价值比率则能较好地解释收益率的差异。为了进一步了解资产收益率与规模、账面价值与市场价值比率之间的关系，法马和弗伦奇提出了由市场收益率、小股票收益率减大股票收益率（SMB）和高账面价值与市场价值比股票收益率减低账面价值与市场价值比股票收益率（HML）的三因素模型，并发现小股票和价值股的平均收益率较高，而大股票和增长股的平均收益率较低，即使经过贝塔系数调整后也是如此。更为重要的是，财务杠杆率和市盈率效应等收益率异象在引入规模和账面价值与市场价值比效应后趋于消失。此外，同时考虑市场因素、规模因素和账面市场价值比因素的模型对资产收益率截面差异的解释力能够达到 90%以上。Fama 和 French（1993）正式提出著名的三因素模型。

此后，Fama 和 French（1996）进一步采用三因素模型对股票（股票组合）收益率的各种异象进行了正式的检验。除了上面提到的几种异象之外，还包括 De Bondt 和 Thaler（1985）发现的收益反转现象（反转效应，contrarian effect）以及 Jagadeesh 和 Titman（1993）发现的收益惯性现象（动量效应，momentum effect）。前者指的是，通过分别买入和卖空过去较长时期的输家（收益率较低的股票）和赢家（收益率较高的股票）构造的套利组合将来会产生不能被 CAPM 解释的、显著为正的超常收益率；后者指的是买入和卖空过去较短时期的赢家和输家构造的套利组合将来也会产生不能被 CAPM 解释的、显著为正的超常收益率。Fama 和 French（1996）的结果显示，除了动量效应之外，其他的异象均可以被三因素模型所解释。

上述研究发现在理论界和实业界引起了极大的震动，很多人对 CAPM 的信心开始动摇。但 CAPM 的支持者则从六个方面做出回应：

（1）在检验过程中运用更好的计量经济学方法。

例如，Amihud，Bent 和 Mendelson 运用普通最小二乘法（GLS）对法马和弗伦奇所用的样本进行重新检验，结果发现即使剔除了规模、账面价值与市场价值比的影响后，平均收益率与贝塔系数之间仍然显著正相关。但他们也发现，若把样本期缩短到 1972—1990 年，那么两者之间就不存在显著的正相关。考虑到资产收益率波动率很大，因此在较短的样本期内找不到在统计上显著的结果也是不奇怪的。

（2）提高估计贝塔系数的精确度。

例如，Kothari，Shanken 和 Sloan 在估计贝塔系数时用年收益率数据而不用月收益率数据，以避免由于市场摩擦、非同时交易（nonsynchronous trading）以及月收益率的季节性变化等引起的问题，结果发现平均收益率与 β 系数之间存在显著的正相关。

（3）重新考虑法马和弗伦奇研究结果的理论根源和实践意义。

大家对 SMB 和 HML 组合所代表的真实的、宏观的、不可分散的风险都很感兴趣。法马和弗伦奇注意到，典型的价值股股价往往都是因为财务困境而跌到很低的水平。而在破产边缘的公司渡过难关的概率大于破产的概率，从而使价值股的平均收益率较高。这个发现对价值溢价（value premium）提供了一种自然的解释：在信用危机和流动性危机中，处于财务困境的公司的股票表现将十分恶劣，而这时正是投资者最不愿意听到其投资出现亏损的时候。Heaton 和 Lucas 的结果也对价值效应提供了解释。他们注意到，典型的投资者是私人拥有的小企业的业主，这些投资者的收入自然对各种财务事件特别敏感，因此他们持有价值股时就需要较高的溢价。

如果像规模、账面价值与市场价值比率这种明显“无关”的变量实际上是我们还不完全了解的更基本的风险测度的替代物，那么法马和弗伦奇的研究结果与多因素 APT 并不矛盾。

（4）将之归咎于“数据挖掘倾向”（data snooping bias）。

不少 CAPM 的支持者将各种异常现象归咎于“数据挖掘倾向”。他们认为，如果全世界的金融研究者都不断地检查各种数据库以寻找成功的交易策略，那他们肯定可以找到一些似乎可以预测预期收益率的变量。但实际上，这些现象都是样本内的假象，在样本外就不再起作用。

例如，最近几年，规模和账面价值与市场价值比溢价已大大减少。1981 年小公司效应被发现后，SMB 组合的收益率就大大下降。在 Fama 和 French（1993）的最初样本（1960—1990 年）中，HML 累积收益是市场收益的 2.6 倍。但如果我们考察整个时期（1947—1999 年），HML 的累积收益与市场累积收益几乎完全一样，因为从 1990—1999 年，市场的累积收益是 HML 组合的 1.71 倍。

这个现象引起了 CAPM 支持者的极大兴趣。如果平均收益率在被公布之后就大幅下降，这很可能意味着这种异常现象的存在只是由于大多数投资者不知道而已。当他们知道了这种异常现象之后，他们就会利用这种异常现象，使小股票和价值股股价进一步攀升，从而使这种异常现象在短期内更为突出。但等到大量的投资者将小股票和价值股纳入其投资组合之后，异常的高收益就会消失。

（5）回到单因素模型，考虑不可交易的资产以及 β 系数的周期行为。

由于 CAPM 的市场组合包含了全世界所有资产，而且假定这些资产都是可交易的，且上述检验均只涉及美国的股票。大家知道，即使不考虑其他国家的资产，在美国，人力资本也是人们收入的重要组成部分。而人力资本价值的变动与股价指数变动之间的相关度不大，因此将人力资本纳入投资组合可以大大降低风险。Jaganathan 和 Wang 对此做了尝试。他们用总的劳动收入变化率来代替人力资本价值的变动。除了用市值加权的股价指数估计标准的证券 β（β^{VW}）外，他们还估计资产相对于劳动收益增长率的 β 值（β^{labor}）。他们考虑了经济周期对 β 值的影响，用低信用等级的公司债收益率与高信用等级公司债收益率之差来衡量经济周期的状态，并估计资产价值相对于经济周期变量的 β 值（β^{prem}）。然后将这三个 β 系数连同规模（市值）一起，对各种股票组合的收益率进行横截面回归分析，结果发现三个 β 的解释力大大提高，而规模变量的重要性消失了。他们还将自己的条件 CAPM（取名条件是因为 β 系数取决于经济状态）与 Chen，罗尔和罗斯（CRR）的多因素 APT 以及法马和弗伦奇的三因素模型的估计相比较，结果发现，考虑了人力资本和 β 的周期性变化后，CRR 所考虑的宏观经济因素和 FF 的规模、账面价值与市场价值比率的重要性全部消失了。

（6）可变的波动率。

CAPM 的另一些支持者认为，股价的变动主要是受新信息的影响，而新信息到达的密集度是不同的，因而股价波动的方差以及相互之间的协方差可能随时间而改变。Pagan 和 Schwert 用 150 年（1835—1987 年）的数据估计了纽约证券交易所上市股票月收益率的方差，结果发现它随时间而大幅波动。这意味着如果我们能改善对随时间而改变的方差、协方差的建模、估计和预测技术，我们对预期收益率行为的理解将前进一大步。

当我们考虑收益率的分布会随时间改变时，我们就要研究有条件的均值、方差和协方差而不是无条件的均值、方差和协方差。目前最广为使用的估计条件方差和协方差的模型是 Engle 提出的 GARCH 模型。

但无论 CAPM 的支持者提出怎样的观点，依然改变不了三因素模型在资产定价领域的决定性地位。这是因为国内外学术界分别针对不同市场检验了三因素模型的解释力，并且给出了十分丰富的支持性证据。也正因为如此，在后来的资产定价研究中，三因素模型几乎与经典的“均值—方差”CAPM 一起成为其他资产定价研究的基准模型。

本章小结

本章从投资组合风险的分散原理出发，介绍了现代投资组合理论的产生与发展。其中，该部分重点从资本资产定价模型开始，然后介绍了套利定价理论从更广泛的角度来研究说明风险资产的均衡定价问题。与此同时，套利组合的投资机会定义也一并加以说明，即当具有某种风险证券组合的期望收益率与定价不符时，便产生了套利机会。接下来，本章还强调了资产与投资组合的收益与风险的衡量方法及其计算公式。这部分内容分别从单资产和多资产进行推广。然后，介绍了本章的重点内容，即“均值—方差”分析的主要内容及其前提假设。再次，考虑到 CAPM 模型的前提假设过于苛刻，本章还进一步放松相关假设并讨论了 APT 模型的构建问题。最后，结合罗尔对资产定价检验的批评意见，讨论了资本资产定价模型的检验以及常见的收益率异象。

思考和练习

1. 风险组合分散的原理是什么?
2. 什么是“均值—方差”分析?
3. “均值—方差”分析的基本假设有哪些?
4. 可行集与有效集的含义是什么，二者之间有什么区别与联系?
5. 投资者效用函数可以分成几种类型，分别有什么含义?
6. 资本资产定价模型所确定的证券市场线有哪些特征?
7. 套利定价理论的主要内容有哪些?

推荐阅读材料、网站

1. 哈利·马科维茨的贡献，http：//en. wikipedia. org/wiki/Harry_Markowitz
2. 理查德·罗尔对资产定价模型检验的批评，http：//www. nasdaq. com/investing/glossary/r/rolls-critique
3. 关于定价悖论与市场效率的评述，http：//www. nber. org/papers/w9277

参考文献

1. 安东尼·桑德斯，马西娅·米伦·科尼特．金融市场与金融机构．北京：人民邮电出版社，2008
2. 曹凤岐，贾春新．金融市场与金融机构．北京：北京大学出版社，2002
3. 弗兰克·法博齐，弗兰科·莫迪利亚尼，弗兰克·琼斯．金融市场与金融机构基础．北京：机械工业出版社，2010
4. 弗雷德里克·米什金，斯坦利·埃金斯．金融市场与金融机构．北京：北京大学出版社，2006
5. 杰夫·马杜拉．金融市场与金融机构．北京：中信出版社，2004
6. 米歇尔·科罗赫，丹·加莱，罗伯特·马克．风险管理．北京：中国财政经济出版社，2005
7. 张亦春等主编．金融市场学．北京：高等教育出版社，2008
8. Eugene F. Fama，Kenneth R. French. Multifactor explanations of asset pricing anomalies. *Journal of Finance*，1996，51（1）：55－84.
9. Eugene F. Fama，Kenneth R. French. Common risk factors in the returns on stocks and bonds. *Journal of Financial Economics*，1993，33（1）：3－56.
10. 兹维·博迪，亚历克斯·凯恩，艾伦·马库斯．投资学（第9版）．北京：机械工业出版社，2012

第五章

中央银行

学习要求：

1. 理解中央银行的基本职能
2. 掌握基础货币和货币供给之间的数量关系
3. 理解货币政策的最终目标和中介目标
4. 掌握货币政策的工具
5. 理解货币政策的传导机制

章前导读

中央银行最早起源于瑞典。1668年，瑞典政府出资将当时还是私人银行的瑞典银行改组为国家银行，这被经济学家们认为是中央银行的雏形。但是瑞典银行并不能算作真正意义上的中央银行，因为它直到1897年才开始垄断货币发行权。世界上最早发挥中央银行职能的是1694年成立的英格兰银行，该银行在成立之初就接受政府存款，向政府提供贷款，以及发行银行券等。

在中国，直到20世纪初，清政府建立官办银行——户部银行，中央银行才开始萌芽。1928年国民政府成立的中央银行是最早以立法形式成立的中央银行。新中国的中央银行——中国人民银行成立于1948年12月1日。最初，中国人民银行既办理商业银行业务，又执行中央银行职能。1983年，国务院决定中国人民银行不再兼办工商信贷和储蓄业务，而专门行使中央银行职能，以加强信贷资金的集中管理和综合平衡。这标志着中国人民银行成为管理全国金融事业的国家机关，我国现代中央银行制度正式确立。

本章第一节概述中央银行的含义和主要职能，第二节基于中央银行的资产负债表，讲述中央银行是如何调节和控制货币供给的，这一节的目的主要是提出一个分析框架，第三节至第六节则借助该分析框架对货币政策目标、货币政策工具、货币政策传导、货币政策效果等具体内容加以介绍。

5.1 中央银行概述

在一国金融体系中，中央银行具有特殊地位，它是金融体系的核心和最高管理机关。中央银行不以营利为目的，不直接对企事业单位和个人办理日常的存贷款业务，而是面向商业银行和非银行金融机构，通过制定全国的金融宏观政策、货币政策和信贷政策，调节和控制信用规模和货币供给，使之适应经济发展的需要，并运用各种经济手段管理和监督商业银行和非银行金融机构的业务活动，提高金融效率，维护金融稳定。

世界各国中央银行的称谓有所不同，我国的中央银行是中国人民银行。由于中央银行完成其任务的主要途径之一是货币政策，中央银行有时也被称为货币当局（monetary authority），如新加坡货币管理局、中国香港特区货币管理局和百慕大货币管理局。在执行货币政策过程中，中央银行要求私人银行持有并在中央银行存入法定准备金，因此，中央银行也被称为储备银行（reserve bank），如美国的联邦储备体系（简称美联储）、澳大利亚储备银行、印度储备银行和南非储备银行。除了单一国家的中央银行外，还有欧洲中央银行。欧洲中央银行成立于 1999 年 1 月 1 日，负责欧盟成员国货币政策的实施。欧洲中央银行体系包括欧洲中央银行和欧盟各成员国的央行。

世界各国的中央银行都具有以下三项主要职能：发行的银行、银行的银行和政府的银行。

5.1.1 发行的银行

中央银行垄断货币发行权，成为全国唯一的货币发行机构，这是中央银行发挥其职能的基础，也是中央银行不同于商业银行及其他非银行金融机构的独特之处。中央银行通过掌握货币发行，可以直接地影响整个社会的信贷规模和货币供给总量，通过货币供给量的变动作用于经济过程，从而实现中央银行对国民经济的宏观调控作用。值得指出的是，中央银行发行的货币是指银行券或者现金（我国包括纸币和硬币，但有的国家只包括纸币，因为这些国家的硬币是由财政部而非中央银行发行的），不包括活期存款、定期存款等其他形态的货币，后者是商业银行通过开展存贷款业务创造出来的。正因为如此，中央银行发行的货币数量不等于经济当中货币的供给量，中央银行在调节和控制货币供给时，必须考虑到商业银行业务活动对货币供给的影响。

在我国，人民币的具体发行是由中国人民银行设置的发行基金保管库（简称发行库）来办理的。所谓发行基金是中国人民银行保管的已经印好而尚未进入流通的纸币。发行库在中国人民银行总行设总库，下设分支库，在不设人民银行机构的县市，发行库委托商业银行代理。各商业银行对外营业的基层行处设立业务库，它保存的人民币是商业银行办理日常业务的备用金。为避免业务库现金存放过多，规定有库存限额。

具体程序为：当商业银行基层行处的现金不足时，到当地人民银行从其存款账户提取现金。于是人民币从人民银行发行库出库，进入到商业银行的业务库，进而进入流通领域。当商业银行基层行处业务库的人民币现金超过规定的限额时，超额的部分必须送交人民银行，回到发行库，退出流通领域，这可以用图 5—1 表示。

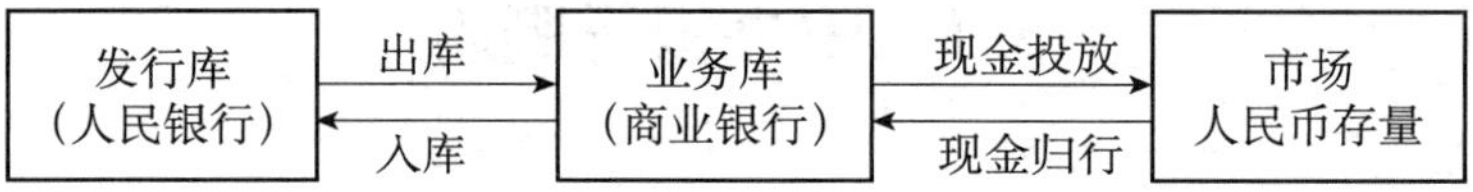

图 5—1 人民币的发行过程

资料来源：胡庆康（2010）。

5.1.2 银行的银行

中央银行一般不同工商企业和个人发生往来，只与商业银行和其他金融机构直接发生业务关系，但作为银行固有的业务特征——“存、放、汇”，中央银行同样办理，主要表现在以下几个方面：

（1）保管商业银行的存款准备金。为了保证存款人取存款时银行备有足够多的现金，中央银行规定商业银行的存款必须按一定比例以现金和在中央银行存款的形式留有准备。商业银行没有贷出去的存款被称为准备金（reserves）。中央银行规定的准备金最低水平通常被称为法定准备金（required reserves），对一定数量的存款来说，法定准备金比例越大，银行可以用于贷款的资金就越少，法定准备金比例越小，银行可用于贷款的资金就越多。现实当中，商业银行出于流动性的考虑，通常会持有高于法定要求的准备金，即超额准备金（excess reserves）。中央银行能够通过各种手段影响商业银行持有的准备金数量，从而达到控制全国信贷规模和货币供给量的目的。

（2）对商业银行提供信贷。商业银行认为自己的准备金可能不足，需要补充资金时，可以从其他银行或者金融市场筹集资金，也可以将其持有的票据向中央银行请求再贴现，或以有价证券作抵押向中央银行申请再贷款。这里，再贴现和再贷款是相对于贴现和贷款而言的，后者是商业银行向企业提供的信贷服务。中央银行成为商业银行的“最后贷款者”，这是中央银行极为重要的职能。中央银行对商业银行的贷款，其资金主要来源于国库存款和商业银行交存的准备金，如果中央银行资金不足，则可发行货币。通过对商业银行提供信贷，中央银行加强了对商业银行的监督和管理。

（3）办理商业银行之间的清算业务。中央银行通过对各商业银行及其他金融机构相互间应收应付的票据进行清算，履行了“最后清算人”的职能。商业银行在中央银行开立账户，并在中央银行拥有存款。这样，它们收付的票据可通过其在中央银行的存款账户划拨款项，办理结算，从而清算彼此间的债权债务关系。这一方面加快了资金周转速度，减少了清算费用；另一方面，解决了非集中清算带来的问题，如不安全性及在途资金占用过多；最后，有利于中央银行通过清算系统，对商业银行体系的业务经营进行全面及时的了解、监督和控制，强化了中央银行对整个银行体系的监管职能。

5.1.3 政府的银行

所谓政府的银行，也称为“国家的银行”，是指中央银行既代表国家从事金融活动，制定和执行国家的宏观金融政策、货币政策和信贷政策，实施金融监管，又对一国政府提供金融服务。其具体内容包括：

（1）代理国库收支。中央银行代理经办政府的财政预算收支，政府的收入和支出都通过财政部门在中央银行开设的各种账户进行。具体包括：代收国库库款，按财政支付命令拨付财政支出，代理收缴国库税款等。

（2）代理政府债券的发行。中央银行为政府代办债券的发行、认购和推销，并代办债券到期时的还本付息等事宜。

（3）为政府提供信贷。中央银行作为政府的银行，在政府出现财政困难时，负有对政府提供信贷支持，解决政府临时资金需求的义务。中央银行向政府提供信贷支持的方式有两种：一是向政府提供短期贷款，用以弥补财政收支的临时性差额；二是购买政府债券，这又包括从一级市场购买和从二级市场购买两种方式。但《中华人民共和国中国人民银行法》明确规定，中国人民银行不得直接认购、包销国债和其他政府债券，即不能在一级市场上购买政府债券。

（4）作为国家的最高金融管理当局，执行金融行政管理。中央银行不以营利为目的，不受某个经济利益集团的控制，处于比较超脱的地位，这样就可以保证一国的各种金融货币政策的制定、实施符合国家的最高利益，为国家经济发展的长远目标服务。中央银行除了是国家货币政策的制定和执行者之外，还是管理金融机构和金融市场的最高当局，负责监督和管理各金融机构和境内金融市场的业务活动，并负责保管和管理国家的黄金外汇储备。

（5）代表政府参加国际金融活动，进行国际金融事务的协调、磋商等。在国际金融事务中，中央银行作为本国政府的代表，参加国际金融组织，参与国际金融重大决策，积极促进国际金融领域里的合作与发展。

☞ **专栏 5—1**

中国人民银行的职能

（一）拟订金融业改革和发展战略规划，承担综合研究并协调解决金融运行中的重大问题、促进金融业协调健康发展的责任，参与评估重大金融并购活动对国家金融安全的影响并提出政策建议，促进金融业有序开放。

（二）起草有关法律和行政法规草案，完善有关金融机构运行规则，发布与履行职责有关的命令和规章。

（三）依法制定和执行货币政策，制定和实施宏观信贷指导政策。

（四）完善金融宏观调控体系，负责防范、化解系统性金融风险，维护国家金融稳定与安全。

（五）负责制定和实施人民币汇率政策，不断完善汇率形成机制，维护国际收支平衡，实施外汇管理，负责对国际金融市场的跟踪监测和风险预警，监测和管理跨境资本流动，持有、管理和经营国家外汇储备和黄金储备。

（六）监督管理银行间同业拆借市场、银行间债券市场、银行间票据市场、银行间外汇市场和黄金市场及上述市场的有关衍生产品交易。

（七）负责会同金融监管部门制定金融控股公司的监管规则和交叉性金融业务的标准、

规范，负责金融控股公司和交叉性金融工具的监测。

（八）承担最后贷款人的责任，负责对因化解金融风险而使用中央银行资金机构的行为进行检查监督。

（九）制定和组织实施金融业综合统计制度，负责数据汇总和宏观经济分析与预测，统一编制全国金融统计数据、报表，并按国家有关规定予以公布。

（十）组织制定金融业信息化发展规划，负责金融标准化的组织管理协调工作，指导金融业信息安全工作。

（十一）发行人民币，管理人民币流通。

（十二）制定全国支付体系发展规划，统筹协调全国支付体系建设，会同有关部门制定支付结算规则，负责全国支付、清算系统的正常运行。

（十三）经理国库。

（十四）承担全国反洗钱工作的组织协调和监督管理的责任，负责涉嫌洗钱及恐怖活动的资金监测。

（十五）管理征信业，推动建立社会信用体系。

（十六）从事与中国人民银行业务有关的国际金融活动。

（十七）按照有关规定从事金融业务活动。

（十八）承办国务院交办的其他事项。

资料来源：中国人民银行网站。

5.2 中央银行与货币供给：基于资产负债表的分析

中央银行通过自身的业务操作对商业银行和其他金融机构进行业务上的管理和调节，从而确保信用规模和货币供给适应经济发展的需要。而中央银行的业务操作又集中反映在其一定时期的资产负债表上。本节首先介绍中央银行资产负债表的组成，然后基于资产负债表介绍中央银行是如何控制货币供给的，但是本节的目的只是提供一个简单的分析框架，具体内容则将在本章后面几节展开。

5.2.1 中央银行的资产负债表

表5—1是中国人民银行2011年的资产负债表。其他国家中央银行的资产负债表具体科目可能与我国存在很大差别，但大都可以用表5—2的简化结构加以概括。

表5—1　　2011年中国人民银行资产负债表　　（单位：亿元）

资产		负债和权益	
国外资产	237 898.06	储备货币	224 641.76
外汇	232 388.73	货币发行	55 850.07
货币黄金	669.84	其他存款性公司存款	168 791.68
其他国外资产	4 839.49	不计入储备货币的金融性公司存款	908.37

续前表

资产		负债和权益	
对政府债权	15 399.73	发行债券	23 336.66
其中：中央政府	15 399.73	国外负债	2 699.44
对其他存款性公司债权	10 247.54	政府存款	22 733.66
对其他金融性公司债权	10 643.97	自有资金	219.75
对非金融性部门债权	24.99	其他负债	6 437.97
其他资产	6 763.31		
总资产	280 977.60	负债和权益	280 977.60

注：(1) 自 2011 年起，中国人民银行采用国际货币基金组织关于储备货币的定义，不再将其他金融性公司在货币当局的存款计入储备货币；(2) 自 2011 年起，境外金融机构在中国人民银行存款数据计入国外负债项目，不再计入其他存款性公司存款。

表 5—2　　简化的中央银行资产负债表

资产	负债和权益
贴现与放款	流通中的货币（通货）
政府借款	商业银行等金融机构存款
政府债券	国库及公共机构存款
黄金和外汇储备（储备资产）	其他负债
其他资产（固定资产等）	资本项目
资产合计	负债和权益合计

1. 中央银行的主要负债

(1) 流通中的货币。

流通中的货币，又称为通货，是社会公众手中持有的货币（纸币和硬币），可以直接用来作为流通手段和支付手段使用。从本质上看，中央银行发行的流通在外的货币，是中央银行对持票人开出的一份欠款单，因而通货是中央银行的负债。

(2) 商业银行等金融机构存款。

商业银行等金融机构在中央银行设有账户，各商业银行和其他金融机构上缴的法定准备金和超额准备金都被存入该账户。

(3) 国库及公共机构存款。

政府部门在中央银行拥有存款账户，中央银行通过该账户履行代理政府国库收支的职能。

(4) 资本项目。

资本项目统计的是中央银行的自有资本。中央银行的资本金主要来源于以下渠道：一是中央政府出资。在大多数国家，这是中央银行资本金的唯一来源，中国的情况就是如此。二是地方政府或者国有机构，如国有企业、一些公共部门等出资。比如，瑞士中央银行资本金的 58.6%是由州政府出资的。三是私人部门出资。这是指由私人银行或者其他私人公司出资。比如，在美国，联邦储备银行就是由私人部门出资的公共机构，股东是本联邦储备区的成员商业银行。

2. 中央银行的主要资产

(1) 贴现和放款。

如前文所述，当存款机构感觉自己的准备金不足，需要筹集资金时，中央银行可以为存款机构提供贴现和贷款的服务。贴现和放款项目是中央银行对存款机构的债权。

(2) 对中央政府债权（政府借款和政府债券）。

中央银行是政府的银行，因而对中央政府的债权在中央银行资产中占比相当高，包括中央银行持有的政府债券和短期财政借款。其中，中央银行持有的债券又主要是中央政府发行的国库券。在我国，中国人民银行不能在一级市场上买卖国库券，只能在二级市场上交易国库券。

(3) 黄金和外汇储备。

由于黄金和外汇是国家间进行清算的最后支付手段，各国都把它们作为储备资产。中央银行作为政府的银行，负责保管和管理国家的黄金和外汇储备。从表 5—1 可以看到，在我国，黄金和外汇储备占据了中国人民银行总资产的绝大部分。

5.2.2 基础货币、货币乘数与货币供给

接下来基于中央银行的资产负债表介绍中央银行是如何控制货币供给的。在此之前，首先要明确货币供给的统计范围。经济学家们认为，应当根据金融资产的流动性来确定货币供给量。狭义的货币供给是流通中的货币和商业银行活期存款之和，一般用 M1 表示。广义的货币供给不仅包括 M1，还包括商业银行的定期存款和储蓄存款，一般用 M2 表示。此外，还有一些经济学家认为，信用合作社、邮政储蓄系统等其他金融机构的定期存款和储蓄存款，国库券、银行承兑汇票、商业票据等非存款性金融资产也应被纳入货币供给的统计范畴。

下面以 M1 为例进行说明。M1 是流通中的货币和商业银行活期存款之和，中央银行并不能直接控制 M1，它往往通过影响其资产负债表中流通中的货币和商业银行的准备金两项之和，即所谓的基础货币（monetary base，又叫高能货币）来达到控制货币供给的目的。事实上，基础货币和货币供给存在以下数量关系：

$$\mathrm{M1}=m\cdot B \tag{5—1}$$

其中，B 表示基础货币；m 表示货币乘数，表示基础货币变动后，货币供给将发生 m 倍的变动。

以下只需说明式（5—1）为什么成立。商业银行的准备金由法定准备金和超额准备金两部分组成。假设流通中的货币为 C，活期存款的法定准备金比率为 r_d，定期存款（TD）占活期存款（D）的比率为 $t=TD/D$，定期存款的法定准备金比率为 r_t，超额准备金占活期存款的比率为 $e=ER/D$，通货占活期存款的比率（即现金漏损）为 $k=C/D$，则有：

$$B=r_d\cdot D+r_t\cdot t\cdot D+e\cdot D+k\cdot D$$

将上式变形即可以得到：

$$D=\frac{B}{r_d+r_t\cdot t+e+k} \tag{5—2}$$

另一方面，根据上面的假设，货币供给 M1 可以被表示为：

$$M1=D+C=(1+k)\cdot D \tag{5-3}$$

将式（5－2）代入式（5－3）后得到：

$$M1=m\cdot B=\frac{(1+k)\cdot B}{r_d+r_t\cdot t+e+k}$$

上式表明，如果中央银行使得基础货币 B 增加 1 元，则在经过商业银行体系的作用之后，货币供给 M1 将增加 m 元。

那么，中央银行又是如何影响基础货币 B 的？可以采用哪些货币政策工具？中央银行在制定货币政策时，会根据什么目标确定最优的货币供给量？中央银行如何监测货币政策实施效果？货币供给量的变动最终又是如何影响国民经济的？本章后面几节将回答这些问题。

5.3 货币政策目标

货币政策目标是指中央银行采取调节货币供给和信贷规模的措施所要达到的目的。按照中央银行对货币政策的影响力、影响速度及施加影响的方式，货币政策目标可划分为最终目标和中介目标，其中，中介目标又可进一步区分为操作目标和中间目标。

5.3.1 货币政策的最终目标

1. 最终目标的内容

货币政策的最终目标，简称货币政策目标，是指货币政策在一段较长的时期内所要达到的目标，最终目标相对固定，基本上与一个国家的宏观经济目标相一致。货币政策最终目标因不同国家和经济发展的不同时期有所不同，但主要有四个：稳定物价、充分就业、经济增长和国际收支平衡。从专栏 5—2 中可以看到，这四个目标都是我国货币政策的目标。

（1）稳定物价。

稳定物价是指设法使一般物价水平（即平均的价格水平）在某一时期内保持大体稳定。一般物价水平的稳定和个别市场的价格变动并不矛盾，在保持一般物价水平稳定的过程中，会出现单个商品价格的上升和下跌，这是个别市场上的供需变动引起的，属于正常的经济现象。但是一般物价水平的持续上升或者持续下跌，会对资源配置效率、财富分配等产生负面影响，因此绝大多数国家将稳定物价作为货币政策的首要目标。

从各国的实践经验来看，在现代信用货币制度下，一般物价水平总体上呈上升趋势，因此稳定物价主要是要解决物价持续上涨的问题，即通货膨胀问题。在许多国家，货币政策的最终目标只包括反对通货膨胀，不包括反对通货紧缩（物价持续下跌）。但是这一情况在 20 世纪末有所改变，随着全球性通货紧缩的出现，许多国家开始把反对通货紧缩列为与反对通货膨胀同等重要的货币政策目标。

对于应将一般物价水平的波动控制在多大范围内，不同经济理论相互之间存在争议，但从各国货币政策的实际操作来看，中央银行大都比较保守，一般要求通货膨胀率在

2%～3%以内。根据国家统计局公布的信息，我国的通货膨胀率一般都控制在这个范围之内。

（2）充分就业。

较高的失业率不但造成社会经济资源的极大浪费，而且很容易引发社会和政治危机，因此各国政府一般将充分就业作为其货币政策目标。但是，充分就业并不是指失业率为零，即使经济正常运行，也可能有一部分劳动力为了寻找更好的工作而暂时失业（即所谓的摩擦性失业），或者因为不愿意接受现行工资水平而选择自愿失业（即所谓的自愿失业），这两类失业都是难以避免的。另外，任何社会都还存在一个可以承受的非自愿失业幅度，即劳动者愿意接受现行的工资水平，但是仍然因为劳动力需求不足而造成失业。

经济正常运行时，社会可以承受的失业率被称为自然失业率。如果失业率等于自然失业率，则称社会实现了充分就业。但是自然失业率无法观测，同时也很难估计。究竟失业率为多少才是充分就业要根据各国不同的经济发展状态来判断，受各国对失业率的承受能力影响。有的经济学家认为，3%的失业率就是充分就业，也有的经济学家认为，失业率长期维持在4%～5%可算作充分就业。我国国家统计局每年公布城镇登记失业率，近几年该数据维持在4.1%左右。2013年9月，中国首次公开了调查失业率数据，为5%，高于城镇登记失业率，但仍处于合理范围内。

（3）经济增长。

一国的经济增长状况反映了该国的经济发展状况，一般是根据国内生产总值（GDP，即一国在一定时期内生产的所有最终商品和劳务的价值）的增长率来计算的。GDP的增长可能来自两个方面——商品和劳务价格的上升和数量的增加，各国中央银行更加关注后一个因素。因此，一国的经济增长状况是用该国经通货膨胀调整后的GDP的增长率，即真实GDP的增长率来衡量的。促进经济增长的目的是为了增强国家实力、提高生活水平。世界各国所处的发展阶段不同，所以对经济增长的选择也不同，相对于发达国家，发展中国家一般更加偏好较高的经济增长。

但是长期以来，经济学家对于货币政策能在多大程度上影响经济增长一直存在争论。很多经济学家认为，从长期来看，货币政策只会影响物品和劳务的价格水平，不会影响所生产的物品和劳务的数量，即货币是中性的。目前较为多数人承认的观点是，货币政策只能通过创造和维持一个适宜于经济增长的货币金融环境，促进经济增长。

（4）国际收支平衡。

一方面，国际收支状况反映一国在一定时期对外经济往来的综合情况。一国国际收支会出现三种情况：国际收支逆差、国际收支顺差或国际收支平衡。一般情况下，很难实现绝对的国际收支平衡。如果能做到在短期内允许国际收支略有顺差或略有逆差，而在较长的时期内，不同年份的国际收支失衡可相互弥补，就可以视作已经实现了国际收支平衡。换言之，国际收支平衡是指一国对其他国家的货币收入和货币支出保持平衡、略有顺差或略有逆差。一国的国际收支不管是顺差还是逆差，数额过大、时间过长都会对经济的正常运行和发展产生不利影响。目前，高额的国际收支顺差就是我国宏观经济运行的一个重要特征。改善国际收支状况、实现国际收支平衡，已成为包括我国在内的许多国家货币政策的最终目标之一。

2. 最终目标之间的关系

货币政策的四个最终目标都是国家经济政策战略目标的组成部分，但是要同时实现四个目标是非常困难的。在实际操作过程中，经常出现为某个目标制定的政策却使另一个目标更难或者不可能实现的情况。具体表现在：

(1) 物价稳定与充分就业。

物价上涨和失业率之间存在一种此消彼长的关系。要保持充分就业，就必须扩大生产规模，放松银根，这会导致物价上涨；而要降低物价上涨速度，就要紧缩银根，压缩生产规模，这又会提高失业率。换言之，降低失业率通常要以承受较高的通货膨胀率为代价；而要降低通货膨胀率，则通常要承受较高的失业率，物价稳定和充分就业两个目标不能同时兼顾。

(2) 物价稳定与经济增长。

物价稳定可以为经济发展提供良好的金融环境，从而能促进经济稳定增长，而经济增长又使物价稳定有了坚实的物质基础，因此物价稳定和经济增长在根本上是统一的。但是，从短期来看，这两个货币政策目标又存在冲突：在经济衰退时期，若采取扩张性的货币政策刺激经济，常常会造成货币供给量大于与经济发展相适应的货币需求量，导致通货膨胀；在经济扩张时期，若为了稳定物价、抑制通货膨胀采取紧缩性货币政策，往往会对经济增长形成阻碍。

(3) 物价稳定与国际收支平衡。

一方面，如果国内物价上涨，国外物价保持相对稳定，则会引起进口增加、出口减少，导致国际收支出现逆差。这表明，物价稳定和国际收支平衡两个目标同时受到影响。另一方面，即使在国内物价稳定的情况下，也可能会发生国际收支失衡，比如本国物价稳定，而外国却出现通货膨胀，将导致本国出口增加，进口减少，国际收支出现顺差。因此，只有在世界各国都能保持大致稳定的物价水平，同时贸易形态不发生变化的情况下，物价稳定和国际收支平衡两个目标才可以同时实现，这在实践中是不可能的。

(4) 经济增长与国际收支平衡。

经济增长与国际收支平衡两个目标之间也可能存在冲突。一方面，国内经济增长较快时，就业增加，收入水平提高，这会使得进口需求比出口贸易增长更快，从而导致国际收支出现逆差。另一方面，为了消除国际收支逆差，则必须通过紧缩的货币政策压制国内需求，但这又会带来国内经济的衰退。

正是由于货币政策目标之间存在冲突，不同目标难以统筹兼顾，因此，世界各国一般根据本国的经济发展情况，选择一到两个目标作为主要的货币政策目标。随着政治经济形势的发展和变化，货币政策目标的侧重点应当不断调整。

☞专栏 5—2

中国货币政策的最终目标

2012 年 11 月 17 日，中国人民银行行长周小川发表主题演讲，指出我国货币政策采取了多个目标：一是保持低通货膨胀，二是推动经济合理增长，三是保持较为充分的就业，四是维护国际收支平衡。

周小川指出，在2008年金融危机之前全球比较流行的政策做法是单一目标，即保持低通货膨胀。虽然有人认为多目标不好掌握，但是在我国特殊的国情之下，多目标制是有根据的。这是因为中国经济处于转轨过程中，人民银行一方面要保持宏观经济主要状态指标的健康性，另一方面必须推动改革开放。如果不推动改革开放，就无法实现经济发展和金融稳定，货币政策传导机制也会始终处于不健全、不健康的状态。

而改革的一个很重要的内容就是价格的改革。以当前的住房价格问题为例。如果推动住房价格改革，房屋价格就会慢慢趋向合理。与此同时，以后的工资水平必须覆盖住房，因此产生了物价和工资同向运动的过程。如果人民银行只关注维持低通货膨胀，就有可能对任何价格改革造成的推动持抵触态度，这会使人民银行陷入尴尬局面。另一个例子是，新世纪以来中国一直处于国际收支双顺差局面，这与亚洲金融风暴冲击的历史经验有关。双顺差导致流动性投放过多，对货币供给量、通货膨胀都有影响。在这种背景下，把国际收支平衡当做货币政策的一项目标来考虑，能够更主动地应对上述问题。

资料来源：中国人民银行行长周小川在财新峰会上的讲话，2012。

5.3.2 货币政策的中介目标

货币政策并不是直接作用于最终目标的，从货币政策工具的运用到货币政策最终目标的实现有一个相当长的作用过程。货币政策通过对一系列中间变量的调节和影响，间接作用于最终目标。中央银行可以通过追踪和检测中间变量，及时了解货币政策工具是否得力，估计最终目标能否实现，据此对货币政策做出调整。货币政策中介目标的选择是货币政策作用过程中十分重要的环节，中介目标是否恰当直接关系到货币政策最终目标能否实现。

1. 货币政策中介目标的选择标准

一般而言，货币政策中介目标的选择应遵循以下几个标准：

(1) 可测性。货币政策中介目标应当概念明确、清晰，便于量化，中央银行能迅速准确地获得所选择的中介目标的相关数据。

(2) 可控性。中央银行可以运用货币政策工具，对所选择的中介目标进行有效地调节和控制，比较准确地控制中介目标的变动状况及其变动趋势。

(3) 相关性。中央银行所选择的中介目标必须与货币政策最终目标存在密切的、稳定的和统计数量上的关联性，这样，通过对中介目标的调节和控制就能促使最终目标实现。

(4) 抗干扰性。货币政策的实施过程常受到一些外来因素的干扰，中介目标应当不受这些因素影响，从而避免中央银行错误判断经济形势，造成决策失误的局面。

根据距离货币政策最终目标的远近和对货币政策工具反应的先后顺序，可以将中介目标划分为操作目标和中间目标。操作目标距离货币政策工具最近，但距离货币政策最终目标较远，是中央银行货币政策的直接调控对象。中间目标距离货币政策工具较远，中央银行对它的控制力较弱，但是距离货币政策最终目标较近。以下分别对操作目标和中间目标予以介绍。

2. 货币政策的操作目标

操作目标是中央银行货币政策工具的直接调控对象，经常被当作操作目标的有银行准备金、基础货币和短期市场利率等。在我国，对于货币政策的操作目标是什么并没有一个明确的说法，但大多数经济学家认为至少包括基础货币。

（1）银行准备金。

银行准备金是指商业银行和其他金融机构在中央银行的存款及其持有的库存现金。银行准备金是中央银行运用各种货币政策工具实现最终目标的主要传递者。银行准备金作为操作目标常常与银行间同业拆借利率相联系：通过调节银行准备金供给，影响银行间同业拆借利率，进而对货币供给产生影响。

银行准备金之所以可以作为操作目标，主要是因为：第一，就可控性而言，中央银行可以通过公开市场操作和再贴现窗口对银行准备金进行调控，即通过调控非借入准备金和借入准备金来完成。第二，就可测性而言，无论是法定准备金、超额准备金，还是借入准备金、非借入准备金，中央银行都可以很方便地获知有关记录和报表。第三，从相关性来看，从5.2节我们已经看到，由于基础货币由流通中的现金和银行准备金构成，因此通过调控银行准备金就可以使基础货币发生变化，进而改变货币供给量，并最终实现货币政策目标。

（2）基础货币。

基础货币是银行准备金和流通中的现金之和。一般认为，基础货币是比较理想的操作目标。从可测性上看，基础货币是中央银行的负债，其数额随时反映在中央银行的资产负债表上，所以很容易被中央银行掌握。从可控性上看，基础货币中的通货可以由中央银行直接控制，银行准备金可以通过公开市场操作和再贴现窗口调节。从相关性上看，由于基础货币与货币乘数之积为货币供给，所以在货币乘数稳定的条件下，只要中央银行能控制住基础货币，就可以控制货币供给，进而实现货币政策的最终目标。

（3）短期市场利率。

经常被选作操作目标的短期市场利率是银行同业拆借利率。银行同业拆借市场作为货币市场的基础，其利率是整个货币市场的基准利率。中央银行通过对银行同业拆借利率的调控就可以改变货币供给量，进而影响长期利率，并最终对宏观经济产生影响。

短期市场利率作为操作目标的优势主要表现在：第一，从可测性来看，中央银行可以很方便地获得有关银行同业拆借利率水平及其变化情况的信息。第二，从可控性来看，中央银行可以通过公开市场操作和再贴现窗口来调控同业拆借利率。比如，中央银行如果想提高同业拆借利率，则可以在公开市场上出售政府债券，银行购买债券的行为将引起准备金减少，为弥补准备金的不足，银行又会在同业拆借市场上融资，从而导致该市场上货币需求增加，同业拆借利率随之上升。第三，从相关性来看，作为货币市场基准利率的同业拆借利率，其变化会进一步引起金融市场其他利率的变化，并最终影响到货币供给量及其他经济活动。

短期市场利率作为操作目标的最大问题在于利率对经济活动的作用存在时滞，且利率的变化是顺周期的，容易造成货币供给的周期性增加或紧缩。而且短期利率非常容易受到通货膨胀、市场供求、心理预期等因素的影响，不利于中央银行对货币供给做出正确判断并采取相应的行动。

3. 货币政策的中间目标

中间目标处于操作目标和最终目标之间，中央银行正是借助于货币政策工具作用于操作目标，进而影响到中间目标并实现最终目标的。常见的中间目标有货币供给量、银行信贷规模和长期利率。长期以来，我国将货币供给量和信贷规模总量作为货币政策的中间目标，但是从 2011 年开始，我国取消了信贷规模总量指标，代之以社会融资规模指标。社会融资规模是我国特有的货币政策中间目标，本节后面的专栏 5—3 中将予以详细介绍。

(1) 货币供给量。

货币供给量是以弗里德曼为代表的现代货币主义者推崇的中间目标。货币供给量作为中间目标具有如下优势：第一，从可测性上看，货币供给的各种统计口径均有明确的定义，狭义货币供给 M1、广义货币供给 M2 均反映在中央银行、商业银行及其他金融机构的资产负债表上，可以很方便地进行测算。第二，从可控性上看，货币供给是基础货币和货币乘数之积，如果货币乘数相对稳定，中央银行能够对基础货币施加有效控制，那么中央银行就可以间接地控制货币供给量。第三，从相关性上看，货币供给的变化会影响人们对商品和劳务的需求，进而对物价水平、就业率、国内生产总值等宏观经济变量产生影响。因而货币供给与货币政策最终目标存在很强的相关性。

货币供给量作为中间目标也存在一些不足之处：一方面，如果中央银行对基础货币的控制力较弱，货币乘数也不稳定，那么货币供给量的可控性就较差；另一方面，以哪一个层次的货币供给量（M1 或者 M2）作为中间目标是一个难题。

(2) 银行信贷规模。

银行信贷规模是指银行体系对社会公众及各经济单位的贷款总额。在部分银行准备金制度下，信贷规模与货币供给量密切相关，改变信贷规模是改变货币供给量的一条重要途径，会对货币政策的最终目标产生直接影响。

从可测性上看，中央银行通过统计商业银行和其他金融机构资产负债表上各有关项目，就可以迅速得到银行信贷规模的信息。从可控性上看，中央银行可以采用直接信贷管制和间接调控的方式对银行信贷规模进行控制。直接信贷管制指中央银行直接向商业银行下达贷款规模的指令。而间接调控方式的基本原理是，中央银行通过改变准备金率、再贴现率及开展公开市场操作来改变银行准备金，从而控制其贷款发放规模。另外，也可以通过调整利率水平，使存贷款人的相对收益发生变化，达到间接控制银行信贷规模的目的。从相关性上看，银行信贷规模的变化会直接导致货币供给量的变化，所以银行信贷规模与最终目标之间有很强的相关性。

在我国早期的计划经济体制下，中央银行主要通过直接信贷管制来控制货币供给，因而银行信贷规模是一个非常重要的货币政策中间目标。但近年来，随着市场经济体制的迅速发展，中央银行主要采取间接调控方式，银行信贷规模作为中间目标的重要性下降。

(3) 长期利率。

长期利率主要指中长期债券利率。长期利率对固定资产投资等有着显著影响，因而与整个社会的收入水平直接相关。

从可测性上看，金融市场上的各种利率水平和利率结构的信息容易为中央银行获取，符合可测性的要求。从可控性上看，中央银行可以借助于公开市场操作来影响银行的准备金供求，改变短期利率，进而引导长期利率的变化，以实现对长期利率的控制。从相关性上看，凯恩斯主义者认为，长期利率作为货币政策的中间目标，与最终目标之间存在很强的相关性，原因在于长期利率对投资有着显著影响。

但是，长期利率作为中间目标也存在一些问题，主要包括：第一，利率的数据虽然容易获得，但从中选出一个代表性利率并不容易。第二，名义利率与预期的实际利率之间有差别，对经济运行产生影响的是预期的实际利率。但中央银行只能盯住名义利率，无法确切知道社会公众预期的实际利率。第三，利率对经济活动的作用存在时滞，且利率是顺经济周期的，容易造成货币供给的周期性增加或紧缩。

☞专栏 5—3

中国特色的货币政策中间目标——社会融资规模

2011 年，我国《政府工作报告》中提出“保持合理的社会融资规模”，同时要求“提高直接融资比重，发挥好股票、债券、产业基金等融资工具的作用，更好地满足多样化投融资需求”。金融宏观调控取消信贷规模指标，代之以社会融资规模指标，是我国的一种探索和创新。

1. 社会融资规模是全面反映金融与经济关系的总量指标

社会融资规模是全面反映金融与经济关系，以及金融对实体经济资金支持的总量指标。社会融资规模是指一定时期内（每月、每季或每年）实体经济从金融体系获得的全部资金总额。这里的金融体系为整体金融的概念，从机构看，包括银行、证券、保险等金融机构；从市场看，包括信贷市场、债券市场、股票市场、保险市场以及中间业务市场等。

社会融资规模的内涵主要体现在三个方面。一是金融机构通过资金运用对实体经济提供的全部资金支持，即金融机构资产的综合运用，主要包括人民币各项贷款、外币各项贷款、信托贷款、委托贷款、金融机构持有的企业债券、非金融企业股票、保险公司的赔偿和投资性房地产等。二是实体经济利用规范的金融工具在正规金融市场通过金融机构服务所获得的直接融资，主要包括银行承兑汇票、非金融企业股票筹资及企业债的净发行等。三是其他融资，主要包括小额贷款公司贷款、贷款公司贷款、产业基金投资等。

随着我国金融市场发展和金融创新深化，实体经济还会增加新的融资渠道，如私募股权基金、对冲基金等。未来条件成熟，可将它们计入社会融资规模。

2. 社会融资规模作为货币政策中间目标适合我国融资结构的变化

货币政策的最终目标是促进经济增长、实现充分就业、保持物价稳定和维持国际收支平衡。为了实现这一最终目标，一般都要根据一个国家的实际情况确定合适的中间目标。较长时期以来，我国货币政策重点监测、分析的指标和调控中间目标是 M2 和新增人民币贷款。在某些年份，新增人民币贷款甚至比 M2 受到更多关注。然而由于近年来我国社会融资结构的变化，新增人民币贷款已不能准确反映实体经济的融资规模：一是直接融资快速发展。2010 年企业债和非金融企业股票筹资分别达 1.2 万亿元和 5 787 亿元，分别是 2002 年的 36.8 倍和 9.5 倍。二是非银行金融机构作用明显增强。2010 年证券、保险类金融机构对实体经济的资金运用合计约 1.68 万亿元，是 2002 年的 8 倍。三是商业银行表外业务大量增加。2010 年实体经济通过银行承兑汇票、委托贷款、信托贷款从金融体系融资分别达 2.33 万亿元、1.13 万亿元和 3 865 亿元，而在 2002 年这些金融工具的融资量还非常小。因此只有将商业银行表外业务、非银行金融机构提供的资金和直接融资都纳入统计范畴，才能完整、全面地监测和分析整体社会融资状况。可见，用社会融资规模替代信贷指标作为中间目标，是我国货币政策的理论和实践创新，符合我国融资结构的变化趋势。

资料来源：中国人民银行调查统计司司长盛松成，2011。

5.4 货币政策工具

货币政策工具是指中央银行为了实现货币政策目标而采取的各种措施和手段。货币政策工具通常可分为一般性政策工具、选择性政策工具和其他政策工具三类。

5.4.1 一般性政策工具

一般性政策工具，是中央银行所采用的、对整个金融系统的货币信用扩张与收缩产生全面性或总体性影响的手段。作为传统的货币政策工具，这类工具主要有三个：存款准备金政策、再贴现政策（rediscount policy）和公开市场操作（open market operations），俗称中央银行货币政策“三大法宝”。如图 5—2 所示，这三个政策都是通过影响银行体系的准备金（从而影响基础货币）发挥作用的。以下将予以详细介绍。

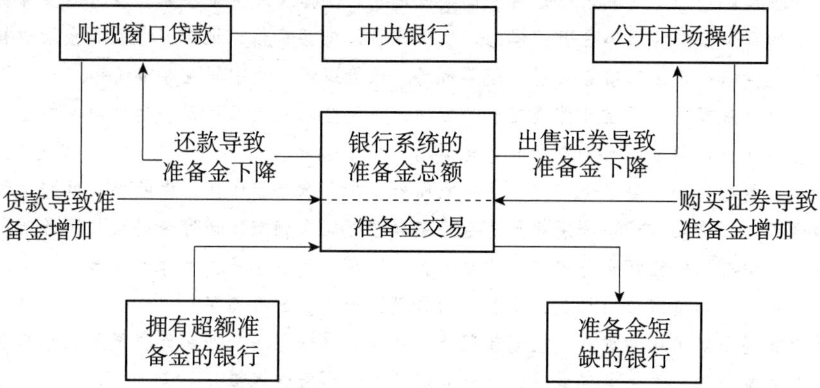

图 5—2 三大货币政策的调控过程

资料来源：Sauders（2008）。

值得指出的是，存款准备金政策、再贴现政策和公开市场操作也是我国的主要货币政策工具。但是在我国，这三种政策工具的具体操作与一般理论并不完全相同。考虑到一般理论是我国货币政策工具未来发展的方向，我们首先在正文中介绍一般理论，然后在专栏 5—4 中分析我国的货币政策工具。

1. 存款准备金政策

存款准备金政策是指中央银行通过调整商业银行法定存款准备金率，以改变货币乘数，间接地控制货币供给的一种货币政策。凡是实行中央银行制度的国家（包括我国），一般都会采用存款准备金政策。该制度的主要内容包括规定和调整存款准备金率、规定准备金的构成、规定存款准备金的计提基础和提取时间等，其中，主要是法定存款准备金率的制定和调整。

存款准备金政策是一种威力很大的货币政策工具，它主要通过以下两个途径产生影响：(1) 改变货币乘数。由 5.2 节货币乘数的公式可知，货币乘数与法定存款准备金率反向变动，因此当中央银行调高法定存款准备金率时，货币乘数降低，货币供给减少；反之，当中央银行降低法定存款准备金率时，货币乘数提高，货币供给增加。(2) 影响社会公众的预期。调整法定存款准备金率具有强烈的“告示效应”，会对社会公众的心理预期产生重要影响。比如，若中央银行调高法定存款准备金率，预示着中央银行对经济形势的判断趋于过热，公众预期政府将会进一步采取紧缩型的政策，从而导致信用需求降低。

存款准备金政策作为货币政策工具的局限性在于：(1) 法定存款准备金率的变动对经济的冲击过大，即使是轻微的调整也会通过乘数效应引起货币供给的成倍变化，因此不宜作为中央银行日常调控的工具。(2) 银行的超额准备金通常很少，因此即使法定存款准备金率只是略有提高，银行也可能难以迅速调整准备金，以符合变动了的准备金要求，资金周转不足的银行不得不采用抛售证券等方式来筹集资金，这会干扰银行的正常经营活动。

2. 再贴现政策

再贴现是相对于贴现而言的。企业将未到期的商业票据卖给商业银行以获得短期贷款，称为贴现。商业银行在资金不足时，又将通过贴现业务获得的商业票据再出售给中央银行从而获得中央银行的贷款，称为再贴现。中央银行在贴现过程中向商业银行收取的利息率就称为再贴现率。近年来，由于在美国，各商业银行拿到中央银行申请贴现的不再是商业票据而是政府债券，所以“再贴现”这一名词用得越来越少，而是逐渐被“贴现”所代替。但本书仍采用“再贴现”和“再贴现率”这一称呼。

再贴现政策是指中央银行通过直接制定或调整对合格票据的再贴现率，来干预和影响市场利率和货币供给的一种货币政策。如果中央银行降低再贴现率，商业银行从中央银行筹资的成本就会下降，于是商业银行从中央银行借款的数量增加，准备金数量也随之增加。根据准备金数量和货币供给的关系可知，这又会引起货币供给增加。反之，如果中央银行提高再贴现率，则会引起商业银行的借款意愿下降，准备金的数量和货币供给随之下降。另外，商业银行还会因为筹资成本的变动，按同样的幅度调整对工商企业的贷款利率，这样工商企业的贷款需求会受到影响，从而间接起到扩张或者紧缩信用的效果。

再贴现政策还可以产生所谓的“告示效应”，即再贴现率的变动可以作为向银行和公众宣布中央银行政策意向的有效办法。如果中央银行提高再贴现率，等于发出一个减少货币供给的信息，这种“告示效应”会在很大程度上影响商业银行及大众的预期，商业银行一般会与中央银行保持一致，提高对工商企业的贷款利率。

再贴现政策的局限性在于：(1) 中央银行处于被动地位。以中央银行提高再贴现率为例，再贴现率提高以后，商业银行可以从同业拆借市场等其他渠道获得资金，因此准备金数量不一定减少，再贴现政策的效果势必大打折扣。(2) 再贴现率不宜频繁变动。再贴现率是市场利率的重要参照，再贴现率的频繁变动会导致市场利率经常波动，不利于商业银行和社会公众形成正常的心理预期，不利于经济的正常运行。(3) 再贴现率的调整幅度有限。在经济过热时期，无论再贴现率多高，都很难抑制商业银行向中央银行借款的意愿，从而很难起到减少货币供给的作用。

3. 公开市场操作

公开市场操作是中央银行在公开市场上买卖政府债券，以此控制货币供给及影响利率的行为。中央银行在公开市场操作中买卖的主要是政府短期债券，交易对象主要是商业银行。在我国，公开市场操作的方式除现券交易外，还包括回购交易和发行央行票据，具体见专栏5—4。

公开市场操作之所以可以达到调节货币供给的目的，主要是基于以下两个作用：(1)改变基础货币。若中央银行在公开市场买进政府债券，商业银行或者将支票兑现以发放新的贷款，或者将款项存入中央银行准备金账户。第一种行为将增加流通中的现金，第二种行为将增加准备金，二者都表现为基础货币的增加，进而通过乘数效应引起货币供给的成倍增加。相反，当中央银行向商业银行出售一笔政府债券时，会使基础货币收缩，货币供给减少。(2)改变利率水平。当中央银行买进政府债券时，会推动政府债券价格上升，使利率水平反向变化，市场其他利率水平也相应受到影响；同时，中央银行买进政府债券时，会使商业银行的准备金相应增加，商业银行的贷款供给增多，这又可能引起利率下降。

在中央银行的一般性政策工具中，公开市场操作通常被认为是最重要、最常用和效果最理想的工具。其优点在于：(1)公开市场操作的传递过程较为直接。中央银行可以通过公开市场操作直接影响基础货币，从而调控货币供给量。(2)公开市场操作可以连续、经常地进行，而且操作规模完全由中央银行控制。(3)公开市场操作可以进行微调，用较小的规模和步骤进行操作，避免像存款准备金政策一样产生震动效应。(4)公开市场操作具有较强的可逆转性，当中央银行在公开市场操作中发现错误时，可以立即采用逆向操作予以纠正。

然而，若要使得公开市场操作有效地发挥作用，需要具备几个前提条件：(1)要有发达的金融市场，证券种类必须齐全且达到相当的规模；(2)中央银行要有强大的、足以干预和控制整个金融市场的资金实力。如果没有这些条件的配合，公开市场操作难以发挥作用。正是因为这个原因，公开市场操作在我国的地位不如在美国等发达国家那样重要。

5.4.2 选择性政策工具

与一般性政策工具侧重于对货币总量进行调节和控制不同，选择性政策工具是针对个别部门、企业和特殊用途的信贷而采用的货币政策工具，这些政策工具可以影响信贷资金的运用方向和利率结构。选择性政策工具主要有以下几种：

1. 消费信用控制

消费信用是指为消费者购买不动产以外的耐用消费品而提供的信用。中央银行控制消费信用的手段包括，规定分期付款的首期付现比率、最高偿还期限，或者规定可用消费信用购买的耐用消费品的种类等。由于耐用消费品的需求具有顺经济周期波动的特征，不加控制的消费信用又倾向于加剧经济的波动，因此，当需求过旺、经济过热时，中央银行往往采取紧缩消费信用的措施，抑制过度的消费需求；当需求不足、经济衰退时，中央银行往往采取放松消费信用的措施，达到刺激消费需求的目的。

2. 证券市场信用控制

证券市场信用控制是指中央银行对与证券交易相关的各种信贷活动加以控制。比较常见的手段是规定和调整证券保证金比率。所谓证券保证金比率是指投资者以信用方式购买有价证券时，必须支付的现金的最低比率。中央银行通过调高或者调低证券保证金比率，可以达到控制进入证券市场的信贷资金流入量，调节证券市场的供求关系，抑制过度投机行为，维护金融市场稳定的目的。

3. 不动产信用控制

不动产信用控制是指中央银行对商业银行及其他金融机构的房地产贷款所采取的限制措施。主要内容包括，规定房地产贷款的最高限额、最长期限，以及首次付现的最低金额等。相比于一般耐用消费品，不动产投资额度大、还款期限长，与宏观经济的联系更加紧密。因此，不动产信用控制不仅可以调节房地产市场的信贷规模，抑制过度投机行为，对维护宏观经济的稳定也是有帮助的。

4. 优惠利率

优惠利率是指中央银行对国家经济政策和产业政策重点发展的部门或产业，制定较低的贴现率或贷款利率，以促进这些部门或产业的发展。

5.4.3 其他政策工具

除了一般性和选择性货币政策工具以外，中央银行可以采取的其他货币政策工具主要有：

1. 直接信用控制

直接信用控制是指中央银行以行政命令或其他方式，从总量和结构两个方面直接对金融机构特别是商业银行的信用活动加以控制。主要包括：

（1）利率最高限额。

利率最高限额是指中央银行对商业银行定期存款和储蓄存款的利率上限进行限制。其目的是防止商业银行通过抬高利率的办法吸收存款，相互之间进行恶性竞争。这是因为通过抬高利率吸收存款的行为会诱使商业银行为了取得更高的回报在资金运用方面承担过高的风险。

（2）信用配额。

信用配额也称信贷分配，是指中央银行对各商业银行的信用规模进行分配，主要包括两种方式：一是限制贷款总量的最高额度；二是对贷款进行边际控制，即控制贷款增长的最高比率。发展中国家由于资金供给相对不足，经常采用信用配额这一政策工具。

（3）规定流动性比率。

流动性比率是指流动性资产与负债的比率。对于商业银行而言，流动性比率通常与收益率呈负相关关系，但是流动性比率越高意味着商业银行资产以较低的成本快速变现的能力越强。中央银行通过规定商业银行必须达到的流动性比率最低要求，既有助于维护银行系统的安全，保护存款人利益，又可以促使商业银行压缩长期贷款、扩大短期贷款，从而达到限制信用扩张的目的。

2. 间接信用指导

间接信用指导是中央银行凭借其在金融体系中的影响力和特殊地位加以实施的，主要方式包括道义劝告和窗口指导。

（1）道义劝告。

道义劝告是指中央银行利用其声望和地位，对商业银行和其他金融机构发出通告、指示，或与各金融机构的负责人面谈，劝告其遵守和贯彻中央银行政策。比如当房地产市场泡沫严重时，要求商业银行缩减对该市场的贷款规模。

（2）窗口指导。

窗口指导指中央银行根据产业情况、物价走势和金融市场动向，规定商业银行贷款的重点投向和数量变动，并要求其执行。如果商业银行不按规定执行，中央银行可采取削减对该行的贷款额度或停止提供信用等措施进行制裁。

☞专栏 5—4

中国的主要货币政策工具

我国的主要货币政策工具包括公开市场操作、存款准备金政策、再贴现和再贷款政策、利率政策和常备借贷便利。以下将看到，与国外一般理论不同，现券交易不是我国公开市场操作的最主要方式，再贴现、再贷款政策不属于一般性政策工具，而属于选择性政策工具。

一、公开市场操作

中国公开市场操作包括人民币操作和外汇操作两部分。外汇公开市场操作于 1994 年 3 月启动，人民币公开市场操作于 1998 年 5 月 26 日恢复交易。中国人民银行从 1998 年开始建立公开市场业务一级交易商制度，选择了一批能够承担大额债券交易的商业银行作为公开市场业务的交易对象。近年来，一级交易商的机构类别也从商业银行扩展至证券公司等其他金融机构。

从交易品种看，中国人民银行公开市场业务债券交易主要包括回购交易、现券交易和发行中央银行票据。其中回购交易分为正回购和逆回购两种，正回购为中国人民银行向一级交易商卖出有价证券，并约定在未来特定日期买回有价证券的交易行为，正回购为央行从市场收回流动性的操作，正回购到期则为央行向市场投放流动性的操作；逆回购为中国人民银行向一级交易商购买有价证券，并约定在未来特定日期将有价证券卖给一级交易商的交易行为，逆回购为央行向市场上投放流动性的操作，逆回购到期则为央行从市场收回流动性的操作。现券交易分为现券买断和现券卖断两种，前者为央行直接从二级市场买入债券，一次性地投放基础货币；后者为央行直接卖出持有债券，一次性地回笼基础货币。中央银行票据即中国人民银行发行的短期债券，央行通过发行央行票据可以回笼基础货币，央行票据到期则体现为投放基础货币。

2013 年 1 月，立足现有货币政策操作框架并借鉴国际经验，中国人民银行创设了“短期流动性调节工具”（short-term liquidity operations，SLO），作为公开市场常规操作的必要补充，在银行体系流动性出现临时性波动时相机使用。这一工具的及时创设，既有利于央行有效调节市场短期资金供给，熨平突发性、临时性因素导致的市场资金供求大幅波动，促进金融市场平稳运行，也有助于稳定市场预期和有效防范金融风险。

二、存款准备金

我国实行差别存款准备金制度，其主要内容包括：（1）目前，大型金融机构的法定存款准备金率为 20.50%，中小型金融机构的法定存款准备金率为 17.00%。（2）对各金融机构的法定存款准备金按法人统一考核。各商业银行、农村信用社、财务公司、信托投资公司、金融租赁公司等金融机构由其法人统一将法定存款准备金存入中国人民银行。（3）对各金融机构法定存款准备金按旬考核，对不足的部分处以罚息。发生法定存款准备金账户透支或未及时报送存款准备金的相关会计资料的，中国人民银行将依据《行政处罚法》程序及有关规定，对违规机构进行处罚。同时，自发现之日起将督促金融机构及时办理补缴手续。（4）目前，法定存款准备金的年利率为 1.62%，超额准备金的年利率为 0.72%，如遇政策调整，将按照最新计息规定执行。2011 年以来我国法定准备金率的历次调整情况见表 5—3。

表 5—3　　2011 年以来我国法定准备金率的历次调整情况

时间	调整前	调整后	调整幅度
2012 年 5 月 18 日	（大型金融机构）20.50%	20.00%	−0.5%
	（中小型金融机构）17.00%	16.50%	−0.5%
2012 年 2 月 24 日	（大型金融机构）21.00%	20.50%	−0.5%
	（中小型金融机构）17.50%	17.00%	−0.5%
2011 年 12 月 5 日	（大型金融机构）21.50%	21.00%	−0.5%
	（中小型金融机构）18.00%	17.50%	−0.5%
2011 年 6 月 20 日	（大型金融机构）21.00%	21.50%	0.5%
	（中小型金融机构）17.50%	18.00%	0.5%
2011 年 5 月 18 日	（大型金融机构）20.50%	21.00%	0.5%
	（中小型金融机构）17.00%	17.50%	0.5%
2011 年 4 月 21 日	（大型金融机构）20.00%	20.50%	0.5%
	（中小型金融机构）16.50%	17.00%	0.5%
2011 年 3 月 25 日	（大型金融机构）19.50%	20.00%	0.5%
	（中小型金融机构）16.00%	16.50%	0.5%
2011 年 2 月 24 日	（大型金融机构）19.00%	19.50%	0.5%
	（中小型金融机构）15.50%	16.00%	0.5%
2011 年 1 月 20 日	（大型金融机构）18.50%	19.00%	0.5%
	（中小型金融机构）15.00%	15.50%	0.5%

三、再贴现和再贷款政策

自 1986 年人民银行在上海等中心城市开始试办再贴现业务以来，再贴现业务经历了试点、推广到规范发展的过程。再贴现作为中央银行重要的选择性货币政策工具，在完善货币政策传导机制、促进信贷结构调整、引导扩大中小企业融资、推动票据市场发展等方面发挥了重要作用。2008 年以来，为有效发挥再贴现促进结构调整、引导资金流向的作用，人民银行进一步完善再贴现管理：适当增加再贴现转授权窗口，以便于金融机构尤其是地方中小金融机构法人申请办理再贴现；适当扩大再贴现的对象和机构范围，城乡信用社、存款类外资金融机构法人、存款类新型农村金融机构，以及企业集团财务公司等非银行金融机构均可申请再贴现；推广使用商业承兑汇票，促进商业信用票据化；通过票据选择明确再贴现支持的重点，对涉农票据、县域企业和金融机构及中小金融机构签发、承兑、持有的票据优先办理再贴现；进一步明确再贴现可采取回购和买断两种方式，提高业务效率。

自 1984 年人民银行专门行使中央银行职能以来，再贷款一直是我国中央银行的重要货币政策工具。近年来，适应金融宏观调控方式由直接调控转向间接调控，再贷款所占基础货币的比重逐步下降，结构和投向发生重要变化，新增再贷款主要用于促进信贷结构调整，引导扩大县域和“三农”信贷投放。

四、利率政策

中国人民银行采用的利率工具主要有：(1) 调整中央银行基准利率，包括：再贷款利率，指中国人民银行向金融机构发放再贷款所采用的利率；再贴现利率，指金融机构将所持有的已贴现票据向中国人民银行办理再贴现所采用的利率；存款准备金利率，指中国人民银行对金融机构交存的法定存款准备金支付的利率；超额存款准备金利率，指中央银行对金融机构交存的准备金中超过法定存款准备金水平的部分支付的利率。(2) 调整金融机构法定存贷款利率。(3) 制定金融机构存贷款利率的浮动范围。(4) 制定相关政策对各类利率结构和档次进行调整等。随着利率市场化改革的逐步推进，作为货币政策主要手段之一的利率政策将逐步从对利率的直接调控向间接调控转化。利率作为重要的经济杠杆，在国家宏观调控体系中将发挥更加重要的作用。

五、常备借贷便利

全球大多数中央银行具备借贷便利类的货币政策工具，但名称各异，如美联储的贴现窗口。借鉴国际经验，中国人民银行于2013年初创设了常备借贷便利（standing lending facility, SLF)。常备借贷便利是中国人民银行正常的流动性供给渠道，主要功能是满足金融机构期限较长的大额流动性需求，对象主要为政策性银行和全国性商业银行，期限为1～3个月。利率水平根据货币政策调控、引导市场利率的需要等综合确定。常备借贷便利以抵押方式发放，合格抵押品包括高信用评级的债券类资产及优质信贷资产等。常备借贷便利的主要特点包括：一是由金融机构主动发起，金融机构可根据自身流动性需求申请常备借贷便利；二是常备借贷便利是中央银行与金融机构“一对一”交易，针对性强；三是常备借贷便利的交易对手覆盖面广，通常覆盖存款类金融机构。

资料来源：中国人民银行。

5.5 货币政策传导机制

货币政策的传导机制就是货币政策工具的运用引起中介目标的变动，从而实现货币政策最终目标的过程（如图5—3所示）。本节介绍凯恩斯学派的货币政策传导机制理论、货币学派的货币政策传导机制理论、托宾的q理论和信贷传导机制理论等。

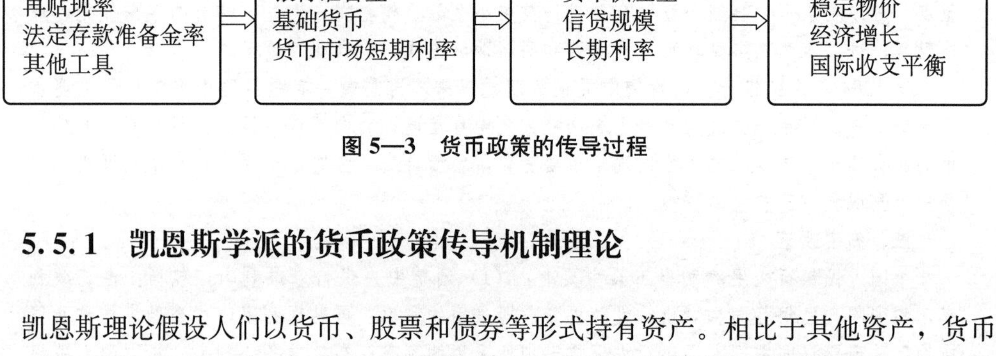

图5—3 货币政策的传导过程

5.5.1 凯恩斯学派的货币政策传导机制理论

凯恩斯理论假设人们以货币、股票和债券等形式持有资产。相比于其他资产，货币的收益率较低，但是流动性较好。人们在收益率和流动性之间权衡取舍，从而决定持有多少货币和持有多少其他资产。若中央银行增加货币供给 M，则货币资产的收益率相对于股票和债券等其他资产下降，这会导致股票和债券等其他资产的价格上升，利率 r 下降，利率的变化又通过影响资本的边际效益使得投资 I 增加，投资 I 的增加进一步引致经济当中的总支出 E（用于一国生产的所有最终商品和劳务的支出）增加，又由于对于一国整体而言，总支出 E 等于总收入 Y，因此总收入 Y 随之增加。这一传导过程可简写为：

$$M \rightarrow r \rightarrow I \rightarrow E \rightarrow Y$$

上述过程只分析了货币市场对商品市场的初始影响，因而称为局部均衡分析。但现实当中，商品市场会反过来对货币市场产生反馈作用，货币市场和商品市场之间的影响是循环往复的。考虑到货币市场与商品市场的相互作用，凯恩斯学派后来对其货币政策传导机制理论做了改进，将局部均衡分析扩展到了一般均衡分析。基本思路是：

第一，若货币供给增加，则利率相应下降，利率下降又会使投资增加，并导致总支出增加，进而推动产出量上升。这是货币市场对商品市场的作用，与前面的分析相同。

第二，由于产出量上升，货币需求会随之上升，此时如果没有增加新的货币供给，货币供求的对比会使原来下降的利率回升。这是商品市场对货币市场的反馈作用。

第三，利率的回升又会使总支出减少、产出量下降，产出量的下降又会使货币需求下降、利率回落。这是一个循环往复的过程。

第四，上述过程最后会接近一个均衡点，这个点同时满足了货币市场和商品市场两方面的均衡要求。在这个点上，利率可能较原均衡水平低，而产出可能较原均衡水平高。

凯恩斯学派认为利率是货币政策传导过程中的关键变量，中央银行通过调整货币供应量影响利率水平，利率水平的变动又改变投资水平，投资水平的变动最终导致总收入发生变动。货币政策的传导效果取决于四个环节：（1）中央银行对货币供应量的控制；（2）货币供应量变动对利率的影响；（3）利率变动对投资水平的影响；（4）投资水平对总收入的影响。上述环节是一环扣一环的，其中任何一环出现阻碍都会降低货币政策的执行效果。凯恩斯学派指出，由于存在所谓的“流动性陷阱”，任何货币供给的增加都有可能被公众所持有，从而不会引起利率变化，因此上述货币政策传导机制不一定能取得好的效果。

5.5.2 货币学派的货币政策传导机制理论

与凯恩斯学派不同，货币学派认为利率在货币政策传导机制中不起重要作用，他们强调货币供给量在整个传导机制中的直接效果。货币学派揭示的货币政策传导机制如下所示：

$$M \rightarrow E \rightarrow I \rightarrow Y$$

$M \rightarrow E$ 表明货币供给量的变化直接影响支出。以货币供给 M 增加为例。货币学派认为，在货币供给增加之前，公众手中持有的货币量正好等于他们的货币需求。由于货币需求有内在的稳定性，因此当货币供给增加时，公众手中持有的货币量必然超过其愿意持有的货币量，从而经济当中存在超额的货币供给。公众为了花掉超额的货币供给，必然增加支出 E。

E→I 指变化了的支出作用于投资的过程，货币主义认为这是资产结构的调整过程。仍以上例为例。超过意愿持有的货币供给可能被用来购买金融资产、非金融资产（实物资产）等各种形式的资产。不同的投资取向会引起不同资产相对收益率的变化，从而引起资产结构的调整。其中，如果实物资产投资 I 增加，会促使产出的数量增加，同时也可能促使物价水平上涨。

I→Y 表示变动了的投资作用于产出的过程。Y 是物价水平与产出的数量之积，只有产出数量的变动才反映了经济状况的真实变动。那么，投资 I 的变动究竟在多大程度上引起产出数量变化，又在多大程度上只是引起物价水平变动呢？货币主义认为，货币供给的变化在短期内对两方面均可产生影响，长期而言，则只会影响物价水平，不影响真实经济。

5.5.3 托宾的 q 理论

以托宾为首的经济学家沿着一般均衡分析的思路扩展了凯恩斯学派的货币政策传导机制理论。他们把资本市场纳入传导机制，考虑了货币市场、资本市场和商品市场之间的相互影响。

托宾学派认为，货币政策是通过影响股票价格，进而作用于投资支出，并最终影响总产出的，该理论被称为 q 理论。q 被定义为企业市场价值与资本重置成本之比，其中，企业市场价值等于企业的股价乘以总股数，资本重置成本等于企业的实物资本总数乘以每单位实物资本的价格。如果 q 大于 1，意味着企业的市场价值高于资本重置成本，相对于企业未来现金流的现值而言，新的厂房和设备的投资比较便宜，因此企业会增加实物资本投资；反之，如果 q 小于 1，企业会减少实物资本投资。因此，q 值的高低反映了企业的投资意愿。

托宾学派将货币政策传导机制总结为：货币政策工具变动导致货币供给量变动，从而引起货币资产相对于股票的收益率变化，于是公众会调整其资产结构，这会影响股票的市场价格，从而导致 q 变动，进而引起企业的投资支出变化，最终导致产出量发生变化：

$$M \rightarrow r \rightarrow PE \rightarrow q \rightarrow I \rightarrow Y$$

其中，PE 为股票价格，其他符号的含义与之前相同。托宾的 q 理论与凯恩斯学派的货币政策传导机制理论的不同之处在于，凯恩斯学派认为利率的变化是直接作用于实物投资和总产出的，而托宾的 q 理论则认为，利率的变化是通过影响股票价格，再作用于实物投资和总支出的。在我国，由于股票价格与企业价值在很大程度上是分离的，因此，托宾 q 理论所解释的货币政策传导机制是否有效仍有待检验。

5.5.4 信贷传导机制理论

信贷传导机制理论出现较晚。与凯恩斯学派和货币主义学派侧重于分析货币供给传导渠道和利率传导渠道不同，信贷传导机制理论强调信贷传导渠道的重要性。这方面的研究主要从两方面展开：

1. 银行借贷渠道

银行借贷渠道理论认为，在信息不对称的条件下，银行贷款与其他融资渠道（如发行债券和股票）不能完全替代，对于小企业和普通消费者这样的特定借款人，其融资需求只能通过银行贷款满足。因此，中央银行可以通过调节和控制银行贷款规模，影响投资和消费支出，从而进一步影响总支出。

以紧缩性货币政策为例。如果中央银行在公开市场上出售政府债券，则商业银行的准备金 R 就会减少，根据 5.2 节的介绍，在其他条件不变的情况下，银行贷款 L 的供给就会相应削减。这会使那些依赖银行贷款融资的特定借款人减少投资 I 和消费，从而导致总支出 Y 下降。这一过程可表示为：

$$\text{紧缩性公开市场操作} \rightarrow R \rightarrow L \rightarrow I \rightarrow Y$$

与凯恩斯学派相比，银行借贷渠道的特点是不必通过利率传导。因此，该理论告诉我们，即使存在“流动性陷阱”，货币供给的变动也可能通过影响银行信贷，进而对总产出产生影响。

2. 借款人资产负债表渠道

随着金融市场的发展，银行借贷渠道的重要性正在下降，然而，另一种信贷传导渠道——借款人资产负债表渠道的重要性正在上升。借款人资产负债表渠道理论从货币供给变动影响借款人资产负债状况的角度来分析信贷传导机制，包括对公司和消费者资产负债表的分析。

（1）公司资产负债表渠道。

以紧缩性货币政策为例。紧缩性货币政策引起利率上升，利率上升直接导致利息支出增加，公司净现金流减少；同时，下游企业和消费者支出的减少间接引起销售收入下降，这也会减少公司净现金流；利率的上升还会导致公司股价下跌，公司资本净值下降，可用作借款担保品的价值减少。由于上述影响，公司贷款的逆向选择问题和道德风险问题变得更加严重，这会促使银行减少贷款投放。一部分资产状况恶化和资信状况不佳的公司不仅难以获得贷款，也很难从金融市场直接融资，结果会导致投资和产出的下降。这一过程可表示为：

$$M \rightarrow r \rightarrow PE \rightarrow NCF \rightarrow \text{逆向选择和道德风险问题} \rightarrow L \rightarrow I \rightarrow Y$$

其中，NCF 表示公司的净现金流，其他符号的含义与之前描述相同。

（2）消费者资产负债表渠道。

消费者往往通过从银行借款的方式筹措用于购买不动产（如住房）和耐用消费品（如汽车）的资金。当中央银行推行扩大消费信贷规模、降低贷款利率的政策时，消费者从银行借款的成本下降，利息支出减少，这会刺激不动产和耐用消费品的需求，进而引起产出数量上升。反之，当中央银行推行收缩消费信贷规模、提高贷款利率的政策时，会减少不动产和耐用消费品的需求，进而引起产出数量下降。上述货币政策传导机制可以被表示为：

$$M \rightarrow r \rightarrow \text{耐用消费品和不动产支出} \rightarrow Y$$

其中符号的含义与之前描述相同。

5.6 货币政策效果

货币政策的实施过程受到多种因素的影响，其中，影响货币政策效果的因素主要来自以下几方面。

5.6.1 货币政策时滞

货币政策从制定到取得最终效果必须经过一段时间，这段时间即为时滞。时滞是影响货币政策效果的重要因素，货币政策的时滞由两部分组成：内部时滞和外部时滞，其中内部时滞又可以分为认知时滞和决策时滞，如图 5—4 所示。

内部时滞（inside lag），是指由于经济形势发生变化需要制定政策加以矫正，到中央银行实际采取行动的时间。它又分为两个阶段：(1) 认知时滞，即从经济形势变化需要货币当局采取行动到货币当局认识到这种需要的时间过程。(2) 决策时滞，即货币当局认识到需要采取行动到实际采取行动所需要经历的时间过程。内部时滞的长短取决于货币当局对经济形势发展的预见能力、制定政策的效率和行动的决心等因素，一般比较短暂，也容易缩短。只要中央银行对经济活动的变化能随时、准确地掌握，并对今后一段时间的发展趋势作出正确预测，中央银行对经济形势的变化就能迅速作出反应，并采取相应的措施，从而可以大大缩短内部时滞。

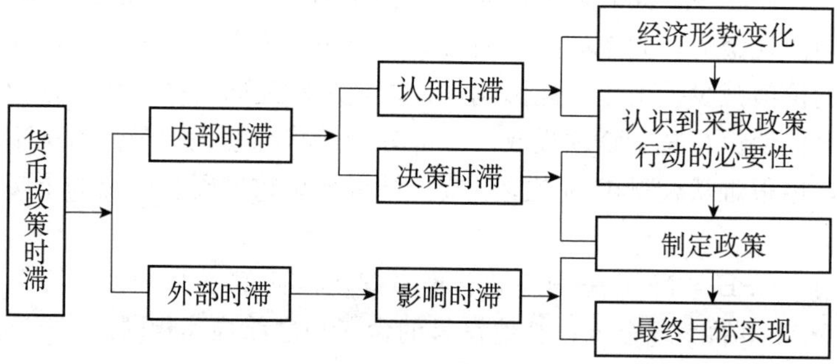

图 5—4 货币政策的时滞

资料来源：蒋先玲（2012）。

外部时滞（outside lag），又称影响时滞，是指货币当局采取货币政策到对经济活动发生影响、取得效果所需要经历的时间过程，也是货币政策从宏观传导到微观，再反映到宏观的时间。一般地，外部时滞所需要的时间比较长，货币当局采取货币政策后，不会立即引起最终目标的变化，它需要经由影响中介目标的变化，通过货币政策传导机制再影响到社会各经济单位的行为，最后影响到货币政策的最终目标，这个过程需要时间。但究竟这种时滞有多长时间，以及对货币政策效果的影响力如何，西方学者有不同的看法：有的学者认为这一时滞相当长，两年左右，有的学者则认为外部时滞不过 6～9 个月而已。

5.6.2 微观主体的预期

微观主体的预期也是影响货币政策效果的一个重要因素。当一项货币政策提出时，各微观主体会立即根据各种信息来预测政策的后果，并尽快研究对策，以抵消政策的不利影响。货币当局推出的政策在遭遇微观经济主体广泛实施的抵消对策时可能归于无效。例如，如果中央银行实行扩张性货币政策以降低失业率，公众根据过去的经验会预期到这种政策的后果，即总需求水平和价格水平会上升，他们就会与雇主谈判要求提高工资，以便当价格上升时能保持实际工资不变。另一方面，企业预期工资成本增加而不愿增加投资和雇佣，最终只有物价上涨而没有就业扩大。鉴于微观主体的预期对货币政策的消极作用，似乎只有在货币政策的取向和力度没有或没有完全为公众知晓的情况下才能生效或达到预期效果，但这种做法的可能性较小。货币当局不可能长时间不让社会公众知道它要采取的政策，即使采取非常规的货币政策，不久之后也会落入人们的预期之内，而长期采取非常规的政策会使微观经济主体做出错误判断，导致经济混乱。幸运的是，即便微观主体的预期非常准确，对策实施也很快，但其效应的发挥也要有一个时间过程，货币政策仍有可能奏效，但微观主体的预期会使其效应打很大的折扣。

5.6.3 其他经济政治因素

除上述因素外，货币政策效应还会受到其他因素的影响，例如经济条件、政治环境的变化。一项货币政策出台后总要持续一段时期才能发挥效果，在这一时期内，如果经济条件、政治环境发生始料未及的变化，而货币政策又难以做出相应调整时，就可能出现货币政策效果下降甚至完全失效的情况。

☞**专栏 5—5**

2013 年第四季度中国货币政策执行报告

2013 年，中国经济呈现稳中有进、稳中向好的发展态势。消费平稳增长，投资增长较快，进出口结构优化；农业生产再获丰收，工业生产增速企稳回升；消费价格涨幅和就业基本稳定。全年实现国内生产总值 56.9 万亿元，同比增长 7.7%，居民消费价格（CPI）同比上涨 2.6%，经常项目顺差与 GDP 之比为 2.1%。

中国人民银行根据党中央和国务院统一部署，坚持稳中求进的工作总基调，继续实施稳健的货币政策，创新调控思路和方式，保持定力，精准发力，不放松也不收紧银根，适时适度预调微调。根据流动性形势变化，灵活调整流动性操作的方向和力度，综合运用并适时创新流动性管理工具，有效应对了多种因素引起的短期资金波动。认真落实国务院关于金融支持经济结构调整和转型升级的决策部署，适当调整差别准备金动态调整机制有关参数，加强信贷政策与产业政策协调配合，加大支农再贷款和再贴现支持，引导金融机构加大对“三农”、小微企业等重点领域和薄弱环节的金融支持。利率市场化改革迈出新步伐，金融机构贷款利率管制全面放开，金融机构市场利率定价自律机制建立健全，贷款基础利率集中报价和发布机制开始运行，同业存单发行交易稳步推进。继续按照主动性、可控性和渐进性原则，进一步完善人民币汇率形成机制，扩大人民币在跨境贸易和投资中的使用。金融市场创新和规范管理进一步加强。

总的来看，稳健货币政策取得了较好效果。2013 年前几个月货币信贷和社会融资总量增长偏快的势头得到控制，全年趋近于预期目标，对经济薄弱环节的资金支持力度进一步加大。货币金融环境的基本稳定促进了经济平稳可持续发展和经济结构调整，使得 2013 年下半年以后一度趋于上行的通胀形势初步稳定下来，也对抑制全社会债务和杠杆水平的过快上升发挥了积极作用。2013 年末，广义货币供应量 M2 同比增长 13.6%。人民币贷款余额同比增长 14.1%，比年初增加 8.89 万亿元，同比多增长 6 879 亿元。小微企业、涉农贷款增速均高于各项贷款的平均增速，增量均高于上年。社会融资规模为 17.29 万亿元，比上年多 1.53 万亿元。金融机构存贷款利率总体平稳，12 月份非金融企业及其他部门贷款加权平均利率为 7.20%。年末，人民币对美元汇率中间价为 6.096 9 元，比上年末升值 3.09%。

从经济发展的潜能和动力等综合情况看，未来一段时期中国经济仍有望保持平稳向好、稳中有进的态势。特别是改革的全面推进，将有利于激发经济活力，把增长的潜力释放出来。但也要看到，当前经济运行中面临不少风险和挑战。全球经济仍有不确定因素，中国经济的内生增长动力尚待增强，对投资和债务的依赖还在上升，经济金融领域的潜在风险值得关注，结构调整和转变发展方式的任务艰巨。价格形势基本稳定，要继续引导、稳定好通胀预期。中国人民银行将按照党中央、国务院的战略部署，贯彻落实党的十八大、十八届三中全会和中央经济工作会议精神，坚持稳中求进、改革创新，继续实施稳健的货币政策，坚持“总量稳定、结构优化”的取向，保持政策的连续性和稳定性，增强调控的前瞻性、针对性、协同性，统筹稳增长、调结构、促改革和防风险，适时适度预调微调，继续为结构调整和转型升级创造稳定适宜的货币金融环境。综合运用数量、价格等多种货币政策工具组合，健全宏观审慎政策框架，保持适度流动性，实现货币信贷及社会融资规模合理增长。同时，盘活存量、用好增量，改善和优化融资结构和信贷结构。把货币政策调控与深化改革紧密结合起来，重视从提高资源的配置效率、扩大消费者主权的角度继续深化改革，更充分地发挥市场在资源配置中的决定性作用，针对金融深化和创新发展，进一步完善调控模式，疏通传导机制，提高金融运行效率和服务实体经济的能力。有效防范系统性金融风险，促进经济持续健康发展。

资料来源：中国人民银行。

本章小结

在一国的金融体系中，中央银行具有特殊地位，它是金融体系的核心和最高管理机关。各国中央银行都具有三项主要职能：发行的银行、银行的银行和政府的银行。我国中央银行也不例外。中央银行往往通过影响其资产负债表中流通中的货币和商业银行的准备金两项之和，即所谓的基础货币，来达到控制货币供给的目的。基础货币每变动一个单位，乘数效应将使得货币供给成倍变动。货币政策目标可以划分为最终目标和中介目标。最终目标是指货币政策在一段较长的时期内所要达到的目标，主要有四个：稳定物价、充分就业、经济增长和国际收支平衡。中央银行可以通过追踪和检测中介目标，及时了解货币政策工具是否得力，估计最终目标能否实现，据此对货币政策做出调整。存款准备金政策、再贴现政策和公开市场操作通常被认为是中央银行货币政策的三大法宝。但是在我国，三种政策的具体操作形式与重要性都与美国等发达国家有所不同。货币政策的传导机制是指货币政策工具的运用引起中介目标的变动，从而实现货币政策最终目标的过程。相关理论包括凯恩斯学派的货币政策传导机制理论、货币学派的货币政策传导机制理论、托宾的 q 理论和信贷传导机制理论等。

思考与练习

1. 中央银行的主要职能是什么？
2. 试推导基础货币和货币供给的数量关系式。
3. 什么是货币政策的最终目标和中介目标？两者的联系和区别是什么？
4. 我国是否有独有的货币政策中介目标？
5. 我国的公开市场操作与美国的公开市场操作有何区别？
6. 我国的再贴现政策与美国的再贴现政策有何区别？
7. 试述凯恩斯学派的货币政策传导机制理论。
8. 托宾 q 理论对我国是否适用？
9. 试述货币政策的信贷传导机制理论。

推荐阅读材料、网站

1. 中国人民银行，http：//www.pbc.gov.cn/

参考文献

1. 安东尼·桑德斯，马西娅·米伦·科尼特．金融市场与金融机构．北京：人民邮电出版社，2008
2. 曹凤岐，贾春新．金融市场与金融机构．北京：北京大学出版社，2002
3. 弗兰克·法博齐，弗兰科·莫迪利亚尼，弗兰克·琼斯．金融市场与金融机构基础．北京：机械工业出版社，2010
4. 弗雷德里克·米什金，斯坦利·埃金斯．金融市场与金融机构．北京：北京大学出版社，2006
5. 胡国晖，崔奇．货币银行学．武汉：武汉理工大学出版社，2006
6. 胡庆康．现代货币银行学教程（第四版）．上海：复旦大学出版社，2010
7. 蒋先玲．货币银行学．北京：中国金融出版社，2012
8. 杰夫·马杜拉．金融市场与金融机构．北京：中信出版社，2004

9. 米歇尔·科罗赫，丹·加莱，罗伯特·马克．风险管理．北京：中国财政经济出版社，2005

10. 钱水土．货币银行学．北京：机械工业出版社，2013

11. 易纲，吴有昌．货币银行学．上海：格致出版社，2014

第六章

存款性金融机构

学习要求：

1. 了解不同类型的存款性金融机构
2. 掌握商业银行的资产负债表结构
3. 掌握基于资产负债表对商业银行进行业务分析的方法
4. 掌握商业银行的风险管理要求

章前导读

在实务当中，金融机构常常被划分为银行业金融机构、证券业金融机构和保险业金融机构等。这种划分方式对监督和管理金融机构是有好处的，但不便于说清不同金融机构的性质。因此，在教材中，一般采用存款性金融机构和非存款性金融机构的划分方法。存款性金融机构仅包含银行业金融机构中以存款作为主要资金来源的那一部分金融机构，非存款性金融机构除包括银行业非存款性金融机构之外，还包括证券业金融机构和保险业金融机构等。本章介绍我国的存款性金融机构，下一章介绍非存款性金融机构。

本章首先对我国的存款性金融机构作一概述，然后主要介绍最重要的存款性金融机构——商业银行。具体包括我国《商业银行法》给出的定义，基于资产负债表对商业银行业务的阐述，和我国参照《巴塞尔资本协议》对商业银行风险的监管。最后，对政策性银行、信用合作社和财务公司等其他存款性金融机构作简单介绍，这些金融机构均在促进我国经济发展的过程中发挥了积极作用。

6.1 存款性金融机构概述

存款性金融机构是以存款为重要资金来源的金融机构。存款性金融机构把存款或者其他融资渠道筹集的资金用于对各种实体的贷款和投资。因此，它们的收入主要来自三方面：贷款、投资和收取费用。存款性金融机构经营的目的，是赚取资产收入与资金成本的差额，这一差额称为差额收入（spread income）或利差（margin）。

在我国，存款性金融机构主要包括政策性银行、商业银行、城市信用合作社（至2012年底，我国的此类机构已全部改制为股份制商业银行）和农村信用合作社、农村资金互助社、财务公司、村镇银行等。各种存款性金融机构的概念如表6—1所示。但是在世界上其他国家，存款性金融机构的具体形式可能与我国有所不同。比如在美国，存款性金融机构主要包括商业银行、储蓄银行、储蓄贷款协会和信用合作社。储蓄贷款协会、储蓄银行和信用合作社又被合称为储蓄机构，它们是特殊类型的存款机构。传统上，储蓄机构不被允许接受可用支票转让的存款，它们主要通过吸收家庭储蓄来获取资金。但是从20世纪80年代初期以来，储蓄机构已被允许提供与支票账户完全等同的可转让存款。

表6—1　　存款性金融机构的类型

类型	定义
政策性银行	政策性银行是指由政府发起、出资成立，为贯彻和配合政府特定经济政策和意图而进行融资和信用活动的机构。
商业银行	我国的商业银行是指依照《中华人民共和国商业银行法》和《中华人民共和国公司法》设立的吸收公众存款、发放贷款、办理结算等业务的企业法人。
信用合作社	简称信用社。是指由个人集资联合组成，以互助为主要宗旨的合作金融组织。其基本的经营目标是以简便的手续和较低的利率，向社员提供信贷服务，帮助经济力量薄弱的个人解决资金困难，以免遭高利贷盘剥。
财务公司	财务公司又称金融公司，是指以加强企业集团资金集中管理和提高企业集团资金使用效率为目的，为企业集团成员单位提供财务管理服务的金融机构。
村镇银行	经中国银行业监督管理委员会依据有关法律、法规批准，由境内外金融机构、境内非金融机构企业法人、境内自然人出资，在农村地区设立的主要为当地农民、农业和农村经济发展提供金融服务的银行金融机构。

6.2 商业银行概述

6.2.1 商业银行的概念解析：基于《商业银行法》

《中华人民共和国商业银行法》[①] 规定，商业银行是依照《中华人民共和国商业银行

① 《中华人民共和国商业银行法》在1995年5月10日于第八届全国人大常委会第十三次会议上通过，2003年12月27日第十届全国人大常委会第六次会议修改。

法》和《中华人民共和国公司法》设立的，吸收公众存款、发放贷款、办理清算业务的企业法人。商业银行作为唯一能提供“银行货币”（活期存款）的金融机构，是一个以营利为目的，以金融资产和负债为经营对象，综合性、多功能的服务企业。与其他类型的金融机构不同，商业银行凭借众多的营业机构与巨大的社会影响力，可以吸收到巨额的社会闲散资金，并以此开展贷款与投资业务，其整体优势和作用大大优于其他任何金融机构。同时，商业银行还接受企业开户，办理转账结算，实现支付结算的非现金周转，并据此发挥创造存款货币的作用。

通常而言，商业银行具有以下五个主要特征：第一，经营大量货币性项目，必须建立健全严格的内部控制；第二，从事的交易种类繁多、次数频繁、金额巨大，必须建立严密的会计信息系统，并广泛使用计算机信息系统及电子资金转账系统；第三，分支机构众多、分布区域广、会计处理和控制职能分散，要求保持统一的操作规程和会计信息系统；第四，存在大量不涉及资产负债的表外业务，表外业务是有风险的经营活动，形成银行的或有资产和或有负债，其中一部分还有可能转变为银行的实有资产和实有负债，故通常要求在会计报表的附注中予以揭示；第五，高负债经营，债权人众多，与社会公众利益密切相关，受到银行监管法规的严格约束和政府有关部门的严格监管。

不同国家对商业银行有不同的分类。在英国，商业银行分为两种：存款银行或清算银行（如巴克莱银行、米特兰银行等）；商人银行和贴现所。在美国，商业银行也有两种，即根据 1863 年《国民银行法》在联邦政府注册的国民银行（如花旗银行、美国银行等）和在州政府注册的州立银行。法国的商业银行一般称为存款银行（如巴黎国民银行、里昂信贷银行和兴业银行等）。日本的商业银行称为普通银行，分为城市银行（如第一劝业银行）和地方银行。我国则是根据业务性质和范围划分商业银行，主要包括全国性商业银行（中国工商银行、中国农业银行、上海浦东发展银行、中国民生银行等），以及上百家城市商业银行和农村商业银行。

6.2.2 我国商业银行业发展现状

中国银行业的改革大幕开启于 1978 年。经过三十多年的发展，中国商业银行体系日渐完善。1978—1984 年，四大国有专业银行相继恢复成立或组建；20 世纪 80 年代中后期，股份制商业银行陆续设立；一些城市信用社被合并重组为城市合作银行。到 1993 年，以四大国有专业银行和 10 多家股份制银行为代表的多元化银行体系基本形成。机构多元化、开展市场竞争，是实现银行企业化转型的一个重要改革步骤。但是，这一阶段的银行仍未真正实现经营机制的转变，资本实力薄弱，经营效率偏低。在 1990 年英国《银行家》全球千家大银行中，中国 8 家上榜银行资产、一级资本和盈利均仅占全球的 1%左右。

1993 年 12 月，国务院发布《国务院关于加快金融体制改革的决定》，将国有专业银行改革作为深化金融改革的重中之重，一系列措施相继推出：一是建立三大政策性银行，承接四大国有专业银行的政策性金融业务，解决专业银行定位不明确的问题，为其商业化改革创造了条件。二是以剥离政策性业务和 1995 年《商业银行法》出台为契机，对专业银行进行商业化改造，包括发行特别国债补充资本金，剥离不良贷款，强化法人体制，取消贷款规模管理、实行资产负债比例管理以及成立证监会和保监会、明确人民银行专司银行业监管等。

2002年，第二次全国金融工作会议召开，明确将四大国有银行综合改革作为金融改革的重点。2003年，国有商业银行改革重组工作正式启动，将中国银行、中国建设银行作为股份制改革的试点，在注资的同时着力推动体制机制上的改革和创新。中国四大国有商业银行沿着政府注资、财务重组、清理和剥离不良贷款、引进战略投资者、建立良好公司治理机制、强化风险管理、股票公开上市的改革路径，基本完成了股份制改革。此轮改革大大地增强了我国金融体系的综合素质，为中国金融业抵御之后爆发的国际金融危机带来的冲击创造了重要的条件。

到目前为止，我国的商业银行可大体划分为五类：国有控股（大型）商业银行、全国性中小股份制商业银行、城市商业银行、农村商业银行和外资银行，如表6—2所示。截至2011年底，我国银行业金融机构包括大型商业银行5家（未包括国家开发银行①），股份制商业银行12家，城市商业银行144家，农村商业银行212家，农村合作银行190家，农村信用社2 265家，邮政储蓄银行1家，金融资产管理公司4家，外资法人金融机构40家等。银行业金融机构总数共有法人机构3 800家，从业人员319.8万人。从机构类型看，资产规模较大的依次为：大型商业银行、股份制商业银行、农村中小金融机构和邮政储蓄银行，占银行业金融机构资产的份额分别为47%、16%和15%（见图6—1）。

表6—2　　中国商业银行分类列表

国有控股商业银行	5家	中国工商银行、中国农业银行、中国银行、中国建设银行和交通银行
全国性中小股份制商业银行	12家	中信银行、中国光大银行、华夏银行、广东发展银行、深圳发展银行、招商银行、上海浦东发展银行、兴业银行、中国民生银行、恒丰银行、浙商银行和渤海银行
城市商业银行	144家	杭州银行、南京银行、北京银行、日照银行、济宁市商业银行、九江银行等
农村商业银行	212家	北京农村商业银行、上海农村商业银行、重庆农村商业银行、深圳农村商业银行等
外资银行	39家	14个国家和地区的银行在华设立37家外商独资银行、2家合资银行

资料来源：中国银监会2011年年报。

① 经国务院批准，国家开发银行于2008年12月11日整体改制为国家开发银行股份有限公司，标志着国家开发银行正式开始向商业银行转型。该股份公司自成立之日起，将承继国家开发银行的全部资产、负债和业务，但是习惯上尚未将国家开发银行纳入到商业银行范畴。

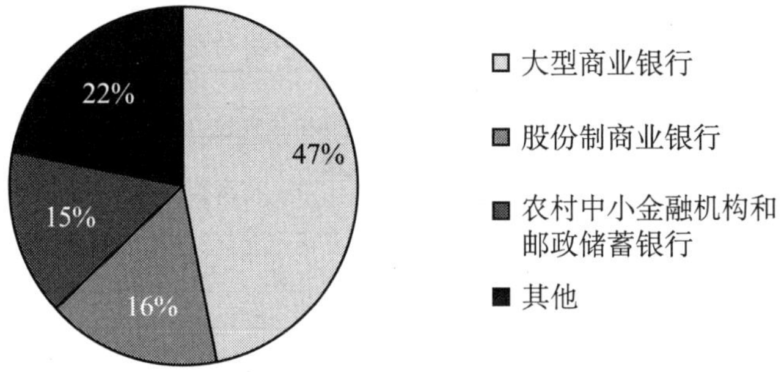

图 6—1　2011 年中国银行业金融机构资产规模分布图

我国商业银行在三十多年的改革发展中取得了巨大成就。第一，成功应对国际金融危机冲击，国际地位持续提升。中国银行业在英国《银行家》全球千家大银行排行榜的上榜数量逐年增加，特别是股改以来数量猛增，在 2011 年达到了 111 家的历史新高。中国上榜银行资本实力和盈利能力明显增强：一级资本实力于 2008 年超过德国、2009 年超过英国、2010 年超过日本，成为仅次于美国的银行业，2012 年达到 7 815 亿美元，占全球的 13.6%；税前利润占全球银行业利润比重稳步提高，在国际金融危机最为严重的 2008 年甚至高达 73.8%，2009 年以来欧美银行业虽有所复苏，但中国银行业占比仍在 20%以上。

第二，管理效率不断优化，经营绩效持续改善。资产规模不断增长，由 2003 年的 27.6 万亿元上升到 2012 年上半年末的 126.8 万亿元，增长了 3.59 倍；资本水平不断提高，由 2003 年仅有 8 家商业银行的资本充足率超过 8%到目前 390 家全部达标；资产质量持续改善，2012 年上半年，商业银行不良贷款率为 0.9%，较 2003 年下降超过 15 个百分点。

第三，坚持服务实体经济，社会效益持续提升。在支持制造业、交通运输等重点领域信贷投放需求的同时，积极扶持战略新兴产业、文化产业等发展，不断加大对国家重点经济发展规划地区、东部产业升级和中西部产业转移承接地区的信贷投入，促进了产业、区域协调发展；在支持小微企业发展方面，通过业务创新不断加大信贷资源倾斜，截至 2011 年末，贷款余额达到 15 万亿元，占全部贷款的 27.3%；在发展农村金融方面，通过设立新型农村金融机构不断增加涉农业务规模，贷款余额达到 14.6 万亿元，占全部贷款的 25.7%。

6.3　商业银行的业务：基于财务报表的解读

6.3.1　典型商业银行资产负债表结构

表 6—3 为我国全国性股份制商业银行之一中国民生银行的年度资产负债表，代表了我国大多数商业银行资产负债表的一般形式。

表 6—3　　中国民生银行股份有限公司资产负债表（2013 年 12 月 31 日）

（除特别注明外，金额单位为人民币百万元）

	2013 年	2012 年		2013 年	2012 年
资产			**负债和股东权益**		
			负债		
现金及存放中央银行款项	430 132	417 648	向中央银行借款	—	—
存放同业及其他金融机构款项	82 502	232 985	同业及其他金融机构存放款项	550 785	740 284
贵金属	2 913	3 723	拆入资金	29 204	41 211
拆出资金	108 026	80 082	向其他金融机构借款	—	—
以公允价值计量且其变动计入当期损益的金融资产	22 262	26 318	衍生金融负债	1 883	1 335
衍生金融资产	1 986	1 234	卖出回购金融资产款	55 345	127 506
买入返售金融资产	570 424	732 662	吸收存款	2 124 978	1 910 622
应收利息	12 093	9 497	应付职工薪酬	7 488	7 583
发放贷款和垫款	1 524 803	1 341 035	应交税费	5 091	5 972
可供出售金融资产	111 387	117 120	应付利息	26 963	22 142
持有至到期投资	133 124	83 653	预计负债	2 188	3 173
应收款项类投资	37 818	15 040	应付债券	91 968	74 969
长期应收款	—	—	其他负债	8 351	9 236
长期股权投资	3 850	3 801	**负债合计**	2 904 244	2 944 033
固定资产	16 090	11 033	**股东权益**		
无形资产	4 000	3 685	股本	28 366	28 366
递延所得税资产	10 135	8 523	资本公积	46 095	44 990
其他资产	27 576	17 246	盈余公积	16 456	12 330
			一般风险准备	41 700	38 800
			未分配利润	62 264	36 767
			归属于母公司股东权益合计	194 877	161 252
			少数股东权益	—	—
			股东权益合计	194 877	161 252
资产总计	3 099 121	3 105 285	**负债和股东权益总计**	3 099 121	3 105 285

资料来源：由中国民生银行 2013 年度年报中资产负债表三个分表整理而来。

根据资产负债表原理，资产负债表左边代表资产，是商业银行的资金运用，与从事制造业的公司不同，商业银行的大部分资产属于金融资产而不属于实物资产或固定资产（比如房屋和机器）。资产负债表右边分为两部分：负债和股东权益，是商业银行的资金来源，包括自有资金和吸收的外来资金两部分。其中，自有资金包括成立时发行股票所筹集的股本以及公积金、未分配利润，这部分称为权益资本；外来资金分为存款性负债和非存款性负债两种，存款性负债主要是吸收存款，非存款性负债主要是同业及其他金融机构存放等。商业银行相当大的一部分负债属于短期存款和借款，杠杆比要高于制造业企业。此外，商业银行与储蓄机构和信用合作社也是有区别的，这主要体现在商业银行的负债包括非存款性负债（比如衍生金融负债和卖出回购金融资产款）。总体资产负债表结构可以概括如表 6—4。

表 6—4　　商业银行资产负债表结构

资产	负债和股东权益
现金 信贷资产 投资资产 其他资产	存款性负债 非存款性负债 股东权益

6.3.2 商业银行负债业务

商业银行日常业务经营无所不及，既经营针对个体的零售业务，又经营针对机构的批发业务，已经成为业务延伸至社会生活各个角落的“金融百货公司”，是千万居民（个人和家庭）和大多数政府单位（如学校等）可贷资金的主要提供者，亦是包括从杂货店到汽车交易商店在内的小型地方企业的主要信贷来源。当企业和消费者交付购买的商品和劳务时，通常他们使用商业银行提供的支票或信用卡，而当他们需要财务信息和进行财务计划时，商业银行则向他们提供建议和咨询。综合来说，商业银行所从事的业务可以分为负债业务、资产业务、表外业务及一些诸如电话银行业务、国际银行业务等的其他业务。

负债业务是形成商业银行资金来源的业务，主要包括存款业务和借款业务。其中，存款业务是银行组织资金来源最主要的方式，借款业务则包括再贴现或者向中央银行借款、同业拆借、发行金融债券、国际货币市场借款，以及结算过程中的短期资金占用等。近年来，随着商业银行利率市场化和银行间竞争加剧，负债业务不断创新出许多新的产品，具体负债业务结构如图6—2所示。

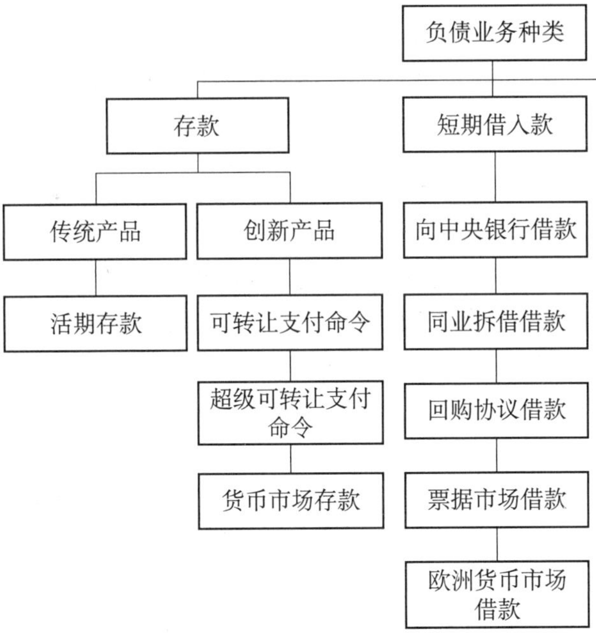

图6—2 商业银行负债业务划分

1. 存款业务

（1）活期存款。

活期存款是指不规定期限，可以随时存取现金的一种储蓄。活期储蓄以1元为起存点，多存不限。开户时由银行发给存折，凭折存取，每年结算一次利息。在西方发达国家，持有者在持有这项金融资产后，有权向第三方签发支票，用于购买商品劳务和支付债务。支票存款是见票即付的，也就是说，一旦见到支票，银行必须立即按照支票的要求进行资金划转或现金的提取。在中国，支票存款的拥有者主要是工商企业，居民家庭还不能拥有这种资产。支票存款的持有者可以获得一个比较低的利息收入。对于银行的客户来说，支票存款的优点是流动性强，可以从银行获得转账结算服务，缺点是利率水平比较低。对于银行来说，支票存款利率水平低，又会在银行账面上形成一个比较稳定的余额，因而是稳定的低利率的资金来源。其缺点是，虽然利率水平比较低，但是银行必须为此支付大量的服务费用，比如，建立办公大厦以吸引客户，处理支票，建立ATM机等。

（2）定期存款。

定期存款指存款人同银行约定存款期限，到期支取本金和利息的储蓄形式。不能签发支票，客户只有在支取现金后，才能用现金进行交易，定期存款的提前支取还要承担一定的利息损失。由于这种存款的流动性低于活期存款，相应地，利率也较高。

另外，银行还有其他类型的存款业务，常见的有整存整取、整存零取、零存整取、定活两便、通知存款等。

2. 借款业务

商业银行的借款业务被称为“主动型负债”，借款业务是商业银行以同业拆借、发行债券等各种方式从资金市场上获得资金的业务形式。各种非存款资金的借入对于商业银行的业务经营具有重要作用，但由于引起借款业务不稳定性的因素较多，这种业务也加大了商业银行的经营成本以及经营资产的风险。一般来说，按照期限长短，商业银行的非存款资金被划分为短期借入资金和长期借入资金。

（1）短期借款业务。

短期借款业务，是指期限在一年以内的各种银行借款。主要是保持正常资金周转、满足资金流动性需要，取得短期借入资金的途径。

①同业拆借。同业拆借是指商业银行与其他金融机构之间的临时性借款，用于银行资金周转、弥补暂时头寸短缺，同业拆借期限一般较短，被称为“日拆”，通常是通过银行间的资金拆借系统完成的。包括两种基本形式：一是同业拆进（拆入）；二是同业拆出。其中，同业拆进是银行负债的重要形式。

借出银行

资产		负债
拆放同业	+100	
在央行存款	−100	

借入银行

资产		负债	
在央行存款	+100	同业拆入	+100

②回购业务。回购业务也称证券回购或回购协议，是指银行在出售有价证券时与购买金融资产一方签订协议，约定在一定期限后按协议价格购回所售证券。因此相当于银行以所售证券为抵押，获取贷款，有价证券卖出与买入之间的价格差可视为贷款利息。

债券购买银行

资产		负债
债券	+100	
在央行存款	−100	

债券出售银行

资产		负债
债券	−100	
在央行存款	+100	

③中央银行借款。

中央银行借款主要包括中央银行的再贷款和再贴现。

a. 再贷款。

再贷款是指商业银行从中央银行获得贷款，我国央行再贷款主要针对国有商业银行发放，其基本类型包括以下三种：年度性贷款，期限为 1 年，最长不超过 2 年；季节性贷款，期限为 2 个月，最长不超过 4 个月；日拆性贷款，期限一般为 10 天，最长不超过 20 天。

b. 再贴现。

再贴现是指商业银行把已经贴现但尚未到期的票据交给中央银行，要求中央银行给予再贴现。这是在市场经济条件下，商业银行向中央银行取得资金的最主要途径。同时，再贴现率作为基准利率，也是中央银行的主要货币政策工具之一。票据市场是我国货币市场中开始时间最早，但至今还没有发展成为真正规范意义上的一个市场。

从央行地方分行获得贷款

借款银行				央行分行			
资产		负债		资产		负债	
在央行存款	+100	应付票据	+100	贷款和预支	+100	银行准备金	+100

④转贴现和转抵押。

转贴现，是指商业银行将已贴现但未到期的票据，交给其他商业银行或贴现机构给予贴现，以取得资金融通。转贴现期限一律从贴现之日起到票据到期日止，按实际天数计算；利率可以由双方协定，也可以贴现率为基础，并参照再贴现率来确定。转贴现可以使银行随时收回资金，既能应付意外事件，也能充分利用资金，但转贴现数额需要根据银行自身的承受能力来确定。

转抵押是银行同业借款方式之一，信贷资金主要在银行体系内部发生转移，对整个社会的货币供应量影响不大。但是作为抵押贷款，转抵押也需要按照抵押贷款的要求去做，以保证信贷资金的合理运行，维护社会信用体系的健康发展。

⑤国际金融市场借款。

商业银行可以通过从国际金融市场借款来弥补资金的不足。一般地，国际金融市场由短期资金市场（期限为 1 年以下）、中期资金市场（期限为 1～5 年）和长期资金市场（期限为 5 年以上）三部分组成。目前世界上最具规模、最具影响的国际金融市场是欧洲货币市场。

⑥结算过程中短期资金占用。

商业银行在办理各种结算业务的过程中，会形成一些短期资金占用，这是银行短期资金来源的重要途径之一。这部分资金具有波动大、不稳定，且短期内就会被提取或者使用等特点，因而不能作为银行稳定的资金来源使用。

（2）中长期借款业务——金融债券。

商业银行的中长期借款业务主要通过发行金融债券借入资金，这既满足商业银行的中长期资金需求，又有利于商业银行拓宽负债渠道，促进资金来源的多样化，并有助于增强商业银行负债的稳定性。

①金融债券的特点及其局限性。

金融债券的主要特点有：筹资目的性强；筹资效率较高；筹资机制灵活；资金具有稳定性；资产流动性较强。

金融债券的局限性有：金融债券的发行数量、利率、期限等，受到金融监管当局的严格限制；除正常利率外，金融债券还要承担相应的发行费用，其筹资成本可能较高；金融债券的流动性状况受金融市场的发达程度以及市场运行状况的制约。

②金融债券的功能。

突破原有存贷关系束缚，可以面向社会筹资，筹资范围广泛；具有高利率和流动性相结合的特点，对客户有较强吸引力，可以提高商业银行筹资的速度和数量；通过发行金融债券所筹集的资金不属于存款，不缴纳法定存款准备金，可以提高银行资金的利用效率；可以使商业银行根据资金运用在期限上保持对称，从而成为商业银行业务“推陈出新”和进行资产负债管理的重要工具。

③金融债券的类型。

金融债券按用途主要分为资本性债券和一般性债券两种。资本性债券是为补充资本金不足而发行的金融债券。一般性债券是为商业银行筹集用于长期贷款与投资的中长期资金，主要包括：担保债券和信用债券；固定利率债券和浮动利率债券；普通金融债券、累进利息金融债券和贴息金融债券；附息金融债券和贴现金融债券。

④金融债券的发行方式。

金融债券的发行方式可以按照发行对象限制、是否通过中介以及具体发售方式等标准加以区分，具体见表 6—5。

表 6—5　　金融债券发行方式汇总表

	划分标准	具体类型
发行方式	发行对象限制	私募方式
		公募方式
	是否通过中介	直接发行
		间接发行
	具体发售方式	行政性发行
		市场化发行

6.3.3　商业银行资产业务

资产业务，是指商业银行运用资金的业务，也就是商业银行将其吸收的资金贷放或投资出去赚取收益的活动。商业银行盈利状况如何、经营是否成功，在很大程度上取决于资金运用的结果。商业银行的资产业务一般由信贷、证券投资、贴现和金融租赁构成，其中以贷款和投资最为重要。

6.3.3.1　商业银行信贷业务

信贷业务[①]是商业银行最重要的资产业务，通过放款收回本金和利息，扣除成本后获

① 信贷，一般也称为贷款，在本书两个概念含义相同。

得利润。信贷业务是商业银行的主要盈利手段。

1. 商业银行贷款的种类。

由于借款人的借款行为由贷款对象、用途、期限、利率和方式等因素构成，而这些因素的不同组合构成了不同的贷款种类。随着经济的持续发展和社会的不断进步，贷款产品与日俱增，有必要按照不同标准对纷繁复杂的贷款品种进行分类，以便采取不同的策略和管理方法来提高银行贷款资产的质量，从而为银行盈利做出贡献。

（1）按贷款的偿还期限可以分为活期贷款和定期贷款。

活期贷款也称通知贷款，是指在贷款时不确定偿还期限，可以随时由银行发出通知收回贷款，客户也可以随时归还的贷款。定期贷款是指具有固定偿还期限的贷款，按照偿还期限的长短，又可分为短期贷款、中期贷款和长期贷款。

（2）按贷款的保障程度可以分为信用贷款和担保贷款。

信用贷款是指还款仅凭借款人的信用，不需要任何抵押物或保证人的贷款。这类贷款风险较大，银行要收取较高的利息，一般适用于经营情况良好、经济实力雄厚、业务往来时间较长且信誉度较高的企业。担保贷款是由借款人或第三方依法提供担保而发放的贷款，如果借款人不履行债务，银行有权处理用作担保的担保品。担保贷款包括保证贷款、抵押贷款和质押贷款。

（3）按贷款的偿还方式可以分为一次性偿还贷款和分期偿还贷款。

一次性偿还贷款是指借款人在贷款到期日一次性还清本息，一般来说，临时性、周转性贷款都是采取一次性偿还方式。分期偿还贷款是指借款人按规定的期限分次偿还本金和支付利息的贷款，到还款期结束时，刚好还清全部款项的贷款。这种贷款适用于借款金额较大、借款期限长的贷款项目。

（4）按贷款的数量可分为批发贷款和零售贷款。

批发贷款是指数额较大，对工商企业、金融机构等发放的贷款，借款者的目的是经营获利。批发贷款可以是抵押贷款也可以是信用贷款，借款期限可以是短期的、中期的或长期的。零售贷款主要是指对个人发放的贷款，包括个人消费贷款、个人证券贷款等。零售贷款一般是抵押贷款。

（5）根据贷款的期限不同，企业贷款通常可以分为短期贷款和中长期贷款。

短期贷款。银行对企业发放的短期贷款通常是企业临时性、季节性贷款，也可称为流动资金贷款，它具有自动清偿的性质。企业用借入的现金购买原材料、半成品或产成品等，然后进行生产和销售，再用收取的现金偿还银行贷款。银行贷款的期限就是从企业购买存货到产品销售的完成，通常会持续几个星期或几个月。

中长期贷款。企业中长期贷款是指对企业发放的贷款期限在1年以上的贷款，主要用于企业因生产经营，技术、工艺、设备的更新改造，基本建设投资和科技新产品的研发推广等产生的资金需求。贷款期限为1～5年的称为中期贷款，5年以上的称为长期贷款，由于期限较长，所以该类贷款的风险要比短期贷款大。

2. 商业银行贷款的一般流程

（1）寻找目标贷款客户。

个人贷款通常是客户找到银行的信贷员填写贷款申请书，而企业贷款则通常是信贷员在其管辖区域内向企业推销贷款。信贷员在拜访目标企业的经营场所后，一般会填写一张客户联系报告，并在每次拜访之后更新，为以后的信贷工作提供信息。

（2）评估目标客户的品格。

客户提出贷款申请后，信贷员通常会尽快与客户进行一次面谈，客户借此机会详细阐述贷款需要。信贷员在面谈中对客户的品格和借款诚意进行评估，考察其还款意愿，衡量是否批准贷款申请。

（3）评估目标客户的财务状况和信用记录。

银行会要求客户提供相关财务文件，用来进一步评估贷款申请。文件收集齐全后，银行的信贷审查部门就开始对申请人的财务报表进行全面分析，以确定客户是否有充足的现金流量来偿还贷款。银行还会查询客户以往的还款记录，了解其诚信情况。

（4）签署借款合同和贷款发放。

所有贷款应当由贷款人与借款人签订借款合同，明确所有需要约定的事项。签订借款合同之后，银行需按合同规定按期发放贷款。

（5）监管贷款协议的履行。

贷款发放之后，银行必须不间断地监控贷款协议的履行，保证条款会被遵守且应付本息都如期偿还。信贷员将每个新客户的信息输入计算机文档中，形成客户档案，记录客户目前所使用的服务，并包含监控客户业务进展和客户金融服务需求等信息。

3. 贷款定价

在对企业发放贷款时，最困难的任务就是如何为贷款定价。放贷机构总是希望收取较高的贷款利率，以确保每笔贷款都是可盈利的，并可以充分补偿放贷机构所承担的风险，但是贷款利率也不能太高，以确保客户能够顺利偿还贷款，否则客户就会向其他放贷机构借款或在公开市场上筹资。放贷机构向客户发放贷款时面临的竞争越大，所定的贷款利率就会越接近于金融市场上类似贷款的利率。过去由于我国的存贷款利率受到政府的严格管制，银行在制定贷款利率方面自由度非常小，但近年来随着利率市场化的推进，如何对贷款进行合理定价已经成为各个银行越来越关注的话题。为此，以下介绍发达国家商业银行常用的贷款定价法。

（1）成本加成定价法。

在对企业贷款定价时，管理层必须考虑筹集可贷资金的成本以及营业成本。最简单的贷款定价模型认为，任何贷款的利率都由四个部分组成：①放贷机构筹集可贷资金的成本；②放贷机构非资金性的营业成本（包括信贷人员的工资以及在发放及管理贷款过程中发生的耗材和设施成本）；③放贷机构对贷款申请的违约风险所要求的补偿；④为了向放贷机构股东提供一定的资本收益而必须考虑的每笔贷款的预期利润。这种贷款定价方法通常称为成本加成贷款定价法，即：

$$\begin{matrix}\text{贷款}\\\text{利率}\end{matrix}=\begin{matrix}\text{筹集可贷资金的}\\\text{边际成本}\end{matrix}+\begin{matrix}\text{放贷机构非资金性}\\\text{营业成本}\end{matrix}+\begin{matrix}\text{放贷机构对贷款违约风险}\\\text{所要求的补偿}\end{matrix}+\begin{matrix}\text{预期}\\\text{利润}\end{matrix}$$

以上每部分都可以用贷款额的年百分比表示。例如，假设放贷机构的某一公司客户提出500万元人民币的贷款申请，为了筹集这笔资金，放贷机构必须在货币市场上以5%的利率出售可转让存单，对这笔贷款来说，可贷资金的边际成本就是5%。用来分析、发放和监控该笔贷款的非资金性营业成本估计为总贷款额（500万元人民币）的2%。信贷部门可能建议再多收取2%的贷款利率以补偿放贷机构因不能及时收回贷款的违约风险。最后，放贷机构还要在贷款的融资、运营和风险成本基础上，再收取 1%的利润率。因此，这笔贷款的利率就为 10%（=5%+2%+2%+1%）。

成本加成定价法的缺点是其假设放贷机构清楚地知道每项成本，通常情况下很难做到这一点。银行业是产品多元化的行业，要在其所提供的各种服务之间确切地分摊营业成本有很大的困难。此外，成本加成定价法意味着放贷机构在为贷款定价时，不考虑来自其他放贷机构的竞争。而事实上，目前大多数贷款定价并非如此，竞争将影响放贷机构的预期贷款利润，一般而言，竞争越激烈，利润越低。

（2）价格领导模型定价法。

在美国，价格领导模型定价法又称为优惠利率加数法或优惠利率乘数法，也叫差别定价法，是指在优惠利率（由若干大银行视自身的资金加权成本确定）的基础上根据借款人的不同风险等级（期限风险与违约风险）制定不同的贷款利率。根据这一做法，贷款利率定价是以优惠利率加上某数或乘以某数确定的。在 20 世纪 30 年代的大萧条时期，主要的商业银行确立了统一的优惠利率（又称为基准利率或参考利率），即对信誉最好的客户发放的短期贷款收取最低利率。向客户收取的实际贷款利率由以下公式确定：

$$\text{贷款利率} = \text{基础或优惠利率(包括放贷机构在所有营业和管理成本之上加收的预期利润)} + \text{由非优惠利率借款人支付的违约风险溢价} + \text{长期贷款借款人支付的期限风险溢价}$$

例如，一个中等规模的企业客户申请一笔 3 年期的贷款来购买新设备，收取的贷款利率可能为 10%，即由 6%的优惠（或基准）利率加上 2%的违约风险溢价，再加上 2%的期限风险溢价构成。向长期贷款收取期限风险费，是因为放贷机构发放长期贷款所面临的风险比发放相对短期的贷款风险要大。使用现行的多种不同风险调整方法来确定风险溢价，是贷款定价中最困难的工作。目前，计算机模型通常会监督借款人是否遵守贷款协议并自动调整相应的风险溢价和贷款利率。

美国目前通行的优惠利率是由 25 家定期公布贷款利率的最大型银行宣布的最普遍使用的基准利率，而规模较小的放贷机构使用的优惠利率与通行的优惠利率有所不同。多年来，优惠利率很少变动，因为变动优惠利率需要放贷机构董事会投票通过才能实行。然而，随着通货膨胀的出现和利率的波动，浮动优惠利率应运而生，该利率和货币市场上的重要利率——90 天商业票据利率和 90 天存单利率的变动相挂钩。在浮动优惠利率下，信用评级高的大公司就可能以仅高出最近商业票据 0.5 个百分点或高出最近 4 周平均存单利率 0.5 个百分点的水平取得贷款。

然而，发放给中小企业的贷款通常以优惠利率或其他公认的基准利率为基础，而大额企业贷款则越来越多地基于发放贷款时的国内外货币市场利率（如伦敦银行间同业拆借利率、上海银行间同业拆借利率）。

（3）客户盈利能力分析（CPA）。

随着放贷机构开发出更为综合的信息系统以追踪其成本，出现了一种新的贷款定价技术，即客户盈利能力分析（CPA）。客户盈利能力分析类似于前面讨论的成本加成定价法，但是定价时考虑的角度不同。它假设放贷机构在为贷款定价时，应考虑整体客户关系，即与该客户相关的所有收入和费用。客户盈利能力分析的计算公式为：

$$\text{放贷机构从整体客户关系中获得的税前净收益率}=\left(\text{向该客户提供贷款和其他服务产生的总收入}-\text{向该客户提供贷款和其他服务发生的总费用}\right)\div\text{该客户实际使用的贷款资金净额}$$

放贷机构从客户处获得的收入可能包括贷款利率、承诺费、现金管理服务收费和数据处理收费。为客户提供贷款和服务发生的费用可能包括银行员工的工资、信用调查成本、存款利息、账户调节和处理费用以及筹集可贷资金的成本。贷款资金净额是指客户实际使用的贷款金额减去客户的平均存款余额（存款余额中要扣除存款准备金）。

如果计算得出的整体客户关系的净收益率为正值，则其贷款申请很快会被批准，因为放贷机构在收回所有费用支出（包括向股东提供的具有竞争性的回报率）后还有盈余。如果计算得出的净收益率为负，该贷款申请很可能遭到拒绝，或者出于在盈利基础上保持客户关系的目的，放贷机构可能试图提高贷款利率或客户要求的其他服务的价格。那些被认为风险较大的客户，需要向放贷机构提供较高的净收益率。

客户盈利能力分析已变得越来越复杂，开始出现说明服务各大客户发生的收入和费用的明细会计报表。通常，在盈利能力分析中，把借款公司本身、其下属公司、主要股东以及高级管理人员作为一个整体同时考虑，这样银行就可以综合掌握与客户的整体关系。这种合并方法可以说明服务某个账户发生的损失是否可由银行和客户关系中的另一账户进行抵补。自动化的客户盈利能力分析系统可以使银行输入各种贷款和存款定价方案，以确定哪种定价方案对于客户和银行都是最佳的。通过客户盈利能力分析还能指出哪类客户和贷款使银行获利最大，以及哪位信贷员最为成功。

4. 企业贷款及借款企业信用分析

对借款企业的信用进行分析是为了确定企业的未来还款能力如何。信用分析是指商业银行为保障贷款的安全与盈利，在发放贷款前对借款人的资信状况进行调查和评估，目的在于预测贷款可能面临的风险，为贷款决策提供科学依据。影响企业未来还款能力的因素主要有财务状况、现金流量、信用支持以及非财务因素，企业的财务状况和现金流量构成企业的第一还款来源，而信用支持为第二还款来源，非财务因素虽然不构成直接还款来源，但会影响企业的还款能力。5C分析法是金融机构对客户进行信用分析时所采用的主要方法之一，主要集中在借款人的道德品质（character）、还款能力（capacity）、资本实力（capital）、担保（collateral）和经营环境条件（condition）五个方面进行全面的定性分析以判别借款人的还款意愿和还款能力。品质是指客户努力履行其偿债义务的可能性，是评估顾客信用品质的首要指标，品质是贷款回收速度和回收数额的决定因素。能力是指客户的偿债能力，即其流动资产的数量和质量及其与流动负债的比例。资本是指客户的财务实力和财务状况，表明客户可能偿还债务的背景，如负债比率、流动比率、速动比率、有形资产净值等财务指标。抵押是指客户拒付款项或无力支付款项时被用做抵押的资产，一旦收不到这些顾客的款项，便以抵押品抵补，这对于首次交易或信用状况有争议的顾客尤为重要。条件是指可能影响客户付款能力的经济环境，如客户在经济不景气情况下的付款可能。

☞专栏 6—1

小企业贷款

一、小企业金融服务的发展现状

近年来，为进一步贯彻落实国家关于支持中小企业发展的指导政策，迎接利率市场化和直接融资市场不断扩大的挑战，商业银行加快信贷结构和客户结构调整步伐，推动公司业务转型，对服务小企业的模式不断进行探索。银行业金融机构以市场需求为导向，积极开展服务模式和金融产品的创新，持续提高小企业服务水平。(1) 丰富小企业服务专营机构组织管理形式。小企业服务专营机构是落实“六项机制”和“四单原则”的重要载体。部分商业银行积极增设小企业服务专营机构分支机构，将支行大公司业务上收总行，使支行成为事实上的小企业服务专营机构。提升小企业服务专营机构的专业程度，结合各地产业发展情况，建设一批有鲜明行业特色的专营机构。根据区域特点、业务规模与结构、管理水平等情况，对已设立的专营机构分类管理，制定不同的发展目标和营销策略。(2) 持续利用产品创新破解抵押物不足难题。一是继续进行贸易融资产品创新，开发推广国内预付款融资、国内信用保险项下贸易融资、商业承兑汇票贴现融资等产品，帮助核心企业上下游的小企业融资；二是继续开发推广更关注企业现金流分析，更关注企业主信用的小额信贷产品；三是继续探索利用商铺经营权、大宗商品交易市场网络仓单等多种质押物，以及核心企业担保、多户联保等多种担保形式，降低小企业的融资门槛。(3) 探索开发批量化、模式化信贷产品。商业银行在深入分析不同类型企业经营特征的基础上，开发并推广产业集群贷、设备按揭贷等批量化、模式化小企业信贷产品，规范产品的授信调查、审批、放款、贷后管理流程，提升业务处理效率，推动小企业客户数量快速增长。(4) 适应资本市场发展趋势创新产品。商业银行在运用传统银行信贷产品的同时，一是投贷联动，联合私募股权基金等投资机构，向小企业提供股权、债权相结合的融资产品；二是运用投资银行服务手段，为小企业提供现金管理、财务顾问、战略规划等金融服务，帮助小企业成长上市。

二、商业银行开展小企业信贷业务的问题

商业银行在开展小企业贷款过程中尚存在一些问题，主要体现在以下几个方面：(1) 信息不透明，采集小企业信息难度大。(2) 信用风险缓释不足。(3) 调查和审批效率较低。

三、拓展商业银行小企业信贷业务的措施建议

商业银行在授信管理、审批机制、贷款价格、产品创新、激励约束、区域政策等多方面进行改革：

(一) 信贷审批方面

(1) 加强行业筛选和客户筛选。在客户筛选上要着重考虑挖掘地区支柱企业和品牌企业等优质小企业客户，一是从产业链上寻找优质小企业客户，如本地支柱企业的上下游产业链上的小企业客户；二是从商业生态链上发现优质小企业客户，如在沃尔玛、家乐福的供应链条上环绕着大量的小企业客户；三是从中小企业网、经济金融信息网络、报刊中挖掘优质小企业客户信息；四是从高科技园区企业中寻找和培育优质小企业客户；五是从行业发展中发现和培育小企业客户。

(2) 改变小企业授信评级模式。对小企业信贷业务，银行应当摒弃原有大中小企业同等流程的审批制度，改变小企业评级授信办法，尤其要重视非财务信息评价指标，把其作为评估小企业真实经营状况的核心指标。如中国建设银行在小企业客户评级中，经营者信用记录、纳税情况、家庭收支和资产等非财务指标的权重达50%左右。

(3) 改进小企业信贷审批机制。商业银行应当积极创新和运用信贷打分技术，通过采取专业化、标准化的量化评分，实现对小企业信用的快速高效分级，进一步提高小企业信贷审批和风险管理效率。

(二) 产品创新与价格方面

(1) 建立小企业贷款利率定价机制。小企业风险大，因此在定价方面应该区别于大企业考虑。银行应当根据风险水平、筹资成本、管理成本、授信目标收益、资本回报要求以及当地市场利率水平等因素，探索对不同小企业或不同授信进行精细化定价，并且针对不同客户类型需要进行弹性定价。通过市场细分，把客户分为强势优质客户、潜力型客户和一般客户。

(2) 创新小企业信贷产品。为适应各地小企业多样化的融资需求，可以对传统信贷产品略加改进，并在当地进行推广。如原深圳发展银行（已合并为“平安银行”）海口分行根据海南省缺乏大型工业企业而贸易型小企业遍布广泛的特点，新推出了“贸易融资”信贷品种，以企业的仓单、预付账款、应收账款、票据为抵押品，对所有贸易融资业务的操作实现了电子化，大大突破了企业的融资领域。

(三) 差别化的信贷政策与激励机制

(1) 对小企业信贷业务推行不同的区域政策。在对待小企业的发展上，银行应保持因地制宜的政策，要有保有压。

(2) 建立差别化的激励约束机制。为了加快发展小企业客户，实现经营战略转型，就要建立与小企业客户金融业务发展相适应的激励约束机制。一是在评价考核指标体系中逐步提高对小企业信贷客户和贷款新增额的考核权重和分值；二是引入与大客户贷款不同的考核机制，对大企业贷款的客户经理考核与小企业贷款的客户经理考核区分开来，激发小企业客户经理的积极性；三是综合考核分支机构和客户经理发展小企业客户的整体回报和利润贡献；四是要建立业绩考核的“缓冲时间”，在发展初期对发展小企业的基层行和客户经理在业绩和利益上给予鼓励和保护。

资料来源：银监会2011年报。

5. 个人贷款

个人贷款是指银行等金融机构为满足个人特定的资金需求而发放的贷款。个人贷款的用途非常广泛，主要包括消费、投资、经营等。我国商业银行早期的个人贷款主要是满足个人自用住房、自用汽车、耐用消费品以及教育需求，以特定的消费目的为主，属于消费信贷的范畴。近年来，个人贷款中投资和经营需求逐渐上升，出现了证券交易和大宗商品贷款、外汇买卖贷款和个人经营性贷款，个人贷款结构出现了多元化趋势。

(1) 个人贷款的产生对商业银行的意义。

从商业银行的角度看，个人贷款是实现资产多元化、降低不良资产比率、提高竞争能力的有效手段。

①个人贷款可以改善银行资产结构，降低经营风险。20世纪80年代的金融证券化使得资信好的大公司进一步从银行脱媒，客观上增加了银行提供公司信贷的风险。为了适应金融环境的巨大变化，银行必须调整资产结构，从以前提供企业贷款为主转变为企业贷款和个人贷款并重，通过贷款结构多元化来降低经营风险。目前，个人贷款已成为商业银行信贷业务的一个重要组成部分，个人贷款的业务量一般占银行总贷款的20%～40%，特别是一些发达国家的大银行，该比例甚至超过50%。

②个人贷款是商业银行主要的利润源泉之一。随着居民收入以及居民对住房、汽车、旅游等生活质量要求的不断提高，个人贷款规模迅速增长，个人贷款逐渐成为商业银行主要的利润源泉之一，中国银行、中国工商银行等主要商业银行占银行利润70%的信贷总量中有 1/3 是由个人贷款贡献的。

③个人贷款是提高商业银行竞争力的重要途径。随着金融全球化、银行电子化的推进，商业银行整合不同服务渠道的能力大大提高。以个人贷款业务为纽带，商业银行可将个人贷款与部分理财产品相互组合，能够有效扩展营销渠道，扩大市场规模，保持良好的市场竞争力。

（2）个人贷款的种类。

个人贷款种类繁多，通常按照资金的用途，个人贷款可分为个人住房贷款、个人汽车贷款、个人综合消费贷款、个人助学贷款、个人经营贷款等。

个人住房贷款是指向借款人发放的用于购买住房的贷款。从全球范围看，商业银行个人信贷中住房贷款所占比例最高，约为 60%～90%，如 2008 年美国花旗银行个人住房抵押贷款占比达 64%、中国工商银行的比例为 72%。

个人汽车贷款是指为借款人发放的用于购买汽车的贷款。汽车贷款属于中长期个人贷款，年限一般为 3～5 年，要求借款人提供抵押、质押或保证等担保。

个人综合消费贷款是向借款人发放的、用于指定消费用途的担保贷款，贷款用途包括住房装修、购买耐用消费品、教育支出、旅游和医疗等消费用途。

国家助学贷款是指向高等院校中经济困难学生发放的，用于支付学杂费和生活费的贷款。国家助学贷款不需要担保，由借款人毕业后用自己的收入进行偿还，一般要求借款人毕业后 6 年内还清，也可根据具体情况延期，但最长不超过 10 年。

个人经营贷款是指向借款人发放的用于其合法经营活动所需资金周转的贷款。银行的个人经营贷款主要用于满足经营状况良好、收入稳定的个人经营资金需求，贷款对象为个人独资、合伙企业的主要出资人或股东。

信用卡贷款是向借款人发放的用于消费的短期贷款。信用卡贷款不需要担保，以透支的形式发放，支持借款人先消费后付账。

（3）个人贷款的特点。

由于个人收入的稳定性受到职业稳定性、经济周期、自身健康等多重因素的影响，在遭遇危机时抵御风险的能力比较薄弱，因此，与企业信贷相比，个人贷款具有高风险性、高收益性、周期性和利率不敏感性等特点。

个人贷款的高风险性主要表现在：个人贷款的还款来源不稳定，波动性较大；信息不对称风险比较严重，借款人往往趋向于隐瞒与贷款清偿能力有关的重要信息；个人贷款的贷款结构内含较高的利率风险和违约风险等。

个人贷款的高收益性主要是由其高风险性决定的。由于个人贷款的信用风险比企业贷款高，银行在确定个人贷款利率时必然收取更高的风险溢价。除了利息收入之外，银行还能获得大量的非利息收入，包括消费回佣收入、手续费收入和年费收入。

个人贷款的周期性体现在较高的经济周期敏感性上。在经济扩张时期，居民对未来的收入预期比较乐观，导致个人的消费和投资需求上升，个人贷款规模急剧膨胀；在经济衰退时期，随着失业率上升，很多人对未来的收入预期变得悲观，个人贷款以及投资规模会明显收缩。

除个人经营贷款的个人贷款产品中，借款人对利率不敏感，因此，个人贷款具有利率不敏感性。个人收入以工资为主，住房、汽车和耐用消费品贷款更多地取决于借款人的收入水平、社会地位和生活质量要求，利率水平通常不是借款人考虑的主要因素。

(4) 个人贷款的信用评估。

目前大多数放贷机构都使用信用评分来评估个人贷款申请。信用评分系统通常基于判别式模型或相关技术，从客户申请中选取几个主要项目，并对每个项目进行评分。信用评分的基本理论是放贷机构和统计员可以通过观察大量曾经借贷的个人来确定可以区别优良贷款和不良贷款的财务、经济和动机因素。信用评分系统的优势在于能够以最少的人力成本迅速处理大量贷款申请，因此降低了经营成本，并且可以替代缺乏经验的信贷员进行有效判断，有助于控制坏账损失。

当前广泛使用的信用评分系统中最著名的是 Fair Isaac 公司设计的 FICO 评分系统。它基于借款人还款历史、欠款数额、未来借款人信用历史的持续时间、新申请贷款的类型和借款人曾使用的信贷种类这五大类信息，计算了全球数百万消费者的得分，并将这些得分提供给放贷机构和提出申请的个人。

6.3.3.2　商业银行投资业务

《商业银行法》规定了商业银行只能经营 13 项业务，并要事先报中国人民银行批准。同时在第四十三条中规定：商业银行在中华人民共和国境内不得从事信托投资和股票业务，不得投资于非自用不动产。商业银行在中华人民共和国境内不得向非银行金融机构和企业投资。一般而言，商业银行投资业务指银行把资金投放于各种长短期不同的证券，以实现资产的收益并保持相应的流动性。商业银行可以投资于货币市场工具，而商业银行可以投资的资本市场工具主要包括到期日在一年以上的中长期政府债券、公司债券。近年来，随着金融市场上不断出现新的投资工具和银行经营范围的扩大，可供银行选择的证券种类也越来越多。金融衍生工具、抵押支持债券等金融创新品种已成为银行证券投资组合的新选择。

6.3.4　商业银行表外业务

狭义的表外业务是指商业银行所从事的、按照现行的会计准则不记入资产负债表内、不形成现实的资产负债，但在一定条件下有可能转变为银行的资产和负债的业务，又称或有资产、或有负债，也习惯称之为中间业务。它分为担保、贷款承诺、金融衍生业务和投资银行业务四大类，通常要求在会计报表的附注中予以揭示。广义的表外业务是指不在资产负债表上反映的所有业务，包括或有债权、或有债务类表外业务和金融服务类表外业务。广义的表外业务既包括狭义的表外业务，也包括银行为客户提供金融服务，从中收取手续费，却不承担任何资金损失，不对表内业务产生影响的业务，因此不构成银行的或有资产和负债。广义的表外业务可以分为代理服务、信托服务、咨询服务、支付结算服务及与贷款和进出口有关的服务。

一般而言，表外业务具有如下五个特点：(1) 提供资金与服务相分离，充分利用非资金资源。商业银行在从事表外业务时，并不运用自身资金，而是通过自身的信誉、设备和人员，依靠其特有的人力、金融技术、经营技巧为客户提供服务、给予承诺、提供保证等，并收取一定的手续费，从而实现对其非资金资源的充分利用。(2) 成本低，收益高。由于商业银行办理表外业务时通常不运用自身的资金，这大大降低了商业银行的经营成本。且表外业务的收入不受存款和贷款规模的影响，积极开拓表外业务将在很大程度上提高商业银行收入。(3) 以接受客户委托的方式开展业务。商业银行办理表外业务，尤其是办理信用类中间业务（如承兑、承诺、有价证券的买卖等）时，是以接受客户委托的方式开展业务的。(4) 交叉性。一种表外业务可能是由两种以上的表外业务组成的。(5) 透明度低，不易监管。表外业务通常无法直接在资产负债表内进行反映，还有一部分在资产负债表外以注释的形式列明，许多业务的规模和质量不能真实地反映在财务报表中，因而降低了银行经营的透明度，给银行经营带来了很大隐患。

6.3.5 商业银行其他业务

1. 电子银行业务

根据中国银行业监督管理委员会 2006 年 3 月 1 日施行的《电子银行业务管理办法》中的有关定义，电子银行业务是商业银行等银行业金融机构利用面向社会公众开放的通讯通道或开放型公众网络，以及银行为特定自助服务设施或客户建立的专用网络，向客户提供的银行服务。随着信息技术在金融业的广泛应用以及银行业务的综合经营和国际化发展，电子银行业务已成为银行业务的主渠道，是提升银行核心竞争力的重要手段。

基于不同的市场战略，各家银行的电子银行经营模式差别较大。对国内外的电子银行模式进行总结归纳，大致可以分为三种基本模式：一是纯粹的网上虚拟银行，无实体营业网点，完全依赖网络。二是设立相对独立的电子银行机构或独立法人，在实体银行支持下发展电子银行业务，如花旗银行有自己的网上银行 e-Citi，其通信平台 OFX 可为全球的花旗银行客户提供网上金融服务。三是成立电子银行业务管理部门，负责指导各个分支机构电子银行业务的发展。中国工商银行、招商银行等国内商业银行都是采用这种模式。

无论哪一种模式，电子银行都对商业银行的发展产生了革命性的影响。第一，电子银行给银行业带来的影响不仅仅是银行操作方面的变革，而且带来了银行的性质及功能作用的革命性变化。电子计算机以其超强的计算能力、计算速度、记忆能力和智能处理给银行传统的存、放、汇业务处理带来革命性变化的同时，也给银行开拓了一片新天地。今天的银行已发展成为集社会服务、信息供应、经济预测、投资代理、决策咨询于一身的金融超级市场。提供信息和金融服务等中间业务收入已成为商业银行的重要收入来源。第二，银行电子化提高了生产效率，有效地降低了成本。电子银行业务是高科技与银行业务结合的产物，它不仅能提供优质、高效、便捷的服务，而且服务成本极低。有资料表明：美国网上银行的平均每笔交易成本只有 1 美分，仅相当于分行柜台交易成本的 1%，ATM 交易成本的 3.7%，电话银行交易成本的 66.7%。第三，电子银行不仅是银行进行业务处理、客户服务和市场营销的重要渠道，还是银行进行业务创新和新业务品种孵化的平台。电子计算机能帮助银行改善与客户的关系，开发诸多新型服务产品，争取更多客户。比如家庭银行的发展使客户能在家中直接利用电视、电话、电子计算机等媒介接通银行的电子计算机网络来完成转账、支付、余额查询和财务管理等。第四，电子计算机能够辅助银行建立数据库和各类决策系统，提高经营管理水平。在批发业务领域，西方国家的商业银行已利用电脑开发出了管理信息系统（MIS）、决策支援系统（DSS）、经营决策支援系统（MDS）等系统，为银行及其客户进行迅捷高效的决策提供了便利。以计算机技术为支撑的电子银行的发展在给银行带来巨大影响的同时，银行管理也随之发生了巨大变化。

电子银行业务有不同的分类方式，按照使用对象的不同，可以分为企业电子银行产品和个人电子银行产品；按照使用方式和服务渠道不同，可以分为网上银行、电话银行、手机银行、自助银行。

网上银行又称网络银行、在线银行，是指银行利用互联网技术，通过互联网向客户提供开户、销户、查询、对账、行内转账、跨行转账、信贷、网上证券、投资理财等传统服务项目，使客户足不出户就能够安全便捷地管理活期存款和定期存款、支票、信用卡及个人投资等。由于它不受时间和空间限制，能够在任何时间（anytime）、任何地点（anywhere）、以任何方式（anyhow）为客户提供服务，因此网上银行又被称为“3A”银行。根据服务对象的不同，商业银行一般将网上银行分为个人网上银行和企业网上银行。个人网上银行的客户一般需要事先注册，然后通过互联网来登录。企业网上银行除了可以通过互联网直接登录外，还可以将企业网上银行系统和企业的财务软件系统或 ERP 系统连接，通过企业内部财务系统的界面享受各种银行服务。

电话银行业务是利用电话自助语音或人工服务方式为银行客户提供业务咨询、账户查询、转账汇款、投资理财、代理业务等金融服务的电子银行业务。电话银行系统一般由以下几部分组成：自助语音系统、人工话务服务系统、业务处理系统、柜员及参数管理系统、监控系统、数据库等。它利用电话与计算机集成技术，为客户提供自助语音服务和人工坐席服务。客户可以在任何时间、任何地点利用电话进行账户信息查询、转账、咨询、投诉等银行业务的处理。

手机银行也称移动银行，是通过移动网络为客户提供各种金融服务的一项电子银行产品。手机银行是继网上银行出现后，因移动通信技术迅猛发展而新出现的一种电子银行服务渠道，集中体现了移动通信随时随地提供服务的独特性。虽然目前手机银行业务所占比重不大，功能还有局限，但随着无线通信技术的发展，手机银行客户群体将迅速扩大。

自助银行主要包括自动柜员机、销售终端和多媒体自助终端等。(1) 自动柜员机。自动柜员机（ATM）是为客户提供自助服务的专业银行设备，一般包括账户余额查询、存取款、转账、修改密码等功能。客户凭一张存有个人识别码的卡片并向与金融机构计算机相连的计算机终端输入一串密码，就能够 24 小时进入银行的电脑系统。平均每台 ATM 机每天可以处理 200 多笔交易。(2) 销售终端。销售终端（POS）是一套电脑设施，客户可以通过它购买商品和服务，消费金额直接从其存款账户扣除。当前的销售终端可以分为两类：在线 POS 系统和离线 POS 系统。离线系统在一天的营业结束后才清算客户的所有交易额，在线系统则每发生一笔交易就从顾客账户中划走其消费额。(3) 多媒体自助终端。多媒体自助终端采用浏览器—服务器体系结构，客户以银行卡、存折为媒介，通过多媒体自助终端可以方便地实现金融信息查询、账户查询、转账、缴费、密码修改、补登存折等功能，为客户提供了操作更加方便、页面更加美观、业务类型更加丰富的自助服务渠道。

2. 国际银行结算业务

国家间进行贸易和非贸易往来而发生的债权债务，要用货币收付，在一定的形式和条件下结清，这样就产生了国际结算业务。国际结算方式是从简单的现金结算方式发展到比较完善的银行信用证方式，货币的收付形成资金流动，而资金的流动又须通过各种结算工具的传送来实现。

（1）汇款结算业务。汇款是付款人把应付款项交给自己的往来银行，请求银行代替自己通过邮寄的方法，把款项支付给收款人的一种结算方式。银行接到付款人的请求后，收下款项，然后以某种方式通知收款人所在地的代理行，请它向收款人支付相同金额的款项。最后，两个银行通过事先约定的办法，结清两者之间的债权债务。汇款结算方式一般涉及四个当事人，即汇款人、收款人、汇出行和汇入行。国际汇款结算业务基本上分为三大类，即电汇、信汇和票汇。

（2）托收结算业务。托收是债权人为向国外债务人收取款项而向其开出汇票，委托银行代收的一种结算方式。一笔托收结算业务通常有四个当事人，即委托人、托收银行、代收银行和付款人。西方商业银行办理的国际托收结算业务分为两大类，一类为光票托收，另一类为跟单托收。

（3）信用证结算业务。信用证结算方式是指进出口双方签订买卖合同后，进口商主动请示进口地银行向出口商开立信用证，对自己的付款责任作出保证。当出口商按照信用证的条款履行了自己的责任后，进口商将货款通过银行交付给出口商。一笔信用证结算业务所涉及的基本当事人有三个，即开证申请人、受益人和开证银行。

（4）担保业务。在国际结算过程中，银行还经常以本身的信誉为进出口商提供担保，以促进结算过程的顺利进行。目前为进出口结算提供的担保主要有两种形式，即银行保证书和备用信用证。银行保证书（letter of guarantee），又称保函，是银行应委托人的请求，向受益人开出的担保被保证人履行职责的一种文件。备用信用证（stand-by letter of credit），是一种银行保证书性质的凭证。它是开证行对受益人开出的担保文件，保证开证申请人履行自己的职责，否则银行负责清偿所欠受益人的款项。

6.4 商业银行风险管理与基于《巴塞尔新资本协议》的监管

6.4.1 商业银行风险管理概述

商业银行风险是指在货币经营和信用活动中，由于各种事先无法预料的因素的影响使银行的实际收益与预期收益发生背离从而蒙受经济损失或获得额外收益的机会和可能。银行风险产生的原因在于银行从事货币经营和信用活动的不确定性。能否建立起科学、合理的风险管理体系直接关系到商业银行的成败得失，更直接关系到我国金融市场能否稳定繁荣和健康发展。正如美联储前主席阿兰·格林斯潘（1999）所说："银行为现代社会所做的许多贡献，源于它们承担风险的意愿。"因此，新的局势呼唤着对商业银行风险管理体系进行更加深入的研究。

1. 商业银行风险管理的演进

商业银行风险管理随着金融理论和金融实践的发展而发展。从亚当·斯密的资产风险管理理论、20 世纪 60 年代的负债风险管理理论、70 年代的资产负债风险管理理论，到 80

年代的资产负债表外风险管理理论，以及金融工程学的产生，巴塞尔体系的成形，可以说经过两个多世纪的发展，商业银行风险管理理论已经形成一个较为完整的体系。但是，银行的早期风险管理侧重于资产负债业务，缺乏量化管理，技术性和科学性不强，并且未将风险管理作为一种系统性科学管理方法加以运用。真正定量的风险管理是在衍生工具定价模型等金融技术不断取得突破的基础上发展起来的。

首先是市场风险的量化管理，它带动了信用风险和其他风险的量化和创新，最终形成了现代金融风险管理体系。现代风险管理无论是在手段、内容还是机制、组织方面，都出现了质的飞跃，其系统性、科学性和复杂性已远非二三十年前可比。

其次是从1997年以来，席卷半个地球的金融危机促使人们更加重视市场风险与信用风险的综合模型以及操作风险的量化问题，由此全面风险管理模式引起人们的重视。全面风险管理的核心是，对银行内部（在全球业务范围内）各个层次的业务单位、各个种类的风险进行统一衡量和通盘管理。全面风险管理能够全面动态地测量风险，使银行各层次做出更好的风险管理决策，从而成为银行风险管理的发展趋势。

全球银行风险管理标准的确立，主要归功于巴塞尔委员会的成立及其发布的一系列具有深远影响的文献。1987年12月10日，国际清算银行在瑞士巴塞尔召开了包括美国、英国、法国、联邦德国、意大利、日本、荷兰、比利时、加拿大和瑞典（十国集团）以及卢森堡和瑞士在内的12个国家中央银行行长会议，通过了《统一资本计量和资本标准的国际协议》（简称《巴塞尔资本协议》），并于1988年颁布。

2006年6月，巴塞尔委员会推出了自1998年开始启动修订，并三次向全球征求意见的《统一资本计量和资本标准的国际协议：修订框架》，即《巴塞尔新资本协议》。新协议代表了国际银行业风险管理的未来方向和最新研究成果，基本确立了全球银行风险管理的统一标准。

2008年全球性金融危机的爆发暴露了现行的银行资本监管国际规则的重大缺陷。为此，2010年11月，二十国集团首尔峰会批准了巴塞尔委员会起草的《巴塞尔协议Ⅲ》，确立了银行业资本和流动性监管的新标准，要求各成员国从2013年开始实施，2019年前全面达标。2011年11月，二十国集团戛纳峰会要求各成员国带头实施国际新监管标准。此次监管改革将迫使银行更注重资本约束，强调资本质量，避免金融创新所引致的资本泡沫及与实体经济脱钩风险；同时，更高的信息披露要求和政府监管力度使得商业银行能更好地把控自身的风险水平，健全全面风险管理体系。

2. 商业银行全面风险管理的主要概念

根据美国反虚假财务报告委员会下属的发起人委员会（COSO）的《全面风险管理框架》中的相关定义，“全面风险管理是一个过程，这个过程受组织的董事会、管理层和其他人员影响，应用于战略制定、贯穿在整个组织之中。全面风险管理旨在识别影响组织的潜在事件并管理风险，使之在企业的风险偏好之内，从而为组织目标的实现提供合理的保证。”因此，银行的全面风险管理应有三方面的含义：首先，它是一个渗透到银行各项经营管理过程中的全过程；其次，银行全面风险管理必须依靠全体员工才能运行；最后，银行全面风险管理必须要涵盖银行各层次的各类风险。相对应的商业银行全面风险管理体系指的是在风险管理过程中将各种风险管理方法、手段以及理念等有机结合在一起使之形成一种有效机制来预防、控制和处理银行面临的或已经发生的所有风险。

银行业务的本质决定了它要承担各种类型的风险。除了在第三章提到的信用风险、市场风险、操作风险、流动性风险和合规风险，还有国家和转移风险、声誉风险。国家和转移风险，也叫国家风险，银行在进行国际信贷业务时，除一般贷款业务中的固有交易对象的信用风险外，还面临着国家风险。所谓国家风险就是指与借款人所在国的经济、社会和政治环境方面相关的风险。当向外国政府或政府机构贷款时，由于这种贷款一般没有担保，国家风险便最明显。国家风险的一种表现形式是转移风险，即当借款人的债务不是以本币计值时，不管借款人的财务状况如何，借款人都可能无法得到外币。

声誉风险产生于操作上的失误，违反有关法规和其他问题。声誉风险对银行损害极大，因为银行的业务性质要求它能够维持存款人、贷款人和整个市场的信心。

3. 商业银行风险管理的三个层次

第一层次：建立文化制度。在银行内部建立全面的风险管理体系，树立全面风险管理的理念，完善内部控制制度，建立风险管理的文化，使得银行风险管理深入人心，银行员工在业务过程中能自觉遵守业务标准流程，主动防范业务可能带来的风险，将银行合规文化贯穿于执行业务的始末，从源头上真正消减风险。

第二层次：采用风险缓释技术。风险缓释是指通过风险控制措施来降低风险的损失频率或影响程度。对于银行面临的预期损失，即该风险可预测且无法避免，银行需要采用诸如对冲、保险、拨备覆盖等风险缓释手段来抵减这种可预计的风险带来的损失。信用风险缓释是指商业银行运用合格的抵质押品、净额结算、保证和信用衍生工具等方式转移或降低信用风险。操作风险缓释是指金融机构采取如抵押、担保、金融衍生品等风险缓释工具，或者采取保险、融资等手段所实施的风险转移技术。

第三层次：计提资本。一般而言，商业银行风险可以分为两个组成部分（如图 6—3 所示），其中一部分为预期损失，对应的为提取的准备金；另一部分为非预期损失，对应的为经济资本。在此（如 95％或 99％的置信区间）之外则为异常事件导致的异常损失。对于银行面临的非预期损失，即在该损失无法预期且银行风险无法缓释的情况下，需要计提资本来覆盖这部分风险及其可能带来的损失。

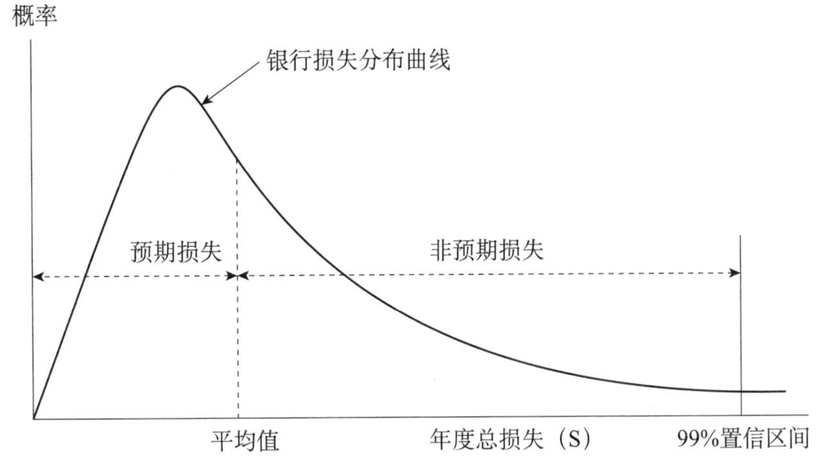

图 6—3　商业银行风险损失分布

6.4.2 商业银行监管体系与《巴塞尔新资本协议》

银行风险管理离不开外部环境，其中最重要的是监管机构的监管。建立监管规则的目的在于提高银行运转的安全性。外部监管规则对银行风险管理产生了决定性的影响，促使银行管理架构建立了约束机制和激励风险管理的指标体系，同时，资本充足率的要求大大促进了银行内部风险模型的发展，使风险得到更为精确的定义，同时更为完善的风险量化方法也得以出现，并引出了风险资本的概念，即弥补银行非预期或意外损失风险的必需资本。

1. 商业银行监管的理论基础

监管的动因源自银行业与监管当局之间的目标不一致。银行冒险的主要动机是追求预期收益的最大化。系统性风险产生于银行之间借贷行为相互交错所产生的高相关性，单个银行的风险能导致整个银行系统崩溃的"系统性风险"。如果单个银行倒闭，就会使所有与该银行存在债权债务关系的银行产生倒闭的风险。显然，避免发生系统性风险是监管者的主要挑战。与单个银行更关注它们自身的风险不同的是，监管者往往关注以下方面：(1) 关注整个系统的风险或"系统性风险"，使得监管者预先主动采取措施来阻止银行倒闭。正是抵御风险的资本充足率等重要准则推动了监管者的这些共识和行动。(2) 建立公平竞争环境，防止出现因不公平竞争所致的市场扭曲。(3) 倡导稳健经营，从而保证金融体系的安全。当监管者努力控制风险时，往往会面对一些两难选择，比如由于许多规则限制了银行经营，因此监管与保持银行业竞争之间会产生冲突。新规则也会导致银行采取监管者无法预料的行为，从而规避了监管约束。所以，监管者避免使用那些可能导致竞争环境突然变化的监管措施，因为这样做会使银行的行为产生更多的不确定性。

银行的最终目的是盈利，为了获得盈利必然要承担风险。因为风险和收益密切相关，所以承担风险是金融机构的一种比较正常的行为。当承担的风险过大，银行遇到严重的损失时，支撑风险损失的资本金就可能会丧失得无影无踪，在这种情况下，破产几乎是不可避免的事情。因此通过承担额外风险，银行将盈利的希望提高到了最大限度，然而风险越高，出现损失的可能性也越大。只有当不存在真正的资本损失风险时，提高风险才是理性的。对于银行而言，承担风险的另一个动机是道德问题，一些西方国家的银行和存款者都受到存款保险制度的保护，这个制度在出现违约行为时能保证存款者收回大部分资金，可以从这种保险中获益的银行承担的风险肯定比没有受到这种保护时的风险更多。

2.《巴塞尔新资本协议》与商业银行监管

1987 年国际清算银行通过了《巴塞尔资本协议》，并于 1988 年颁布。该协议主要有四部分内容：资本的分类，风险权重的计算标准，1992 年资本与资产的标准比例和过渡期的实施安排，以及各国监管当局自由决定的范围。体现协议核心思想的是前两项，即资本的分类和风险权重的计量标准。该协议以统一的计算方法和标准打破常规，从银行资本值及资本对风险资产比率的角度评价银行的实力和抵御风险的能力，即由重视资产总值到重视资本与资产的比率，由扩张性战略转为更谨慎的经营策略，由注重银行的盈利性到较多地考虑流动性和安全性。它有助于西方商业银行在平等的基础上进行竞争，为国家间银行监管和协调提供了极大方便，确保了国际银行体系在国际债务危机和金融风潮中能平稳顺利运营。

巴塞尔委员会建立了一套国际通用的以加权方式衡量表内与表外风险的资本充足率标准，极大地影响了国际银行监管与风险管理工作的进程。在近十几年中，随着巴塞尔委员会根据形势变化推出相关标准，资本与风险紧密联系的原则已成为具有广泛影响力的国际监管原则之一。正是在这一原则指导下，2006 年巴塞尔委员会建立了更加具有风险敏感性的《巴塞尔新资本协议》(即《巴塞尔协议Ⅱ》)。新协议将风险扩大到信用风险、市场风险、操作风险和利率风险，并提出“三个支柱”(最低资本要求、监管当局的监督检查和市场纪律，见图 6—4)，要求资本监管更为准确地反映银行经营的风险状况，进一步提高金融体系的安全性和稳健性。

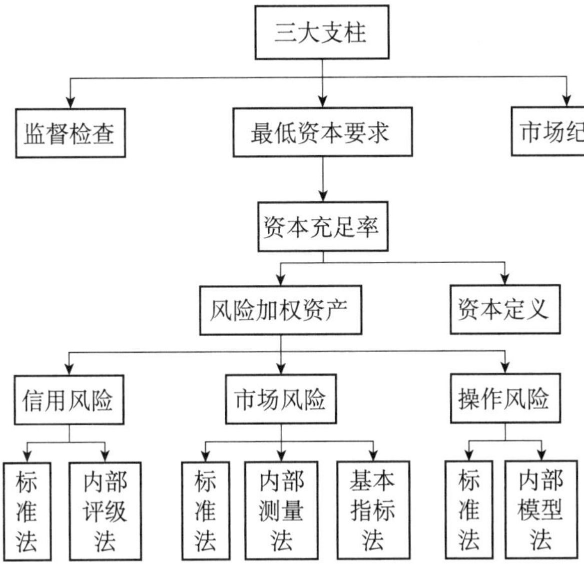

图 6—4 《巴塞尔新资本协议》基本构架图

第一支柱——最低资本要求。新协议在第一支柱中考虑了信用风险、市场风险和操作风险，并为计量风险提供了几种备选方案。关于信用风险的计量，新协议提出了两种基本方法，第一种是标准法，第二种是内部评级法。内部评级法又分为初级法和高级法。对于风险管理水平较低的银行，新协议建议其采用标准法来计量风险，计算银行资本充足率。根据标准法的要求，银行将采用外部信用评级机构的评级结果来确定各项资产的信用风险权重。当银行的内部风险管理系统和信息披露达到一系列严格的标准后，银行可采用内部评级法。内部评级法允许银行使用自己测算的风险要素计算法定资本要求。其中，初级法仅允许银行测算与每个借款人相关的违约概率，其他数值由监管部门提供，高级法则允许银行测算其他必需的数值。类似地，在计量市场风险和操作风险方面，委员会也提供了不同层次的方案以备选择。

第二支柱——监管部门的监督检查。委员会认为，监管当局的监督检查是最低资本要求和市场纪律的重要补充。具体包括：(1) 监管当局监督检查的四大原则。①原则一：银行应具备与其风险状况相适应的评估总量资本的一整套程序，以及维持资本水平的战略。②原则二：监管当局应检查和评价银行内部资本充足率的评估情况及其战略，以及银行监测和确保满足监管资本比率的能力。若对最终结果不满意，监管当局应采取适当的监管措施。③原则三：监管当局应希望银行的资本高于最低监管资本比率，并应有能力要求银行持有高于最低标准的资本。④原则四：监管当局应争取及早干预，从而避免银行的资本低于抵御风险所需的最低水平，如果资本得不到保护或恢复，则需迅速采取补救措施。(2)监管当局检查各项最低标准的遵守情况。银行要披露计算信用风险及操作风险最低资本的内部方法的特点。作为监管当局检查内容之一，监管当局必须确保上述条件自始至终得到满足。委员会认为，对最低标准和资格条件的检查是第二支柱下监督检查的有机组成部分。(3) 监管当局监督检查的其他内容包括监督检查的透明度以及对银行账簿利率风险的处理。

第三支柱——市场纪律。委员会强调，市场纪律具有强化资本监管，帮助监管当局提高金融体系安全性、稳健性的潜在作用。新协议在适用范围、资本构成、风险暴露的评估和管理程序以及资本充足率四个领域制定了更为具体的定量及定性的信息披露内容。监管当局应评价银行的披露体系并采取适当的措施。新协议还将披露划分为核心披露与补充披露。委员会建议，复杂的国际活跃银行要全面公开披露核心及补充信息。关于披露频率，委员会认为最好每半年一次，对于过时失去意义的披露信息，如风险暴露，最好每季度一次。不经常披露信息的银行要公开解释其政策。委员会鼓励利用电子等手段提供的机会，多渠道地披露信息。

巴塞尔委员会强调最低资本要求、监管当局的监督检查和市场纪律三个支柱之间的相互促进作用。总体看，这三个支柱能推动金融体系更为安全和稳健的运行。有关信用风险和市场风险监管规则的前期实施情况并结合 VaR 模型所做的度量结果表明，银行账户会比交易账户产生更多的风险。信用风险面临双重挑战，表现为：度量信用风险比度量市场风险更加困难；由于信用风险相对市场风险更大，因此更加无法容忍出现大的过失。

3.《巴塞尔协议Ⅲ》对商业银行监管的深化

2010 年 9 月 15 日，巴塞尔委员会主席卡如纳先生在西班牙首都马德里召开的第三次桑坦德国际银行会议上正式提出了《巴塞尔协议Ⅲ》，它是对目前银行资本与流动性标准(即《巴塞尔协议Ⅱ》或《巴塞尔新资本协议》)的一次全面且综合的修正。各国央行和监管部门希望这些改革能促使银行减少高风险业务，同时确保银行持有足够的准备金，能够不依靠政府救助独自应对今后可能发生的金融危机。

之所以对银行业监管进行如此大规模的变革，是源于 2007—2009 年的金融危机，它暴露出新资本协议的诸多不足，例如在危机爆发时全球银行的整体资本质量不佳；目前的监管体系尚未对杠杆率进行一致的监管；对金融监管体系中存在的亲周期效应未引起足够重视；以及强化对单个金融机构的风险管理，对系统性风险考虑不足等。这些都促使巴塞尔委员会对《巴塞尔新资本协议》进行进一步的补充和完善。

为建立更加可靠的全球银行体系，提高银行抵御金融震荡和经济波动的能力，巴塞尔委员会于金融危机后开始提出了一系列改革措施和文件，以求补充和完善《巴塞尔新资本协议》，这些改革措施和文件均会影响到未来商业银行的监督和管理。以 2009 年 12 月 17 日巴塞尔委员会发布的《增强银行体系稳健性》及《流动性风险计量标准和监测的国际框架》两份征求意见稿为基础，巴塞尔委员会开始进行大范围的定量影响测算，并根据各国监管当局的反馈意见，对最初设定的框架和指标进行调整。2010 年 7 月 26 日，巴塞尔委员会决策委员会会议对新框架相关内容的进一步修改达成共识。2010 年 9 月 12 日，巴塞尔委员会决策委员会会议发布了新的全球资本标准，对资本达到的指标要求、过渡期的时间安排等进行了明确，并进一步明确《巴塞尔协议Ⅲ》的主要内容。

2010 年，随着国内外市场环境的变化，中国商业银行所面临的金融监管越来越严格，自身风险管理体系建设进一步加强。一方面，监管部门开始推进《巴塞尔协议Ⅱ》和《巴塞尔协议Ⅲ》同步实施，这使得国内商业银行的重要监管指标和监管要求进一步提高。另一方面，为了应对国内宏观经济环境和市场竞争，国内商业银行进一步完善自身的风险管理体系，提高风险管理水平。

☞专栏 6—2

《巴塞尔协议Ⅲ》的主要内容

《巴塞尔协议Ⅲ》提出了新的全球资本标准及过渡期安排，同时还从以下六个方面对《巴塞尔新资本协议》进行补充完善：

(1) 加强资本框架并明确资本定义。

总体而言，《巴塞尔协议Ⅲ》对于一级资本的定义更加严格化，同时简化了二级资本并取消了三级资本。

一级资本的变化。一级资本定义修改后，其主要形式必须是普通股和留存收益，且普通股必须满足一套合格标准才能被计入一级资本。少数股东权益将不能被计入核心资本的普通股部分。某些具有创新特征的资本工具，如股利递增机制，会不断腐蚀一级资本的质量，因此将逐步被取消。除普通股之外，满足一定标准的资本可计入其他持续经营下的资本。

二级资本的变化。简化二级资本，只有一套二级资本的合格标准，其他子类别将被取消。巴塞尔委员会规定了二级资本的最低标准，同时取消了二级资本不能超过一级资本的限制。

三级资本的变化。取消三级资本，以保证抵补市场风险的资本质量等同于抵补信用风险和操作风险的资本质量。

(2) 扩大风险覆盖范围并加强交易对手的信用风险管理。

面对金融危机暴露的监管失灵，巴塞尔委员会采取了一系列扩大资本框架的风险覆盖的措施。2009 年 7 月，巴塞尔委员会发布了提高交易账户风险暴露和资产证券化的改革措施，2009 年 12 月，巴塞尔委员会又提出加强交易对手信用风险的资本监管要求，旨在囊括被现有规定低估的表内和表外重大风险和衍生品风险，巴塞尔委员会还提出对信用评级的总体改革，要求银行对外部评级的资产证券化风险暴露进行内部评估，降低《巴塞尔新资本协议》框架中对外部评级依赖等一系列措施，消除与风险缓释相关的某些“悬崖效应”，并且收紧了使用外部评级的合格标准。

(3) 引入并更新整体杠杆比率。

作为对风险资本计量的重要补充，《巴塞尔协议Ⅲ》引入了杠杆率并计划在 2018 年将其正式纳入第一支柱，用以防范银行内部计量模型存在偏差而带来的风险。杠杆率的计算方法为：资本（一般为普通股或一级资本）/总暴露（覆盖表内表外所有风险暴露）。在过渡期内，巴塞尔委员会建议采用最低为 3%的一级资本杠杆率进行测试。

(4) 提出前瞻性的拨备、资本留存及反周期超额资本。

风险监管框架的亲周期效应可以通过影响银行体系的信贷行为而放大宏观经济周期，加剧经济波动，是《巴塞尔新资本协议》的缺陷之一，可是2004年正式颁行的《巴塞尔新资本协议》在亲周期方面并没有根本性改进。在此次金融危机中最不稳定的因素之一便是金融冲击遍及整个银行系统、金融市场和实体，放大了亲周期效应。

2009年12月出台的新框架根据此次金融危机中暴露的问题对《巴塞尔新资本协议》做出了相应调整，提出了资本转换规则，以确保银行在经济景气时增加缓冲资本，这些资本可以用来补充经济下行时可能发生的亏损。

(5) 提出超额资本、应急资本以降低系统性风险。

系统性风险在《巴塞尔新资本协议》中并未提及，在此次金融危机中，很多大银行和其他金融机构的系统关联性使某个金融机构的危机演变成了整个金融系统的危机。因此，衡量银行对于金融体系以及实体经济的重要性开始受到关注。

(6) 全球流动性标准等。

《巴塞尔协议Ⅲ》引入了两个新的流动性风险监管指标：一个是流动性覆盖率（LCR)，用于度量短期（30日内）压力情境下单个银行的流动性状况；另一个是净稳定融资比率(NSFR)，用于衡量银行在中长期内可供使用的稳定资金来源是否足以支持其资产业务发展，也可以反映中长期内银行所拥有的解决资产负债期限错配的资源和能力。

《巴塞尔协议Ⅲ》新的全球最低资本要求标准的具体比例如表6—6所示：

表6—6　全球最低资本要求标准

	普通股（扣减调整项后）	一级资本	总资本
最低资本要求	4.5%	6.0%	8.0%
资本留存超额资本	2.5%		
最低资本要求+资本留存超额资本	7.0%	8.5%	10.5%
反周期超额资本	0%～2.5%		

资料来源：中国建设银行研究部专题组：《中国商业银行发展报告（2011)》，北京，中国金融出版社，2011。

6.5　其他存款性金融机构

6.5.1　政策性银行

所谓政策性银行，主要是指由政府创立或担保，以贯彻国家产业政策和区域发展政策为目的，具有特殊的融资原则，不以营利为目标的金融机构。我国政策性银行的金融业务受中国人民银行的指导和监督。

在经济发展过程中，常常存在一些商业银行从营利角度考虑不愿意融资的领域，或者其资金实力难以达到的领域。这些领域通常包括那些对国民经济发展、社会稳定具有重要意义，投资规模大、周期长、经济效益见效慢、资金回收时间长的项目，如农业开发项目、重要基础设施建设项目等。为了扶持这些项目，政府往往实行各种鼓励措施，各国通常采用的办法是设立政策性银行，专门对这些项目融资。这样做不仅是从财务角度考虑，而且有利于集中资金，支持重大项目的建设。

政策性银行与商业银行和其他非银行金融机构相比有共性的一面，如要对贷款进行严格审查，贷款要还本付息、周转使用等。但作为政策性金融机构，也有其特征：一是政策性银行的资本金多由政府财政拨付；二是政策性银行经营时主要考虑国家的整体利益、社会效益，不以营利为目标，但政策性银行的资金并不是财政资金，政策性银行也必须考虑盈亏，坚持银行管理的基本原则，力争保本微利；三是政策性银行有其特定的资金来源，主要依靠发行金融债券或向中央银行举债，一般不面向公众吸收存款；四是政策性银行有特定的业务领域，不与商业银行竞争。

1994 年，我国组建了三家政策性银行，即国家开发银行、中国进出口银行和中国农业发展银行，均直属国务院领导。

设立国家开发银行的主要目的是：一方面，为国家重点建设融通资金，保证关系国民经济全局和社会发展的重点建设项目顺利进行；另一方面，把当时分散管理的国家投资基金集中起来，建立投资贷款审查制度，赋予国家开发银行一定的投资贷款决策权，并要求其承担相应的责任与风险，以防止盲目投资，重复建设。

随着我国对外经济贸易的扩大，运用补贴以进行特殊保护、促进出口的办法已经过时。为了按国际惯例运用出口信贷、担保等通行做法，扩大机电产品，特别是大型成套设备和高新技术、高附加值产品的出口，合理促进对外贸易的发展，创造公平、透明、稳定的对外贸易环境，我国成立了中国进出口银行。

农业是国民经济的基础，我国农业基础薄弱，比较效益低，地区差异大。农业的发展，尤其是落后地区农业的发展，粮、棉、油等主要农产品的生产、收购、储备和销售，在相当程度上需要国家的支持。为了集中财力解决农业和农村经济发展的合理的政策性资金需要，促进主要农产品收购资金的封闭运行，国务院决定成立中国农业发展银行。

6.5.2 信用合作社

信用合作社是一种互助合作性质的金融机构，由某些具有共同利益的人自愿集资联合组成。其经营目标是以简便的手续和较低的利率，向社员提供信贷服务，以帮助经济力量薄弱的个人解决资金困难。

最早的信用合作社是 1849 年在德国莱茵河地区建立的农村信用合作社。其资金主要来源于成员交纳的股金和向社员吸收的存款，还有一部分是非会员存款，这部分资金只占一小部分。资金运用主要是向社员发放贷款。现在，一些资金充裕的信用社已开始为解决生产设备更新、改进技术等提供中长期贷款，并逐步采用以不动产或有价证券为担保的贷款方式，此外还开展收受有价证券、支付利息、红利分配、保护性寄存等业务。

按地域不同，信用合作社一般分为城市信用合作社和农村信用合作社。最初，农村信用合作社是由农民或农村的其他个人集资联合组成的合作金融组织，以互助为宗旨，以扶植农业生产为主要业务。各国都对农村信用合作社实行各种优惠鼓励政策。随着农村产业结构调整和非农业人口增加，农村信用合作社的成员逐步扩大到农村的小工商业者、农场工人和职员，其业务也发展到办理农、林、牧、渔和农村工商业及社员消费性的短期贷款。城市信用社是城市居民集资建立的合作金融组织，其主要目的是为城市小型工商企业提供信贷服务，以帮助它们解决资金困难，促进发展。城市信用合作社的自有资金主要由股金、公积金和从盈利中提取的信贷基金构成，也吸收单位和个人的一部分存款。

信用合作社是我国信用体系中重要的组成部分，由于信用合作社大多设在城市的社区或农村人口相对集中、交通相对便利的地方，与会员联系紧密，所以信用合作社能起到弥补其他金融机构网点不足的作用。2012 年 4 月，全国最后一家城市信用合作社宁波象山县绿叶城市信用社改制为城市商业银行，城市信用社正式退出了历史舞台。而农村信用合作社仍然是我国农村金融的主力军，在服务农民、支持农业和农村经济发展中发挥着重要作用。

6.5.3 财务公司

财务公司起源于西方，世界上最早的财务公司是 1716 年在法国创办的，后来英美等国相继成立财务公司。由于各国的金融制度不同，各国的财务公司性质也不相同。国外的财务公司并不限于企业集团，它们以为集团服务为重点，但又不限于在集团内融资。在国外，财务公司一般不能吸收存款，只能承做贷款，业务品种主要是集团产品的销售融资，但也可不限于本集团的产品。财务公司主要通过在货币市场上发行商业票据和在资本市场上发行债券来筹资，也从银行借款，但比重较小。如美国财务公司的资金来源除自有资金外，主要是依靠发行商业本票和长期债券来融资，因此财务公司是大量举债的公司，它们运用负债管理以创造信用。在英国，财务公司也叫金融公司或贷款公司，主要向工商企业和消费者提供分期付款和其他银行信用。在我国，企业集团财务公司（中外合资的财务公司除外）都是依托大型企业集团成立的，主要为企业集团成员单位的技术改造、新产品开发和产品销售提供服务。

从 1987 年我国第一家企业集团财务公司成立至今，经过二十多年的发展，企业集团财务公司已具有一定的规模，在促进我国大型企业发展方面发挥了应有的作用。

根据 2007 年 1 月经中国人民银行修改后的《企业集团财务公司管理办法》，我国企业集团财务公司能够开展的主要业务有：对成员单位办理财务和融资顾问、信用鉴证及相关的咨询、代理业务，协助成员单位实现交易款项的收付，经批准的保险代理业务，对成员单位提供担保，办理成员单位之间的委托贷款及委托投资，对成员单位办理票据承兑与贴现，办理成员单位之间的内部转账结算及相应的结算、清算方案设计，吸收成员单位的存款，对成员单位办理贷款及融资租赁，从事同业拆借，以及中国银行业监督管理委员会批准的其他业务。另外，符合条件的财务公司还可以向中国银行业监督管理委员会申请从事下列业务：经批准发行财务公司债券；承销成员单位的企业债券；对金融机构的股权投资；有价证券投资；成员单位产品的消费信贷、买方信贷及融资租赁。

根据《企业集团财务公司管理办法》，企业集团财务公司的注册资本金应不低于 3 亿元人民币，从事成员单位产品消费信贷、买方信贷及融资租赁业务的，注册资本金应不低于 5 亿元人民币；财务公司的注册资本金应当主要从成员单位中募集，并可以吸收成员单位以外的合格机构投资者的股份，但机构投资者原则上在 3 年内不得转让所持财务公司股份；坚持风险控制，比如财务公司的资本充足率不得低于10%，拆入资金余额不得高于资本总额，担保余额不得高于资本总额，短期证券投资与资本总额的比例不得高于40%，长期投资与资本总额的比例不得高于30%，自有固定资产与资本总额的比例不得高于20%。同时，要求企业集团财务公司的信贷资金管理、利率管理、结算管理、现金管理、费率管理以及金融机构高级管理人员的管理等，均应执行中国人民银行的有关规定。

本章小结

存款性金融机构是以存款为重要资金来源的金融机构。在我国，存款性金融机构主要包括政策性银行、商业银行、城市商业银行和农村信用合作社、农村资金互助社、财务公司、村镇银行等。其中，商业银行又是最重要的存款性金融机构。

根据资产负债表原理，资产负债表左边代表资产，是商业银行的资金运用；资产负债表右边分为两部分：负债和股东权益，是商业银行的资金来源，包括自有资金和吸收的外来资金两部分。资产主要由四类资产组成：现金、信贷资产、投资资产以及固定资产等其他资产，其中信贷资产是主体。负债又可以分为两类：存款性负债和非存款性负债，存款性负债主要是吸收的存款，非存款性负债主要是同业及其他金融机构存放等。

在《巴塞尔新资本协议》指引下，商业银行致力于提高银行运转的安全性。外部监管规则对银行风险管理产生了决定性的影响，促使银行管理架构建立了约束机制和激励风险管理的指标体系，同时，资本充足率的要求大大促进了银行内部风险模型的发展，使风险得到更为精确的定义，更为完善的风险量化的方法也得以出现，并引出了风险资本的概念，即弥补银行非预期或意外损失风险的必需资本。

思考和练习

1. 商业银行资金的主要来源是什么？商业银行资金主要用在了哪几个方面？请说明这些项目一般出现在商业银行资产负债表的什么地方？
2. 商业银行的资产主要包括哪些？其相对重要性如何？
3. 商业银行的信贷资产有哪些特征？主要面临的风险是什么？如何应对这些风险？
4. 商业银行的负债主要包括哪些？这些负债有什么特点？
5. 表外业务指的是什么？导致此项业务产生的原因有哪些？
6. 访问中国银监会网站（www.cbrc.gov.cn），了解中国银行业体系以及监管动态。
7. 访问中国工商银行网站（www.icbc.com.cn），查找中国工商银行相关业务情况。
8. 商业银行风险管理有何特征？
9. 为何要对商业银行进行监管？《巴塞尔资本协议》是如何演进的？

推荐阅读材料、网站

1. 安东尼·桑德斯，玛西娅·米伦·科尼特．金融市场与金融机构．北京：人民邮电出版社，2008

2. 罗斯，赫金斯．商业银行管理．北京：机械工业出版社，2011

3. 和讯银行频道，http：//bank. hexun. com/

4. Wind 资讯"证券研究报告平台"中有关银行业的研究报告

5. 张杰．金融中介理论发展述评．中国社会科学，2001（6）

6. 中国人民银行，http：//www. pbc. gov. cn/

参考文献

1. 陆静．商业银行经营管理．北京：清华大学出版社，2011

2. 庄毓敏．商业银行业务与经营（第二版）．北京：中国人民大学出版社，2005

3. 罗斯，赫金斯．商业银行管理．北京：机械工业出版社，2011

4. 俞乔，邢晓林，曲和磊．商业银行管理学．上海：上海人民出版社，1998

5. 安东尼·桑德斯，玛西娅·米伦·科尼特．金融市场与金融机构．北京：人民邮电出版社，2006

6. 格哈德·施罗克．金融机构风险管理与价值创造．北京：中国人民大学出版社，2006

7. 乔尔·贝西斯．银行风险管理．北京：中国人民大学出版社，2009

8. 崔满红．银行经营管理学．北京：中国商业出版社，1998

9. 祁群．商业银行管理学．北京：北京大学出版社，2009

10. 孙健，郭少泉．商业银行人力资源管理．北京：经济管理出版社，2005

11. 王卫东．现代银行全面风险管理．北京：中国经济出版社，2001

12. 王占峰．商业银行多维度风险管理体系研究．北京：中国金融出版社，2010

13. Alan Greenspan. Risk，Regulation and the Future，*American Banker*，1999（12）

14. 李彪．国外商业银行的发展趋势研究，中国经济学教育科研网，www. cenet. org. cn/article. asp?articleid=21851

15. 王曼怡，郭海婷．从中外银行成功案例看商业银行风险管理．首都经济贸易大学学报，2007（3）

16. 詹志强．全国性中型股份制商业银行信用风险管理模式探究——以中信银行、招商银行、民生银行为例的比较分析．金融纵横，2009（6）

17. 肖钢．走中国特色银行转型之路．中国金融，2010（19）

第七章

非存款性金融机构

学习要求：

1. 掌握基于资产负债表的证券公司业务分析方法
2. 掌握证券公司的风险类型、风险控制指标和相应监管规定
3. 掌握基于资产负债表的保险公司业务分析方法
4. 掌握保险公司的风险类型、风险控制指标和相应监管规定
5. 基于资产负债表的基金公司业务分析方法
6. 掌握基金公司的风险类型、风险控制指标和相应监管规定

章前导读

非存款性金融机构主要包括证券业金融机构、保险业金融机构和银行业非存款类金融机构。这些金融机构不以吸收存款为主要资金来源，主要从事投资和其他金融服务。本章主要介绍最重要的三类非存款性金融机构——证券公司、保险公司和基金公司。证券公司曾经是国际金融体系中最活跃、利润最丰厚的一员，但是2008年全球金融危机之后，我国证券公司正和全球证券业一起面临前所未有的挑战和压力。保险在中国由来已久，早在夏、商、周时代就形成了保险思想，但是保险行业的发展历程一直比较曲折，直到21世纪，该行业的资产规模才开始以比较快的速度增长。作为投资中介，基金公司以资产受托人的身份开展投资活动，已经成为我国金融市场中的一支重要力量。

本章首先从我国的相关法律出发对三类金融机构的定义进行剖析，然后基于财务报表介绍三类金融机构的主要业务，最后讲述三类金融机构面临的主要风险、相应的风险控制指标以及相应的监管规定。

7.1 非存款性金融机构概述

所谓非存款性金融机构，是指以接受资金所有者根据契约规定缴纳的非存款性资金为主要来源的金融机构。非存款性金融机构的资金来源和存款性金融机构吸收公众存款不一样，主要是通过发行证券或以契约性的方式聚集社会闲散资金，主要从事投资和其他的金融服务工作。

非存款性金融机构主要包含了证券业金融机构、保险业金融机构和银行业非存款类金融机构。在我国，非存款性金融机构的类型主要是证券公司、保险公司以及证券投资基金公司（见表7—1）。但是在其他国家，非存款性金融机构的形式可能与我国不同。比如在美国，非存款性金融机构的主要类型一般包括：保险公司、养老基金、共同基金等。

表7—1　非存款性金融机构的类型

类型	定义
证券公司	证券公司是指依照《公司法》和《证券法》的规定设立的，并经国务院证券监督管理机构审查批准而成立的专门经营证券业务，具有独立法人地位的有限责任公司或者股份有限公司。
保险公司	保险公司是指经中国保险监督管理机构批准设立，并依法登记注册的商业保险公司。
证券投资基金公司	证券投资基金公司，简称基金公司，是指经中国证券监督管理委员会批准，在中国境内设立，从事证券投资基金管理业务的企业法人。
银行业非存款类金融机构	包括信托公司、金融资产管理公司、金融租赁公司、汽车金融公司、贷款公司、货币经纪公司等。

7.2 证券公司

7.2.1 证券公司概述

1. 证券公司的定义：基于《证券法》

在我国，证券公司（securities company）是指依照《中华人民共和国公司法》和《中华人民共和国证券法》的规定设立的并经国务院证券监督管理机构审查批准而成立的专门经营证券业务，具有独立法人地位的有限责任公司或者股份有限公司。其中，证券业务包括证券承销与保荐、证券经纪、证券自营、与证券交易和证券投资活动有关的财务顾问、证券资产管理、证券投资咨询等。为了准确理解证券公司的定义，需把握以下几点：

第一，证券业务几乎涉及所有金融市场业务，但大多数证券公司只能将其服务集中于某一个或某几个领域，只有少数规模较大的证券公司能够提供全方位服务。比如，根据证监会的规定，一些规模较小的证券公司只能专门从事二级市场证券经纪业务，利用其在证券交易所的席位为一般投资者代理交易，并从中赚取佣金；而一些规模较大的证券公司则获准同时从事一级市场的证券保荐和承销业务，帮助资金使用者设计证券、为证券制定合理的价格，并将证券分销给投资者。图 7—1 大致描述了证券经纪和证券承销业务的特征，7.2.2 节将对证券公司的各项业务及其基本流程进行更加具体的介绍。

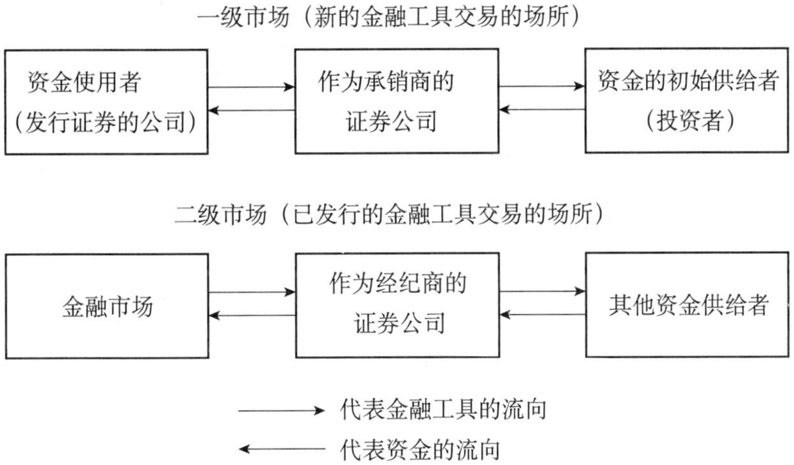

图 7—1 证券承销和证券经纪业务

资料来源：Saunders（2008）。

第二，证券公司常与投资银行（investment bank）的定义同时出现，二者既有紧密联系同时又存在区别。根据中国证券业协会的定义，狭义的投资银行只限于一级市场上的承销、保荐、并购和融资业务的财务顾问；广义的投资银行则从事众多的资本市场业务，包括公司融资、并购顾问、股票和债券等金融产品的销售和交易、资产管理和风险投资业务等。① 由此可见，证券公司的定义与广义的投资银行定义较为一致，但由于实务当中常采用狭义的投资银行定义，因此本书将沿袭这一做法。在本书中除非特别说明，投资银行只是证券公司的一个部门或者机构，负责证券公司在一级市场上的承销、保荐和并购财务顾问业务。

第三，证券公司与商业银行等其他金融机构在经济中的作用不同。以商业银行为例，证券公司与商业银行的共同点在于它们都是资金供给者（比如家庭）和需求者（比如企业）的媒介，都有助于资金在供给者和使用者之间以较低的成本和最大的效率进行转移。但商业银行在融资过程中具有资金需求者和供给者的双重身份，对于存款人来说它是资金的需求方，对于贷款人来说，它是资金的供给方。存款人和贷款人并不直接发生权利与义务，而是通过商业银行间接发生关系。投资银行的主要作用是为资金供需双方提供咨询、策划以及为投融资成功提供法律和技术上的支持，向投资者推介股票或债券，也为投资者

① 投资银行业务的定义有狭义和广义之分。著名投资银行家罗伯特·库恩给出了如下由宽到窄的四种定义：(1) 投资银行业务包括所有金融市场业务；(2) 投资银行业务包括所有资本市场业务；(3) 投资银行业务只限于证券承销和公司并购为重点的某些资本市场活动，而不包括基金管理和风险资本（创业资本）及产品的风险管理，但包括商业银行业务；(4) 投资银行业务仅指证券承销和交易。另外，我国学者则给出了如下由宽到窄的四种定义：(1) 投资银行业务包括所有金融市场业务；(2) 投资银行业务包括所有资本市场业务；(3) 投资银行业务只限于证券承销、交易和并购顾问业务；(4) 投资银行业务仅指证券承销和交易。

寻找合适的投资机会。一般情况下，投资银行不介入投资者和筹资者的权利和义务当中，投资者与筹资者直接拥有相应权利和承担相应义务，例如投资者通过认购股票投资于企业，投资者直接与企业发生财产权利与义务关系，而投资银行不介入其中。

第四，在其他国家，证券公司的称谓和业务范围可能与我国存在差异。例如，在美国，证券公司与投资银行是同一概念，两者经常交替使用。美国证券公司（或者投资银行）除开展证券承销、证券经纪、证券交易、并购财务顾问等业务之外，还从事做市等其他业务，这与我国有所不同。在英国，证券公司通常被称作商人银行（merchant bank），它们与商业银行一起经营证券承销、证券交易、并购财务顾问等业务。在欧洲大陆（以德国为代表）一般采用投资银行的称谓，并且由于实行商业银行和投资银行混业经营的制度，投资银行只是全能银行（universal bank）的一个部门。

2. 证券公司的行业规模、结构和组成

从 1987 年深圳经济特区证券公司成立至今，我国证券公司经历了从无到有、从小到大的发展历程。根据中国证券业协会的统计，至 2012 年底，我国共有证券公司 114 家，行业总资产达到 1.72 万亿元，净资产达到 6 943.46 亿元，净资本达到 4 970.99 亿元，全年实现营业收入 1 294.71 亿元，净利润 329.30 亿元。虽然这一规模相对于美国等成熟市场而言仍然较小，但相比于二十多年前，我国证券公司已经得到飞速发展，并成为推动我国证券市场快速发展的一支重要力量。

表 7—2 是 2013 年我国净资产排名前十的证券公司名单。虽然人们习惯根据总资产来衡量一般企业的规模，但对于证券公司而言，净资产（或者权益资本）也许是更加合理的评价指标。这是因为证券公司的业务主要集中于证券的交易和承销（比如，充当证券经纪商）而不是证券投资，证券交易和承销不涉及资产投资或负债融资（比如，以存款发放贷款或以保费收入支付保险合约的赔偿），它们只是替客户交易或发行证券，不需要金融机构实际持有或投资于证券。从表 7—2 可以看到，2013 年规模最大的证券公司是中信证券，其净资产达到 7 169 054 万元。

表 7—2　　2013 年净资产排名前十的证券公司

排名	证券公司	净资本（万元）
1	中信证券	7 169 054
2	海通证券	6 031 073
3	广发证券	3 332 907
4	华泰证券	3 205 212
5	国泰君安	3 066 420
6	招商证券	2 640 705
7	银河证券	2 503 907
8	光大证券	2 238 127
9	国信证券	1 990 441
10	申银万国	1 789 417

资料来源：中国证券业协会网站。

按照证券公司的风险管理能力、市场竞争力和持续合规状况，证监会将证券公司分为 A（AAA、AA、A）、B（BBB、BB、B）、C（CCC、CC、C）、D、E 等 5 大类 11 个级别，并对不同类别的证券公司实施区别对待的监管政策。其中，A 类公司风险管理能力在行业内最高，能较好地控制新业务、新产品方面的风险；B 类公司风险管理能力在行业内较高，在市场变化中能较好地控制业务扩张的风险；C 类公司风险管理能力与其现有业务相匹配；D 类公司风险管理能力低，潜在风险可能超过公司可承受范围；E 类公司潜在风险已经变为现实风险，已被采取风险处置措施。从表 7—3 可以看出，2014 年东方证券、国泰君安、中金公司、中信证券等 20 家证券公司的等级最高，属于 AA 级。

表 7—3　　2014 年证券公司分级名单

级别	公司名称
AAA	无
AA	北京高华、东方证券、广发证券、国金证券、国开证券、国泰君安、国信证券、海通证券、华福证券、华泰证券、华西证券、申银万国、西南证券、兴业证券、银河证券、招商证券、中金公司、中投证券、中信建投、中信证券
A	安信证券、长城证券、长江证券、大同证券、东兴证券、方正证券、国都证券、国海证券、国联证券、国元证券、宏源证券、华安证券、华融证券、齐鲁证券、瑞银证券、山西证券、浙商证券、中银国际
BBB	渤海证券、财达证券、财通证券、大通证券、第一创业、东北证券、东海证券、东吴证券、国盛证券、恒泰证券、红塔证券、宏信证券、华林证券、华龙证券、金元证券、首创证券、西部证券、湘财证券、信达证券、中原证券
BB	财富证券、川财证券、德邦证券、东莞证券、广州证券、华创证券、华鑫证券、开源证券、平安证券、太平洋证券、天风证券、万联证券、厦门证券、新时代证券、银泰证券、英大证券、中航证券、中山证券、中天证券
B	爱建证券、诚浩证券、航天证券、华宝证券、江海证券、民族证券、日信证券、世纪证券、天源证券、五矿证券、西藏同信、中邮证券、众成证券
CCC	联讯证券、上海证券、万和证券
CC	民生证券、南京证券
C	光大证券

资料来源：中国证监会。

7.2.2 证券公司的业务：基于财务报表的解读

本节以中信证券的利润表和资产负债表为代表，对证券公司的业务进行介绍。

表 7—4 是中信证券 2013 年的利润表。从该表可以看出，经纪业务手续费净收入、投资银行业务净收入、资产管理业务手续费净收入和投资收益构成中信证券最主要的收入来源，受托客户资产管理业务净收入的比重则较小。事实上，表 7—4 只是粗略的，还有很多占比较小的业务收入没有被反映在其中，而是放在附注中。其他证券公司的业务可能与中信证券略有不同，所使用的业务名称也可能存在差异，但总体而言，这些业务大都可以被归结为以下几类：证券承销与保荐、证券经纪、证券自营、资产管理、兼并和收购、债券回购、融资融券、证券交易与登记结算等。虽然不同证券公司的各项业务在收入结构中

所占比重存在差异，但总体上，证券承销与保荐、证券经纪和证券自营业务一直是我国证券公司最主要的收入来源，而资产管理和并购顾问业务则只占据很小的比重。

表 7—4　　2013 年中信证券公司利润表　　（单位：元）

项目	合并	母公司
一、营业收入	16 115 272 156.70	8 179 026 841.14
手续费及佣金净收入	9 638 159 347.03	5 008 601 946.04
其中：经纪业务手续费净收入	5 633 534 642.34	2 220 208 404.06
投资银行业务净收入	2 119 888 820.35	1 883 016 119.74
资产管理业务手续费净收入	1 360 488 644.16	441 580 978.98
利息净收入	829 409 801.63	−177 216 449.80
投资收益	6 035 887 139.45	4 112 506 394.08
其中：对联营公司和合营公司的投资收益	211 013 960.31	109 036 093.28
公允价值变动收益（损失以负号填列）	−565 374 027.84	−716 214 144.02
汇兑收益（损失以负号填列）	−58 397 218.96	−106 674 423.34
其他业务收入	235 587 115.39	58 023 518.18
二、营业支出	9 255 648 993.83	4 465 648 789.67
营业税金及附加	772 601 362.05	525 681 001.94
业务及管理费	8 080 921 782.92	3 662 542 343.78
资产减值损失（损失以负号填列）	352 784 351.81	263 427 832.58
其他业务成本	49 341 497.05	13 997 611.37
三、营业利润	6 859 623 162.87	3 713 378 051.47
加：营业外收入	53 467 598.43	23 511 148.33
减：营业外支出	66 999 594.73	6 041 221.28
四、利润总额	6 846 091 166.57	3 730 847 978.52
减：所得税费用	1 538 044 291.09	821 994 571.60
五、净利润	5 308 046 875.48	2 908 853 406.92
归属于母公司股东的净利润	5 243 916 979.11	
少数股东权益	64 129 896.37	
六、每股收益		
（一）基本每股收益	0.48	
（二）稀释每股收益	0.48	
七、其他综合收益	−646 866 123.36	−506 120 365.41
八、综合收益总额	4 661 180 752.12	2 402 733 041.51
归属于母公司股东的综合收益总额	4 619 078 648.05	
归属于少数股东的综合收益总额	42 102 104.07	

资料来源：中国证券业协会网站。

表 7—5 是中信证券公司 2013 年的资产负债表，表的右边是“负债”和“股东权益”，左边是“资产”。其中，负债又分为长期负债和短期负债，长期负债主要包括应付债券、递延所得税负债和其他长期负债三个会计科目，短期负债则涵盖短期借款、拆入资金、交易性金融负债、衍生性金融负债、卖出回购金融产品款、代理买卖证券款、代理承销证券款、应付职工薪酬、应交税费、应付利息、预计负债等众多的会计科目。从 2007 年开始，我国证券公司资产负债表的编制不再严格按照资产的流动性进行反映，不再对流动资产进行汇总计算，但受传统习惯的影响，资产一栏的会计科目仍大致按流动性大小排列。具体

而言，应收利息之前的会计科目都属于流动资产，存出保证金、可供出售金融产品、持有至到期金融产品、长期股权投资等科目则视情况而定，只有在一个会计年度内可以变现的资产才属于流动资产，比如，持有至到期的投资如果投资期限短于一年则属于流动资产。

表 7—5　　2013 年中信证券公司资产负债表　　（单位：元）

资产		负债和股东权益	
资产		**负债**	
货币资金	55 679 623 473.02	短期借款	2 525 220 343.44
其中：客户资金存款	30 916 791 184.91	应付短期融资款	11 998 129 698.00
结算备付金	12 130 321 979.29	拆入资金	4 710 000 000.00
其中：客户备付金	9 208 530 071.00	交易性金融负债	19 283 110 036.50
拆出资金	—	衍生性金融负债	1 326 161 064.03
融出资金	34 301 932 193.54	卖出回购金融产品款	55 704 255 109.45
交易性金融产品	69 898 019 216.66	代理买卖证券款	45 196 158 517.76
衍生金融产品	6 491 367 636.03	代理承销证券款	61 259 657.45
买入返售金融产品	22 091 991 844.47	应付职工薪酬	3 295 862 334.00
应收款项	9 333 213 112.04	应交税费	2 203 344 456.76
应收利息	2 165 506 780.70	应交款项	5 933 935 348.29
存出保证金	1 024 682 746.07	应付利息	890 887 986.47
可供出售金融产品	25 351 175 094.00	预计负债	—
长期股权投资	14 651 014 141.08	长期借款	567 000 000.0
投资性房地产	432 348 229.56	应付债券	26 177 107 880.67
固定资产	2 733 697 186.98	递延所得税负债	872 286 123.86
在建工程	903 706 441.12	其他负债	1 207 435 242.38
无形资产	1 915 891 288.09	**负债合计**	181 952 153 799.06
商誉	10 047 494 513.20	**股东权益**	
递延所得税资产	1 323 254 389.82	股本	11 016 908 400.00
其他资产	879 008 686.15	资本公积	34 094 111 852.78
资产总计	271 354 248 951.82	盈余公积	6 439 142 432.99
		一般风险准备	11 401 723 975.27
		未分配利润	25 632 130 707.71
		外币报表折算差额	—895 532 627.82
		归属于母公司股东权益合计	87 688 484 740.93
		少数股东权益	1 713 610 411.83
		股东权益合计	89 402 095 152.76
		负债和股东权益总计	271 354 248 951.82

资料来源：中国证券业协会网站。

1. 证券保荐与承销业务

证券保荐和承销（securities underwriting business）是证券公司在一级市场从事的主要业务。根据证监会的规定，从 2004 年开始，企业首次公开发行股票、上市公司再次发行股票（包括向非特定对象公开发行和向特定对象非公开发行）和可转换债券应当聘请具有保荐资格的证券公司保荐。① 此外，如果是公开发行，本次发行的证券必须由依法设立的证券公司承销，即发行人聘请证券公司帮助其设计证券，并委托其将证券分销给投资者，证券公司从中赚取佣金。实践当中，对于同一次发行，主承销商通常由其保荐机构担任，当发行规模较大时也可以由其保荐机构与其他证券公司共同担任。图 7—2 以首次公开发行股票为例介绍了证券保荐和承销业务的主要流程。

（1）准备阶段。

证券公司首先要进行尽职调查（due diligence investigation），即对发行人及市场的有关情况及有关文件进行核查、验证，以找出发行人存在的问题。然后在此基础上制定改制重组方案，改制重组的目的是帮助发行人规范治理结构。如果发行人是有限责任公司、国有独资企业、国有事业单位或者非公司制企业，证券公司应当帮助其改制设立股份有限公司。在提出发行申请前，证券公司还应当对发行人进行上市辅导，以确保公司上市后能规范操作，保障投资者利益。根据证监会的规定，辅导期限至少不低于一年。

（2）申报与核准阶段。

证券公司应按照要求帮助发行人制作招股说明书、募集资金运用的有关文件、股份有限公司的设立文件及章程等申报材料，出具保荐文件，并向中国证监会申报。证监会对发行人所披露信息的真实性给予判断，在此基础上作出予以核准和不予以核准的决定，自核准发行之日起 6 个月内，发行人应当发行股票，否则核准文件失效，须重新经证监会核准才可发行股票。

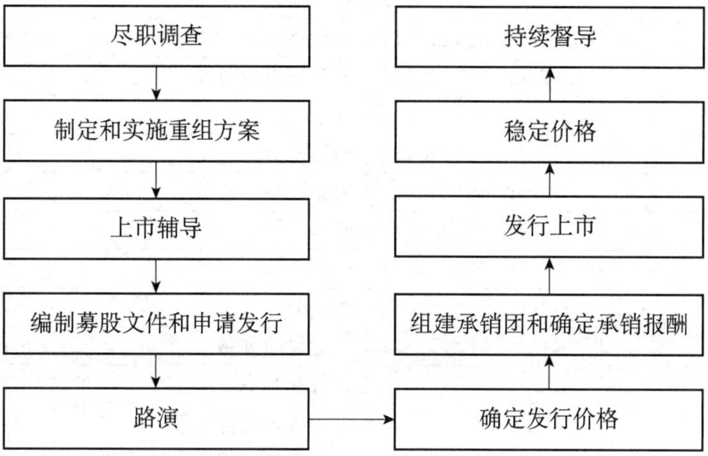

图 7—2 证券保荐和承销业务流程

（3）发行实施阶段。

证券公司通过路演②（road show）向投资者或者证券分析师推介发行人，创造对新股

① 我国于 2004 年开始实行新股发行保荐制，在此之前，上市公司发行新股需获得地方政府或者行业主管部门推荐。在保荐制下，由有资格的保荐人推荐符合条件的上市公司发行股票，并对所推荐的发行公司的信息披露质量和所做承诺提供持续训示、督促、辅导、指导和信用担保。

② 路演是国际上广泛采用的证券发行推广方式，指证券发行商发行证券前针对投资者的推介活动，是在投融资双方充分交流的条件下促进股票成功发行的重要推介、宣传手段。举行推介会是路演的传统方式，但近年来随着网络技术的发展也出现了网上路演的形式。

的市场需求，同时根据反馈得到的信息来确定股票的合理发行数量和价格。新股发行申请经证监会核准后，证券公司应帮助发行人制作并提交招股说明书的最后文本，并负责组建承销团（underwriter syndicate）。承销团中的主承销商通常就由该证券公司（保荐机构）担任，当发行规模较大时也可以由该证券公司与其他证券公司共同担任。根据承销团承担风险和收入佣金的不同，承销方式可分为包销、代销、余额包销三种。[①] 上述程序均完成之后，股票即可于事先确定的日期发行和上市，在此过程中，证券公司不仅负责发布发行结果、将所筹资金转交发行人、办理股份登记，还要承担上市后稳定价格的义务。

（4）持续督导阶段。

根据证监会的有关规定，在股票发行当年及其后两年，证券公司仍承担审核发行人财务报告的职责，若这一期间发行人的经营业绩严重下滑，证券公司应当承担相应责任。

2. 证券经纪业务

证券经纪业务（securities brokerage business）是指证券公司通过其设立的证券营业部，接受客户委托，按照客户要求代理买卖证券的业务。在证券市场中，一般投资者不能直接进入证券交易所买卖证券，只能委托在交易所拥有交易席位的证券公司代理交易，因此，证券公司在二级市场中有重要地位，证券经纪是证券公司的一项主要业务。如图 7—3 所示，证券经纪业务的一般流程为：（1）在证券公司处开设资金账户；（2）向证券公司下达委托指令；（3）证券公司代表客户在证券交易所内竞价成交；（4）交易完成后进行证券的清算和过户。在证券经纪业务中，证券公司与证券买方和卖方是委托代理关系，证券公司不需动用自有资金，也不承担任何投资风险。通过开展证券经纪业务，证券公司不仅可以从中赚取佣金，还可以与众多投资者建立广泛的联系，从而为开展证券承销等其他业务提供条件。

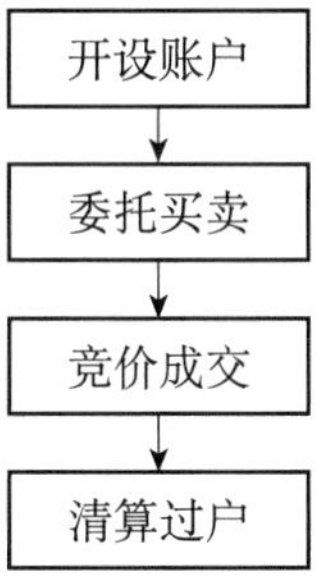

图 7—3 证券经纪业务流程

3. 证券自营业务

证券自营业务（securities proprietary business）是证券公司在二级市场从事的另一项主要业务，是指证券公司用自有资金和依法筹集的资金，以自己的名义开设的证券账户买卖有价证券，以获取利润的行为（中国证券业协会，2011）。证券自营业务与证券经纪业

① 包销、代销、余额包销的定义见本书前面对股票市场的介绍。值得说明的是，在美国，包销是最主要的承销方式。在包销方式下，承销商直接从证券发行公司购买证券，然后按稍高的价格转售给证券市场的公众。承销商的购买价和公开出售价之差为承销差价。它用于弥补承销商因无法将证券转售给外部投资者而承担的风险，以及与承销业务相关的管理和推销费用。

务的根本区别在于：前者的目的是通过低买高卖获利，证券公司动用一定资金，并承担相应投资风险；后者并不以自有资金进行交易，只是代理客户买卖证券，从中赚取佣金。并且，在实践当中，证券自营业务和经纪业务采取严格分开的原则，由证券公司的不同部门负责，证券公司对自营业务建立严格的风险监控体系。应当指出的是，在证券承销过程中，如果证券公司和发行人签订的是包销协议，也可能因为发行结束时未能全额售出所有证券而产生自营买入行为。①

图 7—4 是证券公司自营业务流程。自营业务一般涉及证券公司的自营部门、研究部门、投资决策委员会、资金部门、财务部门、风险控制委员会等内部机构，自营业务的流程一般包括：（1）研究开发项目阶段。研究开发项目是自营业务的起始阶段，是证券公司研究部门的主要工作。即研究部门通过对市场进行分析，形成关于投资品种、持仓比例、持仓结构及投资组合建议的研究报告，向投资决策委员会提供决策依据。（2）决策选择项目阶段。即证券公司投资决策委员会根据研究部门提交的研究报告或投资建议书，制定自营业务的投资原则、确定投资规模和制定投资计划，作出重大投资决策的阶段。（3）投资方案与资金安排阶段。即自营部门根据投资决策委员会的项目投资决策，制定具体的投资计划和实施方案，资金部门安排相应的配套资金，做好操作准备。（4）项目操作实施阶段。即自营部门根据投资方案和市场情况进行项目实施和具体的操作阶段，这是自营业务的执行过程，也是自营业务成败的关键环节。（5）项目结算总结阶段。即投资项目结束后，对整个自营项目进行统计核算、总结分析的阶段，是自营业务的收关阶段。

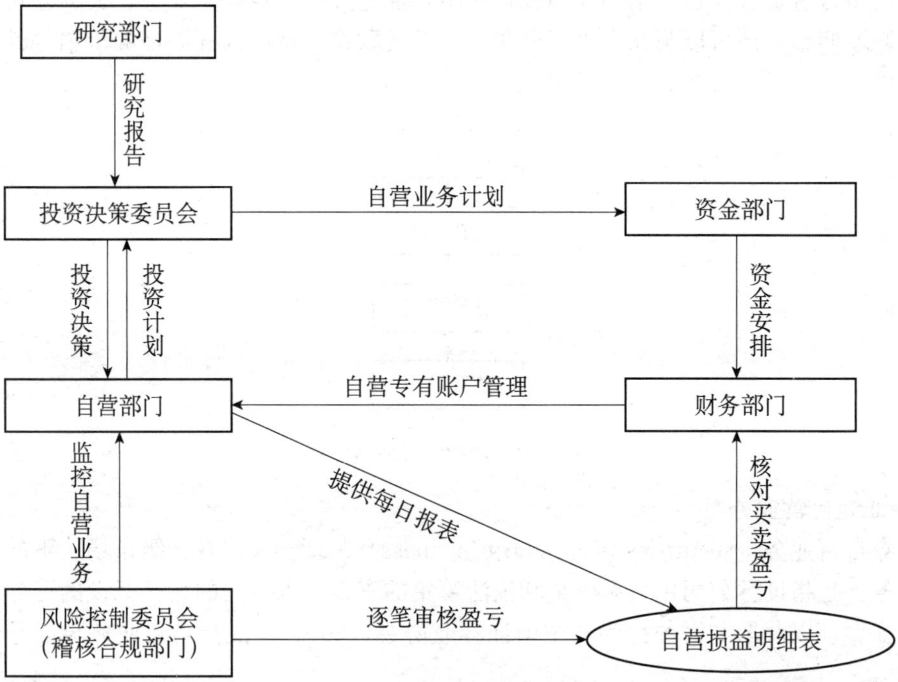

图 7—4　证券公司自营业务流程

资料来源：马广奇：《证券公司内部控制论》，北京，科学出版社，2009。

① 还包括参与银行间拆借市场等。

4. 兼并和收购顾问业务

企业兼并和收购（merge and acquisition）是一项十分复杂、专业性很强的工作，在此过程中证券公司向交易双方提供咨询和服务。图 7—5 反映了证券公司在企业并购操作中的业务流程：(1) 根据客户战略需要为其物色或者筛选合适的目标企业；(2) 从资产、负债、财务、经营、战略和法律等多个角度对目标企业进行尽职调查；(3) 在确定并购协同效应大小的基础上对目标企业进行价值评估和风险评估；(4) 确定具体交易方案，对并购协议的条款提出建议，协助客户签署有关协议；(5) 为客户制定一套系统、全面的整合计划，包括人力资源整合、企业文化整合、战略目标整合等多个方面。

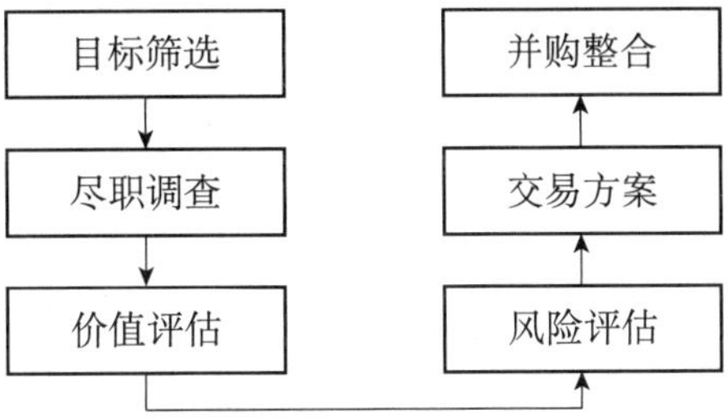

图 7—5 证券公司并购顾问业务流程

实践当中，证券公司不仅为并购企业提供咨询和服务，还协助目标企业抵制恶意收购，进行反并购操作，以防止公司控制权转移。常见的反并购措施包括毒丸术、焦土战术、金降落伞、银降落伞、锡降落伞、白衣骑士等。这里以焦土战术为例予以介绍。所谓焦土战术，就是当目标公司面临被收购的威胁时，采用各种方式有意恶化公司的资产和经营业绩，以降低目标公司在收购公司眼中的价值，使收购者却步，这是公司在遇到收购袭击而无力反击时所采取的一种两败俱伤的做法。在我国，1998 年爱使股份（证券代码为 600652）在抵制天津大港油田收购的过程中首次采用了焦土战术。具体包括：(1) 将最具盈利能力、利润回报率最高的上海海地通信连锁有限公司股权全部转让；(2) 以 800 万元购买了延中实业属下的上海新延中企业发展有限公司 80%的股份，把即将被淘汰的饮用水作为公司发展的业务；(3) 为上海新延中企业发展有限公司清偿延中实业 1 824.28 万元借款提供担保，借此增加爱使股份的或有负债，加大财务风险；(4) 新增的 3 473 万元短期投资去向不明。

5. 资产管理业务

资产管理业务（asset management business）俗称“代客理财”，是指证券公司作为资产管理人，接受客户委托，对客户资产进行经营运作，为客户提供证券及其他金融产品的投资管理服务的行为。资产管理业务主要有三种形式：为单一客户（个人或者机构）办理定向资产管理业务；为多个客户办理集合资产管理业务，比如设立基金；为客户办理特定目的的专项资产管理业务。从 1993 年开始，我国就有证券公司开展资产管理业务，但总体而言该项业务目前还不太成熟，实践当中存在诸多问题。其中一个突出问题是，证券公司普遍采用“保底”的形式承诺向客户支付一定收益，超出承诺的收益则通常被作为证券公司资产管理业务的管理费或业绩报酬，这本质上是变相地将客户委托资金用于开展自营业务，损害了客户利益。

图 7—6 是证券公司资产管理业务的流程，一般包括如下几个阶段：(1) 市场营销与客户开发阶段。该阶段是资产管理业务的前期阶段，这一阶段，证券公司资产管理部的主要工作是进行市场调研、对客户进行调查及分析、为客户设计产品、与客户签约。(2) 投资管理阶段。该阶段是证券公司对客户委托的资产进行运作与管理的阶段，是资产管理业务最核心的阶段。这一阶段，证券公司的主要职责是负责客户资产的直接管理、投资组合的计划实施，实现客户的投资目标和部门的经营目标。(3) 客户服务阶段。这一阶段是资产管理业务流程最重要的环节，具体内容是为客户提供咨询服务，账户管理、清算、财务核算服务，信息披露服务，对客户资料及运作情况等严格保密。

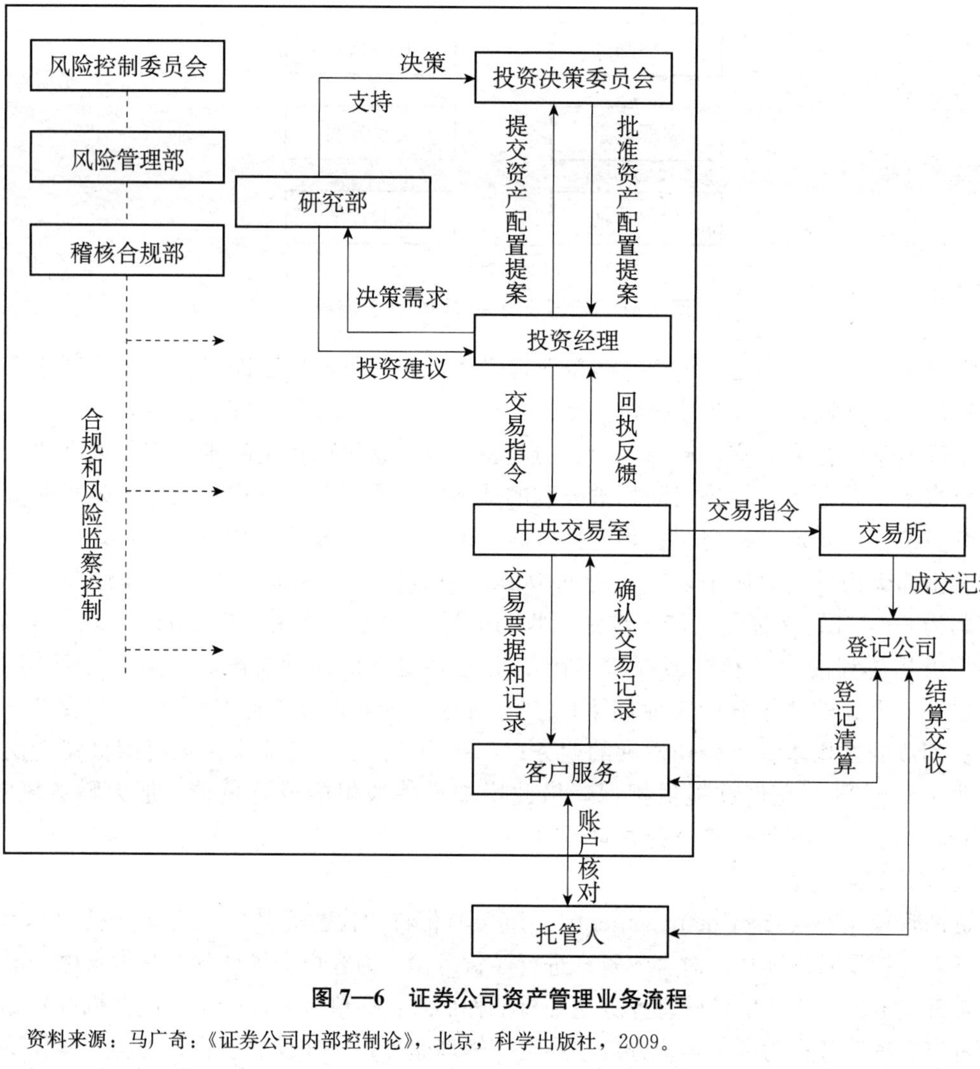

图 7—6　证券公司资产管理业务流程

资料来源：马广奇：《证券公司内部控制论》，北京，科学出版社，2009。

6. 融资融券业务

融资融券业务是指向客户出借资金供其买入上市证券或者出借上市证券供其卖出，并收取担保物的经营活动。我国于 2010 年 3 月 21 日开始融资融券试点，作为一项业务创新，融资融券的现实意义在于结束了我国股市成立 20 多年来没有卖空机制的历史。与传统的证券经纪业务不同，在融资融券业务中客户和证券公司之间不仅存在委托买卖关系，同时还形成了借贷关系；客户不仅为自己的交易行为承担风险，同时还会给证券公司带来风险。

图 7—7 是融资融券业务的基本流程：（1）客户向证券公司提出融资融券资格申请，证券公司根据客户提交的申请材料、资信状况、担保物价值、履约情况、市场状况等因素，完成对客户的资格审核。（2）客户在《融资融券交易风险揭示书》上签字，与公司签订《融资融券合同》。（3）证券公司按规定为客户开立实名信用证券账户和实名信用资金账户。客户在进行融资融券交易前，需将用于担保的可充抵保证金的证券从普通证券账户划转至信用证券账户，信用资金则由证券公司委托第三方银行存管。（4）客户应当按约定向证券公司提交担保物，提交担保物的方式为向信用资金账户转入资金，或向信用证券账户转入担保证券。（5）当客户提交了足额的担保物之后，证券公司对客户的授信额度进行评估，客户即可以开始融资融券交易。（6）客户偿还融资融券债务时，除了归还融资的欠款和融券的欠券外，还需偿还融资利息、融券费用等各类费用，证券公司应当逐日计算客户交存的担保物价值与所欠债务的比例。当该比例低于最低维持担保比例时，应当通知客户在一定期限内补缴差额。另外，证券公司应当制定强制平仓的业务规则和程序。（7）客户需注销信用证券账户时，应携带本人有效的身份证明文件、信用证券账户卡及复印件和相关文件到证券公司营业部进行办理。

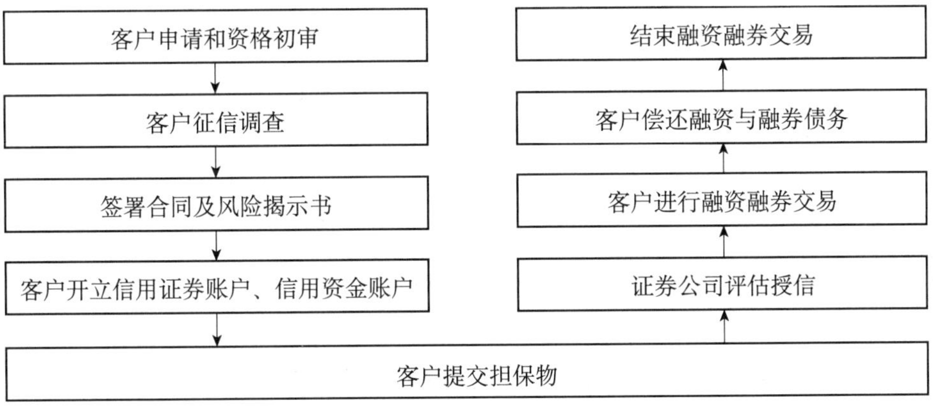

图 7—7　融资融券业务流程

7. 风险投资业务

风险投资（venture capital）是指投资人将风险资本投资于新兴的、具有高速成长潜力的、蕴藏着巨大收益的、未上市的高科技高风险企业，并通过退出机制获得收益的一种投资行为。风险投资具有高风险、单项投资成功率低的特性，投资人只有顺利退出才能获得回报，目前风险投资的退出方式主要有四种：公开上市、股权回购、兼并收购、破产清算。在国外，证券公司是风险投资领域最重要的中介机构，但在我国，现阶段证券公司开展风险投资业务仍然受到严格管制，是否允许证券公司参与风险投资业务以及以何种形式参与，是证监会一直关注的问题。图 7—8 显示了证券公司在风险投资中的作用。从表 7—6 则可以看出，我国的风险投资业务目前主要依靠政府出资，证券公司所起的作用非常有限。

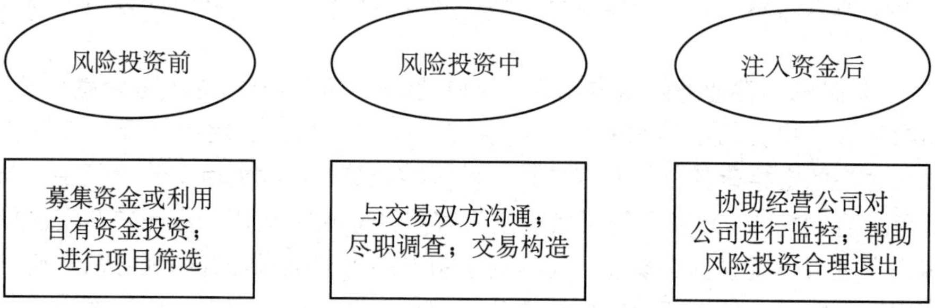

图 7—8　证券公司在风险投资中的作用

资料来源：阮青松：《投资银行学精讲》，大连，东北财经大学出版社，2011。

表 7—6　　2006 年中国创业风险投资构成

资金来源	百分比
外资	5.7%
政府	16.4%
国有独资机构	17.5%
上市公司	4.2%
其他企业	30.5%
银行	7.5%
证券公司	0.1%
信托公司	2.4%
事业单位	3.3%
个人	4.8%
其他	7.6%

资料来源：王元：《中国创业风险投资发展报告 2007》，北京，经济管理出版社，2007。

7.2.3　证券公司的风险管理：基于分类监管框架

证券保荐和承销、证券经纪、证券自营、资产管理、并购顾问等业务为证券公司带来了高收益，但高收益往往与高风险相伴而生。在刚刚过去的 2008 年次贷危机中，雷曼兄弟、美林银行和贝尔斯登等数家国际著名投资银行便因为在次级住房抵押贷款交易中遭受巨额亏损而纷纷倒闭或被收购。到目前为止，整个世界仍然未从次贷危机的阴影中完全复苏，由此可见，对证券公司面临的风险进行正确有效地识别、衡量和控制，不仅关乎证券公司的成功运营，对整个金融体系甚至经济体系的安全同样具有十分重要的意义。

自 2007 年 6 月证监会颁布《证券公司分类监管工作指引（试行）》开始，我国实行以分类监管为核心的证券公司监管制度，即以证券公司风险管理能力为基础，结合公司市场竞争力和持续合规状况，评价和确定证券公司的类别，中国证监会及其派出机构根据证券公司分类结果对不同类别的证券公司实施区别对待的监管政策。下面在证券公司分类监管框架下介绍证券公司面临的各类风险、证券公司的风险控制指标及其计算方法，以及证券公司必须满足的风险控制监管要求。

1. 证券公司的风险类型

《证券公司分类监管工作指引（试行）》将证券公司面临的风险分为流动性风险、合规风险、市场风险、信用风险、操作风险等几种类型。以下结合证券公司的主要业务介绍为什么会面临这几种类型的风险。

证券公司之所以面临较大的市场风险，是因为其从事的多种类型的业务——证券保荐和承销业务、证券自营和证券经纪业务等对金融产品价格的波动极为敏感。以证券自营为例，曾在我国证券行业占有重要一席的南方证券之所以被清算，其问题就出在股票的自营规模和违规的资产管理规模过大，在 2002 年市场下跌过程中损失惨重（据公开资料，南方证券自营规模超过 100 亿元）。又以证券保荐和承销业务为例。在包括我国在内的多个国家，股票发行一般采用包销的方式。在包销方式下，承销商可能因为在从确定公开发行价到努力向公众销售证券这一较短时间内，证券的价值有可能会因为基础股票市场条件的变化而下降，在发行期内无法将股票全部销售出去，从而不得不花大量资金买下其余的股票，并以比较低的价格处理这些股票存货。

证券公司的信用风险主要来自三个方面：一是代理客户买卖证券及进行期货交易，若没有提前要求客户依法缴足交易保证金，在结算当日客户的资金不足以支付交易所需的情况下，或客户资金由于其他原因出现缺口，公司有责任代客户进行结算而造成损失。二是融资融券业务的信用风险，指由于融资融券客户违约给公司带来损失的风险。三是债券投资的违约风险，即所投资债券的发行人或交易对手出现违约、拒绝支付到期本息，导致资产损失和收益变化的风险。

操作风险是证券公司面临的另一种主要风险，大多数操作风险危害并不大，但在一些极端情形下，操作风险会给证券公司带来巨额损失，甚至导致其破产。国际上最为著名的操作风险案例是 1995 年巴林银行倒闭案。巴林银行交易员利森因为错误地判断了日本股市的走势，大量买入日经股指期货从而造成巨额亏损，但他不仅未向管理层报告其损失，反而坚持错误判断并继续买入日经股指期货，直至没有足够的资金支付交易保证金。最终巴林银行亏损 14 亿美元，相当于该银行当时几乎所有的资产。国内证券公司由于发展时间短，相关内控措施不完善，操作风险案件的发生频率比国外更高。2004 年，海通证券某业务总部一名副总经理违规操作，让客户通过跨账户回购国债的方式，回购其他客户托管的国债资产，造成营业部事实上挪用客户托管资金，从而形成了近 10 亿元不实抵押债务。

就流动性风险而言，相比于国外成熟资本市场，我国证券公司面临较大的筹资流动性风险。这是因为证券公司的资金主要来源于证券经纪、证券自营、证券保荐和承销等业务的收入或者来自股东权益，通过长期借款或者长期债券获取的资金非常有限，当证券公司面临资金周转困难时，增资扩股几乎是证券公司化险为夷的唯一方式，但受我国股票发行审核制度的制约，证券公司增资扩股大都只能采用私募发行的方式。私募发行有融资规模小、融资成本高的缺点，因而当市场行情低迷时，我国证券公司可能因为筹资流动性不足而遭受损失。

除前面几种风险之外，证券公司还可能面临合规风险。以证券承销和保荐业务为例。我国证监会规定，保荐机构必须对发行企业信息披露的真实性负责，若发生虚假记载、误导性陈述或重大遗漏，将被证监会采取相应的监管措施，包括给予行政处罚、出具警示函、暂停保荐资格、追究刑事责任等。例如，东吴证券 2011 年 12 月在上海证券交易所上市，并于 1 个月之后公布了 2011 年业绩快报，快报显示其当年净利润同比减少了 59.9%，但证监会核查发现，在此前的股票发行过程中，东吴证券及其保荐机构中信证券均未对业绩下滑做出如实说明。于是两个公司均被采取了出具警示函的监管措施。[①] 除证券承销和保荐业务以外，在证券经纪、资产管理、并购顾问等其他业务中，证券公司均有可能因为不规范操作招致合规风险。为了防止证券公司不同业务之间的利益冲突和内幕交易，证监会要求证券公司参考国外的“中国墙”[②]制度建立健全的内部控制制度，采取有效隔离措施。因此，证券公司还可能因为内部控制制度等方面的不完善招致合规风险。

2. 证券公司的风险控制指标

为了加强证券公司的风险监管，督促证券公司加强内部控制、防范风险，我国证监会建立了以净资本为核心的风险控制指标体系。[③] 其中，净资本是指根据证券公司的业务范围和公司资产负债的流动性特点，在净资产的基础上对资产负债等项目和有关业务进行风险调整后得出的综合性风险控制指标。

净资本基本计算公式为：

$$\text{净资本}=\text{净资产}-\begin{matrix}\text{金融产品的}\\\text{风险调整}\end{matrix}-\begin{matrix}\text{其他资产的}\\\text{风险调整}\end{matrix}-\begin{matrix}\text{或有负债的}\\\text{风险调整}\end{matrix}\pm\begin{matrix}\text{中国证监会认定或核准的}\\\text{其他调整项目}\end{matrix}$$

对于净资本的计算公式，主要有如下几点说明：

第一，证监会对公式中包含的资产负债项目和有关业务进行了细分。比如，金融产品被细分为股票、货币市场基金、证券投资基金、固定收益类证券、可转换债券、权证投资、利率互换公允价值变动收益形成的资产等 12 类，其他资产被细分为拆出资金、融出资金、融出证券、买入反售金融产品（未逾期）、应收利息、存出保证金、投资性房地产等 21 类。

第二，证监会为各类细分的项目和业务分别确定了相应的风险调整系数（或者称风险权重），各类资产的期末余额乘以相应风险权重即为该类资产应该扣减的风险调整值。从表 7—7 可以看出，股票类金融产品中上证 180 指数成分股的风险权重被设定为 5%，ST 股票的风险权重被设定为 50%，一般上市公司股票的风险权重则被设定为 10%。其中，应特别提到的是，证监会规定证券公司集中持有的股票应当按 40%的比例扣除风险，这说明风险权重的设置考虑了股票的流动性风险。

第三，证监会认定或者核准了一些可以被计入净资本的情况。证券公司借入次级债务的，可以在计算净资本时将所借入的次级债务按照一定比例计入净资本，除此之外，证券公司向股东或其关联企业借入的期限在 5 年以上并具有次级债务性质的长期借款，也可以在计算净资本时将所借入的长期借款按照一定比例计入净资本。

---

① 根据证监会的有关规定，证券公司被采取出具警示函等监管措施的，分类评价时将给予相应扣分，直接影响最终的分类结果。分类级别降低，意味着将增加缴纳证券投资者保护基金的比例，对证券公司申请增加业务种类、新设营业网点、新业务新产品试点等产生一定影响。

② 中国墙（Chinese Wall）原为美国总统罗斯福对中国 1842 年以前闭关锁国政策的比喻。后来被证券行业用来形容金融机构为防止某些重大的、非公开信息从一个部门传递到其他部门而制定的内部规则和程序。

③ 参见《证券公司风险控制指标管理办法》、《证券公司风险控制指标监管报表》。

表 7—7 **证券公司净资本计算表**

<table>
<tr><th>一级项目指标</th><th>二级项目指标</th><th>三级项目指标</th><th>扣减比例</th></tr>
<tr><td rowspan="22">金融产品的风险调整</td><td rowspan="8">股票</td><td>上证 180 指数、深证 100 指数和沪深 300 指数成分股</td><td>5%</td></tr>
<tr><td>一般上市股票</td><td>10%</td></tr>
<tr><td>流通受限的股票</td><td>20%</td></tr>
<tr><td>持有一种股票的市值与该股票市值比例超过 5%的</td><td>40%</td></tr>
<tr><td>ST 股票</td><td>50%</td></tr>
<tr><td>*ST 股票</td><td>60%</td></tr>
<tr><td>已退市且在代办股份转让系统挂牌的股票</td><td>80%</td></tr>
<tr><td>已退市且未在代办股份转让系统挂牌的股票</td><td>100%</td></tr>
<tr><td>货币市场基金</td><td></td><td>0%</td></tr>
<tr><td>证券投资基金</td><td></td><td>1%</td></tr>
<tr><td rowspan="5">固定收益类证券</td><td>国债、中央银行票据</td><td>0%</td></tr>
<tr><td>金融债券、地方政府债券</td><td>1%</td></tr>
<tr><td>信用评级 AAA 级的信用债券</td><td>2%</td></tr>
<tr><td>信用评级 AAA 级以下 BBB 级（含）以上的信用债券</td><td>4%</td></tr>
<tr><td>信用评级在 BBB 级以下的信用债券</td><td>20%</td></tr>
<tr><td>可转换债券</td><td></td><td>5%</td></tr>
<tr><td>信托产品投资</td><td></td><td>80%</td></tr>
<tr><td rowspan="3">集合理财计划投资</td><td>投资其他公司的集合理财计划</td><td>5%</td></tr>
<tr><td>投资本公司的集合理财计划（未约定先行承担亏损）</td><td>10%</td></tr>
<tr><td>投资本公司的集合理财计划（约定先行承担亏损）</td><td>15%</td></tr>
<tr><td colspan="2">委托其他证券公司、基金公司的定向、专户等理财投资</td><td>10%</td></tr>
<tr><td colspan="2">其他金融产品投资</td><td></td></tr>
<tr><td rowspan="3">衍生金融产品的风险调整</td><td colspan="2">权证投资</td><td>20%</td></tr>
<tr><td colspan="2">利率互换公允价值变动收益形成的资产</td><td>100%</td></tr>
<tr><td colspan="2">其他衍生金融产品</td><td></td></tr>
<tr><td rowspan="15">其他资产项目的风险调整</td><td colspan="2">拆出资金</td><td>0%</td></tr>
<tr><td colspan="2">融出资金</td><td>2%</td></tr>
<tr><td colspan="2">融出证券</td><td>5%</td></tr>
<tr><td colspan="2">买入返售金融产品</td><td>0%</td></tr>
<tr><td colspan="2">应收利息</td><td>0%</td></tr>
<tr><td rowspan="4">存出保证金</td><td>交易保证金</td><td>0%</td></tr>
<tr><td>履约保证金</td><td>10%</td></tr>
<tr><td>期货保证金</td><td>100%</td></tr>
<tr><td>其他存出保证金</td><td></td></tr>
<tr><td rowspan="6">长期股权投资（不含对上市公司的股权投资）</td><td>对控股证券业务子公司股权投资</td><td>100%</td></tr>
<tr><td>对控股基金、期货等其他金融业务子公司股权投资</td><td>100%</td></tr>
<tr><td>对其他业务子公司股权投资</td><td>100%</td></tr>
<tr><td>对境内外资公司股权投资</td><td>100%</td></tr>
<tr><td>策略性股权投资</td><td>100%</td></tr>
<tr><td>其他股权投资</td><td>100%</td></tr>
</table>

续前表

一级项目指标	二级项目指标	三级项目指标	扣减比例
其他资产项目的风险调整	投资性房地产		100%
	固定资产	所有权权属明确的房产	100%
		其他固定资产	100%
	无形资产	交易席位费	5%
		其他无形资产	100%
	商誉		100%
	递延所得税资产		100%
	应收股利		0%
	应收融资融券客户款		100%
	应收款项	账龄一年以内（含一年）	10%
		账龄一年至二年（含二年）	50%
		账龄二年以上	100%
		应收股东及其关联公司款项	100%
	代理承销证券		0%
	代兑付债券		0%
	代转承销费用		100%
	抵债资产		100%
	长期待摊费用		100%
	其他		100%
减：或有负债的风险调整合计	对外担保金额（公司为自身负债提供的反担保除外）		100%
	对控股证券业务子公司提供的担保承诺		100%
	其他或有负债		
减：证监会认定的其他调整项目	所有权受限等无法变现的资产（如被冻结）		100%
	其他项目		
加：证监会核准的其他调整项目	借入的次级债务		
	母公司提供的担保承诺		

资料来源：中国证券监督管理委员会：《关于调整证券公司净资本计算标准的规定》，2012。

3．证券公司的风险控制监管要求

按照《证券公司风险控制指标管理办法》的有关规定，我国证券公司必须按照规定的净资本计算公式计算净资本，并且必须达到证监会设定的一系列监管要求（具体参见专栏7—1）：

第一，证券公司经营的业务种类越多，净资本绝对规模需达到的标准越高。具体而言，证券公司经营证券经纪业务的，其净资本不得低于人民币 2 000 万元；经营证券承销与保荐、证券自营、证券资产管理、其他证券业务等业务之一的，其净资本不得低于人民币 5 000 万元；经营证券经纪业务，同时经营证券承销与保荐、证券自营、证券资产管理、其他证券业务等业务之一的，其净资本不得低于人民币 1 亿元；经营证券承销与保荐、证券自营、证券资产管理、其他证券业务中两项及两项以上的，其净资本不得低于人民币 2 亿元。

第二，所有证券公司均需满足最低资本要求，即净资本与各项风险资本准备之和的比例不得低于100%，净资本与净资产的比例不得低于40%，净资本与负债的比例不得低于8%，净资产与负债的比例不得低于20%；对于经营证券自营业务，或者融资融券等创新业务的证券公司，除满足上述最低资本要求之外，还需达到一些额外的净资本标准。

第三，按照分类监管原则，证监会可以根据证券公司的治理结构、内控水平和风险控制情况，对不同类别公司的风险控制指标标准和某项业务的风险资本准备计算比例进行适当调整。

第四，证监会对各项风险控制指标设置了预警标准，对于规定"不得低于"一定标准的风险控制指标，其预警标准是规定标准的120%；对于规定"不得超过"一定标准的风险控制指标，其预警标准是规定标准的80%。若证券公司净资本或者其他风险控制指标不符合规定标准，证监会派出机构会责令公司限期改正，在5个工作日内制定并报送整改计划，整改期限最长不超过20个工作日；若证券公司未按时报送整改计划的，证监会派出机构会立即限制其业务活动；证券公司未按期完成整改，风险控制指标情况继续恶化，严重危及该证券公司的稳健运行的，证监会可以撤销其有关业务许可。

☞ **专栏7—1**

证券公司风险控制指标的监管要求

第十九条 证券公司经营证券经纪业务的，其净资本不得低于人民币2 000万元。

证券公司经营证券承销与保荐、证券自营、证券资产管理、其他证券业务等业务之一的，其净资本不得低于人民币5 000万元。

证券公司经营证券经纪业务，同时经营证券承销与保荐、证券自营、证券资产管理、其他证券业务等业务之一的，其净资本不得低于人民币1亿元。

证券公司经营证券承销与保荐、证券自营、证券资产管理、其他证券业务中两项及两项以上的，其净资本不得低于人民币2亿元。

第二十条 证券公司必须持续符合下列风险控制指标标准：

（一）净资本与各项风险资本准备之和的比例不得低于100%；

（二）净资本与净资产的比例不得低于40%；

（三）净资本与负债的比例不得低于8%；

（四）净资产与负债的比例不得低于20%。

第二十一条 证券公司应当按照中国证监会规定的证券公司风险资本准备计算标准计算各项风险资本准备。

证券公司经营证券经纪业务的，应当按照托管的客户交易结算资金总额计算经纪业务风险资本准备；经营证券自营、证券承销、证券资产管理、融资融券业务的，应当按照有关业务规模计算各项业务风险资本准备；设立分公司、证券营业部等分支机构的，应当计算分支机构风险资本准备；应当按照上一年营业费用总额计算营运风险资本准备。证券公司还应当按照中国证监会规定的其他项目和比例计算相应的风险资本准备。

第二十二条 证券公司经营证券自营业务的，必须符合下列规定：

（一）自营权益类证券及证券衍生品的合计额不得超过净资本的100%；

（二）自营固定收益类证券的合计额不得超过净资本的500%；

（三）持有一种权益类证券的成本不得超过净资本的30%；

（四）持有一种权益类证券的市值与其总市值的比例不得超过5%，但因包销导致的情形和中国证监会另有规定的除外。

计算自营规模时，证券公司应当根据自营投资的类别按成本价与公允价值孰高原则计算。

第二十三条 证券公司为客户买卖证券提供融资融券服务的，必须符合下列规定：

（一）对单一客户融资业务规模不得超过净资本的5%；

（二）对单一客户融券业务规模不得超过净资本的5%；

（三）接受单只担保股票的市值不得超过该股票总市值的20%。

前款所称融资业务规模，是指对客户融出资金的本金合计；融券业务规模，是指对客户融出证券在融出日的市值合计。

第二十四条 证券公司可以结合自身实际情况，在不低于中国证监会规定标准的基础上，确定相应的风险控制指标标准。

第二十五条 中国证监会对各项风险控制指标设置预警标准，对于规定"不得低于"一定标准的风险控制指标，其预警标准是规定标准的120%；对于规定"不得超过"一定标准的风险控制指标，其预警标准是规定标准的80%。

资料来源：中国证券监督管理委员会：《关于修改〈证券公司风险控制指标管理办法〉的决定》，2008。

7.3 保险公司

7.3.1 保险公司概述

1. 保险公司的概念解析：基于《保险法》

根据《中华人民共和国保险法》①，保险是指投保人根据合同约定，向保险人支付保险费，保险人对于合同约定的可能发生的事故因其发生所造成的财产损失承担赔偿保险金责任，或者当被保险人死亡、伤残、疾病或者达到合同约定的年龄、期限等条件时承担给付保险金责任的商业保险行为。根据《保险公司管理规定》②，保险公司是指经中国保险监督管理机构批准设立，并依法登记注册的商业保险公司。具体而言，保险公司是收取保险费，建立保险基金，并对发生的保险事故进行经济补偿的金融机构。

保险公司作为企业法人，有以下两种不同的分类方法：

根据保险公司的风险转移层次，可以将保险公司分为原保险公司和再保险公司。原保险公司强调为普通公众提供保险服务，接受投保人转移的风险，属于风险的初次转移；再保险公司则承保原保险公司出于法律或经营需要而转移的那些直接业务。换言之，再保险公司的

① 1995年6月30日第八届全国人民代表大会常务委员会第十四次会议通过，根据2002年10月28日第九届全国人民代表大会常务委员会第三十次会议《关于修改〈中华人民共和国保险法〉的决定》修正，2009年2月28日第十一届全国人民代表大会常务委员会第七次会议修订，修订后的《中华人民共和国保险法》自2009年10月1日起施行。

② 《保险公司管理规定》经2009年9月18日中国保险监督管理委员会主席办公会审议通过，自2009年10月1日起施行。

客户通常就是原保险公司。再保险公司接受原保险公司转移的风险，属于风险的再次转移。

根据保险公司的业务类型，可以分为人身保险公司和财产保险公司。人身保险公司通常经营人寿保险、健康保险以及意外伤害保险，这些保险所保障的是人的寿命和身体，一旦被保险人遭受到伤害或死亡，或者生存到保险期满之后，人身保险公司需承担给付保险金的责任。人寿保险承保的内容包括意外死亡、疾病和退休。相比之下，财产保险公司通常经营财产保险和意外伤害保险。其中财产保险保障的对象是被保险人的财产，它是以自然灾害及意外事件造成的财产损失为保险责任。财产保险承保的内容包括与事故相关的人身伤害和债务、盗窃、火灾以及其他灾难。

2. 我国保险业行业规模、结构与构成

截至 2011 年年末，全国共有保险集团公司 10 家，保险公司 130 家，保险资产管理公司 11 家。从保险公司资本结构属性看，中资保险公司共有 79 家，外资保险公司共有 51 家。其中，中资产险公司 39 家，中资寿险公司 37 家，中资再保险公司 3 家，外资产险公司 21 家，外资寿险公司 25 家，外资再保险公司 5 家。全国共有省级（一级）分公司 1 619 家，中支和中支以下营业性机构 68 968 家。

2011 年，中资保险公司原保险保费收入为 13 866.24 亿元，市场份额为 96.7%；外资保险公司原保险保费收入 473.01 亿元，市场份额为 3.3%。在财产保险公司原保险保费收入中，中资财产保险公司原保险保费收入为 4 726.95 亿元，市场份额为 98.91%；外资财产保险公司原保险保费收入为 52.11 亿元，市场份额为 1.09%。在人身保险公司原保险保费收入中，中资寿险公司原保险保费收入为 9 139.11 亿元，市场份额为 95.6%；外资寿险公司原保险保费收入为 420.9 亿元，市场份额为 4.4%。

2011 年财产保险公司共实现原保险保费收入 4 779 亿元（包括财产保险公司经营的意外险和短期健康险保费收入 161.24 亿元，见图 7—9），占保险市场原保险保费收入的 33.33%。在各财产保险公司中，人保股份、太保产险、平安产险三家公司原保险保费收入合计占财产保险公司原保险保费收入的比例为 66.6%。

2011 年寿险公司共实现原保险保费收入 9 560 亿元（图 7—10），占保险市场原保险保费总收入的 66.67%。在各寿险公司中，国寿股份、太保寿险、平安寿险三家公司原保险保费收入合计的市场份额为 55.47%。

7.3.2 保险公司的业务：基于财务报表的解读

保险公司作为自主经营、独立核算、自负盈亏的市场竞争主体，其财务管理是保险公司经营管理过程中的重要环节。基于财务报表的对保险公司财务状况和经营成果的分析，可以反映出保险公司的经营全貌，包括保险公司各类保险产品的保费收入及比重、保险公司的资金来源及运用等，从而使我们能够更好地了解保险公司的业务体系。

1. 人身保险公司的资产负债表和主要业务

表 7—8 是中国平安人寿保险公司 2012 年度的资产负债表，可以归纳出其资产负债表具有以下特征。

资产方面。资产金额排前三位的分别为持有至到期投资、可供出售金融资产、定期存

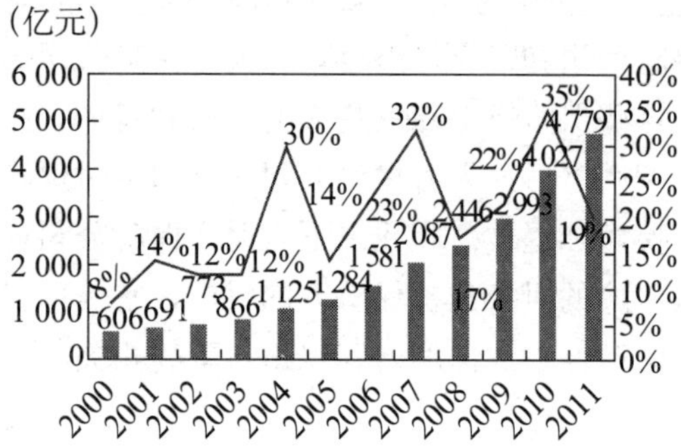

图 7—9　2000—2011 年财产保险公司保费收入和增幅对比图

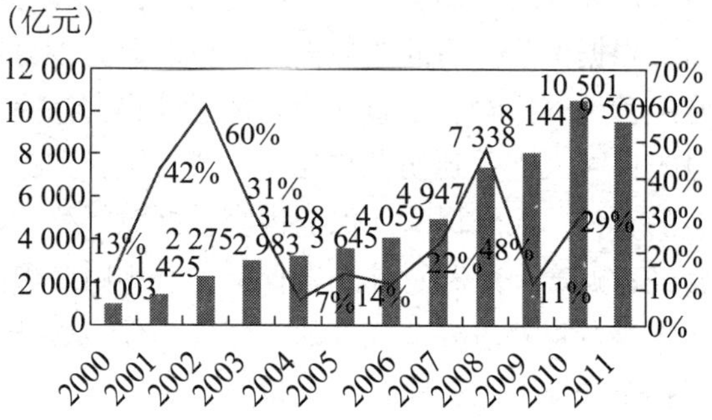

图 7—10　2000—2011 年寿险公司保费收入和增幅对比图

款，三者之和占平安人寿资产总额的四分之三以上。可以发现，这三类资产均属于长期投资类，表明在平安人寿资产配置中，长期投资占据了很大的比重。结合人寿保险公司的经营特征，不难想出产生这种现象的原因。人寿保险是以人的生命表为依据来计算所收取保费的数额，故其所得的保费收入必须满足长期的赔偿给付，由于货币存在时间价值，所以人寿保险的资产中长期投资比重较大。

负债方面。平安人寿保险公司的负债中金额最大的两项分别为寿险责任准备金和保户储金及投资款。寿险责任准备金是指保险公司为将来要发生的保险责任而提存的资金。寿险公司 80%～90%的负债都为寿险责任准备金负债，这些准备金在精算假设上的轻微变化或在准备金评估方法上的变化都会对某个时期的收入和公司的价值产生极大的影响。保户储金及投资款体现了人寿保险具有理财的特征。

表 7—8　　平安人寿保险公司资产负债表

(2012 年 12 月 31 日)　　(单位：百万元人民币)

资产	2012 年	2011 年	负债及所有者权益	2012 年	2011 年
资产			**负债**		
货币资金	46 010.97	24 179.97	短期借款	36.00	—
拆出资金	—	—	拆入资金	—	—
交易性金融资产	7 925.77	6 792.09	交易性金融负债	—	—
衍生金融资产	—	—	衍生性金融负债	—	—
买入返售金融资产	885.00	1 808.80	卖出回购金融资产款	88 932.66	45 546.50
应收利息	16 954.34	13 082.67	预收保费	5 447.93	2 182.31
应收保费	6 210.23	5 112.30	应付手续费及佣金	1 566.62	1 652.22
应收代位追偿款	—	—	应付分保账款	416.18	247.27
应收分保账款	344.73	107.93	应付职工薪酬	954.18	652.61
应收分保未到期责任准备金	11.45	7.81	应交税费	280.23	2 173.25
			应付赔付款	17 560.84	13 052.33
应收分保未决赔款准备金	15.51	0.10	应付保单红利	21 681.36	17 978.63
			保户储金及投资款	259 890.38	217 875.75

续前表

资产	2012 年	2011 年	负债及所有者权益	2012 年	2011 年
应收分保寿险责任准备金	225.00	225.91	未到期责任准备金	812.21	879.89
			未决赔款准备金	287.68	263.86
应收分保长期健康险责任准备金	331.15	330.63	寿险责任准备金	472 455.74	408 665.64
			长期健康险责任准备金	58 542.84	52 250.21
保户质押贷款	18 557.94	14 105.17	长期借款	3 260.49	2 989.37
定期存款	197 441.54	134 566.63	应付债券	13 051.33	3 996.58
可供出售金融资产	168 943.65	183 381.69	独立账户负债	36 240.89	37 451.51
持有至到期投资	433 521.72	352 445.82	递延所得税负债	544.50	323.50
长期股权投资	20 382.24	19 171.99	其他负债	5 370.70	2 976.51
存出资本保证金	6 760.00	5 760.00	**负债合计**	987 332.76	811 157.94
投资性房地产	14 479.80	8 305.29	**所有者权益**		—
固定资产	3 491.78	4 981.20	实收资本（或股本）	33 800.00	33 800.00
无形资产	5 940.76	6 606.39	资本公积	264.59	−9 945.23
独立账户资产	36 240.89	37 451.51	减：库存股	—	—
递延所得税资产	6 619.61	9 569.34	盈余公积	2 541.48	2 410.71
其他资产	45 699.34	21 788.38	一般风险准备	3 231.69	2 476.80
			未分配利润	8 996.10	9 019.02
			少数股东权益	826.80	862.38
			所有者权益合计	49 660.66	38 623.68
资产总计	1 036 993.42	849 781.62	**负债和所有者权益总计**	1 036 993.42	849 781.62

资料来源：《中国保险年鉴（2013）》。

表 7—9 是保监会对 2012 年度各人身保险公司针对公司业务进行的分项统计，从中可以看出，我国的人身保险公司经营业务可以分为三大类，分别是人寿保险、意外伤害险和健康保险。

（1）人寿保险。

人寿保险是以被保险人的寿命为保险标的，以被保险人的生存或死亡为保险事故的人身保险。人寿保险产品按照设计类型分为普通型人寿保险和新型人寿保险。按保险责任分类，普通型人寿保险分为定期寿险、终身寿险、两全保险和年金保险；新型人寿保险分为分红保险、投资连结保险和万能保险等。

定期寿险是指以死亡为给付保险金条件，且保险期限为固定年限的人寿保险。具体而言，定期保险在合同中规定一定时期为保险有效期，若被保险人在约定时期内死亡，保险人即给付受益人约定数额的保险金；如果被保险人在保险期限届满时仍然生存，契约即行终止，保险人无给付义务，亦不退还已收取的保险费。

终身寿险是指以死亡为给付保险金条件，且保险期限为终身的人寿保险。终身保险是一种不定期的死亡保险，即保险合同中并不规定期限，自合同有效之日起，至被保险人死亡为止。也就是说，保险人对被保险人要终身负责，无论被保险人何时死亡，保险人都有给付保险金的义务。

表 7—9　　2012 年人身保险公司分险种保费收入表　　（单位：百万元人民币）

公司名称	合计	分险种保费收入															其中：新单保费
		个人业务								团体业务							
		人寿保险					意外伤害险	健康险	人寿保险					意外伤害险	健康险	
		小计	普通寿险	分红寿险	投资连结保险	万能保险			小计	普通寿险	分红寿险	投资连结保险	万能保险			
人保寿险	64 030.30	56 433.61	305.58	56 047.03	0	81.00	458.35	689.48	4 337	52.25	4 285.23	0	−0.34	523.50	1 588.22	58 480.69
人保健康	7 599.73	2 440.10	0	2 440.10	0	0	82.31	411.03	0	0	0	0	0	381.51	4 284.78	7 445.65
国寿股份	322 739.00	294 333.00	49 442.00	244 822.00	0	69.00	6 432.00	15 768.00	459.00	459.00	0	0	3 113.00	2 634.00	142 540.00	0
太平人寿	36 455.50	34 306.67	965.88	33 339.17	1.67	−0.05	252.64	1 776.11	2.00	2.74	−0.75	0	0	20.04	98.04	15 096.98
太平养老	924.61	0	0	0	0	0	71.95	71.95	0	0	265.74	586.92	924.61	0	0	0
民生	8 905.68	8 070.70	30.29	8 040.41	0	0	31.82	744.68	3.41	0	3.41	0	0	40.29	14.77	3 434.24
阳光人寿	15 719.63	15 039.62	624.64	14 355.86	0	59.12	16.11	271.03	22.30	0.36	21.94	0	0	268.68	101.89	10 859.16
太保人寿	93 460.80	80 818.81	11 286.90	69 469.41	0	62.50	2 825.30	5 308.28	2 644.48	518.90	2 125.58	0	0	1 072.27	791.67	37 334.16
平安人寿	128 771.17	107 960.85	9 681.75	91 518.57	321.28	6 439.25	1 516.31	18 718.66	544.32	544.32	0	0	0	23.92	7.11	41 011.96
平安养老	5 869.22	0	0	0	0	0	0	0	67.33	67.33	0	0	0	2 689.52	3 112.37	5 852.04
平安健康	210.75	0	0	0	0	0	0	8.64	0	0	0	0	0	4.56	197.55	208.16
华泰人寿	2 856.86	2 630.48	8.71	2 613.86	0	7.92	50.17	109.27	3.04	3.04	0	0	0	24.72	39.17	1 688.75
新华人寿	97 718.52	90 101.10	745.91	89 318.15	0.01	37.03	477.21	5 675.62	101.69	101.69	0	0	0	547.44	815.45	33 693.06
泰康	61 577.64	56 977.84	712.50	55 174.10	1.59	1 089.65	179.43	2 413.39	81.10	80.71	0	0	0.39	1 204.16	721.72	31 961.15
天安人寿	1 449.83	1 395.07	12.65	1 382.10	0	0.32	18.35	12.57	0.40	0.40	0	0	0	3.93	19.52	1 398.64
生命人寿	24 490.26	23 521.13	299.91	23 207.48	0.84	12.90	8.24	518.26	13.89	13.86	0	0	0.03	310.27	118.47	16 179.93
安邦人寿	1 245.51	1 237.43	0.56	1 236.87	0	0	0.03	0.17	0.14	0.14	0	0	0	5.59	2.14	1 244.51

注：因四舍五入原因，个别小计与分项之和略有出入。

两全保险也称生死合险，是指在保险期间内以死亡或生存为给付保险金条件的人寿保险，是将定期死亡保险和生存保险（生存保险是指以被保险人在保险期满时仍生存为给付保险金条件的人寿保险）结合起来的保险形式，即被保险人在保险合同规定的年限内死亡或合同规定时点仍生存，保险人按照合同承担给付保险金责任的生存和死亡混合组成的保险。

年金保险是指以生存与否为给付保险金条件，按约定分期给付保险金，且分期给付保险金的间隔不超过一年（含一年）的人寿保险。年金保险的主要形态有：

①按缴费方式划分，年金保险可以分为趸缴年金和期缴年金，趸缴即一次性付清所有保费，期缴是每年按期缴纳。

②按被保险人数划分，年金保险可以分为个人年金、联合年金、最后生存者年金和联合及生存者年金。

③按给付额是否发生变动划分，年金保险可以分为定额年金和变额年金。

④按给付开始日期划分，年金保险可以分为即期年金和延期年金。

⑤按给付方式（或给付期间）划分，年金保险主要包括终身年金、最低保证年金和定期生存年金。

分红保险是指保险公司将其实际经营成果优于定价假设的盈余，按一定比例向保单持有人进行分配的人寿保险产品。这里的保单持有人是指按照保险合同享有保险合同利益及红利请求权的人。

投资连结保险是指包含保险保障功能并至少在一个投资账户拥有一定资产价值的人身保险产品。投资连结保险的投资账户必须是资产单独管理的资金账户。投保人可以选择其投资账户，投资风险完全由投保人承担。

万能保险是一种缴费灵活、保额可调整、非约束性的寿险。保单持有人在缴纳一定量的首期保费后，也可以按自己的意愿选择任何时候缴纳任何数量的保险费，只要保单的现金价值足以支付保单的相关费用，有时甚至可以不再缴费。而且保单持有人可以在具备可保性的前提下，提高保额，也可以根据自己的需要降低保额。

（2）意外伤害保险。

意外伤害保险是指以意外伤害而致身故或残疾为给付保险金条件的人身保险。意外伤害保险有三层含义：第一，必须有客观的意外事故发生，且事故原因是意外的、偶然的、不可预见的；第二，被保险人必须有因客观事故造成人身死亡或残疾的结果；第三，意外事故的发生和被保险人遭受人身伤亡结果，两者之间有着内在的、必然的联系，即意外事故的发生是被保险人遭受伤害的原因，而被保险人遭受伤害是意外事故的后果。

按照投保人数划分，意外伤害险可以分为个人意外伤害保险和团体意外伤害保险两大类。个人意外伤害保险的分类方式较多，按投保动因可分为自愿意外伤害保险和强制意外伤害保险；按保险危险分为普通意外伤害保险和特定意外伤害保险；按保险期间可分为一年期意外伤害保险、极短期意外伤害保险和多年期意外伤害保险；按险种结构分为单纯意外伤害保险和附加意外伤害保险。

团体意外伤害保险是以团体方式投保的人身意外伤害保险，其保险责任、给付方式均与个人投保的意外伤害保险相同。

(3) 健康保险。

健康保险是以被保险人的身体为保险标的，使被保险人在遭遇疾病或意外事故所致伤害时发生的费用或损失获得补偿的一种保险。按照承保对象分类，健康保险可以分为个人健康保险和团体健康保险。按照保险责任分类，健康保险可以分为医疗保险、疾病保险、失能收入损失保险和护理保险等。

①个人健康保险。

个人健康保险是指以单个自然人作为投保对象的健康保险。一般保险公司经营的个人健康保险的险种主要有医疗保险、疾病保险、失能收入损失保险和护理保险等。

医疗保险是指以保险合同约定的医疗行为的发生为给付保险金条件的，为被保险人接受诊疗期间的医疗费用支出提供保障的保险。

疾病保险是指以保险合同约定的疾病的发生为给付保险金条件的保险。

失能收入损失保险是指以因保险合同约定的疾病或者意外伤害导致工作能力丧失为给付保险金条件，为被保险人在一定时期内的收入减少或者收入中断提供保障的保险。

护理保险是指以因保险合同约定的日常生活能力障碍引发护理需要为给付保险金条件，为被保险人的护理支出提供保障的保险。

②团体健康保险。

团体健康保险是指以团体或其雇主作为投保人，同保险人签订保险合同，以其所属员工作为被保险人，约定由团体雇主独自缴付保险费，或由雇主与团体员工分摊保险费，当被保险人因疾病或分娩住院时，由保险人负责给付其住院期间的治疗费用、住院费用、看护费用，以及在被保险人由于疾病或分娩致残疾时，由保险人负责给付残疾保险金的一种团体保险。团体健康保险一般分为团体医疗费用保险、团体补充医疗保险、团体特种医疗费用保险。

2. 财产保险公司的资产负债表和主要业务

表 7—10 是中国平安财产保险公司 2012 年度的资产负债表。从表中可以发现财产保险公司的资产基本涵盖了前文对于资产负债具体分类介绍的所有品种，结合财产保险公司自身的业务特点，可以归纳出其资产负债表有以下特征。

资产方面。平安财产保险公司资产金额排前两位的分别是定期存款、持有至到期投资，两者之和占平安财产保险公司总资产的将近 50%。可以发现，这两类资产均属于长期投资类，这表明在平安财产保险公司的资产配置中，长期投资占很大比重。与前文讨论的人身保险公司类似，这种现象的产生与财产保险公司的经营特征密切相关。由于财产保险是对居民财产的安全予以保障，其给付赔偿只能依照以往的经验来确定大致的概率，所以在资产配置中偏向于定期存款这种流动性相对而言较好的长期投资。

负债方面。平安财产保险公司的负债中金额最大的两项分别是未到期责任准备金和未决赔款准备金。未到期责任准备金指公司一年以内的财产险、意外伤害险、健康险业务，按规定本期保险责任尚未到期，应从属于下一年度的部分保险费中提取出来形成的准备金。未决赔款准备金是指保险公司在会计年度决算以前发生保险责任而未赔偿或未给付的保险金。

表 7—10　　平安财产保险公司资产负债表

（2012 年 12 月 31 日）　　（单位：百万元人民币）

资产	2012 年	2011 年	负债及所有者权益	2012 年	2011 年
资产			**负债**		
货币资金	8 276.51	6 663.08	短期借款	—	—
拆出资金	—	—	存入保证金	0.44	0.44
交易性金融资产	1 931.80	1 323.28	拆入资金	—	—
衍生性金融资产	—	—	交易性金融负债	—	—
买入返售金融资产	1 190.00	470.00	衍生性金融负债	—	—
应收利息	2 778.62	2 075.97	卖出回购金融资产款	2 599.94	1 722.30
应收保费	12 263.76	6 744.48	预收保费	4 836.51	4 380.62
应收代位追偿款	—	—	应付手续费及佣金	1 407.79	1 177.92
应收分保账款	5 737.97	4 030.53	应付分保账款	5 964.78	4 369.19
应收分保未到期责任准备金	4 370.80	3 797.27	应付职工薪酬	1 738.65	1 729.45
			应交税费	2 281.84	1 973.70
应收分保未决赔款准备金	4 232.80	3 326.80	应付利息	139.67	136.68
			应付赔付额	—	—
存出保证金	0.77	2.76	应付保单红利	—	—
应收分保寿险责任准备金	—	—	保户储金及投资款	427.39	433.42
			未到期责任准备金	48 280.09	39 947.85
应收分保长期健康险责任准备金			未决赔款准备金	29 651.60	24 236.59
			寿险责任准备金	—	—
保户质押贷款	—	—	长期健康险责任准备金	—	—
定期存款	39 489.43	32 795.53	长期借款	—	—
可供出售金融资产	8 878.62	16 390.84	应付债券	7 643.06	4 594.84
持有至到期投资	27 837.72	19 400.08	独立账户负债	—	—
应收款项类投资	9 210.02	2 734.48	递延所得税负债	76.68	—
长期股权投资	23.00	23.00	其他负债	3 047.26	1 924.47
存出资本保证金	3 400.00	3 400.00	**负债合计**	108 095.69	86 627.46
投资性房地产	1 895.93	1 367.46	**所有者权益**		
固定资产	1 863.32	2 614.10	实收资本（或股本）	17 000.00	17 000.00
无形资产	4.63	23.88	资本公积	39.87	−1 162.26
独立账户资产	—	—	减：库存股	—	—
递延所得税资产	—	355.85	盈余公积	5 415.42	3 751.91
其他资产	1 548.20	1 108.95	一般风险准备	1 619.88	1 156.37
			未分配利润	2 762.87	1 274.84
			所有者权益合计	26 838.03	22 020.87
资产总计	134 933.72	108 648.34	**负债和所有者权益总计**	134 933.72	108 648.34

资料来源：《中国保险年鉴（2013）》。

与人身保险公司的分析方法类似，本小节针对资金来源中保费收入这一项来分析财产保险公司的主要业务。表 7—11 为 2012 年我国部分财产保险公司各业务的数据统计。

我国习惯上将保险标的分为有形保险、相关经济利益和民事损失赔偿责任三大类，与此相对应，财产保险也被划分为财产损失保险、责任保险、信用保险和保证保险。

表 7—11　　**2012 年财产保险公司分险种保费收入表**　　（单位：百万元人民币）

公司名称	保费收入													
	合计	企业财产保险	家庭财产保险	机动车辆保险	责任保险	工程保险	货物运输保险	船舶保险	信用保险	保证保险	特殊风险保险	农业保险	短期健康保险	意外伤害保险	其他
人保财险	193 017.96	11 976.31	1 556.69	141 755.77	7 361.17	1 756.68	3 826.56	2 797.19	156.21	184.90	1 874.18	13 293.33	3 372.59	3 106.38	—
国寿财险	23 541.80	1 095.15	138.56	20 543.99	623.66	286.99	217.84	97.29	—	5.01	12.16	34.39	—	486.76	—
大地	17 940.00	800.00	80.00	13 978.00	685.00	175.00	215.00	347.00	—	107.00	128.00	57.00	591.00	776.00	1.00
太平财险	7 768.15	649.65	24.19	6 275.63	191.44	59.47	151.96	39.57	5.18	1.73	2.03	39.08	82.36	244.92	0.95
中国信保	14 263.02	—	—	—	—	—	—	—	14 263.02	—	—	—	—	—	—
太保产险	69 550.28	5 034.43	324.45	54 332.77	2 278.72	992.80	1 579.38	1 038.37	42.26	54.27	650.25	473.98	884.66	1 863.85	—
平安产险	98 816.07	5 085.49	243.09	76 159.40	2 477.02	1 239.75	1 311.12	753.24	270.18	7 973.96	890.81	17.56	438.47	1 955.98	—
阳光产险	14 659.59	569.15	60.34	12 663.33	386.24	103.62	154.85	94.91	—	14.54	18.36	79.39	111.40	318.50	84.86
中华联合	24 555.81	854.98	87.82	17 349.52	608.58	69.46	116.97	104.50	—	12.25	4.90	3 804.85	726.68	815.31	—
华泰财险	5 719.92	520.67	245.43	3 426.05	437.80	227.98	374.97	30.64	—	8.53	—	—	25.00	278.86	143.98
天安财险	8 130.06	333.33	18.20	7 124.58	177.75	67.61	46.56	15.17	—	−8.27	11.03	6.00	97.15	205.19	35.77
大众	1 587.54	217.94	1.78	1 216.95	25.32	7.35	31.45	3.77	—	−0.11	0.10	9.48	0.07	65.37	8.09
华友	5 820.36	159.28	8.87	5 154.36	87.44	77.23	15.75	5.23	31.19	1.37	6.60	1.14	32.79	237.85	1.25
永安	7 025.33	374.73	30.88	5 898.93	192.44	37.78	40.53	38.45	—	3.19	0.58	34.92	32.12	340.80	—
永诚	5 589.89	1 055.02	10.99	4 016.48	110.81	108.38	47.78	25.15	—	1.05	—	—	46.32	167.91	—
安信农险	811.23	58.14	17.88	215.04	24.74	81.58	1.02	3.63	—	2.04	—	376.06	8.20	17.81	5.09
安邦产险	4 421.71	56.08	0.53	4 221.33	47.16	8.16	19.10	4.00	—	18.10	2.86	3.06	—	41.33	—
安华农险	2 360.81	27.13	27.41	879.48	8.10	0.34	0.55	—	—	8.87	0.00	1 378.01	0.00	22.28	8.64
天平车险	4 646.20	0.01	0.01	4 584.18	5.93	—	—	—	—	—	—	—	—	55.07	—
阳光农险	2 258.10	46.81	9.95	204.55	8.24	—	—	—	—	0.39	—	1 939.78	1.40	36.11	10.87
渤海	1 529.32	63.80	2.42	1 302.28	38.27	28.03	7.58	11.71	—	0.31	1.55	0.00	19.38	53.64	0.35

注：因四舍五入原因，个别合计数与分项之和略有出入。

（1）财产损失保险。

①企业财产保险。

企业财产保险是适用于各种企业、社团、机关和事业单位的一种财产保险，主要承担因火灾或其他自然灾难和意外事故造成被保险人的财产损失。目前，我国企业财产保险产品有企业财产保险基本险、企业财产保险综合险、财产险和财产一切险。

②家庭财产保险。

该险种是适用于我国城乡居民家庭的一种财产保险，其承保责任范围与企业财产综合险基本相同。常用险种有普通家庭财产保险、家庭财产两全保险、投资保障型家庭财产保险及各种附加险。

③运输工具保险。

该险种承担因遭受自然灾害和意外事故造成的运输工具的损失及第三者损失赔偿责任。常用险种有机动车辆保险、船舶保险和飞机保险。

④货物运输保险。

该险种承担货物在运输中遭受自然灾难和意外事故造成的损失。常用险种有国内水路、陆路货物运输保险，国内航空货物运输保险，海洋运输货物保险及各种附加险和特约保险等。

⑤工程保险。

该险种主要承保各项工程由于不可预料的事故造成的损失、费用和责任。常用险种有建筑工程一切险和安装工程一切险等。

⑥特殊风险保险。

这是根据特殊行业设计的各种保险，承保对象带有较强的专业性。常用险种有航天保险、核电站保险和海洋石油开发保险等。

⑦农业保险。

承保种植业、养殖业、饲养业、捕捞业在生产过程中因自然灾害和意外事故所造成的损失。常见险种有种植业保险和养殖业保险等。

（2）责任保险。

责任保险是以被保险人的民事损失赔偿责任为保险标的的保险。责任保险既可以在各种财产保险之上附加承保，如建筑工程第三者责任保险、船舶碰撞责任保险等，也可以单独承保，如公共责任保险、产品责任保险、雇主责任保险和职业责任保险等。

（3）信用保险和保证保险。

①信用保险。该保险是以信用风险为保险标的的保险。具体地说，信用保险是权利人要求保险人承保对方信用的一种保险。如出口信用保险，主要承保出口商因买方不履行贸易合同的义务而遭受的经济损失。

②保证保险。该保险承保的也是信用保险。具体地说，保证保险是被保证人根据权利人的要求投保自己信用的一种保险。常见的险种有合同保证保险、产品保证保险、雇员忠诚保证保险等。

两者的区别在于，凡权利人要求保险人担保对方信用的保险，属于信用保险；凡被保证人根据权利人的要求投保自己信用的保险，属于保证保险。

7.3.3 保险公司的风险管理

1. 保险公司的风险种类及其管理

在不断扩大投资渠道的同时，风险管理正成为监管重点。为强化保险公司的风险管理，提高风险防范能力，我国保监会于 2007 年出台了《保险公司风险管理指引（试行）》。保险公司作为集合和分散风险的专业管理机构，承保的各种自然灾害、意外事故等风险所造成的损失是保险公司预期内的损失，并不构成保险公司自身的风险。保险公司面临的风险是指在经营业务过程中由于各种因素，诸如风险选择、费率厘定、市场竞争、通货膨胀、投资市场波动、法律变更、国内外政治经济形势变动等的影响，使实际经营结果与预期发生偏差，从而遭受损失的风险。

（1）保险公司的风险分类。

《保险公司风险管理指引（试行）》规定：保险公司应当识别和评估经营过程中面临的各类主要风险，包括：保险风险、市场风险、信用风险和操作风险等。保险风险是指由于对死亡率、疾病率、赔付率、退保率等判断不正确导致产品定价错误或者准备金提取不足、再保险安排不当、非预期重大理赔等造成损失的可能性。市场风险是指由于利率、汇率、股票价格和商品价格等市场价格的不利变动而造成损失，以及由于重大危机造成业务收入无法弥补费用的可能性。信用风险是指由于债务人或者交易对手不能履行合同义务，或者信用状况的不利变动而造成损失的可能性。操作风险指由于操作流程不完善、人为过错和信息系统故障等原因导致损失的可能性。此外，保险公司还应当对战略规划失误和公司治理结构不完善等给公司带来不利影响的其他风险予以关注。本节主要对操作风险和合规风险进行介绍。

①操作风险。

操作风险是因为人的因素、流程的因素、系统的因素或者外部事件冲击产生的可能损失。保险公司的操作风险主要体现在人的因素、流程的因素以及外部事件冲击上。

a. 人的因素引起的操作风险。

人的因素引起的操作风险是指由于投保人、被保险人、受益人以及保险公司的从业人员的人为因素而导致的风险。

道德风险。道德风险是一种与人的道德品质有关的无形的风险，它主要是由于被保险人、投保人或者受益人为了谋取保险金故意制造保险事故而导致的风险。道德风险是保险公司在承保时严格防范和控制的风险，通常保险公司通过控制保险金额和限制赔偿程度，使被保险人不能从保险中额外获利，从而达到避免或减少道德风险。在财产保险中，保额按定值保单和不定值保单分别确定，不定值保单的保额由投保人确定，保险人认可，原则上保险金额应当客观地反映保险标的投保时的实际价值。定值保单如海上货物运输保险，按照国际惯例，通常以贸易价格的 110%作为保险金额承保，一旦货物全损，保险人按保额赔偿货物损失。在人寿保险中，由于人的生命是无法用货币来衡量的，投保人可以根据自己的保险需求以及交付保险费的经济能力来确定保险金额，更可能产生道德风险，因此保险公司为了防范道德风险，对人寿保险保额控制较为严格，一般不接受高额的人寿保险。在责任保险中虽然没有保险金额的规定，但保险人对每次事故的赔付金额或给付金额以及保险期限内的累计赔偿金额或给付金额都有限额的规定，避免高额累计赔偿或给付责任。

心理风险。心理风险是与人的心理素质有关的无形风险，它是投保人或被保险人在参加保险以后产生了松懈的心理，不再小心防范可能面临的自然风险和社会风险，或者在保险事故发生时，不积极采取施救措施，任凭损失扩大。有别于道德风险，道德风险通常会触及法律，例如，被保险人在参加火灾保险之后纵火使房子受损，受益人故意谋杀被保险人等，心理风险一般不会触及法律，但对保险公司来说危害很大。为了防范心理风险，保险公司除了在保险条款中明确规定被保险人的义务外，还采取了相应的措施予以控制。例如，实行免配额规定，使被保险人也承担一定比例的损失；对一些不易控制的风险责任，如种植业、养殖业保险，采用保险人与被保险人共保的形式，明确双方各自承担风险责任的比例，增强投保人或被保险人的防灾防损意识，减少心理风险的发生。

逆向选择风险。逆向选择风险是指保险标的的损失概率高于保险公司平均损失概率的风险，例如，在人寿保险中，一些身体状况差或职业危险程度高的被保险人积极投保高额的死亡保险和人身意外伤害险，而一些身体状况好或职业危险程度低的被保险人不愿参加保险或只投保生存保险、养老保险，这种情况就构成了人寿保险的逆向选择。逆向选择风险的出现会影响保险公司收支相等、公平合理原则的贯彻，无法保证被保险人权利义务的对等和保险公司业务经营的稳定。因为作为保险公司来说，保险费是根据收支相等的原则，依据正常条件下统计出来的预定事故发生率计算的，但逆向选择的出现使得保险公司承担的风险超过预定水平，从而实际死亡率超过预定死亡率，使保险公司收支相等原则无法实现，影响业务经营的稳定。此外，逆向选择风险也违反了保险互助互济原则，因为逆向选择的存在有可能使一部分人得到保险金的数学期望大于他们缴付的保险费，这一部分人就要其他投保人为其作出贡献，从而损害大部分被保险人的正当利益。因此，为了防范逆向选择风险，保险公司在承保时往往要通过核保进行严格认真的风险选择，对每个被保险人既要实行以身体健康为中心的医务审查，还要实行以职业、道德为中心的事务审查，然后通过综合评估，决定是否承保以及承保的费率等。

b. 流程管理不善的因素引起的操作风险。

承保风险。承保风险主要是因保险公司缺乏严密的核保流程和制度，缺乏完善的核保管理系统，对保险标的没有进行严格的风险选择和承保控制而给保险公司带来的潜在风险。承保风险主要表现在：一是忽视风险责任控制，随意降低费率，放宽承保条件，采取高额退费等破坏性竞争，使寿险企业承保几乎变成一种赌博行为；二是超能力承保，任何一家保险公司不论其规模大小，也不论其组织形式如何，承保能力都是有限的，如果保险公司超过自身的承保能力和承保技术，盲目接受风险，随时都有可能招致亏损甚至破产；三是保险单证、保险收据等管理混乱，使不法分子有机可乘，为他们倒签证、涂改保单和截留、拖欠或挪用保费等提供机会，一旦发生欺诈行为，必然使保险公司受损。

理赔风险。理赔风险是由于保险公司在理赔过程中缺少有效的核赔手段和对各种骗赔行为的鉴别而导致的风险。理赔风险产生的原因有两个方面：一是内部理赔风险，首先，由于保险公司缺乏健全的理赔流程和制度，核赔核损由一人说了算，为虚假理赔和以赔谋私提供了机会；其次，保险理赔人员素质不高，有些理赔人员对理赔工作不负责任，接到被保险人的损失通知时，不及时赶赴事故现场勘查损失原因和损失程度，致使有利证据丧失，为保险理赔工作带来困难，也为道德风险的产生提供有利条件；再次，有些理赔人员缺乏相关的保险、法律、会计、金融、医院、建筑工程、汽车等专业知识，不能科学地定损和准确地计算赔偿金额而给保险公司带来不必要的损失；最后，在保险理赔中，盲目赔付、通融赔付、人情赔付现象时有发生。二是保险欺诈与保险公司内部流程不完善。在很多情况下，保险欺诈风险发生的主要原因是保险公司内部管理混乱，缺乏有效的核保核赔机制。

退保风险。退保风险是指被保险人在保单保险期满之前退保而给保险公司带来的风险。通货膨胀、银行利率提高、投保人经济状况下降、保险公司或其代理人的售后服务质量差、投保人因对寿险认识的逐渐加深而造成的对寿险公司保单和服务质量的重新选择等因素都会导致被保险人退保。退保不仅会影响寿险公司的资金运用，还会打乱寿险公司正常的财务计划，尤其是投保第一年，保险公司为签发保单所支付的代理人佣金以及各种费用（如宣传费用、检查费用、印制保单凭证的费用）和保单提存的责任准备金之和往往高于保险公司向投保人所收取的保费，如果投保后第二年或以后几年投保人不再缴费，不仅会造成寿险公司盈余减少，而且会使寿险公司产品定价提高，削弱其市场竞争能力，严重地还会影响保险公司的财务稳定和正常经营。

c. 外部事件冲击引起的操作风险。

外部事件冲击对保险公司而言主要是巨灾风险。巨灾风险主要是指洪水、地震、飓风等巨灾造成一定地域范围内大量的保险标的同时受损，引发巨额保险索赔而对保险公司业务经营稳定性带来影响的风险。自然界中地震、洪水、飓风等恶劣气候不仅给人类造成了巨大财产损失和人身伤害，也给保险业带来了灾难性的后果。从 20 世纪 60 年代以来，世界上的巨灾频繁发生，保险业的赔款也扶摇直上，尤其是 20 世纪 90 年代，欧洲的洪水、美国的飓风、日本的地震给世界保险业带来了巨大的冲击，造成了著名的保险交易所——伦敦劳合社经营连年亏损、大量保险人退出的局面。无论是现在还是将来，巨灾风险都是保险业面临的灾难性风险。

②合规风险。

合规风险对保险公司而言主要体现在监管政策变化带来的潜在影响，也可以称为政策性风险，即一个国家政策变化、经济发展策略和相关法律调整，特别是国家对保险公司政策的变化而影响到保险公司的业务经营的风险。保险公司必须在国家既定的宏观政策和相关法令法规下运行。政策性风险包括税收政策、利率政策、汇率政策以及国家对保险资金运用的限制，其中保险资金运用是重点。

以保险资金运用为例，为了保证保险资金运用的安全，各国保险法都明确规定了保险投资的范围和比例。投资限制的宽松与否直接影响保险公司的利润和财务稳定。我国的《保险法》对保险公司的资金运用设定了严格的界限和范围，规定保险公司资金运用的范围为银行存款、买卖政府债券、金融债券和国务院规定的其他运用形式，严格限制保险资金用于设立证券经营机构和向企业投资。1999 年 10 月，保监会允许保险公司资金间接入市，投资于证券投资基金，但投资比例较低。这种单一的投资渠道保证了保险资金运用的安全，但随着我国保险市场和证券市场的日趋成熟，保险市场竞争日趋激烈，保险业赔付率不断提高，保险公司存在银行的资金和投资于债券的资金利息大幅度减少，严重影响了保险公司的投资收益和偿付能力。尽快放宽保险投资渠道，采取多样化的投资策略，寻求有效的投资组合是提高我国保险公司经济效益的重要途径。

（2）保险公司的风险管理。

按照《保险公司风险管理指引（试行）》，保险公司风险管理主要可以从风险管理组织、风险类型评估、风险控制、监督及改进等方面展开。按照监管要求，保险公司应当明确风险管理目标，建立健全风险管理体系，规范风险管理流程，采用先进的风险管理方法和手段，努力实现适当风险水平下的效益最大化。

从遵循的原则而言，包括三个方面：①全面管理与重点监控相统一的原则。保险公司应当建立覆盖所有业务流程和操作环节，能够对风险进行持续监控、定期评估和准确预警的全面风险管理体系，同时要根据公司实际，有针对性地实施重点风险监控，及时发现、防范和化解对公司经营有重要影响的风险。②独立集中与分工协作相统一的原则。③充分有效与成本控制相统一的原则。

风险管理组织。建立由董事会负最终责任、管理层直接领导，以风险管理机构为依托，相关职能部门密切配合，覆盖所有业务单位的风险管理组织体系。在董事会下设立风险管理委员会负责风险管理工作。保险公司董事会风险管理委员会应当全面了解公司面临的各项重大风险及其管理状况，监督风险管理体系运行的有效性。保险公司可以设立由相关高级管理人员或者部门负责人组成的综合协调机构，由总经理或者总经理指定的高级管理人员担任负责人。保险公司应当设立风险管理部门或者指定工作部门具体负责风险管理相关事务工作。

风险评估。保险公司应当识别和评估经营过程中面临的各类主要风险。保险公司风险管理部门应当与各职能部门和业务单位建立信息共享机制，广泛搜集、整理与风险管理相关的内外部信息，为风险评估奠定相应的信息基础。在广泛收集信息的基础上，对经营活动和业务流程进行风险评估。风险评估包括风险识别、风险分析、风险评价三个步骤。

风险控制。风险控制包括明确风险管理总体策略、制定风险解决方案和方案的组织实施等内容。明确风险管理总体策略是指保险公司根据自身发展战略和条件，明确风险管理重点，确定风险限额，选择风险管理工具以及配置风险管理资源等的总体安排。根据风险发生的可能性和对经营目标的影响程度，对各项风险进行分析比较，确定风险管理的重点。确定风险限额是指保险公司根据自身财务状况、经营需要和各类保险业务的特点，在平衡风险与收益的基础上，确定愿意承担哪些风险及所能承受的最高风险水平，并据此确定风险的预警线。针对不同类型的风险，可以选择风险规避、降低、转移或者自留等风险管理工具，确保把风险控制在风险限额以内。根据风险管理总体策略，针对各类重大风险制定风险解决方案。风险解决方案主要包括解决该项风险所要达到的具体目标，所涉及的管理及业务流程，所需的条件和资源，所采取的具体措施及风险管理工具等内容。

风险管理的监督与改进。对风险管理的流程及其有效性进行检验评估，并根据评估结果及时改进。各职能部门和业务单位应当定期对其风险管理工作进行自查，并将自查报告报送风险管理部门。风险管理部门应当定期对各职能部门和业务单位的风险管理工作进行检查评估，并提出改进的建议和措施。风险管理部门应当每年至少一次向管理层和董事会提交风险评估报告。董事会或者其风险管理委员会可以聘请中介机构对保险公司风险管理工作进行评价，并出具评估报告。

2. 保险公司的风险监管要求

监管部门对保险公司的监管主要是以对保险公司偿付能力评估为核心来展开的。偿付能力是指保险公司偿付到期债务的能力，在保险经营中，保险人先收取保险费，后对保险损失进行赔付。先收取的保险费被视为保险人的负债，赔偿或给付保险金被视为对负债的偿还，偿付能力大小以偿付能力额度表示，偿付能力额度等于保险人的认可资产与实际负债之间的差额。保险公司的偿付能力一般分为保险公司的实际偿付能力和保险公司最低偿付能力。保险公司的实际偿付能力即在某一时点上保险公司认可资产与认可负债的差额。保险公司最低偿付能力是指由保险法或保险监督管理机构颁布有关管理规定，保险公司必须满足的偿付能力要求。如果保险公司认可资产与负债的差额低于这一规定的金额，即被认为是偿付能力不足。所谓偿付能力监督管理，是指保险监督管理部门对保险公司的偿付能力实行的监督和管理，它包括偿付能力评估和偿付能力不足两个环节。

（1）偿付能力评估。

偿付能力评估就是对每个保险公司的偿付能力是否充足进行的评估、检测，偿付能力评估主要包括以下两个方面：

①预防性的保险偿付能力指标监督管理。为了评估和监控保险公司的偿付能力，许多国家都制定保险偿付能力监督管理指标。保险偿付能力监督管理指标的性质属于监督管理中的预防性指标，而不是强制性指标。在我国，按照《保险公司偿付能力额度及监督管理指标管理规定》，中国保监会可通过预警指标体系对保险公司的偿付能力状态和变化趋势进行监测，对指标超过正常范围的个数达到 4 个以上的公司，保监会将要求公司进行解释，提交改进报告，或者实施进一步的检查以评估其偿付能力。但是，随着我国偿付能力监管制度的逐步完善，监管指标的预警作用逐渐弱化，2008 年 9 月实施的《保险公司偿付能力管理规定》中不再设置监管指标。

②强制性的偿付能力额度监督管理。具体包括最低偿付能力额度的计算和实际偿付能力额度的确认。我国《保险公司偿付能力管理规定》中分别用“最低资本”、“实际资本”替代了最低偿付能力额度、实际偿付能力额度等概念。

《保险公司偿付能力管理规定》第三条和第四条明确指出：“保险公司应当具有与其风险和业务规模相适应的资本，确保偿付能力充足率不低于 100%”。“保险公司应当建立偿付能力管理制度，强化资本约束保证公司偿付能力充足。”按照保监会《关于实施〈保险公司偿付能力管理规定〉有关事项的通知》的规定，财产保险公司应具备的最低资本为非寿险保障型业务最低资本和非寿险投资型业务最低资本之和。人寿保险公司最低资本为长期人身险业务最低资本和短期人身险业务最低资本之和。长期人身险业务是指保险期间超过 1 年的人身保险业务。短期人身险业务是指保险期间为 1 年或 1 年以内的人身保险业务。为配合对偿付能力的监督管理，应建立及时的财务报告制度。保险监督管理机构定期检查保险公司的财务报告，发现有问题的企业，及时进行处理。

（2）偿付能力不足。

按照我国《保险公司偿付能力管理规定》，凡是偿付能力不足即偿付能力充足率低于 100%的保险公司，保监会将根据其严重程度分别采取责令增加资本金、责令分保、限制业务范围、责令拍卖资产、限制高级管理人员薪酬水平和在职消费水平直至责令停止新业务和依法接管等措施。同时，保监会还将把对保险公司的产品、业务范围、增设分支机构、资金运用渠道等审批事项与公司的偿付能力状况挂钩，将偿付能力是否充足作为一项基本条件。

（3）偿付能力监督管理体系。

为了保证保险公司的偿付能力，各国都在研究探索偿付能力监督管理手段。一个完善的偿付能力监督管理体系包括：完整准确的数据收集系统、合适的偿付能力边际、资产负债的适当评估以及风险预警体系。美国的偿付能力监督管理体系较为典型，它包括三个部分：风险监督管理信息系统（IRIS）、财务分析和偿付能力跟踪系统（FAST）以及法定风险准备金监控（RBC）。IRIS 是在美国保险监督官协会（NAIC）的早期预警系统的基础上发展而来的。其主要任务是协助各州的保障署依法监控在本州营业的保险公司的财务状况。保险监督管理信息系统由两个阶段组成：第一阶段是同级阶段，即利用保险公司依法报送的年度报表计算其财务比率；第二阶段是分析阶段，由有经验的分析员对保险公司的财务报表和财务比率进行分析。FAST 的分析则依赖各保险公司在前三年中所提交的年度财务报告和季度财务报告。FAST 系统通过两项分析来审查保险公司的财务报告，即保险公司最近的财务报告的比率分析和保险公司财务报告中特别专项的五年历史分析。RBC 分别为寿险公司和财险公司衡量四种风险，利用风险资本公式将各种因素应用于年度财务报表中的数据，以确定每类风险所需的风险资本定额。对累积风险资本定额通过均方差调整可以消除主要风险资本定额之间的分散化情形。调整后的风险资本总额与保险公司调整后的实际资本总额进行对比，可反映出保险公司的风险资本状况。

在我国，在 2003 年《保险公司偿付能力额度及监管指标管理规定》的基础上，中国保监会于 2008 年出台了《保险公司偿付能力管理规定》。该规定是一部符合新的时代特征和要求、与国际先进的偿付能力监管理念和原则趋同的监管规章，是推进构建中国特色现代化保险监管体系的重要举措，将对我国保险业的发展改革产生重要而深远的影响。在监管标准方面，中国保监会已陆续研究制定并发布实施了 10 多项偿付能力监管标准，不仅形成了一个体系比较完整的保险公司偿付能力报告标准体系，而且在与国际趋势相符的风险资本、保险集团等监管标准的研究方面也取得了一定成果。具体指标及计算参见专栏 7—2。

☞专栏 7—2

最低偿付能力的计算表

			本年	上年
一	财产保险或短期人身险业务			
	最近会计年度的直接保费收入	(1)		
	分入保费	(2)		
	分出保费	(3)		
	自留保费	(4)=(1)+(2)−(3)		
	营业税及附加	(5)		
	净值：1 亿元以下部分	(6)		
	净值：1 亿元以上部分	(7)		
	最低额度 A	(8)=(6)×18%+(7)×16%		

续前表

			本年	上年
二	最近年度综合赔款金额	(9)		
	最近年度前一年的综合赔款额	(10)		
	最近年度前二年的综合赔款额	(11)		
	3 年均值：7 000 万元以下部分	(12)		
	3 年均值：7 000 万元以上部分	(13)		
	最低额度 B	(14)=(12)×26%+(13)×23%		
三	财产保险或短期人身险业务最低额度	(15)=max[(8),(14)]		
四	长期人身险业务			
	投资连结类业务的责任准备金	(16)		
	投资连结类业务的最低额度	(17)=(16)×1%		
	其他寿险业务的责任准备金	(18)		
	其他寿险业务的最低额度	(19)=(18)×4%		
	3 年内的定期死亡险风险保额	(20)		
	3～5 年定期死亡险风险保额	(21)		
	5 年以上定期死亡险风险保额	(22)		
	未区分保险期的死亡险风险保额	(23)		
	死亡险的最低额度	(24)=(20)×0.1%+(21)×0.15%+(22)×0.3%+(23)×0.3%		
	其他险种的风险保额	(25)		
	其他险种的最低额度	(26)=(25)×0.3%		
	长期险最低偿付能力额度	(27)=(17)+(19)+(24)+(26)		
五	最低偿付能力额度	(28)=(15)+(27)		

资料来源：中国保监会。

7.4 证券投资基金公司

7.4.1 证券投资基金公司概述

《基金法》规定，所有经批准设立的基金，应当委托基金管理公司作为基金管理人管理和运用基金资产。基金管理人是指凭借专业的知识和经验，运用所管理基金的资产，根据法律、法规及基金章程或基金契约的规定，按照科学的投资组合原理进行投资决策，谋求基金资产的不断增值，并为投资者带来更多收益的机构。由于我国绝大多数基金属于专门投资于股票、债券等有价证券的证券投资基金，因此本章主要介绍这类基金的管理公司，简称为证券投资基金公司。

截至 2011 年底，我国共有 69 家证券投资基金公司。表 7—12 是 2011 年资产规模排名前十的证券投资基金公司名单。排名第一的是华夏基金，其资产规模达到 1 790.88 亿元，排在第二至第十名的分别是易方达基金、嘉实基金、南方基金、博时基金、广发基金、华安基金、大成基金、工银瑞信基金、银华基金。表 7—13 是 2011 年资产规模增长率排名前十的证券投资基金公司。

表 7—12　　2011 年总资产排名前十的证券投资基金公司

总资产排名	公司名称	总资产（亿元）	总资产增长率（%）
1	华夏基金	1 790.88	−20.3%
2	易方达基金	1 433.11	−1.4%
3	嘉实基金	1 377.89	−14%
4	南方基金	1 152.91	−0.5%
5	博时基金	1 094.17	−5.9%
6	广发基金	983.80	−5.1%
7	华安基金	793.34	−2.6%
8	大成基金	743.14	−25.3%
9	工银瑞信基金	698.63	20.7%
10	银华基金	651.23	−23.9%

资料来源：Wind 资讯。

表 7—13　　2011 年资产规模增长率排名前十的证券投资基金公司

总资产增长率排名	公司名称	总资产增长率（%）	总资产（亿元）
1	民生加银基金	96.4%	51.66
2	工信瑞银基金	20.7%	698.63
3	浦银安盛基金	20.4	23.42
4	中银基金	11.1%	434.65
5	新华基金	2.9%	64.35
6	万家基金	2.6%	166.99
7	建信基金	1.2%	486.96
8	南方基金	−0.5%	1 152.91
9	诺安基金	−1.1%	464.53
10	易方达基金	−1.4%	1 433.11

资料来源：Wind 资讯。

7.4.2　证券投资基金公司的业务：基于财务报表的解读

在基金公司的三张财务报表中，利润表最能反映其业务特点。表 7—14 是现实中某基金公司 2007—2008 年的利润表，从该表可以看出，基金公司的利润主要来源于管理费收入，这是因为我国基金公司的业务主要是证券投资基金的募集与管理。但近年来，随着市场的发展，我国基金公司已经被允许从事其他资产管理业务和提供投资咨询服务，本小节将对证券投资基金的各项业务加以介绍。

表 7—14　　2007—2008 年××基金公司利润表　　(单位：元)

项　目	2008 年度	2007 年度
一、营业收入	92 057 743.46	106 682 106.12
管理费收入	90 600 262.58	104 022 236.33
销售服务费收入	142 680.98	82 933.62
手续费收入	49 054.80	367 833.47
利息净收入	1 265 745.10	450 515.46
投资收益		1 758 587.24
公允价值变动损益		
汇兑收益		
其他业务收入		
二、营业支出	54 625 488.09	65 245 335.32
营业税金及附加	4 993 559.91	5 778 727.37
业务及管理费	49 631 928.18	59 466 607.95
资产减值损失		
其他业务成本		
三、营业利润	37 432 255.37	41 336 770.80
加：营业外收入		44 065.50
减：营业外支出	54 594.38	1 000 000.00
四、利润总额	37 377 660.99	40 380 836.30
减：所得税	9 488 890.46	7 760 926.91
五、净利润	27 888 770.53	32 719 909.39

1. 证券投资基金业务

证券投资基金业务是基金管理公司最核心的一项业务，主要包括基金募集与销售、基金的投资管理和基金营运服务。

(1) 基金募集与销售。能否将基金成功推向市场并不断扩大基金财产规模，对基金公司的经营有着重要意义。为成功进行基金的募集与销售，基金公司必须在市场调查的基础上进行基金产品的开发，设计出能够满足不同投资者需要的基金产品。

(2) 基金的投资管理。基金的投资管理是基金公司最核心的一项业务，基金公司之间的竞争在很大程度上取决于投资管理能力的高低。因此，努力为投资者提供与市场上同类产品相比具有竞争力的投资回报，就成为基金公司工作的重中之重。

(3) 基金营运服务。基金营运服务是基金投资管理与市场营销工作的后台保障，通常包括基金注册登记、核算与估值、基金清算和信息披露等业务。基金营运在很大程度上反映了基金公司对投资者服务的质量，对基金公司整个业务的发展起着重要的支持作用。

2. 特定客户资产管理业务

特定客户资产管理业务，又称“专户理财业务”，是指基金公司向特定客户募集资金或者接受特定客户财产委托担任资产管理人，由商业银行担任资产托管人，出于资产委托人的利益，运用委托财产进行证券投资的活动。2008 年 1 月 1 日开始施行的《基金公司特定客户资产管理业务试点办法》规定，符合条件的基金公司既可以为单一客户办理特定客户资产管理业务，也可以为特定的多个客户办理特定资产管理业务。2009 年 6 月 1 日起施行的《关于基金公司开展特定多个客户资产管理业务有关问题的规定》进一步为基金公司开展特定多个客户资产管理业务提供了指引。

特定客户资产管理业务的开放，使我国基金公司在向综合资产管理公司转变上迈出了一大步。允许基金公司开展特定客户资产管理业务，不但有助于基金公司扩大业务发展范围，增强基金公司的实力，而且也有助于为机构投资者等资金规模较大的投资者提供“量体裁衣”式的服务，满足其个性化证券投资需求，促进证券市场的稳定与健康发展。

3. 投资咨询服务

2006 年 2 月，中国证监会基金部《关于基金公司向特定客户对象提供投资咨询服务有关问题的通知》规定，基金公司不需要报经中国证监会审批，可以直接向合格境外机构投资者、境内保险公司及其他依法设立运作的机构等特定对象提供投资咨询服务。基金公司向特定对象提供投资咨询服务不得有下列行为：（1）侵害基金份额持有人和其他客户的合法权益；（2）承诺投资收益；（3）与投资咨询客户约定分享投资收益或者分担投资损失；（4）通过广告等公开方式招揽投资咨询客户；（5）代理投资咨询客户从事证券投资。

4. 全国社会保险基金管理及企业年金管理业务

根据《全国社会保险基金投资管理暂行办法》和《企业年金基金管理试行办法》，基金公司可以作为投资管理人管理社会保险基金和企业年金。目前，部分取得投资管理人资格的基金公司已经开展了管理社会保险基金和企业年金的业务。

7.4.3 证券投资基金的种类、发行及交易

由于证券投资基金是基金公司的核心产品，基金管理业务是基金公司的核心业务，本小节对证券投资基金的常见类型、证券投资基金的发行和交易流程加以介绍。

1. 证券投资基金的种类

（1）按照基金单位是否可以增加或赎回，分为开放式基金和封闭式基金。

根据我国《基金法》的定义，采用封闭式运作方式的基金（以下简称封闭式基金）是指经核准的基金份额总额在基金合同期限内固定不变，基金份额可以在依法设立的证券交易场所交易，但基金份额持有人不得申请赎回的基金。封闭式基金的发行总额和存续期是事先确定的，在发行完毕后的规定期限内，除非发生扩募等特殊情况，基金单位总数保持不变。封闭式基金在证券交易所上市，投资者不能对基金进行申购或赎回，如果要购买或出售所持的基金份额，只能在证券交易市场上按市场价格进行买卖。

采用开放式运作方式的基金（以下简称开放式基金）是指基金份额总额不固定，基金份额可以在基金合同约定的时间和场所申购或者赎回的基金。开放式基金的发行总额不固定，基金单位可以根据基金发展需要追加发行，而投资者也可以根据市场状况和自已的投资决策决定退回或增加购买基金单位份额。开放式基金不在证券交易所上市，但投资者可以在国家规定的营业场所，依据基金单位净值申购或者赎回一定数量的基金单位，基金的

规模也就随着投资者的买卖而变化。由于随时可能发生基金的赎回，故开放式基金必须保持足够的现金或者国债，以备支付赎金。表 7—15 是封闭式基金与开放式基金的比较。

表 7—15　　封闭式基金与开放式基金的比较

	封闭式基金	开放式基金
基金规模	发行规模固定不变	发行规模可随时增减
存续期	有固定的存续期	没有固定的存续期
交易地点	上市，交易所买卖	不上市，销售柜台买卖
定价方法	根据交易所价格计算	通常不上市，销售柜台买卖
投资策略	规模、存续期固定，可以制定长期投资策略	必须保留一定比例的现金以备投资人随时赎回，一般投资于变现能力强的资产
适合投资的市场	封闭而资金流动性不高的初级发展阶段市场	规模较大、流动性较高、管理规范的市场
总规模	近年来规模逐渐缩小	规模较大，是基金业的发展趋势

资料来源：杜金富：《金融市场学》，大连，东北财经大学出版社，2010。

（2）按照投资对象不同，分为债券基金、股票基金、货币市场基金、混合基金。

债券基金是以债券（国债、地方政府债券、金融债、企业债、公司债等）为主要投资对象的基金，但也不排除持有一定数量（如 20%以下）的非债券证券。债券基金具有流动性强、安全性高、投资风险小、回报稳定的特点。

股票基金是以已经上市的股票为主要投资对象的基金，但也不排除持有一定数量（如 20%以下）的非股票证券。相对于债券基金，股票基金的期望回报较高，但相应的风险也较高。根据所投资的股票种类的不同，可以进一步将股票基金细分为积极成长型基金、成长型基金、成长和收入型基金等多种类别。

货币市场基金是指在货币市场上，以短期有价证券作为投资对象的一种基金，该基金主要投资于短期货币工具，如国库券、政府短期债券、商业票据、银行可转让存单等短期有价证券。由于货币市场是一个低风险、流动性高的市场，因此货币市场基金具有收益稳定、流动性强、购买限额低、资本安全性高的特点。

根据中国证监会对基金类别的分类标准，混合基金是指投资于股票、债券和货币市场工具，但股票投资和债券投资的比例不符合股票基金、债券基金规定的基金。混合基金同时以股票、债券等为投资对象，以期通过在不同资产类别上的投资实现收益与风险之间的平衡。

（3）特殊类型基金：伞形基金、基金中的基金、保本基金、ETF、LOF。

伞形基金是指多个基金共用一个基金合同，子基金独立运作，子基金之间可以相互转换的一种基金结构形式。在法律上，伞形基金并不具备独立的法律地位，各个子基金却具有相对的独立性。

基金中的基金是指以其他证券投资基金为投资对象的基金，其投资组合由其他证券投资基金组成。由于基金中的基金可以视为由双重专家经营，并经过双重分散风险，因而安全性较高，但其不利之处在于，它使得投资者承担了双重投资成本。

保本基金是指通过采用投资组合保险技术，保证投资者在投资到期时至少能够获得投资本金或一定回报的证券投资基金。为了能够做到本金安全或实现最低回报，保本基金通常会将大部分资金投资于与基金到期日相同的债券；同时，为提高收益水平，保本基金会将其余部分投资于股票、衍生工具等高风险资产上。保本基金的投资目标是在锁定目标下跌风险的同时力争有机会获得潜在的高回报。

交易所交易基金（ETF）的基金单位既可以随时创设与赎回，又可以在交易所挂牌上市交易。这类基金通过复制指数以及一揽子证券与基金单位之间自由交换的运作方式，保证投资资产净值与指数同步波动。同时，通过二级市场挂牌交易与一级市场申购、赎回之间的套利，保证交易价格贴近净值，从而使得交易价格与资产净值一同跟踪市场。为达到这一投资功能，客观上要求 ETF 与标的指数的收益率非常接近，或者说使 ETF 与标的指数之间的跟踪误差足够小。作为一种既可以上市交易，又能以实有证券方式申购和赎回的基金，ETF 兼具开放式基金和封闭式基金的优点，既适合长期投资，也适合投资人士与临时性现金管理者。ETF 交易图可见图 7—11。

上市开放式基金（LOF）是可以在交易所进行申购和赎回的开放式基金，它是对开放式投资基金产品的创新。它的投资理念是主动型和被动型兼有，这是其与 ETF 的最大区别（见表 7—16），ETF 是一种被动型基金产品。LOF 一方面可以像开放式基金一样，通过银行等代销机构在场外按基金份额净值进行申购、赎回，另一方面可以像封闭式基金那样，通过交易所系统发行并上市交易。场外市场与场内市场的基金份额分别被注册登记在场外系统与场内系统，并可以通过跨系统转托管实现基金份额在银行等代销机构（场外）申购、赎回和在交易所（场内）买卖两种交易方式进行。

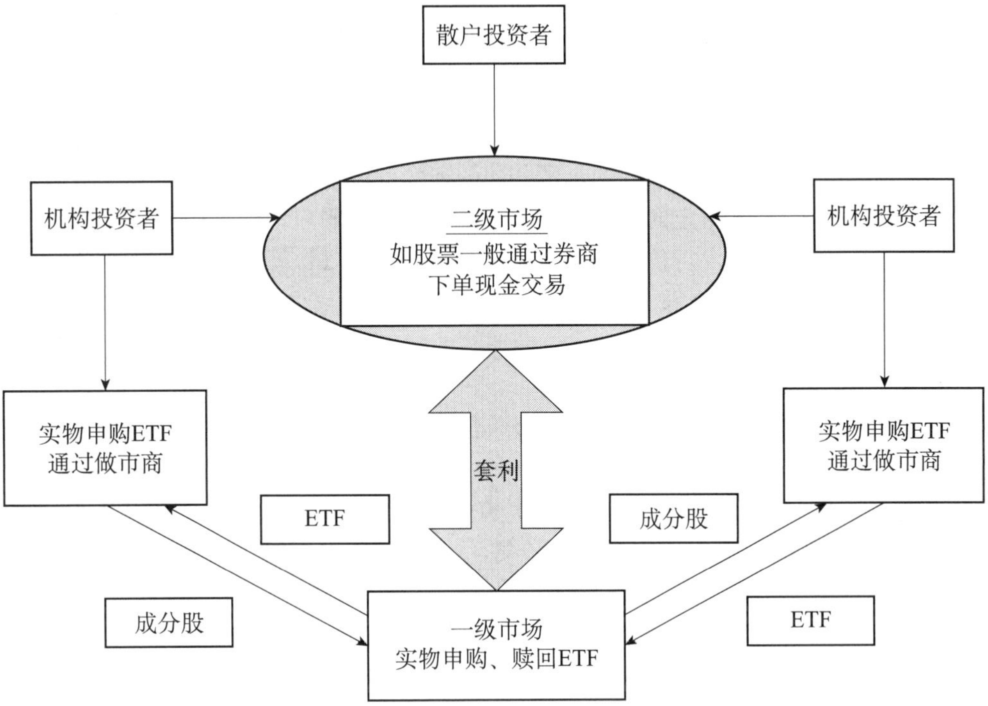

图 7—11 ETF 交易图

资料来源：中国证券业协会。

表 7—16　　ETF 与 LOF 的区别

	ETF	LOF
申购、赎回的标的不同	ETF 是基金份额与“一揽子”股票的交易	LOF 是基金份额与现金的交易
申购、赎回的限制不同	ETF 要求的数额较大，在 100 万份以上	LOF 在申购、赎回上没有特别要求
基金投资策略不同	ETF 通常采用完全被动式管理方法，以拟合某一指数为目标	LOF 既可以采用主动方式，也可以采用被动方式
报价频率	在二级市场的净值报价上，ETF 每 15 秒提供一个基金净值报价	LOF 通常一天只提供一个或几次基金净值报价
套利机制不同	ETF 可实时套利	LOF 在套利上没有 ETF 方便，需要承担较大的套利风险

资料来源：中国证券业协会。

2. 证券投资基金的发行

我国的《基金法》明确规定：基金管理人依照本法销售基金份额，募集基金，应向国务院证券监督管理机构提交相关文件，并经国务院证券监督管理机构批准。证券投资基金的设立获得主管部门批准之后，便进入发行阶段。证券投资基金的发行也叫证券投资基金的募集，只有募集资金达到法规对投资基金的要求后，募集的资金才能被用来投资。

（1）封闭式基金的发行。

封闭式基金的发行方式分为公开发行和非公开发行两种。所谓公开发行是指向不特定对象募集资金、向特定对象募集资金累计超过 200 人，以及法律、行政法规规定的其他情形。所谓非公开发行是指向合格投资者募集资金，并且合格投资者累计不得超过 200 人。

当采取公开发行方式时，封闭式基金的发售方式又分为网上发行和网下发行两种。网上发行是指通过与证券交易所联网的全国各地的证券营业部，向公众发售基金份额。网下发行是指通过基金管理人指定的营业网点和承销商的指定账户，向机构或个人投资者发售基金份额。封闭式基金的发行价格一般为在基金份额面值（1 元）的基础上加计 0.01 元发售费用。投资者在开设基金账户和资金账户之后，以份额为单位提交申请购买的基金数量。

（2）开放式基金的发行。

投资者在开放式基金募集期间购买基金单位的行为被称为认购。投资者参与认购开放式基金，分为开户、认购、确认三个步骤。其中，开户是指投资者购买基金之前须先开立基金账户和资金账户。确认是指投资者的认购申请得到注册登记机构的确认之后方有效，否则认购申请无效，认购资金将退回资金账户。下面对认购方式与认购收费模式予以介绍。

开放式基金采取金额认购的方式，即投资者在办理认购时，认购申请上不是直接填写需要认购多少基金份额，而是填写需要认购多少金额的基金份额，在基金认购结束后，再按基金份额的认购价格转换为投资者应得的基金份额。开放式基金的收费模式有两种，一种是前端收费模式和后端收费模式，前者指投资者在购买开放式基金时就支付申购费的付费方式，后者则是等到卖出时才支付申购费的付费方式。某些基金甚至规定如果投资人能在持有基金超过一定期限后才卖出，后端收费可以完全免除。基金公司的认购费用计算公式如下：

净认购金额＝认购金额/(1＋认购费率)

认购费用＝净认购金额×认购费率

认购份额＝(认购金额－认购费用)/基金份额面值

我国《证券投资基金销售管理办法》规定，开放式基金的认购费率不得超过认购金额的5%，在实践当中，股票基金的认购费率大多在1%～1.5%之间，债券基金的认购费率一般在1%以下，货币基金一般不收取认购费。

3. 证券投资基金的交易

(1) 封闭式基金的上市与交易。

经基金管理人申请，中国证监会核准，封闭式基金的基金份额可以在证券交易所上市交易。投资者买卖基金时要开立基金账户，若持有沪深股票账户也可以进行封闭式基金的买卖。封闭式基金的买卖同其他股票的买卖所遵守的规定基本一致，投资者只需要像买卖股票那样买卖封闭式基金就可以了。稍有不同的是，封闭式基金的报价单位为0.001元，同时封闭式基金的交易成本较低，并且不收取印花税。封闭式基金的交易价格除受到基金净值的影响外，还受到市场供求关系和市场环境的影响。

(2) 开放式基金的申购和赎回。

在开放式基金成立之后，投资者通过销售机构申请向基金公司购买基金单位的过程称为申购。一般只要基金存在，就一直都是申购阶段，但根据《证券投资基金运作管理办法》规定，开放式基金合同生效后初期，可以在基金合同和招募说明书规定的期限内只接受申购，不办理赎回，但该期限不得超过3个月。封闭期结束后，开放式基金进入日常申购、赎回期，基金管理人应当在每个工作日办理基金份额的申购、赎回业务。申购采用“未知价”原则并按照“金额申购”的方式进行，即以申请日的基金单位资产净值为基础进行交易。申购费用、净申购金额、申购份额的计算公式如下：

申购费用＝申购金额×申购费率

净申购金额＝申购金额－申购费用

申购份额＝申购金额/申请日基金单位资产净值

其中，申购费率一般为1.2%～1.5%。

赎回是指基金存续期间已持有基金单位的投资人要求基金管理人赎回其持有的基金单位的行为。基金的赎回以书面方式或经认可的其他方式进行。赎回采用“未知价”法并按照“份额赎回方式”进行，即以申请日的基金单位资产净值为基础进行交易。赎回费用、赎回金额的计算公式如下：

赎回费用＝赎回当日基金单位资产净值×赎回份额×赎回费率

赎回金额＝赎回当日基金单位资产净值×赎回份额－赎回费用

其中，赎回费率随赎回基金份额持有年限的递增而递减，直至为0。当出现巨额赎回[①]时，

① 单个开放日基金净赎回申请超过基金总份额的10%时，为巨额赎回。单个开放日的净赎回申请，是指该基金的赎回申请加上基金转换中基金的转出申请之和，扣除当日发生的该基金申购申请及基金转换中该申请的转入申请之和后得到的余额。

基金管理人可以根据基金当时的资产组合状况决定接受全额赎回或者部分延期赎回。当发生巨额赎回时，基金管理人应该及时向中国证监会备案，并于 3 个工作日内在中国证监会指定的至少一种信息披露媒体公告，说明有关的处理方法。基金连续 2 个开放日以上发生巨额赎回，如基金管理人认为有必要，暂停接受赎回申请；已经接受的赎回申请可以延缓支付赎回款项，但不得超过正常支付时间 20 个工作日，并应当在中国证监会指定的至少一种信息披露媒体公告。

7.4.4 证券投资基金公司的风险管理

市场风险是证券投资基金公司面临的主要风险，这是因为证券投资基金主要通过投资股票和债券等有价证券获利，证券价格的波动是证券公司主要的风险来源。对市场风险进行防范与管理关键在于在基金公司开展投资活动时建立一套从风险识别到风险测量最后到风险控制的规范体系，并要求各个部门严格按照这个系统进行投资活动。现实当中，证券投资基金一般都会通过建立计算网络系统、数据库、应用软件工具来实现系统化的风险管理（见图 7—12），并且在具体的管理过程中，证券投资基金一般都会设定一套风险控制指标体系，在此基础上采用定量和定价相结合的方法确定各种投资行为的风险水平。

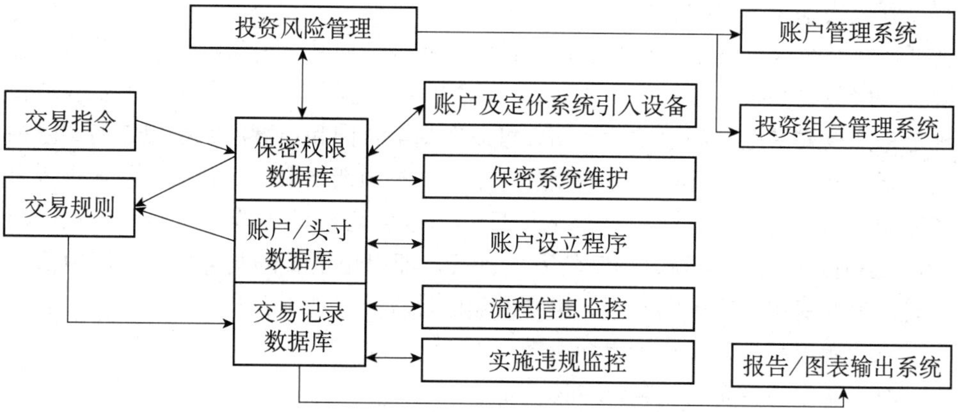

图 7—12 证券投资基金投资风险管理系统

资料来源：何孝星：《证券投资基金管理学》，大连，东北财经大学出版社，2011。

证券投资基金的流动性风险主要体现在，当投资者大额赎回的时候，可能因为资产不能迅速变现或变现成本很高而给基金带来损失的可能性。为了控制流动性风险，这就要求在现金、债券和股票之间合理分配资产，以及管理好持仓股票的流动性。具体可以采取以下几种方法：（1）保留一定的高流动性现金资产，以备需要的时候随时变现，应付客户的赎回请求。（2）证券回购。在应付突发性临时大规模赎回请求时，仅靠基金投资组合中的现金资产是不够的，必要时可以与银行或者其他金融机构签订证券回购协议，待赎回风波过去后，再购回证券。（3）融资。基金出现临时性的流动性困难时，可以向银行或者其他金融机构办理抵押贷款，以获得现金应付赎回请求。（4）利用衍生工具来防止流动性不足。比如，如果基金经理预计在未来的某个时间段内将会有一定数量的赎回要求，但是该经理也担心未来这段时间内股票市场下降，使得他不得不卖出更大份额的股票来应付赎回要求，为了防止这种股票价格下降的风险，该经理可以卖出一定数量的股指期货。

除上述风险之外，证券投资基金公司还面临操作风险。基金公司一般通过制定若干内部控制制度来防范操作风险，这些内部控制制度包括如下四类：(1) 环境控制。主要是公司在参照国际通行惯例的基础上建立符合公司发展需要的内部组织结构和运行规则，管理层树立牢固的风险管理理念，并将这一理念传达给每个员工。(2) 内部会计控制。内部会计控制是为保证交易正确记录、会计信息真实、完全及时反映的系统，其基本控制措施包括复核制度、凭证处理和会计账务处理、定期稽核。(3) 操作控制。建立标准的业务操作程序和业务流程，参与部门、人员经业务授权按照标准操作程序操作；将基金资产的运用和公司自有资产的运用严格隔离；将所管理的不同基金的资产、操作严格分离；将基金资产的投资决策和交易、清算后台严格分离等。(4) 内部组织控制。建立以岗位目标责任制为基础的第一道监控防线；建立相关部门、相关岗位之间相互监督的第二道监控防线；建立以督察员、减产稽核部对各岗位、各部门、各项业务全面实施监督反馈的第三道监控防线。

为增强基金管理公司的风险防范能力，保护基金份额持有人的利益，我国证监会于2006年颁布了《关于基金管理公司提取风险准备金有关问题的通知》，并于2008年对相关规定进行了修改。根据证监会的规定，我国基金公司均应当从基金管理费或者托管费收入中计提风险准备金，用于弥补因基金管理人或托管人违法违规、违反基金合同、技术故障、操作错误等原因给基金财产或基金份额持有人造成的损失，以及证监会规定的其他用途。风险准备金不足以赔偿上述损失的，基金公司应当使用其他自有财产进行赔偿。在保证安全性与流动性的前提下，基金公司可以对已提取的风险准备金进行自主投资管理或开展一定形式的委托投资。风险准备金投资应遵循分散化组合投资原则，事先约定各投资品种的投资比例等限制。

本章小结

证券保荐与承销是证券公司在一级市场从事的主要业务，证券经纪和证券自营是证券公司在二级市场从事的主要业务。除此之外，越来越多的证券公司开始开展兼并和收购顾问、资产管理、风险投资等新型业务，但这些业务对证券公司规模和专业能力的要求较高，目前仍处于探索阶段。证券公司可能面临市场风险、信用风险、流动性风险、操作风险和合规风险等多种不同类型的风险，其中，市场风险和合规风险是最主要的风险。证监会建立了以净资本为核心的风险控制指标体系，规定所有证券公司均须严格按照要求计算净资本，并达到最低资本充足要求。

在现代经济社会中，保险公司在社会经济主体中占有重要地位，保险公司经营的稳健性与社会的安定密切相关。本章对保险公司的概念、功能、分类，财产保险和人身保险两类公司的业务类型，保险公司的风险管理进行了深入剖析，以期读者能够更深入地了解保险公司业务体系和风险控制体系。

证券投资基金业务是基金管理公司最核心的一项业务，主要包括基金募集与销售、基金的投资管理和基金营运服务。特定客户资产管理业务是指基金公司向特定客户募集资金或者接受特定客户财产委托担任资产管理人，由商业银行担任资产托管人，出于资产委托人的利益，运用委托财产进行证券投资的活动。市场风险、流动性风险和操作风险是证券投资基金公司面临的主要风险。基金公司一般通过制定若干内部控制制度来防范操作风险。

思考和练习

1. 证券公司与商业银行等金融机构最本质的区别是什么？
2. 我国证券公司最主要的三种业务是什么？试描述这三种业务的基本流程。
3. 证券公司可能面临哪些类型的金融风险？为什么？
4. 试描述我国证券公司净资本的计算公式，并解释其含义。
5. 保险公司的主要功能与存款机构有何不同？
6. 对商业银行和人寿保险公司、财产保险公司的资产负债表进行比较。
7. 保险公司的投资业务有何特征？
8. 访问中国保监会网站（www.circ.gov.cn)，了解中国保险业体系以及监管动态。
9. 访问中国人寿公司网站（www.chinalife.com.cn)，查找中国人寿公司相关业务情况。
10. 证券投资基金公司的业务主要有哪几类？每一种业务具体包括哪些方面？
11. 什么叫证券投资基金？证券投资基金的分类标准有哪些？在不同的分类标准前提下证券投资基金可以分为哪些类型？
12. 请具体描述一下证券投资基金发行和交易的流程。
13. 证券投资基金公司的风险管理主要包括哪些方面？风险监管的指标包括哪几类？具体是如何计算的？

推荐阅读材料、网站

1. 阅读关于证券公司业务经营的政策文件
2. 访问中国证券业协会网站，查看所有证券公司名单
3. 访问国内外著名证券公司的网站，比如中金公司、中信公司、高盛、摩根大通
4. 访问中国证券监督管理委员会网站，查看已获取保荐资格的证券公司名单
5. 访问中国证券业协会网站，查看各年度证券公司业务排名
6. 安东尼·桑德斯，玛西娅·米伦·科尼特．金融市场与金融机构．北京：人民邮电出版社，2008
7. 吴定富．保险原理与实务．北京：中国财政经济出版社，2010
8. 保监会．保险公司风险管理指引（试行)，2007
9. 保监会．人身保险公司全面风险管理实施指引，2011
10. 中国保监会，http：//www.circ.gov.cn

11. 和讯保险频道，http：//insurance. hexun. com/

12. Wind 资讯“证券研究报告平台”中有关保险业的研究报告

13. 中国证券业协会．证券投资基金．北京：中国财政经济出版社，2010

参考文献

1. 何小锋，黄嵩．投资银行学．北京：北京大学出版社，2011

2. 雷蒙德·戈德史密斯．金融机构与发展．北京：中国社会科学出版社，1993

3. 马广奇．证券公司内部控制论．北京：科学出版社，2009

4. 任淮秀．投资银行业务与经营．北京：中国人民大学出版社，2011

5. 阮青松．投资银行学精讲．大连：东北财经大学出版社，2011

6. 安东尼·桑德斯，玛西娅·米伦·科尼特．金融市场与金融机构．北京：人民邮电出版社，2008

7. 唐旭．中国金融机构改革：理论、路径与改革．北京：中国金融出版社，2008

8. 托马斯·利奥．投资银行实务．大连：东北财经大学出版社，2010

9. 王元．中国创业风险投资发展报告 2007. 北京：经济管理出版社，2007

10. 周春生．融资、并购与公司控制．北京：北京大学出版社，2007

11. 周彦平，孙娜．证券公司与基金公司会计实务．北京：中国财政经济出版社，2009

12. 中国证监会法律部．证券公司监督管理条例与证券公司风险处置条例释义．北京：法律出版社，2008

13. 中国证券业协会．证券发行与承销（证券业从业资格考试统编教材）. 北京：中国财政经济出版社，2010

14. 中国证券业协会．证券交易（证券业从业资格考试统编教材）. 北京：中国财政经济出版社，2010

15. D. 法尼．保险企业管理学．北京：经济科学出版社，2002

16. 张维．金融市场学．北京：首都经济贸易大学出版社，2004

17. 沈烈．保险公司资产负债管理．北京：经济科学出版社，2009

18. 吴定富．保险原理与实务．北京：中国财政经济出版社，2010

19. 陈文辉．寿险公司内部控制建设与监管．北京：人民出版社，2005

20. 刘子操，宗可正．保险服务论．大连：东北财经大学出版社，1999

21. 魏华林，林宝清．保险学．北京：高等教育出版社，1999

22. 魏巧琴．保险公司的经营管理．上海：上海财经大学出版社，2007

23. 张建军．基于保险业务流程的知识管理问题——以团体健康保险新契约核保业务流程为例．保险研究，2011（8）

24. 施建祥．基于业务流程变革的保险再造．财经理论与实践，2004（3）

25. 段求平．中外保险公司组织架构设计初探．国际金融研究，2007（7）

26. 陆晓龙．我国保险公司组织结构优化研究．南开大学博士论文，2010

27. 杜金富．金融市场学．大连：东北财经大学出版社，2010
28. 中国证券业协会．证券投资基金．北京：中国时代经济出版社，2011
29. 王鲁志．证券投资基金实务教程．上海：复旦大学出版社，2011
30. 中国证券业协会．证券投资基金年报，北京：经济科学出版社，2010
31. 何孝星．证券投资基金管理学．大连：东北财经大学出版社，2011
32. 梁忠辉．证券投资基金运行与管理．大连：东北财经大学出版社，2011

第八章

货币市场

学习要求：

1. 了解货币市场的定义、特征和功能
2. 理解主要的货币市场产品
3. 掌握我国主要的三个货币市场子市场的组织运行

章前导读

从本章开始，本书将按照货币市场、资本市场、衍生品市场的顺序来介绍金融市场的各个子市场。本章首先介绍货币市场及其子市场。由于不同货币市场产品之间具有相似性，我们将它们放在一章内进行介绍。

如前所述，货币市场是一个与资本市场相对的概念，主要是指期限在一年或一年以下的债务产品的交易市场。货币市场的概念有广义和狭义之分。广义货币市场论者（如美国经济学家罗斯）认为，应将中长期银行信贷市场纳入货币市场的范畴，而狭义货币市场论者（如美国金融学家 M. Stigum）则只将短期债务产品的交易纳入货币市场的范畴。本书偏重于论述狭义的货币市场。

中国的货币市场出现在经济体制改革之后，长期以来滞后于资本市场的发展。1978 年经济体制改革以前，中国并不存在货币市场。中国当时唯一的一家银行——中国人民银行只是发挥出纳和核算的功能，按照政府的计划分配资金。随着经济体制改革的逐步推进，个体经济和私营经济逐步在中国国民经济活动中出现，它们对短期资金的需求构成了中国货币市场发展的最原始动力。尽管近年来货币市场取得了较快发展，但总体来说现实中还存在很多问题。

本章将首先介绍各类货币市场产品，包括短期国债、央行票据、商业汇票、短期融资券等。然后，本章将重点介绍我国货币市场的三个子市场：回购市场、拆借市场和票据市场，包括各个子市场的概况，组织与运行，以及相应的利率等，以让读者对我国货币市场有一个深入的了解。

8.1 货币市场概述

8.1.1 什么是货币市场

货币市场的概念是相对于资本市场而言的，它是指期限在一年或一年以内、以短期金融产品为媒介进行资金融通和借贷的市场，是一年期及一年期以内的短期金融产品交易所形成的供求关系及其运行机制的总和。这里，“短期”所包含的时间间隔是金融产品从发行日至到期日之间的时间，而不是持有者持有日至到期日的时间。

货币市场的存在，是因为个人、机构和政府对现金的需求不一定与其现金收入恰好相吻合，比如公司每天的销售收入不一定与其每天的支出（如工资、销售费用等）状况一致。由于持有过多的现金余额将导致利息损失、产生机会成本，因此，现金持有者会将多余的现金以金融产品的形式投资在金融市场。由于投资期限较短，在他们需要现金时，又可以在几乎没有价值损失风险的情况下将这些金融产品以相对低廉的成本迅速转变为现金。

需要指出的是，虽然所有金融市场的目的都是为金融产品和货币的交换提供一种渠道，但货币市场不同于金融体系中的其他市场，它强调的是短期。

8.1.2 货币市场特征

相对于其他类型的金融市场，货币市场主要有以下三个方面的特征。首先，货币市场没有固定、统一的集中交易场所，是一个无形市场。货币市场是一个通过电话和计算机进行交易的市场，市场参与者通过遍及全国和全球的计算机、电话等通讯工具安排交易。例如，在我国同业拆借市场，中国人民银行制定的《同业拆借管理办法》规定，所有拆借交易必须在全国统一的同业拆借网络中进行。

其次，货币市场中的大多数交易在机构之间进行，资金借贷数额都很大，动辄就会有成百万上千万元的交易产生，因此货币市场经常被称为货币“批发市场”。例如，我国银行间债券市场的交易额一般都在 1 000 万元人民币以上。由于货币市场的参与者需要借取巨额资金，因此其交易费用比所支付的利息相对低廉。巨大的初始交易面值使得众多个人投资者无法直接投资于货币市场金融产品。但是，个人投资者可以通过购买货币市场基金的方式间接参与货币市场。

最后，货币市场的金融产品流动性强、风险小、收益低。金融产品的流动性是指金融产品以合理的价格在市场上流通转让及变现的能力。货币市场中的金融产品一般都存在较发达的二级市场，投资者可以通过二级市场进行迅速快捷的买卖交易，有些金融产品甚至还可以在其未到期之前通过贴现等方式实现提前兑现。与此同时，由于货币市场产品都是短期的，影响货币市场产品价格发生变化的因素在短期内一般不会发生太大的波动，因此短期金融产品价格波动的风险非常小；另外，参与货币市场交易的大多是信誉较高的机构，违约风险也较低。也正是由于货币市场期限短、风险小，所以其收益率也相对较低。

8.1.3 货币市场参与主体

货币市场的参与者主要包括政府、中央银行、企业、商业银行及其他金融机构等。政府可以通过发行货币市场产品（短期国债、央行票据等）进行预算赤字融资；公司通过发行货币市场产品来筹集短期资金，用于其目前的经营或扩大经营；金融机构发行货币市场产品并打包贷款给家庭或者公司，从而成为家庭购买汽车、住房，企业投资厂房、机器设备的融资桥梁；政府和企业还可以通过发行新的货币市场产品用于到期货币市场产品的支付。这样，虽然货币市场产品的期限短，但也能作为长期融资使用。总之，货币市场产品促进了家庭、企业和政府支出，从而为经济增长融通了资金。

一般情况下，个人无法直接参与到货币市场的交易中，但可以通过货币市场基金等渠道间接地进行货币市场产品的交易。

8.2 货币市场产品类型及比较

公司和政府部门为了获取短期资金而发行了各种各样的货币市场产品。在我国的货币市场上，常见的货币市场产品主要包括短期国债、央行票据、短期融资券、银行承兑汇票、回购协议、同业拆借等几种。在国际成熟市场上，商业票据、大额可转让定期存单也是规模比较大的货币市场产品之一。虽然我国票据市场上并没有真正意义上的商业票据，但我国发行的短期融资券在本质上与商业票据相同。大额可转让定期存单虽然目前处于停滞状态，但它在我国货币市场上也曾经出现过。

在这一节，我们将对上述各种产品的定义和特点进行分析，特别是对我国货币市场上相关产品的发行、收益计算等进行讨论。表 8—1 给出了各种货币市场产品的定义。

表 8—1　　货币市场产品类型及定义

产品类型	产品定义
短期国债	财政部代表中央政府为弥补当期的政府赤字和偿还到期的政府债务而发行的，期限在一年及一年以内的短期债务凭证。
央行票据	中国人民银行在银行间市场通过其债券发行系统，面向公开市场业务一级交易商发行的短期债务凭证。
同业拆借	商业银行等金融机构以无担保的信用方式进行的短期融资交易，是金融机构之间为了平衡其业务活动中资金来源与运用而发生的一种短期资金借贷行为。
回购协议	交易的一方在向另一方出售证券时，承诺在一定期限后按约定价格购回所卖证券，从而获取即时可用资金的一种交易行为。
短期融资券	具有法人资格、信用评级较高的非金融企业在银行间债券市场发行和交易并约定在一定期限内还本付息的有价证券。
大额可转让定期存单	银行发行的、带有固定利率和到期日的可转让（即可以在二级市场出售）存单。
商业汇票	由出票人签发的，委托付款人在指定日期无条件支付确定的金额给收款人或者持票人的票据。

8.2.1 短期国债

短期国债（treasury bills）是指由国家财政部代表中央政府，为弥补当期的政府赤字和偿还到期的政府债务而发行的，期限在一年及一年以内的短期债务凭证。① 在英美等西方国家，短期国债也被称为国库券。我国短期国债的发行面值为100元，产品期限分为3个月、6个月、9个月和1年四个类型，主要发行场所是银行间债券市场和交易所市场。表8—2详细描述了2006—2012年中国短期国债期限结构，其中2012年发行短期国债7 958亿元，占整个国债发行规模的16.59%。同时从表中可以看出，短期国债的发行规模相对国债的发行总规模而言较小，除2009年之外，占比均在30%以下。短期国债同时在银行间债券市场和交易所市场交易，关于短期国债交易过程和收益的内容，读者可以参阅第九章关于债券市场的介绍。

表8—2　　我国短期国债期限结构，2006—2012年　　（单位：亿元）

	2006	2007	2008	2009	2010	2011	2012
3个月	3 570	2 640	2 160	5 024.4	3 600.3	300	900
6个月	900	840	780	3 705.3	3 600	1 091.7	1 350
9个月	0	0	0	2 929.5	2 127.9	450	1 350
1年	1 895.4	4 406	3 076.8	5 179.6	6 827.2	8 451.2	4 358
短期合计	6 365.4	7 886	6 016.8	16 838.8	16 155.4	10 292.9	7 958
占比	27.36%	18.63%	23.55%	34.18%	28.82%	20.54%	16.59%

资料来源：Wind资讯。

8.2.2 央行票据

央行票据（central bank bills）即中央银行票据，是中国人民银行在银行间市场通过中国人民银行债券发行系统，面向公开市场业务一级交易商发行的短期债务凭证。本质上，央行票据是中央银行的负债，但它与金融市场各发债主体发行的债券在发行目的上有根本的区别。债券的功能是筹集资金，而央行票据是中央银行调节基础货币的一种货币政策工具，目的是减少商业银行的可贷资金量。我国央行票据的面值为100元，产品期限主要有3个月、6个月、1年和3年四个品种，其中，1年期的央行票据占主要地位。

自2003年4月开始正式发行央行票据起，我国央行票据的余额快速增长，目前已经成为银行间债券市场上的第三大可交易品种，流动性大大增强。通过利用央行票据这种全新的金融交易品种来进行公开市场操作，中央银行可以实现基础货币的回笼，同时，利用所设票据的期限，中央银行还可以完善市场利率结构，形成市场基准利率，推动货币市场的发展。表8—3是2005—2011年央行票据发行的详细描述和统计，其中2011年央行短

① 我国短期国债的定义不包括一年期国债，而国际市场短期国债普遍包括一年期国债。这里，本书以国际通用的定义作为短期国债的定义。

期票据规模达 12 900 亿元，占当年央行票据发行总量的 91.23%。

表 8—3　　央行票据发行，2005—2011 年　　（单位：亿元）

	2005	2006	2007	2008	2009	2010	2011
3 个月	9 430	10 150	10 220	12 230	29 500	16 630	5 350
6 个月	2 372	950	0	735	0	0	0
12 个月	12 110	25 422.7	16 356	20 315	8 740	15 380	7 550
36 个月	3 550	0	13 995	9 680	0	10 340	1 240
短期合计	23 912	36 522.7	26 576	33 280	38 240	32 010	12 900
短期占比	87.07%	100.00%	65.50%	77.47%	100.00%	75.58%	91.23%

资料来源：Wind 资讯。

央行票据的发行和交易。央行票据一级市场的参与者只能是中央银行和一级交易商。其中，一级交易商是经过特许的商业银行和一些金融机构（如表 8—4 所示为 2012 年的公开市场业务一级交易商）。在每年的年初，中央银行根据公开市场业务一级交易商考评调整机制（公开市场业务公告 2004 年［2 号］，见表 8—5）确定本年度的一级交易商（通过每年的公开市场业务公告）。2012 年中国人民银行公布的公开市场业务一级交易商有 49 家，其成员包括商业银行、证券公司等。

表 8—4　　2012 年央行公布的公开市场业务一级交易商名单

中国工商银行股份有限公司	中国农业银行股份有限公司	中国银行股份有限公司
中国建设银行股份有限公司	国家开发银行	交通银行股份有限公司
中国邮政储蓄银行有限责任公司	招商银行股份有限公司	中国光大银行股份有限公司
上海浦东发展银行股份有限公司	兴业银行股份有限公司	广发银行股份有限公司
中国民生银行股份有限公司	深圳发展银行股份有限公司	厦门银行股份有限公司
中信银行股份有限公司	北京银行股份有限公司	南京银行股份有限公司
上海银行股份有限公司	齐鲁银行股份有限公司	徽商银行股份有限公司
杭州银行股份有限公司	恒丰银行股份有限公司	天津银行股份有限公司
江苏银行股份有限公司	汉口银行股份有限公司	齐商银行股份有限公司
哈尔滨银行股份有限公司	洛阳银行股份有限公司	长沙银行股份有限公司
贵阳银行股份有限公司	西安银行股份有限公司	福建海峡银行股份有限公司
富滇银行股份有限公司	大连银行股份有限公司	广州银行股份有限公司
北京农村商业银行股份有限公司	上海农村商业银行股份有限公司	河北银行股份有限公司
汇丰银行（中国）有限公司	渣打银行（中国）有限公司	中信证券股份有限公司
国泰君安股份有限公司	中银国际证券有限责任公司	中国国际金融有限公司
长江证券股份有限公司	泰康人寿保险股份有限公司	第一创业证券有限责任公司
花旗银行（中国）有限公司		

资料来源：公开市场业务公告［2012］第 3 号，中国人民银行网站。

除了特别通知外，在进行公开市场业务操作时，每周二发行 1 年期央行票据，每周四发行 3 个月和 3 年期央行票据。至于其他期限和品种的票据，则由央行根据货币政策需要灵活安排。中央银行以利率招标或数量招标的方式确定发行价格，具体方式由中央银行根据当时的市场情况和政策目标灵活选择。其中，利率招标是指中央银行确定发行的票据规模，由一级交易商通过投标决定发行利率。报出最低的贴现利率的交易商将中标获得票据。采用这种方式，中央银行能够获得合理的利率，也能够完成央行预定的发行量计划，但是当市场利率上升时，交易商的竞标利率也会上升，导致中央银行支付的利率成本上升。

表 8—5　　公开市场业务一级交易商评审指标

参与公开市场业务情况			债券一级市场情况			债券二级市场情况			执行和传导货币政策情况		
央行票据发行	回购交易	现券交易	承销量	分销量	中投次数比	现券交易	回购交易	债券做市商双边报价情况	执行央行窗口指导情况	流动性日报情况	暂停公开市场交易情况

资料来源：公开市场业务公告［2004］第 2 号，中国人民银行网站。

数量招标则刚好相反，央行确定发行票据的票面利率，由各一级交易商根据这个利率水平投标决定希望购买的数量，从而决定央行发行票据的数量。这种方式可以控制央行的利息成本，但是当所确定的利率与投资者的期望利率水平有差距时，票据的发行规模可能过小。一般而言，央行票据发行后可在银行间债券市场上市流通交易，交易方式有现券交易和回购。现券交易分为现券买断和现券卖断两种。

8.2.3　短期融资券

短期融资券（commercial paper）是指具有法人资格、信用评级较高的非金融企业（以下简称企业），依照《银行间债券市场非金融企业债务融资工具管理办法》的条件和程序，在银行间债券市场发行和交易并约定在一定期限内还本付息的有价证券，是企业筹措短期（1 年以内）资金的直接融资方式。短期融资券发行的面值为 100 元，短期融资券的期限有 3 个月、6 个月、9 个月、12 个月等。其中，期限在 9 个月（270 天）以内的短期融资券称为超短期融资券（super & short-term commercial paper）。

短期融资券出现于 20 世纪 80 年代后期，主要是各地为弥补短期流动资金贷款的不足而发行的。1989 年，中国银行下发《关于发行短期融资券有关问题的通知》，肯定了这种做法。但是，大量的未兑付短期融资券使商业银行的信贷流失，政策运行的结果与预期完全相反，直接导致短期融资券最终的退市。2005 年 5 月 24 日，央行发布了《短期融资券管理办法》以及《短期融资券承销规程》、《短期融资券信息披露规程》，短期融资券进入重启阶段。2008 年 4 月 9 日，中国人民银行颁布《银行间债券市场非金融企业债务融资工具管理办法》，同时废止了上述三个文件，短期融资券进入快速发展阶段，发行规模逐年上升。2011 年，我国短期融资券的规模为 10 105.60 亿元。

从本质上来讲，短期融资券是一种融资性的无担保商业本票。短期融资券之所以未使用“票据”的名称，主要是考虑到我国《票据法》采用了真实票据理论，要求票据的签发、取得和转让具有真实的交易关系和债权债务关系；而且本票的出票人限定为银行，法律上无融资性商业本票存在的空间，为了既满足市场对融资性票据的需求，又规避法律风险，采用了“短期融资券”的概念，但是，它与美国等国家发行的商业票据性质相同。

短期融资券的发行和交易。根据《银行间债券市场非金融企业债融资工具管理办法》的规定，短期融资券可以通过在中国人民银行备案的金融机构间接发行。发行的公司必须披露企业主体信用评级和当期融资券的债项评级，即企业必须通过评级机构的评级。企业的主体信用级别低于发行注册时信用级别的，短期融资券发行注册自动失效。具体的短期融资券发行和交易流程如图 8—1 所示。短期融资券发行后可以在银行间市场进行交易，二级市场的交易方式类似于债券的交易方式。

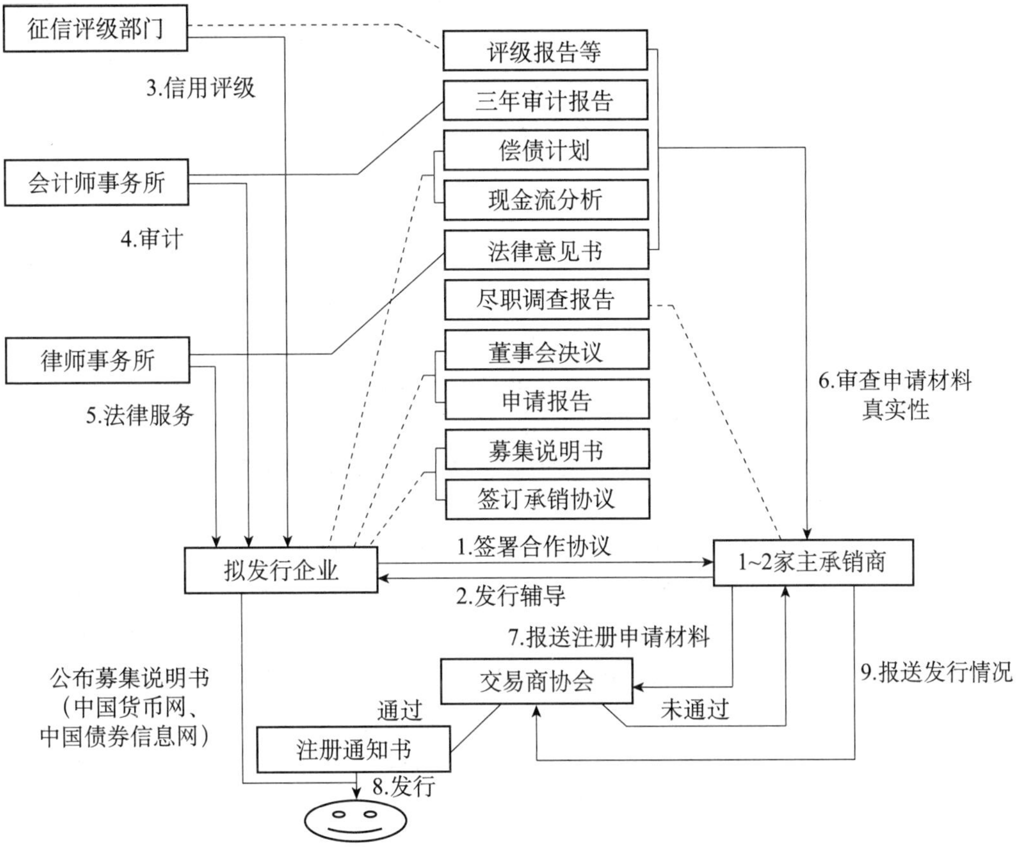

图 8—1 短期融资券的发行和交易流程

8.2.4 商业汇票

商业汇票（commercial draft）是指由出票人签发的，委托付款人在指定日期无条件支付确定的金额给收款人或者持票人的票据。在银行开立存款账户的法人以及其他组织之间，必须具有真实的交易关系或债权债务关系，才能使用商业汇票。商业汇票分为银行承兑汇票（bank's acceptance bill）与商业承兑汇票（commercial acceptance bill）两种。这两种汇票都与远期付款有关。

(1) 银行承兑汇票。

银行承兑汇票(简称“银票”)是在商品交易活动中产生的一种商业汇票。它是由出票人签发并经银行审查同意承兑的,保证在指定日期无条件支付确定的金额给收款人或持票人的票据。对出票人签发的商业汇票进行承兑是银行基于对出票人资信的认可而给予的信用支持。出票人既可以是购货人,也可以是售货人。一般而言,在国内贸易中,出票人是购货人。而在国际贸易中,承兑汇票往往是售货人自行签发给付款人的汇票,其性质相当于账单(bill)。目前,银行承兑汇票已经成为世界各国货币市场的重要组成部分。我国银行承兑汇票的票面金额最高为 1 000 万元(含)。银行承兑汇票按票面金额向承兑申请人收取万分之五的手续费,不足 10 元的按 10 元计。承兑期限最长不超过 6 个月。承兑申请人在银行承兑汇票到期未付款的,按规定计收逾期罚息。

银行承兑汇票的产生和交易。许多银行承兑汇票都来自于与国际贸易有关的信用证(或远期汇票)业务。当外国的出口方(卖方)向本国的进口方(买方)运送货物时需要依靠这种业务进行融资。在向本国进口方运送货物之前,尤其是当外国的供货商以前没有与本国进口方建立起固定的贸易联系时,外国出口方时常会要求银行作为付款的担保人。为了确保国际交易的进行,银行会在那些以信用证(用于进口方和出口方之间的交易)为基础的远期汇票上盖上“同意付款”的图章,以表明当进口方无法支付货款时,自己愿意在规定的时间内向外国出口方(或出口方的银行)付款。然后,外国出口方将在信用证规定的有效期内持有银行承兑汇票(即以信用证为基础的远期承兑汇票)。在立即需要现金的情况下,出口方可以在承兑汇票到期之前,将其以低于面值的折扣价卖给货币市场上的一位买主(比如某家银行)。

图 8—2 描述了与国际贸易有关的银行承兑汇票的产生过程。假设甲国进口商要从乙国进口一批汽车,并签订了购货合同(①)。乙国出口商则在货物出口之前要求甲国进口方的银行为货款支付提供担保。因此,进口商要求本国银行按购买数额开出不可撤销信用证(②),然后,甲国的银行会通知外国出口商(③):在满足交货条件的情况下,出口方有权根据进口方银行的信用证签发一张与交易额相等的远期汇票(即有权取款)。汽车装船后(④),出口商开出以甲国开证行为付款人的汇票,并将汇票连同有关单据出示给乙国的通知行(⑤),由乙国的通知行将上述汇票和单据寄往甲国开证行,要求兑现(⑥)。甲国开证行审核无误后,在汇票正面加盖“承兑”图章,并填上到期日。

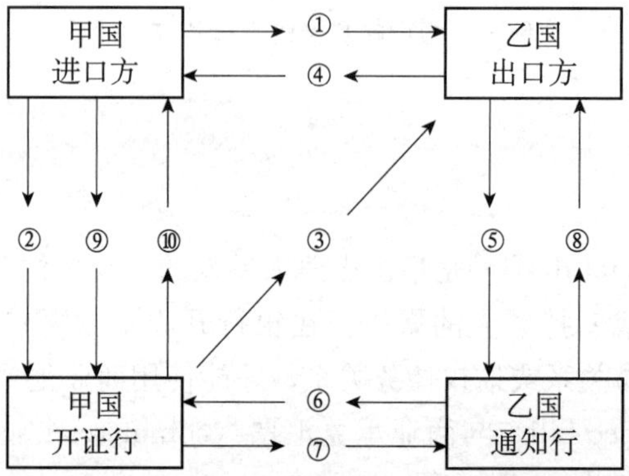

图 8—2 银行承兑汇票的产生过程

承兑后，这张远期汇票便成为甲国开证行的不可撤销负债。开证行承兑后将承兑过的汇票交由乙国的通知行，并将在汇票到期日向乙国通知行支付货款（⑦），乙国的通知行将该汇票退还给开出汇票的出口商。出口商收到汇票后，可要求通知行贴现以立即取得现款（提前收回货款），或者在承兑汇票到期日要求通知行兑付。无论何种方式，乙国的通知行都将付款给乙国的出口商（⑧）。乙国通知行取得汇票后，可持有至到期日向甲国承兑行（开证行）收款，也可以将汇票拿到金融市场上出售。银行承兑汇票到期时，甲国的进口方必须向自己的开证行支付进口货款（⑨），而开证行则将各种货运单据交给甲国进口方（⑩）。

由于银行承兑汇票到期时可以向持票人付款，因此它们可以在二级市场上进行交易。在二级市场交易的银行承兑汇票的期限在 30～270 天之内。银行承兑汇票的面值取决于（本国进口方和外国出口方之间的）最初的交易规模。然而，进入二级市场的银行承兑汇票通常会组合成一定的整数来进行交易。

（2）商业承兑汇票。

商业承兑汇票是出票人签发的，委托付款人在指定日期无条件支付确定的金额给收款人或持票人的票据，由银行以外的付款人承兑的即为商业承兑汇票。商业承兑汇票既可由收款人出票，付款人承兑，也可由付款人出票并承兑。在我国，商业承兑汇票业务仅限于人民币，汇票的付款期限最长不超过 6 个月，每张汇票的金额一般不超过 5 000 万元。由于我国目前社会信用体系尚不完善，商业承兑汇票使用较少，其业务量和资金量不到商业汇票总量的 10%，商业承兑汇票的信用、融资功能未得到充分体现。为改善目前商业承兑汇票使用量低、商业汇票结构失衡、商业信用过度依赖于银行信用的状况，进一步发挥商业承兑汇票对社会经济发展的促进作用，引导和鼓励商业信用发展，2006 年 11 月 9 日，中国人民银行发布了《关于促进商业承兑汇票业务发展的指导意见》，提出了促进商业承兑汇票发展的政策措施。

8.2.5 大额可转让定期存单

大额可转让定期存单（negotiable certificate of deposits，或者 NCD）亦称大额可转让存款凭证，是银行印发的一种定期存款凭证，凭证上印有一定的票面金额、存入日和到期日以及利率，到期后可按票面金额和规定利率提取全部本利。大额可转让定期存单可流通转让，自由买卖。简而言之，大额可转让定期存单是一种固定面额、固定期限、可以转让的大额存款凭证。需要注意的是，大额可转让存单与一般的票据性质相近，同属于流动性的短期借贷凭证，所以习惯上将其纳入票据市场。

我国自 20 世纪八九十年代即引入了 NCD，但是，1997 年因各种原因 NCD 被叫停。目前，央行又再次明确提出引入 NCD，以进一步实行存款利率的市场化。这里，我们以暂停前的 NCD 为例，介绍大额可转让定期存单的发行和交易。

可转让定期存单的交易过程。发行可转让定期存单的银行每天都要公布一组期限上最受人们欢迎的可转让定期存单的利率，这些存单的期限一般为 1、2、3、6 和 12 个月。随后，根据自己的资金需求，银行会尽量将这些存单卖给投资者（他们持有存单的目的在于投资，而不是为了在二级市场上出售）。

有时候，银行和投资者会直接商谈存单的利率、期限和交易额。一旦谈妥，发行存单的银行就会将这些定期存单交付给投资者指定的一家委托行。委托行对定期存单进行确认后，在借记投资者账户的同时贷记发行银行的账户。

可转让定期存单二级市场的交易过程与初级市场的交易过程是类似的。存单的实际转移在交易者之间或交易者的委托行之间进行。委托行对存单进行确认并对投资者的存款账户进行记录。多数在上午达成的交易一般都能在当天结算；而多数较晚达成的交易要在下一个营业日结算。

可转让定期存单的收益。可转让定期存单的利率由银行和存单购买方商讨确定。著名的大银行所发行的定期存单的利率要低于一些不太有名的小银行。其原因表现在两个方面：一是人们认为著名银行的违约风险要低一些，且其存单更容易销售出去；二是人们一般认为大银行“太大而不可能倒闭”，即监管者会对陷入困境的大银行进行挽救，并根据现行的联邦存款保险计划对超过最高限额（100 000 元人民币）的存款大户提供保护。可转让定期存单的利率一般以 1 年 360 天为基础表示。期限在 1 年以上的定期存单大多每半年付息一次。

☞专栏 8—1

引入 NCD 是利率市场化的重要途径

NCD 的产生源于对利率管制突破的产品创新。20 世纪 60 年代，在严重通胀和“Q 条例”利率管制下，美国银行业存款流失，银行被迫创新出 NCD，客户实际上以短期存款取得了长期存款的利息收入，或者说是以活期存款取得定期存款的利息收入。

20 世纪 70 年代，美联储将 NCD 的利率限制完全取消，实现大额存款（10 万人民币以上）的利率市场化。1980 年开始逐步放松小额、短期存款的利率。这一过程虽然也伴随利差的减小和不少银行的倒闭，但整体还是平稳、成功的。

类似地，日本、韩国等也是在利率市场化中期，分别于 1979 年和 1984 年引入 NCD，都取得了利率市场化改革的成功。而拉美、东南亚国家，比如阿根廷、智利、印度尼西亚、泰国等国，试图通过快速放开利率实现市场化，结果导致利率飙升，企业倒闭，尤其是低成本外债激增，出现金融危机。

“十二五”期间，利率市场化的步伐将逐步加快，当前的很多问题，如理财产品价格战、表内转表外等，对利率市场化提出了客观要求。从 1987 年放松贷款利率上限管制以来，我国已实现了 120 多个种类和档次的利率市场化，在贷款利率上浮占比不断提高的背景下，基本只剩存款利率上限还没有完全放开。而完成利率市场化这个最后一跃的最常用方法就是引入 NCD。

资料来源：陈静、张忠永：《对重启大额可转让定期存单市场的思考》，载《银行家》，2011 (8)。

8.2.6 同业拆借

拆借（inter-bank borrowing）是指商业银行等金融机构以无担保的信用方式进行的短

期融资交易，是金融机构之间为了平衡其业务活动中的资金来源与运用而发生的一种短期资金借贷行为。当资金不足，从资金多余的银行临时借入款项，称为拆进；而资金多余的银行向资金不足的银行贷出款项，则称为拆出。在短期融资方式中，拆借具有效率最高的特点。

拆借交易的期限一般以1～2天最为常见，最短期的为隔夜拆借，这些时间很短的拆借，也被称为头寸拆借，因为其拆借资金主要用于弥补借入者头寸资金的不足。其他还有拆借期限比较长的，如7天、14天、28天等，也有1个月、2个月、3个月的，最长可达一年，但通常不超过一年。时间较长的拆借又称为同业拆借，拆借的资金主要用于借入者的日常经营，以获得更多收益，如银行的短期放贷。在我国，每笔拆借交易的最低拆借金额为人民币10万元，最小拆借金额变动量为人民币1万元，日计数基准为实际天数/360。

拆借的交易过程。根据《同业拆借交易操作规则》，拆借交易采用询价交易方式，交易双方以双边授信为基础，自行协商确定交易价格以及其他交易条件，交易过程包括报价、格式化询价和确认成交三个步骤。拆借双方就交易要素达成一致后交易系统方可确认成交。这些交易要素主要包括：拆借利率、拆借金额、拆借方向、拆借期限、清算速度等。我们在后面将深入介绍我国的拆借市场。

8.2.7 回购协议

回购（repurchase 或者 repo）指的是交易的一方在出售证券的同时，和证券的购买方签订协议，承诺在一定期限后按原定价格或约定价格购回所卖证券，从而获取即时可用资金的一种交易行为。从本质上说，回购协议是一种以证券为抵押物的抵押贷款。因此，相对于无担保信用方式的拆借交易，回购协议风险更低。

逆回购（reverse repurchase）是指交易的一方从对方购入证券时承诺在将来某一天将所购证券卖给对方。由于所有回购协议的交易双方都是相互对应的，因此一项交易既可以称为回购协议，也可以称为逆回购协议。一项既定的交易，从证券卖出者的角度看是回购协议，而从证券买入者的角度看则称为逆回购协议。一项交易是回购交易还是逆回购交易，一般取决于交易由哪一方发起。

中国银行间市场交易商协会于2013年1月21日对外发布《中国银行间市场债券回购交易主协议（2013年版）》，树立了债券回购市场的“中国标准”。其在核心机制安排上，通过建立买断式回购单一协议和终止净额等机制，为有效防范金融市场的区域性、系统性风险做了制度探索。

与2000年和2004年发布的协议相比，2013年版的回购交易主协议具有如下特点：

首先，合并原有两份回购主协议，为市场成员的签署和使用提供了便利。银行间市场的两种回购机制——质押式回购与买断式回购具有共同的交易目的和类似的交易结构，由一份主协议管辖更有利于市场成员防范交易对手风险。

其次，多边加双边的签署方式保证回购交易的平稳过渡。目前，我国回购市场的参与主体涵盖了我国绝大多数金融机构类型，包括银行、信用社、证券公司、基金、保险和非金融机构等，参与者数量超过 2 200 家。为保证交易的平稳过渡，同时赋予市场成员自主谈判的空间，新回购主协议采用了多边加双边的签署方式。

再次，完善违约事件认定与处理机制，切实保障交易成员的合法权益。随着银行间市场发展的逐渐深入，市场化程度大幅提升，市场参与者信用差距不断拉大，市场环境逐渐复杂。在此背景下，债券回购市场呈现信用风险不断累积的趋势。原来两份主协议中对违约事件和终止事件的认定处理较为简单，仅限于支付和交付义务的违约，且对于违约事件的认定和处理缺乏详细的规定，市场成员在操作过程中缺少明确指导。

最后，引入国际通行的核心机制，丰富对手方的信用风险管理手段。新版回购主协议参考 NAFMII（中国银行间市场交易商协会）主协议和国际通行回购主协议的做法，根据中国法律制度和回购市场发展的实际特点，在买断式回购中引入单一协议和终止净额制度。这些核心机制除了提高支付效率外，还赋予了守约方在违约方发生破产等违约情形后提前终止全部买断式回购交易，并按照净风险敞口进行轧差后支付相关款项的权利。具有降低金融交易的风险，特别是破产情况下因破产管理人的挑拣履行权等引起的相关风险的功能，是金融交易领域一项重要的风险防范机制。

8.2.8 对货币市场产品的比较

从产品结构来看，我国货币市场的发展很不均衡，同业拆借市场、债券回购市场和票据市场取得了相对较好的发展，而其他货币产品市场则相对十分落后。其中，拆借市场和回购市场的主要交易场所为银行间债券市场（只有部分短期国债在交易所市场进行交易）。我们将在本章的后续部分分别介绍货币市场的这几个主要子市场。

从利率角度来看，总的来讲，货币市场产品的利率都比较接近。另外值得注意的是，虽然这些货币市场产品都是短期且流动性较强的产品，但这些证券的流动性还是很不相同的。在我国货币市场上，短期国债二级市场、商业票据市场等并不发达。而央行票据市场拥有一个广泛的二级市场，因此，这些货币市场产品能够在几乎不遭受价值损失的情况下迅速转变为现金。另一方面，商业票据却没有一个有组织的二级市场。这些证券如果不能转售给最初的交易商或承销商，将很难被迅速转换成现金。因此，将它们转换成现金可能要支付相对较高的费用。

8.3 同业拆借市场

同业拆借市场是货币市场的主要子市场，也是中央银行制定和实施货币政策的重要载体，该市场起源于存款准备金制度的建立。在存款准备金制度下，为保证商业银行的存款支付能力和控制商业银行的信用扩张能力，所有接受存款的商业银行都必须按存款余额计提一定比例的存款准备金，作为不生息的支付准备存入中央银行，以确保资产具有足够的流动性。然而，商业银行在日常经营活动中，存款余额随时都在发生变动，不可能要求商业银行时时刻刻保持在中央银行存款准备金账户上的余额恰好等于法定准备金。一部分商业银行的实际存款准备金超过法定存款准备金，造成银行资金闲置和相应的利息收入的损失；而另一部分商业银行的实际准备金又低于法定存款准备金的要求，在出现有利的投资机会而银行又无法筹集到所需资金时，银行就不得不放弃投资机会，或出售资产、收回贷款等。所以，准备金不足的银行需要资金立刻进行弥补，而准备金过剩的银行也愿意出借资金以得到一定的利息，于是双方可以针对准备金进行拆借。同业拆借市场可以使金融机构最充分、最有效地运用资金头寸，尽可能减少资金的闲置和浪费。所以，金融机构追求安全性、流动性和盈利性相统一的目标是同业拆借市场形成和发展的内在动力。

目前，拆借已不仅仅限于补足存款准备，金融机构如果在经营过程中出现暂时的、临时性的资金短缺，也可进行拆借。同业拆借已成为银行实施资产负债管理的有效工具。由于同业拆借的期限较短，风险较小，许多银行都把短期闲置资金投放于该市场，以利于及时调整资产负债结构，保持资产的流动性。特别是那些市场份额有限，承受经营风险能力脆弱的中小银行，更是把同业拆借市场作为短期资金经常性运用的场所，力图通过这种做法提高资产质量，降低经营风险，增加利息收入。

8.3.1 中国同业拆借市场概况

我国同业拆借市场起步于 1984 年，当时中国实行高度集中统一的信贷资金管理体制，银行间资金余缺只能通过行政手段纵向调节，而不能自由地横向调节。1996 年 1 月 3 日，全国统一拆借市场建立并开始试运行。1998 年年底建立全国统一的市场，同业拆借市场进入了有序发展阶段。2006 年 9 月中国人民银行每日发布“上海银行间同业拆放利率”（Shanghai Inter-bank Offered Rate，Shibor），为同业拆借交易提供了基准利率。

上海银行间同业拆放利率，以位于上海的全国银行间同业拆借中心为技术平台计算、发布并命名，是由信用等级较高的银行组成报价团自主报出的人民币同业拆出利率计算确定的算术平均利率，是单利、无担保、批发性利率。目前，对社会公布的 Shibor 品种包括隔夜、1 周、2 周、1 个月、3 个月、6 个月、9 个月及 1 年。

Shibor 报价银行团现由 16 家商业银行组成。报价银行是公开市场一级交易商或外汇市场做市商，在中国货币市场上人民币交易相对活跃、信息披露比较充分的银行。中国人民银行成立 Shibor 工作小组，依据《上海银行间同业拆放利率实施准则》确定和调整报价银行团成员、监督和管理 Shibor 运行、规范报价行与指定发布人的行为。

全国银行间同业拆借中心授权 Shibor 的报价计算和信息发布。每个交易日根据各报价行的报价，剔除最高、最低各 2 家报价，对其余报价进行算术平均计算后，得出每一期限品种的 Shibor，并于 11：30 对外发布。图 8—3 给出了部分 Shibor 的走势图。

Shibor 运行以来，初步确定了其作为我国基准利率的地位，与拆借、回购利率高度相关，与货币市场各子市场之间的利差稳定性不断增强，以 Shibor 为基准的拆借、回购、转贴现的交易量不断扩大，在市场化产品定价中得到广泛应用。Shibor 的推出有利于我国的利率市场化改革。

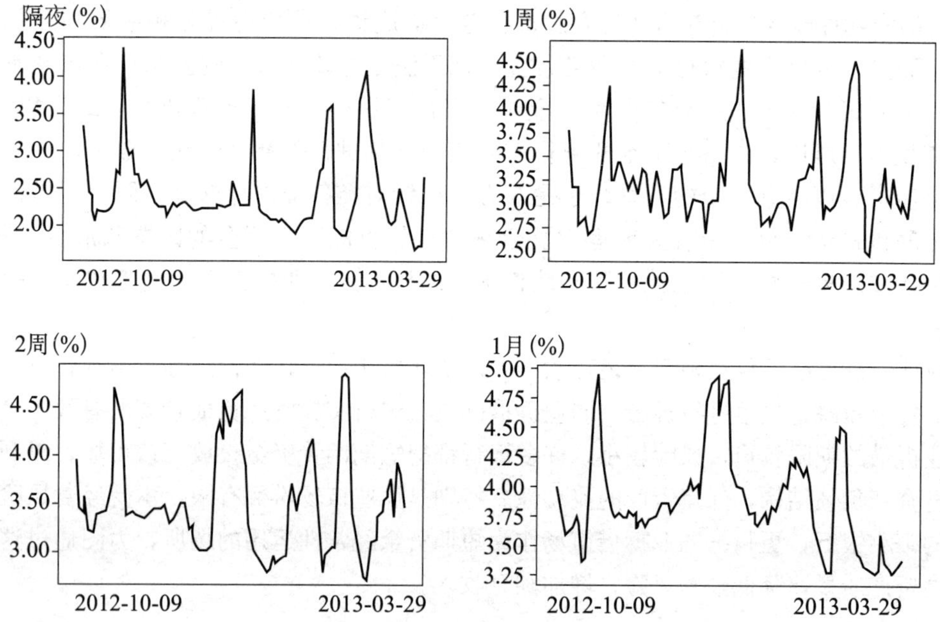

图 8—3　部分 Shibor 走势图

☞专栏 8—2

中国同业拆借市场的发展历程

一、起步阶段（1984—1996 年）

1984 年以前，中国实行高度集中统一的信贷资金管理体制，银行间资金余缺只能通过行政手段纵向调节，而不能自由地横向调节。1984 年 10 月，中国人民银行专司中央银行职能，原有的银行间资金调配方式发生了重大变化。1984 年 10 月 8 日，中国人民银行颁布了《信贷资金管理试行办法》，允许各专业银行互相拆借资金。1986 年 3 月，国务院颁布《中华人民共和国银行管理暂行条例》，进一步对专业银行之间的资金拆借作出了具体规定，随后同业拆借迅速在全国范围内发展起来。1990 年 3 月，中国人民银行总行下发了《同业拆借管理试行办法》，第一次规范了同业拆借业务和比例的要求。

但在市场发展初期，由于缺乏其他货币市场和资本市场产品，拆借主要不是准备金管理的工具，而是经常作为调剂金融机构间中长期资金余缺的手段。因此，出现了沿海开放地区大量从内陆地区拆入资金以弥补本地资金不足的现象，拆借期限普遍较长。尤其在 1993 年前后，金融机构之间出现了混乱的拆借，主要表现为信托投资公司等非银行金融机构从商业银行拆入资金，并将拆入的短期资金进行证券投资和房地产投资。拆借成为当时突破贷款规模管理的主要形式，使非银行金融机构取得了大量资金，构成当时通货膨胀的重要原因之一。因此，拆借市场理所当然地成为当时金融整顿的重点。

为进一步整顿同业拆借市场秩序，中国人民银行从 1993 年下半年开始先后出台了一系列政策法规，对拆借市场的利率、期限、资金用途、中介机构、运行秩序进行了全面整顿。1996 年进行再次整顿，并于 1996 年 1 月 3 日起，启动了全国统一的同业拆借市场，标志着中国拆借市场进入了一个新的发展阶段。

二、规范调整阶段（1996—1998 年）

1996 年 1 月 3 日，全国统一拆借市场建立并开始试运行。与改革前的拆借市场相比，新的市场架构具有以下两个重要的特点：一是明确了参加拆借市场的金融机构的资格。在新的制度下，参加市场的金融机构分为两类，即银行间拆借市场成员和一般参与者。商业银行总行及其授权分行、城市商业银行、财务公司和部分证券公司等金融机构成为全国银行间拆借市场成员，其他金融机构为一般参与者。拆借市场成员必须直接通过全国银行间同业拆借中心提供的电子交易系统进行拆借交易。其他金融机构可自行交易，但需在所在地人民银行将交易情况备案。二是中央银行对所有金融机构的拆借期限和额度进行了限制。各商业银行拆借资金最长期限不得超过4个月，拆借额度根据存款余额按比例确定；而非银行金融机构的拆借期限均在7天以下，拆借额度按其资本金水平进行核定。

这个市场由两级网络组成：一级网络通过中国外汇交易中心的通讯网络和计算机系统进行交易；二级网络由35家融资中心牵头，经总行授权的地市以上商业银行分支机构和非银行金融机构共同参与，进行交易。两级网络同时运行、相互平衡，形成全国统一的同业拆借市场运行系统。

然而在融资中心的自营业务中，存在一定数量的逾期拆借资金，潜藏了大量风险。对此，1997年10月8日人民银行发布《关于清收融资中心逾期拆借资金有关问题的通知》，对融资中心逾期拆借资金进行全面清理。1998年6月，人民银行下发《关于清理撤销融资中心有关问题的通知》，对已经完成拆借资金清收工作的各省市融资中心予以撤销。1998年底，融资中心机构清理完毕，中国形成了统一的同业拆借市场。

三、有序发展阶段（1998年年底至今）

1998年底建立全国统一的市场之后，同业拆借市场进入了有序发展阶段，此期间的代表性事件包括：2002年6月1日，国内外币同业拆借市场正式启动；2006年9月人民银行每日发布“上海银行间同业拆放利率”，为金融交易提供基准利率。2007年7月6日，人民银行发布新的《同业拆借管理办法》，对1996年建立全国性同业拆借市场以来的管理政策进行最为重要的调整，新的管理办法坚持市场化改革方向，体现放松市场管制、尊重市场选择的政策取向，具体措施包括：扩大同业拆借市场参与者范围，新增六类非银行金融机构进入同业拆借市场；延长拆借资金最长期限，并将同业拆借最长期限调整为三个档次；放宽同业拆借限额控制，商业银行、政策性银行的拆借限额成倍增加；体现市场自律，强化透明度管理。

目前，在这一更为开放、透明和市场化的管理框架下，同业拆借市场正在快速、健康、有序发展。

8.3.2 同业拆借市场的组织与运行

1. 参与主体

我国对进入同业拆借市场的主体有严格限制，必须是指定的金融机构才允许进场交易。2007年7月，中国人民银行颁布了《同业拆借管理办法》，对具有同业拆借主体资格的金融机构进行了规定，主要包括：政策性银行、中资商业银行、外商独资银行、中外合资银行、城市信用合作社、农村信用合作社县级联合社、信托公司、金融资产管理公司、金融租赁公司、证券公司、保险公司、外国银行分行等18类（见表8—6），涵盖了所有的银行类金融机构和部分非银行金融机构。其中，商业银行是同业拆借市场的首要参与者。而工商企业、政府部门或家庭个人等非金融机构均不得进入同业拆借市场。此外，参与的金融机构应有健全的同业拆借交易组织机构、风险管理制度和内部控制制度，有专门从事同业拆借交易的人员，主要监管指标符合中国人民银行和有关监管部门的规定。更为重要的是，这些金融机构最近两年未因违法、违规行为受到中国人民银行和有关监管部门处罚，且未出现资不抵债情况等。

同业拆借市场中的交易既可以通过中介机构，也可以直接联系交易。市场中介机构指为资金拆入者和资金拆出者之间媒介交易以赚取手续费的经纪商。下面分别对各类市场参与主体进行详细介绍。

表 8—6　　全国银行间同业拆借中心成员构成（截至 2013 年 3 月）

机构性质	最新成员数	机构性质	最新成员数
国有商业银行	35	股份制商业银行	76
城市商业银行	122	政策性银行	3
外资银行	74	农村商业银行和合作银行	133
农村信用联社	253	信托投资公司	41
金融租赁公司	17	财务公司	83
保险公司	7	证券公司	81
资产管理公司	2	汽车金融公司	8
城市信用社	2	保险公司的资产管理公司	2
境外银行	2	其他	2

注：以上统计不包括：①已经退市的市场成员；②已经申请加入银行间市场但还未完成联网手续的市场成员。
资料来源：中国货币网。

（1）商业银行。

商业银行尤其是大的商业银行是主要资金的需求者和供给者。它们的资产和负债的规模比较大，所需缴存的存款准备金较多，所需的资产流动性及支付准备金也较多。为了及时弥补资金头寸和流动性不足，需要通过同业拆借市场临时拆入资金。同时，由于同业拆借市场期限较短，风险相对较小，许多大的商业银行也愿意把短期闲置的资金投放在该市场，借以保持资产的流动性和盈利性。更重要的因素是，同业拆借市场上交易量大，一般不要求抵押和担保，信誉极为重要，大的商业银行实力雄厚，信誉高，也容易获得资金融通。截至 2012 年，各商业银行中有 18 家银行参与 Shibor 的报价，其中包括工商银行、农业银行、中国银行、建设银行、交通银行、招商银行、中信银行、中国光大银行、兴业银行、北京银行、上海银行、汇丰银行、渣打银行、华夏银行、广东发展银行、国家开发银行、上海浦东发展银行、中国邮政储蓄银行。

（2）非银行金融机构。

证券公司、财务公司、信托投资公司等非银行金融机构也把同业拆借市场作为短期资金运用的经常性场所，努力通过在这一市场的安全运作，提高资产质量，增加利息收入，降低经营风险。它们虽然有时也进行资金拆入的业务，但更多的时候它们担任了资金供给者的角色。这与它们实力小，经营上谨慎小心是有很大关系的，因此它们往往保持较多的超额存款准备金，资金头寸也比较宽裕。

（3）市场中介。

在国外同业拆借市场上的交易既可以直接联系交易对手，也可以通过市场中介。同业拆借市场的中介大体上可以分为两类：一类是专门从事拆借市场中介业务的专业性机构，如日本的短资公司，另一类是非专门从事拆借市场中介业务的兼营机构。兼营的拆借中介机构多由大型商业银行承担，因为这些大型商业银行在市场上资信好、信誉高。

（4）中央银行与金融监管机构。

中央银行与金融监管机构也是同业拆借市场的重要参与者。同业拆借市场是中央银行货币政策重要的市场传导环节。同时，由于同业拆借市场在货币市场中的基础作用，同业拆借市场也是各国金融监管部门的重要监管对象。中国人民银行和中国银行业监督管理委员会在我国同业拆借市场上分别发挥着中央银行与金融监管部门的角色。

近年来，我国同业拆借市场在不断走向规范的同时，市场交易主体也在逐步增加。其中不仅有商业银行总行、分行、政策性银行、外资银行，还包括保险公司、证券公司、基金管理公司、财务公司和信用社在内的非银行金融机构。市场交易成员的扩大，尤其是成员类型的增多，为活跃我国同业拆借市场的交易创造了不可缺少的条件。

2. 同业拆借市场的运行

大部分国家的同业拆借市场都有一个固定的交易场所，交易中心为参与交易的各方提供了一个有规则和次序的交易场所和结算机制，便利了会员之间的交易，促进了市场的稳定与发展。在我国，位于上海外滩外汇交易中心的中国同业拆借中心是同业拆借的固定交易场所。

同业拆借必须在全国统一的同业拆借网络中进行，全国统一的同业拆借网络包括：全国银行间同业拆借中心的电子交易系统；中国人民银行分支机构的拆借备案系统；中国人民银行认可的其他交易系统。其交易方式可分为：网上交易和网下交易，其中网上交易由银行间同业拆借中心提供计算机交易服务平台并负责市场运行；网下交易则是非拆借中心成员之间以手工合同的方式进行交易，交易须报当地人民银行备案。

交易运行原则为同业拆借交易以询价方式进行，自主谈判、逐笔成交。

图 8—4 详细列示了中国同业拆借市场的组织与运行。

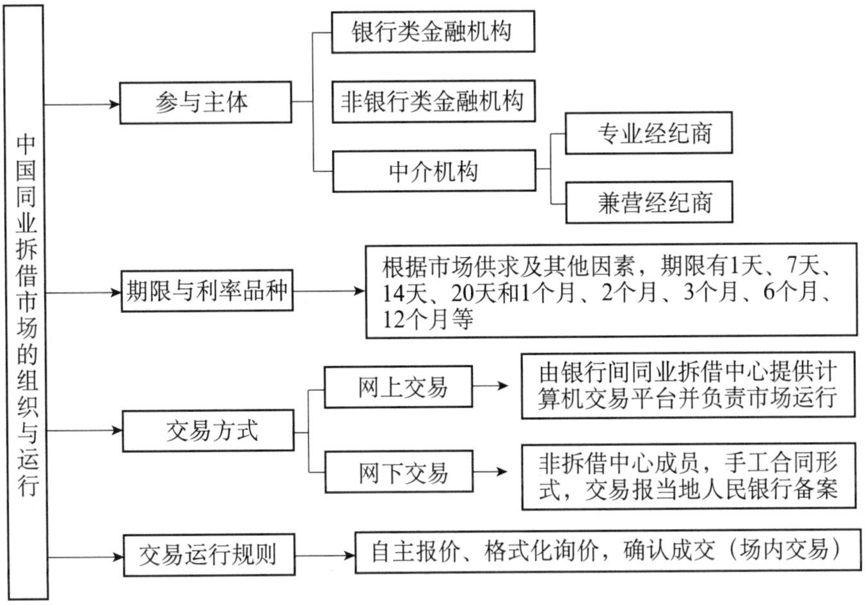

图 8—4　中国同业拆借市场的组织与运行

8.3.3 同业拆借市场的利率

同业拆借市场的利率由供求双方议定，可以随行就市，即拆借利率可由双方协商，讨价还价。因此，可以说，同业拆借市场上的利率是一种市场利率，或者说是市场化程度最高的利率，能够充分灵敏地反映市场资金供求的状况及变化。一般同业拆借有两个利率：拆入利率表示银行愿意借款的利率；拆出利率表示银行愿意贷款的利率。一家银行的拆入利率实际上也是另一家银行的拆出利率，其差额就是银行的收益。

在国际货币市场上，有代表性的同业拆借利率有三种：伦敦银行间同业拆借利率（London Inter-bank Offered Rate，LIBOR）、新加坡银行间同业拆借利率（Singapore Inter-bank Offered Rate，SIBOR）和香港银行间同业拆借利率（Hongkong Inter-bank Offered Rate，HIBOR）。伦敦银行间同业拆借利率，是伦敦金融市场上银行间相互拆借英镑、欧元及其他欧洲货币时的利率。自 20 世纪 60 年代初，该利率即成为伦敦金融市场借贷活动中的基本利率。目前，LIBOR 已成为国际金融市场上的一种关键利率，一些浮动利率的融资产品在发行时也以该利率作为浮动的依据和参照物。新加坡银行间同业拆借利率和香港银行间同业拆借利率也是广为引用的同业拆借利率，不过与 LIBOR 相比，影响范围有限得多，只限于各自所在的亚洲地区。

下面介绍一下 LIBOR 的计算方法，SIBOR 和 HIBOR 与其类似。伦敦银行间同业拆借利率是英国银行家协会授权路透社负责计算和发布的，根据其选定的银行在伦敦市场报出的银行间同业拆借利率，去掉最高、最低各 25%的报价，对剩余 50%的报价进行取样并平均计算成为基准利率。LIBOR 于每个工作日 11 时向外报出。该利率一般分为两个利率，即贷款利率和存款利率，两者之间的差额为银行利润。通常，报出的利率为隔夜（两个工作日）、7 天、1 个月、3 个月、6 个月和 1 年期的，超过一年以上的长期利率，则视对方的资信、信贷的金额和期限等情况另定。

☞专栏 8—3

上海银行间同业拆放利率（Shibor）的实施

为规范中国货币市场基准利率的形成机制、信息发布机制和监督管理机制，中国人民银行制定了《上海银行间同业拆放利率实施准则》（简称《准则》）。《准则》指出，Shibor 是由信用等级较高的银行自主报出的人民币同业拆出利率计算确定的算术平均利率，是单利、无担保、批发性利率。中国人民银行还为此成立了 Shibor 工作小组，依据《准则》确定和调整报价银行团成员、监督和管理 Shibor 运行、规范报价行与指定发布人行为。

关于报价银行团的构成，《准则》要求报价银行团应由符合条件的商业银行组成，且这些银行应具有公开市场一级交易商资格或外汇市场做市商资格、信用等级较高、已建立内部收益率曲线和内部转移定价机制且货币市场交易活跃等条件。关于报价行应履行的职责，《准则》要求，报价行应提供拆入、拆出的双边报价，当日货币市场交易利率都以其报价利率为基准。此外，报价行应独立报价，当日不得相互参照报价，每个交易日（简称“每日”）上午 11：20前通过上海银行间同业拆放利率网提供的报价界面完成报价。关于报价的内容，准则要求报价行每日对隔夜、1 周、2 周、1 个月、3 个月、6 个月、9 个月及 1 年 8 个必报品种和3周、2个月、4个月、5个月、7个月、8个月、10个月、11个月8个选报品种进行报价。利率品种代码按期限长短排列为O/N、1W、2W、3W、1M、2M、3M、4M、5M、6M、7M、8M、9M、10M、11M 、1Y（O/N代表隔夜，W代表周，M代表月，Y代表年）。报价行的报价应以年利率（%，Act/360，T+0）对各期限品种报价，保留4位小数。报价行还应建立应急机制，确保每日按时报出各期限品种的利率。

关于Shibor的发布人及其职责，《准则》规定，全国银行间同业拆借中心授权为Shibor的指定发布人，并由其负责提供报价界面，对接收到的每一期限品种的拆出利率数据，剔除最高、最低各2家报价，对其余报价进行算术平均计算后，得出每一期限品种的Shibor，于每日上午11：30对外公布，同时公布各报价行的拆入、拆出报价。拆借中心在上午11：20前鉴别报价行报价的可能差错，及时进行提示。如有报价行未报价，指定发布人根据已报的数据确定Shibor，同时将此情况以书面形式报告工作小组。

《准则》还规定，中国人民银行成立的Shibor工作小组根据商业银行的申请，按照《准则》确定和调整报价银行团成员。该工作小组负责组织报价行按《准则》要求开展报价，对指定发布人发布Shibor信息等行为进行日常管理。按月、季、年评估报价行有关报价行为，通报Shibor运行情况，对报价行报价质量进行考评。

资料来源：上海银行间同业拆放利率官方网站。

8.4 债券回购市场

8.4.1 中国债券回购市场概况

中国债券回购市场作为短期金融产品交易市场，与同业拆借市场、票据市场一起构成中国货币市场的基本组成部分。目前，我国债券回购市场主要有两个：一个是上海证券交易所、深圳证券交易所组成的交易所回购市场；另一个源于1997年的银行间债券回购市场，其中沪、深证券交易所的回购券种主要是国债和企业债，全国银行间同业拆借中心的证券回购券种主要是国债、融资券和特种金融债券。我国国债回购市场经过十多年的发展实践，广度和深度不断拓展，市场规模增长迅速，其中银行间市场主导了我国国债回购交易，自1993年正式开展以来，其规模逐年扩大。1994年，国债回购交易额在3 400亿元左右，到2013年，全市场国债回购交易额达近49.58万亿元，占我国国债市场交易总额近70%，其中，银行间市场39.11万亿元，交易所市场10.47万亿元。另外，参与主体日益丰富，从市场成立之初的16家商业银行，增加到包括银行、保险、证券、信托、基金等金融机构和部分非金融机构投资者共2 200余家。具体见表8—7和图8—5至图8—8：

表8—7　　回购与现券成交统计（截至2013年3月）

交易场所	截止日期	现券（亿元）	现券比重（%）	回购（亿元）	回购比重（%）	总成交额（亿元）
全市场	2013-03-31	213 899.56	30.46	488 416.26	69.54	702 315.82
银行间	2013-03-31	19 184.29	32.91	39 110.68	67.09	58 294.97
上交所	2013-03-31	225.40	2.29	9 617.02	97.71	9 842.42
深交所	2013-03-31	23.21	2.63	857.73	97.37	880.94

资料来源：Wind资讯。

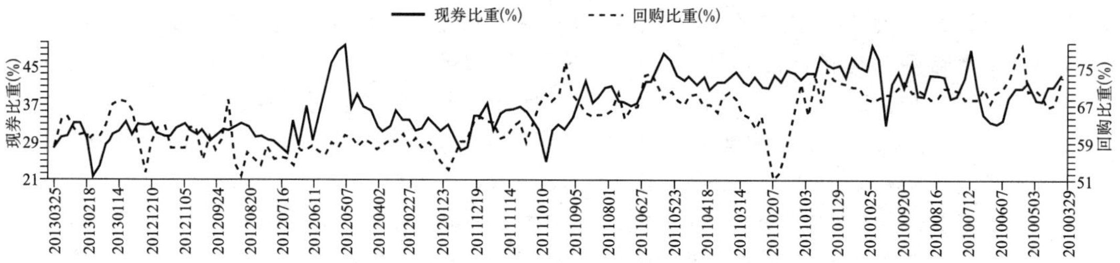

图 8—5　全市场回购与现券成交统计（截至 2013 年 3 月）

资料来源：wind 资讯。

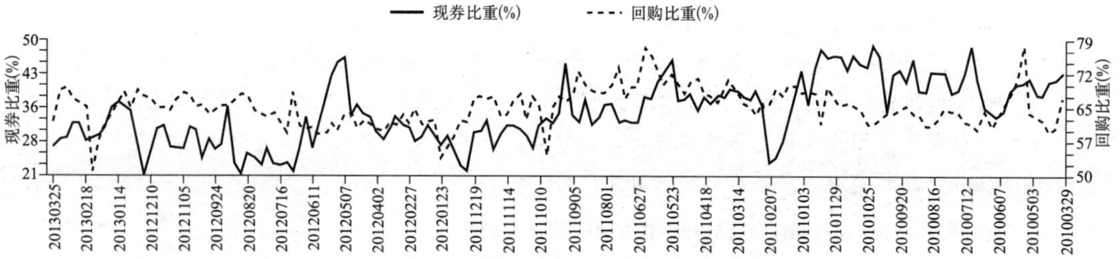

图 8—6　银行间市场回购与现券成交统计（截至 2013 年 3 月）

资料来源：wind 资讯。

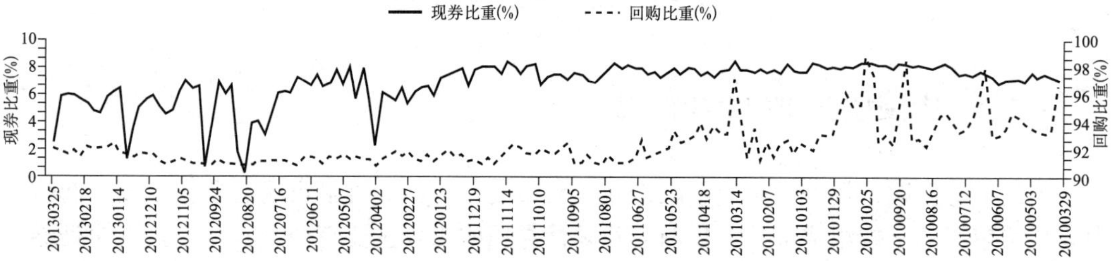

图 8—7　上交所回购与现券成交统计（截至 2013 年 3 月）

资料来源：wind 资讯。

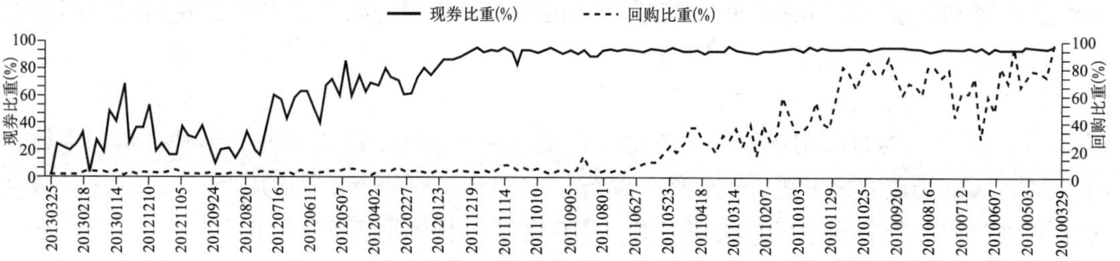

图 8—8　深交所回购与现券成交统计（截至 2013 年 3 月）

资料来源：wind 资讯。

我国国债回购期限品种逐步多样，短期回购最为活跃。我国国债回购交易分为买断式回购和质押式回购两种方式，并以质押式国债回购为主，质押式国债回购历年占我国国债回购市场交易总额的比重均在 98%以上。买断式国债回购交易自 2004 年才正式推出，经过一段时期的发展，交易面额和笔数均大幅提高，市场占有比重略有增长。目前，全国银行间市场国债回购期限最短1天，最长1年。其中，质押式回购包括13个回购品种，买断式回购品种为9个。上海证券交易所新质押式和买断式回购的回购期限均分别为1天、2天、3天、4天、7天、14天、28天、91天和182天9个品种。深圳证券交易所质押式国债回购也包括以上9个品种。2013年银行间质押式回购与买断式回购市场统计见表8—8和表8—9：

表8—8　　银行间市场质押式回购成交统计（截至2013年3月）

日期	成交笔数	成交笔数增减	成交额（亿元）	成交金额增减（亿元）	加权平均利率（%）	加权平均利率升降基点（bp）
2013-01-01—2013-03-31	91 358	−242 543	365 755.098 2	−1 000 418.826 0	2.494 8	−41.601 3
2012-01-01—2012-03-31	333 901	86 069	1 366 173.924 2	399 541.239 4	2.910 8	−55.418 1
2011-01-01—2011-03-31	247 832	88 674	966 632.684 8	120 099.204 3	3.465 0	163.807 7

资料来源：Wind资讯。

表8—9　　银行间市场买断式回购成交统计（截至2013年3月）

日期	成交笔数	成交笔数增减	成交额（亿元）	成交金额增减（亿元）	加权平均利率（%）	加权平均利率升降基点（bp）
2013-01-01—2013-03-31	10 759	−26 559	12 513.382 0	−38 315.212 0	2.988 7	−21.777 6
2012-01-01—2012-03-31	37 318	16 938	50 828.594 0	22 683.349 0	3.206 5	−63.162 9
2011-01-01—2011-03-31	20 380	7 930	28 145.245 0	−1 259.303 0	3.838 1	206.195 1
2010-01-01—2010-03-31	12 450	5 580	29 404.548 0	3 400.288 4	1.776 2	70.023 0

资料来源：Wind资讯。

目前，我国的场内外国债回购交易市场的风险大致相同，但两个市场的走势却迥然不同，两个市场间存在一定利差。银行间市场国债回购利率波动较为平稳，交易所国债回购利率由于受新股发行、资金市场供求等因素影响，呈现不规则的大幅波动。从两个市场的参与主体看，银行间回购市场的主体是商业银行，其交易需求主要是弥补金融机构头寸不足，而且商业银行不允许进入交易所回购市场；交易所国债回购市场的主体是非银行金融机构和企业，其交易需求部分是弥补短期资金不足，更主要的方面是获取新股申购资金。1999年允许部分证券公司和基金管理公司进入银行间市场后，场内外市场分割的局面虽有所改善，却并未彻底打破，这是导致两个市场利差形成的重要原因。

☞专栏8—4

中国国债回购市场发展历程

第一阶段：交易所国债回购市场的产生

我国的国债回购交易始于1991年，时值上海证券交易所和全国证券交易自动报价系统（STAQ系统）成立不久，跨地区、有组织、规范化的国债交易刚刚起步。为发展我国国债市场，活跃国债交易，引导短期资金的流通，填补规范同业拆借所产生的资金缺口，为证券市场提供一种新的融资方式和投资方式，经过一段时期的准备，STAQ系统于1991年7月宣布试办国债回购交易。在STAQ系统回购交易的带动下，国债交易低迷徘徊的局面逐步得到扭转。1993年12月15日，上海证券交易所发布了《关于国债交易专场回购业务的通知》，正式开办了以国债为主要品种的回购交易业务。交易所国债回购业务在有利于金融机构短期融资的同时，又可发挥其套期保值功能，最终提高了整个国债市场的流动性。

第二阶段：银行间国债回购市场的构建

为了在货币市场和资本市场之间构建一道"防火墙"，同时也为了公开市场操作的顺利展开，1996年，按照中央关于商业银行停止在证券交易所进行债券买卖的精神指导，央行开始组建银行间的债券交易场所。1996年1月3日全国统一拆借网络系统开始试运行；1996年12月2日中央国债登记结算公司正式成立。1997年6月5日商业银行停止在证券交易所进行债券回购和现券买卖业务，1997年6月16日，全国银行间债券市场正式启动，商业银行债券交易必须在全国统一同业拆借网络中心处理，并在中央国债登记结算公司开立债券集中托管账户。由此，我国形成了平行的两个国债回购市场——交易所的场内交易市场和银行间的场外交易市场。

第三阶段：场内外国债回购市场的统一

1999年，国家在坚持银证分离的前提下，逐步打通两个国债回购市场的资金沟通渠道。首先是保险基金允许加入银行间国债回购市场，而在这之前它已是交易所内国债回购市场的成员，两个市场之间实现了资金的沟通。随后，根据央行发布的《证券公司进入银行间同业市场管理规定》，经中国证监会推荐、中国人民银行总行批准，符合条件的券商可以成为全国银行间同业市场成员，进行同业拆借和国债回购业务。部分资信较好的券商和证券投资基金加入了银行间国债回购市场，这一措施进一步增加了两市场的共同参与者，使得两市场的资金沟通渠道变得更加宽松。

8.4.2 债券回购市场组织与运行

交易所债券回购市场采取撮合交易，所以债券回购期限是标准化的。如上海证券交易所国债回购包括1天、3天、4天、7天、14天、28天、91天、182天等8个标准化期限品种，不能进行其他期限的回购交易。银行间债券市场采取场外交易，因此债券回购期限可以不是标准化的，由双方相互协调确定1天到1年间的任意天数。交易所市场和银行间市场结构的比较见表8—10。

表8—10　国债回购市场交易比较

	银行间债券回购市场	交易所国债回购市场
交易方式	自主询价、自主交易	集中竞价、电脑自动撮合
交易品种	相互协商	标准券
交易对象	自主选择	电脑自动撮合
托管方式	一级托管	二级托管

根据所质押的债券所有权是否由正回购方转移给逆回购方，回购交易可分为封闭式回购和开放式回购两种交易，下面分别讨论这两种类型的交易方式。

质押式回购，又称封闭式回购，是指正回购方所质押证券的所有权并未真正让渡给逆回购方，而是由交易清算机构作质押冻结处理，并退出二级市场；待回购协议到期，正回购方按双方约定的回购利率向逆回购方返还本金并支付利息后，交易清算机构对质押冻结证券予以解冻，质押证券重新进入二级市场流通。在回购期间，逆回购方没有对质押证券实施转卖、再回购等处置的权力。封闭式回购实际上是一种以证券为质押的资金拆借方式。

买断式回购，又称开放式回购，是指证券持有人（正回购方）将证券卖给证券购买方的（逆回购方）的同时，交易双方约定在未来某一日期，正回购方再以约定价格从逆回购方买回相等数量同种证券的交易行为。逆回购方拥有买入证券的完整所有权和处置权，可以在回购期间灵活运用质押证券的权利。在回购到期前，逆回购方可以根据资金管理的需要和市场形式的把握，将质押证券用于在回购或二级市场上交易，并只需要在回购到期时，以约定价格将相等数量的同种证券反售给正回购方即可。开放式回购实际上是一种依附于证券买卖的融资方式。以开放式回购为例，主要流程如下：

（1）由回购的双方签订回购协议，协议约定交易双方的债券回购属于买卖行为还是使用权转借行为，两次清算处理因回购的性质而定。对所有权转移的开放式回购而言，系统中生成两张成交单，一张即期，一张远期；对使用权转移的开放式回购而言，系统中仅生成一张成交单，包括即期交割和远期交割两个步骤。

（2）由交易所操作，将回购方的债券过户或转借到逆回购方的账户下，资金同时由逆回购方账户划转到回购方的账户下。

（3）回购期结束时，交易所根据协议要求将逆回购方账户下的债券过户或归还到回购方的账户下，资金同时由回购方的账户划转到逆回购方的账户下，从而完成一次完整的回购交易过程。

所有权转移和使用权转移的开放式回购示意图见图 8—9 和图 8—10。

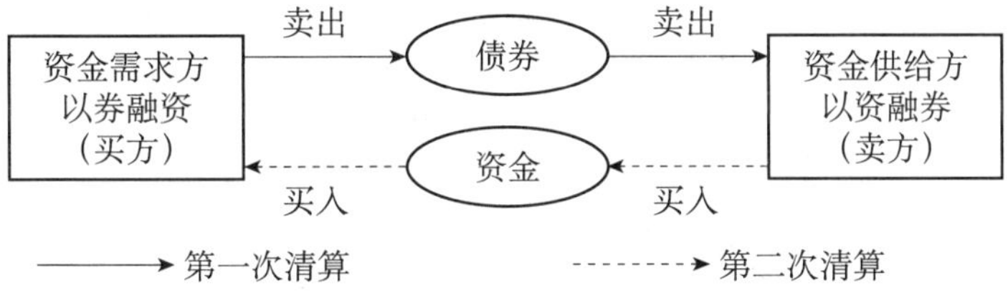

图 8—9　所有权转移的开放式回购示意图

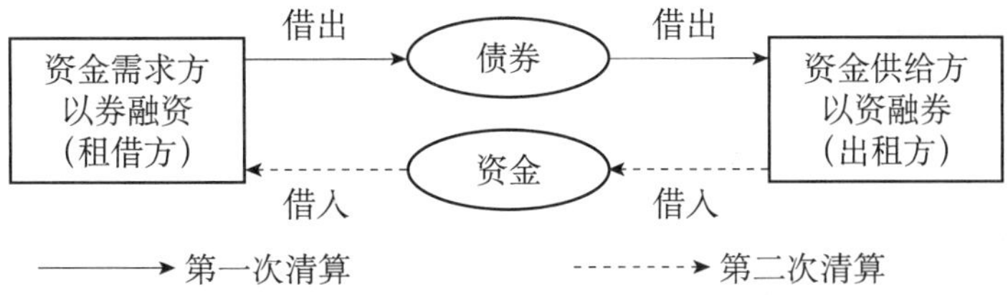

图 8—10　使用权转移的开放式回购示意图

就回购交易而言，分为两个方面：

1. 以券融资（卖出回购）

以券融资即债券持有人将手中持有的债券作为抵押品，以一定的利率取得资金使用权的行为。交易所回购交易开始时，其申报买卖部位为买入，这是因其在回购到期时反向交易中处于买入债券的地位而确定的。回购交易申报操作类似于股票交易。成交后由登记结算机构根据成交记录和有关规则进行清算交割；到期反向成交时，无须再行申报，由交易所电脑系统自动产生一条反向成交记录，登记结算机构据此进行资金和债券的清算与交割。

2. 以资融券（买入返售）

以资融券即资金持有人将手中持有的资金以一定的利率借给债券持有人，获得债券抵押权，并在回购期满得到相应利息收入的行为。在交易所回购交易开始时，其申报买卖部位为卖出，这是因其在回购到期时反向交易中处于卖出债券地位而定的。其交易程序除方向相反外其余均与以券融资相同。对于交易对手抵押的债券，目前交易所不直接划入以资融券方证券经营机构的债券账户，而由登记结算机构予以冻结。

从正回购方和逆回购方在交易中所面临的风险而言，开放式回购与质押式回购有所区别：

（1）对于正回购方而言。开放式回购与质押式回购的正回购方风险分析见表8—11。

表8—11　　正回购方风险分析

	质押式回购	开放式回购	风险比较
逆回购方破产或申请破产	逆回购方清算组可决定解除或继续履约，如决定履约则无保证金风险。如果决定解除回购合同，则正回购方仍可凭借对保证金的所有权对其进行追讨，但须经过若干程序，耗费一些时间，有一定的保证金流动性风险。	（1）如果是所有权转移，则正回购方损失债券的保证金部分。（2）如果是债券的使用权转移，若逆回购方清算组决定解除回购合同，则正回购方借出债券的保证金部分只能作为破产债权去追偿，因而存在保证金损失的风险和流动性风险。	质押式回购比开放式回购风险略小。
逆回购方陷入经济纠纷案	逆回购方对回购项下的债券无所有权，法院不能冻结该债券。	（1）如果是所有权转移，回购项下的债券已属于逆回购方，有可能被法院冻结。正回购方存在追偿保证金的困难，存在保证金的流动性风险。（2）如果是使用权转移，回购项下的债券不属于逆回购方，不可能被法院冻结。	质押式回购无风险，开放式回购存在保证金的流动性风险。
回购到期，逆回购方违约不返售债券	正回购方无法及时收回出质的债券，只能依回购协议商定的方式处理纠纷，存在出质债券的保证金部分的流动性风险。	无论在回购协议中规定所有权转移还是使用权转移，正回购方都无法及时买回债券，只能依回购协议商定的方式处理纠纷，存在保证金难以追偿的风险。	质押式回购的风险与开放式回购的风险基本相同。

（2）对于逆回购方而言。开放式回购与质押式回购的逆回购方风险分析见表8—12。

表8—12　　逆回购方风险分析

	质押式回购	开放式回购	风险比较
正回购方破产或申请破产	逆回购方无权自行处置质押债券，须经债权人大会确认有担保债权后向清算组追偿所融出的资金，追偿难度和耗费时间不确定，存在本金的流动性风险。	（1）在所有权转移的开放式回购中，逆回购方有权处置回购项下的债券，无流动性风险和保证金损失风险。（2）在使用权转移的开放式回购中，逆回购方无权处置回购项下的债券，存在流动性风险和保证金损失风险。	在第（1）种情况下，质押式回购比开放式回购风险大；在第（2）种情况下，质押式回购与开放式回购风险相同。

续前表

	质押式回购	开放式回购	风险比较
正回购方陷入经济纠纷案	正回购方所出质的债券存在被法院冻结的可能性，逆回购方因无法行使质押权，存在较大本金流动性风险。	（1）在所有权转移的开放式回购中，不存在债券被法院冻结的问题。（2）在使用权转移的开放式回购中，存在债券被法院冻结的问题。	在第（1）种情况下，质押式回购比开放式回购风险大；在第（2）种情况下，质押式回购与开放式回购风险相同。
回购到期，正回购方违约不返售债券	逆回购方无权自行处置质押债券，须与正回购方协商后处置或经仲裁机关、法院判决后才能处置，本金流动性风险较大。	（1）在所有权转移的开放式回购中，逆回购方可立即卖掉回购项下债券，无流动性风险。（2）在使用权转移的开放式回购中，逆回购方存在流动性风险。	在第（1）种情况下质押式回购比开放式回购风险大；在第（2）种情况下，质押式回购与开放式回购风险相同。

8.4.3 回购市场的利率

在回购市场中，利率是不统一的，利率的确定取决于多种因素。从资金面上来说，参与回购市场交易的金融机构主要是商业银行。商业银行参与正回购交易的主要目的在于保证银行内部的流动性、参与逆回购交易的主要目的是利用银行资金成本与回购利率进行套利。所以，决定回购利率的主要因素就是货币市场机构资金面的松紧和商业银行的内部行为取向。商业银行的资金来源主要是存款和央行对外汇占款的对冲；资金投向主要是贷款、准备金和债券投资。二者之差可作为衡量商业银行参与货币市场回购交易资金面松紧的指标。

从政策面上来说，虽然央行货币政策调控的目标是货币供应量而不是直接针对利率，但是回购利率也受到央行政策取向的很大影响，这从回购利率的历史数据中也可以看出来。央行作为货币政策的制定者，要保证 GDP、CPI 等宏观经济指标在可控的区间内运行、货币市场基准利率以及人民币汇率的基本稳定、货币市场运行机制有序、货币政策传导机制顺畅等。宏观经济的基本面指标不会直接影响到市场利率，但是会通过央行的政策取向来间接影响利率的波动。还有一个影响回购利率的因素就是节假日效应，例如在春节、“五一”、“十一”等时候商业银行都要保证银行内部的流动性，这时候一般回购利率都会短期冲高。另外，超额准备金利率也是必须考虑的一个影响因素，从某种意义上来讲超储利率是商业银行的无风险收益，是回购利率的底线，央行数次调整超储利率都对回购利率产生了很大的影响。

但 2011 年以来，回购利率相较于资金总量水平提高，还与资金成本上升相关。资金成本上升主要是由三个原因造成的，一是银行的存款基准利率提高，二是银行同业负债增长很快，三是理财产品的发行对整个银行体系边际资金成本的影响。

8.5 票据市场

在我国，票据市场（paper market）指的是在商品交易和资金往来过程中所产生的以汇票、本票和支票的发行、担保、承兑、贴现、转贴现、再贴现来实现短期资金融通的市场。① 近年来，票据业务在规范中迅速发展，不仅有量的快速增长，而且在参与主体、交易品种、经营方式、清算制度等方面出现了质的突破。在各类票据中，支票是我国使用最普遍的非现金支付工具，用于在同城范围内支取现金和转账，年签发量约18亿笔，金额约350万亿元。银行汇票使用范围广泛，使用量大，对方便异地支付起到了积极作用。目前银行汇票已成为我国异地使用最广泛的支付工具，银行汇票年签发量约1亿笔，金额70万亿元。商业汇票根据承兑人的不同分为商业承兑汇票和银行承兑汇票。商业汇票年签发量约3 900万笔，金额约4.5万亿元，主要是银行承兑汇票，商业承兑汇票目前使用较少。银行本票是1988年人民银行全面改革银行结算制度后推出的一种新的支付工具。目前在一些经济比较发达的城市和小商品市场比较发达的地区使用。

票据作为重要的非现金支付工具之一，不仅是经济行为人安全、高效地转移资金的载体，也是货币市场中主要的金融产品之一，票据再贴现还是央行重要的货币政策工具。票据市场在资金配置、流动性管理、风险分散、货币政策传导以及缓解中小企业融资瓶颈等方面发挥着举足轻重的作用，是央行制定货币政策时的考虑因素。

8.5.1 中国票据市场概况

中国人民银行的《货币政策执行报告》中的票据市场是指记录在全国商业银行的业务中发生承兑的贴现、转贴现的实际数之和，并有余额和累计发生额的具体信息。票据市场是短期资金融通的主要场所，是直接联系产业资本和金融资本的枢纽，作为货币市场的一个子市场，在整个货币体系中票据市场是最基础、交易主体中最广泛的组成部分。票据市场可以把“无形”的信用变为“有形”，把不能流动的挂账信用变为具有高度流动性的票据信用。票据市场的存在与发展不仅为票据的普及推广提供了充分的流动性，还集中了交易信息，极大地降低了交易费用，使得票据更易为人所接受。

伴随着经济体制改革的不断深化，我国的票据市场从无到有，逐渐形成一定的市场规模，并在市场经济中发挥重要的作用。票据市场已成为企业融资和银行提高资产流动性、规避风险的重要途径，也为中央银行实施货币政策提供了一个传导机制。

这个市场按票据发行主体来划分，可分为银行票据市场、商业票据市场；按交易方式来划分，可分为票据发行市场、票据承兑市场和票据贴现市场；按照票据的种类划分，可分为商业银行票据市场、银行承兑汇票市场、银行大额可转让定期存单市场、短期以及融资性票据市场。由于银行承兑汇票和商业票据是投资者进行短期投资和金融机构进行流动性管理的重要工具，银行承兑汇票市场和商业银行票据市场也成为票据市场的最主要的两个子市场。

---

① 和中国市场不同的是，国外商业票据市场指的是大公司为了筹集资金，以贴现方式出售给投资者的一种短期无担保承诺凭证，其中美国的商业票据属于本票性质，英国的商业票据则属于汇票性质。

☞专栏 8—5

中国票据市场的发展历程

一、起步阶段（1981—1994 年）

改革开放以后，随着市场调节机制的加强，商业信用得以开放，商业票据也得以产生和发展。1981 年，为了防止企业间赊销、相互拖欠，上海等地开始试办商业汇票承兑与贴现业务，标志着中国票据市场的起步。1982 年人民银行倡导推行“三票一卡”（即汇票、本票、支票和信用卡）。1984 年，人民银行正式颁布《商业汇票承兑贴现暂行办法》，决定从 1985 年 4 月起在全国范围内开展这项业务。1986 年颁布《中国人民银行再贴现试行办法》，人民银行首次开办再贴现业务用于支持商业汇票业务，但商业汇票依然不得流通转让。1988 年，中国人民银行改革了银行结算制度，取消了银行签发汇票必须确定收款人和兑付行的限制，允许一次背书转让，试办银行本票等。1994 年，人民银行颁布《商业汇票办法》、《再贴现办法》、《信贷资金管理暂行办法》，并会同有关部门提出在煤炭、电力、冶金、化工铁路五种行业和棉花、烟叶、生猪、食糖四种农副产品的购销环节推广使用商业汇票，开办票据承兑授信和贴现，并第一次安排 100 亿元专项再贴现资金，人民银行开始将再贴现政策作为货币政策工具加以运用，实施金融宏观调控。

二、制度建设阶段（1995—1999 年）

1995 年《中华人民共和国票据法》正式颁布实施，对有效规范票据行为、保证票据的正常使用和流通起到了重要作用，同时为中国票据市场发展奠定了法律基础，标志着中国票据市场进入了一个新的发展阶段。1997 年人民银行发布《中国人民银行对国有独资商业银行总行开办再贴现暂行办法》，之后又颁布了《支付结算办法》、《票据管理实施办法》和《商业票据承兑、贴现与再贴现管理暂行办法》等一系列规章，加强了对商业汇票业务的宏观管理和制度建设；1998 年人民银行发布《关于加强商业汇票管理，促进商业汇票发展的通知》，三次下调贴现和再贴现利率，票据市场的价格形成机制得以完善；1999 年人民银行下发《关于改进和完善再贴现业务管理的通知》，改革了再贴现率与贴现率的确定方式，扩大了贴现率的浮动幅度。至此，中国票据市场发展的法律框架基本形成，票据市场步入规范与稳步发展的轨道。

三、稳步发展阶段（2000 年至今）

2000 年人民银行出台降低再贴现利率等优惠政策措施，批准工商银行在上海成立了内地首家总行级的票据专营机构，并在北京、天津、广州、西安等地建立了 7 个分部，标志着中国票据市场的发展进入了专业化、规模化和规范化的新阶段。2001 年人民银行下发了《关于切实加强商业汇票承兑、贴现与再贴现管理的通知》，明确票据贴现不属于贷款，再次强化了增值税发票作为正式贸易票据判别标准的权威性。2003 年 6 月 30 日，中国票据网正式启用，并作为全国统一服务平台开始运作，为金融机构间票据转贴现、票据回购等业务提供报价和查询服务，推动了中国票据市场的电子化建设进程，为票据市场由分割走向统一奠定了基础。2005 年 9 月人民银行下发了《关于完善票据业务制度有关问题的通知》，对商业汇票真实性交易关系的审查、查询复查方式和票据质押的相关处理问题等进行了明确规范。

2000 年至今是我国票据市场的快速发展时期，商业票据的签发承兑量由 7 445 亿元增加到 58 700 亿元；金融机构办理的票据贴现量由 6 447 亿元增加到 101 100 亿元（含部分转贴现），分别增长 6.88 倍和 14.68 倍，其中，2003 年票据市场呈现快速扩张态势，当年全国票据承兑量同比增长 72%，贴现量同比增长高达 92.2%。2007 年由于受宏观调控影响，商业银行通过压缩票据业务规模来调剂贷款规模，票据签发量和贴现量增速放缓，全年累计签发商业汇票比2006年增长8%，增速较上年低14个百分点；累计办理贴现同比增长19%，增速较上年低7个百分点；年票据贴现余额自2000年以来首次出现下降；票据贴现占各项贷款的比例由2006年的8.23%下降到2007年的6.42%。

8.5.2 票据市场的组织与运行

我国的票据市场虽然保持了较快的发展速度，在市场经济建设中发挥了重要的作用，但与发达国家相比，票据市场总体上仍处于发展的初级阶段。在本部分，我们将就现在我国票据市场的组织与运行进行描述。

1. 参与主体

（1）一级市场。

票据一级市场的参与主体有四个，分别是：中央银行、银监会、商业银行和企业，其中商业银行和企业是一级市场的核心主体。中央银行在票据一级市场的角色是政策的制定者，它通过制定的票据管理办法和相关的商业银行制度，引导票据市场的签发总量和签发行为，而银监会是以监管者的角色参与到票据发行市场中。国有商业银行、股份制商业银行、地方性商业银行及农村信用社等机构通过承兑银行承兑汇票而参与到一级市场中。从2005—2009年的银行承兑汇票签发额来看，五大商业银行占据了重要的地位，但呈现逐年下滑的趋势；股份制商业银行承兑票据呈现出平稳态势；地方性商业银行、农村信用社等其他银行占比则呈明显增长趋势。

（2）二级市场。

票据二级市场又可以细分为票据直贴市场和转贴市场，二者的参与主体有所不同。

①直贴市场。

票据直贴市场参与主体主要有五个：中央银行、银监会、企业、商业银行和经纪人，其中中央银行是票据贴现市场的政策制定者，它通过制定《商业汇票承兑、贴现与再贴现管理暂行办法》等法规，或者调整再贴现率来引导票据市场的贴现额和贴现率，银监会是以监管者的角色参与到票据贴现市场中的。企业是直贴市场必不可少的参与主体，是票据的卖方。从贴现额来看，大型企业依然是票据直贴市场的主力军，但由于中小企业在产业供应链中处于弱势地位而往往成为票据的接受方，直贴市场成为其快速融资的主要渠道。随着市场经济的迅速发展，中小企业已发展成为直贴市场不可或缺的组成部分。

商业银行也是直贴市场的必不可少的参与主体，是票据的买方。从直贴额来看，股份制商业银行、地方性商业银行和农村信用合作社等中小银行已成为直贴市场的主力军，其中地方性商业银行和农村信用合作社更是成为跨区域上门贴现的主力军。

经纪人是直贴市场的重要参与主体，是企业和直贴银行的居间撮合人。经纪人主要服务于跨区域上门服务的中小银行和当地地方性商业银行，为其介绍企业票源。随着票据市场的发展，经纪人的出现成为一种必然，近年更是呈现爆发性增长。

②转贴市场。

票据转贴市场的参与主体有六个，分别是：中央银行、银监会、商业银行、财务公司、信托公司和经纪人。中央银行和银监会参与转贴的方式和直贴市场类似。大银行是票据转贴市场的最终买家，大中银行是票据转贴市场的中间买家，而中小银行是票据转贴市场的主要卖家。财务公司是直贴市场的零散买方，汇集一定金额后再将票据转贴给其他银行金融机构。信托公司与银行合作推出票据理财产品，它们采取银信集合资金信托合作方式，其中银行作为委托方和受益人，将已贴现的银行承兑汇票或保贴的商业汇票等票据资产所对应的权利，以约定的利率转让给特定的信托计划，信托公司作为受托人从事理财计划设计和管理。经纪人为票据转贴市场各交易方提供信息咨询、交易撮合和技术服务。

2. 市场结构

我国票据市场按交易层次主要集中在银行柜台交易市场和区域性票据市场，前者如各家商业银行开办的票据贴现窗口，后者包括津京地区、长三角地区和珠三角地区等区域性票据交换市场。2003 年之后，中国外汇交易中心暨全国银行间同业拆借中心成立了“中国票据网”网站，为网站会员提供了在线交流和报价的平台，在一定程度上起到了整合全国票据市场的作用。到 2011 年底，在“中国票据网”网站注册的金融机构会员达到 1 851 家，其中占主体的是商业银行授权分行和农村信用联社。部分外资银行、财务公司，以及新兴的村镇银行也加入其中，进一步丰富了全国性票据市场的参与者结构。2008—2011 年中国票据网的成员组成情况可见表 8—13。

表 8—13　　中国票据网各类成员数量

	2008 年末	2009 年末	2010 年末	2011 年末
国有商业银行	4	4	4	4
股份制商业银行	16	17	17	17
政策性银行	2	2	2	3
城市商业银行	111	112	119	123
农村商业银行	3	12	20	32
城市信用社	45	46	46	46
财务公司	44	46	58	64
农村信用联社	364	385	423	451
村镇银行			4	14
商业银行授权分行	734	819	935	1 058
外资银行	22	23	27	39
合计	1 345	1 466	1 655	1 851

资料来源：《银行间外汇市场、同业拆借市场及“中国票据网”等成员构成》，载《中国货币市场》，2009 (7)，2011 (1)，2011 (12)。

3. 交易机制

作为一个信息服务平台，“中国票据网”只能作为全国性票据市场的奠基之笔，还不具有现实、完备的交易功能和机制。在实践中，我国票据市场主要采用在柜台交易基础上发展起来的实物票据、手工操作模式。

在交易机制上，我国的票据交易可以归结为单向拍卖机制，即通过商业银行开设票据窗口、票据柜台和票据营业部模式向客户提供票据承兑和贴现服务，其实质为单向的授信和融资机制。从交易机制角度分析，我国票据市场目前的主要交易方式为通过票据承兑实现社会资金相互融通和通过贴现实现短期贷款的票据化转变，由于目前银行承兑汇票和贴现占比过高，这使得我国票据市场呈现银行信用一统天下的格局，而真正意义上的商业信用并没有在市场中独立存在，这也从一个侧面反映出我国票据市场信用基础的薄弱性和票据发展的脆弱性。

一级市场，即票据的发行市场。票据发行包括签发和承兑，其中承兑是一级市场的核心业务。在这个市场里，票据作为一种信用凭证诞生，实现融资的功能，票据的基本关系人因贸易交换给付对价关系或其他资金关系而使用票据，使其实现存在并交付。其中签发是指出票人在其开户行开立票据，是产生票据的过程。票据承兑是指汇票的付款人承诺负担票据债务的行为。汇票的发票人和付款人之间是一种委托关系，发票人签发汇票，并不等于付款人就一定付款，持票人为确定汇票到期时能得到付款，在汇票到期前向付款人进行承兑提示。

二级市场，即票据的交易市场。交易包括票据背书转让、直贴现、转贴现等业务。二级市场实现了票据的流动、货币政策的传导、市场信息反馈等功能，是票据流通关系人、投资机构、市场经纪人进行交易的场所。其中背书转让是指收款人以转让票据权利为目的，在汇票上签章并作必要的记载的一种附属票据行为。直贴现是指银行承兑汇票的持有人在汇票到期日前，为了取得资金，贴付一定利息将票据权利转让给银行的票据行为，是银行向持有人融通资金的一种方式。转贴现是指商业银行在资金临时不足时，将已经贴现但仍然未到期的票据，交给其他商业银行或贴现机构给予贴现，以取得资金融通。

三级市场，即票据的再贴现市场。持有已贴现票据的商业银行因流动性需求，到中央银行再贴现窗口申请再贴现。中央银行承担双重角色：一是最终贷款人的角色；二是监控调解者的角色，实现货币政策目标。

8.5.3 票据市场的利率

我国的商业汇票利率体系主要由承兑费率、贴现利率、转贴现利率和再贴现利率构成，其中作为银行间市场业务的票据转贴现，其利率已实现市场化，具体又包括买断式转贴现和回购式转贴现两种。在监管部门加大力度规范会计科目核算、严查逃避信贷规模的票据业务后，买断式转贴现业务的信贷特性日趋明显，其利率更多受到信贷规模影响，与其他银行间货币市场利率产生了一定背离；回购式转贴现业务则逐步脱离规模互转方式，近期呈现了较强的资金业务特性，利率水平逐步接轨其他银行间货币市场利率。

在票据市场发展初期，中国人民银行就一直致力于推动票据市场的健康规范快速发展，并出台多项鼓励票据市场发展的措施，1998 年 3 月 25 日，央行开始单独确定再贴现基准利率，票据贴现余额也不再纳入商业银行存贷比考核。

☞专栏 8—6

商业银行票据业务中的主要违规形式

一、票据签发环节中存在的问题

1. 部分商业银行对企业提供的商品交易合同或增值税发票未加以严格审查，就为其签发无贸易背景的银行承兑汇票。按规定，企业向银行开具银行承兑汇票首先应提供商品交易合同，并于 2 个月内提供增值税发票。部分银行为了增加企业保证金存款，增加中间业务收入，偏好开具银行承兑汇票，却未能严格审查商品交易合同和增值税发票的真实性，甚至 2

个月以后也没督促开票企业提供增值税发票。

2. 利用银行承兑汇票置换资产、滚动签发银行承兑汇票问题普遍存在。部分商业银行为了掩盖不良资产，对于无力支付到期票据款项的企业，继续为其签发银行承兑汇票，由企业用贴现资金归还到期的银行承兑汇票款。

3. 在实际操作中有章不循，随意放大银行信用，超规定限额签发银行承兑汇票。为了逃避上级行对其授权限额的规定，部分商业银行采取拆分等违规手法，将一笔银行承兑汇票拆成几笔签发。部分银行擅自放宽保证金的收取比例或放松抵押担保的条件，为一些资信度不符合规定的企业签发银行承兑汇票，给银行的资产带来极大的风险。

二、票据贴现环节存在的主要问题

1. 部分银行在办理贴现业务时只注重汇票本身的真实性，放松对企业提交的增值税发票、商品交易合同的审查，导致为大量没有真实贸易背景的银行承兑汇票办理了贴现，大量贴现资金用于非生产经营领域，有的资金甚至流入股票市场，严重扰乱了正常的生产经营秩序和票据市场秩序。

2. 部分银行与企业相互勾结，联手“包装”票据问题严重。一些银行在经营过程中，对一些大客户办理贴现的票据放松审查，对贴现企业由于各种原因不能提供增值税发票、商品交易合同复印件的票据，也违规授理其贴现业务。为了逃避监管和套取人民银行再贴现资金，银行与一些企业相互勾结，进行票据“包装”：即由银行将票据背书转让给与其有信贷关系、信用度较好的企业，由这些企业提供与该汇票无关的增值税发票、商品交易合同（复印件），到银行办理贴现后，再将资金转回到真正的贴现企业账户之内。

3. 违规降低贴现利率。银行在经营票据贴现业务过程中，为了争抢票源，展开恶性竞争，纷纷降低贴现利率，有的银行将贴现利率降到低于人民银行的再贴现利率，严重扰乱了正常的利率市场秩序，同时少收贴现利息收入也给银行的资产带来了一定的损失。

4. 违法违规经营问题依然存在。部分商业银行与票据掮客内外勾结，在办理贴现时为其提供贴现利率、资金划转等多项优惠条件，为其不法经营提供方便，从中收取回扣、好处费；有的银行采取降低贴现利率、压低账内贴现利息收入、账外收取好处费私设“小金库”；有的银行职工则利用工作之便，以自己或其亲属名义成立“票据包装公司”，充当票据掮客，非法经营票据业务，从中牟取暴利。

资料来源：《商业银行票据业务中的主要违规形式和检查方法》，中华人民共和国财政部网站。

本章小结

本章首先从整体上介绍了货币市场的定义、特征、参与主体和功能，在此基础上，本章进一步对货币市场的主要金融产品进行了简要介绍，最后选择当前中国货币市场最为重要的三个子市场，即同业拆借市场、回购市场和票据市场进行详细分析，分别从市场发展历程、市场组织与运行、市场利率的决定等三方面进行分析。通过上述内容的介绍和分析，希望读者对货币市场，尤其是对中国货币市场有一个全面系统的认识和把握。

思考与练习

1. 货币市场的特征有哪些？

2. 短期国债、央行票据、短期融资券、商业汇票、大额可转让定期存单各是什么含义？

3. 同业拆借市场的参与者主要有哪些？

4. Shibor 是什么？其是如何决定的？

推荐阅读材料、网站

1. 上海银行间同业拆放利率官方网站，http：//www. Shibor. org/
2. 中国货币网，http：//www. chinamoney. com. cn/
3. 中国人民银行，http：//www. pbc. gov. cn/
4. 国家外汇管理局，http：//www. safe. gov. cn/
5. 中国财政部，http：//www. mof. gov. cn/
6. 中国票据网，http：//www. chinacp. com. cn/
7. 中国银行间市场交易商协会，http：//www. nafmii. org. cn/

参考文献

1. 巴曙松．票据市场国际经验与中国的路径选择．西部论丛，2005（4）
2. 张纪康．货币市场经纪：欧洲主导的金融服务业．上海：复旦大学出版社，2004
3. 刘頔．我国国债回购市场的现状研究．金融经济，2006（12）
4. 黄运成，张凡．交易所市场债券创新品种研究．上证联合研究计划课题，2012
5. 张林，何广文．银行间债券市场 7 天回购利率影响因素的实证分析．中国农业经济评论，2006（4）
6. http：//finance. sina. com. cn/money/bond/20120523/175912130619. shtml
7. www. sse. com. cn

第九章

资本市场（Ⅰ）——债券市场

学习要求：

1. 掌握债券市场的定义和主要产品
2. 了解中国债券市场的发展与现状
3. 熟悉各类债券的一级市场发行机制
4. 熟悉各类债券二级市场上的交易机制

章前导读

债券和债券市场的产生是信用形式发展的结果。债券的历史比股票要悠久，最早的债券形式是在奴隶制时代就有记录的奴隶主借债凭证。进入封建社会之后，债券得到进一步的使用和发展，许多封建主、帝王和共和国每当遇到财政困难，特别是发生战争时利用公权力量发行债券，通称公债。12 世纪威尼斯共和国末期，在当时经济最发达的意大利城市佛罗伦萨，政府曾向金融业者募集公债。其后，热那亚、威尼斯等城市相继仿效。15 世纪末 16 世纪初，美洲新大陆被发现，欧洲和印度之间的航路开通，贸易进一步扩大，包括公债等许多债务产品得到极大的扩容。20 世纪至今，世界上几乎所有国家的政府、大部分股份公司以及许多地方政府都利用发行债券的方式筹措资金。随着企业公司的迅速发展，企业债券发展迅猛。这些债券在到期前逐步可以买卖流通，便形成了债券市场。世界上最早的巴黎交易所诞生于 1304 年。当时的证券交易所主要业务是买卖政府债券与企业债券，而股票交易量极其有限。

债券市场可分为发行市场与流通市场。事实上，不同国家的发行与流通市场场所、发行与交易机制、市场监管都有一定的差异。债券发行市场是筹资者以发行债券方式筹集资金的场所。它具体决定债券的发行时间、金额和条件，引导一般投资者认购以及办理认购手续、缴纳款项等事宜。发行市场的主要功能是创造新债券。而债券流通市场是转让、买卖已发行债券的市场。债券交易活动不增加社会投资额，流通市场的主要功能是为债券这一金融产品提供流动性。

本章介绍债券及债券市场相关知识，包括债券基本概念，债券市场的历史变迁，债券市场一级发行流程、二级市场交易机制，以及债券风险与市场监管等。

9.1 债券市场概述

9.1.1 债券、债券市场概念与分类

债券（bonds）是由政府和公司等社会经济主体发行的债务凭证。债券发行人有义务以一定利率定期支付利息，并在到期日偿还本金。如果债券的发行者不能按规定还款，那么，债券的持有者（投资者）就可以对债券发行者的资产行使索偿权。只有债券的预期收益足以补偿其风险时，投资者才会选择购买该债券。债券的价格反映了投资者对债券未来收益的现值预期。影响债券价格的因素主要有利率、信用水平、流动性等。由各种期限债券的交易价格所形成的收益率曲线是社会经济中一般金融产品收益水平的基准。

从债券的定义可以看出，债券规定的资金借贷双方的权责关系主要有以下三个方面：所借贷货币资金的数额、借贷的时间、在借贷时间内的资金成本或应有的补偿。债券作为证明债权债务关系的凭证，一般以有一定格式的票面形式来表现，图 9—1 为 1997 年发行的凭证式国债的收款凭证。通常情况下，债券的票面形式包含以下四个因素：

1997年×年期凭证式国债收款凭证

NO.××××××

姓名：	身份证号：	经办单位（公章）
缴款金额（大写）：	（小写）：	
购买日期：　年　月　日	到期日期：　年　月　日	
持有到期年利率：　%	持有到期本息和	千 百 十 万 千 百 十 元 角 分
提前兑取记录		
兑取日期：　年　月　日	实际持有时间：　年　天　适用利率：　%	
利息(小写)	本息合计	千 百 十 万 千 百 十 元 角 分

图 9—1　凭证式国债

（1）票面价值。债券的票面价值是债券票面标明的货币价值，是债券发行人承诺在债券到期日偿还给债券持有人的金额。票面价值的大小不但会产生不同的发行成本，也会影响相应的投资对象，例如，票面金额太小，虽然可以降低投资者参与的门槛，但债券的发行成本较大；而如果票面金额太大，虽然降低了发行成本，但投资者的参与门槛较高，对投资者的资产要求较高。因此，需要根据债券的发行对象、资金供给情况及债券发行费用等因素综合考虑。

（2）到期期限。到期期限是指债券从发行日起至偿清本息之日止的时间，也是债券发行人承诺履行合同义务的全部时间。发行人在确定债券期限时，要考虑多种因素的影响，包括资金使用方向、市场利率变化、债券的变现能力等。

（3）票面利率。票面利率也称为名义利率，是债券年利息与债券票面价值的比率，通常年利率用百分比表示。票面利率是债券票面要素中不可缺少的内容，主要与借贷资金市场利率水平、筹资者的资信水平、债券的期限等因素有关，并且票面利率在债券的约定期限内是固定的。需要注意的是，票面利率与市场利率可能不同，但是，票面利率一般设定在市场利率附近或和市场上已存的债券票面利率相当。

（4）发行者名称。该要素明确了债券的债务主体，既明确了债券发行人应履行对债权人偿还本息的义务，也为债权人到期追溯本金和利息提供了依据。

当然，上述四个要素虽然是债券票面的基本要素，但在发行时并不一定全部在票面上印制出来。例如，在很多情况下，债券发行者是以公告或条例形式向社会公布债券的期限和利率。此外，一些债券还包含其他要素，如还本付息方式。债券的付息方式是指发行者在债券有效期内，一次或按一定的时间间隔分次向债券持有人支付利息的方式。主要有贴现债券、零息债券、附息债券、固定利率债券和浮动利率债券。

贴现债券指债券券面上没有附有息票，发行时按规定的折扣率，以低于债券面值的价格发行，到期按面值支付本息的债券。贴现债券的发行价格与其面值的差额即为债券的利息。零息债券指债券到期时和本金一起一次性付息、利随本清，也可称为到期付息债券。零息债券的付息特点一是利息一次性支付，二是债券到期时支付。我国发行的无记名国债一般属于零息国债。附息债券指债券券面上附有息票的债券，是按照债券票面载明的利率及支付方式支付利息的债券。息票上标有利息额、支付利息的期限和债券号码等内容。持有人可从债券上剪下息票，并据此领取利息。记账式无纸化附息债券无息票，可凭证券账户在分期付息的付息日期内领取利息。附息国债的利息支付方式一般是在偿还期内按期付息，如每半年或一年付息一次。固定利率债券就是在偿还期内利率固定的债券。浮动利率债券是指利率可以变动的债券，其利率通常根据市场基准利率加上一定的利差来确定。

债券市场（bond markets）是指债券发行、认购与交易的活动的总称。债券市场是一国金融体系中不可或缺的部分。债券市场有助于将个人、公司和政府部门的闲置资金转移给那些需要进行债务融资的公司和政府部门。成熟的债券市场是一个国家金融市场的基石，能为金融体系提供巨大的流动性，为政府、金融机构、工商企业等机构提供筹措资金的便利渠道，为全社会投资者提供低风险的投资工具，同时是传导中央银行货币政策的重要载体。

根据不同的分类标准，债券市场可分为不同的类别。最常见的分类有以下几种：根据债券的运行过程和市场的基本功能，可将债券市场分为发行市场和流通市场。债券发行市场，又称一级市场，是发行单位初次出售新债券的市场。发行市场是整个债券市场的源头，是债券流通市场的前提和基础。债券流通市场，又称二级市场，指已发行债券买卖转让的市场。债券一经认购，即确立了一定期限的债权债务关系，但通过债券流通市场，投资者可以转让债权，把债券变现。债券发行市场和流通市场相辅相成，是互相依存的整体。

根据市场组织形式，债券流通市场又可进一步分为场内交易市场和场外交易市场。场内交易市场是在证券交易所内买卖债券所形成的市场。证券交易所是专门进行证券买卖的场所，如我国的上海证券交易所和深圳证券交易所。这种市场组织形式是债券流通市场中较为规范的形式，交易所作为债券交易的组织者，本身不参加债券的买卖和价格的决定。只是为债券买卖双方创造条件，提供服务，并进行监管。场外交易市场是在证券交易所以外进行证券交易的场所。柜台市场是场外交易市场的主要形式。许多证券经营机构都设有专门的证券柜台，通过柜台进行债券买卖。此外，场外交易市场还包括银行间交易市场，以及一些机构投资者通过电话、电脑等通讯手段形成的市场等。目前，我国债券流通市场由三部分组成，即沪深证券交易所市场、银行间交易市场和证券经营机构柜台交易市场。

根据债券发行地点的不同，债券市场可以划分为国内债券市场和国际债券市场。国内债券市场的发行者和发行地点同属一个国家，而国际债券市场的发行者和发行地点不属于同一个国家。根据发行债券所用货币与发行地点的不同，国际债券又可分为外国债券和欧洲债券。外国债券是指借款人在其本国以外的某一个国家发行的、以发行地所在国的货币为面值的债券。比如：在美国发行的以美元标价的外国债券称为扬基债券；在日本发行的以日元标价的外国债券称为武士债券。欧洲债券是借款人在债券票面货币发行国以外的国家或在该国的离岸国际金融市场发行的债券，即债券发行人、发行地以及面值货币分别属于三个不同的国家。比如：法国一家机构在英国债券市场上发行的以美元为面值的债券即是欧洲债券。

9.1.2 债券市场总体结构

中国债券市场从 1981 年恢复发行国债开始至今，经过 30 多年的改革历程，作为资本市场的重要组成部分，债券市场体系已经相对完整，形成了“两个类型、两个中心、一个平台”的市场架构（如图 9—2 所示）。两个类型是指债券市场分为场内交易市场和场外交易市场。场内市场包括上海证券交易所和深圳证券交易所，参与者既有机构也有个人，属于大额和小额交易混合型市场。场外市场包括银行间债券市场和商业银行国债柜台市场，前者的参与者限定为机构投资者，属于大额交易市场；而后者的参与者限定为个人，属于小额交易市场。两个中心是指场内债券交易主要集中在上海证券交易所；而场外交易绝大部分集中在银行间债券市场，二者是中国国债交易市场的两个中心场所。一个平台是指固定收益电子平台，该平台在 2009 年 1 月以后允许部分商业银行进场交易，并采用做市商报价和询价交易相结合的机制。

交易所债券市场是场内交易市场，在我国特指上海证券交易所和深圳证券交易所。20 世纪 90 年代初，上海、深圳证券交易所相继开业交易国债，形成柜台交易市场和交易所

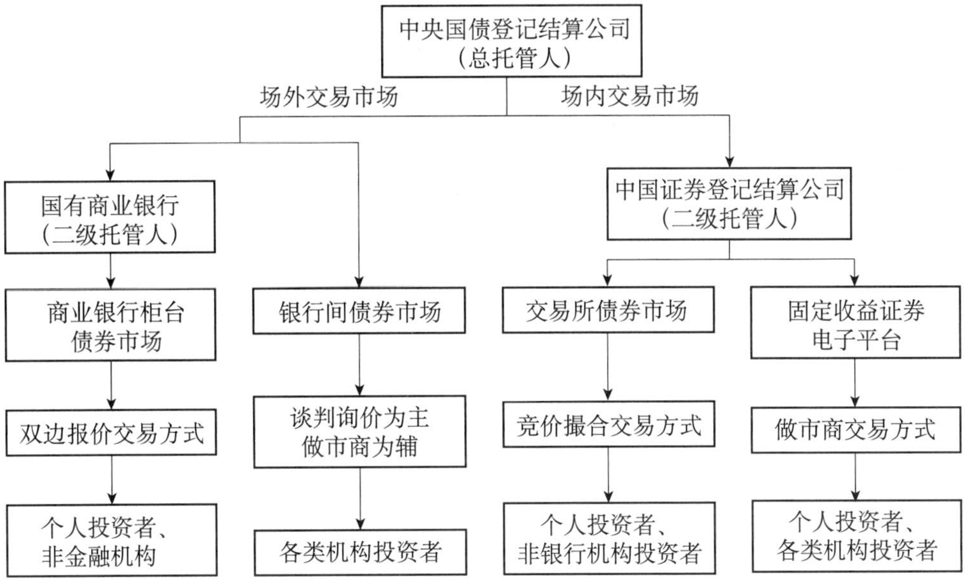

图 9—2 中国国债交易市场总体结构

市场并存的局面。由于银行柜台买卖国债是无记名的凭证式实物券，常出现超发和卖空国库券的现象，如武汉、天津证券交易中心和 STAQ 系统曾发生过严重的国债卖空和假回购。出于防范风险的考虑，发行人和监管者于 1995 年 8 月禁止国债在场外交易，从此债券发行和交易统一到交易所市场进行。交易所债券市场规模呈爆发式增长，承担了当时绝大部分国债发行和交易的任务，有力地支持了我国国民经济建设。

银行间债券市场的建立是以严禁银行资金违规进入股市为发端的，最初是专供商业银行进行债券交易的场所。这个市场通过全国银行间同业拆借中心的交易系统进行询价和交易，属于场外债券市场。银行间债券市场成立之初，其成员就是银行，因而得名“银行间债券市场”。目前，银行间市场以机构投资者为主，以协议方式交易，先后推出国债、外币金融债券、商业银行次级债券、证券公司短期融资券、工商企业短期融资券、商业银行普通金融债券、商业银行混合资本债券、信贷资产支持证券、企业债券等品种。

商业银行柜台也是债券交易的场外市场，是银行间债券市场的延伸，主要面向个人投资者和中小企业从事国债零售业务。从 2002 年开始试点至 2009 年末，试点银行从 4 家扩大到 8 家，全国的办理网点由 2 000 余家增加至 5.9 万家，投资者开户数量达到 9 247 万户。柜台承办银行在营业网点的明显位置公开挂牌报价，在每个营业日开始交易前和营业日中更改报价时，向其营业网点发送当日各券种柜台交易的双边报价。每个投资者均是与银行进行交易，投资者之间不能交易。

各市场的债券发行和监管也存在较大分割。人民银行、银监会等机关主管发行的金融债券只能在银行间市场挂牌交易和进行信息披露；证监会核准发行的公司债券只能在上海和深圳两家交易所上市交易和进行信息披露；财政部发行的国债和代理地方政府发行的地方政府债券可同时在银行间市场和交易所市场进行挂牌交易，其中部分国债还可在银行柜台挂牌买卖；发改委批准发行的企业债在银行间和交易所挂牌交易；保监会核准发行的保险公司债券可在上海证券交易所挂牌转让。跨市场发行的国债和企业债可以在交易所市场和银行间市场相互转托管，目前跨市场转托管的速度为 T+1。目前，就债券市场监管主体而言，我国债券市场监管格局为多头监管的状态：财政部监管国债和地方债；央行监管中期票据和短期融资券；发改委监管企业债；证监会监管公司债；人民银行和银监会共同监管国内银行间市场金融债的发行。具体见表 9—1。

表 9—1　　我国债券监管主体与监管产品

<table>
<tr><th colspan="3">债券类别</th><th>监管机构</th></tr>
<tr><td colspan="3">政府债券</td><td>财政部、人民银行、证监会</td></tr>
<tr><td colspan="3">中央银行债</td><td>人民银行</td></tr>
<tr><td rowspan="8">金融债券</td><td colspan="2">政策性银行债</td><td>人民银行</td></tr>
<tr><td rowspan="2">商业银行债券</td><td>普通债</td><td>银监会、人民银行</td></tr>
<tr><td>次级债</td><td>银监会、人民银行</td></tr>
<tr><td colspan="2">特种金融债券</td><td>人民银行</td></tr>
<tr><td colspan="2">非银行金融机构债券</td><td>人民银行</td></tr>
<tr><td colspan="2">证券公司债</td><td>证监会、人民银行</td></tr>
<tr><td colspan="2">证券公司短期融资券</td><td>证监会、人民银行</td></tr>
<tr><td colspan="3">短期融资券</td><td>人民银行（交易商协会）</td></tr>
<tr><td colspan="3">中期票据</td><td>人民银行（交易商协会）</td></tr>
<tr><td colspan="3">中小企业集合票据</td><td>人民银行（交易商协会）</td></tr>
<tr><td colspan="3">企业债</td><td>国家发改委、人民银行、证监会</td></tr>
<tr><td colspan="3">公司债</td><td>证监会、人民银行</td></tr>
<tr><td colspan="3">资产支持证券</td><td>银监会、人民银行</td></tr>
<tr><td colspan="3">可转换债券、分离债</td><td>证监会</td></tr>
<tr><td colspan="3">国际机构债券</td><td>人民银行、财政部</td></tr>
</table>

在托管结算方面，银行间市场投资者的证券账户直接开立在中央国债登记结算公司（简称中债登），实行一级托管并由中债登提供交易结算服务。交易所市场实行两级托管体制，中债登作为一级托管人负责为交易所开立代理总账户，中国证券登记结算公司（简称中证登）上海分公司和深圳分公司为债券二级托管人，分别记录上海证券交易所和深圳证券交易所的投资者账户并提供结算服务。商业银行柜台市场同样实行两级托管体制，其中，中债登为一级托管人，负责为承办银行开立债券自营账户和代理总账户，承办银行为债券二级托管人。

此外，在交易时间方面，我国债券市场目前每日交易时间为上下午各两个小时。与国际主要市场相比，交易时间非常短，而且我国未设针对普通交易的盘后时段，投资者的交易时间限制很大。

9.1.3　债券市场的交易方式

目前，国内债券市场现有的交易方式有现券交易、回购交易、债券借贷、债券远期等。由于我国债券市场以场外市场为主，交易方式大多存在于银行间市场。交易所债券市场只有现券交易和回购交易，银行柜台债券市场则只有现券交易。

（1）现券交易。现券交易是指交易对手以约定的价格转让一定数量的债券所有权，并在规定的结算时间办理券款交割手续的交易行为。现券交易的功能主要体现在资产配置、获取交易性收益、实现价格发现以及充当公开市场操作工具等方面。我国债券市场的现券买卖起步于 1986 年，2011 年我国债券市场现券成交额 62.9 万亿元，银行间市场占 99.7%。

（2）回购交易。回购交易是交易双方进行的以债券为权利质押的短期资金融通业务，指资金融入方（正回购方）在将债券出售给资金融出方（逆回购方）融入资金的同时，双方约定在将来某一指定日期由正回购方按约定回购利率计算的资金额向逆回购方返还资金，逆回购方向正回购方返还原出质债券的融资行为。按照债券融入方是否对融入的债券拥有所有权，债券回购分为封闭式回购（质押式回购）和开放式回购（买断式回购）。

我国最早的国债回购业务开始于 1991 年。2004 年交易所市场和银行间市场分别推出了买断式国债回购交易，但质押式回购仍然占到回购交易量的绝大部分，且银行间市场成为主要的交易场所。截至 2011 年底，银行间市场质押式回购余额 2.1 万亿元，买断式回购余额 937 亿元。债券回购利率为债券的发行和交易提供了基准，并成为利率互换等利率衍生品的参考利率基准，加快了利率市场化进程。

（3）债券借贷。债券借贷指一方以自有资金或证券资产为担保向另一方融通证券，到期支付所融证券并支付一定费用的交易活动。我国债券市场 2006 年推出双边债券借贷业务。人民银行规定银行间市场所有参与者均可作为债券的融出方或融入方进行债券借贷，抵押品仅限于市场参与者托管在中央结算公司的自有债券，最长期限不得超过 365 天，允许借贷双方协商一致后以现金交割。债券借贷为投资者提供了做空等交易机制，有助于减少结算失败，提高市场的流动性。目前，我国债券借贷成交量过小，2011 年我国债券市场双边借贷交易额仅 0.3 亿元，市场活跃度严重不足，主要原因是商业银行由于是债券市场的主要投资者，借券做空的动力不大，而证券公司等机构有融券需求，但没有足够的债券作抵押。

（4）债券远期。债券远期交易是指交易双方约定在将来的某一时刻以约定的价格和数量买卖标的债券的合约，到期进行实物交割。我国 2005 年推出债券远期交易，人民银行规定债券远期从成交日到结算日的期限最长不得超过 365 天，不允许现金交割，并对市场交易主体的交易规模进行了限制。因为合约的非标准化，债券远期转让困难，流通性差。2011 年，我国债券远期交易共 436 笔，成交金额 1 030 亿元，同比下降 67.7%。从标的债券来看，债券远期交易以政策性金融债为主，其交易量占总量的 63.5%。从期限来看，2～7天品种交易量占比最高，为 62.1%。

（5）利率互换。利率互换是指交易双方约定在未来的一定期限内根据约定数量的人民币本金交换现金流的行为，其中一方现金流依据浮动利率计算，另一方现金流依据固定利率计算。利率互换是一种场外金融衍生工具，主要用于中长期利率风险的管理。利率互换不指定具体的交易券种，只是交易双方对固定利率和浮动利率的报价，现金结算，并缴纳保证金。人民银行于 2006 年推出了利率互换。2011 年，人民币利率互换市场发生交易 2 万笔，名义本金总额 2.7 万亿元，同比大幅增加 80%。从期限结构来看，1 年及 1 年期以下交易最为活跃，其名义本金总额 2 万亿元，占总量的 74.7%。从参考利率来看，2011

年人民币利率互换交易的浮动端参考利率包括 7 天回购定盘利率、Shibor 以及一年期定存利率，以 Shibor 为浮动端参考利率的互换交易占比有明显上升。

9.1.4 债券市场的参与主体

我国所有投资者都可通过不同形式参与到债券市场，投资者包括人民银行、政策性银行等特殊机构、商业银行、信用社、邮储银行、非银行金融机构、证券公司、保险机构、基金（含社保基金）、非金融机构等机构投资者和个人投资者。

个人投资者可参与交易所债券市场和商业银行柜台市场的交易。具有储蓄需求的个人可在银行柜台购买凭证式国债；而具有投资需求的个人既可以通过证券公司购买并交易国债，也可以在银行柜台认购并交易电子记账式国债。

银行是重要的机构投资者，同时也是银行间债券市场的基本主体，最为广泛和深入地参与了银行间债券市场的创建和发展。国有大型商业银行、政策性银行、全国性股份制商业银行、地方性商业银行等具有债券发行主体、投资者、交易商、做市商等多重身份，一直都是银行间债券市场的绝对主力。国家开发银行、中国进出口银行、中国农业发展银行的资金一直主要来源于发行政策性金融债券。许多符合条件的银行越来越重视通过银行间债券市场发行次级债券、混合资本债券和普通金融债券获得非存款性资金，用于弥补资本金不足或开拓新的业务。

目前，部分商业银行也已经获准进入上交所“固定收益电子平台”开展交易。非银行金融机构参与债券市场的交易活动，既可以在交易所债券市场，也可以在银行间债券市场进行交易。在交易所债券市场，一般通过撮合交易或者询价交易直接参与；而在银行间债券市场，大型非银行金融机构可以直接参与交易，小型非银行金融机构则可通过结算代理机构间接参与交易。

通过表 9—2 可以看出，交易所市场的主要参与者是中小机构和个体投资者；而银行间市场的主要参与者是商业银行和大型非银行金融机构。

表 9—2　　我国债券投资主体及其交易、结算场所

<table>
<tr><th colspan="2">交易主体</th><th>主体参与的交易场所</th><th>对应交易场所的结算托管机构</th></tr>
<tr><td rowspan="2">特殊机构</td><td>人民银行</td><td>银行间市场</td><td>中债登</td></tr>
<tr><td>政策性银行</td><td>银行间市场</td><td>中债登</td></tr>
<tr><td rowspan="7">商业银行</td><td>全国性商业银行</td><td>交易所市场和银行间市场</td><td>中证登和中债登</td></tr>
<tr><td>外资银行</td><td rowspan="7">银行间市场</td><td rowspan="7">中债登</td></tr>
<tr><td>城市商业银行</td></tr>
<tr><td>农村商业银行</td></tr>
<tr><td>农村合作银行</td></tr>
<tr><td>村镇银行</td></tr>
<tr><td>其他</td></tr>
<tr><td colspan="2">信用社</td></tr>
<tr><td colspan="2">邮储银行</td><td>交易所市场和银行间市场</td><td>中证登和中债登</td></tr>
</table>

续前表

交易主体		主体参与的交易场所	对应交易场所的结算托管机构
非银行金融机构	证券公司	交易所市场和银行间市场	中证登和中债登
	保险机构		
	基金（含社保基金）		
	信托投资公司		
	中证登和中债登		
	财务公司		
	租赁公司		
	汽车金融公司		
	邮政局		
非金融机构		交易所市场、银行间市场和银行柜台市场	中证登、中债登、商业银行
个人投资者		交易所市场和银行柜台市场	中证登、中债登、商业银行和证券公司柜台

9.2 债券市场融资产品

在债券二十多年的发展历史过程中，形成了较为丰富的产品种类，各种债券共同构成了一个完整的债券产品体系，主要包括国债、央行票据、地方政府债、金融债、企业债、中期票据、公司债、可转换债券等品种。

按照发行主体的不同，债券可以分为政府债券、金融债券、公司债券等。政府债券的发行主体是政府，金融债券的发行主体是银行或非银行的金融机构，公司债券的发行主体是股份有限公司和有限责任公司，企业债券发行主体是中央政府部门所属机构、国有独资企业或国有控股企业等大型国有机构。按照债券的期限，债券可以分为短期债券、中期债券、长期债券和永久债券。按照债券是否有担保，可以将债券分为信用债券、担保债券。按照利息支付方式，债券可以分为附息债券、利随本清债权、贴现债券、零息债券。

此外，债券按照票面上是否记名，可以分为记名债券和无记名债券；按照发行范围的不同，可以分为国内债券和国际债券；按照债券的形态分类，可以分为实物债券、凭证式债券和记账式债券；按照偿还方式，债券可以分为到期偿还债券和分期偿还债券；按照债券票面利率的方式，债券可以分为固定利率债券、浮动利率债券、累进利率债券、贴水债券和分红债券；按照发行方式，债券可以分为公募债券和私募债券。接下来，介绍主要几类经常性的债券市场融资产品。

9.2.1 政府债券

政府债券是国家为了筹集资金而向投资者出具的、承诺在一定时期支付利息和到期还本的债务凭证。政府债券的发行主体是国家。根据《中华人民共和国个人所得税法》的规定，政府债券是免税的。根据发行主体的不同，政府债券又可分为中央政府债券（国债）和地方政府债券。

（1）国债。国债又称国家公债，是国家以其信用为基础，按照债的一般原则，通过向社会筹集资金所形成的债权债务关系。国债是由国家发行的债券，是中央政府为筹集财政资金而发行的一种政府债券，是由中央政府向投资者出具的、承诺在一定时期支付利息和到期偿还本金的债权债务凭证。由于国债的发行主体是国家，所以它具有最高的信用度，被公认为是最安全的投资工具。1981 年以后，我国国债的主要品种包括记账式国债和储蓄国债。其中，储蓄国债分为传统凭证式国债和电子凭证式国债，通常将传统凭证式国债称为“凭证式国债”，而将 2006 年开始发行的电子凭证式国债称为“储蓄国债”。各品种国债市场情况具体见图 9—3 和图 9—4。

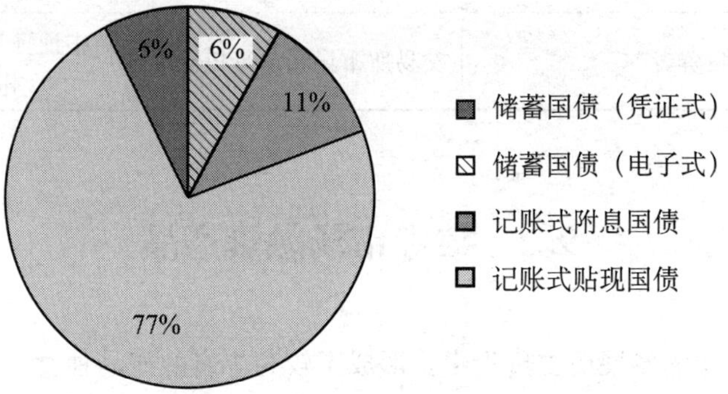

图 9—3　2012 年国债发行类型分布

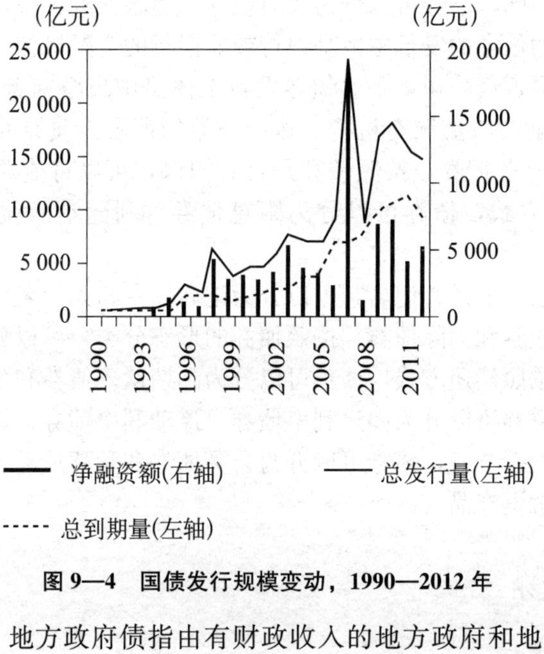

图 9—4　国债发行规模变动，1990—2012 年

（2）地方政府债。地方政府债指由有财政收入的地方政府和地方公共机构发行的债券，一般用于交通、通讯、住宅、教育、医院和污水处理系统等地方性公共设施的建设。同中央政府发行的国债一样，地方政府债券一般也是以当地政府的税收能力作为还本付息的担保。但中央财政仍然是地方政府债券的发行代理人，地方政府债券仍由中央财政统一发行、统一偿付，因此，国家实际上还是为地方政府债券做出了担保。

9.2.2 金融债券

金融债券是指银行及非银行金融机构依照法定程序发行并约定在一定期限内还本付息的有价证券。在欧美很多国家，20 世纪 60 年代以前，只有投资银行、投资公司之类的金融机构才发行金融债券，而商业银行等金融机构一般不允许发行债券。60 年代以后，商业银行等金融机构改变了资产负债结构或用于某种特定用途，纷纷加入到发行金融债券的行列。由于商业银行和其他金融机构多采用股份公司这种组织形式，这些金融机构发行的债券与公司债券一样，受相同的法规管理，一般归类为公司债券。我国的金融债券按主体属性主要包括政策性金融债和商业性金融债。2012 年我国金融债券发行情况见图 9—5。1994—2012 年我国金融债发行规模变动情况见图 9—6。

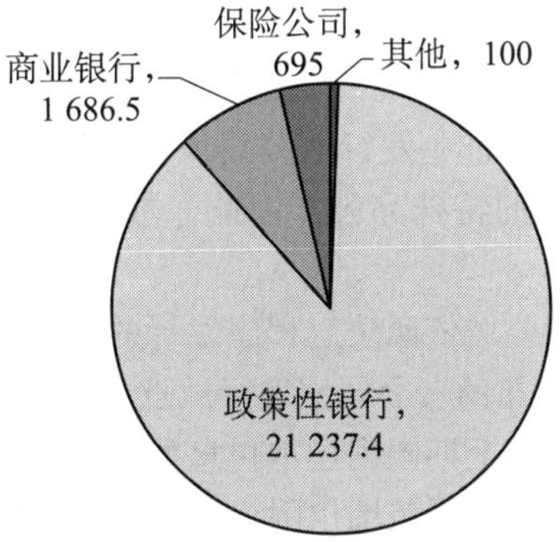

图 9—5　2012 年金融债发行主体分布（亿元）

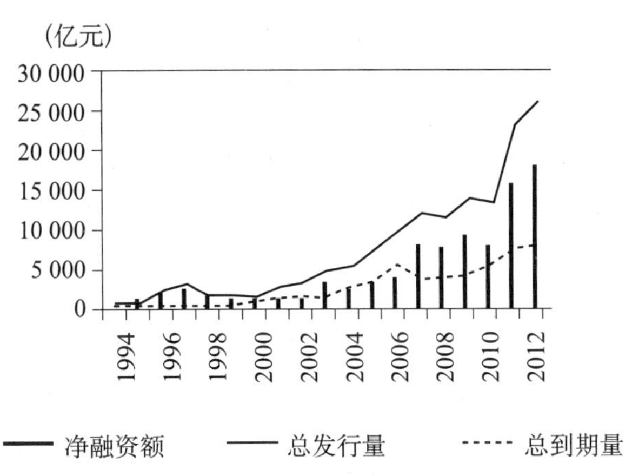

图 9—6　金融债发行规模变动，1994—2012 年

（1）政策性金融债。政策性金融债是我国政策性银行（国家开发银行、中国农业发展银行、中国进出口银行）为筹集信贷资金，经国务院批准由中国人民银行用计划派购的方式，向邮政储蓄银行、国有商业银行、区域性商业银行、城市商业银行（城市合作银行）、农村信用社等金融机构发行的金融债券。以国家开发银行为主的发行主体，按照国际标准结合我国国情设计出多种规范的、便于流通的、发挥市场参照基准的债券创新品种，大大提高市场的流动性，有效地推动了我国银行间债券市场的发展。

（2）商业性金融债。商业性金融债是指依法在中华人民共和国境内设立的金融机构在相关交易市场发行的、按约定还本付息的有价证券，包括金融机构次级债券、混合资本债和普通金融债等。

金融机构次级债券是指金融机构发行的、本金和利息的清偿顺序列于其他负债之后、先于股权资本的债券。混合资本债券是基于《巴塞尔新资本协议》，对于混合（债务、股权）资本工具的要求而设计的一种债券形式，所募资金可计入银行附属资本。与目前各家银行发行的次级债相比，混合资本债券具有较高的资本属性，其清偿顺序列于次级债之后，先于股权资本。而普通金融债券指的是商业银行为筹集用于长期贷款、投资等业务资金而发行的债券。

9.2.3 公司债券

我国公司债主要包括股份制企业发行的公司债和非股份制企业发行的企业债。其中，企业债券可以视为中国国情下的特殊品种。因此，本部分将分别介绍我国的公司债和企业债。

（1）公司债。公司债是指公司依照法定程序发行的，约定在一定期限还本付息的有价证券。2007 年 8 月，证监会颁布的《公司债发行试点办法》规定的公司债券，是指公司依照法定程序发行、约定在一年以上期限内还本付息的有价证券。

在公司债券发行试点期间，公司范围仅限于沪深证券交易所上市的公司及发行境外上市外资股的境内股份有限公司。2007 年 9 月，首只公司债（长江电力公司债）在上海证券交易所市场发行上市并流通，从 2008 年开始公司债也可以在银行间债券市场发行、登记托管和交易流通，但目前还没有在银行间市场交易的公司债。截至 2012 年 3 月 8 日，上交所公司债发行总数为 134 只，托管面值为 2 424.5 亿元。

（2）企业债。企业债是指企业依照法定程序公开发行并约定在一定期限内还本付息的有价证券，包括依照公司法设立的公司发行的公司债券和其他企业发行的企业债券。而上市公司发行的公司债券不包含在内。企业债的发行由国家发展与改革委员会负责审批。

2008 年，国家发改委推进了企业债券市场的改革：一是由原先“先核定规模、后核准发行”两个环节，简化为直接核准发行；二是将审批权力部分下放到行业主管部门和省发改委；三是不再强制担保；四是债券的利率由企业根据市场情况确定，但不得超过国务院限定的利率水平；五是加快审批时间并扩大了企业债筹集资金的投向范围。改革后企业债券市场得到了较快的发展。具体情况见图 9—7 与图 9—8。

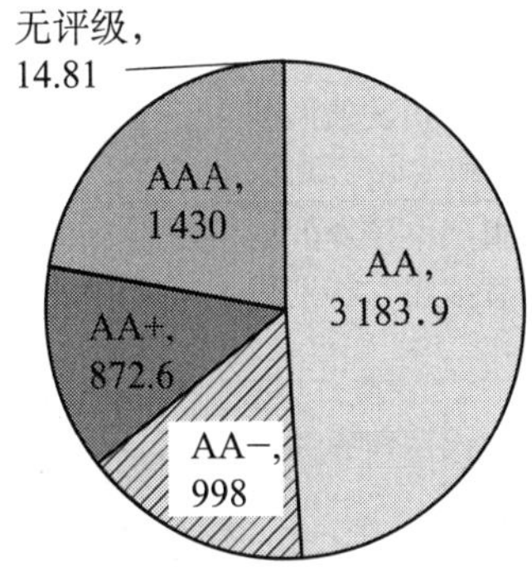

图 9—7 2012 年企业债发行主体评级情况（亿元）

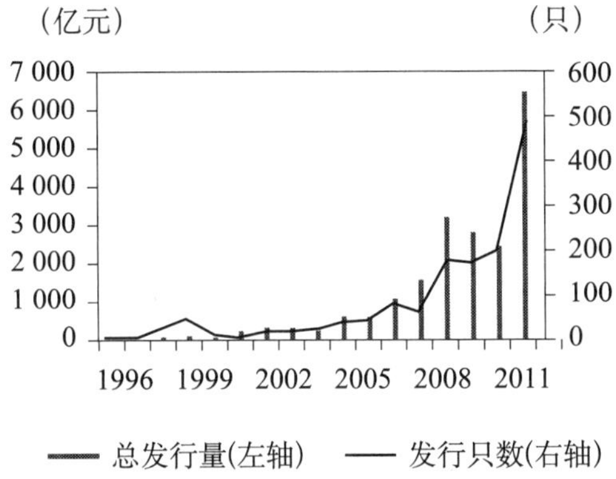

图 9—8 企业债发行规模变动情况，1996—2012 年

综上，公司债券与企业债券的区别归纳如表 9—3 所示。

表 9—3 公司债与企业债的区别

比较项目	公司债	企业债
发行主体差别	由股份有限公司或有限责任公司发行的债券	由中央政府部门所属机构、国有独资企业或国有控股企业发行的债券，它对发债主体的限制比公司债少
发行定价	由发行人和保荐人通过市场询价确定	利率限制是要求发债利率不高于同期银行存款利率的 40%
发行制度	核准制，由证监会进行审核，对总体发行规模没有限制	审核制，发改委进行审核，发改委每年会制定下一定的发行额度
发行状况	可采取一次核准，多次发行	要求审批后一年内发完
发债资金用途差别	主要用途包括固定资产投资、技术更新改造、改善公司资金来源结构、调整公司资产结构、降低公司财务成本、支持公司并购和资产重组等	主要限制在固定资产投资和技术革新改造方面，并与政府部门的审批项目直接相关
信用来源差别	公司债的信用来源是发债公司的资产质量、经营状况、盈利水平和持续盈利能力等	不仅通过“国有”（即国有企业和国有控股企业等）机制贯彻了政府信用，而且通过行政强制落实担保机制，实际信用级别与其他政府债券大同小异

续前表

比较项目	公司债	企业债
发债额度差别	股份有限公司和有限责任公司发债额度最低限大致为 1 200 万元和 2 400 万元	发债数额不低于 10 亿元
管制程序差别	公司债监管机构往往要求严格债券的信用评级和发债主体的信息披露，特别重视发债后的市场监管工作	发债由国家发改委和国务院审批，要求银行予以担保；一旦债券发行，审批部门不再对发债主体的信息披露和市场行为进行监管
市场功能差别	公司债是各类公司获得中长期债务性资金的一个主要方式	受到行政机制的严格控制，每年的发行额远低于国债、央行票据和金融债券，也明显低于股票的融资额

9.2.4 其他债券品种

除上述几类债券外，债券市场的产品还包括短期融资券、中期票据、中小企业集合票据、次级债、混合资本债、政府支持机构债券、资产支持证券等。

短期融资券是指具有法人资格的非金融企业在银行间债券市场发行的，约定在 1 年内还本付息的债务融资工具。发行短期融资券须报中国人民银行备案，由中国银行间交易商协会依据《银行间债券市场非金融企业债务融资工具管理办法》及中国人民银行相关规定对短期融资券的发行与交易实施管理。

中期票据是指具有法人资格的非金融企业在银行间债券市场按照计划分期发行的，约定在一定期限还本付息的债务融资工具，期限一般为 5～10 年。企业发行中期票据应披露企业主体信用评级，发行人和投资者可以自由协商确定有关发行条款（如利率、期限以及是否同其他资产价格或者指数挂钩等）。

中小企业集合票据是指由人民银行主导、银行间市场交易商协会组织、银行间债券市场成员共同参与，在全国银行间债券市场上推出的一种新的债务融资工具。这一融资工具一般由 2～10 个具有法人资格的中小企业，按照“统一产品设计、统一券种冠名、统一信用增进、统一发行”的方式在银行间债券市场共同发行。

商业银行次级债券（以下简称“次级债券”）是指商业银行发行的、本金和利息的清偿顺序列于商业银行其他负债之后、先于商业银行股权资本的债券。根据银监会定义，所谓次级债券是指固定期限不低于 5 年（包括 5 年），除非银行倒闭或清算，不用于弥补银行日常经营损失，且该项债务的索偿权排在存款和其他负债之后的商业银行长期债务。

混合资本债券是基于《巴塞尔新资本协议》，对于混合（债务、股权）资本工具的要求而设计的一种债券形式，所募资金可计入银行附属资本。作为商业银行补充资本金的重要金融产品，混合资本债券在国际上已普遍为各银行采用。与目前各家银行发行的次级债相比，混合资本债券具有较高的资本属性，当银行倒闭或清算时，其清偿顺序列于次级债之后，先于股权资本。

政府支持机构债券是我国有关机构如中央汇金投资公司发行的借款凭证。该类债券虽然不是政府的直接债务，但通常也受到政府担保，因此债券信誉比较高，风险比较低。而国际机构债券是国际机构如世界银行、亚洲开发银行等在我国发行的，在一定期限内还本付息的以人民币标值的债券。

资产支持证券是指由银行业金融机构作为发起机构，将信贷资产信托给受托机构，由受托机构发行的，以该财产所产生的现金支付其收益的收益证券。换言之，资产支持证券就是由特定目的的信托受托机构发行的、代表特定目的的信托收益权份额。信托机构以信托财产为限向投资机构承担支付资产支持证券收益的义务。

9.3 债券一级市场发行机制

债券一级市场，又称发行市场，是筹资者以发行债券方式筹集资金的场所。它具体决定债券的发行时间、金额和条件，并引导一般投资者认购，以及办理认购手续、缴纳款项等事宜。发行市场的主要功能是创造新债券，同时债券发行额反映社会投资的增长情况。但债券发行市场是一种无形的市场，没有固定、集中的场所，即新债券的发行不是在有组织的市场——证券交易所内进行，而是由发行者（筹资者）自行向投资者直接出售，或者通过投资公司、信托公司等证券发行中介机构，或证券商推销出售的。筹资者要想通过发行债券从市场上筹集资金，不仅必须具有良好的信誉和对本金与利息的支付能力，还要接受法律方面的种种约束。

9.3.1 国债一级市场

国债是我国债券市场上交易量最大的债券品种。从 1997 年 1 月至 2012 年 12 月，中国财政部共发行了 586 只国债，累计融资金额超过 75 000 亿元。2009—2012 年，每年国债发行规模均超过了 14 000 亿元人民币（见表 9—4）。

表 9—4　　中国国债发行情况，1997—2012 年

年份	总发行量（亿元）	发行只数	总到期量（亿元）	到期只数	净融资额（亿元）
1997	2 457.49	7	1 522.44	7	935.05
1998	9 068.60	15	1 608.17	7	7 460.43
1999	4 056.03	20	1 209.86	5	2 846.17
2000	4 619.50	21	1 551.90	3	3 067.60
2001	4 683.53	22	1 894.41	7	2 789.12
2002	5 801.40	24	2 479.65	11	3 321.75
2003	8 042.37	23	2 750.10	12	5 292.27
2004	7 163.90	24	3 551.63	15	3 612.27
2005	7 042.00	25	3 951.30	17	3 090.70
2006	8 883.30	33	6 567.73	27	2 315.57
2007	23 599.48	40	6 550.60	25	17 048.88
2008	8 615.00	39	7 376.00	26	1 239.00
2009	16 418.10	77	9 611.70	42	6 806.40
2010	17 881.90	82	10 751.50	50	7 130.40

续前表

年份	总发行量（亿元）	发行只数	总到期量（亿元）	到期只数	净融资额（亿元）
2011	15 417.59	73	11 325.90	57	4 091.69
2012	14 442.38	61	9 323.10	47	5 119.28

1993 年，财政部联合中国证监会共同制定了《中华人民共和国国债一级自营商管理办法（试行）》，并批准 19 家证券中介机构和银行作为首批国债一级自营商。一级自营商可以获得年度利息支付和净价交易，有义务在国债一级市场中承销国债，并参与国债的投标竞价。1994 年，财政部通过银行分销系统面向个人投资者发行储蓄式国债，储蓄式国债不可上市交易并被设计成凭证式，遗失后可挂失。

1995 年财政部尝试进行国债拍卖，由于财政部无权改变国债的原始息票率，因此财政部设计了一种结算日拍卖机制，即由投标人报出自己愿意接受的国债结算日和愿意认购的国债金额，结算日最接近发行日的投标是最成功的投标，按投标的结算日距离发行日的时间由近到远依次选定成功的投标，直到这些成功投标的累计认购金额等于发行金额。1996 年，公开招标拍卖在国债市场得到全面实施，其中折价债券使用价格拍卖法，附息债券使用利率拍卖法，利率和期限都固定的不记名债券使用结算日拍卖法。1998 年，记账式国债的发行转向银行间债券市场进行，这导致交易所市场可交易债券品种的进一步减少。1999 年，国务院批准财政部再次回到交易所市场发行长期国债。1998—2001 年，国务院收回了政府债券息票率的设定权，市场导向的国债发行逐渐减少。2001—2003 年，承销团制度在记账式、凭证式国债发行中全面引入。从 2002 年开始，财政部和人民银行推出记账式国债柜台交易试点工作。从 2004 年开始，财政部开始跨市场发行国债，即同时在交易所市场和银行间债券市场发行国债。表 9—5 为截至 2011 年底我国各市场国债托管量统计表。

表 9—5　　2011 年底中国各市场国债托管量　　（单位：亿元）

债券类型	银行间	交易所	柜台	其他	合计
记账式国债	62 496.95	1 989.13	46.86	0.50	64 533.44
储蓄式国债（电子式）	0.00	0.00	2 237.55	1 068.08	3 305.63
地方政府债	5 996.69	3.32	0.00	0.00	6 000.01
政府债券合计	68 493.64	1 992.45	2 284.41	1 068.58	73 839.08

1. 国债发行流程

在国债发行时，先由财政部确定发行的额度，然后将总额度分为竞争性投标和非竞争性投标两个部分，将非竞争性投标的部分剔除后对竞争性投标的国债进行公开拍卖。拍卖由承销商在标书内写上愿意认购的金额和价格，然后从高到低排列，直至将所有的竞争性投标部分的额度发行完毕为止。在美国式投标中，此时各出价高于最后认购成功的承销商的承销商都将按各自的价格和金额认购到国债，然后再用加权平均的方法计算出拍卖的价格作为非竞争性投标部分的利率给参与非竞争性投标的承销商认购这部分的额度。而在荷兰式投标中，一旦投标过程完成，则所有中标者都以出价最高（利率最低）者的价格进行认购，这个价格也是非竞争性投标部分的中标价格。目前来看，荷兰式投标在国际上更为流行，我国的情况同样如此。图 9—9 为我国国债发行的简明流程。

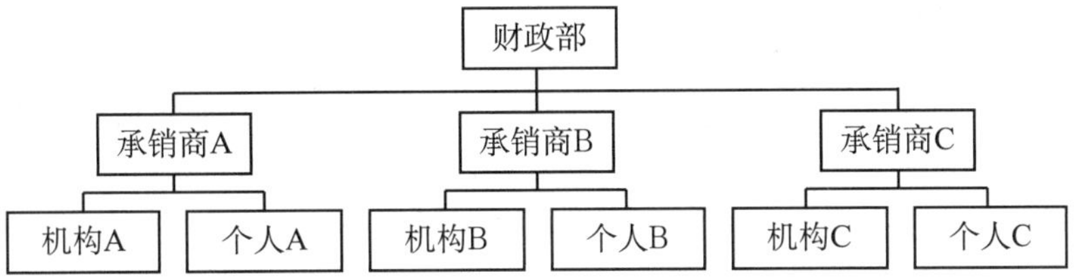

图 9—9　国债发行的简明流程

2. 中国国债发行机制

国债的发行由全国人大或全国人大常委会审批，依据的法律为《中华人民共和国预算法》。2004 年以后，全国人大对国债的审批方式进行了改革，只规定国债的存量上限，具体的发行时间、发行规模均由财政部决定。目前中国国债发行机制主要包括以下四个方面：审批并组建国债承销团、财政部公布发行计划、记账式国债招标发行以及储蓄式国债发行。

（1）审批并组建国债承销团。国债承销团成员是指中国境内具备一定资格条件并经批准从事国债承销业务的商业银行、证券公司、保险公司和信托投资公司等金融机构。2006 年 7 月颁布的《国债承销团成员资格审批办法》规范了国债承销团组建。

国债承销团按国债品种组建，包括凭证式国债承销团、记账式国债承销团和其他国债承销团，其中记账式国债承销团成员按照注册资本等条件，分为甲类成员和乙类成员。

（2）财政部公布发行计划。为促进国债市场发展，提高国债发行的计划性和透明度，财政部从 2003 年开始在年初公布部分关键期限记账式国债的全年发行计划。而从 2000 年起，财政部已经在每季初提前公布记账式国债的季度发行计划。

（3）国债招标方式。以记账式国债发行为例，其招标方式采用荷兰式、美国式、混合式，招标标的为利率、利差、价格或数量。第一，荷兰式招标方式。标的为利率或利差时，全场最高中标利率或利差为当期国债票面利率或基本利差，各中标国债承销团成员（以下简称中标机构）均按面值承销；标的为价格时，全场最低中标价格为当期国债发行价格，各中标机构均按发行价格承销。

第二，美国式招标方式。标的为利率时，全场加权平均中标利率为当期国债票面利率，中标机构按各自中标标位利率与票面利率折算的价格承销；标的为价格时，全场加权平均中标价格为当期国债发行价格，中标机构按各自中标标位的价格承销。标的为利率时，高于全场加权平均中标利率一定数量以上的标位全部落标；标的为价格时，低于全场加权平均中标价格一定数量以上的标位全部落标。背离全场加权平均投标利率或价格一定数量的标位为无效投标，全部落标，不参与全场加权平均中标利率或价格的计算。

第三，混合式招标方式。标的为利率时，全场加权平均中标利率为当期国债票面利率，低于或等于票面利率的标位，按面值承销；高于票面利率一定数量以内的标位，按各中标标位的利率与票面利率折算的价格承销；高于票面利率一定数量以上的标位，全部落标。标的为价格时，全场加权平均中标价格为当期国债发行价格，高于或等于发行价格的标位，按发行价格承销；低于发行价格一定数量以内的标位，按各中标标位的价格承销，低于发行价格一定数量以上的标位，全部落标。背离全场加权平均投标利率或价格一定数量的标位为无效投标，全部落标，不参与全场加权平均中标利率或价格的计算。

利率或利差招标时，标位变动幅度为0.01%；价格招标时，标位变动幅度在财政部记账式国债发行文件中规定。国债承销团成员单期国债最低、最高投标限额按各期国债竞争性招标额的一定比例计算，具体是：乙类成员最低、最高投标限额分别为当期国债竞争性招标额的0.5%、10%；甲类成员最低投标限额为当期国债竞争性招标额的3%，不可追加的记账式国债最高投标限额为当期国债竞争性招标额的30%，可追加的记账式国债最高投标限额为当期国债竞争性招标额的25%。单一标位最低投标限额为0.2亿元，最高投标限额为30亿元。投标量变动幅度为0.1亿元的整数倍。国债承销团成员单期国债最低承销额（含追加承销部分）按各期国债竞争性招标额的一定比例计算，甲类成员为1%，乙类成员为0.2%。表9—6为财政部关于2012年记账式附息（六期）国债发行工作有关事宜的通知。

表9—6　　关于2012年记账式附息（六期）国债发行工作有关事宜的通知

发行条件	发行场所	通过全国银行间债券市场、证券交易所债券市场发行
	品种和数量	本期国债为20年期固定利率附息债，计划发行面值总额280亿元，全部进行竞争性招标，不进行甲类成员追加投标
	时间安排	2012年4月20日招标，4月23日开始发行并计息，4月25日发行结束
	上市安排	2012年4月27日起上市交易，交易方式为现券买卖和回购。本期国债上市后，可以在各交易场所间相互转托管
	兑付安排	本期国债利息每半年支付一次，每年4月23日、10月23日（节假日顺延，下同）支付利息，2032年4月23日偿还本金并支付最后一次利息
	发行手续费率	承销面值的0.1%
招标	招标方式	采用混合式招标方式，标的为利率。全场加权平均中标利率为票面利率，低于或等于票面利率的标位，按面值承销；高于票面利率20个以内（含20个）的标位，按各自中标利率与票面利率折算的价格承销；高于票面利率20个以上（不含20个）的标位，全部落标。背离全场加权平均投标利率100个以上（不含100个）的标位作无效投标处理
	标位限定	每一承销团成员最高、最低投标标位差为30个标位
	时间安排	2012年4月20日上午9：30—10：30为竞争性招标时间；竞争性招标结束后15分钟内为填制债权托管申请书时间
分销		采取场内挂牌和场外签订分销合同的方式分销。合同分销部分应于4月23日至4月25日向各交易场所发出分销确认
发行款缴纳		各承销团成员于2012年4月25日前（含4月25日），将发行款一次缴入财政部指定账户。缴款日期以财政部指定账户收到款项为准
债权确立		财政部收到发行款后，通知国债登记公司确立债权

财政部按照低利率（利差）或高价格优先的原则对有效投标逐笔募入，直到募满招标额或将全部有效标位募完为止。竞争性招标中，最高中标利率标位或最低中标价格标位上的投标额大于剩余招标额，以国债承销团成员在该标位投标额为权重平均分配，取整至0.1亿元，尾数按投标时间优先原则分配。对于允许追加承销的记账式国债，在竞争性招标结束后，国债承销团甲类成员有权通过投标追加承销当期国债。国债承销团甲类成员追加承销额上限为该成员当期国债竞争性中标额的25%。追加承销额应为0.1亿元的整数倍。荷兰式招标追加承销价格与竞争性招标中标价格相同；美国式和混合式招标追加承销价格，标的为利率时为面值，标的为价格时为当期国债发行价格。

在招投标工作结束后，各中标机构应通过招标系统填制“债权托管申请书”，在中债登、中证登上海和深圳分公司选择托管。逾时未填制的，系统默认全部在中债登托管。中债登、中证登上海和深圳分公司根据招标结果办理券种注册，根据各中标机构选择的债券托管数据为各中标机构办理承销额度注册。在规定的分销期内，中标机构转让中标的全部或部分国债债权额度。国债承销团成员间不得分销。非国债承销团成员通过分销获得的国债债权额度，在分销期内不得转让。国债承销团成员根据市场情况自定分销价格。

根据《招标发行规则》，财政部还将在每期国债发行前公告具体的发行细节，包括发行条件、招标方式、分销方式和发行款缴纳等。

9.3.2 金融债一级市场

金融债券可以分为政策性金融债和商业性金融债。商业性金融债是最近几年产品创新的结果，包括商业银行次级债、混合资本债和金融机构普通债，其中次级债券占比最大，商业银行金融债近年来呈现比较快的发展势头。

1. 金融债发行流程

根据《中华人民共和国中国人民银行法》和《全国银行间债券市场金融债券发行管理办法》（中国人民银行令［2005］第1号发布，简称《办法》），总结的流程图如图9—10所示：

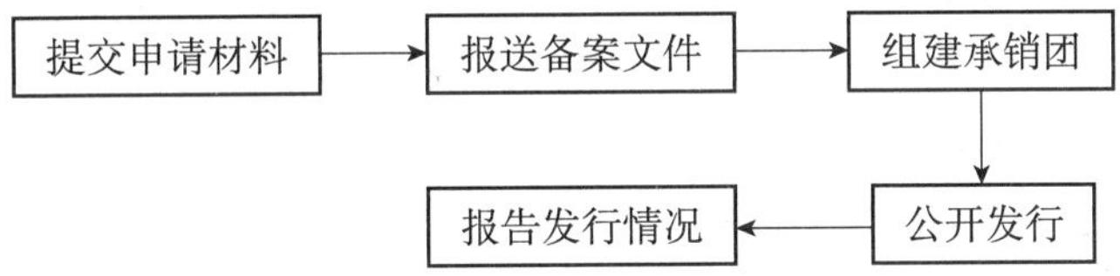

图9—10 金融债发行的简明流程

本流程所说的金融债券，包括在全国银行间债券市场发行的人民币金融债券和外币金融债券。

（1）提交申请材料。

金融机构申请在全国银行间债券市场发行金融债券，按《办法》要求向中国人民银行提交申请材料，并提交《金融债券发行登记表》；金融债券以协议承销方式发行的，主承销商应提交尽职调查报告。

（2）报送备案文件。

一次足额发行或限额内分期发行金融债券，发行人应在本次或每期债券发行前5个工作日，按《办法》要求将有关文件报中国人民银行备案，并提交《金融债券备案登记表》。政策性银行应在每期金融债券发行前5个工作日，按《办法》要求将有关文件报中国人民银行备案。金融债券发行方案一经公布不得随意变更。若发生可能影响债券发行的重大事件而确需变更的，发行人应向中国人民银行书面报告，经中国人民银行同意后方可变更发行方案，同时应对外公布变更原因及变更后的发行方案，并提示投资人查看。

（3）组建承销团。

发行金融债券时，发行人应组建承销团，金融债券的承销可以采用招标承销或协议承销等方式。以招标承销方式发行金融债券的，发行人应与承销团成员签订承销主协议。以协议承销方式发行金融债券的，发行人应聘请主承销商，由发行人与主承销商协商安排有关发行工作。主承销商应与承销团成员签订承销团协议。

(4) 公开发行。

发行人应按照有关规定向投资者披露信息。发行人应保证信息披露真实、准确、完整、及时，不得有虚假记载、误导性陈述或重大遗漏。以定向形式发行金融债券的，应优先选择协议承销方式。定向发行对象不超过两家，可不聘请主承销商，由发行人与认购机构签订协议安排发行。

采用簿记建档方式协议承销发行的金融债券，发行人应选定簿记管理人；在簿记建档前，簿记管理人应向承销团成员公布簿记标的、中标确定方式等簿记建档规则；在簿记建档过程中，簿记管理人应确保簿记建档过程的公平、公正和有序，并对簿记建档所涉及的有关文件予以妥善保存。

(5) 报告发行情况。

金融债券发行结束后 10 个工作日内，发行人应向中国人民银行书面报告当期金融债券发行情况。

2. 政策性金融债券发行机制

政策性金融债发行时，发行人应组建承销团，承销人可在发行期内向其他投资者分销其所承销的金融债券。发行金融债券的承销可采用协议承销、招标承销等方式。以协议承销方式发行金融债券的，发行人应聘请主承销商，由发行人与主承销商协商安排有关发行工作。主承销商应与承销团成员签订承销团协议。以招标承销方式发行金融债券的，发行人应与承销团成员签订承销主协议，并向承销人发布下列信息：(1) 招标前，至少提前 3 个工作日向承销人公布招标具体时间、招标方式、招标标的、中标确定方式和应急招投标方案等内容；(2) 招标开始时，向承销人发出招标书；(3) 招标结束后，发行人应立即向承销人公布中标结果，并不迟于次工作日发布金融债券招标结果公告。承销人中标后应履行相应的认购义务。表 9—7 为国家开发银行 2012 年第二十三期金融债券发行办法。

表 9—7　　国家开发银行 2012 年第二十三期金融债券发行办法

债券基本情况	数量与利率	本期金融债券为 5 年期浮动利率债券，发行总量不超过 200 亿元。债券利率基准为中国人民银行规定的 1 年期定期存款利率，按年付息。
	重要日期安排	债券缴款日为 2012 年 4 月 25 日，起息日为 2012 年 4 月 25 日，上市日为 2012 年 5 月 2 日，兑付日为 2017 年 4 月 25 日。第一次结息日为 2013 年 4 月 25 日，以后每年的 4 月 25 日为结息日和利率调整日。
	注意事项	发行人对本期债券保留增发权利。如遇市场情况发生重大变化，发行人保留对本期债券发行品种和发行时间等要素进行调整的权利。
招标	招标方式	债券固定面值，采用单一利差（荷兰式）招标方式，设立基本承销额。 投标人可在 25 个标位内进行不连续投标，最高有效投标价位与最低有效投标价位之间所包含的价位点（根据标书规定的步长划分、按连续价位点计算）不超过 5 个标位（含最高、最低有效投标价位）。
	招标书要素	包括债券品种、数量、基本投标单位、利差步长及相应投标限额、债券期限、划款日等要素。
	招投标系统	本次招投标采用中国人民银行债券发行系统无场化进行。我行在北京统一发标，各承销商在系统规定的各自用户终端投标。

发行	发行公告	“发行公告”由我行在《金融时报》发布，内容包括发行总量、期限、招投标方式、票面利率、债券兑付方式等必要信息。
	发行时间安排	2012 年 4 月 20 日上午 10：00 发标，10：00—11：00 进行投标。中债登根据我行确认的中标书，为承销商办理我行债券的登记手续。
		2012 年 4 月 21 日发布发行公告，2012 年 4 月 21 日—2012 年 4 月 25 日为分销期，承销商组织分销。中债登为承销商和其他认购人办理分销手续。
		2012 年 4 月 25 日承销商将承销款划至我行指定的开户行账户。
		2012 年 4 月 26 日我行向中央结算公司提供本期债券的资金到账确认书。
		2012 年 4 月 26 日中央结算公司向我行提供债券认购人的托管名册。
分销	分销方式	承销商在债券分销期内将所承销的债券进行分销，所分销的债券可在中央结算公司办理债券一级托管。
	承揽费	债券承揽费为认购债券面值的 0.10%，无兑付手续费。
	分销对象	中资商业银行、农村信用社联社、保险公司以及中国人民银行许可的其他机构。
	分销条件	承销商按协议价格进行债券分销。

金融债券的招投标发行通过中国人民银行债券发行系统进行。在招标过程中发行人及相关各方不得透露投标情况，不得干预投标过程，中国人民银行对招标过程进行现场监督。发行人不得认购或变相认购自己发行的金融债券，应在中国人民银行核准金融债券发行之日起 60 个工作日内开始发行金融债券，并在规定期限内完成发行，未能在规定期限内完成发行的，原金融债券发行核准文件自动失效。发行人不得继续发行本期金融债券，仍需发行金融债券的，应依据《金融债券发行管理办法》另行申请。金融债券发行结束后 10 个工作日内，发行人应向中国人民银行书面报告金融债券发行情况。

中央国债登记结算有限责任公司为金融债券的登记、托管机构。金融债券发行结束后，发行人应及时向中央结算公司确认债权债务关系，由中央结算公司及时办理债券登记工作。金融债券付息或兑付日前（含当日），发行人应将相应资金划入债券持有人指定资金账户。

3. 商业性金融债券发行机制

商业性金融债券是 2004 年 6 月开始推出的。最先是商业银行的次级债券，这是商业银行为补充附属资本筹集资金而发行的一种长期债券。2005 年 5 月，又允许商业性金融机构发行普通金融债券，这些金融债券不规定特定用途，是商业性金融机构主动补充运营资金的一种工具。由于商业性金融债券是商业银行和非银行金融机构发行的，因此需要以这些机构自身的商业信用为基础，发行审核的主要内容不仅涉及发行的数量，同时也包括信用状况、偿债能力、经营状况以及一系列监管指标的实际情况。商业性金融债券的发行不仅需要取得人民银行的同意，还必须获得银监会、证监会、保监会等监管部门的前置性批准，表 9—8 中的例子为招商银行获准发行商业性金融债券的公告。

表 9—8　　招商银行股份有限公司关于发行金融债券获准的公告

本公司已收到中国银行业监督管理委员会和中国人民银行关于同意本公司发行金融债券的核准。根据《中国银监会关于招商银行发行金融债券的批复》（银监复［2011］557 号）和《中国人民银行准予行政许可决定书》（银市场许准予字［2012］第 2 号），本公司获准在全国银行间债券市场公开发行不超过 200 亿元人民币金融债券，所募集资金将全部用于发放小微企业贷款。

本公司将按照《全国银行间债券市场金融债券发行管理办法》等相关规定，做好本次债券发行管理及信息披露工作。本次金融债券发行结束后，将按照相关监管规定在全国银行间债券市场交易流通。

招商银行股份有限公司董事会

2012 年 1 月 17 日

商业性金融债券发行的法律依据除《金融债券发行管理办法》和《金融债券发行管理操作规程》外，目前还有人民银行与银监会在2004年颁布的《商业银行次级债券发行管理办法》和人民银行在2006年公布的《人民银行就商业银行发行混合资本债券的有关事宜公告》。商业性金融债券的发行应由具有债券评级能力的信用评级机构进行信用评级。金融债券发行后信用评级机构应每年对该金融债券进行跟踪信用评级。

以定向形式发行金融债券的，应优先选择协议承销方式。定向发行对象不超过两家，可不聘请主承销商，由发行人与认购机构签订协议安排发行。金融债券定向发行的，经认购人同意，可免于信用评级。定向发行的金融债券只能在认购人之间进行转让。

次级债券可在全国银行间债券市场公开发行或私募发行。次级债券私募发行时，发行人可以免于信用评级；私募发行的次级债券只能在认购人之间进行转让。次级定期债务经批准可比照私募发行的次级债券转让方式进行转让。混合资本债券可以公开发行，也可以定向发行。发行人发行混合资本债券应按照《全国银行间债券市场金融债券发行管理办法》有关规定披露其经营情况以及近三年按监管部门要求计算的资本充足率和其他债务本息偿付情况。

9.3.3 公司债一级市场

公司债券是公司依照法定程序发行的、约定在一定期限还本付息的有价证券，它反映发行债券的公司和债券投资者之间的债权债务关系。

公司发行公司债券，应当符合下列条件：(1)股份有限公司的净资产不低于人民币3 000万元，有限责任公司的净资产不低于人民币6 000万元；(2) 累计债券余额不超过公司净资产的40%；(3) 最近三年平均可分配利润足以支付公司债券一年的利息；(4) 筹集的资金投向符合国家产业政策；(5) 债券的利率不超过国务院限定的利率水平；(6) 国务院规定的其他条件。

公开发行公司债券筹集的资金，必须用于核准的用途，不得用于弥补亏损和非生产性支出。上市公司发行可转换为股票的公司债券，除应当符合第一款规定的条件外，还应当符合本法关于公开发行股票的条件，并报国务院证券监督管理机构核准。公司债券发行流程见表9—9。

表9—9　　公司债发行业务流程

	公司债发行业务流程
步骤一　确定融资意向阶段	1. 发行人形成融资意向并与券商进行初步接洽，形成合作框架 2. 券商就本次发行融资方式及具体发行方案出具可行性报告 3. 发行人最终确定发行方案
步骤二　发行准备阶段	1. 聘请主承销商、律师、会计师、评级机构等中介机构，签订承销协议 2. 中介机构进行尽职调查，并与发行人共同制作申报材料 3. 发行人召开董事会审议公司债券融资方案，公告董事会决议 4. 省发改委转报国家发改委
步骤三　国家发改委审核阶段	1. 主承销商向证监会预报文件申请材料，证监会发行部出具反馈意见 2. 发行人召开临时股东大会审议公司发行相关议案，并公告股东大会决议 3. 主承销商向证监会补充股东大会决议，对反馈意见进行答复 4. 证监会发行审核委员会审核发行材料，作出核准或不予核准的决定

续前表

	公司债发行业务流程
步骤四　发行上市阶段	1. 在指定报刊上刊登募集说明书及其摘要 2. 路演，确定公司债最终票面利率 3. 正式发行，发行人获得募集资金 4. 制作上市公告书，并在指定报刊刊登，债券上市交易

另外，对于作为公司债券特殊的类别——企业债券的发行，2008 年 1 月，国家发改委发布了《关于推进企业债券市场发展、简化发行核准程序有关事项的通知》，根据该项规定，公开发行企业债券应当符合下列条件：(1) 股份有限公司的净资产不低于人民币 3 000 万元，有限责任公司和其他类型企业的净资产不低于人民币 6 000 万元。(2) 累计债券余额不超过企业净资产（不包括少数股东权益）的 40%。(3) 最近三年平均可分配利润（净利润）足以支付企业债券一年的利息。(4) 筹集资金的投向符合国家产业政策和行业发展方向，所需相关手续齐全。用于固定资产投资项目的，应符合固定资产投资项目资本金制度的要求，原则上累计发行额不得超过该项目总投资的 60%。用于收购产权（股权）的，比照该比例执行。用于调整债务结构的，不受该比例限制，但企业应提供银行同意以债还贷的证明；用于补充营运资金的，不超过发债总额的 20%。(5) 债券的利率由企业根据市场情况确定，但不超过国务院限定的利率水平。(6) 已发行的企业债券或者其他债务未处于违约或者延迟支付本息的状态。(7) 最近三年没有重大违法违规行为。

目前，在审批和发行过程中，人民银行、证监会和交易所在发行定价和上市流通的审批中起到重要的监管作用，如表 9—10 所示。

表 9—10　　企业债券审批发行监管体系

部门	内容	阶段
国家发改委	发行额度及发行方案	核准发行
人民银行	发行方案（包括年限、利率等）	发行方案审批
证监会（有上市要求的债券） 机构监管部和发行监管部	审核承销团成员的承销资格/ 审核企业债券的上市申报材料	发行方案审批/ 上市阶段
证券交易所和银行间债券市场	信息披露及持续性义务	上市阶段

企业债券发行的简明流程如图 9—11 所示。

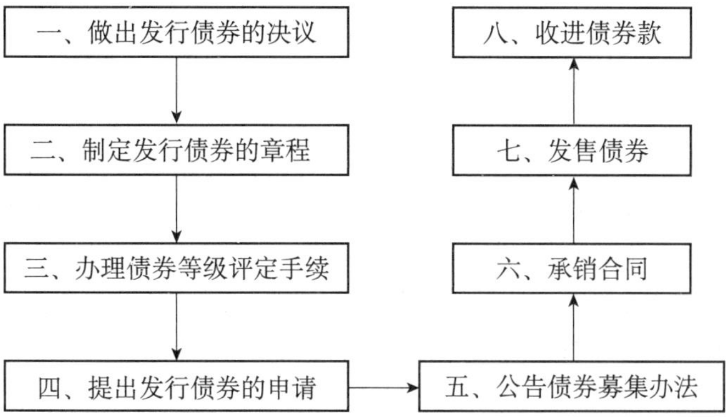

图 9—11　企业债券发行简明流程图

1. 做出发行债券的决议

股份有限公司、有限责任公司发行公司债券由董事会制定方案，股东会做出决议；国有独资公司发行公司债券，应由国家授权投资的机构或者国家授权的部门做出决定。

2. 制定发行债券的章程

债券发行章程应包括以下内容：发行企业的名称、地址及承销法人代表；发行企业的经营管理情况简介；发行企业的自有资产净值；发行债券的目的、用途；发行债券的效益预测；发行债券的总面额、票面额及发行价格；债券的票面利率、期限及还本付息的方式；债券发行的对象及地区范围；债券发行的起止日期；承销机构的名称、地址及承销方式；债券还本付息的资金来源及担保者；其他需要说明的事项等。

3. 办理债券等级评定手续

发行企业应向债券管理部门指定的资信评估机构申请办理债券等级评定手续。一般只有在资信评估机构出具的债券等级证明为A级以上时，才允许企业正式提出发行申请。企业债券评级的基本程序为：（1）发行企业提出评级申请；（2）评估机构评定债券等级；（3）评估机构跟踪检查。

4. 提出发行债券的申请

有项目和符合一定条件的企业将发行债券申请通过当地发改委向上一级发改委逐级申报，省发改委对所有符合条件的企业根据项目情况进行初选，并上报国家发改委。对认定比较好的企业要到实地落实担保情况和项目进展情况，再正式报批国家发改委，并当面进行汇报。未经批准，企业不得发行债券。

5. 公告债券募集办法

发行企业债券的申请经批准后，公开向社会发行债券时，企业应当向社会公告债券募集办法。根据我国法律的规定，企业债券募集办法中应当载明下列主要事项：（1）企业名称；（2）债券总额和债券的票面金额；（3）债券的利率；（4）还本付息的期限与方式；（5）债券发行的起止日期；（6）企业净资产额；（7）已发行而尚未到期的企业债券总额；（8）企业债券的承销机构等。

6. 承销合同

在间接发行方式下，当发行债券的申请被批准后，发行企业要与债券承销机构正式签订承销合同。在承销合同中应载明以下主要事项：当事人、双方的名称、地址及法人代表；承销债券的名称、总面额及发行价格；承销方式；债券发行及承销的起止日期；承销付款的日期及方式；承销商收取的费用额及支付日期与支付方式；未售出债券的处理方法；违约责任；其他需要约定的事项等。

7. 发售债券

承销机构按照合同规定，在发行期内向投资者发售债券。投资者直接向承销机构付款购买，承销机构代为收取债券款，交付债券。企业债券应在置备的企业债券存根簿中登记有关事项。对于记名企业债券，应在存根簿上载明以下事项：债券持有人的姓名或名称及地址；债券持有人取得债券的日期及债券编号；债券总额、债券的票面金额、债券的利率及还本付息的期限和方式；债券的发行日期等。对于无记名企业债券，应在存根簿上载明债券总额、利率、偿还期限和方式、发行日期、债券的编号等。

8. 收进债券款

到债券发售期截止日，扣除承销机构应得的手续费后，发行企业向承销机构收缴债券款项，债券发行即告结束。

9.4 债券二级市场交易机制

债券二级市场，又称流通市场，是转让、买卖已发行债券的市场。债券交易活动不增加社会投资额，流通市场的主要功能是为债券这一金融产品提供流动性。投资者在这里可以根据自己对债券行情的判断，随时买进或者卖出债券。债券二级市场又分为有组织的市场（证券交易所）和场外交易市场。前者是传统的证券交易市场，有严密的组织和管理规则；后者则没有正式的组织，也没有集中、固定的交易场所，交易活动在交易所外通过电话、电传等电信工具联成的交易网络完成，交易规则比较灵活，手续简单，属于一种无形市场（见场外交易）。美国和日本的场外交易比较发达，90%以上的债券买卖都在场外交易市场进行。

中国债券交易市场几乎囊括了国际上主要的债券交易机制，包括订单驱动机制、报价驱动机制和询价机制等，交易手段主要有电话、MSN、屏幕和电子平台等。目前银行间市场实行意向和确定报价、询价、确认成交的交易方式。凡成员确认的报价，由交易系统自动生成成交单，作为成交确认的有效凭证，并通过交易系统和结算系统生成结算合同，经双方确认后进入结算。交易方式主要以电话、MSN为主。近年来，通过银行间市场现有的四家货币经纪公司达成的交易比重不断提高。货币经纪公司集中了信息优势，本身不参与交易，只起到人工撮合成交的作用，交易达成后还是由交易双方按正常交易流程处理。交易所市场实行订单驱动机制、报价驱动机制、电子询价和成交申报机制等多种机制。

9.4.1 银行间债券市场

我国的银行间债券市场成立于1997年，设立于中国外汇交易中心，是一个建立在先进的电子化交易平台上的场外债券市场，实现了全国联网、无纸交易、统一报价，实时成交。

1. 银行间债券市场询价机制

银行间市场的交易机制比较复杂，以询价制为主，做市商制为辅。询价制指交易双方不通过中介，直接就交易价格、数量等交易要素进行一对一的自主谈判，逐笔成交。询价交易一般有三个步骤：报价、报价交谈和确认成交。报价是银行间债券市场交易机制的重要内容，对于任何形式的交易而言，报价都是交易的第一步，也是最为关键的一步；报价交谈就是指交易双方讨价还价（通过专用网络或电话）的过程；确认成交是指一方发送的报价，由对手方确认后成交，交易系统及时向双方反馈成交。所有交易过程均通过电子系统在网络上完成。根据报价方式的不同，银行间市场的询价交易方式可以分为两种：公开报价和对话报价。

公开报价是交易成员为表明交易意向而面向整个市场做出的报价。公开报价要素包括交易方向、债券代码、债券名称、净价、到期收益率、应计利息、全价、券面总额、净价金额、全价金额、清算速度、结算方式和清算账户等。报价方只是报出一个成交意向，没有一定成交的责任，最终是否成交和按什么条件成交，还要经过与交易对手的“讨价还价”(bargain)。公开报价可修改、可撤销，但不能直接成交，必须将其转为对话报价经双方交谈才能成交。交易流程如图 9—12 所示。

公开报价 → 对话报价 → 报价交谈 → 确认交易

图 9—12　公开报价的交易流程

对话报价是询价交易方式下特有的“讨价还价”过程，是指交易的发起方向市场特定成员所做的报价，是一对一的报价，而不是面向市场上所有交易成员。对话报价时所有交易要素必须全部填写，这与双边报价不同。报价在对方应答前可修改（但交易方向、交易券种、对手方不能修改）和撤销，对方应答后则不能再修改，只能终止。对话报价交谈最多只能进行八个轮次，超过八个轮次后该报价自动转为非活动报价。如果还想继续交易，则需要重新发起报价，再进入交谈过程。对话报价交易的交易流程比公开报价少了第一步，如图 9—13 所示。

对话报价 → 报价交谈 → 确认交易

图 9—13　对话报价的交易流程

银行间债券市场债券交易以询价方式进行，自主谈判，逐笔成交。即交易双方通过交易系统、电话、传真或电子邮件等媒介对交易要素进行谈判，达成一致后逐笔签订成交合同。

由于银行间债券市场交易主要是机构投资者间的大宗非连续性交易，所以债券交易现券买卖价格或回购利率由交易双方自行确定，与交易所大宗交易相同。但对于大宗交易的成交价格，交易所是根据当日已成交的最高和最低成交价格之间确定，银行间要通过询价方式进行，而且是逐笔成交，不像交易所可以进行连续交易。

询价机制适用于银行间债券交易，但这并不意味着它是十全十美的，我国当前实施的询价机制依然存在一些问题：在选择交易对手的过程中，容易受到人为、信息不对称等因素的影响，利率的形成随意性比较大，加上市场不活跃，导致利率市场化还远未形成。因此，询价方式及其信息披露制度有待完善。

2. 银行间债券市场做市商机制

做市商制度（market maker）是指在证券市场上具备一定实力和信誉度的证券经营法人，不断向交易者报出某些特定证券的买入价和卖出价，并在所报价位上接受公众买卖要求，保证及时成交。通过做市商的这种连续不断的买卖，以达到增强市场流动性和满足市场需求的目的。做市商制度对于活跃债券现券交易、提高货币政策传导的及时性和有效性将起到积极作用。

根据人民银行对双边报价业务的规定，双边报价商的权利有：(1) 承销便利；(2) 融券便利；(3) 融资便利；(4) 享有同业拆借中心的技术支持。双边报价商的义务包括：(1) 做市商在做市某一种债券时，必须事先向债券交易系统登记注册；(2) 做市商对做市的债券连续报出买卖报价，并保持一定的交易量；(3) 应及时满足央行公开市场货币政策操作的需要，保证央行交易优先成交（价格优先和时间优先）。

双边报价商制度的实行已经对银行间债券市场流动性的提高产生了积极的影响。在实行双边报价制度之前：(1) 中国债券市场流动性与发达国家相比较差；(2) 美国等发达国家债券市场的买卖利差随券种期限的增长，利差就越大，而我国没有这种现象；(3) 发达国家债券换手率高，买卖利差小，而我国债券交易报价价差较大。

实行双边报价之后，银行间市场的流动性有了一定程度的改善，但是改善的幅度不大，而且双边报价商对市场流动性改善的贡献度较小。产生这种状况的原因是：(1) 虽然人民银行对双边报价商的资格进行了规定，但是目前所批准的 9 家双边报价商现券交易量占市场的份额较小，难以承担起维持市场流动性的要求；(2) 虽然批准的 9 家机构都为商业银行，近期商业银行整体上处于资产结构调整期，债券资产比例呈上升趋势，并且在预期利率下降过程中持有债券的意愿趋同，导致双边报价偏离市场价格较远、价差较大，难以对市场价格起到稳定作用；(3) 虽然银行间市场参与者数量众多，但是各机构的债券持有比例极不均等，四大国有银行的总资产规模达 10 万亿元人民币，假定按总资产的 15% 投资债券，那么四大行的债券持有总量达 1.5 万亿元，而到 2001 年底我国债券市场的总存量为近 1.8 万亿元，所以四大行所占的比例为 5/6 左右，过于集中，基本上是寡头垄断；(4) 受商业银行内部激励机制制约，双边报价商参与二级市场交易的意愿不强，9 家双边报价商的市场份额存在下降的趋势。

3. 银行间债券市场小额报价机制

小额报价是规定了交易对手方范围和数量范围的、可点击成交的单边报价，但所占交易比例很小。进行小额报价必须先设置单笔成交金额上下限（小额报价名称由此而来），如果只想让部分参与者看到报价，则还要设置对手方范围。若不设对手方范围，所发报价可以被所有交易成员看到并点击成交。确认成交指令到达交易主机后，系统按照时间优先原则进行成交，此即单向撮合。小额报价发出后不能修改，但对未成交部分可以撤销。小额报价交易流程与双边报价相似，如图 9—14 所示。

图 9—14　小额报价交易流程

9.4.2　交易所债券市场

中国有组织的债券交易市场始于 1990 年 12 月 19 日上海证券交易所的正式开业。场内集中撮合竞价的交易方式方便高效，全国柜台交易价格逐步向上海证券交易所成交价靠拢，大部分国债现货交易逐步转入场内，上交所成为最主要的国债交易场所，其债券市场框架见图 9—15。

截至 2011 年底，上交所债券现券挂牌品种共 629 只，比 2010 年增加 146 只，其中国债 137 只，公司债（含企业债）383 只，可转债 13 只，分离型可转债 16 只；债券总成交 21 万亿元，比 2010 年增加 13.5 万亿元，其中国债现券成交 1 242 亿元，公司债现券成交 2 312 亿元，可转债现券成交 2 041 亿元，分离型可转债成交 496 亿元，债券回购成交 204 621 亿元。

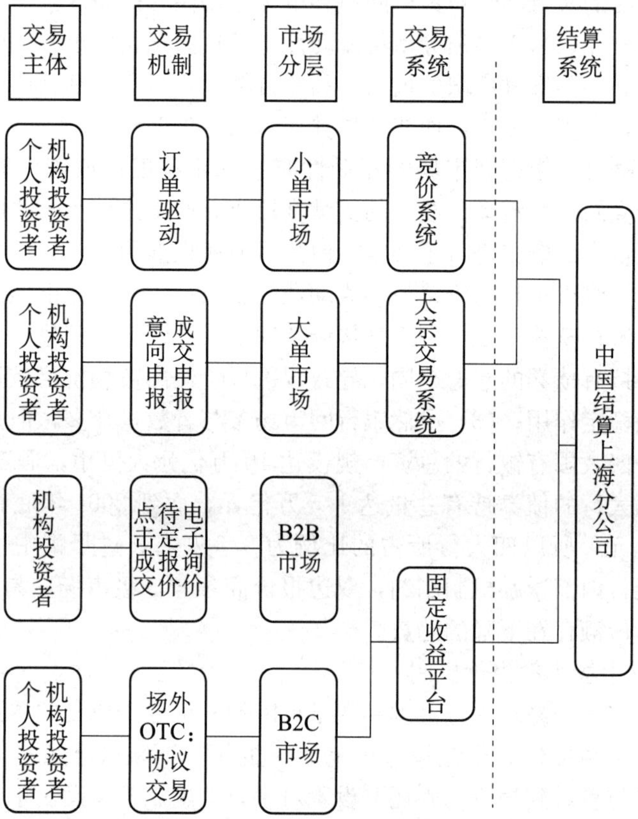

图 9—15　上海证券交易所债券市场框架

目前，交易所的债券交易系统可以分为竞价撮合系统、固定收益平台及大宗交易系统三部分。

1. 交易所债券市场竞价撮合机制

竞价系统是交易所最早也是最主要的交易系统，始于 1992 年，已为广大市场参与者熟悉与关注，其产生的开盘价已成为当日股票交易价格的“基准”。相关特点说明如下：

（1）单层市场结构。所有的投资者都可参与交易。交易所会员及交易所认可的机构获得相应席位或交易单元后可进入系统直接参与交易，其他投资者指定交易后可委托会员参与交易。

（2）市场参与者。所有的机构投资者和个人投资者都可参与交易。

（3）交易品种。现券交易和债券回购交易，现券交易包括国债、公司债、企业债、分离债、可转债和地方政府债（包括 A 股、B 股、基金、权证等）。

（4）交易时间。每个交易日的 9：15 至 9：25 为开盘集合竞价时间，9：30 至 11：30、13：00 至 15：00 为连续竞价时间。

（5）交易机制。包括集合竞价和连续竞价两种方式。集合竞价是指在规定时间内接受的买卖申报一次性集中撮合的竞价方式，连续竞价是指对买卖申报逐笔连续撮合的竞价方式。集合竞价期间未成交的买卖申报，自动进入连续竞价。

2. 交易所债券市场固定收益平台

固定收益平台是交易所于 2007 年 7 月正式上线的专门用于固定收益类产品交易的独立系统。固定收益平台具有适合债券交易的两层次市场结构和一级交易商做市机制，提高了债券交易的效率和市场流动性，为国债、企业债、资产证券化债券等固定收益产品提供高效、低成本的批发交易平台。相关特点说明如下：

（1）两层次市场结构，即 B2B 市场及 B2C 市场的协议交易。交易商可直接参加报价系统的集中交易；一级交易商可与其经纪业务客户进行固定收益证券的协议交易，并将结果申报至固定收益平台。

（2）市场参与者。固定收益平台的 B2B 市场的参与者包括证券公司、基金公司、持有债券专用席位的保险和财务公司等机构投资者，并区分一级交易商和普通交易商两类。普通交易商指经交易所核准，获得报价系统参与资格的证券公司、基金管理公司、财务公司、保险资产管理公司及其他机构。一级交易商是指经交易所核准，在固定收益平台持续提供双边报价及对询价提供成交报价（统称做市）的交易商。B2C 市场是平台一级交易商与其客户的市场。

（3）支持债券现券竞争性做市商制度。一级交易商承担维护固定收益平台债券流动性义务，在规定价差幅度内进行双边现券报价。与义务相对应，一级交易商具有费用减免、融资和融券的便利。一方面，交易系统适当放开一级交易商质押回购的融资额度，为其做市提供资金支持；另一方面，允许一级交易商在一定额度内先卖出债券，收市后再自动向他人融入债券，固定收益平台为其做市提供券源支持，即卖空机制。

（4）建立卖空机制，支持做市商提供市场流动性。目前，为解决一级交易商债券来源问题，固定收益平台设计了隔夜回购以实现一级交易商自动融券功能。隔夜回购是指一级交易商当日可在一定额度内先卖出债券，交易结束时，一级交易商可利用其卖出债券得到的资金按约定利率向其他市场参与人融入同品种债券，在下一交易日，债券自动返还出借人，不影响其交易。

（5）交易品种。固定收益平台的交易品种包括现券、回购等品种。首先推出现券品种，其次为标准回购、特定回购，再次为利率互换。目前平台交易的现券有国债、企业债、公司债、分离债和地方政府债，回购主要通过平台申报进入质押库，在竞价系统实现回购。

（6）做市券种。根据国债的剩余期限，每个关键期限品种（包括 1 年期、3 年期、7 年期和 10 年期）选择 1～2 只基准国债作为做市券种。企业债和资产证券化品种的承销商为该品种的一级交易商，进行双边报价（参考报价）维持市场流动性。

（7）交易时间。试点阶段，固定收益平台基准国债现券交易时间为 9：30—11：30、13：00—14：00。现货交易结束后，隔夜回购自动为一级交易商融券。试点成功后，即推出市场化的谈判式回购品种，隔夜回购交易时间为 9：30—11：30、13：00—15：00。

（8）交易机制。固定收益平台 B2B 市场提供两种主要交易模式：报价和询价交易。报价交易是交易商通过固定收益平台以匿名或显名方式，向全市场发出买卖报价，其他交易商接受报价的交易模式，包括确定报价和待定报价。具体而言，确定报价是可执行报价（实价），市场参与者点击确认后即可立即成交。确定报价模式的主要目的是增强债券市场价格的透明性，提高市场参与者信心，为标准规模的交易需求提供流动性支持。待定报价是意向性报价，市场参与者确认后还需要原报价方确认才能成交。询价交易是交易商（询价方）通过固定收益平台向多家其他交易商（被询价方）发出询价请求，被询价方提出报价，询价方接受报价确认成交的交易模式。B2C 市场为协议交易，即券商可以和自己的客户在场外进行交易，成交结果可以通过场外成交功能申报至固定收益平台。

3. 交易所债券市场大宗交易系统

大宗交易系统是竞价系统的衍生系统，于 2003 年 8 月正式上线。大宗交易系统有利于降低大宗交易商的交易成本，也有利于完善交易所交易机制。相关特点说明如下：

（1）单层市场结构。所有的投资者都可参与交易。交易所会员和合格投资者可直接通过 CA 证书登录系统参与交易，其他投资者可委托会员参与交易。

（2）市场参与者。大宗交易系统包括 300 多家会员和众多的合格投资者包括保险公司、信托投资公司、财务公司以及 QFII 等，其他投资者可委托会员参与交易。

（3）交易品种。分为现券交易和回购交易，能在竞价系统交易的产品原则上都可以在大宗交易系统交易。现券交易包括国债、公司债、企业债、分离债、可转债、地方政府债和资产支持证券，大宗交易系统有最低单笔买卖数量限制。

（4）交易时间。采用竞价系统交易结束后的 15：00—15：30 进行交易。

（5）交易机制。大宗交易系统支持协商交易的交易方式。买卖双方根据大宗交易系统上的意向报价信息可通过电话、传真或者网上洽谈室等协商达成一致后，分别通过各自委托的证券营业部向大宗交易系统进行成交申报，大宗交易系统确认后结束交易。

9.4.3 银行柜台债券市场

经过几年的论证和准备之后，管理部门在 2002 年试点开办了国债柜台交易。2002 年 4 月，中国人民银行和财政部颁布《商业银行柜台记账式国债交易管理办法》，2002 年 6 月 17 日，首只可在银行柜台交易的记账式国债上市交易。

1. 国债柜台交易市场的基本组织

商业银行柜台记账式国债交易是指商业银行通过其营业网点与投资人进行国债买卖，并办理托管与结算的行为。记账式国债柜台交易处于试点阶段，四家国有独资商业银行获准在部分地区开展这项业务。商业银行柜台记账式国债交易的后台支持系统是增加国债登记托管功能的商业银行现有的计算机业务处理系统。记账式国债柜台交易属于场外国债零售市场，采取二级托管形式，中央结算公司为一级托管人，商业银行为二级托管人，各级托管人分别对各自的托管账务负责。

承办柜台交易的商业银行均为银行间债券市场成员，它们的计算机系统均与中央结算公司联网，可以根据柜台市场国债的需求情况，及时通过银行间债券市场买进国债，再通过柜台卖给投资人。所以，国债柜台交易市场被认为是银行间债券市场的延伸。

2. 国债柜台交易报价

根据规定，商业银行买卖价差不能超过 1%，具体买卖价由可以开办柜台交易的商业银行在每个交易日挂牌给出。表 9—11 是以 020006 为例说明的柜台报价情况。

表 9—11　　020006 柜台买卖报价（2003 年 6 月 30 日）

报价银行	买入净价	卖出净价	应计利息	买入全价	卖出全价	剩余期限	到期收益率
工商银行	96.25	96.35	0.13	96.38	96.48	5 年 341 天	2.67%
中国银行	96.25	96.3	0.13	96.38	96.43	5 年 341 天	2.68%
农业银行	96.22	96.27	0.13	96.35	96.4	5 年 341 天	2.69%
建设银行	96.20	96.32	0.13	96.33	96.45	5 年 341 天	2.68%

目前国债柜台交易并不活跃。记账式国债柜台交易自开办以来，始终交易冷清，与当初预期相差甚远。其中的主要原因包括：一是国债柜台交易开办时间不长，投资者对其缺乏认识和了解；二是国债柜台交易的品种太少，投资者的选择余地太小；三是在商业银行柜台进行交易的国债收益率低，价格波动幅度小，对于投资者吸引力不大。

本章小结

本章首先介绍了债券市场，主要包括债券市场的概念、分类、总体结构、交易方式、参与主体等。对债券市场的总体结构做了详细的介绍，有助于读者总体把握债券市场的概况。其次对国内债券市场现有的交易方式包括现券交易、回购交易、债券借贷、债券远期等做了详细介绍。交易主体方面，交易所市场的主要参与者是中小机构和个体投资者；而银行间市场的主要参与者是商业银行和大型非银行金融机构。

其次主要介绍了目前国内债券市场的几种融资产品，包括政府债券、金融债券、公司债券和其他债券品种。对各种不同债券的定义、历史和目前的发展情况都做了详细的介绍。

接着主要介绍债券一级市场的发行机制。根据债券的品种划分，可以分为国债一级市场、金融债一级市场、公司债一级市场。对每种债券的发行流程和发行机制做了详细的介绍，有助于读者更好地把握债券一级市场的交易规则。

最后对债券二级市场的交易机制做了详细的介绍，主要包括银行间债券市场、交易所债券市场和银行间柜台债券市场的交易机制。同时对各市场中的主要交易系统做了介绍，例如交易所债券市场大宗交易系统等。

思考与练习

1. 债券市场与资本市场的关联是什么？
2. 国内外债券市场监管架构有哪些异同点？
3. 简述国内不同品种债券的一级市场发行与二级市场交易流程。
4. 不记名债券和记名债券之间有何区别？

推荐阅读材料、网站

1. http：//www. szse. cn
2. http：//www. sse. com. cn
3. http：//www. chinabond. com. cn/chinabond/index. jsp
4. http：//www. chinamoney. com. cn/databas/new/zaxiang/shouye/index. jsp
5. http：//bond. homeway. com. cn
6. http：//wenku. baidu. com/view/3755b7a1284ac850ad024296. html
7. http：//finance. sina. com. cn/money/lctz/20050630/15351745273. shtml
8. http：//finance. sina. com. cn/money/bond/20121130/030013847972. shtml
9. http：//www. financialnews. com. cn/yh/gd_89/201207/t20120714_11842. html

参考文献

1. 桑德斯，科尼特．金融市场与金融机构（第二版）．北京：人民邮电出版社，2006
2. 米什金，埃金斯．金融市场与金融机构（第五版）．北京：机械工业出版社，2008
3. 马杜拉．金融市场与机构（第八版）．北京：机械工业出版社，2010
4. 曹凤岐，贾春新．金融市场与金融机构．北京：北京大学出版社，2002
5. 法博齐，莫迪利亚尼．资本市场：机构与工具（第四版）．北京：中国人民大学出版社，2006
6. 法博齐．债券市场：分析与策略（第七版）．北京：中国人民大学出版社，2010
7. 杨农编．中国债券市场发展报告2011．北京：中国金融出版社，2012
8. 法博齐．固定收益证券手册（第六版）．北京：中国人民大学出版社，2005
9. 盛松成．我国利率市场化的重要步骤．金融时报，2012（7）
10. 赵洪军．证券监管体制的国际演变及对我国的启示．经济社会体制比较，2007（5）
11. 中央国债登记结算公司．债券投资基础．北京：中国金融出版社，2008
12. 中国证券业协会．证券发行与承销．北京：中国金融出版社，2012

第十章

资本市场（Ⅱ）——股票市场

学习要求：

1. 掌握股票市场的要素及载体
2. 熟悉首次公开发行与上市制度
3. 熟悉股权再融资制度
4. 熟悉股票交易的基本制度与流程

章前导读

在15世纪，意大利的航海家哥伦布发现了南美洲新大陆，随后葡萄牙的航海家麦哲伦又完成了第一次环球航行。这些地理上的大发现开通了东西方之间的航线，使海外贸易和殖民地掠夺成为暴富的捷径。而要组织远航贸易就必须具备两大条件，其一是组建船队需要巨额的资金；其二是因为远航经常会遭到海洋飓风和土著居民的袭击，要冒很大的风险。而在当时，没有一个投资者能拥有如此庞大的资金，而且也没有谁甘愿冒这么大的风险。为了筹集远航的资本和分摊经营风险，就出现了以股份集资的方法，即在每次出航之前，招募股金，航行结束后将资本退给出资人并将所获利润按股金的比例进行分配。这就是最早的股票。

因为在贸易航行中获取的利润十分丰厚，这类公司迅速膨胀，相应地，股票也得到发展。在1600年之前，股东若要转让其所持股票，就要在本公司内找到相应的人员来接受，或设法依公司章程规定将本公司以外的承购者变为公司的成员，股票的转让相当不便。直到17世纪初，为了促进包括股票流通在内的筹集资本活动的顺利开展，在里昂、安特卫普等地出现了证券交易场所。1608年，荷兰建立了世界上最早的一个证券交易所，即阿姆斯特丹证券交易所。从此，第一个真正的股票交易市场诞生了。

本章将在对股票市场的要素、载体及多层次股票市场的概念进行扼要介绍之后，分别从股票发行市场和交易市场两个层面展开论述。在股票发行市场层面，重点介绍股票发行的基本制度、股票市场首次公开发行与上市的基本制度、股权再融资制度以及股票发行价格的确定等。在股票交易市场层面，重点介绍股票交易的基本制度、交易流程、交易价格的形成机制以及股票市场的指数构成等。

10.1　股票市场概述

10.1.1　股票市场的要素

股票是股票市场的客体要素，是资产价值的承载者，是股票市场运作的核心构件。根据《中华人民共和国公司法》（2005 年 10 月 27 日修订）第一百二十六条的定义，股票是有价证券的主要形式之一，是股份有限公司签发的证明股东所持股份的凭证。与债券的持有者（债权人）不同，股票的持有者（股东）按其持有的股份比例大小，依法享有资产收益、参与重大决策和选择管理者等权利。另外，从存续期来看，股票与债券的另一个重要的区别是，发行股票的公司无需承诺在未来某时赎回股东所持的股份。按照股东享有的权益，股票可以分为普通股股票和优先股股票。二者的主要区别是前者有投票权而后者没有，但后者的收益分配优先于前者。我国目前尚无优先股股票，因此，本章介绍的股票即为普通股股票。股票的发行和交易分别在发行市场和流通市场进行。股票市场的构成要素可见图 10—1。

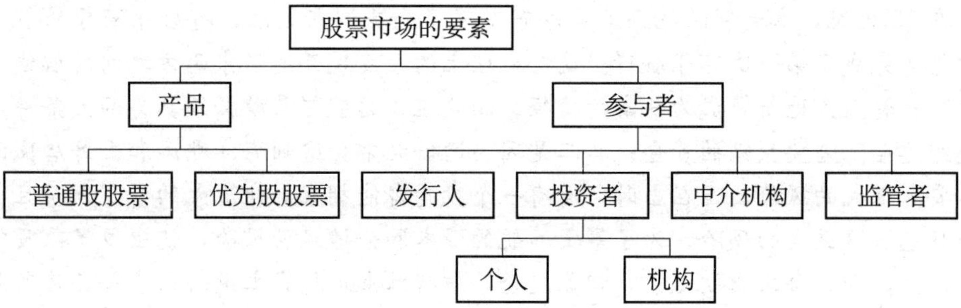

图 10—1　股票市场的构成要素

股票市场的主体要素即股票市场的参与者，其中包括股票的发行人（即上市公司）以及投资者、中介机构和市场监管者。投资者包括个人投资者和机构投资者两大类。个人投资者，顾名思义，即以个人身份而非法人身份参与市场的投资者。机构投资者包括基金公司、保险公司、信托机构以及其他的股份公司或有限责任公司等。股票市场的组织者主要是指交易市场的组织者，其在股票交易过程中负责提供交易设备和交易环境。我国股票市场的交易组织者是股票交易所。监管者在我国则是指中国证券监督管理委员会。

10.1.2 股票市场的载体

股票市场的载体应分为两个层次加以讨论。首先是第一层次，股票发行的载体，即股份有限公司根据需要筹资的额度和发行的股票数量，交由承销商进行承销，对投资者进行询价出售的过程。承载这一过程的是一个无形市场。股票发行市场的主要参与者包括证监会、股份有限公司、承销商和社会公众投资者。其中，股票是由股份有限公司发行的，故股份有限公司被称为发行人。在股票发行过程中，证监会主要发挥监督管理的职能，负责审核发行人的资格，承销商的承销过程是否合法。承销商负责将发行人的股票销售给社会公众投资者。这些投资者可以是机构投资者，也可以是个人投资者。作为股票发行的载体，发行市场的组织结构如图 10—2 所示。

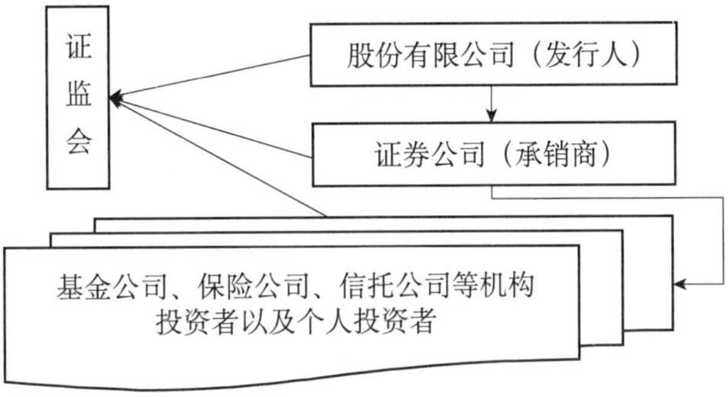

图 10—2 股票发行市场的组织结构

发行市场是拟上市或已上市的股份有限公司（发行人）通过证券公司（承销商）向社会公众（机构投资者或个人投资者）出售公司股票的市场。股票的发行通常没有固定的场所，因此，发行市场是一个无形的市场。发行人通过发行市场筹集资金，其发行的股票成为后续的交易标的（产品）。因此，股票的发行市场又称为一级市场、初级市场。

股票在一级市场发行后，就进入二级市场交易。二级市场是投资者转让、买卖股票的场所，故又称“流通市场”。二级市场包括场内市场（交易所市场）和场外市场（柜台交易市场或 OTC 市场）两部分。其之所以被称为二级市场是因为二级市场建立在发行市场的基础上。二级市场中的交易所市场是备受公众关注的市场。人们通常所说的股票交易市场通常指的是交易所市场。

与发行市场不同，二级市场的载体主要是有形的市场，即交易所市场，或场内市场。一级市场发行的股票在股票交易所挂牌，并进行集中交易。一般来讲，股票交易所是场内市场的中心机构，是由证券管理部门批准的，为股票的集中交易提供固定场所和有关设施，并制定各项规则以形成公正合理的价格和有条不紊秩序的正式组织。我国目前有两个交易所市场，即上海证券交易所和深圳证券交易所，分别简称为上交所和深交所，或统称为沪深交易所。证券交易所的组织形式可以分为公司制和会员制两种。公司制证券交易所是以营利为目的，由一些机构或个人投资入股建立的公司法人。会员制证券交易所是不以营利为目的，采取由会员自律管理、互相约束的协会形式的社会团体组织。我国的沪深交易所都是会员制交易所，其组织结构示意图如图 10—3 所示。

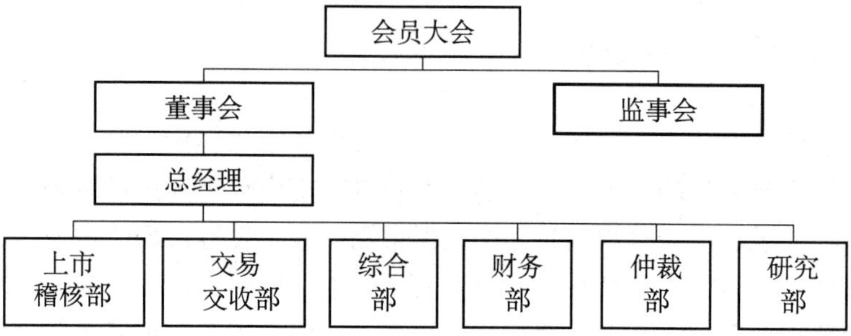

图 10—3　会员制交易所的组织结构示意图

我国沪深两市的交易所会员由具有经纪业务资格的证券公司（或称券商、经纪商）构成。普通投资者不能直接进入交易所进行交易，其交易要求（指令）必须通过交易所的会员证券公司进入证券交易所进行集中交易。

假设小王欲以每股 4.03 元的价格买入工商银行（601398）的股票 1 手。其中，手是交易所规定的最小交易单位，100 股为 1 手，即投资者买卖股票的数量必须是 100 股的整数倍。为此，小王需先选择某个券商和银行，分别开立股票交易账户和资金存管账户，并将不少于 4.03×100＝403 元的资金存入资金账户。在市场开始交易时，小王将其交易指令“以每股 4.03 元的价格买入工商银行（601398）的股票 1 手”提交给券商，并通过该券商提交到交易所进行集中交易。

我国沪深交易所市场的组织结构示意图如图 10—4 所示。

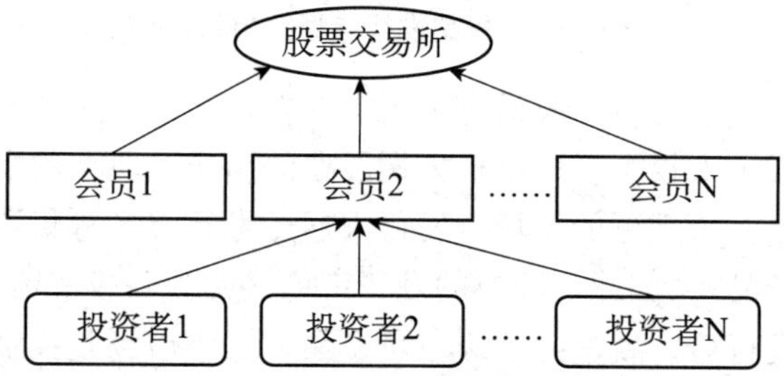

图 10—4　交易所市场的组织结构示意图

10.1.3　多层次股票市场

经过 20 余年的发展，我国交易所市场已初具规模。在市场结构方面，我国股票市场已从早期的主板市场，发展成现在的主板、中小企业板、创业板等多层次市场。

主板、中小企业板、创业板构成我国的 A 股市场。A 股的正式名称是人民币普通股票，由我国境内公司发行，供境内机构、组织或个人（不含台、港、澳投资者）以人民币认购和交易的普通股票。截至 2011 年底，我国 A 股上市公司已从早期的 100 多家发展至 2 000 余家。

图 10—5 给出了 2000—2011 年每年在沪深两市 A 股市场新增上市的公司数量和上市公司总数。从图中可以看出，2005 年新上市公司的数量最少，2010 年最多。统计数据显示，2005 年仅有 16 家新上市的公司，而 2010 年达到了 233 家。在此期间，上市公司总数也一直

保持着较好的上升趋势。截至 2011 年底，在我国 A 股市场交易的上市公司总数为 2 031 家。

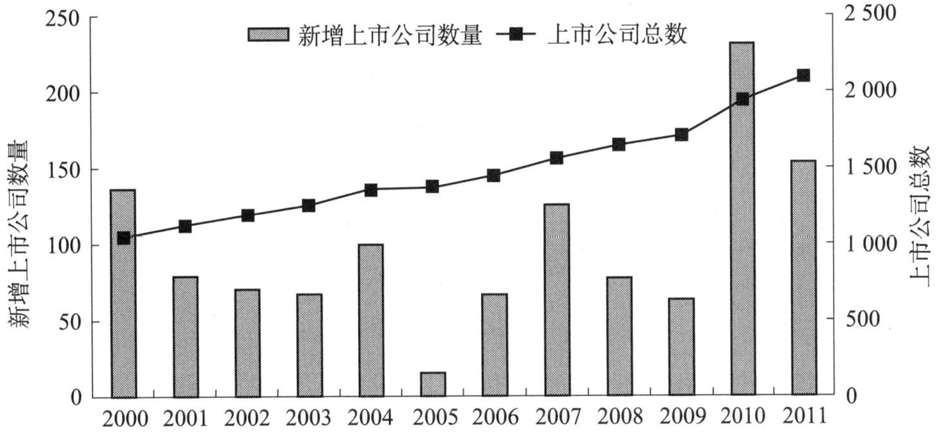

图 10—5　2000—2011 年每年在沪深两市 A 股市场新增上市公司数量和上市公司总数

资料来源：Wind 资讯。

在 A 股市场中，主板市场是规模最大、交易最活跃的市场，是各层次市场中最具代表性的市场。截至 2011 年底，在我国主板市场交易的股票共有 1 367 只，其中，上交所 913 只，深交所 454 只。主板市场也称为一板市场，上市企业大多较为成熟，具有较大的资本规模以及稳定的盈利能力。深交所的主板股票较少的一个重要原因在于，深交所从 2000 年起开始筹建创业板市场。主板市场对发行人的营业期限、股本大小、盈利水平、最低市值等方面的要求标准较高，有些企业的条件达不到主板市场的要求，为了扶持这些企业的发展，深交所几乎暂停了主板业务，全力发展创业板市场。

作为创业板市场发展的一个过渡，2004 年 5 月，国务院批准深交所设立中小企业板。中小企业板市场是极具中国特色的一个市场板块。在创业板还没有设立的背景下，其被设立的目的是服务中小企业，为中小企业的直接融资拓展渠道。但该板块的发行上市标准和运行的法律法规都和主板市场一样。由此可见，中小企业板并不能完全算是多层次股票市场中的一层，以上市标准来分，其更接近于主板市场，可以把它看作是深交所主板中特殊的组成部分。但从该板块中的上市公司规模、性质来看，其又有创业板的影子，因为该板块中的公司是主营业务突出、成长性好和科技含量高的中小企业。从这方面讲，中小企业板是创业板的一种过渡形式，是为创业板市场的建设创造条件。自 2004 年 6 月 2 日首只中小企业板股票“新合成（002001）”发行以来，目前已经有 646 只股票（截至 2011 年底）在中小企业板上市。

创业板市场是指专门协助高成长的创新型公司，特别是协助高科技公司筹资并进行资本运作的市场，是我国多层次资本市场的重要组成部分。与大型成熟上市公司的主板市场不同，创业板市场是一个前瞻性市场，注重公司的发展前景与增长潜力。其上市标准要低于成熟的主板市场，因此创业板市场是一个高风险的市场，有中国的“NASDAQ”之称。创业板市场从 2009 年 10 月“特锐德（300001）”上市交易以来，截至 2011 年底，在创业板上市的股票总数达到 281 只。

主板市场的股票既在上交所交易，也在深交所交易，但中小企业板和创业板的股票仅在深交所交易。因此，所谓的多层次股票市场主要是由深交所组织实施的。截至2011年底，在深交所交易的股票构成如图10—6所示。

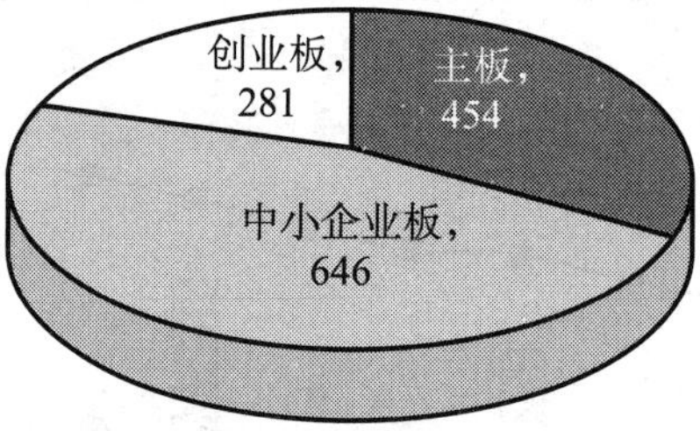

图10—6　深交所的股票构成

除了A股市场之外，我国还有一类特殊的B股市场。B股的正式名称是人民币特种股票，它是以人民币标明面值，以外币认购和买卖，在境内（上海、深圳）证券交易所上市交易的股票。即B股公司的注册地和上市地都在境内，但投资人仅限于外国的自然人、法人和其他组织，香港、澳门、台湾地区的自然人、法人和其他组织，定居在国外的中国公民等。目前有106家（截至2011年底）公司在我国B股市场挂牌交易。

☞专栏10—1

有趣的前缀

上市公司的股票代码是区分不同股票的唯一标识符。在我国主板市场上市的股票，根据所属的交易所不同，其代码的前缀为“6”或“0”，前者表示上海证券交易所的股票，后者表示深圳证券交易所的股票。除此之外，与主板市场不同，在中小企业板上市的股票，其代码起始的三位是“002”。在创业板上市的股票，其代码的前缀是“3”。中小企业板和创业板均在深圳交易所交易。B股的股票区别于A股股票，其股票代码前缀是“2”。

另外，在实务中，为了对不同地区市场的股票加以区分，人们常用该地区英文的首字母表示该类股票。例如，H股表示在香港上市的股票，前缀“H”取自香港的英文“Hong Kong”的首字母。另如，S股表示在新加坡上市交易的股票，前缀“S”取自新加坡的英文“Singapore”的首字母。再如，N股表示在美国纽约证券交易所交易的股票，前缀“N”取自纽约的英文“New York”的首字母。这里需要注意的是，在我国沪深两市新上市的股票中，在上市首日会在其名称前冠以“N”表示该股票是新上市的股票。这里的“N”取自英文“New”的首字母。其中，H股广受国内媒体关注。

在每年公司财务报告公布后，我国上海和深圳证券交易所将对那些盈利能力没有达到上市要求的已上市股票进行警示。例如，当上市公司的年度财务报告连续两年出现亏损时，沪深交易所将在其股票名称前冠以“ST”(Special Treatment，特别处理）的标识。人们将此类股票统称为ST股票。当公司经营连续三年亏损时，沪深交易所将在该股票名称前冠以“＊ST”的标识，以提示投资者该股票存在退市的可能性。若次年的财务报告显示公司扭亏为盈，交易所将摘掉其股票名称前的“ST”或“＊ST”。若公司年度财务报告显示有股利分配（包括现金分红或送股、转股），在除权或除息日，交易所将在其股票名称前冠以“XD”的标识。

特别地，作为历史遗留的制度性缺陷，股权分置在诸多方面制约着中国资本市场的规范发展和国有资产管理体制的根本性变革。这一问题随着新股发行上市不断积累，对资本市场改革开放和稳定发展的不利影响也日益突出。因此，2005 年我国正式启动股权分置改革。在此期间正在进行股权分置改革的股票，其名称前被冠以“G”的标识。

资料来源：根据沪深交易所官网资料整理。

10.2 股票发行市场

在我国股票市场发展之初，即 1999 年 7 月 1 日的《证券法》颁布（2001 年 4 月核准制正式实施）之前，我国的股票发行制度具有浓厚的计划经济色彩，带有严格的行政审批特征，称为行政审批制。例如，在发行额度方面，由证监会会同国家计委制定年度或跨年度全国股票发行总额度，然后把总额度按条块分配给各地方政府和中央部委。额度是以股票面值计算的，在溢价发行条件下，实际筹资额远大于额度。在价格限制方面，尽管也曾经尝试过竞价发行方式，但终因容易导致投机和引起大户操纵股价而取消。所以一直以来，我国基本上采用固定价格发行方式，固定价格模式普遍采用市盈率定价法，证监会最初规定发行市盈率的最高值为 15 倍，之后有较大放宽。

目前，我国股票的发行制度是核准制。核准制是指发行人在准备发行股票时，不仅要充分公开企业的真实情况，而且必须符合有关法律和证券管理机关规定的必备条件，证券管理机关有权否定不符合条件的股票发行的申请。在核准制下，证券管理机关不仅要进行注册制下所要求的形式审查，而且要对发行人的经营业绩、发展前景、发行数量和发行价格等条件实行实质审核，并由此作出发行人是否符合发行实质条件的判断，进而最终决定是否准予发行。我国股票发行与上市制度体系包括两个不同的框架，即境内发行与上市和境外发行与上市，具体可以用图 10—7 表示。

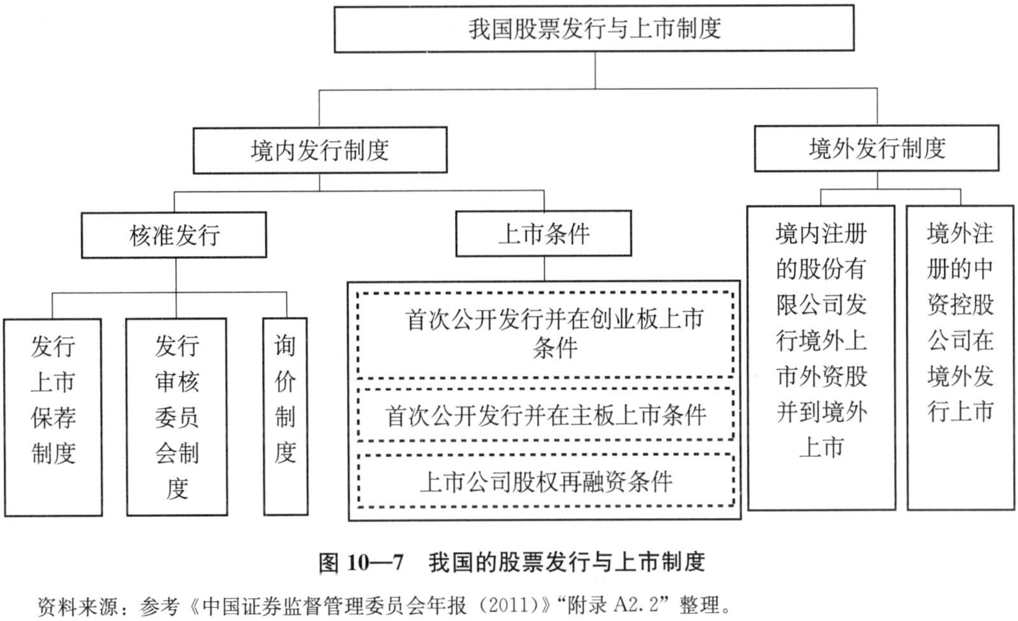

图 10—7 我国的股票发行与上市制度

资料来源：参考《中国证券监督管理委员会年报（2011）》“附录 A2.2”整理。

境内发行与上市是针对在境内注册的股份有限公司在境内股票市场发行上市行为而制定的一系列制度。该框架下发行与上市制度包括境内证券发行核准制度、发行上市保荐制度、发行审核委员会制度、询价制度、首次公开发行A股并在主板上市条件、首次公开发行股票并在创业板上市条件、上市公司再融资条件等。境外发行制度则是针对境内企业直接或者间接到境外发行证券或者将其证券在境外上市交易而制定的一些制度。上市公司再融资一般是指境内上市公司在境内证券市场进行再融资的行为。本小节分别对境内首次公开发行与上市制度和境内的股权再融资制度进行论述。

10.2.1　首次公开发行与上市制度

首次公开发行（initial public offerings，IPO）指公司首次在发行市场上发行股票。公司的扩张需要获得超过借款来源的更多资金，它会考虑IPO。由于参加IPO的公司不被投资者所熟知，拟发行公司必须公布有关经营和财务状况的详细信息。招股说明书会将相关信息提供给那些希望投资于IPO的潜在投资者。首次发行一般都是发行人在满足必须具备的条件并经证券主管部门审核批准或注册后，通过证券承销机构面向社会公众公开发行股票。通过初次发行，发行人不仅募集到了所需资金，而且可以完成股份有限公司的设立或改制。

如前所述，2001年4月以后，我国股票市场对首次公开发行正式实施核准制。此后，随着市场化改革的不断推进，我国的核准制内容也不断丰富，包括发行上市保荐制度、发行审核委员会制度、询价制度、首次公开发行A股并在主板上市制度、首次公开发行股票并在创业板上市制度等。

核准制的核心就是监管部门进行合规性审核，以信息披露为中心强化中介机构的责任，加大市场参与各方的行为约束，减少新股发行中的行政干预。2001年4月，在境内发行的股票实施核准制，即由公司提出发行申请，保荐机构根据市场需要向证监会推荐，证监会进行合规性初审后，提交发行审核委员会审核，最终经证监会核准后发行。

(1) 发行上市保荐制度。

证券发行上市保荐制是指由保荐机构及其保荐代表人负责发行人证券发行上市的推荐和辅导，经尽职调查核实公司发行文件资料的真实性、准确性和完整性，协助发行人建立严格的信息披露制度。2003年12月，中国证监会发布《证券发行上市保荐制度暂行办法》（证监会令第18号），标志着我国保荐制度的正式建立。两年后，《证券法》（2005年10月）的修订以法律形式正式确立了这一制度。2008年10月，中国证监会对保荐制度进行了进一步的充实和完善，并公布了修订后的《证券发行上市保荐业务管理办法》（简称《保荐办法》）（证监会令第58号）。2009年5月，根据创业板市场建设的安排，考虑到创业企业的特点及其对保荐业务的独特性要求，为更好地发挥保荐制度的作用，强化市场约束和风险控制，对《保荐办法》进行了适当修改（证监会令第63号），加强了保荐机构及其保荐代表人对创业板发行上市的责任修订后的《保荐办法》自2009年6月14日起施行。

保荐制度的核心是对企业发行上市提出了“双保”要求，即企业发行上市必须要由保荐机构进行保荐，并由具有保荐代表人资格的从业人员具体负责保荐工作，这样既明确了机构的责任，也将责任具体落实到了个人。

（2）发行审核委员会制度。

发行审核委员会（简称发审委）制度是证券发行核准制的重要组成部分。根据《证券法》、《中国证券监督管理委员会发行审核委员会办法》（简称《发审委办法》）（证监会令第31号），以及相关规定，发审委的主要职责包括：根据有关法律、行政法规和中国证监会的规定，审核股票发行申请是否符合相关条件；审核保荐机构、会计师事务所、律师事务所、资产评估机构等证券服务机构及相关人员为股票发行所出具的有关材料及意见书；审核中国证监会有关职能部门出具的初审报告；依法对股票发行申请提出审核意见。2009年5月，考虑到创业板的主要服务对象是自主创新型企业和其他成长型创业企业，在发行条件、信息披露、持续监管方面较主板存在差异，需要在同一发审委制度下，根据不同层次市场的特点设立单独的发审委，因此对《发审委办法》进行了修改（证监会令第62号）。

发审委会议程序分为普通程序和特别程序。发行人公开发行股票申请和可转换公司债券等中国证监会认可的其他公开发行证券申请，适用普通程序。普通程序应在发审委会议召开5日前通知参会委员，递送发行人相关材料，并在中国证监会网站上公布发行人名单、会议时间、发审委委员名单等每次参加普通程序审核的委员共7名，表决投票时同意票数达5票为通过，否则为未通过，中国证监会在网站上公布表决结果。上市公司非公开发行股票申请、公司债券发行申请和中国证监会规定的其他非公开发行证券申请适用特别程序，该程序应在发审委会议召开前通知参会委员，递送申请材料。每次参加发审委会议的委员为5名，表决投票时同意票数达到3票为通过，否则为未通过，中国证监会不公布发审委会议审核的发行人名单、会议时间、参会委员名单和表决结果。发审委制度通过不断提高透明度、强化发审委委员的专家功能、加大发审委委员的审核责任，使发审委审核在贯彻“三公”原则、把好准入关等方面发挥了积极作用。

（3）询价制度。

2005年1月，我国A股的IPO开始试行询价制度，初步建立了市场化的定价机制。2006年9月，中国证监会发布了《证券发行与承销管理办法》（证监会令第37号），从而进一步完善了IPO询价制度。2010年10月，中国证监会推出新股发行体制改革第二阶段改革措施，进一步健全新股发行体制、强化市场约束机制，并对《证券发行与承销管理办法》进行了修改（证监会令第69号）。修订后的《证券发行与承销管理办法》自2010年11月1日起施行。由此可见，我国的A股市场IPO定价方式正逐步实现从行政定价向市场化定价转变，推进询价制度改革。

询价制度是指发行人及其主承销商通过向专业机构投资者询价的方式确定股票发行价格。专业机构投资者包括符合条件的基金公司、证券公司、保险机构、财务公司、信托公司、合格的境外机构投资者（QFII）、主承销商自主推荐的具有较高定价能力和长期投资取向的机构投资者等。询价过程分为如下两个阶段：

①第一阶段：初步询价。

通过初步询价，确定发行价格区间。专业机构投资者在专门的电子报价平台向主承销商提交对本次发行股票的估值意见，发行人及其主承销商在此基础上确定发行价格区间并对外公布。

②第二阶段：累计投标询价。

通过专业机构投资者累计投标确定发行价格。在公布的发行价格区间和发行规模内，专业机构投资者根据自己的意愿申报申购价格及对应的股份数量，并向主承销商预先缴付申购资金，发行人及其主承销商根据簿记情况结合其他因素确定最终的发行价格。申购价格在发行价以上的报单按照发行价格以既定的股份分配原则获得配售，余款退还。首次发行的股票在中小企业板、创业板上市的，发行人及其主承销商可以根据初步询价结果确定发行价格，不再进行累计投标询价。

（4）发行上市条件。

对于首次公开发行而言，针对其上市的市场板块不同，上市制度也有所差异。我国的股票市场具有多层次特征，在主板上市的制度性条件要高于创业板市场。

对于首次公开发行A股并在主板上市的情形，2005年10月修订的《证券法》第13条在法律层面原则规定了在境内公开发行新股需要具备的基本条件，2006年5月中国证监会发布的《首次公开发行股票并上市管理办法》及其后发布的配套规则，对首次公开发行A股的条件、发行程序及信息披露要求进行了规范。首次公开发行股票需符合5个方面的条件，即主体资格、独立性、规范运营、财务会计方面的条件以及募集资金的运用等。

对于首次公开发行股票并在创业板上市的情形，证监会于2009年3月发布了《首次公开发行股票并在创业板上市管理暂行办法》。创业板作为多层次资本市场体系的重要组成部分，旨在促进自主创新企业的发展。因此，就股票发行条件而言，创业板与主板相比，在财务条件方面存在较大的区别（见表10—1）。

表10—1　我国IPO主板上市与创业板上市的财务条件比较

IPO在主板上市的财务会计条件	IPO在创业板上市的财务会计条件
（1）最近3个会计年度净利润均为正数且累计超过人民币3 000万元，净利润以扣除非经常性损益前后较低者为计算依据。 （2）最近3个会计年度经营活动产生的现金流量净额累计超过人民币5 000万元，或者最近3个会计年度营业收入累计超过人民币3亿元。 （3）发行前股本总额不少于人民币3 000万元。 （4）最近一期末无形资产（扣除土地使用权、水面养殖权和采矿权等后）占净资产的比例不高于20%。 （5）最近一期末不存在未弥补亏损。 （6）发行人依法纳税，经营成果对税收优惠不存在严重依赖。 （7）发行人不存在重大偿债风险，不存在影响持续经营的担保、诉讼以及仲裁等重大或有事项。	（1）最近2年连续盈利，最近2年净利润累计不少于1 000万元，且持续增长，或者最近1年盈利，且净利润不少于500万元，最近1年营业收入不少于5 000万元，最近两年营业收入增长率均不低于30%。净利润以扣除非经常性损益前后孰低者为计算依据。 （2）最近一期末净资产不少于2 000万元，且不存在未弥补亏损。 （3）发行后股本总额不少于3 000万元。 （4）发行人依法纳税，经营成果对税收优惠不存在严重依赖。 （5）发行人不存在重大偿债风险，不存在影响持续经营的担保、诉讼以及仲裁等重大或有事项。

资料来源：《中国证券监督管理委员会年报（2011）》。

☞专栏 10—2

核准制实施以来我国 A 股市场首次公开发行速览

2001 年 4 月以后，我国股票市场对首次公开发行正式实施核准制。表 10—2 给出了 2001—2011 年底在我国主板市场 IPO 的公司家数、发行量和募集资金总额。

表 10—2　　我国主板市场 IPO 的概况，2001—2011 年

年份	IPO 家数	发行量（亿股）	募集资金总额（亿元）
2001	79	84.0	604.1
2002	71	117.3	505.6
2003	67	89.3	472.4
2004	100	42.6	270.0
2005	15	9.6	28.5
2006	66	356.9	1 191.0
2007	126	397.7	4 432.0
2008	77	95.3	774.0
2009	63	217.2	1 251.2
2010	232	480.6	2 149.4
2011	154	98.9	1 047.4
总计	1 050	1 989.4	12 725.6

从表 10—2 可以看出，2001—2011 年底共新增 1 050 家上市公司，发行新股 1 989.4 亿股，募得资金 12 725.6 亿元。其中，2010 年在主板市场 IPO 家数最多，达到了 232 家，募得资金 2 149.4 亿元，其次是 2011 年，新增上市公司 154 家，但发行量和募得资金均相对较少。募得资金最高的是 2007 年，虽然 IPO 的公司为 126 家，不是最多，但募得资金 4 432 亿元。这是因为 2007 年中国 A 股市场经过两年多的上涨后，在这一年达到了历史最高点。

作为创业板的一个过渡板块，中小企业板于 2004 年 6 月正式启动。表 10—3 给出了我国中小企业板市场的 IPO 情况（截至 2011 年底）。

表 10—3　　我国中小企业板市场 IPO 概况，2004—2011 年

年份	IPO 家数	发行量（亿股）	募集资金总额（亿元）
2004	38	9.5	91.1
2005	12	4.3	29.1
2006	52	21.0	161.5
2007	100	36.5	390.9
2008	71	25.8	300.8
2009	54	19.1	423.6
2010	204	77.8	2 027.7
2011	115	40.0	1 019.0
总计	646	234	4 443.7

从表 10—3 可以看出，截至 2011 年底，我国中小企业板市场共有 646 家上市公司，发

行量为 234 亿股，共募得资金 4 443.7 亿元。与主板市场类似，纵向来看，中小企业板 IPO 数量最多的也是在 2010 年，达到了 204 家。不同的是，募得资金最多的也是在 2010 年，达到了 2 027.7 亿元。

有中国 NASDAP 之称的创业板于 2009 年正式启动。表 10—4 给出了我国创业板市场的 IPO 情况（截至 2011 年底）。

表 10—4　　我国创业板市场 IPO 概况，2009—2011 年

年份	IPO 家数	发行量（亿股）	募集资金总额（亿元）
2009	36	8.1	204.1
2010	117	27.3	963.3
2011	128	29.2	791.5
总计	281	64.6	1 958.9

从表 10—4 可以看出，2011 年在创业板 IPO 的公司最多，达到了 128 家，募得资金 791.5 亿元。2010 年 IPO 的公司数量次之，但募得资金最多，达到了 963.3 亿元。至此，我国的多层次资本市场基本形成。

资料来源：根据锐思数据库提供的数据整理。

10.2.2　股权再融资制度

股权再融资是已经发行上市的公司通过再次发行新股进行融资的行为。相对于首次公开发行和其他融资方式来讲，股权再融资的融资成本相对较低。股权再融资的手段包括配股和增发。配股指的是向现有的股东配售股份，它赋予企业现有股东对新发股票的优先取舍权。这种方式可以保护现有股东合法的优先购买权。配股的一大特点就是新股的价格是按照发行公告发布时的股票市价作一定的折价处理来确定的。

增发又称增资发行，是已有股票发行在外的公司再次发行新股的活动。因为公司已有股票在市场中流通，证券公司可以通过其市价来预测增发股票的价格。如果发行公司在市场发行的股票超过投资者的购买需求，会导致其全部股票的均衡价格下跌。增发根据其对象是否特定还可以划分为，公开增发和定向增发。公开增发指公司面向原有股东和社会公众增加发行新股。上市公司采用非公开方式向特定对象发行股票，则称为定向增发，又称非公开发行。

下面结合我国的实际制度安排，就这三种股权再融资制度进行比较分析。

（1）发行对象。

定向增发的发行对象为特定的对象，包括原有股东、个人投资者和机构投资者。根据《上市公司证券发行管理办法》的相关规定，发行对象不超过 10 名，发行对象为境外战略投资者的，应当经国务院相关部门事先批准。公开增发发行对象包括原有股东、社会公众投资者和机构投资者。其中，机构投资者包括证券投资基金管理公司、证券公司、信托投资公司、财务公司、保险机构投资者以及合格境外机构投资者等。配股发行对象与增发发行对象相同。如果增发的股份全部向原有股东优先配售便是配股。

（2）再融资条件。

股权再融资的融资条件，在《上市公司证券发行管理办法》中主要包括盈利能力、历史分红派送、偿债能力和融资规模四个方面的约束，每个方面对不同股权再融资方式有不同的约束与限制。在盈利能力方面有相同的要求，即最近三个会计年度连续盈利；扣除非经常性损益后的净利润与扣除前的净利润相比，以低者作为计算依据；最近24个月内曾公开发行证券的，不存在发行当年营业利润比上年下降50%以上的情形。公开增发还应符合：最近三个会计年度加权平均净资产收益率平均不低于百分之六；扣除非经常性损益后的净利润与扣除前的净利润相比，以低者作为加权平均净资产收益率的计算依据。若要求发行可转债，则《上市公司证券发行管理办法》要求：最近三个会计年度加权平均净资产收益率平均不低于百分之六；扣除非经常性损益后的净利润与扣除前的净利润相比，以低者作为加权平均净资产收益率的计算依据。历史分红派送方面要求最近3年以现金或股票方式累计分配的利润不少于最近3年实现的年均分配利润的20%。偿债能力仅有发行可转债做了相关约束：本次发行后累计公司债券余额不超过最近一期末净资产额的40%；最近三个会计年度实现的年均可分配利润不少于公司债券一年的利息。发行分离交易的可转债要求：公司最近一期末经审计的净资产不低于人民币15亿元；最近三个会计年度实现的年均可分配利润不少于公司债券一年的利息；最近三个会计年度经营活动产生的现金流量净额平均不少于公司债券一年的利息，最近三个会计年度加权平均净资产收益率平均不低于6%除外。

（3）锁定期限。

三种再融资方式中只有定向增发有具体的规定。《上市公司证券发行管理办法》规定：定向增发所发行的股份自发行结束之日起，12个月内不得转让；控股股东、实际控制人及其控制的企业认购的股份，36个月内不得转让。在《上市公司证券发行管理办法》实施几个月后，监管部门又将12个月的锁定期限延长至36个月。这有利于上市公司大股东重视企业中长期发展，从而增强上市公司的中长期投资价值。

（4）发行定价。

《上市公司证券发行管理办法》对定向增发、增发和配股三种方式规定了具体的发行定价要求。其中，定向增发的发行价格不低于定价基准日前二十个交易日公司股票均价的90%；增发价格应该不低于公告招股意向说明书前二十个交易日公司股票均价或前一个交易日的均价。但定向增发价格的定价规定中关于定价基准日的要求不像增发、配股那样明显，而是模糊界定为定价基准日。这给了定向增发上市公司较多的选择机会，以便上市公司定向增发时可选择最有利的时机进行发行，进而获得最有利的发行价格。

可见，定向增发相比股权再融资的其他方式在发行对象、融资条件、锁定期限及发行定价等方面有不可替代的优势与特点。综合起来主要有以下几个方面：

①发行对象方面。

定向增发的发行对象仅包括不超过10名的特定对象，一般有上市公司原大股东、战略投资者或机构投资者等。相比其他股权再融资方式，直接将广大的中小投资者排除在外。

②融资条件方面。

定向增发相比其他股权再融资方式在盈利能力要求、融资规模限制等方面具有特殊的优势。比如定向增发相比其他股权再融资方式具有容易成行、程序简单、操作方便、费用低等诸多优点，这也是定向增发受市场青睐、具有独特优势的重要原因。

③锁定期限方面。

定向增发相比其他股权再融资方式在锁定期限方面具有特殊的规定。即发行的股份自发行结束之日起，12 个月内不得转让；控股股东、实际控制人及其控制的企业认购的股份，36 个月内不得转让。这一规定不会增加市场即期扩容压力，更重要的是可以使市场产生一个良好的预期，即上市公司定向增发后不会在短期内抛售股票，造成市场恐慌，而会重点关注企业价值的成长性，采用积极有效的经营方式和理念促使上市公司在锁定期限内积极发展，提升公司质量。

④发行定价方面。

定向增发相比其他股权再融资方式在发行定价方面的规定相对模糊。公开增发与配股分别规定发行定价的基准日为招股说明书公布与募集说明书公告之日，而定向增发仅模糊地界定为定价基准日，并未详细说明定价基准日的类型。这一模糊的市场定价原则给予上市公司定向增发发行对象巨大的空间，进而选择有利于自身的定价基准日，以较低的代价获取更多的股份。

☞专栏 10—3

允许公开增发以来的股权再融资速览

1998 年以前，配股是我国上市公司进行股权再融资的主要方式。1998 年在我国首次出现公开增发。2006 年以前的《证券法》不允许 A 股定向增发。股权分置改革后，证监会颁布《上市公司证券发行管理办法》(2006 年 5 月)，允许上市公司向特定对象非公开发行股票。上市公司开始大量使用定向增发。1998—2011 年，我国上市公司采用三种再融资方式共进行 1 612 次股权再融资。详细情况参见表 10—5。

表 10—5　　上市公司再融资家数及融资金额，1998—2011 年

年份	配股		公开增发		定向增发	
	融资家数	融资额（亿元）	融资家数	融资额（亿元）	融资家数	融资额（亿元）
1998	144	354.30	7	30.46	0	0.00
1999	116	273.46	4	50.53	2	9.22
2000	174	558.89	27	258.28	0	0.00
2001	79	299.66	15	132.90	1	2.14
2002	19	49.78	30	191.04	1	1.91
2003	24	62.50	14	87.73	0	0.00
2004	23	104.29	12	161.46	0	0.00
2005	0	0.00	3	266.69	0	0.00
2006	3	11.52	6	102.30	51	938.38
2007	7	232.55	30	675.03	147	2 670.94
2008	8	139.50	28	518.23	107	1 653.64
2009	10	105.97	14	261.69	118	2 728.24
2010	21	1 508.75	10	377.14	158	3 133.16
2011	12	351.43	10	288.79	177	3 588.45
总计	640	4 052.60	210	3 402.27	762	14 726.08

2012 年的前 6 个月有 54 家公司进行定向增发融资，融资金额 1 213.73 亿元，而公开增发融资公司只有 4 家，融资金额 104.73 亿元；4 家公司采用配股方式进行再融资，募集资金

101.31 亿元。从图 10—8 和图 10—9 中可以更为直观地看出上市公司的融资途径。

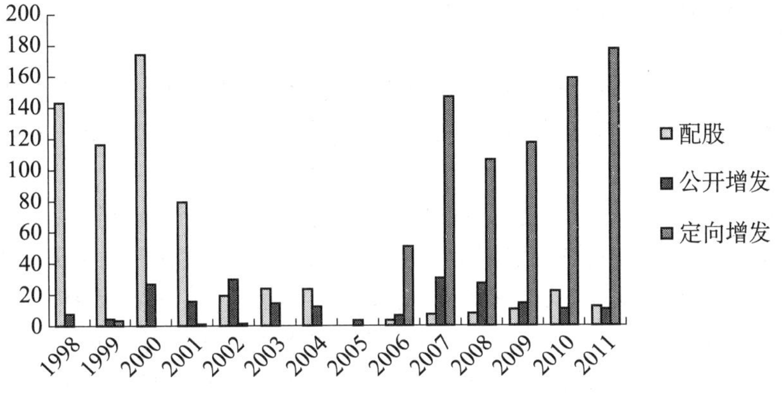

图 10—8　三种股权再融资方式融资家数比较，1998—2011 年

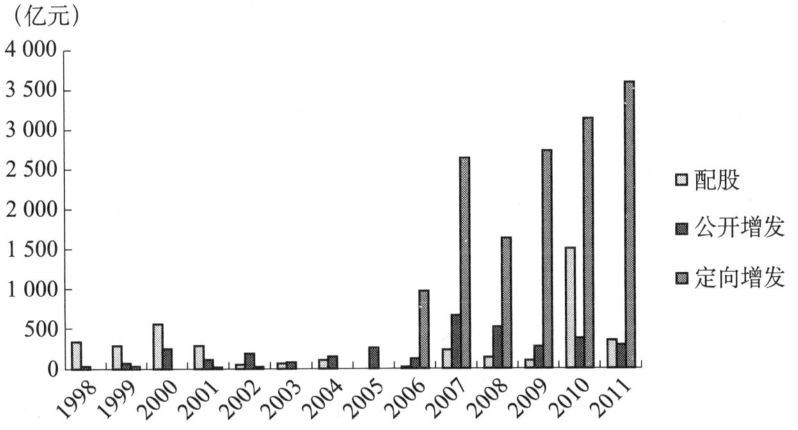

图 10—9　三种股权再融资方式融资金额比较，1998—2011 年

从表 10—5、图 10—8 和图 10—9 可以看出，1998—2011 年，共有 640 家公司进行配股再融资，210 家公司进行公开增发再融资，762 家公司进行定向增发再融资，融资金额分别为 4 052.6 亿元、3 402.27 亿元、14 726.08 亿元。其中，640 家配股再融资的公司中，有 513 家都是在 1998—2001 年这四年中进行的，占整个样本期间公司数量的 80.2%，2002 年以后进行配股的公司数量大幅下降。其中，2005 年没有上市公司配股融资，配股融资总金额为 4 052.6 亿元，1998—2001 年的四年中配股融资额达到 1 486.31 亿元，占比 36.7%，而单 2010 年这一年，配股融资额就为 1 508.75 亿元，占比 37.2%。关于公开增发，从三种股权再融资方式的比较来看，这种方式无论从融资公司家数还是融资金额来看，都是最少的。从数量看，2002 年、2007 年和 2008 年采用公开增发的上市公司相对较多，分别有 30 家、30 家和 28 家，与配股和定向增发公司动辄上百家相比显得逊色不少。样本期内的总融资额 3 402.27 亿元，分布比较分散。2006 年 5 月新颁布的《上市公司证券发行管理办法》允许上市公司定向增发新股。于是，定向增发在 2006 年以后异军突起，突飞猛进，融资总额过万亿元，从图中的对比也可以看出定向增发的融资金额是较大的。这也恰好反映了股权分置改革以后股权再融资方式的新变化。

资料来源：根据 Wind 资讯整理。

10.2.3 股票发行价格的确定方法

股票的发行价格是对企业权益进入股票市场之前价值的判断，不仅在整体上会影响到证券市场的运行效率和资源配置功能的发挥，更重要的是将会直接影响到发行企业今后的发展，关系到发行人、投资者和投资银行的利益。

可以认为，股票首次公开发行定价是发行人、投资者、承销商和监管者之间博弈的结果。在发行过程中，发行价格被确定以后就不能变动，如果股票首次公开发行价格偏低，发行人通过发售股票筹集的资金就不能与其资产价值相匹配，这将直接损害发行人的利益，对投资银行而言则会影响其声誉；而如果股票首次公开发行价格偏高，则会出现部分新股不能如期发售，在极端情况下甚至会导致发行失败，因此，确定合适的发行价格一直是投资银行最重要的任务，偏低或偏高的价格均不合适。

理论上，按照股票面额与发行价格之间的关系，股票的发行价格一般有平价发行、溢价发行和折价发行三种。

（1）平价发行。

平价发行就是发行价格和股票面额一致。由于股票上市后的交易价格通常要高于面额，因此绝大多数投资者都乐于认购。平价发行方式较为简单易行，但其主要缺陷是发行人筹集资金量较少，多在证券市场不发达的国家和地区采用。我国最初发行股票时，就曾采用过平价发行方式，如1987年深圳发展银行发行股票时，每股面额为20元，发行价也为每股20元，即为平价发行。有些国家如日本的公司法规定，股票发行价格不得低于其票面价值。在这种情况下，票面价值便成了发行价格的最低限价。

（2）溢价发行。

溢价发行是指发行人按高于面额的价格发行股票，因此可使公司用较少的股份筹集到较多的资金，同时还可降低筹资成本。根据《证券法》第28条规定，股票发行采取溢价发行的，其发行价格由发行人与承销的证券公司协商确定，报国务院证券监督管理机构核准。

（3）折价发行。

折价发行是指以低于面额的价格出售新股，即按面额打一定折扣后发行股票，折扣的大小主要取决于发行公司的业绩和承销商的能力。在我国，《公司法》第131条明确规定，股票发行价格可以按票面金额，也可以超过票面金额，但不得低于票面金额。因而我国没有折价发行的现象。

股票理论价格可以用两种方法确定，包括现金流贴现法和相对估价法。现金流贴现法的基本思想源于投资者购买股票的动机在于股票在存续期内能为其持有者带来一系列的现金收入，所以股票的内在价值从理论上看应该是这一系列现金收入的现值之和。相对估价法也被称为横向类比法，该方法是以公司的盈利为基础，采取与相同或相类似企业进行价值比较的办法来确定公司的价值。经济理论和常识都认同的一个基本原则是，类似的公司或资产应该有类似的价格。该方法对公司价值的评估是通过参考可比公司的价值与某一变量，如收益、现金流、账面价值或收入等指标计算得到的。该方法假设行业中其他公司与被估价公司具有可比性，并且市场对这些公司的定价是正确的。

（1）现金流贴现法。

现金流贴现法最早是由格雷厄姆和多德在1934年出版的《证券分析》一书中提出的，是股票价值评估的经典方法。现金流贴现法考虑两个核心变量，一是公司权益部分在未来可以要求的现金流，二是贴现率。根据权益部分要求的现金流不同可以将现金流贴现法区分为股利贴现模型、公司自由现金流贴现模型和股权资本自由现金流贴现模型。

（2）相对估价法。

相对估价法按选择比率的不同可以分为市盈率估价法（即市盈率，PE）、净资产倍率（PBV）估价法、市销率（PS）估价法，其中最常用的方法就是市盈率估价法。此外，在实际分析中还有其他一些比率，如价格/现金流比率、价格/现金股利比率和市场价值/重置价值比率（又称托宾q值）等。

在这些方法中，至少有两种方法可以帮助在估价中正确确定所选用比率的数值。一种方法是把所选用的比率同被估价公司的基本信息联系起来，如收益和现金流的增长率、支付的股利在总收益中所占比率和风险程度等。该方法的主要优点是清晰地表明了所选用的比率和公司信息之间的关系，其确定比率的数值与使用现金流贴现法是等价的。

另一种确定比率数值的方法是利用可比公司，考察可比公司或资产，该方法的核心是“可比”的定义：因为可比公司或资产是一个主观概念，若运用不当容易将市场对可比公司或资产定价的错误（高估或低估）引入估价之中。

选择可比公司时主要从经营方面和财务方面寻找类似的公司。在经营方面主要注意行业、产品、市场份额、经营的周期性、经营策略等；在财务方面则主要关注资产规模、销售收入、营业利润、净利润、负债率、股权结构、股利政策以及销售收入和净利润的增长率等。可比公司应该是同行业或同一业务的公司，最好是同一市场的公司，股本规模和有关指标的增长率大体相当。

从上面的论述可以看出，相对估价法的原理包括如下三个基本步骤：

①选取可比公司。

可比公司的选取实际上是比较困难的事情，或者换句话说是件不容易做得很好的事情。从理论上讲，可比公司与标的公司应该越相近或相似越好，无论多么精益求精基本上都不过分。在实践中，一般应选取在行业、主营业务或主导产品、资本结构、企业规模、市场环境以及风险度等方面相同或相近的公司。

②确定比较基准。

理论上，应该与找出所选取样本可比公司股票价格最密切相关的因素，即对样本公司股价最具解释力的因素，这些因素通常是样本公司的基本财务指标。实践中，常用的有每股收益（市盈率倍数法）、每股净资产（净资产倍数法）、每股销售收入（每股销售收入倍数法，或称市收率倍数法）等。

③计算与调整。

根据可比公司样本得出基数（如市盈率、净资产倍数、市收率）后，再根据标的公司的具体情况进行适当的调整。

10.3 股票交易市场

股票交易市场可分为有组织的证券交易所市场（场内市场）和场外市场，以及新兴的第三市场和第四市场。不同的股票交易市场上有不同的交易流程。其中，场内市场作为一个公开、集中交易的市场，披露各种交易信息，因而成为公众媒体竞相报道的主要对象。

10.3.1 股票交易的基本制度

我国的交易制度框架由两部分组成，一是股票交易制度，二是登记结算制度。

我国的证券交易采用会员制组织形式和集中交易方式。上海证券交易所、深圳证券交易所为集中交易提供场所和设施，投资者通过委托证券交易所的会员参与证券买卖，会员可通过人工方式或电话、自助终端、互联网等自助委托方式受理并执行客户的委托买卖指令。具体的交易流程和交易机制在10.3.2节和10.3.3节中详细介绍。

我国的登记结算业务采取全国集中统一的运营方式，由证券登记结算机构依法集中统一办理。具体来讲，中国证券登记结算有限责任公司负责证券交易所上市证券的登记、存管、清算和交收。目前，中国已经建立了一整套完整的登记结算风险控制体系，有效地防范了系统性风险在证券市场快速发展，在登记结算系统业务处理量巨大的情况下，该系统依然保持了平稳运行。登记结算制度包括如下内容：

（1）证券账户实名制。

投资者开立证券账户应当向证券登记结算机构或其授权的开户代理机构提出申请，投资者应当保证其提交的开户申请资料真实、准确、完整。投资者不得将本人的证券账户提供给他人使用。目前，可以开立证券账户的投资者包括中国公民、中国法人、中国合伙企业及法律、行政法规、中国证监会规章规定的其他投资者。

（2）货银对付原则。

货银对付原则指证券登记结算机构与结算参与人在交收过程中，当且仅当资金交付时给付证券、证券交付时给付资金。证券登记结算机构采取多边净额结算方式的，根据业务规则，作为结算参与人的共同对手方，按照货银对付原则办理，并辅以限制卖空的证券前端控制、全额保证金、客户交易结算资金第三方存管、结算备付金等配套措施，防范结算风险。

（3）净额结算原则。

证券交易所达成的大多数证券交易均采用多边净额结算方式，即证券登记结算机构以结算参与人为单位，轧差计算应收应付净额并办理清算交收。

（4）结算参与人制度。

证券公司参与证券和资金的集中清算交收，应当向证券登记结算机构申请取得结算参与人资格，与证券登记结算机构签订结算协议，明确双方的权利义务。没有取得结算参与人资格的证券公司，应当与结算参与人签订委托结算协议，委托结算参与人代其进行证券和资金的集中清算交收。通过对结算参与人实行准入制度，制定风险控制和财务指标要求，证券登记结算机构可以有效控制结算风险，维护结算系统安全。

（5）分级结算制度。

证券结算实行分级结算制度，即证券登记结算机构负责办理证券登记结算机构与结算参与人之间的集中清算交收；结算参与人负责办理该参与人与其客户之间的清算交收。

10.3.2 股票交易的流程

股票交易市场可分为有组织的证券交易所市场（场内市场）和场外市场，以及新兴的第三市场和第四市场。不同的股票交易市场上有不同的交易流程。其中，场内市场作为一个公开、集中交易的市场，披露各种交易信息，因而成为公众媒体竞相报道的主要对象。

（1）场内交易市场。

我国的交易所市场由上海证券交易所和深圳证券交易所组织交易。如前所述，投资者不能直接进场交易，其交易要求只能以指令的形式提交给交易所的会员单位（经纪商），再由经纪商提交到交易所主机进行集中交易。因此，投资者在参与股票交易之前，首先需要完成开户和提交指令的一系列过程。对于个人投资者而言，主要的操作步骤如图10—10所示。

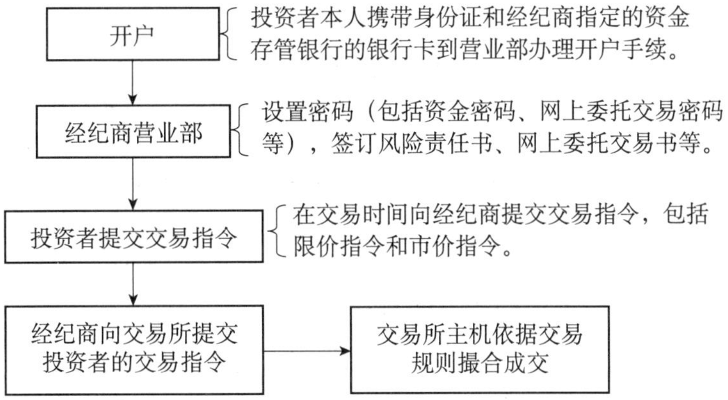

图10—10 股票交易的流程

投资者的委托指令通常包括证券账户号码、证券代码、买卖方向、委托数量、委托价格等内容。为了保证股票交易的公开、公平、公正并有序进行，证券交易所制定了一系列的交易原则和交易规则。在股票交易过程中投资者需要向经纪商支付一定的交易费用，其中包括经纪商的佣金和印花税。上海证券交易所还会收取通信费和过户费。因券商之间存在一定的竞争关系，佣金会有所不同。印花税由国家财政部制定，在不同的时间也会有所不同。

印花税是市场的一项重要的交易费用，具有政府调节市场的常用手段。例如，在市场行情不好时，为了鼓励投资者参与交易，国家通常会降低印花税，减小市场的交易成本，提高市场的流动性。相反，当市场投资过热时，为了抑制过度投机，国家通常会提高印花税，从而提高交易成本，起到抑制过度投机的作用。

☞专栏 10—4

印花税的历次调整与股市的反应

证券交易印花税于 1990 年首先在深圳开征，当时主要是为了稳定初创的股市及适度调节炒股收益，由卖出股票者按成交金额的 6‰交纳。同年 11 月，深圳市对股票买方也开征 6‰的印花税，内地双边征收印花税的历史开始。为了说明印花税对市场的调节作用，下面列出了我国印花税的历次调整与市场的反应。

- 1991 年 10 月，将印花税率从 6‰调整到 3‰，牛市行情启动，之后上证指数从 180 点升至 1992 年 5 月的 1 429 点，升幅达 694%。
- 1992 年 6 月 12 日，国家税务总局和原国家体改委联合发文明确按 3‰的税率缴纳印花税，指数在盘整一个月后掉头向下，一路从 1 100 多点跌到 300 多点，跌幅超过 70%。深市盘整 4 个月后，从 2 517 点下调到 1 538 点，2002 年 11 月 23 日到 2003 年 2 月 22 日，深市从 1 538 点回升到 3 422 点，升幅超过 120%。
- 1996 年初至 1997 年 5 月，印花税依然为 3‰，深市呈现大牛市行情，指数上涨 660%多。
- 1997 年 5 月 12 日，证券交易印花税率由 3‰提高到 5‰，沪指半年内下跌近 500 点，跌幅超过 30%。
- 1998 年 6 月 12 日，证券交易印花税率从 5‰下调至 4‰，股指不升反降，两个月内振荡走低 400 点。
- 2001 年 11 月 16 日印花税率再度调低至 2‰，股市又产生一波 100 多点的下行行情。
- 2005 年 1 月 23 日，财政部又将证券交易印花税税率由 2‰下调整为 1‰，股市轻微拉升后随即呈振荡下行趋势。
- 2001 年 4 月至 2005 年中期，股市基本表现为熊市。2005 年 5 月以后，我国股市走出了一段为期两年多的大牛市行情。
- 为了抑制过度投机，2007 年 5 月 30 日，财政部将印花税率由 1‰上调至 3‰，引发牛市中的大雪崩，当日两市天量暴跌，近千只股票跌停。
- 2008 年全球遭遇金融危机，我国股市也不例外。为了稳定股市，2008 年 4 月 24 日，在千呼万唤声中，管理层终于下手，印花税率应声回落至 1‰，但效果并不明显。
- 2008 年 9 月 19 日国家再次出手实行印花税单边征收以期稳定股市，但没能改变疲软的市场行情。

我国沪深交易所的交易过程包括两个阶段，即连续竞价阶段和集合竞价阶段。每个交易日的 9 点 15 分至 9 点 25 分，为开盘集合竞价时间。9 点 30 分至 11 点 30 分、13 点至 14 点 57 分为连续竞价时间。收盘价的确定，沪深两市有所区别，深市 14 点 57 分至 15 点为收盘集合竞价时间，沪市最后三分钟还是连续竞价。

在连续竞价交易阶段，交易原则包括价格优先和时间优先原则。价格优先原则是指价格最高的买方报价与价格最低的卖方报价优先于其他一切报价而成交。时间优先原则是指在买或卖的报价相同时，在时间序列上，按报价的先后顺序依次成交。先后顺序按照证券交易所主机接受申报的时间确定。

连续竞价时，成交价的确定原则为：最高买入申报与最低卖出申报价格相同，以该价格为成交价；买入申报价格高于集中申报簿当时最低卖出申报价格时，以集中申报簿当时的最低卖出申报价格为成交价；卖出申报价格低于集中申报簿当时最高买入申报价格时，以集中申报簿当时的最高买入申报价格为成交价。买卖申报经交易主机撮合成交后，交易即告成立。

在集合竞价阶段，成交价的确定原则为：可实现最大成交量、高于该价格的买入申报与低于该价格的卖出申报全部成交、与该价格相同的买方或卖方至少有一方全部成交，两个以上价格符合上述条件的，取在该价格以上的买入申报累计数量与在该价格以下的卖出申报累计数量之差最小的价格为成交价；买卖申报累计数量之差仍存在相等情况的，开盘集合竞价时深市取和前收盘价最接近的价格，沪市取两个相等数量对应价格的平均价，收盘集合竞价时取最接近最近成交价的价格为成交价。

因此，与连续竞价不同，集合竞价的所有交易均以同一价格成交。

（2）场外交易市场。

场外市场是相对于证券交易所而言的，广义而言，凡是在证券交易所以外进行的证券交易都可称为场外交易。由于这种交易最早是在各证券商的柜台上进行的，因此也称柜台交易（OTC）。与证券交易所交易相比，场外市场没有固定的交易场所，其交易是由自营商来组织的。其价格是通过买卖双方协议达成的，一般是由证券自营商挂出各种证券的买入价和卖出价，卖者和买者以此价与自营商进行交易。场外交易市场不像证券交易所那样有较高的上市条件，而且管制少，灵活方便，因而成为中小企业和具有发展潜质的公司证券交易的主要场所。

由于中国股票市场的特殊国情，上市公司的股份只有大约 1/3 可以上市交易，国有股和法人股不能在证券交易所中交易。为了给法人股提供一个交易的系统，创立了 STAQ 系统和 NET 系统。

STAQ 系统即全国证券交易自动报价系统，是一个依托计算机网络进行有价证券交易的综合性场外交易市场。在 STAQ 系统中参与法人股交易的，是具有法人资格且能出示有效证明的境内企业、事业单位和社会团体。

NET 系统又称中国证券交易系统有限公司，是由中国人民银行牵头，由几家银行和证券公司发起设立的一家全国性的证券交易中介机构。在 NET 系统上市的有价证券主要是法人股。NET 系统不直接面向投资者，而是直接面向系统证券商，投资者委托系统证券商进行股票买卖。

1999 年国庆节前夕，两个系统挂牌公司停止交易。2001 年 1 月 20 日，中国证监会正式启动退市机制，但是股票退市风险若全部由投资者承担又显失公平。2001 年 5 月，中国证券业协会发布《证券公司代办股份转让服务业务试点办法》，三板市场应运而生。三板市场的正式名称为“代办股份转让系统”。其股票来源主要有两部分，一是 STAQ、NET 系统中转移过来的股票公司；另一部分是从沪深证券交易所主板市场退市的公司。目前三板转让股份只能在申银万国、国泰君安、国信证券、大鹏证券、闽发证券、辽宁证券 6 个券商的 300 多家营业部内进行交易。在三板市场进行股份转让的共有 9 家公司 10 只股票，现有投资者 9.5 万人。

（3）第三市场。

第三市场是非交易所会员在交易所以外从事大笔的在交易所上市的股票交易而形成的市场。换言之，第三市场是已上市却在证券交易所之外进行交易的股票买卖市场。第三市场交易属于场外市场交易，但与其他场外市场的区别主要是，第三市场的交易对象是在交易所上市的股票，而其他场外交易市场则是没有在交易所上市的股票。

第三市场的出现，不仅使参与者能够降低成本，从中得到实惠，而且对促进股票市场的进一步发展也产生了积极影响，使已上市的股票出现多层次的市场，从而加强了证券业务的竞争，既为已上市的股票交易增加了机会与渠道，扩大了市场的宽度和流通性，又促使证券交易所降低服务费用，提供更好的服务。

(4) 第四市场。

许多机构大投资者进行上市股票和其他证券的交易，完全撇开经纪商和交易所，直接与对方联系，采用这种方式进行证券交易，形成了第四市场。

第四市场交易有时也利用经纪商作为中介人，设法把买卖双方拉拢，由他们直接洽谈，中介人不参与其间。有的交易则利用电子计算机通讯网络，买卖双方各在终端内寻觅对方，找到后，可用电话或其他通讯工具约定时间、地点、直接谈判。所以第四市场也是指利用电子计算机网络进行大宗交易的场外交易市场。由于机构投资者的交易数量，既要节省经纪人的手续费，又要保密，不致因大笔交易而影响价格，因此，在大企业、大公司之间进行大宗股票交易时，就通过电子计算机网络直接进行交易。

第四市场的经纪人不需要向政府有关当局注册，也不公开其交易情况，佣金也比其他市场低。近年来，我国定向募集公司法人股的转让，就其交易方式而言，与第四市场有相似之处，但就其产生的原因而言则不尽相同。

10.3.3 交易价格的形成机制

股票的交易价格主要是指股票发行之后，在二级市场集中交易的价格，也就是通常所说的股价、市价。这是投资者最为关注的价格。在一个交易日中，有五个较为重要的特殊价格，即开盘价、收盘价、最高价、最低价以及平均价。开盘价指的是该交易日的第一笔成交价格；收盘价是当日交易的最后一笔成交价格；最高价和最低价则是该交易日所有成交价中的最高价和最低价；平均价是当日所有成交价的平均值。

股票的交易价格与票面价格、账面价值等基本没有直接关系，而完全由市场上供求双方的关系决定，因而经常波动。股票的交易价格反映了整个市场对公司股票内在价值的判断，而这一判断通常受到各种因素的影响。

交易价格的形成机制属于市场微观结构研究的范畴。价格形成机制通常也称为市场类型或市场模式。价格形成机制的关键功能在于将投资者的潜在供求转换成已实现的交易。不同的价格形成机制在价格发现过程中所起的作用不同。从目前世界各证券市场的实践来看，价格形成机制可依据不同标准区分为多种形式。

(1) 价格形成机制的分类。

依据交易中介的作用可将价格形成机制分成报价驱动市场（quote-driven market）和指令驱动市场（order-driven market）两类。报价驱动市场又称作交易商市场。在报价驱动市场中，投资者在提交指令前可以从做市商（market maker）那里获得确定的报价。因为投资者不需要等待而是及时与做市商成交，所以这种交易机制也被称作连续交易商市场。相反，在指令驱动市场中不存在做市商，投资者提交指令并等待在拍卖过程中执行指令。在投资者提交指令时，价格还没有确定。指令驱动市场可以是连续市场，也可以是定期市场。连续的指令驱动系统被称作连续拍卖，投资者提交指令并及时由交易所场内的经纪商执行，或者指令本身是针对公开投资者或自营商已提交的限价指令而提交的。由于指令在到达交易系统后满足匹配条件就执行，因此该系统是连续的，但价格是在拍卖中形成的，即价格由多边竞价决定。定期的指令驱动系统被称作定期拍卖，投资者提交的指令被收集起来，等待定期以单一的市场出清价格成交。

依据交易手段的不同，可将交易模式分为人工交易和电子交易两种。人工交易主要指交易大厅交易。近年来，交易大厅交易尽管仍然存在较多的人工参与，但电子化程度已很高。电子交易主要指无形市场，市场参与者无需面对面进行交易，交易通过基于电脑屏幕的电子网络进行。

此外，价格形成机制还包括开收盘价格的确定机制、大宗交易价格的确定机制等特殊方面。事实上，对价格形成机制的区分标准并不是什么市场采用了什么交易机制，而是这种交易机制在价格发现过程中有什么不同的特点，也就是交易机制和价格行为之间的关系。

(2) 交易指令。

股票市场上常用的交易指令有四种形式，即市价指令、限价指令、停损指令和停损限价指令等。市价指令是指投资者在提交指令时只规定数量而不规定价格，经纪商在接到该市价指令后以最快速度并尽可能以当时市场上最好的价格来执行这一指令。市价指令的特点是能够确保成交，但是投资者最后接受的价格可能与他们期望的价格有所差异。

限价指令则与市价指令相反，投资者在提交指令时不仅规定数量，还规定价格。经纪商在接到该限价指令后以最快的速度提交给市场，但成交价格必须优于所指定的价格，即如果是买入指令，则买入成交价应不高于所指定的限价；如果是卖出指令，则卖出成交价应不低于所指定的限价。如果投资者所指定的限价与当时市场价格（或者说与做市商的买入卖出报价）不一致，那么经纪商只有等待，一直到限价出现才能执行指令。与市价指令相反，限价指令的特点是不能保证成交或全部成交，但一旦成交则能够确保成交价格。

我国沪深交易所目前允许投资者提交限价指令或市价指令买卖证券。如果交易过程中发生没有成交的部分，则交易所允许投资者撤销未成交部分的订单。

停损指令本质上是一种特殊的限制性的市价委托指令，是指投资者在指令中约定一个触发价格。当市场价格上升或下降到该触发价格时，停损指令被激活，转化成一个市价指令；否则，该停损指令处于休眠状态。

停损限价指令是将停损指令与限价指令结合起来的一种指令，即投资者所下达的指令中有两个指定价格——触发价格和限价。当市场价格上升或下降到该触发价格时，停损限价指令被激活，转化成一个限价指令，此时成交价格必须优于限价。

(3) 最小报价单位与最小交易单位。

理论上，交易（包括交易时间、交易价格和交易数量）可以是连续的，但现实中并非如此。那些使交易价格和交易数量不能连续的制度被称为交易离散构件。交易离散构件主要包括两个方面，即最小报价单位与最小交易单位。最小报价单位规定了买卖报价必须遵循的最小报价变化幅度，从而限制了价格的连续性。最小交易单位通常也称为交易的整手数量，即指令不能低于该数量。最小交易单位限制了交易数量的连续性。

在我国沪深交易所交易股票时，买入申报的数量应当为 100 股或其整数倍，卖出时，余额不足100股的部分，应当一次性申报卖出。股票竞价交易单笔申报最大数量不得超过100万股。股票交易的计价单位为每股价格。A股交易的申报价格最小变动单位为0.01元人民币，B股的申报价格最小变动单位为0.01港元，但交易所可以根据市场需要，调整证券单笔买卖申报数量和申报价格的最小变动单位。

（4）价格监控机制。

价格监控机制也称为价格稳定机制，是指那些降低证券价格临时波动性的若干制度。证券价格的稳定性通常排除由于基本价值发生变化的基本波动性，也就是说即便证券价格波动很大，只要证券价格围绕价值波动的幅度非常小，仍然可以认为证券价格比较稳定。常见的价格监控机制是使市场价格稳定和波动平滑有序的一系列措施，如断路器措施、涨跌幅限制、最大报价档位、保证金制度和头寸限制等。

沪深交易所对股票交易实行价格涨跌幅限制，涨跌幅限制比例为10%，ST和*ST等被实施特别处理的股票价格涨跌幅限制比例为5%。经证监会批准，交易所可以调整证券的涨跌幅限制比例。涨跌幅限制价格的计算公式为：

涨跌幅限制价格＝前收盘价×(1±涨跌幅限制比例)

根据以上公式计算的结果按照四舍五入原则取至价格最小变动单位。涨跌幅限制价格与前收盘价之差的绝对值低于价格最小变动单位的，以前收盘价增减一个价格最小变动单位为涨跌幅限制价格。但对于首次公开发行的股票和暂停上市后恢复上市的股票等交易首日不实行价格涨跌幅限制。

（5）交易信息披露。

交易信息披露是股票市场交易的另一个重要环节，也是形成公平、合理的价格必不可少的一环。交易信息披露包括交易前披露和交易后披露两个方面，前者主要是指令和报价信息的披露，后者主要是已成交信息的披露。无论是交易前信息披露，还是交易后信息披露，都有一个交易信息披露的数量和质量问题，即披露哪些信息，如何披露以及披露的速度等问题。

在我国沪深交易所，当股票在交易过程中出现一些特别的情形时，交易所将分别公布相关证券当日买入、卖出金额最大的五家会员证券营业部或交易单元的名称及其各自的买入、卖出金额。这些情形包括：

①当日收盘价涨跌幅偏离值达到±7%的各前五只证券。

收盘价涨跌幅偏离值的计算公式为：

收盘价涨跌幅偏离值＝单只证券涨跌幅－对应分类指数

涨跌幅证券价格达到涨跌幅限制的，取对应的涨跌幅限制比例进行计算。

②当日价格振幅达到15%的前五只证券。

价格振幅的计算公式为：

价格振幅＝（当日最高价－当日最低价)/当日最低价×100%

③当日换手率达到20%的前五只证券。

换手率的计算公式为：

换手率＝成交股数/无限售条件股份总数×100%

收盘价涨跌幅偏离值、价格振幅或换手率相同的，依次按成交金额和成交量选取。

（6）交易支付机制。

交易支付是价格形成机制的一个特殊方面，即买空与卖空机制。当投资者在缺乏足够的资金以支付购买证券所需的价款，或没有足够的证券可供卖出时，可缴纳规定的保证金后进行融资或融券，进行买空与卖空交易。

10.3.4 股票市场价格指数

股票市场价格指数是描述股票市场总的价格水平变化的指标。它是通过选取若干有代表性的股票，并把这些股票的价格进行加权平均得到。因此，股票市场价格指数常常被认为是反映一个国家或地区政治、经济发展状况的信号。

（1）股票价格平均数。

股票价格平均数反映一定时点上市股票价格的绝对水平，它可分为简单算术股价平均数、修正的股价平均数、加权股价平均数三类。人们通过对不同时点股价平均数的比较，可以看出股票价格的变动情况及趋势。

简单算术股价平均数是将样本股票每日收盘价之和除以样本数得出的，即：

$$\text{简单算术股价平均数} = (P_1 + P_2 + \cdots + P_n)/n$$

世界上第一个股票价格平均数——道琼斯股价平均数在1928年10月1日前就是使用简单算术平均法计算的。简单算术股价平均数虽然计算较简便，但它有两个缺点：一是它未考虑各种样本股票的权数，从而不能区分重要性不同的样本股票对股价平均数的不同影响。二是当样本股票发生股票分割派发红股、增资等情况时，股价平均数会产生断层而失去连续性，使时间序列前后的比较发生困难。

为了克服简单算术股价平均数的缺点，人们设计出了加权股价平均数和修正股价平均数。加权股价平均数是将各样本股票的发行量或成交量作为权数计算出来的股价平均数。其计算公式为，

$$\text{加权股价平均数} = (w_1 P_1 + w_2 P_2 + \cdots + w_n P_n)/(w_1 + w_2 + \cdots + w_n)$$

其中，w_i 为样本股 i 的发行量或成交量，$i = 1,2,\cdots,n$。若 w_i 为样本股 i 的发行量，则

$$\text{加权股价平均数} = \text{样本股总市值} / \text{同期样本股发行总量}$$

计算结果即为样本股的加权平均价格。若 w_i 为样本股 i 的成交量，

$$\text{加权股价平均数} = \text{样本股成交总额} / \text{同期样本股成交总量}$$

计算结果即为加权平均的成交价格。

除了使用加权股价平均数弥补简单股价平均数之外，还可以使用修正股价平均数。修正股价平均数是当发生拆股、增资配股、送股时，对简单股价平均数的除数进行修正，使其具有连续性和可比性。计算公式如下，

$$\text{新除数} = \text{股份变动后的总价格} / \text{股份变动前的平均数}$$

$$\text{修正股价平均数} = \text{股份变动后的总价格} / \text{新除数}$$

（2）股票价格指数。

股票价格指数用以反映股票市场价格的相对水平。编制股票指数，通常以某年某月为基础，以这个基期的股票价格作为100，用以后各时期的股票价格和基期价格比较，计算出升降的百分比，即该时期的股票指数。投资者根据指数的升降，可以判断出股票价格的变动趋势。并且为了能实时地向投资者反映股市的动向，所有的股市几乎都是在股价变化的同时即时公布股票价格指数。

计算股票指数，要考虑三个因素：一是抽样，即在众多股票中抽取少数具有代表性的成分股；二是加权，按单价或总值加权平均，或不加权平均；三是计算程序，计算算术平均数、几何平均数，或兼顾价格与总值。

由于上市股票种类繁多，计算全部上市股票的价格平均数或指数的工作是艰巨而复杂的，因此人们常常从上市股票中选择若干种富有代表性的样本股票，并计算这些样本股票的价格平均数或指数。用以表示整个市场的股票价格总趋势及涨跌幅度。计算股价平均数或指数时经常考虑以下四点：①样本股票必须具有典型性、普遍性，为此，选择样本股票应综合考虑其行业分布、市场影响力、股票等级、适当数量等因素。②计算方法应具有高度的适应性，能对不断变化的股市行情作出相应的调整或修正，使股票指数或平均数有较好的敏感性。③要有科学的计算依据和手段。计算依据的口径必须统一，一般均以收盘价为计算依据，但随着计算频率的增加，有的以每小时价格甚至更短的时间价格计算。④基期应有较好的均衡性和代表性。

(3) 我国的主要股票价格指数。

沪深 300 指数是由上海和深圳证券市场中选取 300 只 A 股作为样本编制而成的成分股指数。沪深 300 指数样本覆盖了沪深市场六成左右的市值，具有良好的市场代表性。沪深 300 指数是沪深证券交易所第一次联合发布的反映 A 股市场整体走势的指数。它的推出丰富了市场现有的指数体系，增加了一项用于观察市场走势的指标，有利于投资者全面把握市场运行状况，也进一步为指数投资产品的创新和发展提供了基础条件。沪深 300 全收益指数是沪深 300 指数的衍生指数，与沪深 300 指数的区别在于指数的计算中将样本股分红计入指数收益，供投资者从不同角度考量指数走势。

沪深 300 指数样本覆盖了沪深市场 70%左右的市值，具有良好的市场代表性和可投资性。截至 2006 年 8 月 31 日，已有 2 只指数基金使用沪深 300 指数作为投资标的，有 10 只基金使用沪深 300 指数作为业绩衡量基准。中证指数有限公司已授权中银国际英国保诚资产管理公司使用沪深 300 指数开发境外 ETF，以及路透资讯利用沪深 300 指数开发路透中国年金指数。

沪深 300 指数样本空间需要同时满足以下条件：上市时间超过一个季度，除非该股票自上市以来的日均 A 股总市值在全部沪深 A 股中排在前 30 位；非 ST、非 * ST、非暂停上市股票；公司经营状况良好，最近一年无重大违法违规事件、财务报告无重大问题；股票价格无明显的异常波动或市场操纵；剔除其他经专家委员会认定不能进入指数的股票。就选取标准来讲，应选取规模大、流动性好的股票作为样本股。选取方法是：对样本空间股票在最近一年（新股为上市以来）的日均成交金额由高到低排名，剔除排名后 50%的股票，然后对剩余股票按照日均总市值由高到低进行排名，选取排名在前 300 名的股票作为样本股。沪深 300 指数以调整股本为权数，采用派许加权综合价格指数公式进行计算。其中，调整股本根据分级靠档方法获得。沪深 300 指数采用“除数修正法”修正。当样本股名单、股本结构发生变化或样本股的调整市值出现非交易因素变动时，采用“除数修正法”修正原固定除数，以保证指数的连续性。

沪深 300 指数的成分股定期调整规则如下：指数成分股原则上每半年调整一次，一般为 1 月初和 7 月初实施调整，调整方案提前两周公布。每次调整的比例不超过 10%。样本调整设置缓冲区，排名在 240 名内的新样本优先进入，排名在 360 名之前的老样本优先保留。最近一次财务报告亏损的股票原则上不进入新选样本，除非该股票影响指数的代表性。定期调整时设置备选名单，以用于样本股的临时调整。当指数因为样本退市、合并等原因出现样本空缺或需要临时更换样本时，依次选择备选名单中排名最靠前的股票作为样本股。备选名单中股票数量一般为指数样本数量的 5%，当备选名单中股票数量使用过半时，将补充新的名单。沪深 300 指数设置 15 只股票的备选名单。

图 10—11 给出了沪深 300 指数自 2005 年 4 月至 2012 年 5 月的走势和成交量。

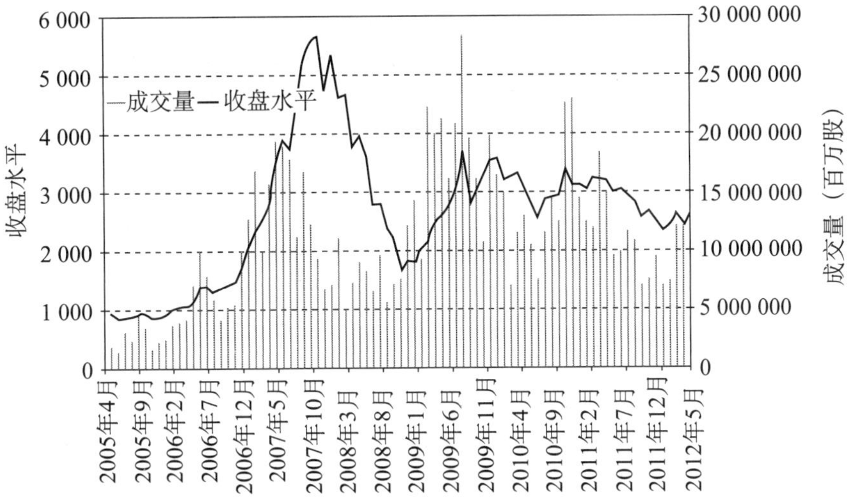

图 10—11 沪深 300 指数的走势和成交量，2005 年 4 月—2012 年 5 月

我国其他的一些重要市场指数及相关说明如表 10—6 所示。

表 10—6 沪深交易所市场的主要指数及其说明

指数名称	指数说明
上证综指	上证综指是上海证券交易综合指数的简称，其样本股是上海证券交易所全部上市股票，包括 A 股和 B 股，从总体上反映了上海证券交易所上市股票价格的变动情况，自 1991 年 7 月 15 日起正式发布。
深证综指	深证综指是深圳证券交易所综合指数的简称，其样本股为深圳证券交易所上市的所有股票，从总体上反映了深圳证券交易所上市股票价格的变动情况。深圳证券交易所从 1991 年 4 月 3 日开始编制并发布。
上证 180 指数	上证成分指数（简称“上证 180 指数”）是上海证券交易所对原上证 30 指数进行了调整并更名而成的，其样本股是在所有 A 股股票中抽取最具市场代表性的 180 种样本股票，自 2002 年 7 月 1 日起正式发布。 上证 180 指数选取行业内具有较强代表性、流动性好的 180 种股票作为成分股票。这些股票的样本空间中，剔除了上市时间不足一个季度的股票、暂停上市股票、经营状况异常或最近财务报告严重亏损的股票、股价波动较大且市场表现明显受到操纵的股票以及其他经专家委员会认定的应该剔除的股票。
深证成分指数	深圳成分股指数的编制起因于综合指数的缺陷，所以深圳证券交易所从 1995 年 1 月 3 日开始编制深圳成分股指数，并于同年 2 月 20 日实时对外发布。 成分股指数按照股票种类分为 A 股指数和 B 股指数。A 股指数按其所属行业分，包括工业分类指数、商业分类指数、金融分类指数、地产分类指数、公用事业分类指数、综合企业分类指数。每个分类指数至少用 3 家成分股编制。为保证成分股样本的客观性和公正性，深交所定期考察成分股的代表性，及时更换代表性降低的公司，选入更有代表性的公司。

目前，国际股票市场上备受关注的指数主要有道琼斯股价平均指数、标准普尔指数、纽约证券交易所股票价格指数、伦敦金融时报指数、日经指数和香港恒生指数。表 10—7 对这几种指数进行了简要的介绍。

表 10—7　　国际股票市场的主要指数及说明

指数名称	指数说明
道琼斯股票指数	道琼斯股票指数是世界上历史最为悠久的股票指数，它是在 1884 年由道琼斯公司的创始人查理斯·道开始编制的。现在的道琼斯股票价格平均指数是以 1928 年 10 月 1 日为基期，因为这一天收盘时的道琼斯股票价格平均数恰好约为 100 美元，所以就将其定为基准日。而以后股票价格同基期相比计算出的百分数，就成为各期的股票价格指数，所以现在的股票指数普遍用点做单位，而股票指数每一点的涨跌就是相对于基准日的涨跌百分数。
标准普尔股票价格指数	标准普尔股票价格指数是美国最大的证券研究机构即标准普尔公司编制的股票价格指数。该公司于 1923 年开始编制发布股票价格指数。最初采选了 230 种股票，编制两种股票价格指数。到 1957 年，这一股票价格指数的范围扩大到 500 种股票，分成 95 种组合。其中最重要的四种组合是工业股票组、铁路股票组、公用事业股票组和 500 种股票混合组。
纽约证券交易所股票价格指数	纽约证券交易所股票价格指数是由纽约证券交易所编制的股票价格指数。它始于 1966 年 6 月，先是普通股股票价格指数，后来改为混合指数，包括在纽约证券交易所上市的 1 500 家公司的 1 570 种股票。虽然纽约证券交易所编制股票价格指数的时间不长，但它可以全面及时地反映其股票市场活动的综合状况，因而较为受投资者欢迎。
伦敦金融时报指数	伦敦金融时报指数是伦敦《金融时报》工商业普通股票平均价格指数的简称，由英国《金融时报》于 1935 年 7 月 1 日起编制，用以反映伦敦证券交易所行情变动的一种股票价格指数。由于 1888 年创刊的英国《金融时报》每天都详细登载伦敦金融市场，特别是证券交易所的行情变化、市场动向及国内外的政治、经济动态，发行量很大。因此，该指数不仅是英国股票市场也是世界金融市场颇有影响的股价指数。
日经指数	日经指数的全称是“日本经济新闻社道琼斯股票平均价格指数”。该指数是由日本经济新闻社编制公布的反映日本东京证券交易所股票价格变动的股票价格平均指数。其中的日经 225 指数是从 1950 年 9 月开始编制的，因延续时间较长，具有很好的可比性，成为考察日本股票市场股价长期演变及最新变动的最常用和最可靠的指标，传媒日常引用的日经指数就是指这个指数。
香港恒生股票指数	恒生指数由香港恒生银行全资附属的恒生指数服务有限公司编制，是以香港股票市场中的 46 家上市股票为成分股样本，以其发行量为权数的加权平均股价指数，是反映香港股市价格趋势最有影响的一种股价指数。该指数于 1969 年 11 月 24 日首次公开发布。

本章小结

股票是股票市场最基本的要素，可以分为普通股股票和优先股股票。投资者、组织者和监管者则是股票市场中的主动型要素。股票市场的载体包括，股票发行的载体和股票交易的载体，前者是无形的，后者主要集中于有形市场。经过 20 余年的发展，我国交易所市场已从早期主板市场，发展成现在的主板、中小企业板、创业板等多层次市场。

我国股票发行与上市制度分成两个不同的框架体系，即境内发行与上市和境外发行与上市。境内首次公开发行与上市制度和境内的股权再融资制度广受关注。首次公开发行制度包括发行上市保荐制度、发行审核委员会制度、询价制度等。股权再融资是已经发行上市的公司通过再次发行新股进行融资的行为。股权再融资的方式包括配股和增发。

股票交易市场可分为场内市场和场外市场，以及新兴的第三市场和第四市场。对于场内市场而言，交易制度框架包括股票交易制度和登记结算制度。价格形成机制通常也称为市场类型或市场模式。价格形成机制的关键功能在于将投资者的潜在供求转换成已实现的交易。价格形成机制包括交易指令、最小报价单位与最小交易单位、价格监控机制、交易信息披露、交易支付机制等。股票市场价格指数是描述股票市场总的价格水平变化的指标。股票市场价格指数常常被认为是反映一个国家或地区政治、经济发展状况的信号。

思考与练习

1. 名词解释：(1) 股票；(2) 首次公开发行；(3) 公开增发；(4) 定向增发。
2. 简述我国多层次股票市场的构成。
3. 简要说明股票发行的核准制与注册制的区别。
4. 我国股票首次公开发行的制度体系主要包括哪些制度？
5. 交易价格形成机制主要包括哪些方面的内容？

推荐阅读材料、网站

1. 访问中国证监会网站（http：//www.csrc.gov.cn/）了解证监会的职能、最新动态，阅读证监会的年报等

2. 访问上海证券交易所网站（http：//www.sse.com.cn/）和深圳证券交易所网站（http：//www.szse.cn/）了解交易所的主要职能、最新动态，阅读沪深交易所的交易规则、年报等

3. 中国证券监督管理委员会．中国证券监督管理委员会年报2011. 北京：中国财政经济出版社，2012

参考文献

1. 中国证券监督管理委员会．中国证券监督管理委员会年报2011. 北京：中国财政经济出版社，2012

2. 深圳证券交易所．深圳证券交易所融资融券交易实施细则，2011
3. 深圳证券交易所．深圳证券交易所交易规则，2012
4. 上海证券交易所．上海证券交易所融资融券交易实施细则，2012
5. 上海证券交易所．上海证券交易所交易规则，2006
6. 尚福林．深化资本市场改革创新，服务经济发展方式转变．求是，2011 (1)
7. 郭树清．加大资本市场对农业等薄弱领域的支持．新农业，2012 (4)
8. 刘逖．市场微观结构与交易机制设计——高级指南．上海：上海人民出版社，2012

第十一章

衍生品市场

学习要求：

1. 熟悉衍生品市场的要素及载体
2. 熟悉远期外汇交易的组织、流程
3. 熟悉期货及其交易的组织与制度
4. 了解期权、权证与权证市场的运行
5. 了解互换交易的基本原理

章前导读

1848年，芝加哥的82位谷物商发起组建了芝加哥期货交易所（CBOT）。1865年，芝加哥期货交易所推出标准化合约，标准化合约反映了最普遍的商业惯例，使得市场参与者能够非常方便地转让期货合约。在合约标准化的同时，芝加哥期货交易所还引入交易保证金制度，向签约双方收取不超过合约价值10%的保证金，作为履约保证。标准化合约和保证金制度的引入是具有历史意义的制度创新，促成了真正意义上的期货交易的诞生。

期权交易最早可以追溯到17世纪前后，荷兰在期货交易的基础上发明了期权交易。17世纪30年代是“荷兰郁金香热”时期。郁金香的一些品种堪称欧洲最为昂贵的稀世花卉。1635年，那些珍贵品种的郁金香球茎供不应求，加上投机炒作，致使价格飞涨。同时，这股投机狂潮却开启了期权交易的大门。郁金香交易商向种植者收取一笔费用，授予种植者按约定最低价格向该交易商出售郁金香球茎的权利。同时，郁金香交易商通过支付给种植者一定数额的费用，以获取以约定的最高价格购买球茎的权利。这种交易对于降低郁金香交易商和种植者的风险十分有用。于是，早期的期权就形成了。

本章首先对衍生品市场的含义和特征进行了阐述，然后根据交易方法和特点，将全部金融衍生品分为远期、期货、期权和互换四个大类，并分别讨论了各个产品的定义和特征。在此基础上，后面几小节进一步从远期市场、期货市场、期权市场和互换市场四个方面展开论述。其中，在讨论远期市场时，着重介绍了远期外汇交易；在介绍期权市场时，着重介绍了与此相似的类比物——权证的交易。除此之外，期货市场分别着眼于商品期货和金融期货，而互换市场则主要论述了互换的交易原理。

11.1 衍生品市场概述

11.1.1 金融衍生品市场的含义

1. 金融衍生品

金融衍生品（financial derivatives），又称“金融衍生工具”、“金融衍生商品”，是20世纪七八十年代金融创新的核心。金融创新的目的之一是规避风险，由于金融市场的种种变动，使金融机构、企业和个人时时刻刻生活在价格变动的风险之中。而传统性金融产品难以规避风险，尤其是系统性风险，为迎合这一强大的市场需求，作为新兴风险管理手段的金融衍生品便应运而生。金融衍生品是从传统金融产品中衍生而来的新型金融产品，对于它的定义，国内外的学者给予了不同的描述。

美国经济学家弗兰克·J·法博齐这样解释道：“一些合同给予合同持有者某种义务或对某一种金融产品进行买卖的选择权。这些合同的价值由其交易的金融产品的价格决定，相应地，这些合约被称为衍生产品（derivatives）。衍生金融产品包括期权合约、期货合约、远期合约、互换协议、上限与下限协议等。”在另外一些国外的文献资料中，关于衍生金融产品的定义更多的是根据不同对象做出不同的描述。美国财务会计委员会（FASB）将金融衍生产品定义为衍生于某基础资产，且价值有明确规定的业务或合约。巴塞尔银行监督委员会的定义是：一种合约，该合约的价值取决于一项或多项背景资产或指数价值。简单地说，金融衍生产品是从传统的金融产品衍生出来的新型的金融产品。

国内学者对衍生产品的定义为，“金融衍生产品是指以另一金融产品的存在为前提，以这些金融产品为买卖对象，价格也由这些金融产品决定的金融产品。它由债券、股票、外汇等基础产品衍生而来，包括远期、期货、期权、互换四种基本产品和由它们通过变化、组合、合成三种方式再衍生出来的一些变种。”

金融衍生品，目前较为公认的定义是1994年8月由国际互换和衍生协会（International Swaps and Derivatives Association，ISDA）所作的解释：衍生品是有关互换现金流量和旨在为交易者转移风险的双边合约。作为一种金融合约，它的价值取决于合约标的物——原生金融产品或指数的变动状况，合约到期时，交易者所欠对方的金额由基础商品、证券或指数的价格决定。

2. 金融衍生品市场

金融衍生品市场（financial derivatives market，FDM），是指主体、客体、载体及监

管者所构成的一个体系。即金融衍生品市场不单纯指的是进行期货、期权等衍生品交易的场所，同时它也是指由一组规则（法律、规章、政策）、一批组织（交易所、中介机构、市场参与者）和一系列产权所有者构成的一套机制。它有广义和狭义之分，前者是指由位于世界各国的金融衍生品交易中心在全球范围内及区域内所形成的交易网络，即全球性金融衍生市场和区域性金融衍生市场；后者是指某一特定金融衍生品交易所，如美国的CME、CBOT，英国的 LIFFE，新加坡的 SIMEX 等。

金融衍生品市场既包括标准化的交易所交易，也包括非标准化的场外交易（柜台交易），即 OTC 交易。在某种程度上，金融衍生品市场作为为经济提供服务的制度，是降低交易费用的制度之一，是一种有效率并且效率不断提高的制度。它实质上是一种为市场经济高效运转提供的制度安排。

11.1.2 金融衍生品市场的分类与特征

1. 金融衍生品的分类

金融衍生品是一种价值由其金融原生产品（包括货币、外汇、存单、债券、股票，以及利率或债务工具的价格，外汇汇率，股票价格或股票指数，商品期货价格等）的价格变动而决定的金融合约。交易者根据各自的目的，或为规避传统的金融原生产品价格变动风险，或为投机获利等参与金融衍生品的交易。根据交易方法和特点，全部金融衍生品可分为远期、期货、期权和互换四个大类。其他名目繁多的金融衍生品种是由这四个基本类型综合或混合而生成的。

（1）远期。远期合约是指交易双方达成的，在将来某一特定日期按照事先商定的价格，以预先确定的方式买卖某种金融产品的合约。买入资产的一方称为多头，出售资产的一方则是空头。在远期合约中，事先规定的价格则是交割价格。远期合约在到期日进行交割，空头的持有者将基础资产出售给多头持有方，多头则向空头按交割价格支付现金。远期合同不是标准化合约，也不在特定交易所内进行买卖，通常是买卖双方私下的协议。

（2）期货。期货合约是买卖双方之间签订的一种标准化协议，协议规定在将来某个确定的日期按规定的价格买卖某种资产。期货合约通常在交易所买卖，由交易所设计。期货合约有两个重要特征：一是可交易性；二是流动性。此外，人们不一定非得买入期货合约规定的现货资产，通过进行期货合约的正反方向交易就能获利。期货作为一种金融衍生品，其最显著的特点还在于它具有放大损益的杠杆作用。进行期货交易时，投入少量保证金，可产生数倍乃至更高的损益。

（3）期权。期权是一种可转让的标准化合约，它赋予期权的持有者在规定的有效期内以规定的价格买入或出售一定数量的某种资产的权利。期权可分为买入（看涨）期权与卖出（看跌）期权。期权合同中的价格称为敲定价格或执行价格。期权具有风险与收益不对称的特点，期权的买方付出了一定的期权费之后取得了买的权利，如果到期他不行使这项权利，仅是损失期权费，而期权的卖方收取了期权费之后，他的义务是必须承担的。

（4）互换。互换是有关双方或三方约定对将来某一时期内的支付款项进行交换的一种协议。同意进行互换交易的参与方被称作对手方。双方所进行互换的支付款项与债务工具价值或外币价值有关，因而就产生了两种最基本的互换类型：利率互换和货币互换。

上述四种是主要的金融衍生品种类，通过“火箭专家”们对这四种基本品种的组合处理，目前国际上已经有上千种金融衍生品，主要的期权品种有股票期权、场外货币期权、货币期货期权、股票指数期货期权、利率上限和下限期权、中期政府债券期货期权、欧洲美元期权、互换期权等；主要的期货品种有货币期货、抵押债券期货、国库券期货、股票指数期货、中期政府债券期货、银行存款单期货、欧洲美元期货等；主要的互换品种有货币互换、商品互换、股票指数互换、证券组合互换等。美国《福布斯》杂志称，每月都会有一种新的金融衍生品出现。如今，一些大的金融机构几乎能为客户“量身定做”他们需要的衍生品种。所以，金融衍生品的数量还将不断增加。

我国在20世纪90年代先后出现过外汇期货、国债期货、指数期货和权证等金融衍生品交易品种。截至2012年6月底，我国上市的期货品种已达27个（见表11—1），涵盖农产品、金属、能源、化工四大领域。

表11—1　　上海、郑州、大连期货交易所的上市品种（截至2012年6月）

交易所名称	上市品种								
上海期货交易所	铜	铝	锌	铅	黄金	白银	螺纹钢	线材	燃料油	天然橡胶
郑州期货交易所	强麦	硬麦	棉花	白糖	PTA	菜籽油	早籼稻	甲醇		
大连期货交易所	大豆1号	大豆2号	玉米	豆粕	豆油	棕榈油	聚乙烯	聚氯乙烯	焦炭	

权证交易于2005年重新出现在中国证券市场上。2005年7月8日，沪深证券交易所分别推出了经中国证监会核准通过的《权证管理暂行办法》，标志着权证这一金融衍生产品在我国的推出进入了实质性阶段。2005年8月22日，宝钢权证在上海证券交易所挂牌上市，宝钢股份成为我国第一家引入权证为对价方式的上市公司。这是我国证券市场在阔别9年后迎来的第一个权证产品，同时也标志着我国金融衍生品市场进一步完善。随后长江电力、新钢钒、武钢股份、万科等也借助权证的方式解决了权证分置的问题。

2005年8月22日上市的宝钢权证（580000）的总量为3.877亿份，属于认购权证，其行权价为4.50元，存续期为从2005年8月18日至2006年8月30日，共计378天。在宝钢权证火爆表现的刺激下，作为首只既有认购权证又有认沽权证的蝶式权证，武钢认购权证和武钢认沽权证于2005年11月23日在上海证券交易所上市。2005年12月5日新钢钒认沽权证、万科认沽权证、鞍钢新轧认购权证集中登陆深市。万科权证首日成交达到了罕见的46.56亿份，并创出了沪深两市单只品种单日最大成交纪录。

截至2007年3月，权证市场共上市32只权证，其中有15只认购权证：宝钢JTB1、武钢JTB1、鞍钢JTC1等；17只认沽权证：华菱JTP1、沪场JTP1、海尔JTP1等。

2. 金融衍生品市场主体的分类

根据交易动机的不同，衍生品市场的主体可以划分为两大类，一类是套期保值者，一类是投机者。

以期货市场为例，套期保值者是指那些把期货市场作为价格风险转移的场所，利用期货合约作为将来在现货市场上进行买卖商品的临时替代物，对其现在买进准备以后售出或对将来需要买进商品的价格进行保值的厂商、机构和个人。套期保值者为规避现货价格波动所带来的风险而在期货市场上进行套期保值，因此，没有套期保值者的参与，就不会有期货市场。套期保值者是期货市场的交易主体，只有规模相当的套期保值者参与期货市场交易，才能集中大量供求，促进公平竞争，并有助于形成具有相应物质基础的权威价格，发挥价格发现的功能。

期货投机就是在期货市场上利用价格波动以牟取利润为目的而买卖期货合约的行为。期货投机者的作用体现在：期货投机者能使套期保值者顺利实现价格风险转移，有承担价格风险、转移价格风险的作用，是期货市场的必备构成要素，只有套保者而无投机者，期货市场就无法正常运转。

3．金融衍生品市场的特征

金融衍生品在金融市场上得到广泛应用，产品种类和市场规模迅速发展形成了其自身的市场特征。

（1）衍生品交易的高风险性及信用风险的相对集中性。

在金融市场中，风险是指资产未来的实际收益低于其预期收益的几率，风险性具体指的是经济主体在从事交易活动中遭受损失的可能性。对衍生品市场而言，主要有四大类风险因素：市场风险（价格风险）、信用风险（违约风险）、法律风险、操作风险。

金融衍生品业务比传统的金融业务复杂得多。如传统的存款业务，其流动与基础的真实交易相联系，具有一定的规律性。而金融衍生品市场上的资金流和流动性状况没有明显的规律可循，即使交易商拥有最先进的技术和完美的风险管理系统，也很难准确预测。所以，有人说，金融衍生品市场的现金流就像被随机程序所控制，难以捉摸，在基础资产价格剧烈波动时更加变化莫测。由于进行金融衍生品交易遭受损失的可能性大于传统金融产品，再加上众多风险事件的发生，造成金融体系的振荡，使人们认为金融衍生品具有高风险性。

同时，金融衍生品市场，特别是就场外市场而言，世界范围内的金融衍生品交易主要是围绕着一些规模较大、实力较强的金融机构（包括商业银行、投资银行、证券公司等）间进行，因而全球范围内与金融衍生品交易有关的信用风险大部分都集中到了这些为数不多的金融机构中。

市场的这一特点使得一旦主要参与者遇到流动性或偿付能力问题时，其巨大的市场份额可能引起市场混乱，进而危及全球金融体系的稳定。

（2）衍生品交易的杠杆性。

在金融理论中，杠杆性是指以较少的资金成本可以获得较多的投资，以提高投资收益的特性。在现金交割制度下，金融衍生品是以金融原生品的价格为基础，交易时不必缴清相关资产的全部价值，而只要缴存一定比例的押金或保证金，便可得到相关资产的管理权，等到合同确定的到期日，对已交易的金融合约进行反向交易，并进行差价结算；在实物交割情况下，金融衍生品则于到期时按合约价格交付一定数额的现金即可得到金融原生品。

与股票、债券等基础工具的现货交易不同，在金融衍生品市场上，交易的品种实际上是一种纯粹的价值符号的影子，其价格是投资人对未来一定时点上的收益预期。在交易中，杠杆比率可达数倍至数十倍。因此，相应的投资利润或损失被放大数倍乃至数十倍。

杠杆性是金融衍生市场最显著的特征之一。如在期货交易中保证金仅为4%～10%，当基础市场规模较小时，衍生品市场就易于被操纵或垄断。

（3）衍生品的虚拟性。

虚拟性是指金融衍生品所具有的独立于现实资产运动之外，却能给持有者带来一定收入的特征。具有虚拟性的金融衍生品，本身没有什么价值，只是代表获得收入的权利，是一种所有权证书。金融衍生品市场的交易价格计算，正是按照这种利息资本化的原则进行的。

具有虚拟性特征的金融衍生品的价格变化脱离了实物资产运动过程，它一旦形成，必然会导致一部分货币资本停留在这种能够生息的有价证券之上，以获得风险利润的管理权。但是，金融衍生品并不是从相应的基础工具的增值中获得利润分配，当金融衍生品的原生基础工具是股票、债券之类的虚拟资本时，金融衍生品则具有双重虚拟性。

金融衍生品的虚拟性所产生的市场后果是，金融衍生品市场的规模大大超过基础市场的规模，甚至远远地脱离其基础市场。例如，在我国进行国债期货试点过程中，1995 年初，国债期货的日交易额达到 8 500 亿元人民币。这一数据是可利用的相关国债现货市场价值的几百倍。

(4) 金融衍生品市场的全球性。

金融衍生品业务正在逐渐成为全球金融业务的核心，世界主要的金融机构都被吸引到这个市场上来，利用各种金融产品和市场交易，通过各种渠道把全球金融市场联系在一起。衍生品市场的全球性对国际金融体系的有效运作起到重要作用，它将机构、市场和金融中心紧密联系在一起，成为各国金融市场一体化和金融全球化的主要推动力。

金融衍生品市场的开放性和全球性使国际性的大金融机构之间普遍建立起借贷关系网，信用链上个别机构的违约可能威胁到这些重量级机构的流动性。金融衍生品市场的上述特点表明，金融衍生品市场改变了现代金融媒介，促进了金融机构的现代化和金融全球化的发展，导致了整个金融体系结构性的变革，使现代金融体系具有了新的特点。

11.1.3 我国金融衍生品市场的发展历程

我国金融衍生品市场的产生，一方面是市场经济体制改革不断深化的必然结果。农村经济体制改革、城市经济体制改革、价格改革、流通体制改革等一系列配套改革措施的实施使现有制度外潜在收益产生，为了获取这些潜在收益，一些团体逐渐把眼光聚焦到金融衍生品市场上来。另一方面，中国金融衍生品市场的产生也是金融衍生品市场制度变迁的产物。

如果将早期中国期货市场的形成及发展包括在内，那么早在清朝中后期中国就出现了金融衍生品市场的萌芽及其初级形态，民国时期还出现过由政府正式批准设立的证券交易所，如 1919 年 6 月北洋政府农商部批准设立上海证券物品交易所。不过那时的衍生品市场仅仅是一种市场的萌芽，不能算是现代意义上的衍生品市场。在中国，真正意义上的金融衍生品市场的建设大体经历了如下四个阶段：

1. 理论研究阶段（1987—1990 年）

1984 年深秋中共十二届三中全会通过了《中共中央关于经济体制改革的决定》，开始了中国经济体制的全面改革。中国期货市场理论研究的发展，可以概括为两个时期、四次理论突破。第一个时期是对国外期货市场的介绍、研究时期，第二个时期是关于建立中国期货市场的研究时期。第一次理论突破是正视期货市场在国际贸易中的作用；第二次理论突破是承认期货市场在市场经济条件下的作用；第三次理论突破是承认期货市场是商品经济发展的产物，而与社会制度无关，提出了建立中国期货市场的设想；第四次理论突破是正确地认识了期货市场的“投机”，并提出了合法投机与非法投机的理论。

在实现了关于认可期货市场的这些理论突破之后，期货市场的研究重点转入在中国建立期货市场的针对性研究阶段。1990 年 7 月 27 日，国务院转批商业部等八部门关于试办郑州粮食批发市场报告的通知，同意试办郑州粮食批发市场。

2. 中国期货市场的建立和发展阶段（1990—1993 年）

1991 年 3 月，郑州粮食批发市场签订了第一份小麦的远期合同，由此拉开了新中国期货交易的帷幕，随后又相继建立了苏州物资交易所、深圳有色金属交易所、上海金属交易所。1993 年 5 月 28 日，郑州粮食批发市场改名为郑州商品交易所。至此，中国逐步进入正规化期货交易阶段，期货市场初具雏形。

在先期创办交易所的轰动效应刺激下，1992—1993 年两年中，中国期货交易所发展速度非常惊人。到 1993 年底，商品交易所多达 40 多家，各地批准成立的期货经纪公司已超过 300 家。这一时期，由于期货市场的发展偏离了制度设计的初衷，预期收益无法取得，还带来了许多不容忽视的负面影响，如期货交易所数量过多，交易品种重复；部分交易所和期货经纪公司运作不够规范；盲目开展境外期货交易等。

3. 清理整顿、制度调整阶段（1994—1999 年）

（1）中国期货市场第一次大调整（1994—1995 年）。

为加强宏观管理，实行统一的指导和监管，1994 年 3 月，国务院办公厅下发了《国务院办公厅转发国务院证券委员会关于坚决制止期货市场盲目发展若干意见请示的通知》，并实施了对期货市场一系列规范整顿的措施：建立统一的期货监管机构；清理期货交易所；清理整顿期货经纪公司；严格限定期货交易范围。

（2）规范交易行为、健全制度结构、控制市场风险阶段（1995—1998 年）。

由于国内经济过热，通胀率居高不下，1995 年开始形成了游资介入期货市场的“期货热”。由于市场制度不太完备，游资在期货市场进行炒作，先后制造了胶合板风波、红小豆风险、咖啡风波、橡胶风波等风险事件。面对这种局面，中国证监会将工作重点转移到控制市场风险上来：打击过度投机，规范交易行为；完善风险管理制度，加强交易所制度建设。

（3）中国期货市场的第二次大调整（1998—1999 年）。

1998 年 8 月，国务院下达《关于进一步整顿和规范期货市场的通知》，对中国期货市场实施第二次大的结构调整，主要内容有：对 15 家期货交易所进行整顿和撤并，只保留上海、郑州、大连三家期货交易所；期货交易品种由 35 个压缩到 12 个；严禁国有企业违规从事期货交易；金融机构不得为期货交易提供融资或担保；取缔非法期货经纪活动，严格控制境外期货交易，进一步加强对期货市场的监管等。1999 年 9 月 1 日起《期货交易管理暂行条例》开始实施，与之相配套的四个管理办法《期货交易所管理办法》、《期货经纪公司管理办法》、《期货经纪公司高级管理人员任职资格管理办法》、《期货从业人员管理办法》也同时实施，由此确立了我国期货市场试点中基本的法规体系。

4. 恢复性发展阶段（2000 年至今）

经过治理整顿之后，期货市场的资金和客户大量流失，市场规模骤减，流动性减弱，期货市场的功能无法正常发挥，制度创新的预期收益没有因制度结构的不断健全而顺利实现。所以，制度调整期结束后期货市场的发展自然就过渡到吸引投资者参与，推出适当的交易品种、增加市场规模、发挥市场功能的恢复性发展阶段。经过这几年的恢复性发展，期货市场制度不断完善，交易量不断增加，已经逐渐走上了规范化的发展道路。

11.2　远期与远期交易

远期合约指的是由买卖双方约定在未来某一时间以确定价格购买或者出售特定数量的某种标的资产的一种衍生品，合约订立后双方都有义务保证到期时按照合约条款交割标的资产。合约事先约定的资产的未来交割价格称为远期价格（forward price）。如果远期合约中交易者约定了自己在未来按约定价格出售约定数量资产的义务，则称其建立了空头合约，该交易者持有远期合约的空头头寸（short position）。相应地，如果交易者约定了自己买入资产的义务，我们称其建立了多头合约，该交易者持有远期合约的多头头寸（long position）。由于多头方和空头方在合约到期时的交割义务是完全对等的，因此合约在订立时，任何一方都不需要向另一方做出价值补偿。但在场外交易时，远期合约的价值往往不为零，所以买方或卖方要支付一定的现金给对方。

远期合约的要素包括：标的资产、合约的多空方、合约到期日、标的资产的交割数量、标的资产的远期价格，如果交易的资产是货币资金或者债券，那么我们一般用汇率或者利率作为合约的价格。远期交易就是合约双方就上述事项达成一致的交易。

相对来讲，交易规模最大、地域范围最广的远期交易当属远期外汇交易。更为重要的是，远期外汇交易是外汇交易的重要内容之一。因此，本节将在对外汇、汇率、外汇市场等基本概念进行扼要介绍后，以远期外汇交易为例，介绍远期交易的基本原理和交易流程。

11.2.1　外汇市场与远期外汇交易

（1）外汇的基本概念。

世界上的每个国家都有自己独立的货币和货币制度，各国货币相互之间不能流通使用，因此，国家间债权债务的清偿必然要产生国家间的货币兑换，由此产生外汇和汇率的概念。外汇（foreign exchange）这一概念有动态和静态两种表述形式，而静态的外汇又有广义和狭义之分。广义的静态外汇是指一切用外币表示的资产。这一概念通常用于各国的外汇管理法令之中。例如，我国的《外汇管理条例》中定义：外汇是指下列以外币表示的可以用作国际清偿的支付手段和资产，具体包括：①外国货币，包括钞票、铸币；②外币支付凭证，包括票据、银行存款凭证、邮政储蓄凭证；③外币有价证券，包括政府债券、公司债券、股票等；④特别提款权、欧洲货币单位；⑤其他外汇资产。

狭义的静态外汇概念是指以外币表示的可用于进行国家间结算的支付手段。按照这一概念，只有存放在国外银行的外币资金，以及将对银行存款的索取权具体化了的外币票据才构成外汇。具体来看，外汇主要包括以外币表示的银行汇票、支票、银行存款等。人们通常所说的外汇就是指这一狭义的概念。

（2）外汇市场。

外汇市场是指由各国中央银行、外汇银行、外汇经纪人和客户组成的买卖外汇的交易系统。外汇市场不像商品市场和其他金融市场那样，一定要设有具体的交易场所，它主要是指外汇供求双方在特定的地区内，通过现代化的电讯设备及计算机网络系统来从事外汇买卖的交易活动。

按照外汇交易参与者的不同，外汇市场可以具体分为狭义的外汇市场和广义的外汇市场。狭义的外汇市场，又叫外汇批发市场，它是特指银行同业之间的外汇交易市场，包括外汇银行之间、外汇银行与中央银行之间以及各国中央银行之间的外汇交易。广义的外汇市场，除了上述狭义的外汇市场之外，还包括银行同一般客户之间的外汇交易。

外汇市场的参与者包括客户、外汇经纪人、外汇银行、中央银行及其他官方机构等。其中，在外汇市场中，凡是与外汇银行有外汇交易关系的公司或个人，都是外汇银行的客户。他们是外汇市场上的主要供求者，在外汇市场上的作用和地位仅次于外汇银行。

外汇经纪人是指介于外汇银行之间、外汇银行和其他外汇市场参加者之间，为买卖双方接洽外汇交易而赚取佣金的中间商。如同外汇银行一样，外汇经纪商也必须经过所在国中央银行的核准方可参与市场。

外汇银行是指经过本国中央银行批准，可以经营外汇业务的商业银行或其他金融机构。外汇银行是外汇市场上最重要的参与者。在美国，十几家设在纽约以及几十家设在其他主要城市的大型商业银行，实际上充当着“做市商”的角色。由于它们经常在外汇市场上大规模地进行各种货币的买卖，使得外汇市场得以形成并顺利运转。外汇市场上另一个重要的参与者是各国的中央银行。这是因为各国的中央银行都持有相当数量的外汇余额作为国际储备的重要组成部分，并承担着维持本国货币金融稳定的职责，所以中央银行经常通过购入或抛出某种国际性货币的方式来对外汇市场进行干预，以便能把本国货币的汇率稳定在一个期望的范围之内，从而实现本国货币金融政策的意图。

根据上述对外汇市场参与者的分类，外汇市场的交易可以分为三个层次，即银行与客户之间、银行同业之间以及银行与中央银行之间的交易，见图 11—1。

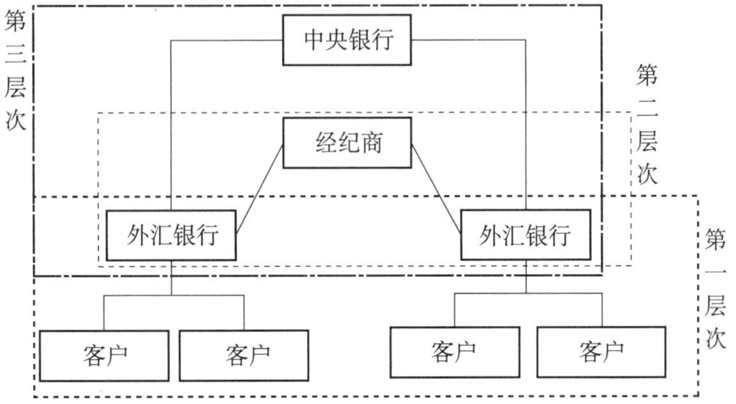

图 11—1　外汇市场参与者的构成

①第一层次：银行与客户之间的外汇交易。

客户出于各种各样的动机，需要向外汇银行买卖外汇。银行在与客户的外汇交易中，一方面从客户手中买入外汇，另一方面又将外汇卖给客户。实际上是在外汇的最终供给者和最终使用者之间起中介作用，赚取外汇的买卖差价。

②第二层次：银行同业间的外汇交易。

银行在每个营业日，根据顾客的需要与其进行外汇交易的结果，难免产生各种外汇头寸的多头或空头，统称敞开头寸（open position）。多头表示银行该种外汇的购入额大于出售额，空头则表示银行该种外汇的出售额多于购入额。当银行各种外汇头寸处于不平衡时，银行便承担了外汇风险。若银行要回避外汇风险，就需通过银行同业间的交易，“轧平”外汇头寸，即将多头抛出，空头补进，使其所承诺的某种货币的出售数量与所承诺的同种货币的购进数量相平衡。此外，银行还出于投机、套利、套期保值等目的从事同业的外汇交易。因此，银行同业间的外汇交易构成了绝大部分的外汇交易，占外汇市场交易总额的90%以上。

③第三层次：银行与中央银行之间的外汇交易。

中央银行为了使外汇市场上自发形成的供求关系所决定的汇率能相对地稳定在某一期望的水平上，可通过其与外汇银行之间的交易对外汇市场进行干预。如果某种外币兑换本币的汇率低于期望值，中央银行就会向外汇银行购入该种外币，增加市场对该外币的需求量，促使银行调高汇率；反之，如果中央银行认为该外币的汇率偏高，就向银行出售该种外汇的储备，促使汇率下降。

(3) 远期外汇交易的概念。

远期外汇交易（forward transaction），又称期汇交易，是指买卖外汇的双方先签订合同，规定买卖外汇的数量、汇率和未来交割外汇的时间，到了规定的交割日期买卖双方再按合同规定办理货币收付的外汇交易。在签订合同时，除交纳10%的保证金外，不发生任何资金的转移。远期交易的期限有1个月、3个月、6个月和1年等几种，其中3个月最为普遍。远期交易很少超过1年，因为期限越长，交易的不确定性越大。

人们进行期汇交易的具体目的是多方面的，但不外乎是为了套期保值。具体包括以下几方面：

①进出口商和外币资金借贷者为避免商业或金融交易遭受汇率变动的风险而进行期汇买卖。

在国际贸易中，自买卖合同签订到货款清算之间有相当一段时间，在这段时间内，进出口商可能因计价货币的汇率变动而遭受损失，为避免汇率风险，进出口商可预先向银行买入或卖出远期外汇，到支付或收进货款时，就可按原先约定的汇率办理交割。同样地，拥有外币的债权人和债务人可能在到期收回或偿还资金时因外汇汇率变动而遭受损失，因此，他们也可在贷出或借入资金的同时卖出或买入相同期限、相当金额的期汇，以防范外汇风险。

②外汇银行为平衡其远期外汇头寸而进行期汇买卖。

进出口商等顾客为避免外汇风险而进行期汇交易，实质上就是把汇率变动的风险转嫁给外汇银行。外汇银行为满足客户要求而进行期汇交易时，难免会出现同一货币同一种交割期限或不同交割期限的超买或超卖，这样，银行就处于汇率变动的风险之中。为此，银行就要设法平衡它的外汇头寸，即将不同期限不同货币头寸的余缺进行抛售或补进，由此求得期汇头寸的平衡。

③外汇投机者为谋取投机利润而进行期汇买卖。

在浮动汇率制下，汇率的频繁剧烈波动，会给外汇投机者进行外汇投机创造有利的条件。所谓外汇投机是指根据对汇率变动的预期，有意保持某种外汇的多头或空头，希望从汇率变动中赚取利润的行为。外汇投机既可以在现汇市场上进行，也可以在期汇市场上进行。二者的区别在于，在现汇市场上进行投机时，由于现汇交易要求立即进行交割，投机者手中必须持有足够的现金或外汇。而期汇交易只需缴纳少量保证金，无需支付现汇，到期轧抵，计算盈亏，因此，不必持有巨额资金就可进行交易。所以，期汇投机较容易，成交额也较大，但风险也较高。

11.2.2 远期外汇的交易方式

远期外汇交易主要有两种方式：

(1) 固定交割日的远期交易（fixed maturity date forward transaction）。

即交易双方事先约定在未来某个确定的日期办理货币收付的远期外汇交易。这是在实际中较常用的远期外汇交易方式，但它缺乏灵活性和机动性。因为在现实中外汇买卖者（如进出口商）往往事先并不知道外汇收入和支出的准确时间，因此，他们往往希望与银行约定在未来的一段期限中的某一天办理货币收付，这就需要采用择期交易方式，即选择交割日的交易。

(2) 选择交割日的远期交易（optional maturity date forward transaction）。

主动请求交易的一方可在成交日的第三天起至约定的期限内的任何一个营业日，要求交易的另一方按照双方事先约定的远期汇率办理货币收付的远期外汇交易。确定择期交割日的方法有两种：①事先把交割期限固定在两个具体日期之间。如某一出口商在2011年5月25日成交一笔出口交易，预期3个月内收到货款。这样，该出口商马上在外汇市场上卖出一笔3个月的远期外汇，并约定择期日期为5月29日—7月29日。这样该出口商便可在这段时间内的任何一天，随时将收到的外汇卖给银行。②事先把交割期限固定在不同月份之间。如上例中，出口商可视其需要将交割期限规定为第1个月、第2个月、第3个月，或3个月中的任意2个月，或择期3个月。由于择期交易在交割日上对顾客较为有利，因此，银行在择期交易中使用的是对顾客较不利的汇率，也就是说，银行将选择从择期开始到结束期间最不利于顾客的汇率作为择期远期交易的汇率。

远期合约约定的是未来交割，不要求交易者在合约订立时就持有标的资产，只要保证到期时能执行合约就可以了，其交易规模也由交易双方自行协商，合约条款根据交易双方的实际情况而定制，具有高度灵活性。同时，远期合约在订立时不需要支付价格，因此远期合约是一种典型的杠杆投资工具，交易成本很低。

但是由于远期合约是交易双方定制的，会造成合约流动性差，一般无法转让。同时缺少第三方对交易中信用风险的控制，远期合约很容易发生违约。由于远期合约的各种缺点，现实市场的远期交易多发生在银行间资金市场，银行信用减少了违约风险，短期资金借贷克服了合约流动性差的弱点，同时合约的高度定制特点反倒为银行的大额资金管理带来便利。

11.2.3 外汇掉期交易

掉期交易，又称时间套汇（time arbitrage），是指同时买进和卖出相同金额的某种外汇但买与卖的交割期限不同的一种外汇交易，进行掉期交易的目的也在于避免汇率变动的风险。掉期交易可分为以下三种形式：

（1）即期对远期。

即在买进或卖出一笔现汇的同时，卖出或买进相同金额该种货币的期汇。期汇的交割期限大都为1周、1个月、2个月、3个月、6个月。这是掉期交易中最常见的一种形式。

这种交易形式按参加者不同又可分为两种：①纯粹的掉期交易，指交易只涉及两方，即所有外汇买卖都发生于银行与另一家银行或公司客户之间；②分散的掉期交易，指交易涉及三个参加者，即银行与一方进行即期交易的同时与另一方进行远期交易。但无论怎样，银行实际上仍然同时进行即期和远期交易，符合掉期交易的特征。进行这种交易的目的在于避免风险，并从汇率的变动中获利。

例如，美国一家银行某日向客户按1美元＝0.94欧元的汇率，卖出188万欧元，收入200万美元。为防止将来欧元升值或美元贬值，该行利用掉期交易，在卖出即期欧元的同时，又买进3个月的远期欧元，其汇率为1美元＝0.92欧元。这样，虽然卖出了即期欧元，但又补进了远期欧元，使该家银行的欧元、美元头寸结构不变。虽然在这笔远期买卖中该行要损失若干欧元的贴水，但这笔损失可以从较高的美元利率和这笔现汇交易的买卖差价中得到补偿。

在掉期交易中，决定交易规模和性质的因素是掉期率或兑换率。该率就是前面提及的换汇率。掉期率本身并不是外汇交易所适用的汇率，而是即期汇率与远期汇率或远期汇率与即期汇率之间的差额，即远期贴水或升水。掉期率与掉期交易的关系是：如果远期升（贴）水值过大，则不会发生掉期交易。因为这时交易的成本往往大于交易所能得到的益处。掉期率有买价掉期率与卖价掉期率之分。

（2）明日对次日。

明日对次日的掉期交易即在买进或卖出一笔现汇的同时，卖出或买进同种货币的另一笔即期交易，但两笔即期交易的交割日不同，一笔是在成交后的第二个营业日（明日）交割，另一笔反向交易是在成交后第三个营业日（次日）交割。这种掉期交易主要用于银行同业的隔夜资金拆借。

一天掉期又可分为今日掉明日（today/tomorrow）、明日掉后日（tomorrow/next）和即期掉次日（spot/next）。今日掉明日掉期的第一个到期日在今天，第二个掉期日在明天。明日掉后日掉期的第一个到期日在明天，第二个到期日在后天。即期掉次日掉期的第一个到期日在即期外汇买卖起息日（即后天），第二个到期日是将来的某一天（如即期掉1个月远期，远期到期日是即期交割日之后的第30天）。

（3）远期对远期。

远期对远期的掉期交易是指同时买进并卖出两笔相同金额、同种货币、不同交割期限的远期外汇。这种掉期形式经常被转口贸易中的中间商所使用。

该交易有两种方式，一是买进较短交割期的远期外汇（如30天），卖出较长交割期的远期外汇（如90天）；二是买进期限较长的远期外汇，而卖出期限较短的远期外汇。假如一个交易者在卖出100万30天远期美元的同时，又买进100万90天远期美元，这个交易方式即远期对远期的掉期交易。由于这一形式可以使银行及时利用较为有利的汇率时机，并在汇率的变动中获利，因此越来越受到重视。

☞专栏 11—1

一个掉期交易的例子

美国某银行在 3 个月后应向外支付 100 万英镑，同时在 1 个月后又将收到另一笔 100 万英镑的收入。如果市场上汇率有利，它就可进行一笔远期对远期的掉期交易。设某天外汇市场汇率为：

即期汇率：£1=US$1.596 0/1.597 0

1 个月远期汇率：£1=US$1.586 8/1.588 0

3 个月远期汇率：£1=US$1.572 9/1.574 2

这时该银行可作如下两种掉期交易：

(1) 进行两次"即期对远期"的掉期交易。即将 3 个月后应支付的英镑先在远期市场上买入（期限 3 个月，汇率为 1.574 2 美元），再在即期市场上卖出（汇率为 1.596 0 美元）。这样，每英镑可得益 0.021 8 美元。同时，将一个月后将要收到的英镑先在远期市场上卖出（期限 1 个月，汇率为 1.586 8 美元），并在即期市场上买入（汇率为 1.597 0 美元）。这样，每英镑需贴出 0.010 2 美元。两笔交易合计，每英镑可获得收益 0.011 6 美元。

(2) 直接进行远期对远期的掉期交易。即买入 3 个月期的远期英镑（汇率为 1.574 2 美元），再卖出 1 个月期的远期英镑（汇率为 1.586 8 美元），每英镑可获净收益 0.012 6 美元。可见，这种交易比上一种交易较为有利。

资料来源：张亦春、郑振龙、林海：《金融市场学》（第三版），北京，高等教育出版社，2008。

11.3 期货市场

由于远期合约交易成本高、流动性差和违约风险高的缺点，因此市场规模难以扩大。以 18 世纪的日本丝绸和大米市场以及荷兰的郁金香球茎市场为代表，世界金融市场开始大规模引入标准化的远期交易——期货交易。美国在 1850 年引入商品期货交易，1975 年美国芝加哥交易所首次推出了金融期货交易。目前在世界主要金融市场上，期货交易已经成为商品和金融产品的一种最重要的交易方式。

期货合约其实正是标准化的远期合约，因此，远期的价格与期货的价格之间存在着必然的联系。具体来说，当无风险利率恒定时，交割日相同的远期价格和期货价格是相等的；当标的资产价格与利率正相关时，期货价格高于远期价格；反之，当标的资产价格与利率负相关时，远期价格就会高于期货价格。此外，合约有效期的长短、税收、交易费用等其他方面的因素都会导致远期价格和期货价格的差异。但是，在现实生活中，期货和远期价格的差别往往可以忽略不计。因此，对远期合约的定价同样适用于期货合约。

当然，由于期货合约是一种高度标准化、可流通转让、在交易所交易的远期类衍生品，因此，期货合约和远期合约之间也有一定的区别。主要表现在：

(1) 交易所交易。

远期合约主要在 OTC 市场交易，而期货合约全部在交易所进行（实体交易所或者电子网络交易所)。

(2) 标准化的合约条款。

交易所根据市场需求推出固定的交易品种，包括对标的资产品质都有详细要求，合约到期时间标准化固定的几个月份，每份合约代表的资产数量也是固定的。合约条款的标准化保证了一个活跃的二级交易市场，交易者只需针对标准化的合约竞价拍卖交易，因此期货合约有非常高的流动性。当然，标准化交易带来的负面效应就是期货合约不像远期合约那样能够精确地为公司经营活动进行套期保值，我们将在期货的交易策略中了解这一点。

(3) 间接清算。

期货交易与远期交易一样都会产生交易损益，但是合约交易双方之间并不直接清算损益，而是通过交易所的清算公司清算，这个措施主要在于限制交易的违约风险。

11.3.1 期货合约

同远期合约一样，期货合约在订立的时候，买卖双方不用相互支付合约价格。建立一份期货合约叫做“持仓”，手中持有的期货合约数量叫做“持仓量”。承诺买入资产的交易方为多头方，承诺出售资产的交易方为空头方。达成的标的资产的未来交割价格称为期货价格。标准化的期货合约主要是对标的资产的种类、品质、单位合约的交割数量、到期时间、交割地点等条款进行标准化。表 11—2 是上海期货交易所黄金期货标准合约。

表 11—2　　上海期货交易所黄金期货标准合约 (2008 年 1 月 7 日)

交易品种	黄金
交易单位	1 000 克/手
报价单位	元 (人民币) /克
最小变动价位	0.01 元/克
每日价格最大波动限制	不超过上一交易日结算价±5%
合约交割月份	1—12 月
交易时间	上午 9：00—11：30，下午 1：30—3：00
最后交易日	合约交割月份的 15 日 (遇法定假日顺延)
交割日期	最后交易日后连续 5 个工作日
交割品级	金含量不小于 99.95%的国产金锭及经交易所认可的伦敦金银市场协会 (LBMA) 认定的合格供货商或精炼厂生产的标准金锭 (具体质量规定见附件)
交割地点	交易所指定交割金库
最低交易保证金	合约价值的 7%
交易手续费	不高于成交金额的万分之二 (含风险准备金)
交割方式	实物交割
交易代码	AU
上市交易所	上海期货交易所

资料来源：http：//www.shfe.com.cn/。

从表 11—2 中可以看出，一般标准化的期货合约要素有以下几个方面：

（1）标准化的标的资产。何种资产可以在交易所交易是由交易所规定的，比如上海期货交易所约定的交易资产为黄金，同时详细规定了交割品级。

（2）标准化交易数量。每份合约代表的标的资产的交割数量是标准化的。比如表 11—2 中约定一份期货合约代表的黄金交易单位为 1 000 克/手，交易数量只能是交易单位的整数倍。交易时直接选择买卖多少份合约。

（3）标准化的报价。尽管期货的价格是根据买卖竞价决定的，但是交易所对拍卖竞价的方式进行了标准化，比如报价的单位和货币以及价格的变化刻度（tick size）。表 11—2 显示，上海期货交易所的黄金期货在竞价时以人民币元/克为单位，价格的变动刻度为 0.01 元/克。

（4）合约的到期和交割。上海期货交易所的黄金 1—12 月为交割月（delivery month），也就是期货合约的到期月。合约多空方可以协商在交割月的任何一个交易日交割并终止合约，但是合约买卖的时间不能超过合约的最后交易日（last trading day）。表 11—2 的最后交易日为合约交割月份的 15 日。如果合约需要实物交割，那么只能在交易所指定的交割地点进行。

（5）风险控制。为了降低交易的违约风险，交易所一般都要制定涨跌停板、保证金制度等相应的风险控制措施。

当这些相关条款都被标准化后，同一标的同一交割月份的合约就是同质的，因此合约非常容易转让流通，这也促进了期货市场交易的活跃。

11.3.2 期货市场的组织

期货市场是一个高度组织化的场内市场，有着严密的组织结构和交易制度，从而可以保障期货市场的有效运转。目前由中国证监会、交易所和期货行业协会组成的三级管理体系已经建立并正在改革、完善。

（1）期货市场监管部门。

期货市场监管部门是指国家指定的对期货市场进行监管的部门。我国目前确定中国证券监督管理委员会及其下属派出机构对中国期货市场进行统一监管。国家工商行政管理局负责对期货经纪公司的工商注册登记工作。我国期货市场由中国证监会作为国家期货市场的主管部门进行集中、统一管理的基本模式已经形成。对地方监管部门实行由中国证监会垂直领导的管理体制，根据各地区证券、期货业发展的实际情况，在部分监管对象比较集中、监管任务比较重的中心城市，设立证券监管办公室，作为中国证监会的派出机构，此外，还在一些城市设立特派员办事处。

（2）期货交易所。

期货交易所是指专门进行标准化期货合约买卖的场所，其性质是不以营利为目的，按照其章程的规定实行自律管理，以其全部财产承担民事责任。期货交易所是具有高度系统性、严密性、高度组织化和规范化的交易服务组织，自身不参与交易活动，不参与期货价格的形成，也不拥有合约标的商品，只为期货交易提供设施和服务。

交易所会员，是指拥有期货交易所的会员资格，可以在期货交易所内直接进行期货交易的单位。国内期货交易所包括两类会员，一类是为自己进行套期保值或投机交易的期货自营会员，另一类则是专门从事期货经纪代理业务的期货经纪公司。

期货交易所的职能包括：①提供交易场所、设施和相关服务；②制定并实施业务规则；③设计合约，安排上市；④组织和监督期货交易；⑤监控市场风险；⑥保证合约履行；⑦发布市场信息；⑧监管会员交易行为；⑨监管指定交割仓库。

（3）中国期货业协会。

中国期货业协会（简称协会）成立于 2000 年 12 月 29 日，协会的注册地和常设机构设在北京。协会是根据《社会团体登记管理条例》设立的全国期货行业自律性组织，为非营利性的社会团体法人。协会接受中国证监会和国家社会团体登记管理机关的业务指导和管理。协会的主要宗旨为：贯彻执行国家法律法规和国家有关期货市场的方针政策，在国家对期货市场集中统一监督管理的前提下，实行行业自律管理，发挥政府与会员之间的桥梁和纽带作用，维护会员的合法权益，维护期货市场的公开、公平、公正原则，加强对期货从业人员的职业道德教育和资格管理，促进中国期货市场的健康稳定发展。协会会员将由团体会员和个人会员组成，会员大会是协会的最高权力机构；理事会为协会常设权力机构，负责协会的常务工作，对会员大会负责。

（4）期货经纪机构。

期货经纪机构是指依法设立的，接受客户委托、按照客户的指令，以自己的名义为客户进行期货交易并收取交易手续费的中介组织。期货经纪机构在期货市场中的作用主要体现在以下几个方面：期货经纪机构接受客户委托代理期货交易；期货经纪机构有专门从事信息搜集及行情分析的人员为客户提供咨询服务；期货经纪机构拥有一套严密的风险控制制度，可以较为有效地控制客户的交易风险，实现期货交易风险在各环节的分散承担。

（5）期货结算机构。

结算是保障期货交易正常运行的重要环节，期货市场的结算体系采用分级、分层的管理体系，交易所对会员结算，会员对所代理的客户进行结算。结算机构首先要计算期货交易盈亏，期货交易的盈亏结算包括平仓盈亏结算和持仓盈亏结算。结算机构还要承担交易履约，期货交易一旦成交，交易所就承担起保证每笔交易按期履约的全部责任。交易双方并不发生直接关系，只和结算机构发生关系，结算机构成为所有合约卖方的买方，所有合约买方的卖方。对于交易者来说，由于对手的违约风险已经完全由结算机构承担，只要结算机构能够保证合约的履行，就可以完全不用了解对方的资信状况，也不需要知道对手是谁。

期货结算机构还负责控制市场风险。保证金制度是期货市场风险控制的最根本、最重要的制度。结算机构作为结算保证金的收取、管理机构，承担起了控制市场风险的职责。目前我国期货市场结算机构的职能由交易所的结算部门具体承担。

11.3.3 期货交易的间接清算和损益实现

与远期交易不一样的是，期货交易双方并不直接交割资产或者清算损益，他们都通过交易所指定的清算公司（clearing house）进行结算，这称作期货交易的间接清算制度。在间接清算制度下，交易双方互相不知道对方，一切资产交割和损益结算都直接与清算公司完成。

期货清算公司可能由交易所直接设立，也可能是由独立的金融中介提供清算服务。我国期货交易所一般指定符合规定的结算银行清算。间接清算的存在使得所有达成的交易合约都由清算公司统一管理，清算公司通过对会员账户的管理控制了交易的违约风险，大大提高了期货交易的效率。

如果交易者选择持有期货合约至到期并交割资产时，清算公司向合约买方（多头方）交割标的资产，买方则向清算公司支付价格；交割时，合约卖方（空头方）向清算公司交割标的资产，清算公司则向卖方支付价格。这个流程如图 11—2 所示。

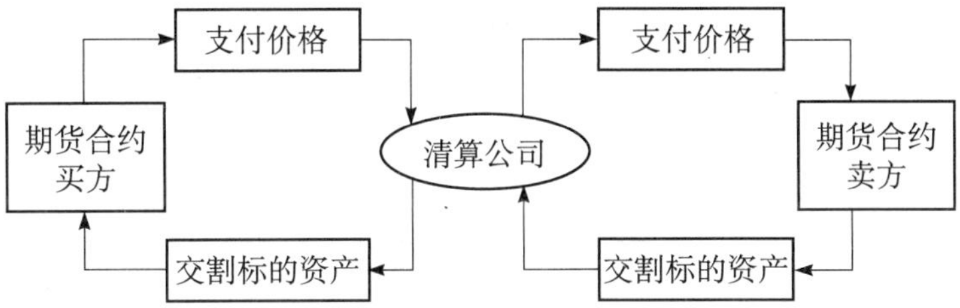

图 11—2　清算公司的清算流程

现实中，由于标准化的期货合约培育了一个高度活跃和发达的二级交易市场，因此大部分期货交易者并不对标的资产的交割感兴趣，而只关注期货价格的波动。他们会通过“平仓”（reversing trade）这种交易方式来避免发生实物交割，并提前实现期货合约的价格损益。所谓平仓就是用一个数量相同但是方向相反的交易头寸去冲抵原先建立的交易头寸，平仓之后交易者的持仓量为零，价差形成交易损益，同时两个头寸相反的合约使其避免了实物交割。

☞专栏 11—2

期货交易、交割示例

假设某投资人在 2006 年 1 月 2 日买入了当年 3 月份到期的上海期货交易所的铝期货（简称“沪铝”，下同）一手，数量为 5 吨，期货价格为 3 884 元/吨。到了 2 月 1 日，他看到同样 3 月到期的沪铝期货价格上涨到了 4 306 元/吨。该投资人于是考虑再建立一个 3 月份到期的沪铝期货的空头仓位。下面我们考虑该投资人在合约到期时的交割状况。对于 1 月 2 日建立的多头合约，该投资人必须向上海期货交易所的清算所支付价款 19 420 元，清算所必须向他交割 5 吨标准铝。对于该投资人在 2 月 1 日建立的空头合约，他必须向上海期货交易所的清算所交割 5 吨标准铝，同时获得 21 530 元的价款。这个流程如图 11—3 所示。

图 11—3 中的正号表示某投资人获得价款或者资产，负号表示该投资人支付价款或者资产。这个流程说明该投资人和清算所在 3 月份不用发生资产的实物交割，清算所只需要支付给投资者 2 110 元（=21 530—19 420）的交易收益就可以了结这两份合约。实际上，该投资人这2 110 元的交易收益在他 2 月 1 日建立了 3 月份沪铝期货空头仓位时就已经被“锁定”了，清算所在 2 月 1 日当天就会提前结算该投资人的交易损益。从这个例子我们了解到，平仓交易使得期货交易者无需面对实物交割，并且可以提前清算损益。

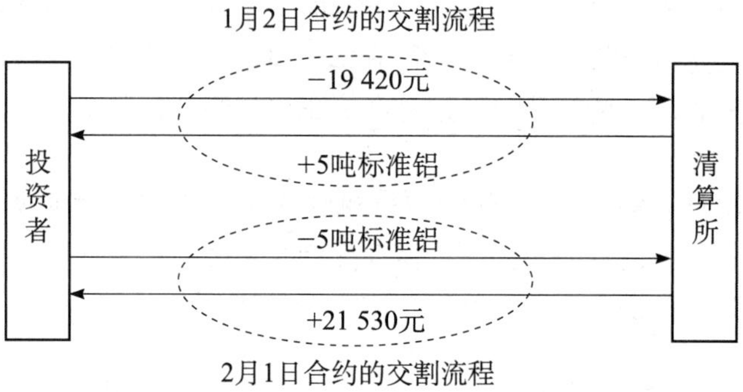

图 11—3　投资人 3 月份沪铝期货的交割流程

一般地，对于多头方而言，如果在期货价格上涨时平仓就获利，如果在期货价格下跌时平仓则亏损。空头方的平仓损益情况和多头方完全相反。多方和空方的平仓损益可以分别表示成 $(F_T-F_0)\times N$ 和 $(F_0-F_T)\times N$，其中，F_0 和 F_T 分别表示建仓和空仓时的单位价格，N 表示持仓数量。表 11—3 摘录了上海期货交易所公布的黄金期货在 2012 年 5 月的行情数据。

表 11—3　上海期货交易所 2012 年 5 月黄金期货的行情数据

品种	月开盘价	最高价	最低价	月收盘价	涨跌	持仓量	持仓变化	月末结算价	成交量	成交额
au1205	336.50	336.50	330.00	330.00	−8.35	102	−6	330.00	12	399.90
au1206	338.60	339.10	310.00	311.00	−26.46	648	−9 902	320.77	27 032	885 062.55
au1207	337.73	339.09	314.23	324.35	−13.38	42	−2	324.35	390	12 879.24
au1208	336.17	336.49	314.34	323.97	−13.53	36	20	323.97	478	15 616.06
au1209	339.28	339.28	315.17	324.05	−14.87	128	68	324.02	1 676	54 639.51
au1210	339.16	339.65	315.10	324.17	−14.91	74	8	323.50	358	11 554.90
au1211	338.56	338.56	315.59	323.31	−15.85	34	12	323.31	264	8 552.57
au1212	340.00	340.00	313.72	323.00	−15.22	131 874	35 770	323.32	1 240 240	40 237 177.42
au1301	338.98	340.04	317.26	324.00	−13.18	54	40	323.67	282	9 194.99
au1302	339.10	339.16	315.10	323.42	−15.28	34	8	322.47	166	5 359.65
au1303	335.15	335.15	314.37	323.04	−14.68	18	6	323.04	50	1 621.10
au1304	337.34	337.34	315.18	322.70	−16.47	10	6	322.70	34	1 110.45
au1305	316.00	322.78	314.97	323.09	323.09	20	20	323.09	30	954.19
小计	—	340.04	310.00	—	—	133 074	26 048	—	1 271 012	41 244 122.52

资料来源：http：//www. shfe. com. cn/。

第一个栏目是合约品种：au 表示黄金的交易代码；au 后的四位数字表示合约的到期交割月，比如 1206 表示 2012 年 6 月到期的黄金期货合约。第二栏到第四栏是相关价格行情，单位是元/手，黄金期货合约 1 手表示 1 000 克标准黄金。第七栏“持仓量”也叫未平仓量（open interest），它是交易所黄金期货在 5 月末未平仓的多头合约数量或者空头合约数量。第九栏“月末结算价”是 5 月底平仓结算损益时采用的价格。如果某个交易者在 5 月开盘时建立 7 月黄金期货空头仓位 5 手，5 月底选择平仓（不计中间损益），其当月交易损益为：

(337.73－314.23)×5＝117.5(元)

即发生 117.5 元的交易获利。

11.3.4 “盯市”和保证金交易制度

间接清算制度实际上将交易者的违约风险转嫁给了清算公司，清算公司为了控制违约风险在期货交易中实行了“盯市”（marking to market）的结算制度，也就是每日根据期货价格波动强制结算交易者的当日损益。

在“盯市”制度下，清算公司会在每日收市时，用当日的结算价对每个交易者的未平仓头寸强制平仓，然后计算当日损益。假设在 2007 年 4 月 3 日收市时，某投资人有10 000 蒲式耳的 9 月份小麦多头仓位，该投资人是在当天以 205 美元/蒲式耳的价格建仓，当天 9 月份小麦的结算价是 205.25 美元/蒲式耳。那么，清算公司就会强制用 10 000 蒲式耳的 9 月份小麦空头仓位来平仓该投资人的多头仓位，平仓使得该投资人当天发生 2 500 美元的交易获利。然后清算公司重新按照 205.25 美元/蒲式耳的价格为该投资人建立 9 月份小麦的多头仓位 10 000 蒲式耳。如果 4 月 3 日的结算价是 204.25 美元/蒲式耳，该投资人当日就会发生 10 000 美元的交易损失。

清算公司在计算了交易会员每日的交易损益后就会计入他们在清算公司的账户，这个账户称为“保证金账户”（margin account）。每位交易会员都会被要求在清算公司开设保证金账户，并且根据交易规模的一定比例往账户中预存一定现金（或现金等价物）作为保证金，这笔现金称为初始保证金（initial margin）。在交易过程中，清算公司根据每天的交易损益增减保证金账户的余额。如果账户余额低于一定的水平（maintenance level，维持水平），清算公司就会要求交易者向账户补充保证金，这被称为发出“支付命令”（margin call）。如果会员不能及时按照支付命令向账户补充资金，清算公司就会清算会员的保证金账户，强行终止会员的交易。

这一过程也被称为当日无负债结算制度。即当日交易结束后，期货交易所按照当日结算价对会员结算所有合约的盈亏、交易保证金及手续费、税金等费用，对应收应付的款项实行净额一次划转，相应增加或减少结算准备金、会员在期货交易所完成结算后，再按照同样的原则对客户进行结算，在实行会员分级结算制度的期货交易所，期货交易所只对结算会员结算；非结算会员由结算会员为其结算。如果会员、客户未能按要求及时补足保证金，期货交易所、会员在开市前对其交易采取限制开仓、强行平仓等措施。

11.3.5 期货交易的其他制度

(1) 涨跌停板制度。

期货合约在一个交易日中的交易价格不得高于或者低于规定的涨跌幅度，超出该涨跌幅度的报价将被视为无效，涨跌停板制度的实施使期货交易所、会员的损失被控制在一定幅度内，为保证金制度的实施创造了有利条件。

(2) 持仓限额制度。

持仓限额制度是期货交易所为了防范操纵市场价格的行为和防止期货市场风险的过度

集中，对会员及客户的持仓数量进行限制的制度，超过限额的将被禁止开新仓或者强制平仓。持仓限额一般可以根据不同情形作一定调整，例如，可以根据会员、客户资信情况和保证金水平，适当调整其持仓限额；可以根据某种合约距离交割月份的远近来确定其持仓限额。中国期货交易实行客户编码管理制度，贯彻一户一码的具体管理规定，对期货公司代理的客户实行编码。

（3）大户持仓报告制度。

在实施持仓限额制度的前提下，当某一会员或者客户的持仓量达到了期货交易所规定的限额时，必须向期货交易所报告，报告的内容一般包括其开户情况、交易情况、资金来源、交易动机等。实行大户持仓报告制度，可以使期货交易所更好地检查市场持仓集中的情况，防范大户操纵市场价格，进而更好地控制市场风险。

（4）风险准备金制度。

风险准备金用于为维护期货市场正常运转提供财务保障和弥补不可预见的风险带来的损失，期货交易所、期货公司、非期货公司结算会员应当按照中国证监会和财政部的规定提取、管理和使用风险准备金。

（5）结算担保金制度。

实行分级结算制度的期货交易所建立结算担保金制度。结算担保金包括基础结算担保金和变动结算担保金，由结算会员以自有资金向期货交易所缴纳，属于结算会员所有，用于应对结算会员违约风险。结算担保金制度作为一种联保制度，可以增强期货交易所抵御风险的能力。

（6）股指期货投资者适当性制度。

借鉴国际市场的经验，结合中国资本市场“新兴加转轨”的特定国情，中国证监会在股指期货市场引入和建立了投资者适当性制度，其核心理念是：通过在开户端设置适当的程序和要求，综合评估投资者对股指期货的认知程度、接受程度和风险承受程度，从源头上深化投资者风险教育，有效避免投资者盲目入市，切实保护投资者合法权益，保障股指期货市场稳健运行。其主要内容是设定了投资者，特别是个人投资者开户的硬性标准，要求期货公司建立以了解客户和分类管理为核心的客户管理和服务制度，结合投资者年龄、学历、相关投资经历、财务状况和诚信状况进行适当性综合评估，明确了相关监管要求，确保适当性制度落到实处。

（7）期货保证金安全存管制度。

为加强对期货公司客户保证金的管理，2004 年中国证监会发布了《期货经纪公司保证金封闭管理运行办法》，要求期货公司客户保证金必须全额存入从事期货交易结算业务的商业银行，严禁挪作他用。期货公司分设账户，使自有资金与客户保证金严格分离，客户保证金在指定账户间封闭运行。实行保证金封闭管理后，期货公司保证金管理水平得到了较大提高，但客户保证金安全问题还是未得到彻底解决。在这种情况下，中国证监会决定通过外部监管方式建立有效的保证金监管机制。2006 年，中国证监会成立中国期货保证金监控中心有限责任公司，由期货保证金监控中心对期货公司保证金实施监控，核对期货公司、交易所、银行三方上报的数据，对发现的期货公司保证金缺口、自有资金缺口、客户连续两个交易日以上保证金为负、交易持仓不一致、客户资金不连续等情况进行预警，并将相关问题向各地派出机构反馈，派出机构及时进行检查，在消除风险隐患的同时，投资者可以登录保证金监控中心网站查询自己的账单，可以与期货公司账单进行核对，以随时发现存在的问题，保证客户权益。期货保证金安全监控制度自实施以来，在实践中取得了良好效果。

11.3.6 股票市场指数期货

实际上，只要是一个未来不确定的变量，都可以作为衍生品的交易标的，而不一定是实物标的。指数期货就是以市场价格指数为标的的一种期货合约。其中最重要的交易品种就是股票市场的指数期货（简称股指期货）。表 11—4 概括了部分金融市场的指数期货。

表 11—4 部分金融市场指数期货

地区	股指期货	标的指数	合约规模	交易所
中国内地	沪深 300 指数期货	沪深 300 指数	300 元人民币×沪深 300 指数	中国金融期货交易所
中国香港	恒生指数期货	恒生指数	50 港元×恒生指数	香港期货交易所
美国	标准普尔 500 指数期货	标准普尔 500 指数	254 美元×标准普尔 500 指数	芝加哥商品交易所
	道琼斯指数期货	道琼斯工业平均指数	25 美元×道琼斯工业平均指数	芝加哥交易所
	纳斯达克 100 指数期货	纳斯达克指数	100 美元×纳斯达克 100 指数	芝加哥商品交易所
	芝加哥商品交易所日经 225 指数期货	日经 225 指数	500 日元×日经 225 指数	芝加哥商品交易所
英国	金融时报指数期货	金融时报 100 指数	10 英镑×金融时报 100 指数	伦敦国际金融期货交易所
日本	日经 225 指数期货	日经 225 指数	1 000 日元×日经 225 指数	大阪证券交易所

股指期货合约的期货价格约定的是到期日的指数点数，期货指数点数和到期日实际指数点数差额与合约规模（contract size）的乘积就是交易双方的损益。假设 1 个月后到期的沪深 300 指数期货合约价格为 2 563，1 个月后合约到期时沪深 300 指数的实际值（结算价）为 2 576，那么每份合约的多头方损益为：

$$(S_T - F_T) \times \text{合约规模} = (2\ 576 - 2\ 563) \times 300 = 3\ 900(\text{元})$$

相应地，空头方损益为−3 900 元。与其他期货合约一样，交易双方也可以在合约到期之前就平仓退出。

沪深 300 指数期货合约表见表 11—5。

表 11—5 沪深 300 指数期货合约表

合约标的	沪深 300 指数
合约乘数	每点 300 元
报价单位	指数点
最小变动价位	0.2 点

合约月份	当月、下月及随后两个季度月
交易时间	上午 9：15—11：30，下午 13：00—15：15
最后交易日交易时间	上午 9：15—11：30，下午 13：00—15：00
每日价格最大波动限制	上一个交易日结算价的±10%
最低交易保证金	合约价值的 12%
最后交易日	合约到期月份的第三个周五，遇国家法定假日顺延
交割日期	同最后交易日
交割方式	现金交割
交易代码	IF
上市交易所	中国金融期货交易所

资料来源：http：//www.cffex.com.cn/。

其中，合约乘数就是合约规模。合约价格的最小变动单位为 0.2 点。建仓时可以选择的合约到期月有 4 个：当前月、下一月以及下两个季度月。其中，季度月是指每年的 3 月、6 月、9 月和 12 月 4 个月份。比如 2011 年 1 月建仓的交易者可以选择 2011 年的 1 月、2 月、3 月、6 月为合约到期月。2011 年 10 月建仓的交易者可以选择 10 月、11 月、12 月和 2012 年 3 月为到期月。合约以到期月的最后一个交易日为最后结算日。结算时采用交易所公布的结算价进行结算（不一定是当日收盘价）。比如中国金融期货交易所采用最后交易日的 5 分钟指数的平均价为结算价。股指期货到期时均采用现金方式结算损益，并不发生实物交割。

交易指数期货的理由之一就是人们可以用低成本的方式来持有市场指数所代表的投资组合。市场指数就是一个股票组合的加权平均价格，指数的涨跌就是这个组合价值的变化。通过持有指数代表的股票组合可以分散投资风险。不过，持有这么多种类的股票本身的交易成本就很高，同时要求的资金规模也很大。比如我国的沪深 300 指数有 300 只成分股，在购买这些股票时最小购买单位为 100 股，也就是说，一个希望分散风险的投资者需要购买 30 000 股以上的股票才能复制沪深 300 指数，而持有股指期货的交易成本的保证金却要少很多，同时投资者又能利用对市场整体走势的判断来获利或者进行套期保值。

☞专栏 11—3

“327 国债”风波

“327”是“92（3）国债 06 月交收”国债期货合约的代号，对应 1992 年发行、1995 年 6 月到期兑付的 3 年期国库券。当时，该国库券的兑付办法是票面利率 8%加保值贴息。由于保值贴息的不确定性，决定了该产品在期货市场上有一定的投机价值，成为了当年最为热门的炒作素材，而由此引发的 327 案也成为中国证券史上的“巴林事件”，英国金融时报则将 2 月 23 日称为中国证券史上最黑暗的一天。所谓的保值贴息指的是，由于通货膨胀带来人民币贬值，从而使国债持有者的实际财富减少。为了补偿国债持有人的这项损失，财政部会拿出一部分钱作为利息的增加，称为保值贴息。从经济学的角度来看，保值贴息应该与通货膨胀率的实际值相等。

众所周知，在1991—1994年，中国通胀率一直居高不下。在这三年里，保值贴息率一直在7%～8%的水平上。根据这些数据，时任万国证券总经理，有中国证券教父之称的管金生预测，327国债的保值贴息率不可能上调，即使不下降，也应维持在8%的水平。按照这一计算，327国债将以132元的价格兑付。因此当市价在147～148元波动的时候，万国证券联合辽宁国发集团（下称“辽国发”），成为市场空头主力。而另外一方，当时的中国经济开发有限公司（下称“中经开”），隶属于财政部，已经知道财政部将上调保值贴息率。因此，中经开成为了多头主力。

1995年2月23日，财政部发布公告称，327国债将按148.50元兑付，空头判断彻底错误。当日，中经开率领多方借利好大肆买入，将价格推到了151.98元。随后辽国发的高岭、高原兄弟在形势对空头及其不利的情况下由空翻多，将其50万口做空单迅速平仓，反手买入50万口做多，327国债在1分钟内涨了2元。这对于万国证券意味着一个沉重打击——60亿元人民币的巨额亏损。管金生为了维护自身利益，在收盘前8分钟时，做出避免巨额亏损的疯狂举措：大举透支卖出国债期货，做空国债。下午4：22，在手头并没有足够保证金的前提下，空方突然发难，先以50万口把价位从151.30元轰到150元，然后把价位打到148元，最后以一个730万口的巨大卖单把价位打到147.40元。而这笔730万口卖单面值1 460亿元。当日开盘的多方全部爆仓，并且由于时间仓促，多方根本没有来得及有所反应，使得这次激烈的多空绞杀终于以万国证券盈利而告终。而另一方面，以中经开为代表的多头则出现了约40亿元的巨额亏损。

2月23日晚上10点，上交所在经过紧急会议后宣布：23日16时22分13秒之后的所有交易是异常的、无效的，经过此调整，当日国债成交额为5 400亿元，当日327品种的收盘价为违规前最后签订的一笔交易价格151.30元。这也就是说当日收盘前8分钟内多头的所有卖单无效，327产品兑付价由会员协议确定。上交所的这一决定使万国证券的尾盘操作收获瞬间化为泡影。万国证券亏损56亿元人民币，濒临破产。

2月24日，上交所发出《关于加强国债期货交易监管工作的紧急通知》，就国债期货交易的监管问题作出六项规定，即：(1) 从2月24日起，对国债期货交易实行涨跌停板制度；(2) 严格加强最高持仓合约限额的管理工作；(3) 切实建立客户持仓限额的规定；(4) 严禁会员公司之间相互借用仓位；(5) 对持仓限额使用结构实行控制；(6) 严格国债期货资金使用管理。同时，为了维持市场稳定，开办了协议平仓专场。

3月份全国“两会”召开之际，全国政协委员、著名经济学家戴园晨发言，要求对万国证券的违规予以严肃的查处。5月17日，中国证监会鉴于中国当时不具备开展国债期货交易的基本条件，发出《关于暂停全国范围内国债期货交易试点的紧急通知》，开市仅两年零六个月的国债期货无奈地画上了句号。

中国第一个金融期货品种宣告夭折。

参考资料：沈炳熙、曹媛媛：《中国债券市场：30年改革与发展》，北京，北京大学出版社，2010。

11.4 期权市场

11.4.1 期权的含义与类型

芝加哥期货交易所（CBOT）于1973年第一次推出交易所交易的期权合约，自此交易所交易的期权合约开始在世界范围流行。银行和金融机构也在国际金融市场上大量交易场外的期权合约。合约的标的涵盖了股票、价格指数、外汇、固定收益证券、商品甚至期货。期权交易中，交易双方买卖的是一种权利，具体地说是一种选择权（option)。其中，买入或者说持有这种权利的交易方称为买方（holder)，出售这种权利的交易方称为卖方（writer)。在合约订立时，买方向卖方支付一笔价款以购买这项权利，这笔价款称为权利金（premium)。一般这种选择权的内容是：买方和卖方就标的的某种未来不确定性事项做出交易约定，在合约到期时，买方可以在市场状况对自己有利时执行交易约定，在不利时放弃合约。

根据约定的选择权不同，市场上存在两种基本的期权类型：看涨期权（call options）和看跌期权（put options)。看涨期权赋予合约买方以选择权，可以在未来约定时间以约定价格买入约定数量的某种标的资产。看跌期权和看涨期权相反，它赋予合约买方在未来约定时间以约定价格出售约定数量的某种标的资产的权利。买方如果选择按照约定交割标的资产称为执行合约（exercise options)，事先约定的资产交割价格称为执行价格（exercise price，或 strike price)。同时，交易双方对合约执行的约定也产生了两种类型的期权合约：欧式期权（European options）和美式期权（American options)。欧式期权的买方只有在合约到期日当天才能执行合约，美式期权的买方可以选择在到期日之前的任何一天执行合约。

需要再次强调的是，期权合约与远期类合约的本质区别在于，远期类合约的交易双方达成的是对等的交易承诺，而期权合约买方有灵活的交易选择权。由于不存在权利交易，因此远期类合约在订立时交易双方没有对价支付。而期权合约在交易时，买方需要向卖方支付权利金。同期货合约一样，交易所交易的期权合约也是标准化的。一份标准化的期权合约通常应包括交易单位、到期月、到期日、最后交易日、执行方式、交割方式、执行价格和权利金等。下面以美国证券交易所（American Stock Exchange，AMEX）的股票期权为例进行说明。同期货一样，期权的交易也以“份”为交易单位。AMEX 约定每份股票期权合约代表 100 股标的股票，按照交易所规定选择一个月份作为到期月。到期月第三个星期五之后的第一个星期六为合约到期日。到期日之前的第一个工作日为最后交易日。AMEX 的股票期权全是美式期权，即买方在到期日之前的任何一个工作日都可以选择执行合约。如果买方执行合约，那么双方采用实物股票交割方式。交易所对每只股票的执行价格进行了标准化，买卖双方根据标准选择一个执行价格。同时在合约期内如果标的股票有拆股、送股、配股，那么执行价格和合约数量要进行相应的调整。买卖双方针对合约竞价买卖，AMEX 规定了竞价时价格的最小变动单位。

除此之外，为了控制风险，交易所对期权交易同样也通过实行头寸管理、涨跌停限制、保证金等制度来控制信用风险。

11.4.2 期权合约的到期价值

由于只有合约买方有权决定是否执行合约，那么期权合约的到期价值决定于买方的行为。比如，假设某投资人于 2007 年 5 月 11 日在 AMEX 以收盘价买入 10 份 6 月到期的微软欧式看跌期权（实际上，AMEX 所有的股票期权都是美式的，这里为了简单起见，假设有欧式期权在 AMEX 交易），执行价格为 25 美元/股，权利金为 0.03 美元/股。这意味着，到 6 月份合约到期时，该投资人必须就这份合约做出选择：一是执行合约，即按照 25 美元的价格向合约卖方出售微软股票 1 000 股；二是不执行合约，那么合约作废。显然，只要到期选择不执行合约，合约对双方的价值就是零。为了实现收益最大化，该投资人必须知道自己应该在什么情况下执行合约。如果到期日股价低于执行价格 25 美元，比如为 22 美元，那么该投资人应该选择执行合约，因为执行合约能够给他带来 3 美元/股的收益。相反，如果到期股价高于执行价格，比如为 30 美元，那么该投资人就不执行合约，因为此时执行合约给他带来 5 美元/股的损失。

总结一下该投资人的决策：假设期权的执行价格为 K，到期日标的股票价格为 S_T，对看跌期权买方而言，如果 $S_T > K$，那么买方就选择不执行合约以避免价格损失；如果 $S_T < K$，那么买方就应该选择执行合约以获取价格收益。看涨期权买方的决策正好相反，如果 $S_T > K$，那么看涨期权买方应该选择执行合约获取价格收益，否则就不执行合约避免价格损失。

因此期权合约对买卖双方的到期价值可以总结为表 11—6。

表 11—6　　期权合约到期价值

标的资产到期价格与执行价格的关系	看涨期权的到期价值		看跌期权的到期价值	
	买方	卖方	买方	卖方
$S_T > K$	$S_T - K$	$-(S_T - K)$	0	0
$S_T < K$	0	0	$K - S_T$	$-(K - S_T)$

从表 11—6 可以看出，看涨期权买方的到期价值为 $\max(S_T - K, 0)$，相应地，$-\max(S_T - K, 0)$ 为期权卖方的到期价值。类似地，看跌期权买方的到期价值为 $\max(K - S_T, 0)$，相应地，$-\max(K - S_T, 0)$ 为看跌期权卖方的到期价值。

期权的买方因获得了执行期权的权利而不必承担其他义务，所以需要向卖方支付一定的期权费 x（$x > 0$）。因此看涨期权买方的到期利润为 $\max(S_T - K, -x)$，相应地，$-\max(S_T - K, -x)$ 为看涨期权卖方的到期利润。类似地，看跌期权买方的到期利润为 $\max(K - S_T, -x)$，看跌期权卖方的到期利润为 $-\max(K - S_T, -x)$。汇总起来，看涨期权和看跌期权买卖双方的利润如图 11—4 所示。在图 11—4 中，净利润曲线和横轴的交点表示买卖双方的利润为零，这时标的资产的价格为期权买卖双方的“盈亏平衡点”。从图 11—4 还可以看出期权合约交易双方的损益特点：正是由于权利持有人可以始终做出对自己有利的选择，因此买方在到期日不会面临价格损失的情况下，还有可能获得价格收益，这与保险合约在本质上是一样的。这也从另一个角度说明了为什么期权合约本身有价值，因为它相当于合约卖方给买方开出的一份“保单”。

期权合约本身的价值还可以看作是内在价值和时间价值之和。其中，期权的内在价值又称履约价值，是指期权持有者立即行使该期权合约所赋予的权利时所能获得的收益。根据期权的内在价值大小，可以将期权分成实值期权（内在价值大于 0）、平价期权（内在价值等于 0）和虚值期权（内在价值小于 0）。期权的时间价值是指期权购买者为购买期权而实际付出的期权费超过该期权的内在价值的那部分价值。一般来讲，剩余期限越长，时间价值越大；但当期权临近到期日时，在其他条件不变的情况下，时间价值下降的速度加快，并逐渐趋于零。

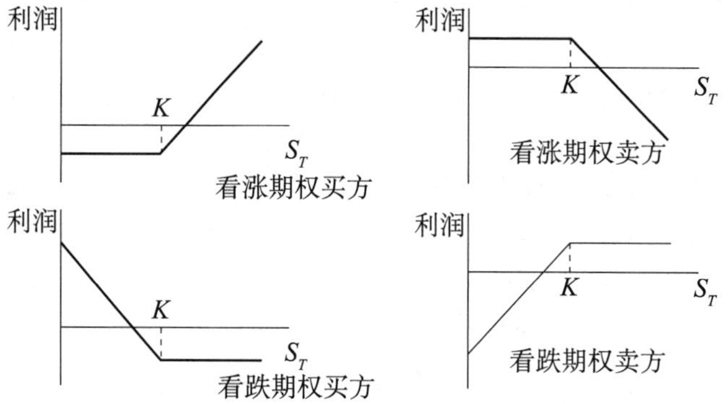

图 11—4　期权到期时买卖双方的净利润

11.4.3　权证与权证市场

目前在中国尚未交易期权，但与此相近的一个类比物是“权证”。二者的主要区别在于：一般而言，期权的双方是普通投资者之间权利和义务的合约，而权证是一般投资者与上市公司之间的约定。除此之外，与期权类似，权证也是一种权利的证明，赋予持有者在约定的到期日以约定的行权价买入或卖出相关资产，权证持有人在到期时也有行权的权利但非义务。按照到期时是有权以约定价格买入还是卖出标的股票，可将权证分为认购权证和认沽权证。与期权类似，按行权方式，即是在到期时行权还是在到期日前任意时间均可行权，也可将权证分为欧式权证和美式权证。

按发行人的不同，权证又可分为两类：股本权证和备兑权证（香港称为衍生权证）。股本权证由上市公司发行，主要是用来融资，或者以派送形式送给现有股东。例如当新公司上市时，为了吸引投资者认购其股份，公司会在新股上市的同时送认股证给股东，比如每五份正股送一份认股证。又或者公司在每年公布业绩时，为了降低派息减少带来的负面影响，代之以通过派送认股证来提高股份的吸引力。行权时，公司发行新的股票，以行权价出售给持有人，因此，发行认股权证会摊薄股东收益。这种权证均是认购证，到期行权时，投资者以低于市场的行权价格买入权证发行公司股票，比如，公司股票现价为 1 元，认股证行权价为 1.2 元，假如正股价格升至 1.2 元以上，权证便存在价值。在到期日，若公司股价在行权价之上，认股证持有人便可按行权价认购新股；而公司也会受益，即公司的股本得以扩大，有新的资金可用作投资或营运。备兑权证一般由第三方（如投资银行）发行，有效期通常为半年，其标的资产可以是个股股票，还可以是股价指数、一篮子股票等，行权时，可以以实物或现金的方式进行结算。发行备兑认股权证并非为了集资，而是为投资者提供一种有效的风险管理工具。

我国股市的第一个权证是 1992 年 6 月沪市推出的大飞乐股票的配股权证。同年 10 月 30 日，深圳宝安公司在深市向老股东发行了我国第一张中长期（一年）认股权证：宝安 93 认股权证，发行总量为 2 640 万张。宝安权证一发行就在市场上掀起了权证浪潮，宝安权证价格从 4 元一直上涨到 20 元。随着权证存续期最后期限的临近，暴跌也就不可避免。1995 年、1996 年上交所又推出江苏悦达、福州东百等股票的权证；深交所则推出厦海发、杜柳工、闽闽东等股票的权证。但 1996 年 6 月底，深圳市场上的 6 只权证出现了因撤牌和不撤牌谣言而引发的价格暴涨暴跌，这引起了中国政府极大的担忧，最终不得不终止在沪、深两市的权证交易。发展仅 4 年的权证市场就这样暂停。

经过十多年的快速发展，中国 A 股市场在市价总值、交易量、上市公司数、运作基础设施等方面都已初具规模，但市场交易品种严重缺乏，仅存在单一的股票和债券现货市场。而权证产品的推出则可丰富市场投资品种，完善市场投资结构。而 A 股市场随着规模扩大和投资者逐渐成熟，市场的投机性明显下降，操纵市场行为也不断减少，这也为权证推出创造了较好的市场环境。所以，中国证券市场尽快推出权证产品，不仅有利于提供新的理财工具和避险工具，又能提升机构和投资者的风险管理水平，增强 A 股市场的竞争能力。

随着 2005 年股权分置改革的推行，权证作为遵循市场原则的补偿对价方式应运而生；股改权证的发行吸取早期权证市场法律法规不健全的教训，上交所和深交所 2005 年 7 月分别推出了《权证管理暂行办法》，对权证的定义、种类、发行上游、履约担保、交易行权、结算，以及违规处罚等重大问题进行了详细的规定，为中国权证产品的发展奠定了基础。2005 年 8 月，作为中国 A 股市场首只股改权证，宝钢权证不仅使宝钢股份股改方案顺利通过，更为重要的是，它重启了中国权证市场，促进权证市场在更高层次上发展。其基本内容如表 11—7 所示：

表 11—7　　宝钢权证的合约设计

证券简称	宝钢 JIB1	行权简称	ESOG0830
交易代码	580000	行权代码	582000
权证类型	欧式认购备兑权证	结算方式	实物交割
发行人	宝钢集团	发行总量	38 770 万份
标的证券	G 宝钢（600019. SH）	交易期限	2005 年 8 月 22 日—2006 年 8 月 30 日
行权价格	4. 50 元	到期日	2006 年 8 月 30 日（存续期 378 天）
行权比例	1∶1，即 1 份权证可以认购 1 股宝钢股份		
调整条款	标的证券除权、除息时，行权价格和行权比例将相应调整		

宝钢权证到期持有 1 份权证，有权按 4. 5 元买入 1 股宝钢股票。当然，权证持有者可以放弃这种权利，损失的是购买权证的成本。宝钢股份股权分置改革方案是在送股的基础上，利用权证这种金融创新品种，进行对价支付的创新，既受投资者追捧，又缓解了用股票或现金支付对价的高成本。从宝钢权证上市交易的实践效果来看，权证充分发挥了二级市场的价值发现功能，仅上市的前 4 天就使持有者获得 4 个涨停板每份 2. 08 元的高回报。

随着宝钢权证方案的顺利通过与实施，其他符合权证方案条件的公司陆续推出权证方式的股改方案。中国的权证市场又迅速恢复发展起来。截至 2008 年 12 月 31 日，有权证 17 只，较 2007 年（13 只）同期增长 30. 8％，总成交金额为 5. 97 万亿元，比上年同期下降了 10. 46％。很显然，权证促进了中国股权分置改革的顺利进行。

11. 4. 4　权证市场的运行

（1）权证的发行与终止。

根据《权证管理暂行办法》，权证通常由标的证券发行人或以外的第三方发行。权证标的股票在申请上市之日，最近20个交易日流通股份市值不低于30亿元，累计换手率在25%以上，流通股股本不低于3亿股。权证申请的份数不低于5 000万份，权证存续期间6个月以上24个月以下，持有1 000份以上权证的投资者不得少于100人。若权证存续期满或权证在存续期内已被全部行权，权证终止上市；权证存续期满前5个交易日，权证终止交易，但可以行权。中国上市公司非流通股东进行股权分置改革对价而发行的权证由证券交易所核准；而上市公司自身发行的认股权证，则由证监会发审委核准。比如，长电CWBI（58007）、伊利CWBI（580009）就属于后者。

（2）权证的交易运行。

①“T+0”交易。

中国权证市场采用“T+0”的竞价方式进行交易。权证上市后存续期满前，流通数量低于1 000万份的，只参加每日集合竞价。根据《权证业务管理暂行办法》，当日买进的权证，当日可以卖出，即实行“T+0”的交易制度。

从1995年1月1日起，为了保证股票市场的稳定，防止过度投机，中国A股一直采取“T+1”交易制度，即当日买进的股票必须要到下一个交易日才能卖出，同时，对资金仍然实行“T+0”交收。

“T+0”交易对市场的影响包括如下几个方面：首先，T+0交易可增加市场交易量，这对交易所和券商有益，但对投资者不一定有利，增加交易量不一定有利于证券市场的健康发展；其次，T+0取消了T+1交易制度的人为时滞限制，释放目前被T+1压抑的交易需求，有利于提高整个市场的效率，这对投资者有利；再次，T+0较T+1更容易诱发异常交易行为，这为机构投资者提供方便，而对中小投资者不利，也不利于监管部门的监管；最后，T+0对市场波动没有显著影响，不会增加市场风险。

由于权证具有高杠杆的特性，其波动往往是标的资产的数倍甚至数十倍。所以，一个交易日内的波动幅度将会十分巨大。采取T+0交易方式，投资者可视情况及时作出调整，风险将大大降低。这也是海外成熟的权证市场大多选择T+0交易的主要原因。

②涨跌幅限制。

权证交易规则规定，权证交易实行价格涨跌幅限制，涨跌幅按下列公式计算：

$$\text{权证涨幅价格}=\begin{matrix}\text{权证前一日}\\\text{收盘价格}\end{matrix}+\left(\begin{matrix}\text{标的证券}\\\text{当日涨幅价格}\end{matrix}-\begin{matrix}\text{标的证券}\\\text{前一日收盘价}\end{matrix}\right)\times 125\%\times\text{行权比例}$$

$$\text{权证跌幅价格}=\begin{matrix}\text{权证前一日}\\\text{收盘价格}\end{matrix}-\left(\begin{matrix}\text{标的证券}\\\text{前一日收盘价}\end{matrix}-\begin{matrix}\text{标的证券}\\\text{当日跌幅价格}\end{matrix}\right)\times 125\%\times\text{行权比例}$$

当计算结果小于等于零时，权证跌幅价格为零。应用公式时要特别注意，首先，“标的证券当日涨幅价格”、“标的证券当日跌幅价格”是指标的证券的当日涨跌幅限制的最高价、最低价。其次，在计算价格时，每一步计算结果需先四舍五入至最小价格单位。以宝钢JTB1权证上市首日（2005年8月22日）涨幅价格为例：

宝钢JTB1（580000）的保荐机构提供的上市首日开盘参考价为0.688元；标的证券G宝钢（600019）的前收盘价格为4.62元，涨跌幅限制为10%，行权比例为1。标的证券当日涨幅价格为：标的证券前一日收盘价×(1+10%)=4.62×1.1=5.082（元）≈5.08（元），所以，宝钢JTB1的涨幅限制价格为：0.688+(5.08−4.62)×125%×1=1.263（元）。

(3) 权证的行权。

权证的行权是指权证的持有人在行权日以约定的价格购买（或出售）一定数量的标的资产的行为。根据《权证业务管理暂行办法》规定，标的证券除权、除息的，权证的发行人应对权证的行权价格、行权比例作相应调整。标的证券除权的，权证的行权价格和行权比例分别按下列公式进行调整：

新行权价格＝原行权价格×(标的证券除权日参考价/除权前一日标的证券收盘价)

新行权比例＝原行权比例×(除权前一日标的证券收盘价/标的证券除权价)

标的证券除息的，权证的行权比例保持不变，行权价格按下列公式调整：

新行权价格＝原行权价格×(标的证券除息价/除息前一日标的证券收盘价)

宝钢 JTB1 原行权价格为 4.50 元，宝钢股份 A 股除息日 5 月 25 日参考价为 4.53 元，除息前一交易日宝钢股份 A 股收盘价为 4.85 元。根据公式计算得出新行权价格为：

4.50×(4.53/4.85)＝4.20(元)

武钢 JTP11 原行权价格为 2.90 元，武钢股份 A 股除息日参考价为 2.82 元。除息前一交易日武钢股份 A 股收盘价为 3.12 元。根据公式计算得出新行权价格为 2.62 元。

武钢 JTP1 原行权价格为 3.13 元，武钢股份 A 股除息日参考价为 2.82 元，除息前一交易日武钢股份 A 股收盘价为 3.12 元。根据公式计算得出新行权价格为 2.83 元。

权证行权采用现金方式结算。投资者行权时，按行使价格与行权日标的证券结算价格及行权费用的差价收取现金。标的证券结算价格为行权日前十个交易日标的证券每日收盘价的平均数。

权证行权采用证券给付方式结算。认购权证的持有人行权时，应支付依行权价格及标的证券数量计算的价款，并获得标的证券。认沽权证的持有人行权时，应交付标的证券，并获得依行权价格及标的证券数量计算的价款。

目前，中国权证市场非理性发展非常明显。主要原因在于：

①投资者对权证不够了解。作为一种新的交易品种，不少投资者对权证尽管充满投资热情，但缺乏足够的了解。仅仅把它当做一种类似股票的单纯的投资品种，且价格更低，可以实行 T+0 交易。而对于权证的很多技术指标一无所知，只是简单地跟风买卖。这样不但放大了市场的涨跌，也放大了自己的投资风险。

②认沽权证作为唯一的做空工具，过度地受到投资者的追捧。通常，成熟市场是允许卖空的，所以，成熟市场的投资者不需要频繁交易。但目前沪深股票市场没有做空机制，认沽权证作为当前市场中唯一的做空工具，交易制度差异造成投资者对认沽权证热烈追捧，尤其在市场大幅下跌时表现得更为突出。统计数据显示，在中国权证市场中，快进快出的投资者盈利水平要大于持仓过夜的投资者，这在一定程度上强化了中国权证市场的非理性行为。

③权证供求关系严重不平衡。2009 年 4 月，多只认购和认沽权证已退市，当前市场上还有 14 只权证可供交易，权证更加受到投资者青睐。一是与其“稀缺性”有关；二是与其独有的 T+0 制度有关，权证是唯一的 T+0 交易产品。T+0 交易一直被当做权证交易中最具诱惑力的一个特点。一部分控盘能力强的投资者确实可以利用这种波动来赚取盘中差价，但为其埋单的往往还是普通的中小投资者。

☞专栏 11—4

招行权证的“末日轮疯狂”

招商银行认沽权证（招行 CMP1，580997）由招商局轮船股份有限公司创设于 2006 年 2 月 23 日，行权价格为 5.45 元，到期日为 2007 年 9 月 1 日，8 月 24 日为最后交易日，行权比例为 1∶1，行权价格已于 2007 年 7 月 4 日调整为 5.45 元。

该权证 2006 年 3 月 2 日上市当日就受到市场的热炒，开盘价达到 0.601 元，而当天招行正股价格是 6.37 元，按当时的行权价 5.65 元计算，其定价基本正常。在之后的 14 个月里，价格一直在 0.03～0.7 元之间波动，到 2007 年 5 月 18 日，招行认沽权证的收盘价格为 0.391 元，而当日招行正股价格为 20.76 元。此时，距离行权日期只有 3 个月了。显然，以当时的行情，招商银行正股的价格几乎没有可能在这么短的时间内下跌到 5.45 元。也就是说，招行 CMP1 已经一文不值了。

然而，令人费解的是，招行 CMP1 却在随后的交易日一路上行，至 6 月 8 日涨到了 1.339 元，6 月 12 日更是达到了诡异的 4.95 元。巨大的涨幅引发了券商的创设热情。截至 8 月 13 日，券商共创设了 44 亿份招行认沽权证，一度导致市场流通的权证数量超过了正股的数量。

8 月 13 日，招行 CMP1 虽然一度跌至 0.116 元，但仅仅持续了 15 分钟，到收盘前最后 7 分钟，突发的巨大买盘将股价迅速拉升至 0.146 元，上涨了 25.9%。

8 月 14 日，该权证在以 0.15 元价格高开之后，一路上行，盘中一度触及 0.55 元。当日 11 时 15 分，上证所认为招行 CMP1 交易异常，第一次对其实施停牌。午盘复牌，招行 CMP1 稍事调整即加速上攻，上证所于下午 1 时 56 分起第二次对其停牌，当时的权证价格已上涨了近 180%。

下午 2 时 10 分，招行 CMP1 再次复牌，结果却轻松地冲到了 0.548 元，仅仅 5 分钟内的涨幅就接近 100%。下午 2 时 40 分，招行 CMP1 已上涨 241.78%，上证所被迫第三次出手实施停牌，并提醒投资者理性投资，注意交易风险。2 时 45 分，该权证从第三次停牌中复牌，此时距离收盘已进入倒计时，主力却依旧猛拉。该权证最终全天报收于 0.5 元，涨 242.47%，换手率高达 905.48%。

业界将招行 CMP1 在 2007 年 8 月 14 日的这次非理性上涨称为“末日轮疯狂”。虽然因涨幅过高，上证所盘中三次实施临时停牌，但每一次停牌之后，其股价均被再次拉高。权证市场出现“越抑制越投机”的怪象。

参考资料：徐绍峰：《狂炒权证预演了什么?》，载《中国金融家》，2007 (7)。

11.5　互换

11.5.1　互换的概念

互换（swaps）是一种交易双方约定的在未来某段时间内交换一系列现金流的金融协议。与远期和期权一样，互换协议中的支付承诺也必然针对标的的某个不确定变量。互换协议主要在 OTC 的交易商市场发生，主要由银行和一些金融机构交易。互换在交易中形成了行业自律性的格式化交易条款，被广泛承认的一个互换交易格式化条款由国际互换和衍生产品协会（International Swaps and Derivatives Association，ISDA）制定。

11.5.2 利率互换

最常见的互换协议是普通利率互换。在这类互换协议中，交易的一方承诺在约定时间内，向另一方就一定数额的名义本金按照事先协商的固定利率支付一系列利息。作为交换，另一方向前者就同一名义本金按照某个市场浮动利率支付一系列利息。这个流程如图 11—5 所示。

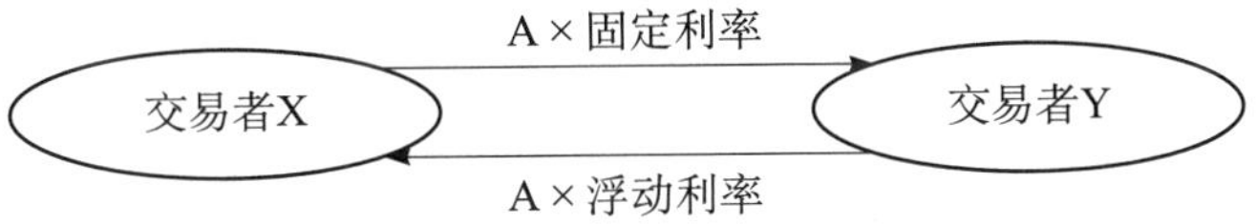

图 11—5 普通利率互换流程

在图 11—5 中，箭头表示支付方向。A 表示协议的名义本金，对于双方而言，普通利率互换名义本金的币种和数额都是一样的。固定利率是在协议签订时就事先确定的，浮动利率采用某个公认的市场利率，比如 LIBOR。由于名义本金对双方一样，所以在实际交易中，X 和 Y 并不用结算名义本金（这个本金的性质与远期利率协议的名义本金类似），只要结算利差就可以了。显然，当浮动利率上涨到固定利率之上时，X 将获得利差收益，Y 相应地发生利息损失；如果浮动利率下跌到固定利率之下，则 X 发生损失，Y 获得收益。在“固定—浮动”这样的利率互换协议之外，还可以约定“浮动—浮动”的利率互换，比如用同业拆借利率交换国库券利率。

下面我们以一个普通利率互换的例子说明利率互换的交易过程。假设公司 C 和公司 D 签订了一个“固定—浮动”的利率互换，名义本金为 100 万元人民币。协议约定，C 公司以 6%的固定利率交换 LIBOR 浮动利率，即由 C 向 D 支付 6%的固定利率，由 D 向 C 支付 LIBOR 浮动利率。双方约定每半年交换一次利率，期限为 3 年。

根据图 11—5 所示的流程，每隔半年，公司 C 的利息净收入为：

$$100\text{万元}\times(\text{LIBOR}-6\%)\times0.5$$

公司 D 的利息净收入为：

$$100\text{万元}\times(6\%-\text{LIBOR})\times0.5$$

显然，如果 LIBOR>6%，公司 D 向公司 C 支付利差，否则由公司 C 向公司 D 支付利差。

一种试图对利率互换市场为什么存在做出解释的理论就是比较优势理论，一般认为这个理论能较好地解释互换市场产生和发展的根本原因。该理论认为，由于市场参与者们在固定利率和浮动利率的资金市场有各自的比较优势，因此应该根据比较优势分工协作，然后通过交换，即互换协议来共享收益。我们仍然需要通过一个例子来解释分工以及交换为什么能为交易双方带来收益共享。

假设公司 E 和公司 F 现在都希望从市场上融资 10 万元人民币。它们既可以从浮动利率市场融资，也可以从固定利率市场融资。公司 E 和公司 F 各自面临的利率安排如表 11—8 所示：

表 11—8　　公司 E 和公司 F 的融资利率

	固定利率	浮动利率
公司 E	6.5%	CHIBOR+0.1%
公司 F	7.5%	CHIBOR+0.5%

表 11—8 中 CHIBOR 为中国银行间同业拆借利率。表 11—8 显示，公司 E 相对于公司 F 在融资市场具有绝对优势。现假设公司 E 预期未来市场利率会下降，因此打算借入浮动利率；而公司 F 预期未来市场利率会上升，因此打算借入固定利率。如果 E 和 F 按照自己的预期去融资，那么它们的总融资成本为（CHIBOR+0.1%）+7.5%，即为 CHIBOR+7.6%。

经过仔细的市场调查，E 和 F 发现了各自在不同的市场有比较优势。其中 E 在固定利率市场比较优势较大，而 F 在浮动利率市场的比较优势较大。E 和 F 决定根据比较优势融资（分工），然后再通过利率互换（交换）分享分工收益。因此由 E 以 6.5%的固定利率借入 10 万元，F 以 CHIBOR+0.5%的利率借入 10 万元。然后，两公司签订互换协议，由 F 向 E 支付固定利率，同时 E 向 F 支付浮动利率。假设互换协议约定的固定利率为 7%，浮动利率为 CHIBOR+0.3%。整个交易流程如图 11—6 所示。

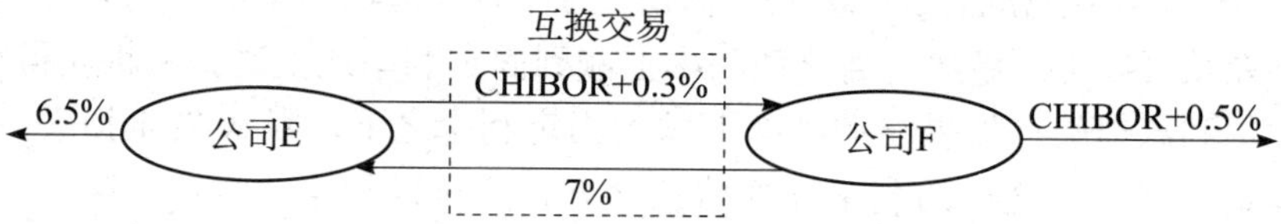

图 11—6　公司 E 和公司 F 的交易流程

图 11—6 的虚线框部分表示 E 和 F 的互换协议。通过分工，我们看到 E 和 F 的总融资成本变为 6.5%+(CHIBOR+0.5%)，即 CHIBOR+7%。相比不分工的 CHIBOR+7.6%的总融资成本，分工后两者的总融资成本下降了 0.6%，这就是分工带来的总收益。E 和 F 再通过互换分享 0.6%的收益。互换之后，E 的实际融资成本变为：

$$6.5\%+(\text{CHIBOR}+0.3\%)-7\%=\text{CHIBOR}-0.2\%$$

分工再交换使得 E 实现了浮动利率借款的初衷，并且使融资成本下降了 0.3%。同样，F 的实际融资成本变为：

$$(\text{CHIBOR}+0.5\%)+7\%-(\text{CHIBOR}+0.3\%)=7.2\%$$

F 也实现了当初固定利率融资的目的，并且融资成本同样下降了 0.3%。基于这样的好处，比较优势理论认为，既然金融市场上有种类众多的交易者，那么他们就应该通过比较优势原则来运作自己的资产或者债务，然后通过互换协议来分享分工收益，这应该就是互换交易存在的原因。

按照比较优势进行互换交易显然面临两个大问题：一是交易难以匹配，因为交易者需要在市场上寻找具有不同市场预期的交易对手，同时，双方的资产或者债务规模也必须匹配。二是由于互换交易期限一般比较长，而且包含多次现金流交换，因此交易中的信用风险非常大。在实务中，互换市场是交易商市场。通过交易商市场，互换协议容易匹配，同时信用风险也转嫁给了交易商。

在利率互换市场上，交易商针对信用评级在AA级以上的交易方做出固定利率的双向报价，其中交易商支付的固定利率称作买入利率（bid rate），交易商获得的固定利率称作卖出利率（offer rate）。由于交易商撮合了交易并承担了大部分的信用风险，因此在报价时，买入利率一定小于卖出利率，两者的差额称为价差（spread），这是交易商的收益来源。比如某交易商报价为：2－yr TN ＋ 17/20 bps against LIBOR。其中2－yr TN表示这个价格针对的是2年期利率互换，固定利率基准为当前2年期国债收益率。＋17/20表示bid/offer rate在当前2年期国债收益率基准上加17/20个基点，这个报价的spread为3个基点。against LIBOR表示互换的浮动利率为LIBOR。如果当前2年期国债利率为5.86％，那么对于2年期的利率互换，该交易商愿意支付6.03％的固定利率以收入LIBOR利率，或者收入6.06％的固定利率以支付LIBOR利率。这个交易商参与的互换交易流程如图11—7所示。

图11—7 交易商互换价差收益

图11—7的正号表示交易商获得利息收入，负号表示支付利息。这个互换交易商在这次报价中的收益为3个基点。

11.5.3 货币互换

货币互换涉及交易双方间不同货币现金流之间的交换。货币互换的本金是两种货币，与利率互换不同，由于关系到汇率风险，因此交易双方需要在合约开始时交换本金，在到期时再换回各自本金。

像利率互换一样，我们也可以用比较优势理论来解释货币互换为什么存在。假设公司G和公司H都可以在人民币和港币市场融资。G需要借入港币，H需要借入人民币，融资规模都为100万元。两个公司面临的两种货币的利率安排如表11—9所示。

表11—9 公司G和公司H的融资利率

	人民币	港币
公司G	5.0％	4.4％
公司H	7.0％	5％

简单观察可以发现，公司G在人民币市场优势更大，两个公司可以商议在各自比较优势市场上借款，然后通过货币互换分享分工收益。于是由公司G借入人民币，公司H借入港币，然后再互换。假设交易当日汇率为港币∶人民币＝0.98。公司G可以借入人民币本金100万元，公司H借入港币98万元，然后互相交换本金以满足各自的融资需求。在互换期内，公司G向公司H支付港币利息4.7％，同时获得公司H支付的人民币利息

6%，这样就能交换各自的债务。这个流程如图 11—8 所示。

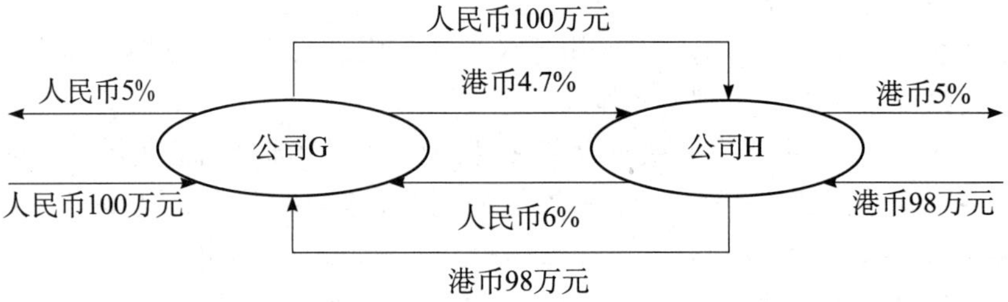

图 11—8　货币互换的交易流程

如果汇率保持不变，互换期内 100 万元人民币和 98 万元港币完全等值，那么通过分工，公司 G 和公司 H 的总融资成本由 11.4%下降到了 10%，分工收益为 1.4%。通过互换，公司 G 获得了 98 万元港币融资，同时的融资成本为 3.7%，下降了 0.7%。公司 H 获得了 100 万元人民币融资，融资成本为 6.3%，也下降了 0.7%。当然，在汇率波动的情况下，货币互换的分工收益将暴露在汇率风险中。

11.6　其他衍生品简介

11.6.1　奇异期权

不能被归为四种基本类型的（欧式或美式的看涨或看跌）期权都称为奇异期权。由于奇异期权难以标准化，因此基本上都在 OTC 市场交易，条款非常灵活。下面介绍几种常见的奇异期权。

（1）亚式期权。

亚式期权（Asian options）与基本期权的区别在结算价格的决定上。基本期权以到期日或者执行日的价格为结算价格，而亚式期权选择合约期限内的某一时间内标的资产的平均价格为结算价格。比如一个看涨亚式期权买卖方可以选择期限内最后一个月的日平均价格为结算价，结算价如果高于执行价格，那么买方执行合约，获得价差收益，否则不执行合约。亚式期权适合为那些受标的资产平均价格影响的企业提供套期保值工具。

（2）障碍期权。

障碍期权（barrier options）一般约定买方只有当标的资产价格跨过某个障碍之后才能选择是否执行合约。比如一个敲出（knock-out，或 down-and-out）期权可能约定当标的资产价格低于某个约定的水平时，合约自动失效。而一个敲入（knock-in，或 down-and-in）期权可能约定标的资产价格在有效期内要降到某个水平之下至少一次，买方才能选择是否执行合约。

（3）回望期权。

回望期权（lookback options）以期限内的某个特定价格为结算价。比如一个看涨回望期权可能以期限内的最高价格为结算价。当投资者在期限内“不幸”以某个低价出售了标的股票的现货后，这种以最高价为结算价的回望期权则可以提供很好的补偿效果。

11.6.2 可转换债券

可转换债券（convertible bonds）约定持有人可以在规定期限内按照事先商定的转换率，将债券转换为发行公司股票。比如 1999 年，亚马逊公司发行了面值为 12.5 亿美元、票息率为 4.75%的可转换债券。这种工具约定持有人可以在 2009 年债券到期以前，随时以 1 000 元面值兑 6.41 股亚马逊公司股票的比率将债券转换为股权。这意味着，某人持有 1 000 元面值的这种可转换债券，如果全部转换，其可以获得 6.41 股亚马逊公司的股票。6.41 称为转换率（conversion ratio），1 000/6.41 = 156.01 称为转换价格（conversion price）。如果转换后的股票市值高于债券的当前市值，那么转换是有利可图的，否则应该继续持有债券。由于发行公司要保证可转换债券能够随时被转换，因此像认股权证一样，持有人将债券转换成股票同样会带来公司股权稀释，同时还会直接减少公司的利息负担并对公司的税收产生影响。

容易看出，可转换债券实际上是一种公司债券和认股权证的复合工具，可转换债券的价值也应该等于债券价值加上认股权证的价值。

11.6.3 信用衍生产品

信用风险（也称为违约风险）就是债务人无法按时偿还债务的风险。几乎所有的金融交易当中都或多或少地存在着信用风险，市场的参与者如银行、保险公司、基金公司、券商、企业等都需要承担并管理信用风险。

信用衍生产品（credit derivatives）是一种相对较新的金融产品，凡是交易双方通过合约的形式转移信用风险的产品都可称为信用衍生产品。它在 20 世纪 90 年代初才发展起来，但近年来发展迅猛，目前已成为信用市场的重要组成部分。全球的信用衍生品市场存量已从 2001 年的 0.92 万亿美元上升至 2007 年 6 月底的 45.46 万亿美元，年均增长率达到 103.2%。

信用衍生产品具有以下几个特征：①损益取决于基础资产的信用事件，这些事件包括违约、信用评级降级、信用利差变化等；②转移的信用风险可以与单个资产挂钩，也可以是多个资产的信用；③由于是合约形式，信用衍生品通常根据投资者的需求量身定做，所以适于在场外交易，但目前标准化的信用衍生品交易也越来越多。与传统的企业债、银行贷款等信用产品相比，信用衍生品最大的不同之处在于将信用风险与融资行为分离，也就是说，市场参与者可以在不进行债券买卖或放贷的情况下改变自身的信用风险头寸。具体来讲，它可以实现以下功能：①对冲或降低信用风险；②转移信用风险；③通过杠杆效应从信用溢价中获得更高的回报；④从证券（如可转债）中分离出纯信用风险；⑤合成特定发行人的贷款或债券；⑥更积极地管理组合信用风险；⑦管理资本充足率使之达到监管要求。

信用衍生品市场最主要的市场参与者有银行、保险公司和券商。通常在交易中将信用风险移出的一方称为信用保护的买方，而将承担信用风险的一方称为信用保护的卖方。银行是主要的净买方，通过转移贷款的信用风险，可以降低其风险资产的权重，达到提高资本充足率的目的。而保险公司是主要的净卖方，这与其提供保险获得保险费的性质是一样的。但保险一般需要可投保的标的资产，而信用保护只需要有对冲风险的要求即可购买。许多国家对保险公司投资信用衍生品都有限制，所以保险公司一般购买与信用风险相关的结构化证券，如信用联结票据（CLV）和合成型担保债务凭证（CDO）。1999年以来，对冲基金通过购买信用保护对冲信用风险的行为也日趋活跃；企业也是信用保护的重要购买者，目的主要在于减少商业往来中产生的应收账款等债务关系带来的信用风险。

☞专栏 11—5

信用风险缓释工具及其发展

信用风险缓释工具（credit risk mitigation，CRM）是指信用风险缓释合约、信用风险缓释凭证及其他用于管理信用风险的简单的基础性信用衍生产品。2010 年 10 月 29 日，我国的银行间交易商协会公布了《银行间市场信用风险缓释工具试点业务指引》，创设了信用风险缓释工具，即可交易、一对多、标准化、低杠杆率的信用风险缓释合约（credit risk mitigation agreement，CRMA）和信用风险缓释凭证（credit risk mitigation warrant，CRMW）。CRM 的核心产品是 CRMA 和 CRMW，核心功能是缓释信用风险，为市场参与者提供有效的信用风险管理手段。

信用风险缓释合约是指交易双方达成的，约定在未来一定期限内，信用保护买方按照约定的标准和方式向信用保护卖方支付信用保护费用，由信用保护卖方就约定的标的债务向信用保护买方提供信用风险保护的金融合约。买入 CRMA 的银行的交易对手方需要买入信用风险缓释凭证。CRMW 是指由标的实体以外的第三方机构创设，为凭证持有人就标的债务提供信用风险保护，可在二级市场交易流通的有价凭证。CRMW 实行“集中登记、集中托管、集中清算”，有利于增强市场透明度、控制杠杆率、防范市场风险，是广大市场成员在总结国际金融危机深刻教训、结合中国市场发展实际的基础上，“集市场智慧”开发的具有中国特色的自主创新产品。

与各种国际主流的信用衍生产品相比，信用风险缓释工具有以下特点：①产品序列及结构简单；②标的债务明确；③严控参与者交易杠杆；④信用风险缓释凭证创新；⑤市场参与者分层管理。CRMA 和 CRMW 被业内认为是中国对世界信用衍生品市场的创新，是一种不同于国际主流信用衍生产品的具有中国特色的金融创新产品。我国推出信用风险缓释工具对于形成信用风险定价机制、解决低信用级别企业融资难题、提高金融市场流动性、促进金融稳定和金融监管预警等有着重要意义，是我国金融市场可持续发展不可或缺的重要工具。

资料来源：根据中国银行间市场交易商协会相关内容整理。

本章小结

衍生品是价值依附于某项资产的价格或某个变量的合约。根据交易方法和特点的差异，可以将全部金融衍生品分为远期、期货、期权和互换四个大类。衍生品市场是指客体、主体、载体及监管者所构成的一个体系，是一系列规则和组织构成的系统。

远期交易是由买卖双方约定在未来某一时间以确定价格购买或者出售特定数量的某种标的资产。在远期交易中，远期外汇交易是规模最大、地域范围最广的。远期外汇交易又称期汇交易，是指买卖外汇双方先签订合同，规定买卖外汇的数量、汇率和未来交割外汇的时间，到了规定的交割日期买卖双方再按合同规定办理货币收付的外汇交易。交易方式主要有两种，即固定交割日的远期交易和选择交割日的远期交易。

期货交易可以视为远期交易的高度标准化、大范围集中、有组织规范和监管规章的场内交易。与远期不同，期货交易实行"每日盯市"制度，从而大幅减小了交易双方的违约风险。除此之外，期货交易还实行涨跌停板制度、持仓限额制度、大户持仓报告制度等。

期权交易是买卖权利交易，即期权的买方支付一定的期权费从卖方获得一项权利。根据约定的选择权不同，期权可以分为看涨期权和看跌期权。期权合约本身的价值还可以看作内在价值和时间价值之和。

互换是一种交易双方约定的在未来某段时间内交换一系列现金流的金融协议。常见的互换有利率互换、货币互换和利率货币互换等。

常见的其他衍生品包括奇异期权、可转换债券以及一些信用衍生品等。

思考与练习

1. 名词解释：(1) 衍生品；(2) 外汇；(3) 盯市；(3) 期权；(4) 互换。
2. 什么是外汇掉期交易？它与远期有什么区别？
3. 期货交易中如何进行"盯市"？
4. 指数期货的合约设计与商品期货有什么区别？
5. 试比较权证与期权的区别？
6. 试述互换的基本原理？

推荐阅读材料、网站

1. 访问中国证监会网站（http：//www. csrc. gov. cn/），了解证监会在衍生品方面的监管职能和最新动态等

2. 访问上海期货交易所网站（http：//www. shfe. com. cn/）、郑州期货交易所网站（http：//www. czce. com. cn/）、大连期货交易所网站（http：//www. czce. com. cn/），了解各期货交易所交易的品种、概况和交易规则

3. 访问中国金融期货交易所网站（http：//www. dce. com. cn），了解该交易所交易的品种、概况和交易规则，并将其与其他三家商品期货交易所的内容进行比较

4. 访问芝加哥期货交易所网站（www. cmegroup. com/）、纽约一泛欧期货交易所网站（http：//europeanequities. nyx. com/），了解国际期货交易所的交易品种、概况和交易

规则等，并将其与国内的期货交易所进行比较

5. 访问中国银行间市场交易商协会（http：//www. nafmii. org. cn/），了解协会的主要职能以及相关的法律法规

参考文献

1. 张亦春，郑振龙，林海．金融市场学．北京：高等教育出版社，2008

2. 晏艳阳．金融市场学．北京：高等教育出版社，2008

3. 杰夫·马杜拉．金融市场与金融机构．北京：机械工业出版社，2010

4. 上海期货交易所．法律法规——交易所规则

5. 张维，曾薇，熊熊．我国推出股票期权的必要性分析．学术论坛，2012（2）

6. 沈炳熙，曹媛媛．中国债券市场：30 年改革与发展．北京：北京大学出版社，2010

7. 徐绍峰．狂炒权证预演了什么？．中国金融家，2007（7）

8. 申世军．国际金融衍生品市场发展的新趋势及启示．中国投资，2012（3）

9. 巴曙松．金融衍生品市场发展的国际经验及中国的路径．上证联合研究计划，第十二期

10. 吕保军．论期货市场品种的创新与发展．金融理论与实践，2010（7）

课程讨论案例一

“大资管”时代下的金融机构业务创新与监管改革

资产管理是指资产管理人根据合同约定的方式、条件、要求及限制，对客户资产进行经营运作，以达到客户财富保值增值目的的综合金融服务。随着国内机构与个人财富的快速积累与资产管理意识的提升，急需更丰富和多元化的资产管理渠道。在这一背景下，从2012年5月开始，一场以“放松管制”和“起点公平”为特征，以渠道扩充整合、资管牌照放开、投资范围拓宽为抓手的金融行业变革拉开了序幕，各类金融机构全面介入资管领域，“大资管”格局奠定。在这样一个“放松管制、放宽限制、防控风险”的政策环境下，证券、保险、银行、基金、信托之间分业经营的壁垒逐渐被打破，资产管理行业进入了竞争、创新与混业经营的“大资管”时代。① 不同的资产管理机构相继为投资者带来了多元化的投资渠道，形成包括私募及公募基金、理财产品、信托计划、特定和专项资产管理计划、债权投资计划、私人银行财富管理、第三方财富管理、资产证券化等多元产品的格局，进一步丰富和完善中国的多层次资本市场。

那么在“大资管”背景下，金融机构该如何通过金融业务创新来满足客户更为迫切、更为多样的资产管理需求，同时为其自身打造新的核心竞争力？本部分基于2012年金融监管放松的大背景，系统分析“大资管”时代下的各金融机构业务创新。

一、“大资管”时代的银行业发展

2004年9月中国光大银行发行双币理财产品，开启了中国商业银行理财产品市场的大幕。2005年5月，证监会出台了《商业银行个人理财业务管理暂行办法》，标志着银行理财产品进入规范化、正式化阶段。商业银行作为老牌金融机构，除了在渠道方面占有独特的先天优势之外，在资产管理业务的其他各个环节都具备较强的影响力，因此这一业务自开展以来获得了爆发式增长。其中2012年，我国针对个人发行的银行理财产品数量达28 239款，较2011年上涨25.84%，而发行规模更是达到24.71万亿元人民币，较2011

① 参见巴曙松：《中国资产管理行业发展报告（2013）》，北京，中国人民大学出版社，2013。

年增长 45.44%，发行数量和发行规模已经达到了历史新高。[①] 目前看来，银行的强势地位难以撼动，根据中国银行业协会公布的《2012 年中国银行业改进服务情况报告》显示，截至 2012 年末，全国银行业金融机构网点总数达到 20.51 万家，全年新增网点超过 4 200 家。即使拥有独立渠道能力的保险和券商也不得不通过与银行合作或派出驻点人员招揽业务，其根本原因除了网点优势外，还在于银行作为最基础的金融机构提供必要的金融服务，从而具有吸引客户主动上门并掌握全国客户金融财产状况的能力。

然而在商业银行理财产品市场快速发展的过程中，有相当一部分资金直接或通过非银行金融机构、资产交易平台等间接投资于“非标准化债权资产”，在这个过程中一些银行存在规避贷款管理、未及时隔离投资风险等问题。为有效防范和控制风险，促进相关业务规范健康发展，中国银监会于 2013 年 3 月 25 日出台了《中国银监会关于规范商业银行理财业务投资运作有关问题的通知》（俗称“8 号文”），其核心内容包括：理财产品应与投资资产一一对应；充分披露理财产品各项信息；理财投资资产投向信贷类的比例限制；理财投资合作机构名单制管理。

在此基础上，2013 年 10 月，工商银行、交通银行等 11 家银行推出了总计 116 亿元的银行资产管理计划，这种新型理财产品采用与债权直接融资工具一一对接的形式。银行资产管理计划是理财产品的改进版，债权直接融资工具是银监会推出的新型债权类工具（实质是债券），而银行资产管理计划（实质是类基金）对接债权直接融资工具，相当于用银行理财产品购买债券。这一改革剑指银行理财长期为人诟病的两大积习：非标债权资产投向不透明（大多投向了房地产和地方融资平台）和刚性兑付（因为投向不明，只得以隐性担保的形式向投资人刚性兑付）。从而标志着银行将不再需要借助信托、券商、基金子公司提供的通道来投资债权等资产，也正式宣告了银行业正式进军“大资管”领域。

相比传统的理财产品，银行资产管理计划主要有三个特点：一是不再允许银行将其理财产品的多个资产放在一个大资产池中，而是实现资管产品和投资金融工具的一一对接，这样每笔资管计划是否盈利一清二楚；二是去“通道化”，银行不再借用信托、券商、基金子公司发行产品——这些通道除了让金融产品更加复杂之外别无他用，而复杂化的金融产品正是造成 2008 年金融危机的主要原因；三是在实行资产隔离和信息披露的前提下，银行不再对资管计划的本金返还进行隐性承诺。

尽管目前的银行资产管理计划的试点规模还比较小，相对于万亿级的理财市场而言，资管计划初期规模只有百亿。但无论如何，银行资管新时代开启，解决了一直以来饱受诟病的银行理财产品不透明和“刚性兑付”等问题，从此，商业银行将进入真正意义的“大资管”时代。

二、“大资管”时代的信托业发展

虽然在渠道为王的背景下，银行理财一直在各类资管行业中独占鳌头，但信托业近年来正在以“黑马”的身份迎头赶超。最近五年，信托行业的资产管理规模几乎以每年 1 万亿元的规模快速增长，年均增速超过 40%。2012 年底，信托业的资产管理规模已经超越

① 参见普益财富：《银行理财能力排名报告（2013 年度）》。

了银行理财留存规模，前者是 7.47 万亿元，后者为 7.1 万亿元。截至 2013 年 12 月 31 日，信托资产总规模再创新高，达到 10.91 万亿元，同比增长 46%。

相对于其他金融机构，信托公司在资管领域主要有三个方面的优势，首先是制度优势，即《信托法》和《信托公司管理办法》明确了信托公司作为主营信托业务的机构及其市场定位；其次是信托业拥有得天独厚的跨市场运作的机制，既可以贷款和股权投资，亦可以进行融资租赁，经营方式灵活；最后是信托产品、品牌及严格的风控形成的先发优势。

面对近年来信托业的快速发展，银监会主席助理杨家才在 2013 年中国信托业年会上提出信托治理八项机制，涉及公司治理、产品登记、分类经营、资本约束、社会责任、恢复与处置、行业稳定、监管评价等具体内容，体现了当前经济增长放缓、宏观环境变数较大、信托行业内风险事件偶有发生的大背景下，监管层注重风险防范与处置、同时又力图打破刚性兑付的审慎监管导向。

在此基础上，2014 年 4 月 8 日，为有效防范化解信托公司风险、推动信托公司转型发展，中国银监会发布《关于信托公司风险监管的指导意见》，总体要求提出：明确信托公司"受人之托，代人理财"的功能定位，培育"卖者尽责，买者自负"的信托文化，推动信托公司业务转型发展，回归本业，将信托公司打造成服务投资者、服务实体经济、服务民生的专业资产管理机构。具体从以下几方面给出了"大资管"背景下加强信托业监管的指导意见：

第一，做好风险防控。具体措施包括：通过落实风险责任，推进风险处置市场化，建立流动性支持和资本补充机制来妥善处理风险项目；通过加强尽职管理和风险评估、规范产品营销、优化业务管理、做好资金池清理来切实加强潜在风险防控；通过完善公司治理，以及通过建立恢复与处置机制、行业稳定机制和社会责任机制等方式来建立风险防控的长效机制。

第二，明确转型方向。具体包括：通过明确事务管理类信托业务的参与主体责任、强化信贷类资金信托业务监管力度来规范现有业务模式；通过支持治理完善、内控有效、资产管理能力较强的信托公司探索创新、推动业务转型来探索转型发展方向。

第三，完善监管机制。具体包括：厘清监管责任边界；紧盯重点风险领域；严格监管问责；强化持续监管；建立风险处置和准入事项挂钩制度；完善资本监管；加强从业人员管理；建立信托产品登记机制；建立分类经营机制。

三、"大资管"时代的保险业发展

"大资管"时代的来临，使得保险资产管理面对的外部经营环境更加复杂，也给保险资产管理实务带来更大的挑战，对把握机遇的能力要求也更高，需要清醒认识，冷静研判，审慎应对。与其他行业不同的是，多数保险资产管理公司以集团资金运用为主，或受托管理其他保险公司的保险资金。目前，保险资产管理规模已成为第三大资产管理业态。截至 2012 年底，保险总资产达 7.35 万亿元，根据中国保监会数据，2013 年 1 月，总规模上涨了 70 亿元，但增幅只有 0.09%。从上市保险公司的数据看，2 月的情况更不乐观。

保险资产规模增长的停滞意味着投资规模和投资收益的停滞。据中债网 2013 年 2 月的数据，当前保险机构持有主要债券品种的规模约 2.12 万亿元，环比下降 0.1%，这是自 2012 年 10 月以来的首次下降。而 2012 年保险投资年化收益率仅为 3.39%，也是金融危机以来仅次于 2008 年 3.38%的新低。

华泰证券研究员吴耀在接受媒体采访时表示，“在大资管时代背景下，保险投资新政放开保险资金投资范围并且重新试点保险资管产品，将有利于保险资管在市场中拓宽资产累积来源。”吴耀认为，与券商、基金、信托相比，目前保险资管公司的业务存在单一性和被动性的特点，即主要被动受托管理保险资金，第三方资产管理非常少。

2012 年 7 月 16 日，保监会发布了《保险资金委托投资管理暂行办法》，同意符合一定资质的保险公司将保险资金委托给符合条件的投资管理人，开展定向资产管理、专项资产管理或者特定客户资产管理等投资业务。

“保险公司在泛资产管理行业中的地位将在 2013 年发生重要变化。”华宝证券分析师胡立刚表示，新政出台意味着第三方保险资产管理业务由原来的被动式受托管理转向主动的资产管理，这将真正把保险资产管理公司推向大资管的平台。2013 年保监会允许保险资产管理公司发行“一对一”定向产品和“一对多”集合产品，意味着保险资产管理公司发行资产管理产品业务的重新开闸。

伴随着保险资金投资新政密集出台，迈入大资管平台的保险资产管理行业，在将投资触角延伸到了权益投资领域的同时，保险资管产品与银行理财、基金、信托等产品的短兵相接或许才刚刚开始。

自 2006 年保监会启动保险资管产品试点以来，此次再度启动试点，不仅是保险资产管理机构发挥主动资产管理业务的重要突破，也是其迈入大资管平台的重要里程碑。相关统计数据显示，国内保险行业资产总额由 2004 年的 1.19 万亿元猛增至 2013 年底的 8.3 万亿元。10 年来，保险资金在发生量变的同时，也产生了质变：保险资金运用已自成体系，投资渠道逐步放开走向多元化。

《经济导报》记者了解到，国内第一家保险资产管理公司——中国人保资产管理公司成立于 2003 年，2006 年随着太平资产管理公司的批准筹建，“9＋1”的保险资产管理格局正式形成。2010 年 12 月，生命人寿获准筹建保险资产管理公司；此后，安邦资产管理公司和光大永明资产管理公司筹建申请也相继获批，保监会开始对中小保险公司设立资产管理公司开闸。截至 2013 年底，国内已获批的保险资产管理公司（不包括香港）有 18 家，可以开展保险资金委托的有 17 家，已获批在香港设立资产管理公司的有 4 家。

随着 2012 年下半年保险投资新政密集出台，保险资金投资渠道大幅拓宽，可投资金融产品的范围不断扩大。保险资产管理公司基础设施债权投资计划、不动产投资计划、项目资产支持计划、非上市股权投资、银行理财产品、集合资金信托计划、券商专项资产管理计划、股指期货、金融衍生品等金融产品均纳入其投资范围，保险资金的投资运作空间大幅扩展。

随着太平洋资产管理公司发行的“太平洋卓越财富优选 50 产品”和泰康资产管理公司发行的“泰康资产——积极配置投资产品”的成立，保险资产管理产品的投资触角正式延伸到了权益领域，资管产品线日趋完善。2006 年第一轮试点时发行的保险资管产品只有 6 款，有 1 只是货币型产品，其他 5 只为债券型产品。而随着“大资管”时代的来临，试点再度启动，保险资产管理公司开始密集发行资管产品，产品结构更趋多样化，并将客户延伸到保险业以外的领域。保险资产投资渠道扩张带来的一个显著变化是，以非标资产为代表的其他投资在保险投资资产中的占比迅速提升。据华宝证券研究所统计，截至2013年底，保险资金投资以非标资产为代表的其他投资资产占比达到16.9%，而同年4月该比例仅为11.25%，半年多的时间里增长了5.65%。

其中太平洋资产管理公司旗下“太平洋卓越财富优选50产品”于2013年11月28日成功发行。据介绍，该产品从市场上将近500只主动管理型的权益类证券投资基金中精选出50只左右的股票基金和偏股型混合基金作为主要基础资产，在多变的市场环境下通过投资特定风格的基金获取超越市场基准的收益。“太平洋卓越财富优选50产品”成立是该公司首次将资产管理产品的投资触角延伸到了权益投资领域。太平洋保险集团相关人士表示，2012年底太平洋资产管理公司获得了受托管理保险业外资金的资格备案，标志着从2013年起目标客户可以扩展到保险业外的各类机构，同时也意味着所有的产品将要与银行理财、基金、信托或资管计划直接竞争。

四、“大资管”时代的券商发展

2012年10月18日，证监会发布修订后的《证券公司客户资产管理业务管理办法》，对证券公司开展资管业务放松管制、放宽限制，使其更有利于客户需求和适应市场情况，从而标志着券商进入“大资管”时代。

具体来说，《证券公司客户资产管理业务管理办法》主要从以下六个方面进行了修改：一是取消集合计划的行政审批，实行协会备案管理制度。二是适度扩大资产管理的投资范围和资产使用的方式，按照大集合、小集合和定向资产管理对投资范围区别对待。对于扩大资产使用的方式，允许证券公司集合资产管理计划和定向资产管理参与融资融券交易，允许集合计划进行正回购，以及允许自有资金在集合计划存续期间有条件参与或退出集合计划。三是取消小集合和定向资产管理双10%的限制，同时豁免指数化集合计划的双10%限制及相关关联交易投资限制。四是允许对集合计划份额根据风险收益特征进行分级，同时适当允许集合计划份额在投资者之间有条件转让。五是取消证券公司开展集合资管业务的所需达到“理财产品连续20个交易日资产不得低于1亿元人民币”的规定。六是允许证券公司自身办理登记结算业务，允许经证监会认可的证券公司为资产管理提供资产托管服务。此外，《证券公司客户资产管理业务管理办法》制定相关法条强化对资管业务的监督管理和风险控制。

此外，2012年10月26日，证监会还发布了《关于进一步完善证券公司直接投资业务监管的通知》，确定由中国证券业协会制定相关自律规则，对证券公司直接投资业务及直接投资业务子公司实施自律管理。

在这一制度背景下，券商资管业务有了突破性进展。其中2012年，券商资管规模从2011年底的2 800亿元急增至1.89万亿元，在资管业掀起波澜。2013年，券商资管规模突破5万亿元，达到5.19万亿元，相比2012年底增加3.3万亿元，可谓增速惊人，其中券商集合资产管理规模约3 590亿元，定向业务和专向规模合计约4.8万亿元。

五、"大资管"时代的基金发展

2012 年 9 月 26 日，证监会修订了《基金管理公司特定客户资产管理业务试点办法》（简称《办法》），证券投资基金管理公司从事特定客户资产管理业务而设立的资产管理计划可以投资于"未通过证券交易所转让的股权、债券及其他财产权利"，这意味着基金管理公司可以借道专项资产管理计划进军股权投资（PE）领域。2012 年 11 月 1 日，《办法》开始施行，公募基金首次获准进入股权、债券等另类资产投资领域，《办法》规定投资于未通过证券交易所转让的股权、债券及其他财产权利的特定资产管理计划称为专项资产管理计划。基金管理公司应当设立专门的子公司，通过设立专项资产管理计划开展专项资产管理业务。

就在《办法》发布的同年同月，嘉实基金成立嘉实资本子公司，并在 2013 年 2 月通过该子公司与盛世神州合作推出盛世美澜园专项资产管理计划。由嘉实资本发起"嘉实资本盛世美澜专项资产管理计划"募集 2 亿元，其中优先级资金 1.4 亿元，盛世神州认购劣后资金 0.6 亿元。专项资产管理计划中的 940 万元用来购买项目公司 94%的股权，剩余资金 1.91 亿元以银行委托贷款的形式交给项目公司运作。

与此同时，2012 年 12 月 28 日，证监会重新修订了《中华人民共和国证券投资基金法》，其最大亮点是首次将非公开募集证投基金（即私募证投基金）纳入了调整范围，填补了此前的监管法律空白。修订后的《基金法》主要为私募证投基金构建了如下制度框架：一是合格投资者制度，即私募证投基金只能向合格投资者进行募集，且合格投资者累计不得超过 200 人；二是基金合同管理制度，即明确了基金合同的必要性及必备内容；三是基金管理人的登记和基金的备案制度，即基金管理人应当向基金行业协会履行登记手续，且私募证投基金募集完毕后应向基金行业协会备案；四是私募证投基金的募集制度，即明确募集对象、规定禁止性募集行为；五是私募证投基金的托管制度，即私募证投基金应由基金托管人托管，除非基金合同另有约定。此外，私募证投基金的基金管理人如达到规定条件，经证监会核准，亦可以从事公募基金管理业务。

《证券投资基金法》首次将私募证投基金纳入调整范围，意味着私募证投基金终于获得合法地位，为将来进一步完善私募证投基金监管体制打下了良好的基础。原登记为公司或合伙企业的阳光私募证投基金，可按照《证券投资基金法》的规定进行调整，之前的组织关系可以通过基金合同作出约定，并到基金业协会或者证监会登记或备案，从而纳入新法监管。此项变化意味着阳光私募证券基金将可以在公司制、合伙制以及契约制等不同的组织形式中加以选择。

六、"大资管"时代的期货业发展

2012 年 5 月 22 日，中国证券监督管理委员会第十八次主席办公会议审议通过了《期货公司资产管理业务试点办法》。该办法分总则、业务试点资格、业务规范、业务管理和风险控制制度、账户监测监控、监督管理和法律责任、附则共 7 章 53 条，自 2012 年 9 月 1 日起施行。《期货公司资产管理业务试点办法》允许符合条件的期货公司申请试点资格，先行开放单一客户资管业务，起始委托资产不得低于100万元人民币，期货公司亦可提高起始委托资产要求，多个客户资管业务则将在制定相关办法后放行。2012年11月21日，第一批于9月份提交特定期货资产管理业务申请的18家期货公司，包括永安期货、浙商期货、华泰长城期货、中证期货等获批取得资管业务试点资格，这标志着期货公司告别单一经纪业务，正式迈入资产管理时代。

根据《期货公司资产管理业务试点办法》，期货公司资产管理业务的投资范围并不仅仅是期货，还包括股票、债券、基金、集合资产管理计划、央票、短融等。此外，期货公司也可以与客户约定在固定管理费之外收取相应的业绩报酬。这意味着期货公司将在高净值客户资管业务领域与券商、基金公司开始全面角逐。

不过，对期货公司而言，尽管拿到的是全能牌照，但投资期货类品种应该是其展业初期最容易开展的业务，而这恰恰是券商和基金公司的短板。基金公司早已被允许开展商品期货类专户产品，但至今正式推出这类产品的公司只有寥寥数家，最主要的原因便是期货专业人才的远远不足。而已运作的期货专户产品也主要依靠期货公司的策略，基金公司基本上只提供一个通道。

资管业务试点工作的开展，对期货业发展而言是重大利好：首先，有利于培育和发展机构投资者，改善期货市场投资者结构，提高期货市场定价效率，促进期货市场功能不断发挥；其次，有利于发挥期货公司在衍生品市场领域的专业特长和比较优势，提供以期货对冲和套利为主的资产管理服务，满足投资者的多元化投资需求；最后，有利于进一步提高期货公司的中介服务能力，借鉴国际成熟市场发展的一般经验，引导期货公司为实体经济和各类投资者提供优质服务。

课程讨论案例二

资本市场的多层次性①

一、事物的连续性和分层处理

在自然界和日常生活中，很多事物本身是连续的，用数学函数来描述，就表现为连续函数，或者可以用近似连续函数来表达。但是，我们在具体处理这些事物的规则中，一般很难用连续函数，而经常用离散的办法来处理，表现在数学上就是分成若干区段来处理。举一个例子，G20 金融稳定理事会（FSB）前不久在遴选系统重要性金融机构（SIFI）时，在全球范围内确定了 29 家系统重要性金融机构，中国银行名列其中，而中国工商银行虽然看起来规模更大一些，但不在此列。这涉及在确定标准的时候，对“系统重要性”如何划分的问题。国际上主要采用五项指标，具体是全球活跃性、资产规模、复杂性、关联性，以及可替代性。按这五项指标对国际性金融机构进行评估打分，根据一定权重汇总后排队，排在最前面的 29 家纳入全球系统重要性金融机构（G-SIFI）。

对于上述划分方式，当时争论很大。有人提出，按这种方式“一刀切”划出 29 家金融机构作为系统重要性金融机构，在资本要求、杠杆率、流动性比率、外部审计等方面按照更高的标准强化监管，对排在前面的几家机构自然无太多争议，但对于排在 30 名前后的金融机构而言，可能就存在一个大的落差。特别是排在第 28 家、第 29 家的机构，很有可能与后面的第 30 家、第 31 家、第 32 家金融机构在相关指标上差距并不大，却要受到一系列更高、更严的外部约束，这个大幅的落差，被称为“峭壁效应”。这显然不尽合理。

有没有更好的办法呢？中国和美国的参会者提出了“连续法”的划分思路。就是对于一定规模以上的金融机构，按其指标值给每个机构一个介于 0～1 之间的系统重要性系数，再用这个系数去乘以额外资本要求等外部监管指标。这样，对一定规模范围内的所有金融机构而言所接受的额外约束就有连续性了，第 28 家、第 29 家和第 30 家、第 31 家、第 32 家所受到的监管约束就可以与它们的系统重要性相匹配，不至于出现太大的落差，可以避免

① 以下内容摘自周小川在 2013 年第 8 期《金融市场研究》中发表的署名文章。

产生“峭壁效应”。但这种方法计算和处理起来比较复杂，最后没有被采纳。

在各国考虑国内“大而不能倒”的系统重要性金融机构（D-SIFI）时，是否也采用划分 G-SIFI 的方法？对此还是有一些争论。各国国情不同，尤其是大国经济的中等以上规模的金融机构家数较多，像我国既有工、农、中、建、交和国开行这样的若干大型商业银行，也有 10 多家像招商银行那样的中等规模商业银行，其经营范围都遍布全国，排起队来没有明显的分界点，在不同程度上都具有某种系统重要性，因此，如果采用划分 G-SIFI 的方法，峭壁效应可能更突出，会有更严重的问题。为此，在实施宏观审慎管理过程中，我们更多地使用前面所说的“连续法”，即计算出各家的系统重要性系数，再来对各机构施加额外约束。举一个日常生活中的事例。现代体育运动有各种各样的竞技比赛项目，种类繁多，其中有些项目划分为若干级别。比如举重，首先要分男女，其次按体重进一步分层，如分为重量级、次重量级、中量级、轻量级、次轻量级等。这样，就把具有连续函数特性的体重指标划出了若干个档次、层级，可以分门别类地组织比赛，既有利于增强公平性，更好地衡量参赛者的体能表现，也有利于增强观赏性。能不能根据不同的参赛者身高水平设计不同的篮筐高度？如果真的有所区分，可能也有其优点。排球略有区分，男排和女排的网高就不一样。不过，现在竞技体育具有很大程度的观赏性，要体现娱乐性，因此目的性有所不同，相比较而言，可能对进一步分层的要求就没有那么高了。

还有一些运动，需要通过多个裁判员打分来评价和衡量，比如跳水、体操等。这些靠裁判打分的计分方式更具有连续性特征，不同参赛者的得分差别有时非常小。理论上甚至完全可以允许连续性计量，不妨碍进行名次的比较。从数学上讲，对于举重这样的比赛，也可以不做具体分层而采取连续函数来评价的方法，即可以用一个函数来反映参赛者体能表现，包括性别、身高、体重以及所举起的重量，纳入这个函数进行计算，然后排出名次。

现实中不这么做。为什么呢？有两个比较重要的原因：第一，如果这么做，这个比赛很可能就不好看了，缺乏观赏性，最后谁举了多少观众都搞不清楚，要耐心等待最后的测算结果。第二，不好实施。按分层的办法来比赛，举重杠铃边上挂几个重锤、每个多少公斤是清清楚楚、很容易操作的。如果要按照连续的办法来设计比赛，器械不好做，也不容易进行透明的计量，所以实际上很难设计比赛规则。

分层的办法在其他领域也有广泛的运用。如在制定法律和条例时，通常把各种可能的情况按性质、程度分若干类别、档次，然后根据具体情况来套其符合的类别、档次，从而来定性。这样，规则就比较简易，但也有“峭壁效应”式的缺点。

上面的例子表明，很多事物本身是模拟量（analog），具有连续性或近似连续性，但在管理这些事物的实际规则中，往往按照分层次的办法来处理。在规则设计中，如果规则列举的条件很难穷举或涵盖连续化的状态，往往按照多分层次、多分区段来接近地反映这些状态，并设计相应的规则。对于金融市场而言，金融市场及产品的某些特征是连续的，包含着各种可能的供给和需求，但在设计和实施金融市场规则时，就无法完全体现市场运行的这种连续性，一则在技术上可能难以实现，二则在规则制定中可能也难以操作。因此，在现实中，大多数情况下都只能以离散方式、划分台阶进行处理，并设计相应的规则。

二、金融产品的层次特性

资本市场的多层次性可以从很多方面来衡量，比较常见的是从供给方和需求方来考察。从融资需求方看，像中国这样的大国，企业数量非常多，企业类型各种各样，其融资需求必然会千变万化，综合起来体现为一个多变量、连续的需求函数，但操作上往往用多维、分层的方式来分类，而在每一个维度或层次里，还可能需要划分更细的子维度、子层次。比如，行业是一个维度，行业内还可以按传统型、创业型、高科技型等再做区分。这样，企业的融资需求就会划分出多个层次，每个层次都将体现不同的特征。

从投资者角度看，投资者对金融市场产品也有各种各样的期望，这些不同的期望往往体现在风险偏好、投资期限、回报率以及产品本身的复杂程度等多个方面，不同的投资者对这些指标具有不同的偏好组合。金融市场要满足投资者不同种类的投资偏好，就需要建设一个多层次的资本市场及其所覆盖的多样化产品。

三、公司债券的多层次性

债券市场怎么分层？从发行者的角度来划分，有国债、公司债、中小企业债、住房抵押债、银行附属资本债等。对于公司债，中国有进一步细分，如上市公司债、企业债、中期票据、短期融资券等。有人认为这些产品实际上都是一回事，只是因为一些制度安排的原因，市场不得不做出这些不同的产品。

实际上，对公司债券市场需要有分层的认识。在多数成熟市场，公司债（corporate bond）从清偿的维度来看也是分层次的，包括有担保高级债（secured senior bond）、有担保低级债（secured junior bond）和无担保高级债（unsecured senior bond）、无担保低级债（unsecured junior bond）。此外，还有多种不同条件的可转换债（convertible bond），等等。

为什么会有这些不同层级、不同种类的公司债？原因有很多，一个重要的因素是清偿顺序不一样，特别是在涉及发生违约或破产清算时，有抵押品的和没有抵押品的、优先债和非优先债、可转换的和不可转换的债券，它们在清偿的顺序安排上所处的位置不一样。当然还有其他各种分层的原因，往往在《公司法》、《破产法》里会有相关的规定。此外，还涉及一些 SPV（特殊目的公司）的具体安排，分层的要求和体现就更加明显。

此外，公司债还可以按其信用评级来分层，这既涉及债券本身的信用评级，也涉及发行主体的信用评级，同一公司发行的债券，其信用评级也会不同。目前市场上比较常见的各种信用评级在分层（notch）结构上大同小异，如从 AAA 级到 AA 级、A 级，到 BBB 级、BB 级、B 级，还有 CCC 级、CC 级、C 级，以及带“+”和“-”的相应级别，形成各种不同的组合，看起来在一定程度上已逼近连续函数。可见，不同分布的信用评级也使得公司债体现出各种层次变化，从而具有多样性。这些情况表明，对于有些人认为是单一的债券类产品，如果做深入考察，就会发现它们也都是分层次的，甚至有很多，并且已逼近连续的层次。

四、金融产品设计的分层方法

金融工程专业人员往往用很多复杂的金融工程技术来开展金融产品的设计和创新，其中一个很重要的方法就是分层。他们往往在设计了某个层次的金融产品后，更换一个外部条件，就可以设计另一层次的金融产品。如果不断更换外部条件，就可以设计出很多不同种类、不同层次的金融产品，以满足投资者的多层次需求。当然，此次全球金融危机表明，金融工程带来的产品创新也不见得都是好的，一些金融产品过于复杂，在很大程度上偏离了基本面，甚至成为危机的诱因。

担保债务权证（collateralized debt obligations，CDO）是金融工程分层设计的典型例子。CDO产品本身有现金型CDO、合成型CDO，以及担保贷款权证、担保债券权证、担保保险权证和结构性金融担保债务权证等种类，常把担保品分成若干层（tranche）来产生不同的产品。而且，CDO做完了还可以做CDO平方、CDO立方等更多层次的产品。现在来看，CDO作为一种复杂的证券化产品和信用衍生产品，其评级和定价建立在复杂且未必可靠的数学模型基础上，CDO透明度不够，投资者对于产品本身知之甚少，因此被认为是这次危机的罪魁祸首之一。不过，我们还是要看到它有用的方面，如帮助企业筹资等。至于产品的透明度，以及相关的监管、投资者教育等问题也不容忽视，这里不再展开描述。

从上述例子可以看出，金融工程开展金融产品创新，实际上在很大程度上是设计一些新的不同层次的金融产品。通过更换外部条件，不断加以发展演化，产生各种不同层次的产品，在客观上也推动了多层次市场的形成和发展。

在解决欧洲债务危机和开展救助过程中，可以发现在2011年11月二十国集团戛纳峰会期间，欧洲方面给峰会推介的方案也是用了分层的做法。欧盟设计并推销一种与欧洲金融稳定基金（EFSF）合作的共同投资基金（CIF），近期这个机制将进一步演变成欧洲稳定机制（ESM），成为欧元区的常设金融稳定机制。共同投资基金在风险承担方面则体现了典型的分层方法，其具体模式是，由欧洲金融稳定基金对首先出现损失的30%给予担保，形成这个安排后，其他国家的投资者可以直接去购买意大利或者西班牙的国债。当出现损失时，欧洲金融稳定基金按照预先设计的比例率先承担损失，这样损失超过30%的概率会明显降低，如果出现了，则由投资人自己承担。当然，中间还可以做一些更具体的分层安排。对于比较熟悉分层的业内人士而言，就能体会到这种分层担保的办法实际上是提供一种降低风险的产品，相当于增加了一层保险，可以提高投资的安全性，不管从风险管理还是投资策略上，都给投资者更多的余地去选择。

金融市场和金融产品，包括其需求和供给本身都具有复杂性、多样性，并通常以连续或近似连续的特征表现出来，只不过从业务安排、规则设计的角度来考虑，需要进行适当的分层处理。分层的情况往往与经济金融发展状况、市场条件等因素有关，适当的分层，可能是发展和管理市场、满足供需关系的一个重要基础。

五、资本市场运行的分层次特性

资本市场的分层次特性还表现在资本市场运行的多个方面。下面主要从资本市场融资的需求和供给、市场组织、发行与交易机制几个维度来谈一谈资本市场多层次特性的主要方面。

（1）银行业资本工具的多层次性。

在我国推进经济体制改革的早期，人们一谈到要发展资本市场、搞直接融资，马上就会想到两种融资工具，一个是股票，一个是债券，其他的就不太清楚了。但随着市场经济的发展，人们逐渐认识到，资本市场仅有股票和债券就不够用了，还有不少产品可以发展，特别是一些介于股票和债券之间的产品会有发展的需要。其中，一种产品是优先股。优先股虽然也是股票，但和普通股票有点不一样，在一定条件下具有债券的性质，在清偿时具有优先权。还有一种产品是可转债，虽然也称作债券，但和普通债券不一样，它按一定条件可以转换，转换以后就从债券变成了股票。这次金融危机后又出现一个与可转债有点类似，但达到触发条件时必须转换为普通股的产品，称作应急可转债（contingent convertible bond，CoCo），它在一定条件下可强制转换为金融机构的普通股，从而被称为应急资本，成为在应急条件下增加金融机构股本、增强吸收损失能力的稳定机制。可见，股权产品的分层也是随着市场发展的需要不断发展细化的，在市场没有发展到那个阶段时，就很难认识并设计某种类型的产品。

国务院常务会议讨论的新一版商业银行资本要求，就分了很多层次。过去大家都比较熟悉一级资本、二级资本，具体如普通股、附属资本债等概念。顺便提一下，附属资本债（subordinated debt）过去被称为“次级债”，后来发现这个词容易和这次国际金融危机最初被称为次债危机（subprimecrisis，也称次贷危机）的说法相混淆，所以还是称附属资本债好些。

这次金融危机后，人们吸取教训，在银行资本方面提出了一些新的要求，要求建立包括资本留存缓冲、逆周期资本缓冲、系统重要性机构的额外资本要求，以及应急（可转换）资本等一系列分层次的资本分类。应急资本机制主要由应急可转债来实现，即前文提到的 CoCo。商业银行在发行 CoCo 的时候就应向投资者明示其性质和风险：银行一旦进入某种危机情况，比如因金融市场动荡而导致资产盯市价值出现大幅减计，或资本充足率低于某个水平，CoCo 就要自动转换成普通股，可用来承担损失。这是典型的介于普通股和普通公司债之间的产品，其价格也低于同等条件的普通债券。此外，还有一些金边债、金边股之类的产品。

在我国股权市场，目前大家呼吁得比较多的，是我们缺少优先股这个工具。为什么当初没有优先股的设计呢？因为在改革开放早期制定《公司法》的时候，大家认为股份制本来就是一个新事物，股权结构、股东权益这些概念还没有完全弄清楚，再搞一个优先股，会不会更加忙中添乱？所以当时就没有写入优先股。后来由于法律上没有优先股这一提法，所以就一直不能做，这样就缺少了这么一个层次。看来，优先股有其用处。在美国处理 AIG 危机时，国家需要对 AIG 开展救助。

国家如何介入呢？一些欧洲国家采用国有化、国家注资的办法，但美国人比较反感国有化，认为国有化会影响私营企业的积极性，会影响市场效率，因此就需要一种安排，既体现国家投入资金的成本，又要保持公司的私人治理，不想让国家资本干预企业经营。这种情况下优先股是一个有用的工具，所以在救助 AIG 时美国政府就采用了优先股的办法，实现了上述目标。这时候，就体现了优先股作为一种重要的资本市场工具层次所能发挥的独特作用。

（2）发行方式的多层次性。

对于股权市场的多层次特性，最普遍的理解可能是区分大、中、小企业，大企业上大市场，中企业上中市场，小企业上小市场。但企业规模只是一个维度，还有其他的一些维度需要考虑。首先市场组织的情况是不一样的。

在我国资本市场，一说上市公司，人们就理解为通过 IPO，在交易所挂牌交易的股份制企业。后来发现“上市公司”这个词其实不太准确，想要纠正也很难，人们已形成习惯了。实际上，公众公司有很多类型：有只挂牌不做公开发行的，也有公开发行后不挂牌交易的。这就是说，上市这个概念还可以再细化一些。

从发行的角度来说，企业可以通过私募筹集股份，比如在中关村股份代办转让系统发行。当然，私募的概念各国规定不尽相同，一些国家规定 50 个人以下属于私募，超过 50 人则是公募；我国《信托法》的规定是 200 人，200 人以下属于私募，超过 200 人就是公募。因此在中关村股份代办转让系统挂牌的公司，股权投资者就不能超过 200 人。经过多年的发展，企业公募的基本要求、条件、手续等已广为人知，这也是公众上市公司最基本的要求。后来，在发展中小企业板和创业板的时候，这些要求开始进一步细分出更多的层次，包括在规模、盈利能力、信息披露、外部审计等方面，不同的板块有不同的层次要求。

近来，资本市场发行又有了新的层次要求，人们发现仅有公募或私募两类还不够，还需要有所谓的“次公募”，或者称为“小公募”。如在美国，符合条件的证券公司可以代中小型发行者进行公募，这种中小型发行者发行前不必到美国证券交易委员会注册备案，其真实性由代发行的证券公司负责。当然，证券公司要从事这个业务必须符合一定的条件并向证券交易委员会申请。与纽交所、纳斯达克上市的公司相比，发行企业的融资规模必须限于一定水平以下，受的约束更低，披露标准也适当简化。另外，对投资者也有要求，必须要有一定规模的财富，每笔投资有一个下限，以避免特别小的散户进入。这样，一个企业通过“小公募”获得融资，就不用像过去公募那样条件很高，到处去搞路演，从而可以避免过高的融资成本。实际上这就是根据市场供给和需求的发展变化，从既有分层市场之间创新出一个新的层次，满足市场融资者和投资者的需要。

对于私募而言，其发行也有层次。在美国，《证券法》第 144A 条规定了私募和相关交易的基本条件，这种私募无须在证券交易委员会注册，但必须受美国证券法规对于发行和交易私募证券的一系列要求和限制，因此发行规模还是比较大的。但是不是还可以有规模更小、规则更简单的私募发行呢？实际上也已出现了。在我国也在出现这种需求，对此可以研究，要看一看实际需求怎么样，有无必要性和可行性。

（3）投资者的分层次性。

从投资者角度来看，投资者也是普遍分层次的。对投资者划分层次往往容易使人感觉存在歧视，但从另一个角度看，必要的划分在某种程度上也是一种保护。比如对一些财富不太多的，或者是已经退休的投资者，可以限制他去投资某些高风险的产品。作为一种投资者保护手段，很多国家都这么做。在投资者分层中，最常见的就是个人财富规模。现在一些私募股权投资基金（PE）、对冲基金等都对个人投资者的资产规模有要求，这一方面是要明确参与者有这个投资实力，另一方面也是要确保参与者有相应的损失承受能力。另外还有地域性的分层，在中国比较常见的是对投资者户籍的界定。多数国家没有户籍的概念，但强调市民的概念，比如某些市政类债，往往希望主要由本市居民购买，因为该类项目的受益者一般是本地居民，如果非本地居民来投资，容易导致监督不力，从而危害其他投资人的利益。一些产品对投资者地域、身份有要求，会有助于形成合理的定价和风险识别。

一些国家主权债务过高而出了问题，即债务余额与GDP的比例过高，应该说日本是最高的。但在日本，超过90%的国债都是由国内居民持有，所以不太会出现跨国风险传递的问题。相比之下，某些欧洲国家的债务与GDP比例不仅过高，而且投资者大多数都不是本国人或本国机构，出了问题以后，债务国政府也想尽快解决债务，要采取一些财政紧缩政策，而本国居民不同意，反正这些债务持有者大多是外国人，这就出现了较大的道德风险。由此开始形成一些认识，其中有一条是，一国国债最好主要对本国居民发行，由本国居民持有；如果实在要向外国人发行，可以考虑由欧洲金融稳定基金或者欧洲稳定机制出面发债；还有人建议发行所谓的欧洲共同债券，但有的国家不同意。当然，投资者也是多样化的，可能不乏有一些对冲基金会有很强的投机兴趣，这其实也是对投资者的某种分层，其目的不一样，所以另当别论。

（4）交易机制的分层次性。

从交易机制看，过去人们强调区分场内交易和场外交易，或者说场内交易和OTC交易。这实际上是针对交易方式而言的，场内交易通常以连续报价、自动撮合为特征；场外交易一般更多样化，可以是非连续交易。而对于断续交易，其本身也含有分层的概念，一分钟交易一次，一小时交易一次，一天交易两次，还是一星期交易一次？这些都是断续交易，能分出不同层次。此外，还有是否允许做空的问题，也涉及结算方式，如我们所知的T+0、T+1，还是T+2等。如果限制交易的间隔，交易就会慢下来，短线投资者不来光顾。如果是连续交易、自动撮合，再加上T+0，即当日可回转交易，可投机的机会就比较多，价格波动也会比较大，但定价和价格发现机制也可能会更好一些。

现在很多人在讨论高频交易，高频交易主要是靠计算机进行操作，因为交易频率太高，只能靠计算机程序来交易，这些程序都由专门的软件公司开发销售，在市场上买了就直接可以用。很多人对高频交易持怀疑态度，认为高频交易大都是技术派，很少去关注发行人产品的基本面及其经济特性。而经济基本面本身并非是高频的，因此高频交易比低频交易更容易脱离经济基本面。

对于交易频率，不同的市场参与者有不同的要求。有的投资者、市场组织者希望交易频率低一点，更偏向于断续交易，这样的长线投资牵扯的精力少一些，更有利于进行基本面分析和比较，判断的余地大一些。另外一些市场参与者拥有更先进的计算设备和交易设施，希望交易频率越高越好，这样可以凭借高科技手段来对实时交易数据进行快速加工处理，掌握市场先机。对于交易所而言，它按交易额收取手续费，因此自然是希望交易频率高。

作为一种交易机制，卖空也体现了交易的层次性。但即使是发达的成熟市场，对卖空机制也有负面评论。这次在全球金融危机中，曾对卖空行为施加了限制。如2008年在美国，交易所列了一个股票单子，在什么期限范围内禁止裸卖空；欧债危机以来，德国规定，对于欧元区国家的国债禁止裸卖空。

关于交易机制的分层除了交易所交易方式，还有涉及做市商的方式，最近还出现一个现象，就是除了中关村在进行“新三板”试点以外，很多地方都有很高的积极性去建立一些区域性的交易市场，在交易机制选择上与上交所、深交所选择的方式不一样。总体看，中国非常大，需要在规范的前提下发展更多层次的市场，这方面，有关部门正在研究如何通过市场建设和规范管理，更好地满足各种不同的市场需求。

六、多层次的产生要靠金融创新

对于具有连续特征的金融市场、金融产品及其交易机制，出于实际操作和制定规则的需要，我们在处理中往往分出一些层次。各个层次间可能有比较明显的差别；有的则不太明显，差别较小。总体而言，随着人们认识的深入、技术的发展，层次变得更多、更丰富。在这个过程中，金融创新往往发挥了重要的作用。这些创新就好比在两个层次间打了一个楔子进去，随后成为一个新的层次。这方面，典型的例子是证券化。

（1）证券化和SPV。

证券化中经常用到特殊目的机构，即人们常说的SPV。在很多非金融专业人士看来，SPV似乎不是个好东西，因为很多金融乱象好像都涉及SPV，一些广为人知的金融市场上违规行为、诈骗性产品似乎背后都有SPV的影子，如2002年美国安然公司出事，就是利用SPV做了很多表外业务，次贷危机也在很大程度上与SPV有关系。但对于金融专业人士而言，对SPV还是要一分为二地看，既要认识到SPV对于媒介市场投融资需求，规避和管理风险，提高资金配置效率的好处，也要清醒地认识到它可能带来的问题。应该说，有大量的融资业务创新都是通过SPV实现的，SPV加上资产证券化在各国都有大量成功的实践。因此，SPV有其积极的意义，特别是在创建多层级金融市场、金融产品和交易机制方面，可以发挥重要作用。

SPV是怎么产生的？大体可以概括为三个方面的原因。

一是资产隔离。母公司要拿出一块资产，以此作为一个特殊载体来发行债券。为此就要创建一个SPV，从母公司隔离出一块独立的资产纳入其中。比如对于银行住房抵押贷款业务，银行可以设立一个SPV，把这些房产抵押物放进去作为一项独立的抵押资产，凭借未来收取的本金和利息现金流去发放住房抵押证券（mortgage backed securities，MBS），形成证券化产品。再如，银行把符合一定条件的信用卡收款隔离出来，形成一个SPV，凭借其未来的现金流发行资产支持证券（asset backed securities，ABS），同样也形成了新的证券化产品。为什么要这么做？主要是为了管理和隔离风险。

二是税收合理化。为了规避既有的税收规定，可以设计一个SPV，使之不属于原有母公司业务的纳税范围，从而合理避税。有人批评这么做不道德，但既然有规则，那么只要不违反规则，就意味着允许和容忍按规则避税。金融界的人才都非常聪明，常研究出现有规则的漏洞和合理避税的途径，这在很大程度上也是金融创新的重要动力之一。从规则本身或者规则制定者而言，要么应该查遗补漏，完善规则，防止避税行为，要么应进行税收改革，使其更科学合理，使得合理避税行为阳光化。

三是创造性地满足市场需求。简单地说，在资本市场乃至整个金融市场上，有一些过去看来难以实现的投融资想法，通过利用SPV变为可以实现。很多市场需求，由于政府管制、客观条件等制约而无法实现，但在金融市场不断深化、金融工程技术日益发展的条件下，很多投行的聪明才俊可以通过设计特定的SPV和相关的结构化产品，来满足过去看来难以实现的个性化需求。这个过程涌现了大量的金融创新，这些创新产品和交易机制在现有的经济金融环境下依靠现代金融工程技术手段运行，把很多供求关系联系在一起，对满足一些领域的风险管理和投融资需求起到了一定作用。当然，这里面SPV也可能成为风险诱因，表现出负面影响。例子很多，这里介绍一个比较典型的例子，即飞机租赁。飞机租赁一般都是通过SPV实现的。对任何一家航运企业来说，购买飞机的成本都很高，因此更多地选择以飞机租赁的方式开展经营。据统计，全球航空运输业大概有2/3的飞机都是通过租赁方式运营的。大多数企业的资产负债率一般不超过百分之六七十，否则就容易导致过高的杠杆率，需承担过高的风险。

但我们考察航空公司的财务报表则会吃惊，大多数靠自己购机的航空公司资产负债率超过90%，如果对这个行业有更深入的了解，就会发现，这个行业有特殊性，不同新旧的飞机有流动性非常强的转让市场，加上保险后，一般都不太需要靠高资本来支撑。

当然，SPV要运行良好，还涉及相关的法律和税收制度安排，要有合理的避税空间，让那些金融工程的专业人士能够充分体现技能，创新出好的产品，满足各方需求。

(2) 地方融资平台。

SPV实际上当前在我国也有运用，与典型的SPV比较类似。但还有不那么准确的一个例子，就是地方政府融资平台。在我国快速城镇化过程中，一些地方政府想加快推进城镇化建设，需要大量的投入，但财政资金有限，怎么办?可以用未来的收入沿时间轴平移而用于现在，以弥补当前的支出。城镇化发展后，基础设施、公共设施的不断完善会在未来得到稳定的回报，会使城市地价和租金提高，商业活动越来越繁荣，相应地，其他税收也会提高。如果可以把未来可预期的收入挪到现在来用，可据此设计一个SPV。

对于这个SPV，在我国现有条件下，通常通过向银行贷款的方式获得融资，也有发债获得融资的，以此来支持当前城镇化建设的资金投入。在地方融资平台这个SPV里面，放的主要是城镇土地及其所代表的未来收益，并以此获得银行贷款。

在很多成熟市场经济国家，实际上政府也做类似的事情，但它不通过这种方式，而更多是通过发行项目类市政债来实现，而这些市政债也常是通过SPV来发行的。就是城市政府在规划和建设某项市政基础设施或公共设施时，可合理预期周围土地未来会升值并得到商业开发，从而可以获得稳定的房地产税或物业税。这样，就可以把这一部分未来的税收收入圈出来，据此发行市政债。也就是用未来的这部分税收收入来源作为当前发行市政债的偿还保证，从而获得融资，用于当前的市政建设投入。可见，市政债的操作在原理上与我们的融资平台差别并不大，但显然更规范一些，它依赖于未来合法的税收收入来源，而不是单纯取决于一片土地的升值和出售。

当然，之所以出现这种现象，也与我国的相关法律环境有关。地方融资平台实际上很大程度上是为了规避现有的一些法律法规。总之，要实现一种创新还有很多工作要做。规则还没有演变到那一步的时候，就不能开展新的竞技比赛项目，只能限于原来的运行层次。而规则的演变往往与需求有关，有时候会比较慢，所以就有人想办法创新，在现有的层次之间想办法创新出一些新的办法，创造出介于中间的层次，多层次市场需要创新精神和环境，而创新既可能产生正作用，也有可能导致很多风险，还有待于进一步研究。

七、影响金融创新的因素

前面已谈到一些推动创新的基本因素，如法律上的规定、管制和税收规避等。下面重点从会计准则、资本充足率和金融监管等角度探讨影响金融创新的因素。

（1）会计准则。

在衡量金融创新的收益和风险时，很重要的一点就是用什么样的会计标准问题。现在全球主要有两个比较通行的会计准则，一个是美国的 FASB 及 USGAAP，一个是以欧洲为主的 IASB 及 IFRS。这两个会计准则迄今仍有矛盾。G20 峰会和金融稳定理事会要求这两个准则能够尽快合起来，实现统一，也有助于全球资本市场发展得更加顺利。

中国过去实施的会计准则与国际会计准则相比，差距比较大，这次全球金融危机后，我国正在推动会计制度向国际会计准则全面趋同，这将会使我国和国际上的差距越来越小。

为什么要提及会计准则呢？这关系到鼓励创新的利弊比较，会计制度好，创新时干好事多；会计制度差，创新时则干坏事多。这涉及金融机构表内表外资产的会计和财务处理问题，涉及资产证券化和 SPV 怎么设计的问题，是与前面提到的金融工程产品创新紧密联系在一起的。因此，这方面的基础工作要跟上。

（2）资本充足率。

资本充足率要求可能大家都比较熟悉，这方面的要求比较明确，但实际上对于金融市场的不同分层，资本充足率要求也有比较复杂的方面。对于类似的金融产品、大体相同的金融交易，比如某个企业在某个市场通过不同的产品进行融资，其融资性质近似，但有些产品需要有资本支持，另外一些产品则基本不需要资本支持。这就是说，针对相同的融资目的来设计不同的金融产品有可能节省资本，从而提高股本回报率。当前，尽管金融危机后各国普遍加强了对资本充足率的监管要求，但这种基于节省资本的产品创新仍然非常活跃，是金融创新的一个重要方面。举个例子来说明。现在商业银行大量从事自营交易和代客交易等业务活动。几个星期前，JP 摩根发生了 20 亿美元的交易损失，举世震惊。之所以发生这样的交易损失，有很多原因，这些原因也可以有不同的解读，但有一条是金融稳定理事会和巴塞尔银行监管委员会（BCBS）都特别强调的，就是过去对交易部门的资本要求被大大低估了，所以这次危机的一条重要经验教训是要加大对交易活动的资本要求。过去计算资本充足率的时候，交易活动很多都不体现在资产负债表上，因此也不纳入所谓风险加权的资产来计算相应的资本要求。这样，交易部门可以用很小的资本，开展很大规模的交易活动，并往往能给商业银行带来很大的利润，从而得到各种激励。正因为此，我们可以看到，华尔街很多大明星、大机构 CEO 都发迹于交易部门。事实表明，交易部门的确可以给银行赚很多钱，但在金融产品日趋复杂、杠杆率不断提高的情况下，一旦发生损失也非常可怕，往往还会导致系统性风险。所以，要对交易部门及其交易活动提出更高的资本要求。

(3) 金融风险及监管。

创新的一个重要目的是更好地管理风险，但创新也容易导致新的风险，这是这次全球金融危机的一个重要教训。这就涉及金融监管问题，需要我们在支持金融创新的同时加强监管，否则就容易出事。

处理好创新、风险和监管的关系与我国市场经济的发展阶段有关系。在我国改革早期，能搞清楚什么是股票、什么是债券已经很不容易了，那时候根本就不具备创新复杂产品和多层次市场的条件。如果贸然前行，就会有很大的风险。这方面我们也是有很惨痛的教训的，典型的就是国债期货。最近有人提出要恢复国债期货，之所以说要恢复，是因为这个产品过去曾经做过，直到1995年发生“327国债期货”事件，导致这个本来应该有用的债券衍生品被关闭了，到现在已17年。可见，金融创新要处理好风险问题，尽量少出事，同时也需要加强监管。

我国市场经济发展的一个阶段性重要特征是，伴随着体制转轨的过程，转轨总会有一定的摩擦，有改革的痛苦。要从过去的集中型计划经济向市场经济转轨，让市场在资源配置中起基础性作用。但这个过程初期会缺乏明确、有效的规则。在这种制度建设相对滞后的转轨过程中，跌跟头、出乱子就特别多，而且金融业出事涉及的金额都很大，社会震动和对国民经济的影响也非常大，所以就容易导致过度反应，压制创新，在金融业实施过分严格的管制。

过去的这个历史过程也有其合理性，因为我们毕竟是从体制转轨一路发展成为新兴市场这么过来的。但是，经过这么一个阶段的改革发展，我们开始进入新的阶段。这时候人们就会感到现有的制度、规则开始束缚手脚了，就需要考虑如何推动更多的创新。这时候外部环境也给创新提供更充分的条件，往往可以创新出更多的产品及其层次，更好地为国民经济服务，更安全地融入经济全球化。

资本市场从产品、市场组织方式、投资者风险偏好、发行与交易方式等各个方面来讲，本身都具有多层次的特点，只是我们过去把这种特点简化了。随着经济越来越复杂化，越来越多样化，这些多层次特征正在不断自我表现。在这个过程中，是离不开金融创新的。如果我们的制度能支持金融创新，资本市场的层次就会比较丰富。如果制度障碍比较多，就不太敢支持金融创新，资本市场的多层次特性就不容易发挥出来。当前我们还是要重视和顺应资本市场多层次发展的要求和潮流，进一步推进改革，为金融创新扫除体制、机制上的障碍，以利于市场创造出更多的资本市场层次，为国民经济提供更好的服务。